E AGORA COMO VIVEREMOS?

CHARLES COLSON
& NANCY PEARCEY

E AGORA COMO VIVEREMOS?

CPAD

Título original em inglês: *How Now Shall We Live?*
Tyndale House Publishers, Inc
Wheaton, Illinois
Primeira edição em inglês:1999

Projeto gráfico: Cathy Bergstrom
Editado por Judith Markham e Lynn Vanderzaim

As histórias deste livro, baseadas em fatos, resultaram de intensas pesquisas e entrevistas com as personagens principais. Contudo, algumas personagens secundárias são fictícias ou foram compostas a partir das informações recebidas. Assim, qualquer semelhança com personagens reais é mera coincidência. Os eventos e as circunstâncias, por conseguinte, foram adaptados com propósitos ficcionais.

Editor para a Língua Portuguesa: Geremias do Couto
Tradutor Responsável: Benjamin de Souza
Tradutores Auxiliares: Isabelle Maÿal, Ester Lindoso e José Adilson Carvalho
Consultores: Fábio Montez e Benedito Bezerra
Capa: Adaptação por Eduardo Souza
Foto de Capa: Adaptação por Solmar Garcia
Editoração Eletrônica: Olga Rocha dos Santos

ISBN: 85-263-0254-X

Casa Publicadora das Assembléias de Deus
Caixa Postal 331
20001-970, Rio de Janeiro, RJ, Brasil

7ª Impressão - 2015 - Tiragem:1.000

Dedicamos este livro à memória de Francis A. Schaeffer, cujo ministério em L'Abri foi um instrumento na conversão de Nancy e cujas obras têm tido profunda influência em meu entendimento do Cristianismo como uma cosmovisão completa.

SUMÁRIO

PARTE QUATRO

REDENÇÃO: O QUE PODEMOS FAZER PARA ESTABELECÊ-LA

PARTE CINCO

RESTAURAÇÃO: E AGORA, COMO VIVEREMOS?

INTRODUÇÃO — E AGORA, COMO VIVEREMOS?

Sem uma visão bíblica geral, todo grande ensino entra por um ouvido e sai pelo outro. Não existem ganchos intelectuais... na mente de um indivíduo onde se possam pendurar essas verdades. Então os ensinamentos simplesmente passam em branco. Eles não se fixam. E não fazem nenhuma diferença.

George Barna

Séculos atrás, quando os judeus estavam em exílio e em desespero, clamavam a Deus: "Como devemos então viver?"[1] A mesma pergunta ressoa através dos tempos. Como devemos viver hoje?

O ano 2000 marca o começo de um novo milênio – um momento extraordinário para a Igreja cristã. Depois de dois mil anos, o nascimento do Filho de Deus ainda é o momento definitivo da história. Jesus fundou uma Igreja que não poderia ser destruída – nem pela morte de seus seguidores no Coliseu, nem pelas hordas bárbaras ou pelos poderosos impérios turcos, nem pelos tiranos modernos ou pelo poder de ideologias sofisticadas. Depois de dois mil anos, podemos afirmar de fato que Jesus Cristo realmente é o mesmo ontem, hoje e sempre. Apenas isso já deveria fazer da década inicial do milênio uma causa de júbilo, um tempo em que os cristãos, ousada e confiantemente, se comprometeriam de novo a transformar a cultura contemporânea com uma nova visão de esperança.

Ainda assim meu sentimento é de que a maioria dos cristãos está qualquer coisa menos jubilante. E por boa razão. Estamos experimentando um pouco do mesmo senso de exílio que os judeus experimentaram no tempo de Ezequiel. Vivemos em uma cultura no mínimo moralmente indiferente. Uma cultura em que os valores judaico-cristãos são motivo de chacota e onde a imoralidade nos altos postos é não somente ignorada, mas recompensada nas urnas eleitorais. Uma cultura onde a violência, a banalidade, a mediocridade e o comportamento pessoal em desintegração estão destruindo a civilidade e pondo em risco a vida de nossas comunidades. Uma cultura onde os dilemas morais mais profundos são ditados pela lógica fria do utilitarismo.

Para completar, quando cristãos realmente fazem esforços de boa-fé para evitar esse deslizamento para dentro do barbarismo, são taxados de intolerantes ou fanáticos. Não é de admirar que muitas pessoas tenham chegado à conclusão de que a "guerra cultural" acabou – e que nós perdemos. Cansados da batalha, somos tentados a bater em retirada para a segurança de nossos santuários, e a nos mantermos ocupados, engajando-nos em todo programa oferecido por nossas mega-igrejas e desejando manter-nos a nós mesmos e a nossos filhos seguros da desolação por vir.

Logo após assinar o contrato para este livro, e enquanto ainda estava tomado pelo remorso de escritor (estava eu realmente convencido de que este livro precisaria ser escrito?), minha esposa, Patty, e eu, visitamos uns velhos amigos por um fim de semana e fomos à igreja evangélica local deles, que é bem conhecida por sua pregação bíblica. Eu achei a mensagem solidamente baseada nas Escrituras e bem distribuída. Isto é, até o momento em que o pastor esboçou para a congregação sua definição da missão da Igreja: preparar-se para o retorno de Jesus através da oração, estudo da Bíblia, adoração, comunhão e testemunho. Naquele instante, todas as dúvidas que há muito me perseguiam, sobre se deveria ou não escrever este livro, evaporaram.

Não me entenda mal. Precisamos de oração, estudo da Bíblia, adoração, comunhão e testemunho. Mas se nos focarmos exclusivamente nessas disciplinas – e se no processo ignorarmos nossa responsabilidade de redimir a cultura que nos rodeia – nosso Cristianismo vai permanecer particular e marginalizado.

Dar as costas para a cultura é uma traição ao nosso mandato bíblico e à nossa própria herança, porque isso nega a soberania de Deus sobre toda a vida. Nada poderia ser mais mortal para a Igreja – ou mais inoportuno. Abandonar o campo de batalha agora é desertar da causa justamente quando estamos vendo os primeiros sinais de que o Cristianismo histórico esteja talvez à beira de um grande avanço. O processo de secularização iniciado no iluminismo está chegando ao fim, e muitas pessoas acreditam que o novo milênio marcará "a dessecularização da história mundial".[2]

Parecemos estar desiludidos? Ou como Pollyana, vendo a vida através de óculos cor-de-rosa? Se você acha que sim, considere somente alguns sinais dos tempos.

Primeiro, muitos indicadores culturais nos EUA estão, depois de muito tempo, se revertendo, o que sugere que algumas das patologias mais destrutivas começam a declinar. A taxa de divórcio está abaixo de 19% desde 1981; a taxa de natalidade entre adolescentes solteiras está abaixo de 7,5% desde 1994; o aborto está abaixo de 15,3% desde 1990; e tem havido surpreendente decréscimo de 37% de pessoas utilizando o sistema previdenciário desde 1993. Até o crime está em baixa, apesar de uma onda na população adolescente, a faixa etária que mais comete crimes.[3]

Segundo, o discurso moral está ressuscitando. Apenas alguns anos atrás, era impossível discutir assuntos morais sérios em fóruns públicos. Em 1997, por exemplo, fui convidado a participar de um programa popular de avaliação dos fatos da semana, onde líderes intelectuais de Washington distribuem sua sabedoria para as massas. No decorrer da discussão, sugeri que o colapso das cidades do interior tinha um componente moral – somente para ser saudado com olhares incrédulos. Depois de uma pausa desagradável, o anfitrião rapidamente mudou de assunto. Mas só um ano depois, como resultado dos escândalos Monica Lewinsky–Casa Branca, fui convidado para aparecer na maioria dos noticiários de maior audiência do país para discutir, entre outras coisas, sobre a natureza do arrependimento. Pela primeira vez em anos, muitas pessoas estão realmente desejando admitir que imoralidade privada tem conseqüências públicas.

Por que as tendências culturais estão mudando? Porque a modernidade tem sido confrontada ao se mostrar não proveitosa por causa de suas conseqüências destrutivas lógicas. Todas as ideologias, todas as promessas utópicas que marcaram o século XX se provaram totalmente falidas. Os americanos alcançaram o que o modernismo apresenta como sendo a grande proposta de vida: autonomia individual, o direito de fazer o que bem entender. Ainda assim, isso não produziu a liberdade prometida; ao contrário, tem levado à perda da comunidade e da civilidade, a crianças atirando em crianças no pátio da escola, a cidadãos se amontoando em comunidades gradeadas para sua proteção. Descobrimos que não podemos viver com o caos que inevitavelmente resulta de escolha divorciada da moralidade.

Como resultado, os americanos estão tateando em busca de alguma coisa que possa restaurar os laços quebrados da família e da comunidade, alguma coisa que possa dar sentido à vida. Se a Igreja se fechar em si mesma, se nos concentrarmos somente em nossas próprias necessidades, perderemos a oportunidade de prover respostas num tempo em que as pessoas estão sentindo profundo anseio por sentido e ordem. Não é suficiente focar somente no espiritual, em estudos bíblicos e campanhas evangelísticas, enquanto fechamos os olhos para as tensões distintivas da vida contemporânea. Devemos mostrar ao mundo que o Cristianismo é mais do que uma crença particular, mais do que salvação pessoal. Devemos mostrar que ele é um sistema de vida compreensível que responde às perguntas mais antigas da humanidade: De onde eu vim? Por que estou aqui? Para onde estou indo? A vida tem algum significado e propósito?

Como argumentaremos nas páginas seguintes, o Cristianismo oferece as únicas respostas viáveis e racionalmente defensáveis a essas perguntas. Somente o Cristianismo oferece uma maneira para entender tanto a ordem física como a moral. Somente o Cristianismo oferece uma cosmovisão compreensível que cobre todas as áreas da vida, todos os aspectos da criação. Somente o Cristianismo oferece uma maneira de viver de acordo com o mundo real.

Mas se nós, os cristãos, vamos levar essa mensagem doadora de vida para o mundo, devemos primeiramente entendê-la e vivê-la. Devemos entender que a revelação de Deus é a fonte de *toda a verdade*, uma estrutura compreensível para toda a realidade. Abraham Kuyper, o grande teólogo do século XVIII, que foi primeiro-ministro da Holanda, disse que o princípio dominante da verdade cristã não é soteriológico (i.e., justificação pela fé), mas cosmológico (i.e., a soberania do Deus triúno sobre todo o cosmos, em todas as suas esferas e reinos, visíveis e invisíveis).[4] A totalidade do cosmos só pode ser entendida em relação a Deus.

O erro singular da Igreja nas décadas recentes tem sido a falha em ver o Cristianismo como um sistema de vida, ou uma cosmovisão, que governa cada área da existência. Essa falha tem gerado mutilações e incapacitações de muitas maneiras. Primeiro porque não podemos responder às perguntas que nossas crianças trazem da escola para casa. Por nós mesmos, não podemos explicar a nossos amigos e vizinhos por que cremos, e freqüentemente não conseguimos defender a nossa fé. E não sabemos como organizar nossas vidas corretamente, permitindo assim que as nossas escolhas sejam moldadas pelo mundo à nossa volta. Além do mais, ao falhar em ver a verdade cristã em cada aspecto da vida, perdemos grandes profundidades de beleza e sentido: a emoção de ver o esplendor de Deus nas complexidades da natureza, ou de ouvir sua voz na performance de uma grande sinfonia ou de detectar seu caráter na harmonia de uma comunidade bem ordenada.

Acima de tudo, a nossa falha em ver o Cristianismo como uma estrutura compreensiva tem prejudicado nossos esforços de ter efeito redentor na cultura que nos rodeia. Em seu nível mais fundamental, a chamada guerra cultural é uma colisão de sistemas de crenças. É, como colocou Kuyper, uma colisão de princípio contra princípio, de cosmovisão contra cosmovisão. Somente quando enxergarmos isso é que poderemos evangelizar uma cultura pós-cristã, trazendo a retidão de Deus para ser vivida no mundo à nossa volta.

Evangelismo e renovação cultural são, ambos, tarefas divinamente ordenadas. Deus exercita a sua soberania de duas maneiras: através da *graça salvadora* e da *graça comum*. Estamos bem familiarizados com a graça salvadora; é o meio através do qual o poder de Deus chama pessoas que estão mortas em suas transgressões e pecados para uma nova vida em Cristo. Como servos de Deus, devemos ser agentes de sua graça salvadora, evangelizando e trazendo pessoas a Cristo. Mas poucos de nós realmente entendem a graça comum, que é o meio através do qual o poder de Deus sustenta a criação, retendo o pecado e o mal que resulta da Queda e que, de outra forma, dominaria sua criação como uma grande enchente. Como agentes da graça comum de Deus, somos chamados a ajudar a manter e renovar sua criação, a sustentar as instituições formadas da família e da sociedade, a buscar a ciência e a sabedoria, a criar obras de arte e beleza e a curar e ajudar aqueles que sofrem com os resultados da Queda.

Por querermos comunicar um senso mais completo de como cooperamos com a graça comum de Deus, Nancy Pearcey e eu nos sentimos compelidos a escrever este livro. Nosso objetivo é preparar os crentes para apresentar a cosmovisão e o sistema de vida do Cristianismo, e para aproveitar a oportunidade do novo milênio para ser nada menos que agentes de Deus na construção de uma nova cultura cristã.

Para esse fim, dividimos a nossa argumentação em cinco partes. Na parte 1, explicamos o que vem a ser o termo *cosmovisão*, por que isso é importante, e como desenvolver habilidades para "pensar como cristão" em todas as áreas da vida. Nas partes 2, 3 e 4, levamos você através dos contornos de uma cosmovisão cristã: primeiro, a criação do Universo e da vida humana; segundo, a *queda* no pecado e como isso arruinou a boa criação de Deus; e terceiro, como Deus proveu um meio de *redenção*.

Essas categorias provêem os meios para comparar e contrastar as várias idéias e filosofias que competem por legitimação no mundo atual, por cobrirem perguntas centrais que toda cosmovisão deve responder:

1. Criação – De onde viemos, e quem somos nós?
2. Queda – O que aconteceu de errado com o mundo?
3. Redenção – O que podemos fazer para consertar isso?

Esse método de análise é indispensável, pois capacitará cada um de nós a discernir e defender a verdade na qual acreditamos. Porque o Cristianismo é, acima de tudo, uma fé racional, solidamente baseada na experiência humana. Ele fornece uma cosmovisão que se encaixa na estrutura da realidade e nos capacita a viver em harmonia com essa estrutura.

Em uma nota pessoal, não posso deixar de mencionar que preparar essa seção sobre redenção foi uma das experiências mais gratificantes e emocionantes da minha carreira como escritor. O processo de comparar os vários falsos planos redentores que clamam por nossa atenção revelou ser algo de profunda afirmação de fé. E o que se tornou inconfundivelmente claro, à medida que estudávamos e escrevíamos, é que somente o Cristianismo oferece uma estratégia racional sobre como devemos viver no mundo real.

A seção final do livro, parte 5, aplica os princípios básicos da cosmovisão – criação, queda, redenção – para a restauração da cultura. Ela ilustra como podemos usar esses princípios como ferramentas, não somente para criticar as falsas cosmovisões que têm influenciado hoje, mas também para construir uma nova cultura. Examinando tudo, de política à educação, até as artes, damos exemplos de como a cosmovisão cristã provê uma maneira mais coerente e racional de viver no mundo – exemplos que provêem um plano detalhado de como se viver de acordo com a visão bíblica e renovar a cultura em qualquer área da vida onde Deus nos colocar.

Conquanto este livro contenha material sério e às vezes pesado, nós o escrevemos para pessoas leigas, num estilo que esperamos seja acessível. Por essa razão, incluímos histórias ao longo do livro para ilustrar os princípios em ação. Se você está interessado em uma abordagem mais erudita e profunda sobre as questões da cosmovisão, você encontrará uma boa seleção de leitura recomendada no final do livro.

Sentiremo-nos alegres se você for inspirado a ler os trabalhos nos quais nos baseamos mais pesadamente. Nossa fonte controladora, claro, é a Escritura. Além disso, estamos em débito com muitos que foram à nossa frente, sobre cujos ombros nos apoiamos, especialmente João Calvino, Abraham Kuyper, C. S. Lewis e Francis Schaeffer.[5] (Para uma lista mais completa, por favor, veja a seção de leitura recomendada no final do livro.) Vimos nossa tarefa não como um esforço precursor para produzir novas revelações teológicas ou para desvendar compreensões filosóficas escondidas, mas como uma tentativa de renovar verdades eternas. Certa vez C. S. Lewis escreveu que apesar de ele ser freqüentemente celebrado por oferecer pensamentos inovadores, seu único propósito era o de apresentar uma verdade antiga de forma que a geração contemporânea a pudesse entender. Esse tem sido nosso modesto objetivo também.

Ainda há tempo neste momento épico, no amanhecer do novo milênio, para reavivar o senso de esperança da igreja e para testemunhar da imutável verdade da revelação bíblica? Uma cultura pode ser reconstruída de maneira que todo o mundo possa ver em seu esplendor e glória os contornos do reino de Deus? Enfaticamente sim!! Realmente podemos fazer do ano 2000 o começo de uma nova estação da fé.

Para isso acontecer, todavia, devemos primeiramente atentar para a resposta que Deus deu ao clamor de seu povo: "Como então devemos viver?" Através do profeta Ezequiel, Deus admoestou a seu povo a se arrepender – voltar-se *dos* seus maus caminhos *em direção a* Ele – e a mostrar a seus vizinhos que a esperança deles estava na justiça e retidão de Deus.

A Palavra de Deus para nós hoje é precisamente a mesma. E para revelar o que a obediência a essa Palavra significa, começamos nossa jornada em um lugar estranho, no meio de um povo estranho, onde você irá primeiramente descer até o inferno e depois terá um vislumbre do céu. Nossa história inicial revela o padrão através do qual devemos redimir o mundo ao nosso redor.

Soli Deo Gloria
Charles W. Colson
Nancy R. Pearcey
Abril 1999
Washington, D.C.

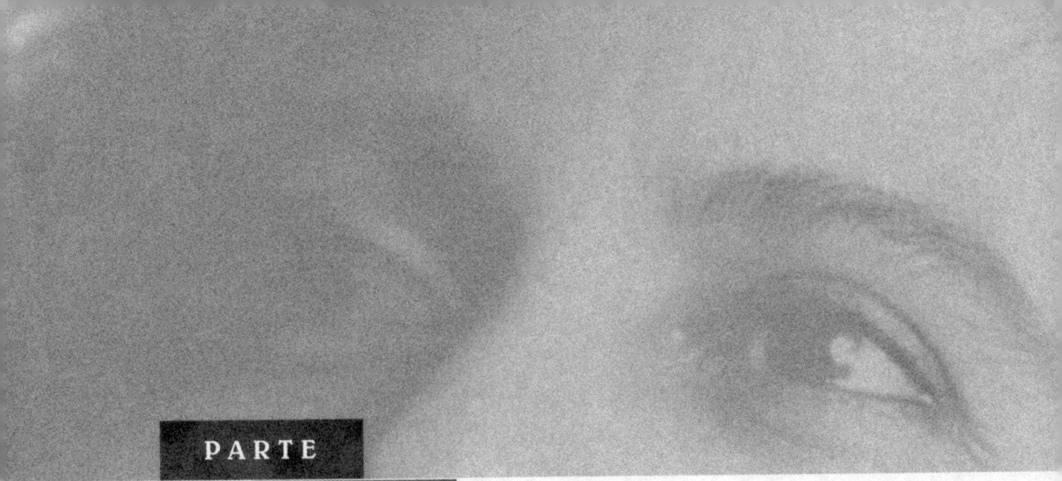

PARTE

UM

COSMOVISÃO: POR QUE ISSO É IMPORTANTE?

CAPÍTULO 1

UMA NOVA CRIATURA

No Equador, os picos dos Andes sobressaem mais de duas milhas adentro do ar rarefeito. Em suas entradas em forma de cratera, nas montanhas verdes entalhadas, está o velho centro colonial de Quito, com sua adornada arquitetura espanhola, cercada por edifícios de concreto. Grandes nuvens vindas das altas montanhas se acumulam sobre a cidade. Abaixo delas, casas bancárias em rosa e branco se espalham como pétalas na base das montanhas.

Vista do ar, Quito é uma orquídea exótica selvagem, que aparece repentinamente no meio da folhagem. Mas em seu centro está um lugar onde as duas forças que disputam pela submissão do coração humano se tornam dramaticamente visíveis em uma alegoria do bem e do mal, do céu e do inferno.

Em dezembro de 1995, viajei para Quito com um grupo de amigos da Prison Fellowship (no Brasil o ministério funciona com o nome de "Fraternidade Brasileira de Assistência aos Condenados") para visitar o deteriorado Presídio Garcia Moreno, que transferiu a responsabilidade por uma de suas alas para o ministério Prison Fellowship. No aeroporto nos encontramos com um dos homens mais notáveis que já conheci: Dr. Jorge Crespo de Toral, presidente do Prison Fellowship do Equador.

Apesar de estar agora com 75 anos, Crespo continua sendo uma imponente figura, alto e aristocrático, com cabelos grisalhos e características asperamente bonitas. Nascido na aristocracia e educado na lei, parecia destinado a uma vida de riqueza e poder. Ao invés disso, Jorge Crespo tornou-se um advogado trabalhador e assumiu a causa dos pobres, batalhando contra os monopólios que escravizavam os trabalhadores e enchiam os bolsos da elite dominante. Ele se tornou tão conhecido como o campeão da causa dos pobres, que durante um caso um proprietário gritou com ele: "Então, Dr. Crespo, você é nosso anjo da guarda?" De fato ele era, apesar de os industriais não quererem admiti-lo.

Durante a tumultuosa transição do Equador da ditadura militar para a democracia, Jorge Crespo foi preso duas vezes. Mas as forças democráticas prevaleceram, e nos anos sessenta, foi escolhido para ajudar a escrever a minuta da nova constituição do país. Ele também foi candidato na primeira eleição presidencial da nação, conseguindo um significativo terceiro lugar. No meio de tudo isso, Crespo achou tempo para escrever e publicar poesia, assim como crítica literária, ganhando uma bem merecida reputação como escritor e estadista.

Mas não foram suas realizações literárias ou políticas que me levaram ao Equador. Na época em que o conheci, Jorge Crespo tinha abandonado uma carreira pessoal na política e estava envolvido no que ele considerava a tarefa mais importante de sua vida: reformar o sistema de justiça criminal do Equador e suas prisões.

■ ■ ■

NUNCA ME ESQUECEREI do momento em que chegamos ao Presídio Garcia Moreno, no centro de Quito. As imagens e cheiros estão marcados indelevelmente em minha memória.

A torre barroca branca do presídio paira como um olho maligno, enquanto sua pesada cúpula parece estar desmoronando dentro do velho e espaçoso prédio. Jorge Crespo acotovelou-se pelo meio da multidão de esfarrapados que se agrupava do lado de fora – famílias esperando conseguir uma breve visita – e nos levou à entrada frontal, uma pequena porta no topo de uns poucos degraus. De cada lado dos degraus havia montes de lixo, deteriorando-se no calor, e o cheiro pútrido estava quase sufocante. Os degraus desiguais eram escorregadios em alguns lugares, o último degrau estava salpicado com sangue fresco.

"Alguém foi espancado e arrastado para o umbral", disse Crespo, balançando cabeça. Tais acontecimentos eram rotina no Garcia Moreno, acrescentou.

Passamos da rua ensolarada para os corredores escuros e estreitos da primeira seção da prisão, conhecida como o Pavilhão dos Detentos, onde Crespo apontou para muitas celas pretas em forma de buraco nas paredes de concreto. Essas eram as notórias câmaras de tortura. Elas não estavam mais em uso – graças a seu trabalho – mas permaneciam ali, como grotesca evidência de sua história sangrenta. Sabendo que o próprio Crespo estivera duas vezes preso nessa prisão, olhei para ele, imaginando que horrores essa imagem deveria trazer à sua mente. A certa altura seu autocontrole esvaiu-se, quando nos falou sobre uma cela de tortura que era na verdade um tanque de água; os prisioneiros eram mantidos ali até que sua carne começasse a apodrecer e se soltar dos ossos – um meio de extrair confissões.

Ao nos movermos, parecíamos estar descendo na escuridão, nossos olhos apertados para formar os contornos dos estreitos corredores, até que chegamos a uma série de celas que ainda estavam em uso. Elas eram parcamente iluminadas por pequenos feixes de luz, que penetravam através de minúsculos orifícios no alto das paredes de pedra calcária cobertas de mofo. Das paredes de cada cela pendiam quatro beliches, que não passavam de lajes de ferro. 12 presos dividiam cada cela, então os homens tinham que dormir em turnos ou então se estirar no chão imundo e coberto com esgoto transbordante. Não havia encanação, e o ar era fétido. A água era trazida para as celas em baldes; quando esvaziavam, esses mesmos baldes eram cheios de lixo e arrastados de volta para fora.

Eu estava aturdido. Estive em mais de seiscentas prisões em quarenta países, e essas ainda eram algumas das piores condições que já vira. Pior que o Acampamento Permanente 35, um dos mais notórios Gulags Soviéticos. Pior que prisões nos lugares mais remotos da Índia, Sri Lanka e Zâmbia. Ainda mais surpreendente, os prisioneiros aqui não haviam sido condenados por nenhum crime. As celas no Pavilhão dos Detentos eram para homens à espera de julgamento. No Equador, como em grande parte da América Latina, não há nenhuma pressuposição de inocência nem direito algum a um julgamento rápido. Um detento pode esperar por quatro ou cinco anos só para ir a juízo – e algumas vezes esperar ainda mais tempo, se não houver ninguém do lado de fora lutando por seus direitos, batendo quase que diariamente na porta de algum promotor ou pagando por fora a algum oficial. Há pessoas para serem subornadas em todas as instâncias. Em tal sistema, os pobres são impotentes, lançados em calabouços e facilmente esquecidos.

Os guardas nos induziram a passar apressadamente das celas para um pátio, onde podíamos ver presos aglomerados ao ar livre. O pátio era cercado por blocos de celas de muros altos e monitorado por guardas armados patrulhando dos parapeitos. Ao olharmos dentro do pátio pelo portão de barras de ferro, a imagem era tão surreal que senti como se tivesse sido transportado para uma cena de desespero humano tirada de um romance de Dickens. Os homens arrastavam os pés ao redor do pátio, muitos vestidos em trapos e com olhares distantes de desesperança em suas faces pálidas e cansadas.

Um grupo de mulheres com exagerada maquiagem e amontoadas contra um dos muros chamou minha atenção. "O que aquelas mulheres estão fazendo aqui?", perguntei a Crespo.

"Não há mulheres em Garcia Moreno", respondeu. "Quando começamos a trabalhar aqui, os pais algumas vezes traziam seus filhos para cá com eles, até garotinhas, porque não tinham ninguém mais para tomar conta. Mas agora temos uma casa para as crianças."

Confuso com a resposta, acenei com a cabeça na direção do muro. "Ali. Aquelas mulheres."

"Oh!", disse Crespo. "Aquelas são travestis e homens de programa. Geralmente ficam juntos para se protegerem dos outros presos."

Meu coração afundou. Verdadeiramente esse era um reino do mal. Era o inferno na terra.

Crespo começou a falar com o oficial de pé no portão, com quem parecia estar discutindo. Finalmente Crespo se virou para mim, encolheu os ombros e disse: "Sinto muito. O guarda diz que é impossível entrar lá. É muito perigoso."

"Diga a ele que nós insistimos, Jorge. Diga a ele que o ministro da Justiça nos prometeu acesso."

Não há dúvida que havia um pouco de bravata misturada em minha insistência inflexível, mas eu estava certo de que Deus nos tinha levado ali com um propósito. Crespo retomou sua animada conversa com o guarda até que o homem finalmente, balançando a cabeça em desgosto, abriu o portão.

No Novo Testamento, Jesus descreveu o portão para o céu como estreito, mas aquele portão para o inferno também era estreito. Nós só podíamos passar um de cada vez. Crespo pisou vividamente no pátio antes mesmo que eu conseguisse juntar meus pensamentos. Com o coração acelerado, entrei logo atrás dele.

Ao andarmos para o centro do recinto, a conversação parou, e os presos se viraram para nos olhar. Fiz uma oração silenciosa pedindo graça e comecei a falar. De imediato, os homens começaram a se mover em nossa direção arrastando os pés. Muitos deles estavam mancando; um homem que tinha apenas uma perna teve que ser ajudado por outro prisioneiro. Bem em minha frente estava um homem com uma cavidade ocular vazia e feridas abertas marcando seu rosto. Muitos tinham cachecóis cobrindo a maior parte de seus rostos, talvez para cobrir feridas ou para filtrar o mau cheiro.

Eis que de repente, apesar da miserável cena diante de mim, senti a mesma liberdade que experimentara milhares de vezes nos anos anteriores, não importa se em palácios, universidades, estúdios de televisão – mas especialmente em prisões. É aquela unção especial que Deus nos dá para comunicar o seu amor sem barreiras até pelas almas mais penosas. Nunca saberei quem respondeu ao convite de recebê-lo naquele dia, mas depois, vários homens vieram até nós, muitos sorrindo. Entretanto, ninguém quebrou a atmosfera sagrada de silêncio, o senso da presença de Deus, que parecia encher aquele pátio.

Enquanto eu apertava as mãos ou simplesmente tocava os ombros dos homens amontoados ao nosso redor, fiquei pensando na vez em que João Batista perguntou se Jesus era o Messias. "Ide e anunciai a João", respondeu Jesus, que "os cegos vêem, e os coxos andam... e aos pobres é anunciado o evangelho" (Mateus 11.4-5).

■ ■ ■

O SILÊNCIO SANTO permaneceu enquanto os guardas nos conduziam para fora do pátio pelo pesado portão de ferro até outro corredor escuro. Crespo nos disse que estávamos nos aproximando da área que havia sido transformada em Prison Fellowship. Atravessamos uma porta larga e fomos conduzidos a um bloco de celas muito grandes de três fileiras.

De repente, saímos da escuridão e pisamos em um lugar cheio de luz radiante.

"Esse é o Pavilhão C", Crespo disse orgulhosamente, com um sorriso enorme no rosto.

Bem no fim do corredor, havia algo parecido com um altar, com uma grande silhueta de cruz contra a parede de concreto pintada em cor brilhante. Reunidos em uma área aberta antes do altar estavam mais de duzentos prisioneiros, que se levantaram de suas cadeiras, cantando e aplaudindo. Alguns tocavam violões. Todos ardiam em alegria e entusiasmo. Em questão de segundos, estávamos cercados, e os prisioneiros começaram a nos abraçar como irmãos separados há muito tempo.

No Pavilhão C, os voluntários do Prison Fellowship e os líderes prisioneiros proviam rigorosa instrução na fé cristã e desenvolvimento do caráter para os presos que eram trazidos de outros pavilhões, incluindo o Pavilhão dos Detentos. Cultos de adoração regulares eram conduzidos por uma variedade de ministros. Essa era uma comunidade santa, uma igreja como nenhuma outra que já tenha visto.

Jorge Crespo chamou rapidamente a minha atenção de que o Pavilhão C era somente uma parada no caminho, um lugar de preparação. O destino último seria a Casa de San Pablo (Casa de São Paulo), assim nomeada por causa do aprisionamento de Paulo na cadeia filipense (ver Atos 16.22-34). Era uma ala da prisão para aqueles que haviam sido recebidos à plena comunhão cristã e que ministravam para o resto dos prisioneiros. Crespo nos apressou para ver isso.

Como o Pavilhão C, a Casa de San Pablo era muito limpa, com a beleza adicional de chão azulejado e dormitórios separados, mobiliados com beliches de madeira feitos pelos prisioneiros. Embaixo de um lance de escadas, os presos haviam separado um pequeno quarto de oração contendo somente um banco com uma cruz. Por causa do teto baixo, os homens tinham que se inclinar ao entrar na sala e permanecer de joelhos lá dentro. O quarto de oração era usado o dia todo.

Símbolos cristãos estavam em todo lugar, e eu momentaneamente esqueci que estava em uma prisão. De fato, aquele lugar não era chamado de prisão, mas de "o Lar" e era habitado não por prisioneiros, mas por "residentes".

A maneira pela qual "o Lar" veio à existência é nada menos que milagrosa. Quando Crespo inicialmente propôs às autoridades assumir uma ala da prisão, essas instalações foram consideradas inúteis até mesmo pelos padrões do Presídio Garcia Moreno. A luminosa e fresca sala principal onde agora estávamos, Crespo nos disse, costumava ser pouco mais do que uma cova, escura e sem iluminação, coberta de teias de aranhas. Mas quando ele conseguiu o aval, os prisioneiros cristãos e um exército de voluntários das igrejas locais foram trabalhar com pás e ferramentas. Comerciantes trabalharam gratuitamente, assim como empreiteiros locais. Muitas igrejas levantaram dinheiro. E supervisionando tudo isso estava a figura alta e imponente do próprio Jorge Crespo, o visionário que podia ver o que os outros não podiam – uma igreja dentro de uma prisão. Levou anos de suor e trabalho sacrificial – e uma adulação sem fim de Crespo para com os oficiais – mas finalmente a visão tornou-se realidade.

Naquela tarde, quando nos reunimos com os residentes na sala de reuniões, percebi que as janelas só eram gradeadas de um lado: o lado que dava para a prisão principal. As janelas que davam para a rua eram abertas – um símbolo poderoso de confiança e esperança.

A sala de reuniões era dominada por um mural enorme, pintado na parede principal pelos próprios prisioneiros, retratando a liberdade emergente da vida em Cristo. À esquerda, uma figura esfarrapada se encolhia em uma sombra azul de desespero. A figura seguinte se voltava para o sol nascente, e a próxima viajava em direção a ele. Finalmente, uma figura levantava suas mãos ao céu em louvor ao Criador. Os homens no salão sabiam exatamente o que aqueles símbolos significavam, porque eles já haviam sido exatamente como os homens no Pavilhão dos Detentos, sem esperança e condenados ao apodrecimento, como lixo. Mas agora são novas criaturas em Cristo.

Enquanto adorávamos juntos, muitos homens davam testemunhos comoventes. "Vir a esta prisão foi a melhor coisa que já me aconteceu", disse um homem, que havia sido operoso traficante de alta posição em um cartel de drogas. "Eu encontrei a Jesus aqui. Não me importo se vou sair algum dia. Eu só quero é que outros saibam que este lugar não é o fim. Há esperança. Deus pode mudar-nos, mesmo aqui – *especialmente* aqui."

Os prisioneiros não tinham nenhuma distinção denominacional. Os estudos bíblicos eram dirigidos por ministros protestantes e pelo capelão residente. Eles amavam ao mesmo Senhor, estudavam a mesma Palavra. Era o tipo de comunhão que todos desejam (mas dificilmente encontram) em nossas confortáveis igrejas. Talvez somente aqueles que chegaram às profundezas do desespero e depravação podem entender plenamente a futilidade da vida sem Cristo e podem, assim, aprender a amar os outros da maneira que Jesus ordenou.

O capelão resumiu isso melhor, falando em sua charmosa cadência irlandesa. "Eu nunca aprendi sobre Deus no seminário", ele disse, abraçando Jorge Crespo. "Eu aprendi sobre Deus através deste homem."

Nós, também, aprendemos sobre Deus através desse homem e da transformação que ele tinha ajudado a pôr em funcionamento naquele lugar. Desde o momento em que entramos no Garcia Moreno, não andamos muito longe em termos físicos – meros metros, mas em termos espirituais, tínhamos feito uma grande jornada: do inferno do Pavilhão dos Detentos, até o Pavilhão C, uma analogia da Igreja aqui na terra com suas lutas, e então, até o Lar, um antegozo do céu. Um mundo transformado em um único prédio. Isso não era nada menos que milagroso.

▪ ▪ ▪

Como tal transformação foi possível? Tudo começou muitos anos antes, quando Jorge Crespo estava deixando sua carreira na política. Num domingo, na igreja, sua esposa, Laura, foi tocada por algo que o pregador dissera em seu sermão.

"E se a gente realmente vivesse o que dizemos que acreditamos?", ela cochichou para seu marido.

Crespo sorriu, porque há muito vinha ponderando sobre perguntas similares. E pela primeira vez foi golpeado com força total pelo fato de que sua fé não era apenas uma questão pessoal, mas uma estrutura para toda a vida. Tudo o que ele fazia – seu trabalho literário, seu trabalho político e seu trabalho em benefício dos pobres – tinha que ser motivado pela verdade de Deus.

Uma oportunidade de colocar suas convicções em ação veio em 1984, quando Javier Bustamante, o diretor regional do Prison Fellowship, visitou Quito e persuadiu Crespo a começar um ministério para levar Cristo aos prisioneiros e reformar o sistema de justiça criminal do Equador. Uma caminhada pelo Pavilhão dos Detentos no Garcia Moreno convenceu Crespo. Ele ficou horrorizado com as condições imundas e subumanas, a escuridão, a falta de esperança e o desespero. Contra as precauções das autoridades, exigiu entrada em algumas das celas de punição, onde os homens rapidamente o reconheciam e o cercavam com apelos por ajuda. A maioria deles estava ali havia meses, alguns havia anos.

Quando Crespo e Bustamante pisaram na rua ensolarada, ele disse: "Tudo bem. Eu liderarei o esforço."

O grande trabalho de Jorge Crespo havia começado. Ele tinha 61 anos de idade.

Crespo começou a fazer campanha na Legislatura Nacional (correspondente no Brasil ao Congresso Nacional) para reforma da justiça criminal. No Equador o dizer era: "As rodas da justiça rangem lentamente e às vezes precisam ser lubrificadas", querendo afirmar que a maioria dos detentos tinha que subornar os juízes para verem seus casos irem a julgamento. Os juízes arrazoavam que, por serem mal pagos, mereciam tais recompensas. Mas a Legislatura, observando a corrupção, recusava-se a votar melhores salários. Assim, os que iam presos se achavam em uma armadilha, e aqueles que não podiam pagar os subornos simplesmente definhavam nas prisões durante anos.

Crespo argumentou que o direito a um julgamento rápido constituía uma das marcas da democracia, e sua intercessão persistente foi finalmente recompensada, quando foi aprovada a lei que garantia a todo detento um julgamento em três anos. (Essa lei ainda espera para ser consistentemente observada, mas a sua aprovação dá aos prisioneiros em todo o Equador uma vitória legal significativa.) Ainda assim, sua realização principal, como já vimos, foi a criação de uma prisão baseada nos princípios cristãos.

O Pavilhão C era um "acampamento espiritual", preparando seus residentes para a vida na Casa de San Pablo, ou o Lar. E não havia guardas no Lar; a segurança era mantida exclusivamente pelos conselheiros internos e externos. Aos prisioneiros era permitido sair com licenças temporárias para consultas médicas ou outros negócios urgentes; eles também ajudavam a manter o trabalho no Pavilhão C e entre a população geral da prisão. Crespo acreditava que o poder transformador de Cristo poderia mudar um antigo criminoso de tal maneira que ele até aceitaria a responsabilidade por seu próprio aprisionamento.

Mas o experimento de Crespo não aconteceu sem oponentes. Muitos dos "experts" em reabilitação do Equador, os burocratas que dirigiam os sistemas das prisões, sentiam-se ofendidos com as desagradáveis comparações agora evidentes entre o elogioso trabalho do Prison Fellowship e o deles. Além do mais, os guardas que dirigiam o comércio negro do Garcia Moreno se rebelaram por ter suas atividades do dia-a-dia expostas aos voluntários cristãos que constantemente entravam no prédio. Quanto tempo levaria até que seus empreendimentos lucrativos fossem expostos a algo mais do que um exame inadvertido? Como resultado, os guardas começaram a perseguir os voluntários e a confiscar suprimentos.

Problemas desse tipo haviam sido tramados desde os primeiros esforços de Crespo na prisão. Mas com a abertura do Lar, a campanha para sabotar o trabalho se tornou mais agressiva.

No início de 1995, os guardas, após cumprimentarem dois residentes do Lar, um canadense e um israelense que retornavam de uma manhã de licença para consultas médicas, encaminharam-nos para o escritório do diretor. Lá foi-lhes dito que o Lar havia sido fechado e que eles iriam retornar à prisão regular.

Os dois homens estavam horrorizados. O diretor sugeriu que eles simplesmente escolhessem a forma mais fácil e fossem embora. Os homens recusaram e exigiram ver Crespo, mas o diretor começou a preencher uma ficha.

"Estou preenchendo um relatório da fuga de vocês", ele disse, e fez com que os dois prisioneiros fossem lançados fora da prisão. Os homens não tinham opção, senão "escapar".

Em pouco tempo um grupo de resgate estava a caminho. As embaixadas canadense e israelense foram atraídas para o problema, garantindo que esse não seria um incidente menor. Mas o real intento do diretor se tornou claro quando um relatório policial indicou Crespo como um cúmplice da fuga, acusando-o de negligência por permitir que os prisioneiros saíssem. Autoridades hostis tiraram proveito da oportunidade para suspender o ministério na prisão, ameaçando levar os residentes de volta para o Pavilhão dos Detentos.

O diretor tinha feito bem o seu trabalho, e todos os relatórios oficiais batiam na mesma tecla. Parecia ser um caso aberto e encerrado.

Providencialmente, o testemunho de um prisioneiro liberto, um homem que havia sido levado a Cristo por Crespo, criou a primeira quebra na sólida infantaria dos oficiais que estavam determinados a afundar o projeto e colocar Crespo atrás das grades. O prisioneiro, segundo veio à tona, era amigo de um alto oficial do governo, e logo se espalhou que Crespo não estava de maneira nenhuma envolvido em nada daquilo. As negociações começaram com o chefe da polícia, o ministro do governo e os promotores.

Foi durante essas negociações que eu fiz a visita ao Garcia Moreno descrita neste capítulo. Naquela época Crespo me disse que realmente achava que seria enviado à prisão; ainda assim, nem por um momento pensou em voltar atrás, nem em sua campanha dos direitos humanos nem em seu ministério na prisão.

"Eu sei por que Jesus Cristo vive em meio aos pobres", ele disse aos residentes do Lar naqueles dias cheios de tensão. "Eu sei por que ele se tornou pobre para servir a humanidade. Somente os pobres são ricos em misericórdia. Somente os pobres não possuem nada – nada além de gratidão."

"O que quer que aconteça, quer eu seja preso mais uma vez, quer eu seja separado de minha família como vocês foram, quer o trabalho seja prejudicado; e sejamos separados uns dos outros, nunca seremos separados do amor de Cristo. Nem altura nem profundidade, nem poder humano, pode separar-nos desse amor!"

■ ■ ■

AO FINAL DE TUDO, a conspiração para destruir o trabalho de Crespo e colocá-lo atrás das grades foi descoberta e, em maio de 1997, todas as acusações contra ele foram retiradas. E, nos anos seguinte, desde a nossa visita, o Presídio Garcia Moreno tem-se tornado uma parábola ainda mais evidente do Reino de Deus trabalhando em meio a um mundo caído. Apesar de os guardas e os oficiais do Governo ainda perseguirem a Crespo (o trabalho ainda foi suspenso uma segunda vez), progressos enormes continuam a ser feitos.

Ao cuidar da flor da justiça, a qual estava uma vez no mais maligno dos jardins, ao viver a realidade de ser uma nova criatura em Cristo, Jorge Crespo ajudou a criar um mundo novo para outros. E as forças do inferno estão sendo derrotadas pelo poder do céu.

CAPÍTULO 2

O CRISTIANISMO É UMA COSMOVISÃO

Quando a batalha cósmica (de Cristo) chegou ao fim, os céus estremeceram... pedras se partiram, e o mundo poderia ter perecido... E então quando Ele ascendeu, seu divino espírito deu vida e força ao mundo cambaleante, e todo o Universo tornou-se estável mais uma vez, como se os braços abertos, a agonia da Cruz, tivesse de alguma maneira entrado em todas as coisas.

S. HIPÓLITO

A maneira como vemos o mundo pode mudar o mundo. Jorge Crespo e seu trabalho no Garcia Moreno são uma prova viva disso. O contraste gritante entre a escuridão infernal do Pavilhão dos Detentos e o brilho esfuziante do Lar é uma lembrança completa de como nossas próprias escolhas morais e espirituais são percebidas no mundo. Em toda ação, estamos fazendo uma de duas coisas: ou estamos ajudando a criar o inferno na terra ou trazendo para cá o antegozo do céu. Ou estamos contribuindo para a condição despedaçada do mundo ou estamos participando com Deus na transformação do mundo para refletir a sua justiça. Ou estamos fazendo avançar o regime de Satanás ou estamos estabelecendo o Reino de Deus.

As forças malignas que criaram o inferno do Pavilhão dos Detentos são as mesmas que devastam famílias, cidades e culturas inteiras ao redor do globo. Ao contrário, a força divina que trouxe vida nova aos tristes prisioneiros é a mesma que pode renovar pessoas em qualquer lugar. Como isso acontece? A renovação pode acontecer quando cristãos estão comprometidos a viver sua fé, vendo o mundo como Deus o vê. Jorge Crespo viu os prisioneiros arrasados do Garcia Moreno como cidadãos potenciais do Reino de Deus, e ele ajudou a criar um pedaço daquele Reino até mesmo numa prisão em trevas.

Nossas escolhas são formadas pelo que acreditamos ser real e verdadeiro, certo e errado, bom e bonito. Nossas escolhas são formadas pela nossa cosmovisão ou "visão de mundo".

O termo cosmovisão talvez soe meio abstrato ou filosófico, um assunto a ser discutido por professores fumantes de cachimbo, vestidos em jaqueta de tecido grosso, em um cenário acadêmico. Mas na verdade a cosmovisão de uma pessoa é algo intensamente prático. É simplesmente a soma total de suas crenças sobre o mundo, o "grande desenho" que dirige as suas decisões e ações diárias. E entender as cosmovisões é extremamente importante.

Nossa maior tarefa na vida é descobrir o que é verdadeiro e viver de acordo com essa verdade. Como vimos anteriormente, toda cosmovisão pode ser analisada pela maneira como responde a três perguntas básicas: De onde viemos, e quem somos nós *(criação)*? O que deu errado com o mundo *(queda)*? E o que podemos fazer para consertar isso *(redenção)*? Estas três perguntas formam uma grade que podemos usar para quebrar a lógica interna de todo sistema de crença ou filosofia que encontrarmos, dos livros escolares em nossas salas de aula até as filosofias implícitas que dão forma à mensagem que ouvimos no programa de auditório de *Oprah Winfrey*. Neste livro mostraremos a você como aplicar esta grade de três partes para criticar cosmovisões não-bíblicas, enquanto estaremos ao mesmo tempo emoldurando uma cosmovisão bíblica sobre qualquer aspecto, da vida familiar à educação, da política à ciência, da arte à cultura popular.

A base da cosmovisão cristã, é claro, é a revelação de Deus nas Escrituras. Ainda assim, tristemente, muitos crentes não conseguem entender que as Escrituras são intencionadas para ser a base de toda a vida. Nos séculos passados, o mundo secular estabeleceu uma dicotomia entre ciência e religião, entre fato e valor, entre conhecimento objetivo e sentimento subjetivo. Como resultado, os cristãos costumam pensar em termos da mesma falsa dicotomia, permitindo que nosso sistema de crença seja reduzido a pouco mais que sentimentos e experiências privados, completamente divorciado dos fatos objetivos.

Os evangélicos têm sido particularmente vulneráveis a essa visão estreita, por causa de sua ênfase no comprometimento pessoal. Por um lado, essa tem sido a maior força do movimento, trazendo milhões a um relacionamento pessoal com Cristo. Algum lugar na maioria de nossas jornadas espirituais é uma trilha poeirenta, como certamente o foi na minha. Eu me lembro tão bem como se fosse ontem, daquela noite abafada de verão em 1973, em meio ao escândalo *Watergate*, quando eu, um antigo capitão da marinha – freqüentemente chamado de "o mais duro dos homens duros de Nixon", o "homem machadinha da Casa Branca", aquela pessoa encarregada de destruir coisas e realizar as tarefas mais desagradáveis em nome do presidente – me desmanchei em lágrimas e clamei a Deus.[1] Sem aquele encontro com Cristo e as garantias de seu perdão, eu teria sido sufocado no mau cheiro do meu próprio pecado. Minha alma nunca teria encontrado descanso.

Mas a ênfase demasiada no relacionamento pessoal pode ser também a maior fraqueza de nós, evangélicos, porque pode impedir-nos de ver o plano de Deus para a nossa vida além do ponto da salvação pessoal. O Cristianismo genuíno é mais do que relacionamento com Jesus, tanto quanto se expressa em piedade pessoal, freqüência à igreja, estudo da Bíblia e obras de caridade. É mais do que discipulado, mais do que acreditar em um sistema de doutrinas sobre Deus. O Cristianismo genuíno é uma maneira de ver e compreender *toda* a realidade. É uma cosmovisão, uma visão de mundo.

A base bíblica para esse entendimento é a narrativa da criação, onde nos é dito que Deus falou e tudo veio a existir do nada (ver Gênesis 1 e João 1.1-14). Tudo o que existe veio à existência mediante o seu comando, e é por essa razão sujeito a Ele, encontrando propósito e sentido nEle. A implicação é que em todo assunto que investigamos, desde ética econômica até ecologia, a verdade só é encontrada em conexão com Deus e sua revelação. Deus criou o mundo natural e as leis naturais. Deus criou os nossos corpos e as leis morais que nos mantêm saudáveis. Deus criou as nossas mentes e as leis da lógica e da imaginação. Deus nos criou como seres sociais e nos deu os princípios para instituições sociais e políticas. Deus criou um mundo de beleza e princípios de criação estética e artística. Em toda área da vida, conhecimento genuíno significa discernir as lei e ordenanças pelas quais Deus estabeleceu a criação, e então permitir que essas leis modelem a maneira pela qual devemos viver.

Como diziam os pais da igreja, toda verdade é verdade de Deus.

Além do mais, a verdade compreensiva é incorporada em Cristo, que é o nosso Salvador e ainda muito mais do que isso. No primeiro capítulo do Evangelho de João, Cristo é chamado o *logos* (João 1.1). No grego, *logos* literalmente significa a idéia, a palavra, o padrão racional da criação, a ordem do Universo. O apóstolo Paulo desenvolve isso da seguinte forma: "porque nele foram criadas todas as coisas que há nos céus e na terra, visíveis e invisíveis...; tudo foi criado por ele e para ele. E ele é antes de todas as coisas, e todas as coisas subsistem por ele"

(Colossenses 1.16-17). O próprio Jesus é a palavra que Deus falou para criar o mundo.

Talvez a reivindicação mais surpreendente que Jesus fez é: "Eu sou o caminho, e a verdade, e a vida" (João 14.6). Jesus é a origem e o fim de todas as coisas, o Alfa e o Ômega. Nada faz sentido à parte dEle. Nada existe sem Ele. Ele é o agente da criação, o autor de tudo o que é e que será. Cristo é o Senhor sobre toda a criação, da alma humana até o vasto cosmos (ver Salmos 2; 8; 110; Filipenses 2.5-11).

Quando verdadeiramente compreendemos isso, somos compelidos a ver que a fé Cristã não pode ser reduzida a João 3.16 ou a simples fórmulas. O Cristianismo não pode ser limitado a apenas um componente de nossas vidas, uma mera prática religiosa, ou observância, ou ainda a uma experiência de salvação. Somos compelidos a ver o Cristianismo como a verdade abrangente, a raiz de tudo o mais. Essa é a realidade definitiva e final.

NÃO CUSPINDO CONTRA O VENTO

Entender o Cristianismo como um sistema total de vida é absolutamente essencial, por duas razões. Primeiro, nos capacita a dar sentido ao mundo em que vivemos e assim ordenar nossas vidas mais racionalmente. Segundo, nos capacita a entender as forças hostis à nossa fé, equipando-nos para evangelizar e defender a verdade cristã como o instrumento de Deus para transformar a cultura.

Porque o mundo foi criado por um ser inteligente e não por acaso, ele tem uma ordem inteligível. Como escreveu Abraham Kuyper: "Toda vida criada necessariamente carrega dentro de si uma lei para sua existência, instituída pelo próprio Deus".[2] A única maneira de viver uma vida racional e saudável é verificar a natureza dessas leis e ordenanças divinas e então usá-las como base de como deveríamos viver. Temos a tendência de entender esse princípio muito bem quando se trata da ordem física. Sabemos que certas leis existem no mundo físico e que se desafiarmos essas leis, pagaremos um alto preço. Ignorar a lei da gravidade pode ter conseqüências bem desagradáveis, se acontecer de estarmos andando na beira de um penhasco. Viver em desafio às leis físicas conhecidas é o máximo da tolice.

Mas isso não é diferente com as leis morais que prescrevem o comportamento humano. Assim como certas ações físicas produzem reações previsíveis, alguns comportamentos morais produzem conseqüências previsíveis. O adultério pode ser retratado como algo glamouroso por

Hollywood, mas isso invariavelmente produz raiva, ciúme, relacionamentos desfeitos e até violência. Desafiar as leis morais pode ainda levar à morte, quer seja o motorista bêbado que mata uma mãe a caminho da loja, ou um viciado em drogas que contrai e espalha o vírus da AIDS. Nenhuma transgressão da lei moral ocorre sem conseqüências dolorosas.

Se queremos viver vidas saudáveis e equilibradas, é melhor conhecermos as leis e ordenanças através das quais Deus estruturou a criação. E pela razão de elas serem as leis de nossa própria natureza interior, Kuyper observa que as experimentaremos, não como restrições externas opressivas, mas como "um guia através do deserto", garantindo a nossa própria segurança.[3]

Esse entendimento das leis da vida é o que as Escrituras chamam de sabedoria. "Sabedoria na Escritura é, amplamente falando, o conhecimento do mundo de Deus e a habilidade de se moldar a ele", diz o professor Cornelius Plantinga, do Calvin College. Uma pessoa sábia é aquela que conhece as fronteiras e os limites, as leis, os ritmos e estações da ordem criada, tanto no mundo físico como no mundo social. "Ser sábio é conhecer a realidade e então se ajustar a ela." Por contraste, aqueles que se recusam a acomodar-se às leis da vida são não somente imorais, mas também tolos, não importa quão bem educados sejam. Eles falham em reconhecer a estrutura da criação e estão constantemente em disparidade com a realidade: "Tolice é um obstinado nadar contra a correnteza do Universo... cuspir contra o vento... colorir fora das linhas da tela".[4]

Precisamente. Negar a Deus é cegar-nos a nós mesmos para a realidade, e a conseqüência inevitável é que iremos nos chocar contra a realidade de maneiras dolorosas, assim como um motorista vendado irá bater em outros ou sair da estrada. Fazemos a reivindicação ousada de que cristãos sérios realmente vivem vidas mais felizes, mais realizadas, vidas mais produtivas em quase todas formas que pudermos medir. (Estudos estão começando a revelar isso, como veremos mais adiante.) Isso simplesmente faz sentido. Alguém que aceita os contornos e limites da ordem física e moral não se associa à tolice – quer seja pisando fora em um penhasco ou cometendo adultério ou dirigindo bêbado.

A VERDADEIRA GUERRA CULTURAL

Nosso chamado não é somente para ordenar nossas próprias vidas pelos princípios divinos, mas também comprometer em transformar o mundo, como fez Crespo. Devemos cumprir a Grande Comissão e a comissão cultural. Somos ordenados a pregar as boas novas e a trazer todas as coisas à submissão da ordem de Deus, defendendo e vivendo a verdade de Deus nas condições históricas e culturais únicas de nossa era.

Comprometer-nos com o mundo, todavia, requer que entendamos as grandes idéias que competem pelas mentes e pelos corações das pessoas. O filósofo Richard Weaver expressa esse conceito no título de seu famoso livro: "Ideas Have Consequences" (Idéias Têm Conseqüências).[5] São as grandes idéias que informam a mente, incendeiam a imaginação, movem o coração e dão forma à cultura. A história é um pouco mais do que o registro do surgimento e queda de grandes idéias – as cosmovisões – que formam nossos valores e nos levam à ação.

Uma fraqueza debilitadora nos evangélicos modernos é que estamos enfrentando conflitos culturais de todos os lados sem nos dar conta de que a própria guerra está ao nosso redor. Não identificamos as cosmovisões que jazem na raiz do conflito cultural – e essa ignorância condena os nossos melhores esforços.

A guerra cultural não é só sobre aborto, direitos dos homossexuais, ou o declínio da educação pública. Esses são apenas os conflitos. A verdadeira guerra é uma luta cósmica entre a cosmovisão cristã e as várias cosmovisões seculares e espirituais que estão em ordem de combate contra ela. Isso é o que devemos entender se vamos ser efetivos tanto em evangelizar nosso mundo hoje, como em transformá-lo para refletir a sabedoria do Criador.

CAPÍTULO 3

COSMOVISÕES EM CONFLITO

Sair do barbarismo para a civilização leva um século; da civilização ao barbarismo basta apenas um dia.

Will Durant

O mundo é dividido não tanto pelos limites geográficos mas sobretudo pelas tradições religiosas e culturais, pelas crenças mais profundas que as pessoas possuem – através de cosmovisões. Assim argumentou o distinto erudito de Harvard, Samuel Huntington, em célebre artigo publicado há alguns anos.[1] E os cristãos concordariam. Por sermos essencialmente criaturas religiosas, nossas vidas são definidas mais agudamente por nossas crenças últimas do que por qualquer outro fator. O drama da história encerra cada ato ao longo das fronteiras dos grandes sistemas de crenças, à medida que eles se enfraquecem e passam.

Mas se é assim, o que isso nos diz sobre as divisões no mundo hoje? Onde está o conflito mais amargo das civilizações?

Huntington predisse um conflito entre as cosmovisões das três mais tradicionais civilizações: o mundo ocidental, o mundo islâmico e o leste confucionista. Mas um de seus ex-alunos, o cientista político James Kurth, discordou dele afirmando que o conflito mais significativo seria na própria civilização ocidental – entre os adeptos do modelo judaico-cristão e aqueles a favor do pós-modernismo e do multiculturalismo.[2]

Acredito que Kurth está certo. A razão pela qual esse conflito dentro da cultura ocidental é tão importante é porque a cultura ocidental deve em breve dominar o globo. A tecnologia da informação está rapidamente atravessando as barreiras tradicionais da geografia e fronteiras nacionais. A queda da cortina de ferro abriu uma grande área do mundo para as idéias ocidentais. As sociedades asiáticas e islâmicas acham que não podem mais se isolar do influxo dos livros, filmes e programas de televisão ocidentais. Em Cingapura, conheci um ministro cristão do governo, o qual lamentava que, em razão de os asiáticos associarem o ocidente ao Cristianismo, a enchente de obscenidades do mundo ocidental está tornando difícil o testemunho cristão. Ao redor do globo, muitas pessoas estão reclamando sobre o que um político francês descreveu como uma "invasão cultural americana".[3]

Como resultado, as pessoas em todos os lugares se debatem com as mesmas perguntas que enfrentamos nos Estados Unidos. Na África, um dos líderes cristãos mais respeitados do continente pediu permissão para reimprimir transcritos do meu programa de rádio, *BreakPoint* (em português, algo como: o ponto limite). Apesar de o programa se voltar para a audiência americana, ele achou que as temáticas são as mesmas com as quais tem lidado na África. Outro líder cristão africano me disse que as noções ocidentais de multiculturalismo estão sendo usadas para justificar o tribalismo, e que a igreja local sente-se confusa sobre como opor-se a essa força causadora de divisão. Como pessoas no Paquistão entram em contato via internet com pessoas na Pensilvânia, a guerra da cultura ocidental está crescentemente invadindo outras nações.

A conclusão lógica é que a nossa própria efetividade em defender e contender pela verdade tem repercussões ao redor de todo o globo. Cristãos ocidentais deveriam levar a sério o entendimento da fé bíblica como uma cosmovisão compreensiva e mostrar como ela se coloca diante dos desafios de nossa era.

CRISTIANISMO *VERSUS* NATURALISMO

Qual é o maior desafio hoje? Nas categorias mais amplas, o conflito de nosso dia é o teísmo contra o naturalismo. *Teísmo* é a crença de que há um Deus transcendente que criou o Universo; *naturalismo* é a crença de que causas naturais sozinhas são suficientes para explicar tudo o que existe. As questões mais fundamentais refletem essas categorias: A realidade última é Deus ou o cosmos? Há um reino espiritual, ou a natureza é tudo o que existe? Deus falou e revelou sua verdade a nós, ou a verdade é algo que temos que achar, ou até inventar para nós mesmos? Há um propósito para as nossas vidas, ou somos acidentes cósmicos emergindo da lama?

Esses dois sistemas principais são, em última instância, diametralmente opostos; e se vamos defender nossa fé efetivamente, devemos entender suas implicações por completo. Naturalismo é a idéia de que a natureza é tudo o que existe, que a vida surgiu de uma colisão de átomos por acaso, evoluindo mais tarde para a vida humana como a conhecemos hoje. No sentido mais amplo, naturalismo pode até incluir certas formas de religião – aquelas em que o espiritual é concebido como totalmente inerente à natureza, como as religiões neopagãs e a Nova Era. Em contraste, o Cristianismo ensina que há um Deus transcendente que existe antes de o mundo vir a existência, que Ele é a origem última de todas as coisas. O Universo é dependente a todo momento de seu governo e cuidado providencial.

Relativismo Moral. Na moralidade, o naturalismo resulta em relativismo. Se a natureza é tudo o que há, então não há uma fonte transcendente de verdade moral, e podemos construir nossa própria moralidade. Todo princípio é reduzido a uma preferência pessoal. Em contraste, os cristãos acreditam em um Deus que tem falado, que revelou um padrão absoluto e imutável de certo e errado, baseado, em última instância, em seu próprio caráter santo.

Multiculturalismo. Como conseqüência do relativismo, os naturalistas tratam toda as culturas como moralmente equivalentes, cada uma meramente refletindo sua própria história e experiência. Tendências contemporâneas como pós-modernismo e multiculturalismo estão profundamente enraizadas no naturalismo, pois se não há nenhuma força transcendental de verdade ou moralidade, então achamos nossa identidade somente em nossa raça, gênero ou grupo étnico. Mas os cristãos jamais poderiam igualar a verdade com a perspectiva limitada de nenhum grupo. A verdade é a perspectiva de Deus, como revelada nas Escrituras. Por essa razão, enquanto apreciamos a diversidade cultural, insistimos na propriedade de julgar práticas particulares de culturas como certas ou erradas. Além do mais, os cristãos consideram a tradição e a herança ocidentais como dignas de serem defendidas; isto é, na medida em que elas tenham sido historicamente formadas por uma cosmovisão bíblica.

Pragmatismo. Desde que os naturalistas negam quaisquer padrões transcendentes de moral, eles tendem a fazer uma abordagem pragmática da vida. O pragmatismo diz: O que funcionar melhor é o certo. Ações e métodos são julgados somente sob base utilitarista. Em contraste, o cristão é um idealista, julgando ações não pelo que dá certo, mas pelo que deve ser, baseado em padrões objetivos.

Utopia. Os naturalistas geralmente abraçam a noção iluminista de que a natureza humana é essencialmente boa, o que leva ao utopismo. O utopismo diz: Se tão somente criarmos as estruturas sociais e econômicas certas, podemos ser conduzidos a uma era de harmonia e prosperidade. Mas os cristãos jamais poderão legitimar os projetos utópicos. Sabemos que o pecado é real, que tem distorcido a natureza humana profundamente, e que nenhum de nossos esforços pode criar o céu aqui na terra. O céu é uma esperança escatológica que será cumprida somente com a intervenção divina no fim da história. Nesse meio tempo, a tendência humana para a maldade e a desordem deve ser controlada por lei e tradição.

Perspectiva deste mundo. Os naturalistas só consideram o que acontece neste mundo, nesta época, nesta vida. Mas os cristãos vêem as coisas sob perspectiva eterna. Tudo o que fazemos agora tem significado eterno, porque um dia haverá julgamento, e então se tornará evidente que nossas escolhas na vida tiveram conseqüências que durarão por toda a eternidade.

O CRISTIANISMO NUMA ERA PÓS-CRISTÃ

Se queremos fazer diferença em nosso mundo, devemos compreender profundamente essas visões contrárias da realidade, pois elas são a raiz de nossa crise cultural. A cosmovisão dominante hoje é a do naturalismo, que criou uma cultura pós-cristã e pós-moderna. Quando dizemos pós-cristã, não estamos querendo afirmar que os ocidentais não mais professam ser cristãos nem freqüentam mais a igreja. Para falar com franqueza, como é notório, a maioria faz ambas as coisas. Antes, o que queremos dizer com pós-cristã é que a maior parte das culturas ocidentais não mais confia nas verdades judaico-cristãs como a base de sua filosofia pública ou de seu consenso moral.

Essa é uma mudança cultural significativa. No nascimento dos EUA, por exemplo, ninguém – nem mesmo os deístas e céticos – duvidava de que as verdades básicas da Bíblia dariam suporte às instituições americanas e modelariam os valores da nação. Embora os pioneiros fundadores se tenham baseado pesadamente na filosofia iluminista, assim como nas tradições cristãs, poucos naquela época viam qualquer contradição entre elas. E, na maior parte da nossa história, essas verdades básicas permaneceram como o fundamento do consenso social.

Hoje isso não é mais verdade. Para ver como essa mudança aconteceu rapidamente, só é preciso olhar para as decisões do Suprema Corte.

Bem recentemente, em 1952, o Juiz William O. Douglas escreveu: "Somos um povo religioso cujas instituições pressupõem um Ser Supremo".[4] A linguagem da Suprema Corte não causou nenhum espanto: ela refletia o que a maioria dos americanos acreditavam.

Não obstante, em 1996, pouco mais de uma geração depois, observadores da Corte se escandalizaram quando o Juiz Antonin Scalia anunciou, em discurso, que, como cristão, acreditava em milagres e na ressurreição de Jesus.[5] O cartunista Herbloc desenhou todos os juízes do Suprema Corte segurando livros de direito – exceto Scalia, que estava segurando um exemplar da Bíblia. Um colunista do *Washington Post*, Richard Cohen, sugeriu que Scalia se tinha desqualificado para lidar doravante com questões envolvendo o binômio Igreja-Estado. (Acreditaria Cohen que só os ateus são qualificados para tomar tais decisões?) Os comentaristas de televisão atacaram Scalia por seu "preconceito".

Atitudes parecidas se infiltraram em todos os níveis da sociedade. Em 1997, uma tropa de escoteiros foi proibida de usar certa instalação pública no Zoológico Nacional, que pertence aos Smithsonian. Por quê? Porque os Smithsonian consideram a organização dos escoteiros preconceituosa quando exige que seus membros acreditem em Deus. Expressões religiosas em lugares públicos estão sendo crescentemente desencorajadas, se não por ordem judicial, por pressão social. Uma grande cidade renomeou o feriado de Natal para "estação brilhante"; e muitas outras proíbem o canto de hinos natalinos, pelo menos aqueles que mencionam o menino Jesus, em locais públicos. Uma escola distrital até mudou os "ovos de Páscoa" para "ovais de primavera".

O CRISTIANISMO EM UM MUNDO PÓS-MODERNO

Entretanto, a pressão anti-religiosa não é o pior. Como dissemos, a cultura de hoje não é só pós-cristã, mas está também se tornando rapidamente pós-moderna, o que significa que é resistente não somente às reivindicações de verdades cristãs, mas a *qualquer* reivindicação da verdade. O pós-modernismo rejeita qualquer noção de verdade universal e abrangente e reduz todas as idéias a construções sociais formadas por classe, gênero e etnia.

Uma vez mais, a mudança para essa nova filosofia tem sido extraordinariamente rápida. Nos anos de 1960, a porcentagem de jovens que ingressavam na faculdade subitamente cresceu, e as atitudes restritas somente à elite intelectual logo se tornaram algo comum. A filosofia do *existencialismo*, um precursor do pós-modernismo, varreu os campus universitários, proclamando que a vida é absurda, sem significado, e que cada indivíduo deve criar o seu próprio sentido através das próprias escolhas. A 'escolha' foi elevada à posição de valor último, como a única justificativa para qualquer ação. A América se tornou o que um teólogo apropriadamente descreveu como a "república imperial do ego autônomo".[7]

Um pequeno passo foi a distância do existencialismo para o pós-modernismo, no qual até o ego é dissolvido na interação das forças de raça, classe e gênero. O multiculturalismo não é a apreciação das culturas folclóricas; é a dissolução do individual dentro do grupo tribal. No pós-modernismo, não há objetivo, verdade universal; há somente a perspectiva do grupo, não importa qual seja: afro-americanos, mulheres, homossexuais, hispânicos, e a lista prossegue. No pós-modernismo, todos os pontos de vista, todos os estilos de vida, todas as crenças e todos os comportamentos são considerados igualmente válidos. Instituições de ensino superior abraçaram essa filosofia tão agressivamente que têm adotado códigos nos campus reforçando o politicamente correto. A tolerância se tem tornado tão importante que nenhuma exceção é tolerada.

Porém, se todas as idéias são igualmente válidas, como insiste o pós-modernismo, então nenhuma idéia é digna de nossa devoção; nada é digno de se viver ou se morrer por ele – ou até sobre o que discutir. E esse clima de apatia pode de fato tornar mais difícil do que nunca o testemunhar a verdade do Cristianismo. No passado, os cristãos que proclamavam sua fé podiam esperar por encontrar um vigoroso debate sobre as bases racionais da fé, mas hoje a mesma mensagem possivelmente encontrará uma indiferença tediosa.

Essa era exatamente a atitude que testemunhei ao falar na Faculdade de Direito de Yale em 1996. Uns poucos cristãos destemidos organizaram um fórum para responder à provocativa questão de como Yale havia contribuído para minar o poder da lei. (Foi em Yale que nasceram os Estudos Críticos Legais, um movimento desconstrucionista para tirar da lei qualquer significado objetivo.) Quando os estudantes me convidaram para falar, imaginei que talvez o encontro pudesse eclodir em motim – ou, pelo menos, numa confrontação desagradável.

Antes da minha palestra, jantei com o professor Stephen Carter, o brilhante erudito em Direito de Yale, cristão comprometido e autor de inúmeros *best-sellers*, inclusive *The Culture of Disbelief and Integrity* (A Cultura da Descrença e da Integridade). Sobre um prato de enchiladas, num pequeno recanto do campus, falei de minhas apreensões.

"Não se preocupe com um motim", gargalhou. "Eles escutarão silenciosamente e irão embora sem dizer uma palavra."

"Mas vou dizer a eles que não pode haver base para a lei sem consenso cristão, ou pelo menos um reconhecimento das leis naturais", afirmei.

Carter sorriu pacientemente. "Quando esses jovens vêm a Yale são ensinados que lei não tem nada a ver com moralidade. E eles aceitam isso. Então você pode ter suas opiniões, e eles as acharão interessante, mas não irão se incomodar em discuti-las."

Quando cheguei ao Auditório Levensen, pouco antes das oito horas, a sala estava cheia. Bem na frente estavam talvez umas duzentas pessoas da cidade, a maioria cristãos, eu supus, e então, filas e filas de estudantes. Enquanto eu falava, procurava os olhos dos estudantes, esperando por algum sinal de envolvimento. Nada. Enquanto prosseguia com o meu material, tornei-me mais e mais provocativo, mas eles permaneciam impassíveis.

Durante o período de perguntas e respostas, ninguém desafiou nenhuma simples premissa do que eu falara. A maioria das perguntas veio dos cristãos das primeiras fileiras. Carter tinha avaliado bem seus estudantes. Eles ouviam educadamente, tomavam algumas poucas notas, então guardavam seus papéis e quietamente saíam do auditório.

Debater pode ser algumas vezes desagradável, mas pelo menos pressupõe que há verdades dignas de serem defendidas, idéias dignas de se lutar por elas. Em nossa era pós-moderna, todavia, as suas verdades são as suas verdades, as minhas verdades são as minhas, e nenhuma é significativa o suficiente para alguém se apaixonar por ela. E se não há verdade, então não podemos persuadir um ao outro através de argumentos racionais. Tudo o que resta é puro poder – o que abre a porta para uma nova forma de facismo.

Stanley Fish, líder erudito pós-moderno da Universidade Duke, autor do artigo "There's no such thing as free speech: and it's a good thing, too" (Em português, algo como: "Não há tal coisa como discurso livre: e isso é uma boa coisa, também"), argumenta que todas as declarações de princípios são realmente apenas expressões de preferências pessoais, e por essa razão, o apelo de um princípio não é mais do que um jogo de poder, uma tentativa de impor preferências particulares aos outros, sob o pretexto de "verdades objetivas". E se o jogo é sobre poder, a única coisa com a qual você se preocupa é estar no topo. "Alguém sempre será o próximo a sofrer restrições", escreve Fish, "e é nosso trabalho ter certeza de que esse alguém não seja você."[8]

A morte da verdade não está confinada aos corredores acadêmicos da Faculdade de Direito de Yale ou da Universidade Duke. Em todo o país, e até mesmo em outras nações cristãs, uma geração de graduados das universidades tem saído, diplomas nas mãos e uma ideologia pós-modernista na cabeça, para trabalhar em escritórios executivos, centros políticos e nas salas editoriais de jornais, revistas e estúdios de televisão. O resultado disso é o surgimento de um grupo de profissionais novo e influente, que trabalha primariamente com palavras e idéias – o que alguns sociólogos chamam de Nova Classe ou classe do conhecimento ou, mais pejorativamente, a classe falante. Por controlarem os meios do discurso público, sua filosofia tem-se tornado dominante. Já não é majoritária a visão da perspectiva da moralidade conservadora, religiosa, da patriótica classe média americana – o grupo que Richard Nixon em 1970 chamava "a maioria silenciosa", ou o que Jerry Falwell poucos anos mais tarde classificou de "maioria moral". A cosmovisão formada nos campus a partir de 1960 ingressara na normalidade típica da vida americana.

A revista *American Demographics*, resumindo um estudo demográfico realizado em 1997, observou que houve desde "uma compreensiva mudança nos valores, cosmovisões e modos de vida" que desde então afeta um quarto dos adultos americanos; esta é a Nova Classe, ou o que o artigo chamou de "Produtores Culturais".[9] Os sociólogos brasileiros reportam-se também ao surgimento dessa Nova Classe no país. Eles abraçam uma série de valores "transmodernistas", incluindo "ambientalismo, feminismo, assuntos globais e busca espiritual". Geralmente têm experiência em movimentos por justiça social, direitos civis, feminismo e na espiritualidade da Nova Era. Inteiramente pós-modernistas, são céticos, senão ressentidos, com relação a valores morais absolutos. Vêem a natureza como "sagrada" e enfatizam a auto-atualização e o crescimento espiritual. Tendem a ser anti-hierárquicos e abraçam uma filosofia pública descentralizada, democrática e igualitária.

Essa nova cosmovisão está surgindo sob o pano de fundo de duas cosmovisões já existentes, segundo observou o estudo. O primeiro é o "tradicionalismo", mantido por 29% dos adultos, intitulados de "interioranos". Geralmente são "pessoas do campo", que se apegam a uma "imagem nostálgica das cidades pequenas e igrejas fortes".

A outra cosmovisão é o "modernismo", mantido por 47% dos adultos. Esses valorizam o progresso tecnológico e o sucesso material, e tendem a ser políticos, líderes militares, cientistas e homens de negócios. Eles são pragmáticos, confortáveis com a condição econômica, e menos preocupados com ideologia e questões sociais.

O mais significativo, entretanto, são as projeções demográficas. De acordo com o estudo, o número de tradicionalistas e modernistas está em declínio. A idade média dos tradicionalistas, por exemplo, é de 53 anos, e eles estão morrendo mais rápido do que sendo substituídos. Em contrapartida, indivíduos do grupo dos produtores culturais crescem rapidamente e tendem a ser jovens, bem educados, prósperos e agressivos. (Um dado interessante é que seis entre 10 são mulheres.) Eles estão numa posição privilegiadíssima na escala de mudança social, de modo que se ainda não são a influência dominante, logo o serão.

■ ■ ■

A CONCLUSÃO A QUE chegamos é que o conflito mais importante de cosmovisões não é entre religiões tradicionais ou culturas, mas entre o teísmo cristão clássico e o naturalismo – tanto em sua forma modernista como em sua crescente forma pós-moderna. A tarefa para a igreja cristã parece desanimadora. Mas isso não deveria nos desencorajar, porque a nossa fé nos diz que a verdade irá prevalecer. Como veremos em capítulos seguintes, até os pós-modernos estão começando a observar a inadequação de suas crenças quando enfrentam frente a frente o caos social gerado pelo naturalismo.

Os cristãos devem entender o choque de cosmovisões que está mudando a face de nossa sociedade. E devemos estar preparados para responder quando as pessoas se tornarem desiludidas com as falsas crenças e os falsos valores e começarem a buscar as verdadeiras respostas. Devemos saber não só qual é a nossa cosmovisão e porque acreditamos nela, mas também como defendê-la. Também devemos ter algum entendimento das cosmovisões contrárias e porque as pessoas acreditam nelas. Somente então poderemos defender a verdade de maneira encantadora e persuasiva.

Isso pode ser feito – como descobri no outono de 1996, durante uma viagem a Sofia, Bulgária, um dos países mais pobres da Europa, tanto material*- como espiritualmente.

CAPÍTULO 4

A VERDADE CRISTÃ EM UMA ERA DE DESCRENÇA

Idéias falsas são os maiores obstáculos para a recepção do Evangelho. Podemos pregar com todo o fervor de um reformador e ainda assim suceder em ganhar apenas um perdido aqui e outro acolá, se permitirmos que todo o pensamento de uma nação ou do mundo seja controlado por idéias, as quais, pelas irresistíveis forças da lógica, façam o Cristianismo ser considerado como nada mais do que uma ilusão inofensiva.

J. GRESHAM MACHEN

Quando visitei a Bulgária em 1996, o país era não apenas extremamente pobre, mas também a última importante nação da Europa Oriental ainda sob o domínio do regime marxista. Apesar de a Cortina de Ferro ter caído em 1989, os oficiais comunistas da Bulgária simplesmente pegaram novos rótulos partidários, concorreram nas primeiras eleições livres, e ganharam. A maioria nem sequer trocou de escritório.

Mas enquanto o governo não mudava, a Igreja, sim. Um jovem cristão da Bulgária, chamado Nikolai, viajou para a Polônia a fim de participar de uma sessão de treinamento do Prison Fellowship e foi envolvido pela visão de trabalhar em prisões. Depois de seu retorno, Nikolai construiu um ministério próspero com a ajuda de 150 voluntários, todos os quais trabalharam e se sacrificaram para restaurar a capela e remobiliar o antigo hospital da prisão secular em Sofia.

O propósito da minha visita era consagrar o hospital, e o evento atraiu um nível de interesse inesperado. Oficiais do Governo chegaram em limusines pretas, juntamente com mais de cem repórteres e uma multidão de voluntários locais do Prison Fellowship. Entre os dignitários estava o ministro da Justiça da Bulgária, que havia permanecido comunista inflexível.

Em seus comentários oficiais, o ministro da Justiça louvava o Prison Fellowship profusamente por fornecer novos berços, remédios e equipamentos para o centro cirúrgico. Entretanto, mais tarde, durante a cerimônia de dedicação, enquanto Nikolai explicava que o trabalho era motivado pela fé em Deus, o oficial tragou seu cigarro com fúria e mostrou-se visivelmente ansioso. Com o semblante sombrio e pensativo, ficava mudando de posição, olhar fixo em algum lugar distante, tentando anunciar a todos que ele, pelo menos, não tinha nada a ver com Nikolai, o qual nos estava conduzindo em oração em frente aos ícones brilhantemente pintados e colocados nos degraus do hospital. O desdém do oficial era tão evidente que até os artigos dos jornais no dia seguinte mencionaram o fato.

Em entrevista coletiva à imprensa após a dedicação, falei que o crime é, em última instância, um problema moral e que a solução, portanto, está numa reforma moral. O hospital que estávamos dedicando naquele dia curaria o corpo, disse eu, mas a capela iria curar a alma. O ministro da Justiça me observou atentamente enquanto eu falava, e depois me convidou para ir ao seu escritório no dia seguinte.

No horário previsto, acompanhado de Nikolai e meus associados, cheguei ao escritório daquela autoridade, que nos conduziu até uma sala de conferências com paredes pintadas de um verde monótono característico do comunismo. No entanto, num comportamento diferente dos oficiais do Partido Comunista, que sempre são seguidos por uma legião de subordinados, ele estava sozinho. E o que se seguiu foi uma conversa extraordinária.

O oficial sentou-se à cabeceira de uma longa mesa de conferência, cigarro na mão, e imediatamente começou a atirar perguntas em uma voz viva e formal, falando um inglês perfeito. "Sr. Colson, ontem você disse que crime é um problema moral. O que você quer dizer com isso? Você diz isso em sentido sociológico?"

"Não", disse eu. "Crime é uma questão de pessoas escolhendo fazer o que é errado. É uma falha moral do indivíduo."

Ele discordou educadamente. "Parece-me que o crime é causado por forças econômicas e sociais, que pessoas respondem às condições ambientais."

Era a minha vez de discordar educadamente. "A dimensão moral transcende as forças sociais. As pessoas são agentes morais genuínos, e fazem escolhas morais reais." Citei vários estudos, incluindo um mostrando que o crime havia diminuído durante os grandes avivamentos religiosos americanos, e ainda outro concluindo que crimes são resultado de "escolhas morais erradas".[1]

Ao longo de nossa conversa, os contornos da própria cosmovisão do ministro se tornaram claros, e eu pude ver que ele estava tendo problemas em me entender. Educado em um sistema escolar comunista, foi imerso na filosofia marxista. No marxismo, seres humanos são meramente uma forma complexa de matéria, e cuja identidade está na maneira como eles se relacionam com as outras formas de matéria – isto é, como dão forma e produzem coisas materiais ou os meios de produção. Economia é o fundamento, enquanto tudo o mais – cultura, arte, moralidade, religião – é mera superestrutura, refletindo os interesses da classe econômica dominante. Por causa disso, o ministro não podia sequer compreender o que eu queria dizer com indivíduos fazendo escolhas morais. "O que eu não entendo", disse ele, "é por que algumas pessoas conhecem as leis do país, mas claramente desobedecem-nas."

O ministro colocou seu maço de cigarros sobre a mesa, usando-o para simbolizar a barreira que a lei coloca contra certo comportamento; então, com sua mão, pulou sobre o maço, para ilustrar o papel do criminoso ignorando a lei. "Parece que somente o medo irá fazer as pessoas pararem de cometer crimes." Então aludiu a Talleyrand, o ministro do Exterior francês do século XIX que pendurava cadáveres na rua toda noite para deter as massas revoltosas, para não fomentarem uma revolução.

"Não, senhor", respondi. "O medo não pára as pessoas. Se parasse, ninguém fumaria." O oficial fez malabarismos nervosos com seu maço de cigarros, e nós dois sorrimos.

"Somente o amor muda o comportamento humano", afirmei. "Se amo outra pessoa, quero agradá-la; se amo a Deus, quero agradá-lo e fazer o que Ele quer. Somente o amor pode superar o nosso egoísmo pecaminoso."

Logo percebi, todavia, que antes que pudesse começar a explicar conceitos bíblicos a esse homem, teria que passar pelo que o já falecido Francis Schaeffer chamou de "pré-evangelismo". Em outras palavras, teria que lidar com a enorme diferença entre a cosmovisão dele e a minha, um abismo que o impedia de entender conceitos tais como pecado e culpa, responsabilidade e perdão. Por uma hora desafiei as pressuposições básicas do oficial.

Comecei a discussão com Platão, um filósofo que lhe era familiar e que ensinou a existência de um aspecto espiritual na natureza humana. "No âmago", disse eu, "as pessoas são seres espirituais, não fantoches das forças econômicas." Ele franziu as sobrancelhas enquanto eu desafiava suas crenças mais básicas.

Então expliquei a realidade da Queda e do pecado, tão tragicamente evidente nos horrores do século XX, o qual, em maldade exposta, ultrapassa todos os séculos anteriores. O pecado começa no coração, disse eu, onde batalha pelo controle de todo o nosso ser. E quando o lado obscuro de nossa natureza prevalece, fazemos coisas erradas. Essa é a fonte do crime.

Em cada ponto, tentando manter-me sensível aos seus sentimentos, gentilmente refutava as suposições marxistas, mostrando como elas falhavam em se conformar com a realidade da experiência humana. Vi o entendimento lentamente raiando em seus olhos. Era como se um novo mundo gradualmente se abrisse para ele, uma nova maneira de ver a natureza humana.

Finalmente perguntou sobre a minha própria vida, e então compartilhei o Evangelho, contando-lhe a história de como conheci a Jesus Cristo nos dias mais tenebrosos do escândalo *Watergate*. Nesse momento, vi sua face se iluminar, como se uma nuvem negra tivesse se levantado, e pela primeira vez ele podia ver claramente. Até oramos juntos ao final do encontro.[2]

PRÉ-EVANGELISMO

Minha experiência com o ministro de Justiça búlgaro ilustra os grandes abismos que separam as cosmovisões e como devemos trabalhar para construir uma ponte entre elas. Ali estava um homem imerso em uma visão que rejeita o pecado e promete utopia através de revolução econômica e social. Então quem precisa de salvação? Além disso, a noção de Deus foi desaprovada pela ciência, que explica a vida puramente por meio de causas naturais. Religião é ficção, um ópio para as massas. Para atingir aquele homem, tive que desafiar essas pressuposições.

A Igreja enfrenta tarefa semelhante. Em muitas maneiras a igreja de hoje tem que funcionar como a igreja do primeiro século, que usava abordagens diferentes para judeus e gregos. Os judeus eram saturados nas Escrituras do Velho Testamento. Sabiam que havia um Deus e que ele era o Criador; entendiam de pecado, culpa e sacrifício; esperavam a vinda do Messias. Os apóstolos conseguiram abordá-los começando com a mensagem de que Cristo era, de fato, o Messias esperado.

Ao contrário, os gregos não tinham nenhum conhecimento das Escrituras, e os conceitos de pecado e redenção não lhes eram familiares. Seu conceito de "deus" apontava para um panteão de deidades que operavam a partir das paixões humanas, meramente numa escala superior. Como resultado, os apóstolos tinham que encontrar um ponto inicial diferente. O exemplo clássico é o discurso do apóstolo Paulo no Areópago em Atenas, onde começou referindo-se a um dos lugares sagrados da cidade, um altar que trazia a inscrição "AO DEUS DESCONHECIDO" (ver Atos 17). Mais tarde, citou um poeta grego: "Como também alguns dos vossos poetas disseram: Pois somos também sua geração" (Atos 17.28). Em outras palavras, Paulo apelou para a própria experiência e literatura de sua audiência, para encontrar uma base de apoio segura no entendimento dos ouvintes e assim apresentar a mensagem bíblica.

Paulo não começou com a salvação. Ele primeiro colocou os fundamentos da doutrina da criação: "O Deus que fez o mundo e tudo o que nele há, sendo Senhor do céu e da terra" (Atos 17.24). Então argumentou que seus ouvintes deveriam convir e entender por eles mesmos que esse Deus não poderia ser como um ídolo de ouro ou de prata. Pois se Ele criara os seres humanos, então era um ser pessoal, alguém a quem estes deviam submissão pessoal – e alguém diante de quem eram pessoalmente responsáveis. Somente depois de estabelecer quem Deus é e porque somos moralmente responsáveis diante dEle, é que Paulo falou sobre o arrependimento e a ressurreição de Cristo.

A cultura ocidental uma vez assemelhou-se à cultura judaica do primeiro século: a maioria das pessoas conhecia as Escrituras, embora nem sempre fosse obediente aos seus mandamentos. Da mesma maneira, a maioria dos americanos e de alguns outros países tinha algum tipo de ligação com a Igreja e sabia os princípios básicos do Cristianismo, mesmo se só fossem ao templo na Páscoa. Mas agora isso não vem mais ao caso. Hoje, muitas pessoas são completamente desconhecedoras dos ensinamentos bíblicos básicos, e devemos encontrar maneiras de envolver aqueles que pensam mais conforme os gregos do que como os judeus. Devemos seguir o padrão do Novo Testamento para falar a uma cultura pagã.

"Por que não simplesmente confiar no Evangelho simples?", alguns podem perguntar. A resposta é que Deus nos chamou para amar as pessoas o suficiente para ir aonde elas estão – não apenas fisicamente, mas também conceitualmente. Devemos ouvir suas perguntas e formar respostas que elas possam entender. Deus é soberano, claro, e pode penetrar até no mais duro dos corações com sua Palavra. Mas nós, como seus instrumentos, somos chamados a amar as pessoas o suficiente para alcançá-las em sua própria linguagem. Isto é, de fato, o que missionários fazem no estrangeiro; e hoje, mais do que nunca, somos estranhos em nossa própria terra, desenvolvendo cosmovisões missionárias para nossa própria cultura pós-cristã e pós-moderna.

APOLOGÉTICA

Entender o Cristianismo como uma cosmovisão é importante não só para o pré-evangelismo, mas também para a apologética. O apóstolo Pedro nos diz: "Estai sempre preparados para responder com mansidão e temor a qualquer um que vos pedir a razão da esperança que há em vós" (I Pedro 3.15). A palavra *responder* vem do grego *apologia*, de onde obtemos o termo *apologética*, significando uma defesa ou a justificação do que acreditamos.

O já falecido Henri Nouwen, quando era professor em Harvard, me perguntou porque eu dedicava metade de uma apresentação na Escola de Divindade de Harvard à apologética – para dar suporte à evidência da existência de Deus. "O Cristianismo é como casamento", disse ele com seu jeito calmo. "Você pode explicar que ama a Jesus da mesma maneira que ama sua esposa."

"Sim, Henri, mas as pessoas podem *ver* minha esposa", repliquei. "Elas não precisam que eu as convença de que minha esposa existe. Mas elas realmente precisam de razões para acreditar que Deus existe."

O mundo pode aceitar que amamos a Jesus – eles podem até reconhecer os benefícios sociais da religião – e mesmo assim ainda pensar que o Senhor é meramente uma figura humana ou mítica. Por isso precisamos oferecer razões para a fé. Conquanto seja verdade que ninguém chega a Deus sem fé, a fé cristã não é um salto irracional. Examinadas objetivamente, as reivindicações da Bíblia são proposições racionais bem amparadas por razão e evidência. De fato, como ainda argumentaremos ao longo deste livro, todas as outras explicações da realidade são irracionais. J. Gresham Machen, um dos grandes teólogos fundamentalistas no início deste século, disse que o propósito da apologética é "moldar o pensamento do mundo de tal maneira a fazer a aceitação do Cristianismo algo mais do que um disparate lógico".

Mas, você pode perguntar, em uma cultura tão hostil e endurecida, podemos realmente persuadir os outros da verdade do Cristianismo? Sim, verdadeiramente, pois temos um argumento forte para dar, e as pessoas irão escutar se o colocarmos em termos que elas entendam.

Considere a acusação comum lançada contra os cristãos – que eles querem impor suas visões sobre os outros, restringir a liberdade dos outros. Minha resposta, sempre que eu ouço isso, é listar os grandes mártires que derrubaram a União Soviética, apontando a "mera coincidência" de que a grande maioria constituía-se de líderes cristãos. A verdade é que estes vigorosamente defendem os perseguidos porque acreditam que os direitos humanos são dados por Deus.

A responsabilidade pela apologética não é limitada aos pastores cristãos ou aos intelectuais. Quando desafio pessoas a aprenderem a defender sua fé e "pensar como cristãos", freqüentemente respondem: "Oh, eu não estou pronto para isso", ou: "É muito profundo para mim". Mas Deus criou cada um de nós com uma mente, com a capacidade de estudar, pensar e fazer perguntas. Ninguém é *expert* em todas as áreas, mas cada um de nós pode dominar os assuntos nos quais tem alguma experiência.

Se nossa cultura deve ser transformada, isso acontecerá de baixo para cima – de crentes comuns praticando apologética na cerca do quintal ou em volta da churrasqueira. Com certeza é importante que os eruditos cristãos conduzam pesquisas e promovam simpósios acadêmicos, mas a influência real para a cultura vem da transformação de hábitos e disposições de pessoas comuns.

E sempre tenhamos em mente as palavras finais da admoestação de Pedro – que ao darmos as razões de nossa esperança, façamos "com mansidão e temor" (1 Pedro 3.15). Um exemplo vivo de atitude correta é Ron Greer, um ex-criminoso que antes odiava todos os brancos, mas que foi gloriosamente convertido e agora é instrutor do Prison Fellowship e pastor de uma igreja evangélica em Madison, Wisconsin. Greer foi despedido de seu emprego regular no corpo de bombeiros por passar panfletos cristãos descrevendo o homossexualismo como pecado. Os ativistas homossexuais de Madison ficaram enfurecidos e atacaram violentamente a igreja de Greer, interrompendo o culto, jogando camisinhas no altar e gritando obscenidades. Ron Greer respondeu com cortesia, convidando-os a se juntarem ao culto de adoração.

Mais tarde, quando a imprensa perguntou como conseguiu manter a calma, sorriu e disse: "Eu não tenho mais razão para ficar com raiva deles do que teria se um cego pisasse em meu pé". Precisamente. A maioria daqueles que se opõem ao Cristianismo é simplesmente cega no aspecto espiritual, e nosso trabalho é amavelmente ajudar a trazer essa gente para a luz.

A COMISSÃO CULTURAL

Entender o Cristianismo como uma cosmovisão ou visão de mundo é importante não somente para o cumprimento da grande comissão, mas também para o cumprimento da comissão cultural – a chamada para criar uma cultura debaixo do senhorio de Cristo. Deus se importa não só com a redenção das almas, mas também com a restauração de sua criação. Ele nos chama para sermos agentes não apenas de sua graça salvadora, mas também de sua graça comum. Nosso trabalho não é somente construir a Igreja mas também construir uma sociedade para a glória de Deus.

Apesar de vivermos em uma sociedade pluralista, servimos a um Deus que é soberano sobre todas as coisas, e todos os aspectos da vida pessoal e social atingirão a sua melhor forma quando refletirem o seu caráter. Todos os cidadãos viverão melhor em um mundo que mais proximamente se conforme à realidade e à ordem que Deus criou. Fazer tal argumentação prudente é uma maneira muito mais efetiva de reconstruir a cultura do que montar campanhas políticas públicas. Mudar as leis de modo a ajustá-las aos padrões bíblicos de justiça é uma tarefa crucial, claro, mas somente elas não podem transformar o coração ou mudar o comportamento. A maneira como as pessoas vivem é determinada mais por seus valores compartilhados, e isso por sua vez é mudado através de persuasão paciente e exemplo.

Quando apresentarmos a perspectiva bíblica em debate público, deveremos interpretar a verdade das Escrituras de maneira tal que atraia o senso comum. Embora acreditemos que as Escrituras sejam a revelação infalível de Deus, não temos que tornar os nossos argumentos uma repetição de versículos bíblicos.

Por exemplo, quando defendo em câmaras estaduais que criminosos deveriam ser obrigados a pagar restituição às suas vítimas, não digo: "Faça isso porque a Bíblia diz". Antes, apresento a tese como uma saudável política pública. (Quase sempre, alguém me pergunta de onde veio a idéia, e então respondo: "Vá em casa e investigue sua Bíblia. Leia Êxodo 22 ou a história de Zaqueu no Novo Testamento".)

Ainda assim, sempre quando escrevo sobre a necessidade de se utilizarem argumentos razoáveis em cena pública tenho certeza de que uma montanha de cartas de leitores chocados chegará, perguntando: "Não é a Bíblia adequada para a salvação? Não nos diz a Bíblia que a Palavra de Deus não volta vazia?" A resposta é que de fato a Palavra de Deus é suficiente para a salvação – para a *graça salvadora*. Mas estamos aqui falando de *graça comum* – isto é, levar adiante o trabalho de Deus de manter a criação através da promoção da justiça e retenção do mal. Para tanto, devemos traduzir a revelação de Deus para a linguagem do mundo. Devemos ser capazes de falar ao cientista na língua da ciência, ao artista na linguagem da arte, ao político na linguagem da política.

DISCIPULADO DA MENTE

O chamado cristão não é somente para salvar almas, mas também para salvar mentes. Nas palavras de Harry Blamires, um aluno de C. S. Lewis, "não há lugar na cristandade para uma cultura do espírito que negligencie a mente".[4] Essa noção deve soar estranha para muitas pessoas, mas certamente é bíblica. Segundo Jesus, o maior mandamento é: "Amarás ao Senhor teu Deus, de todo o teu coração, e de toda a tua alma, e de todo o teu *pensamento*" (Mateus 22.37, ênfase adicionada). Amar a Deus com todo o *pensamento*, ou *entendimento*, ou *mente* significa entender as ordenanças de Deus para toda a criação, para o mundo natural, para as sociedades, para os negócios, para as escolas, para o governo, para a ciência, para as artes. O apóstolo Paulo nos diz para levar "cativo todo entendimento à obediência de Cristo" (2 Coríntios 10.5). Ele também afirma para que ofereçamos nossos corpos em "sacrifícios vivo" e então explica o que isso significa: "E não vos conformeis com este mundo, mas transformai-vos pela renovação do vosso entendimento" (Romanos 12.1-2).

Infelizmente, muitos cristãos têm sido enganados, acreditando que há uma dicotomia entre fé e razão, e como resultado, realmente têm evitado questões intelectuais. Em *The Christian Mind* (A Mente Cristã), Blamires colocou o problema sucintamente em sua frase de abertura: "Não há mais uma mente cristã".[5] O que ele quis dizer é que os evangélicos não têm desenvolvido uma perspectiva cristã distintiva para toda a vida. Recentemente, o historiador do Wheaton College, Mark Noll, fez afirmação semelhante em *The Scandal of the Evangelical Mind* (O Escândalo da Mente Evangélica).

Hoje temos que quebrar essa falsa dicotomia entre o espiritual e o intelectual e retomar o chamado para salvar mentes – especialmente em nossa sociedade altamente educada. De forma diferente da geração passada, as igrejas hoje estão cheias de graduados das universidades; de fato, pesquisas mostram que os evangélicos são mais bem educados do que a população em geral, uma notável mudança do quadro de quarenta anos atrás. No Brasil, entre os que mais lêem estão os evangélicos. Os pastores precisam começar a redefinir sua tarefa para incluir evangelismo intelectual, porque se não pregarem sobre assuntos referentes à mente, vão se achar cada vez mais alienados de seu próprio rebanho.[6]

Isso não é tarefa penosa – mais uma coisa que devemos nos disciplinar para fazer. Descobri que desenvolver uma mente cristã é um ato de discipulado recompensador e enriquecedor. Quando estava na faculdade, era um estudante moderadamente bom, pelo menos nas matérias das quais gostava, como história e filosofia política. Mas estudar era um trabalho para mim, ainda que enfadonho por vezes, particularmente quando isso entrava em choque com as festas do grêmio estudantil. Na faculdade de direito, estava entre os melhores de minha sala, mas raramente por causa de curiosidade intelectual; simplesmente queria ser o melhor na minha profissão. Mas depois da minha conversão ao Cristianismo, senti profundo desejo de aprender sobre o trabalho de Deus ao longo da história. Dr. Richard Lovelace, um professor do Seminário Gordon-Conwell, começou a me tutorar em história da Igreja, o que achei muito interessante. Foi como se minha mente nascesse de novo, junto com meu espírito. História e literatura e ciência, tudo adquiriu novo significado, porque comecei a ver essas disciplinas como exploração das verdades de Deus. Achei muito empolgante poder ver através de todas as pretensões filosóficas que eu havia estudado na faculdade. Foi como se uma luz tivesse brilhado dentro de uma caverna, clareando os buracos e fendas escuros.

Minha curiosidade intelectual não se tem abatido. Quando leio sobre a história do liberalismo moderno, por exemplo, ou a arte renascentista ou os antigos tratados da lei, não estou meramente absorvendo conhecimento por absorver. Estou entendendo o criativo artesanato de Deus. Estou testemunhando o grande drama de Deus que chamamos de história humana. E estou aprendendo novas maneiras de defender a verdade de Deus.

É especialmente crucial cultivar a mente a fim de evitar as armadilhas e expor os falsos valores da cultura moderna. Todo dia enfrentamos tentativas de nos seduzir a adorarmos os ídolos da vida contemporânea, às vezes inteligentemente disfarçados. Por exemplo, dois anos atrás, uma rede de televisão produziu um filme de Natal anunciado como puro entretenimento familiar. Uma foto enorme da atriz Julie Andrews, vestida como freira, enfeitava a capa do caderno de TV do jornal, contendo uma página com críticas que louvavam o filme. "Uma história de Natal aconchegante", empolgou-se um crítico, "sob medida para trazer lembranças confortantes".

Considerando que uma história sobre freira traria alguma mensagem cristã, e querendo "trazer lembranças confortantes", juntei o clã Colson para assistir ao filme *Árvore de Natal.* A trama envolvia uma criança abandonada e psicologicamente perturbada, a qual foi atraída quase misticamente por um pinheiro. Eventualmente entrou em uma ordem religiosa, porque queria gastar sua vida cuidando da árvore.

Quando a criança perturbada, agora milagrosamente transformada, foi perguntada sobre o que revolucionou sua vida, ela disse: "Foi a árvore".

Não consigo me lembrar de uma única referência a Cristo ou mesmo a Deus naquelas duas longas e tediosas horas. O filme defendia o naturalismo sem máscaras: a natureza nos "salvará" e dará sentido às nossas vidas; a árvore é o messias naturalista.

Freqüentemente a mensagem é muito mais sutil. Veja como exemplo a campanha da marca de automóveis Saab – "Encontre o seu próprio caminho" – em meados da década de 90. "Você está almoçando com um grande homem, que por acaso é seu chefe", dizia a mensagem. O chefe faz uma afirmação que você sabe estar errada. "O que você faz?" A voz do locutor ao fundo oferece duas opções: uma resposta educada e respeitosa, ou: "Vamos lá, J. B., apague essa idéia". Segundo a propaganda, quatro entre cinco proprietários da marca Saab escolheriam a última. Em outras palavras, diga aos velhos poderosos e fora de moda para desistir, e aí "encontre o seu próprio caminho", faça suas próprias coisas. Além de vender carros, a Saab estava vendendo uma filosofia de autonomia e rebelião contra a autoridade. (A seqüência dessa história mostra que os cristãos podem fazer diferença. Depois de transmitir um programa *BreakPoint* criticando a propaganda, recebi um telefonema do presidente da Saab dos Estados Unidos, que por acaso era cristão sério e comprometido, dizendo-me que os anúncios seriam retirados.)

■ ■ ■

J. Gresham Machen desafiou seus estudantes do seminário de Princenton com uma responsabilidade que todo cristão hoje deveria considerar: "Você pode evitar um debate [sobre assuntos polêmicos da fé] se assim preferir. Você só precisa seguir o curso da correnteza. Pregue todo domingo durante o seu curso de seminário, estude como você estudava na faculdade – e essas perguntas provavelmente nunca o irão incomodar. As grandes perguntas podem ser facilmente evitadas. Muitos pregadores as estão evitando. E muitos pregadores estão pregando ao vento". Então Machen acrescentou: "A Igreja está esperando por homens de outra estirpe".[7]

Ao começarmos o novo milênio, a missão dos cristãos é nada menos do que se tornar homens e mulheres "de outra estirpe". Devemos ser homens e mulheres que ousarão arrebatar e libertar o Cristianismo da prisão de sua mentalidade enclausurada, de seus santuários seguros e estabelecê-lo mais uma vez como o grande sistema de vida e força cultural que reconhece o Criador como soberano sobre tudo. Devemos ser homens e mulheres que entendam que a tarefa é muito mais do que lançar cruzadas esporádicas para conduzir uma ou outra batalha – seja isso em relação aos homossexuais ou ao aborto. Devemos ser homens e mulheres que, como Kuyper, enxergam que essa é uma guerra de princípios. "Se a batalha é para ser travada com honra e com esperança da vitória, então princípios devem ser colocados em ordem de batalha contra princípios." Devemos entender as visões opostas como sistemas de vida completos e então "tomar nossa posição em um sistema de vida de poder igualmente compreensível e vasto".[8]

Os contornos de um sistema de vida cristão se tornarão claros nas quatro seções que se seguem: *criação* – Deus trouxe o mundo à existência através da sua palavra e criou a humanidade à sua imagem; *queda* – a condição humana é desfigurada pelo pecado; *redenção* – Deus em sua graça proveu uma maneira de nos reconciliar consigo mesmo; e *restauração* – somos chamados a trazer esses princípios a todas as áreas da vida e criar uma nova cultura. Equipados deste entendimento, podemos mostrar não somente que a cosmovisão cristã oferece as melhores respostas – respostas que concordam com o senso comum e com a mais avançada ciência – mas também que cristãos podem tomar as armas espirituais na grande luta cósmica entre cosmovisões conflitantes.

Ousaríamos acreditar que o Cristianismo pode ainda prevalecer? Devemos acreditar nisso. Como afirmamos no começo, este é um momento histórico de oportunidade, e quando a Igreja é fiel ao seu chamado, isso sempre leva a uma reforma da cultura. Quando a Igreja é verdadeiramente a Igreja, uma comunidade vivendo em obediência bíblica e contendendo pela fé em toda área da vida, ela certamente reavivará a cultura em volta ou criará uma nova.[9]

Religião não é reflexo ou produto da cultura, mas justamente o contrário. Como argumentou o grande historiador do século XX, Christopher Dawson, o culto está na raiz da cultura (considerando "culto" em seu sentido básico como um sistema de adoração religiosa). O já falecido filósofo político Russell Kirk concordou: "É a partir da associação em um culto, um corpo de adoradores, que a comunidade humana cresce".[10]

A ostra oferece uma boa analogia. Ostras fazem suas próprias conchas, de forma que se uma concha é mal formada, o problema não está na concha, mas na ostra. Da mesma forma, quando a cultura se deforma e degenera, não pergunte o que aconteceu de errado com a cultura;

pergunte o que deu errado com o culto – o cerne religioso. "Quando a crença no culto tiver sido completamente enfraquecida, a cultura degenerará rapidamente", escreveu Kirk. "A ordem material repousa na ordem espiritual."[11]

A esperança para o mundo de hoje é uma ordem espiritual renovada e vibrante, um culto criador de cultura, homens e mulheres de outra estirpe, em disposição de batalha para a grande guerra de princípios contra princípios. Uma batalha que começa assim: "No princípio..."

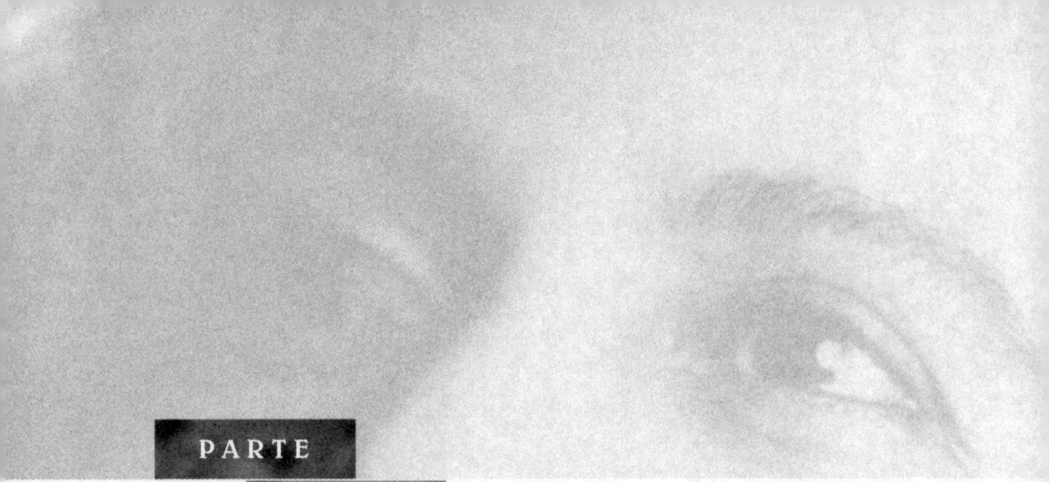

PARTE DOIS

CRIAÇÃO: DE ONDE VIEMOS, E QUEM SOMOS NÓS?

CAPÍTULO 5

A AVENTURA METAFÍSICA DE DAVE E KATY

Por volta do quarto dia, o último de sua viagem, a única que fizeram juntos em toda a vida, Dave Mulholland e sua filha de quinze anos, Katy, já tinham memorizado todos os desvios ao longo do percurso da Disney World: Ilha do Prazer, País do Rio, Ilha do Descobrimento, Estúdios MGM Disney e o próprio Reino Mágico. Hoje estavam indo para o Epcot Center para dar "uma olhada no futuro", como dizia a propaganda.

O percurso da Disney World em si era tão grande quanto a Rodovia Interestadual 4. Dave maravilhava-se com a sinalização de fogos de artifício. Foi como entrar em um país estrangeiro, porém familiar. A idéia por trás da viagem era fazer com que Dave se aproximasse de sua filha e chegasse às emoções escondidas atrás da parede psicológica que ela construíra ao longo do ano passado. Em suas caminhadas através dessa Luxemburgo da fantasia, ele sentira que se estava reconectando a ela. Era domingo, e Dave havia irritado Katy ao insistir que fossem à igreja. Agora o silêncio cruel de sua filha o fez hipersensível ao ruído do motor de quatro cilindros do carro alugado, parecido com o lamento de uma máquina de costura.

De repente Katy quebrou o silêncio. "Você acha que realmente vimos tudo quanto queríamos na Disney World?", perguntou, com uma pontada de petulância. "As filas não devem estar tão longas hoje para a Casa Fantasma."

"Eu quero ver o Epcot Center", Dave disse. "Ouvi falar que você tem que passar a maior parte do dia lá para conhecê-lo bem e lhe fazer justiça."

"Papai, *eu* lhe disse isso hoje de manhã." Ela suspirou com extravagância, cruzou os braços e se encostou contra a porta. Dave sabia que ela estava fazendo birra. E sabia por quê.

"Olha, Katy, o culto toma apenas uma hora. Ainda vamos estar lá quando os portões se abrirem."

Katy olhou fixamente para fora da janela. "Quase todo mundo simplesmente não freqüenta a igreja quando está de férias, papai. Eu só queria dormir um pouco mais."

O hotel onde pai e filha estavam hospedados havia oferecido um culto ecumênico, e ao ouvir aquele sermão sentimental, adocicado e chato, Dave fez uma careta, até se sentindo um pouco culpado por ter tirado a filha da cama para *isso*. Mas então lembrou-se de que ao menos estava dando testemunho sobre colocar as prioridades em primeiro lugar. Eles tinham ido à igreja! Agora, todavia, estava vendo que sua grande idéia só tinha reinjetado muito da tensão que tinham ido ali para aliviar.

Dave entrou na estrada para o Epcot Center e se dirigiu ao estacionamento.

"Está certo", Katy disse, voltando à sua linha de raciocínio, "mas se não for legal como dizem, não temos a garantia de poder ir embora? A gente pode pegar um desses carrinhos de um trilho só e..."

"Se não for legal, estaremos certos de ficar até ao anoitecer", Dave brincou. "Porque pessoalmente estou aqui para ter o pior tempo possível. Realmente estou esperando que esse tal de Epcot seja *mortificante*."

"Oh, papai", ela resmungou. Mas Dave sentiu que parte da raiva de Katy se estava dissipando.

Dave pagou o estacionamento e virou-se para ela. "Você sabe, querida, estas são provavelmente as últimas férias da primavera em que você terá tempo para estar com seu pai. Estou feliz porque você quis vir. Vamos ter um bom dia, está certo?

Antes que terminasse de estacionar, ouviu o cinto de segurança de Katy se desprendendo. Ela se apoiou no console e o beijou na bochecha. "Essas foram as melhores férias", ela disse.

O humor das crianças mudam de uma hora para outra, Dave pensou. *Obrigado, Senhor.*

"Vamos lá, então", disse Dave.

O enorme globo da "Espaçonave Terra" da empresa de telecomunicações AT&T, o símbolo do Epcot Center, avultava adiante, mas as filas de espera já estavam cheias. Dave e Katy já tinham aprendido a concordar sobre realizar os passeios de segunda-linha ou as exibições primeiro; no início do dia, a maioria dos visitantes estava determinada a ir nos mais importantes da lista pessoal. Então os dois foram para "Os Mares Vivos."

A exibição acontecia em um prédio cujo modelo curvilíneo lembrava as ondas na praia. Dentro de uma sala azul-piscina com pouca iluminação estavam mostras de antigos equipamentos de mergulho e fotos dos primeiros submarinos e de lugares de mergulho. Dave e Katy passaram rapidamente pela exibição, impulsionados adiante pela voz gravada onipresente que os convidava para entrar no teatro onde iriam testemunhar o nascimento dos mares.

Dave e Katy se sentaram no teatro semicircular, e como ainda esperavam o início do programa, o pai olhou orgulhosamente para a filha. Seu rosto bonito e infantil estava adquirindo novos toques de uma beleza mais dramática e adulta, mas por baixo, ele sabia, ainda havia uma mistura confusa de medo e ousadia.

Dave e sua esposa, Claudia, sentiram que Katy estava com problemas. Não foi apenas a maconha que encontraram na bolsa dela, apesar disso os ter abalado muito. O pior é que sentiram estar perdendo sua filha para um mundo secular presunçosamente satisfeito consigo mesmo e profundamente hostil ao mundo familiar. E o que os apunhalou mais profundamente foi que a própria Katy se estava tornando mais e mais antagônica às crenças religiosas da família, ao ponto de resistir a qualquer envolvimento no grupo evangélico que funcionava na escola e nos cultos de adoração aos domingos. Isso tudo vindo de uma garota que, aos nove anos de idade, havia respondido ao apelo e entregado sua vida a Jesus com lágrimas de alegria.

O teatro escureceu, e a atenção de Dave foi atraída para um homem com microfone na mão. "O oceano vem sendo explorado há longo tempo", falou com a voz modulada. "Mas como o oceano se formou? Quando ele se formou? As respostas para essas e outras perguntas estão prestes a aparecer em um dramático filme intitulado simplesmente 'O Mar'."

Com uma onda de som, telas se iluminaram ao redor de todo o teatro, e a audiência se viu cercada por imagens vívidas. Primeiro, a escuridão misteriosa do espaço sideral, repentinamente pontuado por inúmeros pontos brilhantes, enquanto uma voz convidava os espectadores a imaginar "algum lugar da imensidão do Universo, no outro lado da galáxia de cem milhões de sóis". Nesse pequeno canto do Universo, a voz magnetizante continuou, "no profundo do ajuntamento de planetas em formação está uma pequena esfera de tamanho exato e na distância certa de sua estrela mãe".

O tamanho exato e a distância certa para quê? Dave foi pego pelas imagens espetaculares que se desenrolavam aos seus olhos, mas alguma coisa chamou sua atenção naquelas palavras. *Perfeito para a vida, suponho.* Embora a Terra não tivesse aparecido apenas para ter as condições perfeitas para a vida, Deus a fez desse jeito de acordo como a sua soberania. Ele imaginava, então, se a Disney faria pelo menos uma menção simbólica do Criador por detrás de tudo.

Mas Dave teve pouco tempo para reflexão. De súbito, mais ação começou a saltar da tela de novo, onde a Terra liqüefeita estava sendo mostrada como um planeta jovem, lentamente esfriando. Milhares de vulcões entraram em erupção, cuspindo vapores e gases até que o planeta foi envolvido por nuvens. O rugido impetuoso fazia tremer a sala inteira.

Finalmente, a voz gravada invadiu mais uma vez a sala: "E então as nuvens de vapores e gases se condensaram e choveu sobre o planeta". Dave ouviu uma forte rajada de chuva repentina, tão realística que pensou estar batendo no telhado do teatro. "Chuva e chuva e chuva", a voz continuou, mais intensamente agora. "Um dilúvio!" Torrentes de águas desciam as ladeiras nuas do planeta sem vida. Finalmente os próprios mares nasceram, a água verde espumejando e agitando-se; e aqui, a voz disse, começou o maior mistério do Universo: a própria vida. A partir da combinação de elementos químicos no oceano primitivo surgiram "plantas pequenas e unicelulares que captavam a energia do sol", produzindo o oxigênio necessário para os organismos mais avançados evoluírem.

Mais uma vez Dave estava estranhamente incomodado. Igualmente aos programas de ciência que assistira na televisão, este dava a impressão de que Deus não tinha a ver com nada disso, que a natureza sozinha tinha o poder de criar o Universo e as maravilhas da vida na Terra.

Dave arriscou um olhar de lado para Katy, para ver se ela estava pelo menos um pouco incomodada. Mas seus olhos estavam fixos na tela, o rosto levantado e fascinado. E de repente sentiu-se golpeado pelo fato de que ela não tinha nenhuma razão para estar incomodada, porque tinha ouvido a mensagem da evolução por toda a sua vida através de livros, professores e programas científicos na TV.

Quando o filme acabou, foram conduzidos a elevadores hidráulicos, engenhocas parecidas com uma escada rolante, que os conduziu a um piso inferior para outra série de exibições. Ali, Katy estava maravilhada com um aquário gigante, onde mergulhadores treinavam golfinhos a se comunicar com humanos, mas Dave continuava assombrado com a imagem dos mares azuis-esverdeados gerando formas primitivas de vida. Talvez essa fosse uma das razões para a barreira que crescera entre ele e Katy. Será que ela estaria tão inundada com as imagens de um Universo sem a necessidade alguma de Deus que agora questionava sua fé? Será que sua rebelião contra ele e sua mãe advinha de dúvidas mais profundas sobre se a Bíblia era a verdade?

Quando saíram da exibição "Os Mares Vivos", Dave recorreu ao humor para romper com os seus pensamentos obsessivos. Ele enrolou o braço de Katy no seu e saiu andando como Rex Harrison interpretando Doutor Dolittle, quando cantava "Se eu pudesse falar com os animais".

"*Doutor Dolittle* não é um filme da Disney, papai", Katy disse.

"Eu não me importo. Cante comigo."

Katy entrou na brincadeira e eles organizaram seu próprio desfile, ziguezagueando no asfalto, cantando baixinho no começo, e depois então mais alto, quando vários transeuntes aplaudiram pai e filha por mera zombaria.

Quando se separaram e ficaram rindo por um momento, Dave pensou na infância de Katy, quando ele a havia chamado de senhorita Disney. Durante o primário ela exibira moletons do Pateta e carregara a lancheira da Minnie, mesmo quando seus amigos já tinham mudado para as Tartarugas Ninja. Tudo aquilo levou a este momento, porque Katy sempre desejara ir à Disney World, e aquele desejo quase esquecido ressurgiu nas mentes de Dave e Cláudia quando tateavam por uma maneira de fazê-la sentir-se especial.

Espantando essas memórias, Dave caminhou com ela em direção ao "Universo da Energia", com suas árvores elevadas cortadas artisticamente em forma de dinossauros. Eles se acomodaram rapidamente nos assentos de uma enorme sala, onde Bill Nye – o cientista, logo os estava levando a um passeio imaginário na história da energia. Ele começou bem no início – apontando para um ponto onde o Universo estava a ponto de existir através do big bang. Um ponto de luz se expandiu em uma enchente trovejante, enquanto estrelas explodiam e galáxias se formavam.

Mais uma vez perguntas irritantes começaram a sussurrar na mente de Dave: O que havia *antes* do big bang? E como foram afetadas todas as milhões de pessoas que passavam pelo Epcot Center todos os anos, quando viram a história do Universo ser recontada em termos completamente naturais, como se Deus fosse irrelevante e desnecessário? Mais importante ainda, que impacto isso estava tendo em sua própria filha?

Foi então que Katy suspirou quando os assentos começaram a se mover debaixo dos pés, transformando as seções de cadeiras em minitrens vibradores. Bill Ney os havia transportado para a era dos dinossauros, explicando que os combustíveis fósseis vieram dessa era milhões de anos atrás na história da Terra. Então um cometa gigante se chocou com a terra, levantando uma nuvem de poeira global, e a era dos dinossauros chegara ao fim.

Os assentos móveis levaram Dave e Katy para outra era, apresentando uma estação celestial simulada com repórteres descrevendo uma "grande virada", a vitória dos mamíferos sobre os dinossauros na sobrevivência dos mais fortes. De repente entra outro repórter com uma notícia atualizada sobre a Era Glacial, explicando a necessidade de as criaturas desenvolverem pele grossa e casacos pesados de lã. Este foi seguido em rápida sucessão por outro repórter, que deu um furo de reportagem com uma estória sobre as geleiras da Era Glacial se isolando na área dos círculos polares, criando as condições para a emergência de um "tipo completamente novo de criatura".

Que tipo de criatura? "Nossos primeiros ancestrais", Bill Nye anunciou – uma criatura que gritava como macaco, enquanto acendia um fogo.

Dave estremeceu. Lá estava de novo – a noção de que seres humanos surgiram de uma longa cadeia de ancestrais através da sobrevivência dos mais fortes. Nenhum espaço para o Deus da Bíblia. Somente criaturas surgindo do limo por acaso, como se a seleção natural fosse o nosso criador.

O resto da exibição cobria os vários tipos de fontes de energia – solar, eólica, nuclear, carvão e petróleo – até finalmente os assentos do auditório-trem voltarem a se assemelhar a uma sala de projeção.

Aliviado por aquilo ter acabado, Dave disse: "Vamos comer um lanche".

Enquanto ele e Katy mastigavam seus sanduíches, Dave recorreu ao comentário do tempo. "Certamente parece mais quente hoje." Mas aquilo não era o que realmente queria dizer. O tempo para a conversa séria que planejara ter com Katy nessa viagem se estava esgotando, e ainda não sabia como começar. O calor parecia penetrar e cozinhar suas emoções. Ele sabia que a única maneira era forçar-se simplesmente a começar a conversa.

"Eu lhe disse que queria ter pelo menos uma conversa séria antes de voltarmos. Lembra?" Fez uma breve pausa. "Que tal agora?"

Katy parecia cautelosa. "Você e mamãe ainda estão preocupados com aquela estória da bolsa?"

"Aquilo não foi bom."

"Vamos lá, papai. Você não tinha que me trazer aqui para me convencer a não fumar maconha. Eu só provei uma vez."

Dave brincou com sua Coca *diet*. "Eu me preocupo sobre *por quê* você fez isso", disse finalmente.

"Você e mamãe não confiam em mim. Vocês agem como se eu tivesse dez anos de idade. Vocês não têm idéia... Vocês deveriam ver como alguns de meus amigos agem."

"Oh, eu tenho alguma idéia. Não vou entediar você com histórias dos meus anos no colégio, mas me lembro como era."

"Será que poderíamos simplesmente voltar a estar de férias aqui? Está quase no fim." Katy inclinou sua cabeça para trás e fez beicinho.

"Eu não sei explicar exatamente por que estou preocupado, Katy. Você *é* uma boa garota. Mas estou preocupado."

"Esse é o trabalho de vocês como pais, não é? E vocês são muito, *muito* bons nisso. Mas está tudo bem, papai." Ela sorriu ironicamente para ele. Katy poderia vencê-lo em um instante.

Repentinamente, Dave perdeu todo o senso de onde queria que essa conversa chegasse. Ele tinha que admitir que ele não vira nenhum dos sintomas típicos do uso de drogas em Katy. Não, não era o episódio da maconha que realmente o estava preocupando. Era outra coisa que o preocupava, e essa coisa havia sido colocada em foco no Epcot. Ele estava preocupado acima de tudo com o estado da vida espiritual de Katy.

Depois de saírem do restaurante, deram a volta em uma lagoa e chegaram à exibição da Noruega, que incluía uma elevada estrutura medieval de madeira, coberta com camadas de telhas de madeira bem talhadas, parecendo estranhamente fora de lugar nessa Terra do Futuro. Dave pegou a mão de Katy e entrou. Lá foram recebidos por música gravada, não pela usual voz forte, mas por suaves melodias de hinos. O interior era pequeno e escuro, a luz entrando por aberturas no alto do teto abruptamente inclinado. Um cartaz indicava que o prédio era um modelo de igreja entalhado em madeira rústica, uma reprodução das famosas igrejas de madeira da Noruega do século XII. Fotos de igrejas genuínas se enfileiravam nas paredes.

A amostra fora planejada como um artefato histórico, um museu com pedaços da história antiga. Mas Dave demorou-se um pouco mais, repentinamente consciente de uma qualidade etérea permeando a fraca luz, uma memória sutil dos dias em que a fé cristã era robusta, até heróica.

Katy começou a ficar incomodada. "Vamos, vamos embora", sussurrou. "Não há nada aqui."

"Nada?" Dave perguntou, sem se virar.

"Nenhum passeio nem nada. Vamos."

"Em um minuto."

Katy bufou e espiou do lado de fora. Dave sussurrou uma oração rápida e a seguiu. Mas estava difícil de quebrar o seu humor sério. Enquanto parava para comprar sorvete, e depois caminhava para um banco ali perto, ele poderia dizer que Katy percebera a mudança em seu humor, de modo que não poderia mais adiar a "grande conversa".

"E então, Katy, por que você não quer mais ir à igreja conosco?" disse, decidido a entrar de vez na questão. "O que você tem contra o Cristianismo?"

Katy virou sua cabeça de lado. "Eu não tenho nada contra o Cristianismo."

"Você age como se fosse morrer cada vez que chegamos perto de alguma coisa que tenha a ver com isso. Você fez isso ali agora mesmo."

"Papai, temos que conversar sobre isso? Pensei que simplesmente tivéssemos que estar aqui."

"Não", ele interrompeu, "não temos simplesmente que estar aqui de férias. Sua mãe e eu planejamos isso para que você e eu pudéssemos ter algum tempo para conversar. Essa é a agenda secreta. Sendo assim, vamos ter aquela conversa antes que saiamos deste banco do parque."

Katy atacou o sorvete, os olhos fitos na tigela.

"Olha, Katy, toda a sua atitude em relação às coisas espirituais mudou. Eu quero saber o que você está pensando."

Ela respirou fundo, e então disse: "Eu não quero ser tão diferente. E não tenho de ser", acrescentou rapidamente. "Posso ser uma boa pessoa sem acreditar nas coisas que vocês acreditam."

"Diferente de quê?"

"Diferente de *todo mundo*." Ela agitou as mãos como se incluindo todo mundo na *Disney World*. "Dificilmente alguém acredita no que você e mamãe acreditam. Tenho muitos amigos que são pessoas boas, e não são religiosos."

As palavras de Katy eram como farpas perfurando o coração do pai, mas pelo menos ela estava falando, pelo menos estava finalmente se abrindo com Dave.

"Não acho que isso seja uma questão do que qualquer um *acredita*", disse Dave após dolorosa pausa. "Nem também sobre o que eu e mamãe acreditamos. É uma questão do que é a *verdade*."

"Como alguém sabe o que é realmente verdade?"

"Muitas pessoas acham que *elas* sabem o que é a verdade. Acabamos de passar o dia indo a exibições onde um monte de idéias foram apresentadas como verdade."

"Isso é ciência, papai", disse Katy pacientemente, como se estivesse ensinando a uma criança. "Ciência trata sobre coisas que são provadas."

"A maior parte era mais como filosofia, Katy."

"Não, não era."

"Sim, era. A maioria das exibições aqui compartilhava uma versão da verdade, mesmo quando falava sobre coisas diferentes. É uma estória mais do que qualquer coisa, e acontece mais ou menos assim: o Universo veio à existência por acaso; a Terra era perfeita para a vida existir por acaso, a vida evoluiu até a formação de pássaros, abelhas e borboletas, mas por acaso; os seres humanos apareceram por acaso, e por acaso os seres humanos se tornaram tão inteligentes que todos os problemas do mundo irão um dia sucumbir à nossa proeza tecnológica. Fim da estória. Aleluia, amém."

"Mas os cientistas podem provar tudo isso, papai. Ninguém pode saber com certeza sobre Deus."

"Vamos lá, como alguém pode 'provar' que o Universo surgiu por acaso? Tudo o que eu sei sobre o Universo, incluindo minha inacreditavelmente linda filha, me indica que Alguém projetou isso. Criou isso." Todas as perguntas que estavam devorando a mente de Dave desde o momento que entraram em "Os Mares Vivos" tomavam forma.

"Meu professor de biologia diz... ele diz que isso é o nosso ego falando. As pessoas querem acreditar que são importantes, então inventam a religião. Inventam a idéia de um Deus que as criou para que possam se sentir melhor."

"Você realmente pensa que a vida surgiu por acaso?"

"Isso é química. É *tudo* química. *Vimos* como isso aconteceu na exibição 'Os Mares Vivos'. Vulcões entrando em erupção, depois o oceano e a seguir os elementos químicos se juntando. Os cientistas fizeram isso em um tubo de ensaio. Eu li sobre isso no meu livro de ciência. Eu até vi uma foto dessa coisa como tubos de vidro e faíscas elétricas e então, você sabe, as moléculas apareceram."

Katy se encostou no banco, e Dave colocou a cabeça entre as mãos. Então era isso. Ela havia sido tão doutrinada com uma visão secular do mundo, uma visão apoiada no prestígio da "ciência", de modo que o Cristianismo não mais lhe fazia sentido. Ele via isso agora. Mas o que poderia dizer para fazê-la mudar de idéia?

"Simplesmente não posso acreditar que este mundo lindo apareceu por acaso." Dave disse isso de novo, mais por desespero do que por esperança de que isso faria alguma diferença.

"Se o que você acredita é verdade, papai, então como é que ninguém mais acredita nisso? Ouça, semestre passado, numa aula de Inglês, assistimos a um filme chamado *Herdando o Vento*, e você poderia ver que todos os cientistas estão do lado de Darwin. Os cristãos simplesmente fecham suas mentes para os fatos da ciência."

Dave prendeu a respiração. Sentiu como se tivesse sido atingido no peito. Isso o deixou irritado. "Vamos lá, Katy. Você sabe que nós não viemos de macacos." Essa foi uma resposta bastante fraca, mas foi a melhor que podia dar no impulso do momento.

Katy olhou para longe sem responder.

Em desespero, Dave percebeu que não sabia nem mesmo como começar a abordar esse assunto com a filha. Ele sabia muito pouco sobre Darwin ou sobre a evolução. Tudo o que realmente sabia – o que sentia instintivamente – era que se você dispensasse Deus como o Criador, então todo fundamento da fé se dissolveria. Decidiu, então, tomar rumo diferente.

"Quando você foi à frente na igreja e se tornou cristã, Katy... aquilo não significa mais nada para você?", perguntou Dave.

Katy estalou os dedos. "Eu pensei sobre isso – muito. Mas de que maneira você pode confiar em como você se sente nessas situações? Quer dizer, eu me emociono quando estou assistindo a um filme, e aquilo não é real."

"Katy, isso não é a mesma coisa. Entregar a sua vida a Cristo e... assistir a um filme."

"Tudo o que sei é que você e mamãe esperam que eu acredite no que vocês acreditam. Se eu for à igreja e me fingir feliz com isso, nos daremos bem. Se não, vocês ficam sérios e fazem todos se sentir miseráveis. Exatamente como essa viagem. Como se vocês me estivessem chantageando."

"Katy, eu..."

"Você realmente me ama, papai? A Katy com quem você está falando agora mesmo? Porque essa sou eu realmente. Eu não sou a garotinha que você tem em sua cabeça."

"Espere um minuto. Eu não tenho o direito de discordar de suas idéias sem você me acusar de não amar você? Quem está fazendo chantagem aqui?"

"Elas não são só *minhas* idéias, papai. São o que aprendi na escola, são o que todos acreditam – igualmente o que vimos nas exibições hoje. E você não pode argumentar contra isso."

Naquele ponto ela estava certa, Dave pensou severamente. Ele não podia argumentar contra *aquilo*, porque não sabia como começar a se opor ao que ela estava dizendo. Sua filha parecia estar jogando fora a fé, e ele não tinha a menor idéia de como fazê-la parar. Mas o que ele disse em seguida veio de um lugar muito mais profundo do que sua própria frustração e impotência.

"Eu vou descobrir."

"O quê?"

"Eu vou descobrir como argumentar contra isso. Vou descobrir porque a estória que ouvimos aqui hoje é errada."

Ela virou os olhos com desdém. "Ora essa... "

"Ou vou desistir da minha fé também", Dave concluiu.

Katy reagiu como se Dave tivesse dado um tapa nela. Então de repente deixou sua sofisticação escarnecedora de lado. "Oh, papai, eu não quero... você sabe, que *tudo* venha a mudar."

"Mas *tudo* é o que está em jogo aqui, Katy. É isso que você precisa entender. Tudo está em jogo. Olhe, se o Cristianismo é a verdade, então não é a minha crença ou a crença de sua mãe. É a verdade sobre a *realidade*, sobre o que é real em última instância. E de alguma maneira eu vou descobrir os fatos que mostrarão ser essa a verdade."

CAPÍTULO 6

DESPEDAÇANDO A GRADE

O objetivo principal de toda investigação do mundo externo deveria ser descobrir nele a ordem racional e a harmonia determinados por Deus.

JOHANNES KEPPLER

O que atingiu Dave Mulholland duramente nos dias seguintes às férias com Katy foi a descoberta de que sua filha absorvera uma maneira de pensar totalmente contrária ao que ele e Claudia lhe haviam ensinado. E ele descobrira isso na *Disney World*, onde cada ano mais de quarenta milhões de pessoas comparecem, esperando na fila para serem extasiados, deslumbrados e educados. Muitas famílias em todo o mundo economizam o ano inteiro para poder levar seus filhos ao Reino Mágico, esse grande ícone americano.

E para quê? Dave se perguntou severamente. Para experimentar esse culto ao secularismo, esse altar ao poder da habilidade e tecnologia humanas?

Mas pelo menos agora ele entendia o que acontecera com sua filha. Ela absorvera a idéia de que a ciência é a fonte da verdade, enquanto religião é meramente uma questão de opinião, algo que toleramos por aqueles que são fracos o suficiente para precisarem desse tipo de conforto. E pela primeira vez percebeu que fora confiante demais. Ele havia permitido que sua filha fosse exposta a essas idéias na escola, na televisão e em seus livros sem sequer se incomodar em ensiná-la como responder.

Talvez isso não fosse surpreendente. A própria geração de Dave não teve que enfrentar tais desafios à fé cristã. Para eles, religião era respeitada como parte da ordem normal. Dave nunca experimentou a angústia da dúvida. Ele sempre esteve satisfeito com simplesmente ir à igreja e aceitar um conjunto de crenças que faziam sentido para a vida.

Mas tudo havia mudado. Agora precisava defender o que acreditava. Por amor de sua filha, se não por ele mesmo.

"Essas não são simplesmente *minhas* idéias, papai", Katy argumentou naquele dia na *Disney World*. "Elas são o que aprendi na escola. São o que todos acreditam."

A NATUREZA É NOSSO CRIADOR?

Katy estava certa. A visão dominante em nossa cultura hoje é radicalmente unidimensional: que a natureza é tudo o que precisamos para explicar tudo o que existe, inclusive a vida. Esta é, no fundo, a filosofia do naturalismo. Ela não somente permeou os currículos escolares, mas também tem sido amplamente expressa na cultura popular, desde a *Disney World* aos programas sobre a natureza na televisão e aos livros infantis.

Toda cosmovisão tem que começar em algum lugar, tem que começar com uma teoria de como o Universo teve início. O naturalismo começa com a suposição fundamental de que as forças da natureza sozinhas são adequadas para explicar tudo o que existe. Enquanto a Bíblia diz: "No princípio, criou Deus os céus e a terra" (Gênesis 1.1), os naturalistas afirmam que no princípio eram as partículas, juntamente com leis naturais cegas e sem propósito. Essa natureza criou o Universo a partir do nada, através de uma flutuação quântica. Essa natureza formou o nosso planeta, com sua habilidade única de sustentar a vida. Essa natureza uniu os elementos químicos que formaram a primeira célula viva. E o naturalismo diz que a natureza agiu através de mecanismos darwinianos para desenvolver formas de vidas complexas e, finalmente, seres humanos, com as maravilhas da consciência e da inteligência.

Os cientistas naturalistas tentam dar uma impressão de que são racionais e objetivos, implicando que pessoas religiosas são subjetivas e preconceituosas em favor de suas crenças pessoais. Mas isso é um truque, pois o naturalismo é muito mais uma filosofia, uma cosmovisão, um sistema de crença pessoal, como o é qualquer outra religião.

O naturalismo começa com premissas que não podem ser testadas empiricamente, tal como a suposição de que a natureza é "tudo o que é, ou sempre foi, ou sempre o será", para usar uma frase do popular programa científico *cosmos*, do já falecido Carl Sagan. Essa não é uma afirmação científica, pois não há nenhuma forma concebível em que isso possa ser testado. Isso é uma filosofia. Como veremos ao longo do resto desta seção, essa é a filosofia que dá suporte a todo o empreendimento evolucionista, a partir de suas afirmações sobre o começo do Universo, o começo da vida e o aparecimento de formas de vida complexas.

Mas do que qualquer outro, foi Sagan quem popularizou a cosmovisão naturalista e a enraizou de modo firme na mente do americano comum. O cabelo escuro penteado de lado, o sorriso "colgate", a personalidade cativante – tudo isso acrescido de poderosa influência sobre milhões de telespectadores que sintonizavam o seu programa *cosmos*, no canal PBS. Semana após semana trazia imagens surpreendentes de estrelas explodindo e espalhando nuvem cósmica dentro das casas e escolas por toda a nação.

Mas isso não é tudo que Sagan trouxe. Com seu jeito envolvente, era um televangelista do naturalismo, uma filosofia que abraçava com fervor religioso. Logicamente, o que quer que você considere como sendo o ponto inicial de sua cosmovisão funcionará, com efeito, como sua religião[1].

Pegue o *slogan* de Sagan: "O cosmos é tudo o que é, ou sempre foi, ou sempre o será" (linha de abertura em *cosmos*, seu livro baseado na série da televisão)[2]. Aqui, Sagan está capitalizando formas litúrgicas. Desde o tempo da igreja primitiva, os cristãos cantam o Gloria Patri: "Glória seja dada ao Pai, e ao Filho, e ao Espírito Santo; como era no começo, é agora, e sempre o será, Universo sem fim." Sagan está claramente oferecendo uma liturgia substituta, uma cadência ao cosmos. O fato puro e simples de ele capitalizar a palavra *cosmos*, exatamente como os crentes capitalizam a palavra Deus, é uma forma evidente de demonstrar que é apoiado por fervor religioso.

No programa de televisão e nos livros de Sagan, ele torna claro que o Criador transcendente revelado na Bíblia não tem utilidade nenhuma. O cosmos é sua deidade. Em um de seus muitos *best-sellers*, Sagan descreve o Deus cristão desdenhosamente como "um homem enorme, de pele clara e com longa barba branca, sentado em um trono em algum lugar no céu, ocupadamente registrando a queda de cada pardal."[3] Sagan considera o cosmos como o único ser auto-existente e eterno: "Um Universo que é infinitamente antigo não requer nenhum Criador."[4]

Ponto após ponto, Sagan oferece um substituto naturalista para a religião tradicional. Enquanto o Cristianismo ensina que somos filhos de Deus, Sagan diz que "somos, no sentido mais profundo, filhos do cosmos", porque é o cosmos que nos deu à luz e que diariamente nos sustenta.[5] Em uma passagem quase certamente autobiográfica, Sagan sugere que o impulso do astrônomo de explorar o cosmos é motivado por um reconhecimento místico de que os elementos químicos em nosso corpo foram originalmente formados no espaço – que o espaço sideral é nossa origem e nosso verdadeiro lar: "Alguma parte de nosso ser sabe que é de lá que viemos. Ansiamos por retornar".[6] O "reverente temor" do astrônomo não é nada menos que adoração religiosa. "Nossos ancestrais adoravam o Sol, e eles estavam longe de ser tolos." Pois se temos que adorar alguma coisa, "não faria sentido reverenciar o Sol e as estrelas?"[7]

Como qualquer religião, a adoração do cosmos de Sagan prescreve certas tarefas morais aos seus seguidores. O cosmos criou a vida humana à sua própria imagem – "Nossa matéria, nossa forma e muito do nosso caráter é determinado pela profunda conexão entre a vida e o cosmos" – e em troca, temos um dever moral para com o cosmos.[8] O que é esse dever? É uma "obrigação de sobreviver", uma obrigação que devemos "ao cosmos, antigo e vasto, de onde brotamos".[9]

A adoração do cosmos de Sagan nos diz até como ser salvos. Ameaças à sobrevivência humana – poluição, guerra, falta de alimento – não têm nada a ver com falhas morais. Ao invés disso, resultam da incompetência tecnológica. Sagan escreve – o que não é de se surpreender – que ele acredita que a humanidade ainda está em sua infância evolutiva.[10] Assim, as soluções podem vir de civilizações mais avançadas lá fora, descendo à Terra para nos salvar. Por essa razão Sagan era um ávido defensor dos esforços para sondar os mais distantes pontos do espaço em busca de mensagens de rádio.[11] "O recebimento de uma única mensagem do espaço mostraria ser possível sobreviver a tal adolescência tecnológica", escreve ofegante, pois isso provaria que uma raça extraterrestre avançada sobrevivera ao mesmo estágio e chegara à maturidade.[12]

Se isso não é uma visão de salvação, então o que é? O cosmos vai falar para nós. Ele está lá, e não está em silêncio.

Em cada ser humano há uma procura profunda e contínua por sentido e transcendência – parte da imagem de Deus em nossa mais profunda natureza. Até se abandonarmos a Deus, a marca religiosa permanece. Todo mundo adora a algum tipo de deus. Todos acreditam em algum tipo de deidade – mesmo que essa deidade seja uma substância impessoal, tal como matéria, energia ou natureza. Essa é a razão pela qual a Bíblia prega contra a idolatria, não contra o ateísmo. O naturalismo se pode mostrar como ciência, ordenando fatos e figuras, mas é uma religião.

Essa religião está sendo ensinada em todo lugar no cenário público hoje – até nos livros que seu filho lê na escola e pega emprestado na biblioteca pública. Não muito tempo atrás, Nancy pegou um livro dos Ursos Berenstain para seu filho mais novo. No livro, a família Urso convida o jovem leitor a se juntar a eles em um passeio pela natureza. Começamos em uma manhã ensolarada, e depois de passar por algumas teias de aranha, lemos em letras maiúsculas espalhadas sob o nascer do sol, reluzentes como raios de luz, aquelas palavras familiares: A natureza é "tudo o que É, ou FOI ou SEMPRE O SERÁ!"[13]

Isso soa familiar? Claro! É a famosa frase de abertura de Sagan, agora emoldurada em lindas imagens de ursinhos, insetos e pássaros – a filosofia do naturalismo espalhou-se para as crianças. Para envolver o leitor, os autores desenharam um urso apontando diretamente para quem está lendo – seu impressionável jovem filho – dizendo: "A natureza é você! A natureza sou eu!"[14] Seres humanos, também, não são nada mais do que parte da natureza.

Haveria algum exemplo mais pungente sobre por que os cristãos precisam aprender como argumentar persuasivamente contra o naturalismo? Ele está impresso nas mentes de nossos filhos muito antes que possam pensar racional e criticamente. Ele é apresentado em todo lugar como a única cosmovisão sustentada pela ciência. Essa cosmovisão, no entanto, é diametralmente oposta ao Cristianismo.

Os cristãos devem estar prontos para separar ciência genuína de filosofia. A evolução, como normalmente e apresentada em livros textos e museus, confunde os dois, apresentando como "ciência" o que na verdade é filosofia naturalista. De fato, muitos cientistas seculares insistem que somente as explicações naturalistas se qualificam como ciência.

Mas por que deveríamos deixar os secularistas fazerem essas definições? Sejamos claros na distinção entre ciência empírica e filosofia, e então responderemos ciência com ciência e filosofia com filosofia.

Isso se torna cada vez mais imperativo quando nos damos conta do que estamos fazendo face ao problema. No momento em que um cristão questiona a evolução, ele é rotulado de interiorano alienado da vida moderna e acostumado às mentiras cabeludas da Bíblia, como um ignorante reacionário que está tentando impedir o progresso da ciência. Como Katy, a maioria dos estudantes de hoje viu o filme *Herdando o Vento* (ou sua versão na televisão), e suas imaginações estão povoadas com cristãos barulhentos e ignorantes enfrentando os inteligentes, educados e urbanos defensores de Darwin. Quando questionamos o darwinismo em público, somos vistos através da grade retratada nessas peças de mídia.

Nossa primeira tarefa, portanto, antes que possamos pelo menos esperar ser ouvidos, é despedaçar essa grade, quebrar esse estereótipo. Devemos convencer as pessoas de que o debate não é sobre a Bíblia versus a ciência. O debate é sobre perseguir um exame desapaixonado e sem preconceito dos fatos científicos e seguir esses fatos aonde quer que conduzam. Devemos desafiar a suposição de que ciência por definição signifique filosofia naturalista.

A verdadeira batalha é de cosmovisão contra cosmovisão, religião contra religião. De um lado está a cosmovisão naturalista, afirmando que o Universo é produto de forças cegas e sem propósito. De outro está a cosmovisão cristã, dizendo que fomos criados por um Deus transcendente que nos ama e tem um propósito para nós. A própria natureza é coberta com suas "impressões digitais", marcas do propósito em toda área da investigação científica. Nossa causa é absolutamente defensável, se somente aprendermos como fazer isso.

A cosmovisão cristã começa com a Criação, com um ato deliberado de um Ser pessoal que existe desde a eternidade. Essa dimensão pessoal é crucial para entender a Criação. Antes de trazer o mundo à existência, o Criador fez uma escolha, uma decisão: Ele fez um plano, um projeto inteligente.

De acordo com os escritos do apóstolo Paulo, esse projeto, que dá ao mundo sua forma e estrutura, é evidente a todos. "Porquanto o que de Deus se pode conhecer neles se manifesta, porque Deus lho manifestou" (Romanos 1.19). Como? Na forma e complexidade do mundo que criou: "Porque as suas coisas invisíveis, desde a criação do mundo, tanto o seu eterno poder como a sua divindade, se entendem e claramente se vêem pelas coisas que estão criadas" (Romanos 1.20). Até os incrédulos sabem lá no fundo que Deus deve existir. Isso é assim dessa forma, "para que eles fiquem inescusáveis" (Romanos 1.20) Em outras palavras, Paulo ensina que aqueles que olham honestamente para o mundo em volta deveriam ser capazes de concluir que ele foi criado por um Ser inteligente.

Nos capítulos seguintes, vamos olhar por cima do ombro de Dave Mulholland em sua busca pelas respostas para as perguntas de sua filha. Quem está certo: Sagan ou o apóstolo, quando este ensina que a evidência da criação pode ser claramente vista por todos? O Universo se criou sozinho? A vida surgiu de um mar de elementos químicos? Você pode entender a intrincada complexidade das plantas e animais sem uma inteligência para guiar o processo?

O que vamos descobrir pode ser tão surpreendente para você como o foi para Dave.

CAPÍTULO 7

VAMOS COMEÇAR BEM NO INÍCIO

[Projeto] é o argumento mais empírico de Deus [baseado nas] premissas de observações sobre o tipo de ordem que descobrimos na natureza.

FREDERICK FERRÉ

A primeira pergunta que qualquer cosmovisão precisa responder é como tudo começou. Como o Universo se iniciou? Dave Mulholland estava prestes a descobrir um dos mais empolgantes avanços na pesquisa científica recente, pois nas últimas décadas a ciência inverteu completamente os rumos com relação à pergunta sobre a origem do Universo. Depois de manter por séculos que o Universo físico é eterno e portanto não precisa de criador, a ciência hoje descobriu a dramática nova evidência de que o Universo teve uma origem última, que ele começou em um tempo finito no passado – exatamente como ensina a Bíblia.

Para entender exatamente como isto é revolucionário, devemos compreender que a maioria das culturas antigas acreditavam que o Universo é eterno – ou, mais precisamente, que ele foi formado a partir de algum tipo de matéria primordial eterna. Os gregos antigos até argumentavam que a idéia de um começo último era racionalmente inconcebível. Seus argumentos foram reavivados durante a fase final da Idade Média e da Renascença, quando a literatura clássica foi redescoberta. Então, no século XVIII os cientistas formularam a lei da conservação da matéria (que a matéria não pode ser criada nem destruída), e isso se tornou uma potente arma nas mãos de materialistas ferrenhos, que argumentavam ser a própria ciência quem ditava as regras de qualquer criação final. "Hoje a indestrutibilidade ou permanência da matéria é fato científico", escreveu um proponente do materialismo do século XIX. "Aqueles que falam sobre uma força criativa sobrenatural" que criou o Universo a partir do nada "estão em antagonismo com o primeiro e mais simples axioma de uma visão filosófica da natureza".[1]

Nesse ponto as coisas permaneceram. A idéia de que o Universo teve início ficou reduzida a mero assunto de fé religiosa, na posição de oponente solitária à firmemente estabelecida ciência.

Mas no começo do século XX muitas linhas de evidência começaram uma convergência curiosa: a implicação da teoria da relatividade geral de que o Universo se está expandindo; a descoberta de que as estrelas exibem uma "mudança avermelhada", implicando que elas se estão afastando, e finalmente, o achado de que as duas leis da termodinâmica na verdade tornam imperativo acreditar em um início para o Universo.

A segunda lei da termodinâmica, a da degradação da matéria, implica que o Universo está em processo de desintegração gradual – implacavelmente se movendo em direção à escuridão e decadência final. Em outras palavras, o Universo está em contagem regressiva, como uma bomba relógio. E se está em contagem regressiva, então deve ter havido um tempo quando foi dada corda no relógio. Nas eloqüentes palavras de Lincoln Branett em *O Universo e o Dr. Einstein*, "a inferência inevitável é que tudo teve um *começo*: de alguma forma e em algum tempo os processos cósmicos se iniciaram, os fogos estelares se acenderam e todo o vasto espetáculo do Universo foi trazido à existência".[2]

Além do mais, a primeira lei da termodinâmica (o princípio da conservação da energia) implica que a matéria não pode simplesmente estourar para a existência ou se criar por si mesma. Assim, se o Universo teve começo, então, alguma coisa *externa* deve ter sido a causa de ele vir à existência – alguma coisa, ou Alguém, transcendente ao mundo natural. Como resultado, a idéia da criação não é mais meramente uma questão de fé religiosa; é uma conclusão baseada na mais honesta leitura da evidência científica. O físico britânico Paul Davies, apesar de não ser cristão professo, diz que o big bang é "o lugar no Universo onde há espaço, até mesmo para o materialista mais duro, admitir Deus".[3]

HOUVE UMA CAUSA INICIAL?

Essas várias linhas de evidência fundiram-se nos anos 60 e levaram à formulação da teoria do big bang, que afirma ter o Universo começado com uma explosão cósmica. A nova teoria atingiu o mundo científico como um trovão. Isso significava que a idéia de um começo definitivo não era mais meramente dogma religioso. A própria ciência agora indicava que o Universo veio à existência em um momento específico no passado remoto.

A teoria do big bang dá um sopro quase fatal na filosofia naturalista, pois o seu credo considera a realidade como uma seqüência ininterrupta de causa e efeito que pode ser traçada indefinidamente. Entretanto, o big bang representa uma descontinuidade repentina na cadeia de causa e efeito. Isso significa que a ciência pode traçar os eventos no passado somente até certo ponto; no momento da explosão do big bang, a ciência atinge uma interrupção abrupta, uma barreira absoluta. De fato, quando a teoria foi inicialmente proposta, grande número de cientistas resistiu a ela por essa mesma razão. O grande físico Arthur Eddington resumiu os sentimentos de seus colegas, quando afirmou que a idéia de um começo é filosoficamente "repugnante".[4] Albert Einstein mexeu em suas equações na vã esperança de evitar a conclusão de que o Universo tivera início. O astrônomo Robert Jastrow, um agnóstico que, não obstante, se deleita em soltar faíscas contra seus colegas naturalistas, sustenta que a ciência havia atingido seu limite, que ela nunca seria capaz de descobrir se o agente da criação foi "o Deus pessoal do Velho Testamento ou uma das forças físicas conhecidas".[5]

Ainda assim, muitos secularistas se estão contorcendo para evitar as claras implicações da teoria. Alguns argumentam que o big bang na verdade dá continuidade à teoria naturalista – que ele estendeu as explicações naturalistas até o momento da origem do próprio Universo. Isso significa que se Deus existe, foi empurrado de volta a uma obscura causa primeira que meramente deu início às coisas, sem nenhum papel a desempenhar depois disso. Mas tal raciocínio é pura tolice. Longe de sustentar o naturalismo, a teoria do big bang mostra os limites de todas as narrativas naturalistas da realidade pela revelação de que a própria natureza – tempo, espaço e matéria – veio à existência em um período finito de tempo passado.

Talvez a estratégia mais comum entre os cientistas e educadores hoje é simplesmente ignorar as implicações surpreendentes do big bang, rotulando-as de "filosofia" ou "religião" e colocando-as de lado. Só lidamos com ciência, dizem. A discussão de uma causa última *por trás* do big bang é dispensada como filosofia e não lhe é dado espaço nas salas de aula de ciências. Como resultado, os alunos nem sonham com quão fascinantes vistas são ocultadas de seus olhos, e quais perguntas interessantes são essencialmente proibidos de fazer. Essa é a abordagem que Dave Mulholland testemunhou na Disney World quando o jovem-cientista-Bill-Neye, com um floreado teatral, dirigiu a atenção da audiência para uma versão artística do big bang. Uma onda trovejante de luz invadiu a tela, mas palavra alguma foi proferida sobre o que veio antes da primeira explosão ou o que a causou.

Outros cientistas ainda tentam se livrar do big bang, criticando a teoria de maneira que os permita continuar a insistir que a matéria é eterna acima de tudo. Por exemplo, Carl Sagan propôs que a explosão responsável pelo início do nosso Universo era apenas parte de uma série – que o Universo se está expandindo até hoje, mas em algum ponto do processo se reverterá e começará a contrair-se até voltar a ser um pequeno ponto, que explodirá de novo, começando outra vez todo o processo. Essa oscilação continuará para sempre em repetição infinita, como um acordeão abrindo e fechando.[6] Mas a especulação de Sagan vai de encontro a leis básicas da física: até um Universo oscilante usaria a energia disponível em cada ciclo, e ela iria eventualmente se acabar. A segunda lei da termodinâmica, a lei da degradação, derruba qualquer noção de um Universo eterno.[7]

Outros cientistas encaram os fatos de uma causa inicial, mas num esforço de evitar a idéia de um criador, articulam noções que são, francamente, ilógicas. Alguns falam da auto-geração do Universo, negligenciando a contradição lógica óbvia de tal noção (se o Universo ainda não existe, não há nenhum "auto" para fazer a geração). Outros, como Stephen Hawking, da Universidade de Cambridge, provavelmente o físico teórico mais bem conhecido de hoje, propõe que o Universo inicial existia em um "tempo imaginário", uma idéia que é para todos os propósitos pouco mais do que fantasia. Ainda outros têm proposto que o Universo simplesmente veio à existência inesperadamente – completamente sem causa – do nada. Por exemplo, o professor de filosofia, Quentin Smith, propôs que o Universo "veio do nada, por nada, para nada".[8] Mas isso é sair do domínio da ciência para o da magia pura. Uma das mais bem estabelecidas leis da experiência é que algo não pode vir do nada.

Os naturalistas simplesmente não têm nenhuma forma de se opor ao desafio colocado pelo big bang sem enroscar-se em contorções lógicas impossíveis. Os fatos claramente indicam que o Universo não é eterno, e não pode originar-se a si mesmo. A implicação é que o Universo começou em um momento definido no tempo, em um lampejo de luz e energia. A ciência começou a soar misteriosa tal como Gênesis 1: "E disse Deus: Haja luz" (1.3).

Esses são argumentos que podemos apresentar quando encontrarmos pessoas hostis à fé cristã. Um dia minha esposa, Patty, retornou à casa vinda de um estudo bíblico e me disse como todo o grupo ficara enfurecido com um episódio ocorrido na escola local. Uma das mulheres do grupo tinha um filho de 13 anos que tirara nota baixa no seu exame semanal da aula de ciência. Na pergunta "De onde veio a Terra?", Tim havia escrito: "Deus a criou". A resposta "correta" de acordo com a professora, era que a Terra é o produto do big bang.

As mulheres no grupo de estudo bíblico de Patty persuadiram a mãe de Tim a entrar na sala e mostrar à professora o que a Bíblia diz. "Está lá em Gênesis 1", disseram. "*Deus* criou os céus e a terra."

Mas assim que Patty me contou a estória, peguei o telefone para ligar para a mãe de Tim. "Não vá ao encontro da professora com a Bíblia na mão", disse-lhe eu.

Ela ficou surpresa. "Mas a Bíblia mostra que a professora está errada."

"Como crentes, sabemos que as Escrituras são inspiradas e completas", expliquei, "mas a professora de Tim irá fazer pouco caso da Bíblia. Ela dirá: 'Isso é religião, eu ensino ciência'."

O que precisamos evitar em tais situações é dar a idéia errada de que o Cristianismo seja oposto à ciência. Se somos muito apressados em citar a Bíblia, nunca quebraremos o estereótipo espalhado por *Herdando o Vento*. Não devemos opor ciência com religião; devemos opor ciência de má qualidade com ciência de qualidade superior.

Devemos levantar perguntas tais como: o que veio antes do big bang? O que o causou? Se o big bang foi a origem do próprio Universo, então sua causa deve ser alguma coisa *fora* do Universo. A verdade é que a teoria do big bang dá sustento dramático ao ensinamento bíblico de que o Universo teve uma causa inicial – que espaço, matéria e tempo são finitos. Longe de ser um desafio à fé cristã, como a professora de Tim parecia achar, a teoria na verdade revela evidência surpreendente para a fé.

A causa da criação está ainda mais forte se olharmos para a natureza do nosso Universo. É um Universo que fala a todo momento de projeto e propósito.

SOMOS ACIDENTES CÓSMICOS?

Nas semanas seguintes após voltar de suas férias com Katy na *Disney World*, Dave Mulholland podia ouvir as frases das várias exibições se repetirem em sua memória, como um CD que toca a mesma faixa, cada vez martelando seu senso de impotência, uma vez que ele percebeu não ter nenhuma boa reposta. Dave arremedava a mensagem de "Os Mares Vivos" com severa ironia: uma esfera pequena, o planeta Terra, "por puro acaso" era do tamanho exato e "por puro acaso" estava na distância exata do sol de modo que a vida "por puro acaso" apareceu. E através de um processo de mutações ocasionais e seleção natural, nós, humanos, "por puro acaso" aparecemos em cena.

Que mensagem para as crianças suportarem, Dave gemeu. *Isso lhes diz que elas não são nada mais do que um acidente cósmico. Não é de admirar que, ao longo do tempo, a linguagem sobre um Deus amoroso que as criou e as ama soe mais e mais como um conto de fadas.*

Mas todas essas coincidências são realmente apenas... coincidências? Ou Alguém projetou o Universo dessa maneira? Essa era a segunda pergunta que Dave estava determinado a descobrir. Ele começou a estudar exatamente como fazia na faculdade – coletando livros e artigos sobre o assunto. E o que descobriu, para surpresa sua, foi outra mudança dramática no pensamento científico recente. Não somente os cientistas estão reconhecendo uma causa inicial, mas também que a estrutura física do Universo traz uma evidência surpreendente de projeto e propósito. Eles propuseram o que é conhecido como o *princípio antrópico*, que afirma ser a estrutura física do Universo exatamente o que deveria ser em condição de sustentar a vida.

Depois de a primeira espaçonave pousar na lua, uma fotografia atordoante rapidamente se tornou conhecida: uma visão da Terra envolvida por nuvens, logo acima do horizonte da superfície escura e craterada da lua. O contraste era surpreendente. Nosso lindo planeta azul e branco, tão hospitaleiro à vida, visto contra a paisagem lunar inóspita, estéril e sem vida.

Ainda assim a lua é um lugar amigável se comparado a Vênus, onde uma chuva de ácido sulfúrico cai na superfície tão quente quanto chumbo fervente. E Vênus é ainda mais hospitaleiro se comparado aos cristais glaciais que compõem Júpiter, com nuvens congeladas de gás alongando-se sobre sua superfície, dando ao planeta aparência listrada. E Júpiter pode ser considerado acessível se comparado aos milhões de graus de temperatura dentro de estrelas ou se comparado às imensas distâncias de vácuo intransponível entre elas.

A partir da perspectiva da era espacial, ficou mais claro do que nunca que a Terra é única. Ela possui muitas características que a tornam capaz de dar sustento à vida – uma lista aproximadamente sem fim de precondições que só têm sido encontradas primorosamente, até onde sabemos, no nosso planeta.

Como a Terra pode ser tão especial por acaso? É só uma coincidência? Sorte? Ou ela foi planejada por um Criador amoroso que nos tinha em mente desde o começo?

Considere, por exemplo, a órbita terrestre. A exibição de "Os Mares Vivos" é correta ao descrever a Terra como "uma pequena esfera com o tamanho exato [que] fica na distância certa de sua estrela mãe". Se a Terra fosse mesmo um pouquinho só mais perto do Sol, toda a água se evaporaria, e a vida seria impossível. Por outro lado, se a Terra fosse somente um pouco mais longe do Sol, toda a sua água congelaria, e a paisagem não seria nada além de desertos inférteis.

Não somente a paisagem é atingida pela posição de nosso planeta. Os processos dentro de nossos corpos também se utilizam dessas condições hospitaleiras. As reações químicas necessárias para a vida funcionar ocorrem dentro de uma variação de temperatura muito pequena, e a Terra está exatamente à distância correta do Sol para ficar dentro dessa variação. Além do mais, para que tudo isso aconteça, a Terra deve permanecer na mesma distância do Sol em sua órbita; isto é, sua órbita deve ser aproximadamente circular – em contraste com as órbitas elípticas da maioria dos outros planetas em nosso sistema solar.

Seriam essas distâncias delicadamente estabelecidas um produto de mera coincidência? Ou foram elas *projetadas* para dar sustento à vida?

Para outro exemplo, considere a existência de água, aquela substância que de tão familiar sequer avaliamos sua importância. A água tem enorme quantidade de propriedades únicas absolutamente indispensáveis para a vida. Por exemplo, essa é a única substância conhecida cujo estado sólido (gelo) é menos denso que seu estado líquido. Essa é a razão por quê o gelo se forma na superfície dos oceanos e lagos, ao invés de no fundo, permitindo que peixes e outras vidas marinhas sobrevivam ao inverno. No nível microscópico, as moléculas da água exibem algo chamado de efeito hidrofóbico, que dá à água a habilidade única de moldar proteínas e ácidos nucleicos em DNA. Do ponto de vista molecular, "as várias propriedades da água não são nada menos que milagrosas", escreve Michael Corey em *Deus e a Nova Cosmologia*; "nenhum outro composto chega pelo menos perto de copiar suas muitas propriedades que dão sustentação à vida."[9]

Entretanto, a Terra não poderia dar sustento à vida a menos que o próprio cosmos tivesse as condições físicas apropriadas. O princípio antrópico une um estonteante número de "coincidências cósmicas" que tornam a vida possível. Por exemplo, o big bang tinha que ter explodido com o grau correto de vigor para o que o nosso presente Universo fosse formado. Se isso tivesse ocorrido com muito *pouca* velocidade, o Universo se teria desmoronado em si mesmo depois do big bang, por causa das forças gravitacionais; se tivesse ocorrido com *muita* velocidade, a matéria se teria espalhado tão rápido que seria impossível para as galáxias e o sistema solar terem a sua subseqüente forma. Para colocar de outra forma, a força da gravidade deve ter fina sintonia para permitir que o Universo se expanda na taxa precisamente correta (exatamente 1 parte em 10^{60}). O fato de a força da gravidade por puro acaso ser o número correto com "tamanha exatidão", segundo o físico Paul Davies, "é certamente um dos grandes mistérios da cosmologia".[10]

Veja outro exemplo: a estrutura do átomo. Tudo no Universo é feito de átomos, desde as estrelas nos céus mais longínquos até as células do corpo humano – e o átomo em si é um pacote de fortuitas "coincidências". Em um átomo, o nêutron é ligeiramente mais massivo que o próton, o que significa que os nêutrons livres (aqueles não presos dentro do átomo) podem decompor-se e tornar-se em prótons. Se as coisas fossem revertidas – se os prótons fossem maiores e tivessem tendência à decomposição – a estrutura do Universo seria impossível.

Por quê? Porque um próton livre é simplesmente um átomo de hidrogênio, e se prótons livres tivessem a tendência de se decompor, então tudo o que fosse feito de hidrogênio se desintegraria. O Sol, que é feito de hidrogênio, se fundiria. A água, um óxido de hidrogênio líquido (H_2O), seria impossível. De fato, o próprio Universo se decomporia, uma vez que 74% do Universo observado consiste de hidrogênio.

E por que o nêutron é maior do que o próton? Ninguém sabe. Não há causas físicas para explicar tal fenômeno. É simplesmente um fato. Então aparentemente a única "razão" para a diferença no tamanho é que isso permite a existência do Universo e dá sustentação à vida.

Não somente as partículas atômicas têm tamanho, mas elas também têm carga elétrica. Qual criança nunca se divertiu esfregando o pé no carpete e tocando nas pessoas para dar choque? Essa prática irritante funciona porque esfregar o carpete rouba alguns dos elétrons e dá à criança uma carga negativa.

Dentro do átomo, elétrons têm carga negativa e prótons carga positiva. Ainda assim, fora a brincadeira de esfregar o carpete ou de meias que se grudam quando postas na secadora, a maioria dos objetos que encontramos na vida diária não tem nenhuma carga elétrica. Por quê? Porque a carga do próton é perfeitamente balanceada com a carga do elétron.

Isso é uma coisa boa. Se o elétron levasse mais carga do que o próton, todos os átomos seriam carregados negativamente. Nesse caso – uma vez que cargas idênticas se repelem – todos os átomos compondo todos os objetos no Universo voariam pelos ares numa explosão catastrófica. Por outro lado, se o próton carregasse mais carga que um elétron, todos os átomos seriam carregados positivamente – com as mesmas conseqüências desastrosas.

Não há nenhuma razão física conhecida, nenhuma explicação natural, para o equilíbrio preciso nas cargas elétricas do próton e do elétron – especialmente quando você considera que as duas partículas diferem uma da outra em todos os outros aspectos: tamanho, peso, propriedades magnéticas, e assim vai. Uma vez que não há explicação natural para justificar tal ajuste extraordinariamente preciso, não seria razoável concluir que essa arrumação intrincada é produto de uma escolha, de um plano, de um desígnio?

A lista de "coincidências" prossegue. Descobre-se que o mais ligeiro improviso nos valores das forças fundamentais da física – gravidade, eletromagnetismo, as forças nucleares fortes e fracas – resultaria em um Universo onde a vida em última instância seria impossível. O princípio antrópico afirma que em nosso próprio Universo, todos esses valores físicos aparentemente arbitrários e sem relação têm uma coisa estranha em comum: eles são precisamente os valores necessários para tornar o Universo capaz de dar sustento à vida.

O termo *princípio antrópico* vem da palavra grega *antropos*, que quer dizer *ser humano*, e isso começa por evidenciar que as leis da física foram perfeitamente estabelecidas desde o início para a criação da vida humana. De fato, muitos cientistas não participam dessas conclusões porque elas pressupõem um Criador, e eles foram treinados para acreditar que tal conceito não tem lugar na ciência. Sendo assim, o que fazem com relação a essas marcas óbvias de desígnio e propósito no Universo? Eles lutam para explicá-las procurando por formas que justifiquem o projeto para o Universo sem terem que reconhecer um arquiteto. Ainda assim, ironicamente, todas essas tentativas de explicar o projeto se têm revelado muito *menos* científicas do que um reconhecimento franco de um criador.

Uma das versões mais propagadas do princípio antrópico é a hipótese dos "muitos mundos". De acordo como essa teoria, existe um número infinito de universos, todos com leis diferentes e valores distintos para números fundamentais. A maioria desses universos seriam lugares escuros e sem vida. Mas por pura probabilidade alguns teriam as condições exatas apropriadas para vida. Os universos "adequados" sobreviveriam, enquanto os "inadequados" seriam suprimidos. O nosso Universo, claro, por acaso é "adequado" à vida.

Mas como saberemos se esse sem-número de universos realmente existe? A resposta é, *não podemos* saber. A idéia é puramente produto de imaginação científica. Mesmo se universos alternativos existissem, seriam inerentemente impossíveis de ser detectados pela ciência. Cientistas sinceros admitem que toda a idéia é motivada por um desejo de evitar as implicações teológicas do princípio antrópico. O físico Heinz Pagels diz que se o Universo parece ser feito sob medida para a vida, a conclusão mais franca é que ele foi feito sob medida, criado por um Deus transcendente; e é somente pelo fato de muitos cientistas acharem essa conclusão "pouco atrativa" que adotam a teoria dos múltiplos universos, explica Pagels. E acrescenta atravessadamente: "Isso é o mais perto que alguns ateus podem chegar de Deus". Em outras palavras, ateus estão fazendo contorcionismo intelectual de todas as formas para evitar o óbvio.[11]

Outra versão é o *princípio antrópico participatório*. Esboçando uma generalização grotesca a partir da mecânica quântica, essa versão diz que o Universo não existia plenamente até que os seres humanos surgissem para observá-lo. E então, para se tornar completamente real, o Universo decidiu desenvolver a consciência humana. Nas palavras do biólogo ganhador do prêmio Nobel, George Wald: "O Universo quer ser conhecido".[12]

Essa é de fato uma imagem estranha do Universo – como se ele tivesse coração, desejando ser conhecido, e mente, decidindo desenvolver seres humanos. Ainda assim essa parece ser uma imagem compartilhada pelo físico Freeman Dyson, que afirma: "Eu acho que o Universo de alguma forma dever ter sabido que estávamos vindo".[13] E o astrônomo George Greestein ecoa um refrão similar: "Se essa é a melhor maneira de fazer um Universo, como o Universo descobriu isso?"[14]

Aqui temos um conceito de que o Universo é um ser quase-inteligente que consegue conhecer e ser conhecido, que pode tramar e planejar. É impressionante que cientistas dispensem a idéia de um Criador como não-científica, e ainda assim se voltem e abracem o conceito bizarro, quase místico, de um Universo consciente.

Os cientistas não estão sendo forçados a aceitar essas formas especulativas do princípio antrópico pelos fatos; ao invés disso, são guiados por motivação religiosa – ou ainda, por motivação *anti*-religiosa. Seu desejo de evitar o raciocínio conclusivo de uma criação divina é tão forte que estão recorrendo a noções irracionais, tais como a existência de milhões de universos impossíveis de serem conhecidos, ou um Universo panteísta que "sabia" que estávamos vindo. Nas palavras de Patrick Glym, da Universidade George Washington, o fato de tantos cientistas estarem desejando aceitar "especulações irracionais sobre universos não vistos e sobre os quais não existe nenhuma pequena evidência observacional, sugere algo sobre o poder da ideologia ateísta moderna e da agenda cultural de muitos na profissão científica". Então Glym faz esta séria acusação: "A comunidade científica, em sua maioria, tem, com efeito, mostrado que sua ligação com a ideologia ateísta do Universo ocasional é, em alguns aspectos, mais poderosa do que seu comprometimento com o próprio método científico".

Precisamente.

O princípio antrópico admite que podemos identificar e reconhecer os produtos do desígnio, e que muitas das características do Universo físico carrega essas marcas. De muitas maneiras, o método científico é meramente uma codificação do senso comum, e a detecção do desígnio não é exceção. Lembro-me de que quando criança visitei o "Velho Homem das Montanhas", uma atração turística nas Montanhas Brancas de New Hampshire. Em uma estação de onde podíamos ver de cima, nossa família juntou-se a outros turistas ansiosos para ver se podíamos detectar, nos contornos das rochas, o que parecia com o perfil de um velho. É claro que sabíamos não ser aquilo realmente a escultura de um homem; era semelhante a muitos outros lugares, chamados de maravilhas naturais, onde, ao longo dos anos, o vento e a chuva haviam esculpido formas que se assemelhavam a um rosto ou uma ponte ou algum outro objeto familiar.

Ao contrário, imagine você dirigindo por Dakota do Sul, onde repentinamente cruza com uma montanha possuindo semelhança inconfundível com quatro presidentes americanos, que se parecem exatamente com o que você se lembra deles nos livros de história. No mesmo instante você reconhece o queixo saliente de Lincoln e a testa alta de Washington. Você – ou qualquer um – concluiria que essas formas foram produto do vento, da chuva ou da erosão glacial? Claro que não. De imediato você percebe que artistas com cinzéis e brocas esculpiram com diligência esses quatro rostos famosos naquela pedra.

Intuitivamente reconhecemos os produtos do projeto versus os produtos das forças naturais. Em seu empolgante livro *The Design Inference* (algo como: A Dedução do Desígnio), o matemático William Dembski ofereceu um "filtro explanatório" para dar forma lógica à nossa intuição. Quando tentamos explicar qualquer fenômeno natural, há três possibilidades: acaso, lei ou desígnio. Se o fenômeno natural é irregular, estranho e inespecífico, concluímos que é um evento ocasional. Se é regular, possível de se repetir e previsível, concluímos que é resultado de forças naturais. Mas se é imprevisível, e ainda assim, altamente específico, concluímos que é planejado, fruto de um desígnio. Os rostos dos quatro presidentes no Monte Rushmore são irregulares (não é algo que vemos acontecendo normalmente como resultado de erosão), mas ainda assim são específicos (eles se encaixam em um padrão particular, pré-selecionado). Aplicando o filtro explanatório, a evidência aponta claramente para um projeto elaborado a partir de um desígnio.[16]

De acordo com o princípio antrópico, a evidência do desígnio é encontrada em todo o Universo físico. Se aplicarmos o filtro explanatório de Dembski, acharemos que muitas das características principais do Universo físico são irregulares (não há nenhuma lei que as justifique) e altamente específicas (elas parecem pré-selecionadas para dar sustento à vida). Em resumo, carregam as características inconfundíveis de um projeto.

E se o Universo exibe desígnio, é lógico concluir que há um arquiteto. A mais óbvia certeza é que o Universo *parece* ser projetado porque ele é projetado – poderosa evidência da cosmovisão bíblica de que um Deus amoroso criou o mundo.

Isso responde a pergunta sobre a causa originária do Universo. Mas o que aconteceu depois disso? A vida evoluiu de uma fusão de moléculas no oceano primitivo?

Dave sabia que a sua busca por respostas estava apenas começando.

CAPÍTULO 8

VIDA EM TUBO DE ENSAIO?

Um pouco de ciência afasta o homem de Deus. Muita ciência o traz de volta.

FRANCIS BACON

Você não tem que ir para a Disney World para doutrinar seus filhos no evangelho segundo a evolução. Que crianças hoje em dia não conhecem a série de vídeo *A Terra Antes do Tempo*? Não há dúvida de que os pequenos dinossauros são amáveis, mas junto com essa estória, cada vídeo oferece uma excursão pelo evolucionismo. As crianças sentam-se de olhos bem abertos, assistindo a organismos unicelulares primitivos surgirem dos agitados mares azul-piscina – organismos que "mudam várias vezes", até que finalmente se transformam em pequenos dinossauros fofinhos.[1] É uma introdução à evolução naturalista apresentada na forma prazerosa de contos de fadas. Uma vez que a imaginação da criança está povoada com essas imagens brilhantes é praticamente impossível para um pai desalojá-las. Quando a imaginação é mais tarde sustentada pelo ensino da sala de aula, pais cristãos como Dave enfrentam uma batalha muito difícil.

Então vamos olhar por detrás das imagens coloridas para procurar a verdade fria e sóbria sobre a origem da vida. Os cientistas criaram a vida em tubos de ensaio? Eles provaram que a vida surgiu de uma sopa primordial?

A maneira pela qual os cientistas tentam provar que a vida surgiu nos mares primitivos é recriar as mesmas condições em laboratório e ver o que acontece. Um dos experimentos mais conhecidos ocorreu em 1953. Jornais estamparam fotos de Stanley Miller, da Universidade de Chicago, usando uma bata branca de laboratório e óculos pesados de armação quadrada, relatando sua sensacional reivindicação de que tinha dado o primeiro passo no sentido de criar vida em tubo de ensaio.

Miller misturara elementos químicos simples e gases em um tubo de vidro e os atingiu com uma rápida descarga elétrica para induzir reações químicas. A idéia era estimular as condições da terra primitiva e mostrar que elementos químicos simples poderiam realmente ter reagido para criar as unidades básicas da vida. Para surpresa de todos, o que apareceu do outro lado do aparato do laboratório foram aminoácidos, as unidades básicas da proteína, um importante constituinte dos seres vivos. A notícia foi eletrizante. Poucas pessoas podiam ousar sonhar que os elementos de uma célula viva pudessem ser produzidos em condições supostamente existentes na terra primitiva. O sucesso de Miller pareceu prover uma evidência dramática da causa naturalista da origem da vida.

O episódio teve efeito dominó, gerando uma série de experimentos similares, alguns usando calor como fonte de energia ao invés da carga elétrica de Miller, outros usando luz ultravioleta para simular a luz do sol. A maioria dos experimentos teve sucesso em produzir aminoácidos, e os aminoácidos até se uniram em cadeias químicas, assemelhando-se a proteínas. Os resultados foram noticiados em manchetes, uma atrás da outra.

O problema com toda essa atividade frenética é que ninguém está fazendo perguntas críticas sobre o que essas experiências realmente provam. O que se sabe comumente é que todas dão suporte à teoria de que a vida evoluiu espontaneamente de elementos químicos simples em um charco primitivo cerca de quatro bilhões de anos atrás. Mas foi assim mesmo?

Vamos começar com os aminoácidos que resultaram do tubo de ensaio de Miller. A verdade é que eles diferem de maneira crítica daqueles encontrados em seres vivos. Os aminoácidos podem surgir de duas formas, que os cientistas chamam de canhota e destra. Os seres vivos são altamente seletivos: eles só usam a forma canhota. Mas quando Miller e seus colegas misturaram elementos químicos no laboratório, produziram ambos os tipos – uma mistura até meio-a-meio de canhotos e destros. De fato, isso é o que acontece toda vez que alguém mistura os elementos químicos aleatoriamente no laboratório. Não há nenhum processo natural que produza somente aminoácidos canhotos, o tipo requerido pelos seres vivos. Tudo o que isso significa é que os aminoácidos formados no tubo de ensaio são inúteis para a vida.

Esse é, apenas, o primeiro problema. O próximo passo para "criar a vida" é fazer com que os aminoácidos se unam e formem proteínas. Em 1958, Siney Fox, um químico da Universidade de Miami, começou com aminoácidos já existentes e os ferveu em água para induzi-los a reagir um com o outro. O resultado foram cadeias de aminoácidos parecidos com proteínas, e, como Miller, Fox foi imediatamente introduzido na Salão Moderno dos Cientistas Heróis.

Mas sérios problemas estão escondidos debaixo dessa publicidade exagerada, porque mais uma vez a vida é muito mais seletiva do que qualquer coisa que possamos produzir em tubos de ensaio. As proteínas em seres vivos são compostas de aminoácidos unidos com uma ligação química muito particular, chamada ligação peptídica. Mas os aminoácidos são como peças daqueles brinquedos de montar, tipo Lego. São capazes de encaixar-se em toda classe de maneiras diferentes, formando uniões químicas variadas. É exatamente o que eles fazem em um tubo de ensaio. Os aminoácidos se conectam de várias maneiras, sem nunca produzir uma proteína genuína capaz de funcionar em uma célula viva.

Além do mais, para uma proteína ser funcional, os aminoácidos devem ligar-se em uma seqüência particular, exatamente como as letras em uma frase. Se você misturá-las, formará algo sem sentido; se você misturar os aminoácidos em uma proteína, conseguirá uma proteína não funcional. Até o momento, em experiências de laboratório, tudo o que conseguimos formar são seqüências misturadas e aleatórias. Não há nenhuma força natural capaz de selecionar os aminoácidos corretos e alinhá-los na ordem correta. Como resultado, as cadeias parecidas com proteínas que aparecem em um tubo de ensaio são inúteis para a vida.

O fato é que as experiências amplamente propaladas nos dizem muito pouco sobre de onde vieram as proteínas reais, funcionais. Ainda assim esse fato inconveniente é raramente mencionado quando as manchetes proclamam as notícias de que cientistas foram bem sucedidos em criar as unidades básicas da vida.

QUANDO CIENTISTAS "TRAPACEIAM"

E não é só isso. Se os cientistas realmente quisessem duplicar o que pode ter acontecido em uma sopa primordial bilhões de anos atrás, eles simplesmente misturariam alguns elementos químicos em uma tina, expô-los-iam a uma fonte de energia (calor ou luz) e verificariam os resultados.

Porém, nenhum deles jamais faz isso. Por que não? Porque é impossível produzir qualquer composto químico dessa maneira. Ao invés disso, para conseguir aminoácidos e proteínas, mesmo inúteis e não funcionais, pesquisadores têm que controlar a experiência de vários modos.

Por exemplo, na natureza, os elementos químicos quase nunca são encontrados em estado puro. Como resultado, ninguém pode predizer com certeza que reações acontecerão. Substâncias A e B podem reagir efetivamente no laboratório, onde formas purificadas e isoladas são usadas. Mas na natureza, há quase sempre outros elementos químicos – C e D – ao redor, o que significa que a substância A pode reagir com C ao invés de reagir com B, rendendo resultado completamente diferente do que o cientista esperava. Em outras palavras, na natureza há todo tipo de reação concorrente.

Desse modo, como os cientistas evitam o problema das reações concorrentes? Eles destampam suas garrafas e derramam somente ingredientes puros e isolados. Quando a experiência envolve mais do que um passo, tal como ir de aminoácidos para proteínas, os pesquisadores reiniciam cada passo com ingredientes novos. Obviamente, isso frauda o experimento. A natureza não tem frascos de ingredientes puros para derramar a cada passo do processo.

Considere outro experimento típico, que usa luz ultravioleta ao invés de eletricidade, para fazer com que os elementos químicos reajam. A idéia é estimular a luz do sol a se irradiar sobre um lago primitivo na terra em seus primeiros dias. Só há um probleminha: as ondas mais compridas da luz ultravioleta são muito destrutivas e poderiam destruir o próprio aminoácido que os cientistas estão esperando formar. Então o que fazem? Filtram as ondas longas e usam somente as ondas mais curtas.

Portanto, mais uma vez, o sucesso é comprado pelo preço de fraudar a experiência. Um lago ou charco primitivo real não teria nenhum filtro para proteger os frágeis aminoácidos dos raios destrutivos do sol. Como resultado, essas experiências não nos dizem o que poderia realisticamente ter acontecido na terra primitiva; elas nos dizem somente o que acontece quando os pesquisadores controlam cuidadosamente as condições.

Outro dispositivo a que toda experiência sobre a origem da vida recorre é o uso de um sifão para proteger os produtos finais que foram formados. Os aminoácidos são delicados e facilmente se quebram, voltando aos elementos dos quais eles são compostos. Quando a eletricidade ou o calor são usados como fonte de energia para induzir os elementos químicos a se ligarem e formar aminoácidos, essa mesma energia pode também quebrá-los. Assim, o pesquisador tem que achar alguma maneira de proteger os delicados compostos químicos.

A solução é construir um sifão que remova os aminoácidos do local da reação assim que são formados, para protegê-los da desintegração. O aparato de Miller era um quadrado de vidro com tubulação ligada a um bulbo no topo, cheio de eletrodos para criar faíscas, e uma elevação em forma de U na parte de baixo, cheia de água para capturar os aminoácidos. Miller drenava o sifão para remover os aminoácidos da área da reação a fim de que não se quebrassem de novo.

Para entender por quê isso é tão importante, imagine que você seja uma criança comendo uma tigela de sopa de letrinhas do alfabeto. Quando mexe a sopa, você é, nesse caso, uma fonte de energia. Mexendo devagar, você pode fazer com que umas poucas letras se alinhem e formem pequenas palavras, como "P-A-R-A" ou "P-O-R". Mas ao continuar mexendo, sua colher vai rapidamente espalhar as letras de novo – a menos que retire as palavras e as coloque cuidadosamente em um prato. É isso que o sifão faz: ele pega os aminoácidos e os coloca cuidadosamente fora de perigo e os preserva.

O problema é que, mais uma vez, a natureza não vem equipada com sifões convenientes para proteger as delicadas unidades básicas da vida. Quaisquer aminoácidos que possam se formar de modo espontâneo na natureza se desintegrariam com rapidez. Um sifão é absolutamente necessário para uma experiência, mas ele com certeza faz a experiência completamente irrelevante para confirmar qualquer teoria da origem da vida.

Em todos os aspectos, as experiências que provocaram tanta empolgação se mostraram artificiais. Como resultado, até as experiências mais bem sucedidas sobre a origem da vida não nos dizem quase nada sobre o que poderia ter acontecido em condições naturais. Elas nos dizem somente o que acontece quando um cientista brilhante manipula as condições, "conduzindo" os materiais ao longo dos caminhos químicos necessários para produzir as unidades básicas da vida.

Então o que essas experiências realmente provam? Que *a vida somente pode ser criada com um agente inteligente direcionando, controlando e manipulando o processo*. Os últimos achados científicos não desacreditam a fé bíblica; ao contrário, provêem evidência positiva de que a origem da vida requer um agente inteligente, um criador.

SEM ACASO

Mas se precirsamos de confirmação adicional, ela vem de um lugar surpreendente: o uso de computadores em biologia. Muito antes da era da informação, pensava-se que as células eram muito simples, e era fácil raciocinar que a vida tenha surgido por acaso. O próprio Darwin pensava que a célula era um simples protoplasma disforme, e ele concluiu que ela se desenvolveu em um "pequeno lago quente". Mas quando a ciência começou a descobrir a maravilhosa complexidade da célula, tornou-se cada vez mais difícil se apegar a teorias do acaso.

Os biólogos geralmente se refugiavam na idéia de um tempo quase infinito. Em razão disso – argumentavam – qualquer coisa pode acontecer. Ao longo de milhões de anos, o inesperado se torna provável, o improvável é transformado em inevitável. Por um período, os biólogos se saíram com essa argumentação – somente porque o número de milênios evocado era tão imenso que ninguém seria capaz de conceber o que aquele tipo de escala de tempo realmente significava.

Mas a revolução do computador deu fim a qualquer teoria de que a vida tenha surgido por acaso. No início dos anos 60, matemáticos começaram a escrever programas para simular cada processo debaixo do sol, e eles colocaram seus olhos calculistas sobre a própria evolução. Debruçados sobre computadores de alta velocidade, simularam o processo de tentativa-e-erro da evolução neodarwiniana ao longo de equivalentes bilhões de anos. O resultado foi estremecedor: os computadores mostraram que a probabilidade de a evolução ter acontecido por um processo ocasional é essencialmente zero, não importando quanto tempo levasse.[3]

Em 1966, em simpósio decisivo realizado no Instituto Wistar, na Filadélfia, um grupo de especialistas em computação apresentou seus achados para os biólogos dos EUA. A direção do evento foi conduzida por Murray Eden, do MIT (Instituto de Tecnologia de Massachusetts), e Marcel Schutzenberger, da Universidade de Paris. No começo, os biólogos estavam com raiva da pretensão dos *experts* em computação por terem invadido o seu território. Mas os números não podiam ser negados. Depois do simpósio, as teorias do acaso começaram a ser quietamente enterradas.

Como resultado, é comum hoje em dia ouvirmos proeminentes cientistas ridicularizarem a idéia de que a vida surgiu por acaso. O famoso astrônomo Sir Fred Hoyle compara essa tese como alinhar 10^{50} (dez com cinqüenta zeros após) pessoas cegas, dando a cada uma delas um cubo mágico com os quadradinhos desordenados, e descobrir que todas encontraram a ordenação correta ao mesmo tempo.[4]

O que tem sido colocado no lugar do acaso? Para os naturalistas que assumem ter a vida evoluído espontaneamente, não há nenhuma outra possibilidade lógica: se a vida não surgiu por processos ocasionais, então teria sido sob a compulsão de forças da própria matéria. Conseqüentemente, os biólogos que trabalham nesse campo hoje estão procurando alguma força dentro da matéria que tenha dirigido o processo – algum impulso que tenha causado o surgimento da vida. A suposição é que a vida surgirá inevitavelmente sempre que as condições forem certas. Um livro universitário largamente usado resume essa abordagem em seu título: *Biochemical Predestination* (Predestinação Bioquímica).[5]

Até o presente, porém, ainda não há nenhuma concordância sobre que forças na matéria estão aptas para essa tarefa. Dean Kenyon, da Universidade Estadual de São Francisco, um dos expoentes originais dessa doutrina, e co-autor do *Biochemical Predestination*, já repudiou desde então a sua própria teoria. Segundo Kenyon explicou em entrevista, se olharmos para essas experiências, uma coisa que sobressai é que você não consegue seqüências ordenadas de aminoácidos... Se pensávamos que íamos ver muitas ordenações espontâneas, alguma coisa deve ter dado errado com nossa teoria".[6] Kenyon desde então tem aceitado a idéia de um Arquiteto inteligente como a resposta para a origem da vida.

Infelizmente, pouquíssimos cientistas têm esse tipo de coragem. Ainda assim, se está tornando mais claro que os experimentos não conseguem sustentar qualquer teoria naturalista da origem da vida. O que realmente fazem é dar sustento à idéia de um desígnio superior inteligente. As experiências dão evidência positiva de que a vida só surge quando as matérias-primas são cuidadosamente selecionadas, arrumadas, controladas e organizadas por uma processo inteligente.

O avanço da ciência não está fazendo emergir novos desafios à fé cristã, como tem sido dito tão freqüentemente. Ao invés disso, está descobrindo evidências ainda mais poderosas de que aquilo em que os cristãos acreditam é verdade em todos os níveis, incluindo o mundo natural. Isso se está tornando ainda mais claro hoje, quando mais os cientistas aprendem sobre o que está no interior da célula – especialmente a estrutura do DNA.

A LINGUAGEM DA VIDA

Todos já ouvimos o termo DNA, graças ao seu uso em casos jurídicos controversos, como o do julgamento de O. J. Simpson e o exame de paternidade da filha de Pelé, mas pouca gente realmente entende o que ele é. Definido em termos simples, o DNA é como uma linguagem no coração da célula, uma mensagem molecular, uma série de instruções dizendo à célula como construir proteínas – muito parecido com o *software* necessário para fazer o computador funcionar. Além disso, a quantidade de informação do DNA é impressionante: Uma única célula do corpo humano contém tanta informação quanto a Enciclopédia Britânica – todos os trinta volumes – três ou quatro vezes mais. Assim, a questão da origem da vida deve ser redefinida agora como a questão da origem da informação biológica. Poderia a informação surgir somente por forças naturais? Ou ela requer um agente inteligente?

Os cientistas comprometidos com o naturalismo devem tentar construir uma explicação da vida baseada solidamente nas leis físico-químicas. Eles devem explicar a informação no DNA como um produto de processos naturais em trabalho nos elementos químicos que compõem os seres vivos. Lembre-se das palavras de Katy para seu pai no Epcot: "É tudo química. É tudo química".

É verdade que o DNA é composto de elementos químicos ordinários (bases, açúcares, fosfatos) que reagem de acordo com leis ordinárias. Mas o que faz o DNA funcionar como mensagem não são os elementos químicos em si, mas sua *seqüência*, seu padrão. Os elementos químicos no DNA são agrupados em moléculas (chamadas nucleotídeos) que agem como letras em uma mensagem, e elas têm que estar em uma ordem particular se a mensagem se propõe a ser inteligível. Se as letras são misturadas, o resultado fica sem sentido. Sendo assim, a questão crucial passa a ser se a seqüência de "letras" químicas surgiu por causas naturais ou exigiu uma fonte inteligente. Seria isso o produto de lei ou desígnio superior?

Mais de duzentos anos atrás, o clérigo inglês William Paley deu forma ao argumento clássico para a tese do desígnio superior, ao comparar um organismo vivo com o relógio. Ao achar um relógio na praia, ninguém diria: "Oh, olhe o que o vento e as ondas produziram". Ao invés disso, instantaneamente reconheceríamos como tendo uma estrutura que só pode ter sido produzida por um agente inteligente. Da mesma forma, Paley argumentou, os seres vivos têm um tipo de estrutura que só pode ter sido produzida por agente inteligente.[7]

O cientista naturalista insiste que a idéia de um agente inteligente não tem lugar na ciência. Mas a verdade é que muitos ramos da ciência já usam o conceito de inteligência e até inventaram testes para detectar o trabalho de um agente inteligente. Considere a ciência forense. Quando a polícia encontra um corpo, sua primeira pergunta é: essa morte foi resultado de causas naturais ou de uma infração (um ato intencional feito por um ser inteligente)? Os patologistas fazem uma série de testes bastante diretos para chegar a uma resposta.

Igualmente, quando arqueólogos descobrem uma rocha com forma diferenciada, perguntam se aquela forma é resultado de erosão ou se a rocha é uma ferramenta primitiva, deliberadamente cortada por algum caçador antigo. Mais uma vez, certos testes são usados para detectar se é produto de atividade inteligente.

Quando uma página de letras misturadas é dada a criptógrafos, como eles determinam se ela é apenas uma seqüência aleatória ou um código secreto? Quando sinais de rádio são detectados no espaço, como os astrônomos sabem se é uma mensagem de outra civilização? Há regras que podem ser aplicadas para determinar se as letras ou os sinais se encaixam em uma estrutura de linguagem.

Por exemplo, em 1967 astrônomos foram surpreendidos ao descobrir pulsos de rádio vindos do espaço. "Nosso primeiro pensamento era que fosse outra raça inteligente tentando se comunicar conosco". Eles chamaram os sinais de "LGM" (*Litle Green Men* – em português: Pequenos Homens Verdes). Todavia, análises posteriores mostraram que os pulsos formavam o tipo errado de padrão para uma linguagem. Ao invés de uma nova forma de vida, o que descobriram foi um pulsar, estrela giratória que imita um sinal de rádio.[8]

Na vida diária, medimos causas naturais versus causas inteligentes o tempo todo sem sequer pensar muito sobre isso. Se vemos ondulações na areia da praia, assumimos que foram formadas por um processo natural. Mas se vemos palavras escritas na areia – João ama Maria – imediatamente reconhecemos um tipo de ordem diferente, e sabemos que um casal de namorados passou por ali em dias recentes. Ou considere a brincadeira infantil de achar formas nas nuvens. Como adultos, sabemos que as formas são apenas o resultado de vento e temperatura agindo nas moléculas de água. Mas o que seria se víssemos "nuvens" que soletram uma mensagem? No filme *Reunion in France* (Reunião na França), que se passa na Paris ocupada por nazistas nos anos quarenta, um piloto corajoso voa sobre a cidade todo dia e usa fumaça para escrever uma única palavra "CORAGEM".[9] Tivéssemos eu e você estado lá, nunca confundiríamos a mensagem escrita no céu com nuvens comuns; ainda que as palavras fossem brancas e fofas, estaríamos certos de que forças naturais não teriam criado aquela mensagem.

Assim também, quando os cientistas sondaram o núcleo da célula, encontraram alguma coisa análoga a "João ama Maria" e "CORAGEM" – a única diferença é que o DNA contém muito mais informação. Isso significa que podemos agora reavivar o argumento do desígnio superior usando uma analogia muito mais próxima do que a analogia de Paley entre os seres vivos e relógios. A nova analogia é entre DNA e mensagens escritas. Existem forças naturais capazes de escrever um livro ou programar um disco de computador ou escrever uma sinfonia? Claro que não. A descoberta do DNA provê uma nova evidência poderosa de que a vida é produto de um desígnio ou projeto inteligente. Este é um argumento simples, fácil de explicar e solidamente baseado na experiência.

A MENSAGEM NA MOLÉCULA

Uma vez que o DNA contém informação, a causa pode ser colocada ainda mais fortemente em termos da *teoria da informação*, um campo de pesquisa que investiga os caminhos pelos quais a informação é transmitida. Como dissemos antes, os cientistas naturalistas têm somente duas maneiras possíveis de explicar a origem da vida – acaso ou lei natural. Mas a teoria da informação nos dá uma ferramenta poderosa para desconsiderar ambas as explicações, pois tanto acaso quanto lei nos leva a estruturas de baixo conteúdo de informação, enquanto o conteúdo de informação do DNA é muito elevado.[10]

Uma estrutura ou mensagem é considerada como de conteúdo de informação alto ou baixo dependendo do número mínimo de instruções necessárias para lhe dizer como construí-la. Para ilustrar, uma seqüência aleatória de letras tem baixo conteúdo de informação, porque só exige duas instruções: (1) selecione uma letra do alfabeto português e escreva, e (2) faça isso de novo (selecione outra letra e escreva). Da mesma maneira, um padrão de letras regular, repetitivo, tem baixo conteúdo de informação. Usar seu computador para criar papel de embrulho de Natal exige somente poucas instruções: (1) digite "F-e-l-i-z N-a-t-a-l," e (2) faça isso de novo. Em contraste, se você quiser que seu computador imprima o poema "A Noite Anterior ao Natal", deve especificar cada letra, uma por uma. Em razão de o processo de escrever um poema exigir um número grande de instruções, é considerado como possuidor de conteúdo elevado de informação.

Similarmente, na natureza, tanto os padrões aleatórios como os padrões regulares (como ondulações na praia) têm baixo conteúdo de informação. Em contraste, o DNA tem conteúdo de informação muito elevado. Seria impossível produzir um simples conjunto de instruções dizendo a um químico como sintetizar o DNA, mesmo da bactéria mais simples. Você teria que especificar cada "letra" química, uma por uma – e há milhões literalmente. Desse modo, o DNA tem uma estrutura completamente diferente dos produtos do acaso ou da lei natural, assim como a teoria da informação nos dá ferramentas conceituais para desmascarar tais tentativas de explicar a origem da vida.

Como observamos antes, a maioria dos cientistas hoje está procurando algum tipo de força auto-organizadora na própria matéria para explicar a origem da vida, e ainda assim, não há até agora nenhum candidato real. Como resultado, a maioria dos tratamentos dados ao assunto recorre a analogias, apontando a ordenação espontânea em estruturas não viventes, tais como cristal. Faça um exame nos livros de uma biblioteca, e você encontrará em muitos deles a analogia da formação do cristal para explicar como a vida pode ter começado.

Mas essa analogia funciona? De maneira alguma, e ainda a teoria da informação rompe a névoa que cerca esse assunto. Se eles são ordinários (como sal e açúcar) ou primorosos (como rubis ou diamantes), todos os cristais exemplificam ordens repetitivas. A estrutura ímpar de qualquer cristal é o resultado do que podemos pensar como o "formato" de seus átomos (ou íons), que faz com que eles se encaixem em uma posição particular e se organizem em camadas com padrão fixo e ordenado. No sal, os átomos sempre formam uma caixa de seis lados, enquanto que no açúcar sempre se ajuntam em um cristal retangular oblíquo nas pontas. "Se pudéssemos nos encolher à escala atômica", escreve o zoólogo Richard Dawkins em *The Blind Watchmaker* (O Relojoeiro Cego), "veríamos filas quase infinitas de átomos esticados até o horizonte em linhas retas – galerias de repetição geométrica."[11]

Essa "repetição geométrica" é precisamente o problema, pois isso significa que os cristais carregam muito pouca informação. É como se alguém dissesse "escolha um formato" e "faça isso de novo". Se as moléculas de DNA fossem realmente análogas a um cristal, este consistiria de um único padrão, como o papel de embrulho de natal. Assim, a formação do cristal não nos dá qualquer pista que seja sobre a origem da vida.

Outra tentativa de encontrar uma resposta naturalista para a origem da vida vem do novo campo da *teoria da complexidade*. Nas telas do computador, pesquisadores "cultivam" formas maravilhosas que se assemelham a samambaias, florestas e flocos de neve. A pesquisa está sendo propalada como a resposta à origem espontânea da ordem.

Irá esse novo campo de pesquisa finalmente descobrir uma lei que possa apontar para a própria origem espontânea da vida? O veredicto já foi dado: não. A verdade é que as samambaias e os espirais construídos nas telas dos computadores pela teoria da complexidade representam o mesmo tipo de ordem dos cristais. Nas palavras de Stuart Kauffman, do Instituto Santa Fé, os padrões são constituídos pela aplicação de apenas poucas "regras surpreendentemente simples".[12] Em outras palavras, como os cristais, essas estruturas podem ser especificadas com apenas poucas instruções seguidas por "faça isso de novo".[13]

A conclusão é que não há leis físicas capazes de criar uma estrutura como o DNA, com alto conteúdo de informação. Baseados tanto nos últimos conhecimentos científicos como na experiência ordinária, sabemos que somente uma causa seria apta a realizar tal tarefa: um agente inteligente. Apenas uma pessoa inteligente pode digitar "A Noite Anterior ao Natal" ou inventar um programa de computador ou compor uma peça musical. Somente um agente inteligente poderia criar a informação contida na molécula de DNA.

■ ■ ■

Muitos cristãos estão nervosos sobre evocar Deus para responder a qualquer pergunta científica, mesmo a origem da vida. Temos medo de ser acusados de recorrer ao argumento do "Deus dos espaços em branco" – de usar Deus para cobrir nossa ignorância – e depois aparecer uma explicação natural que nos embarace. Esse temor é compreensível, dado o fato de que os cristãos constantemente têm sido colocados na mesma categoria dos primitivos que atribuíam o trovão à ira dos deuses. Mas há momentos em que os cristãos têm o dever de virar a mesa sobre os críticos. Há momentos em que é realmente irracional acreditar em uma explicação natural.

Sabemos pela própria ciência que há algumas coisas que a natureza não pode fazer. Sabemos que nunca cumpriremos o sonho do alquimista de transformar quimicamente chumbo em ouro. Sabemos que um pai de uma espécie nunca dará à luz a uma prole de outra espécie. Persistir em procurar leis naturais em tais casos é tão irracional quanto qualquer mito dos deuses do trovão. A ciência revela padrões consistentes que nos permitem fazer afirmações negativas sobre o que as forças naturais não podem fazer.

A evidência empírica torna claro que as forças naturais não produzem estruturas com alto conteúdo de informação. Esta não é uma afirmação sobre nossa *ignorância* – um "espaço em branco" no conhecimento que será preenchido mais tarde por uma explicação natural. Ao invés disso, é uma afirmação sobre o que *sabemos* – sobre nossa experiência consistente do caráter do processo natural. Hoje, apegar-se à esperança de que algum processo natural seja encontrado para explicar o DNA é supremamente irracional. O processo ilusório que os naturalistas esperam encontrar teria que ser sem precedentes, distinto em espécie de qualquer coisa que hoje saibamos. Com certeza este é o argumento da ignorância.

Quando o assunto é a origem da vida, a ciência está firmemente do lado da criação em favor de um agente inteligente. Não temos nada a temer quanto ao progresso da ciência. Pais como Dave têm respostas sólidas para dar a seus adolescentes questionadores.

CAPÍTULO 9

DARWIN NO BANCO DOS RÉUS

Enquanto os darwinistas controlarem a definição de termos-chaves [tais como ciência], seu sistema será imbatível, apesar das evidências em contrário.

PHILLIP JOHNSON

Desde o retorno da Disneylândia, Dave Mulholland tinha sido cuidadoso em sua busca por respostas. Com a ajuda do pastor e de vários amigos, encontrara uma porção de livros que tratavam do assunto. Agora poderia dizer a Katy o que o *big bang* realmente significa – como fornece a evidência científica para uma causa inicial e aponta em direção a uma fonte transcedental, ao invés de provar que Deus não criou o mundo. Ele poderia argumentar, sem muitos problemas, como o princípio antrópico traz consigo a evidência irresistível de um projeto permeando cada nível do Universo. Até mesmo poderia enfrentar a maioria das perguntas de Katy sobre a origem da vida – como as experiências de laboratório freqüentemente "trapaceiam" para chegar até mesmo aos mais frágeis resultados, e como a descoberta do DNA traz a evidência positiva de um criador.

"Veja, Katy", disse Dave. "Apenas pense em sua própria experiência. Você já viu uma mensagem escrita por algum tipo de força natural, no céu ou em uma rocha?

"Hummm", Katy respondeu com indiferença.

Dave pegou aleatoriamente um livro de sua abarrotada estante e o abriu rapidamente em uma página densa de texto impresso. "Qualquer um que diga que uma força natural nos elementos químicos escreveu o código do DNA – bem, isso é como dizer que os elementos químicos no papel e na tinta escreveram as palavras nesta página."

Ele se estava tornando confiante, e às vezes Katy deixava sua atitude defensiva e parecia realmente interessada naquilo que o pai estava aprendendo. Mas hoje ela tinha voltado a seu velho estilo combativo.

Katy sacudiu a cabeça. "Oh, eu não tenho nenhum problema sobre Deus estar no começo de tudo", disse distraidamente. "Talvez Ele tenha começado tudo bem lá nas origens."

Dave sorriu interiormente. Ele sabia que essa concessão representava um progresso, mesmo que Katy se recusasse a demonstrá-lo.

"Mas qualquer um sabe que, uma vez que a vida surgiu, ela desenvolveu-se exatamente como Darwin afirmou. Vi isso em meu livro-texto, na escola."

Foi a vez de Katy apanhar um livro. Vasculhou sua mochila e puxou um pesado livro de biologia, abrindo-o em uma página cheia de fascinantes fotos coloridas mostrando várias raças de cães e cavalos, bem como uma grande variedade de orquídeas e rosas. O título proclamava: "evolução em ação". Evolução acontecendo diante de nossos próprios olhos.

Dave pegou o livro das mãos dela e sentiu seu estômago apertar. Ele ainda não tinha estudado esses temas. Certamente, aquelas fotos coloridas eram impressionantes.

Katy o encarou triunfantemente. "Está aí no livro, papai."

Dave não respondeu. Seus olhos se tinham voltado para o texto, para descobrir exatamente o que a filha estava aprendendo. Katy esperou um pouco, então saiu do quarto, deixando-o sentado com o livro ainda aberto em seu colo. Dave apertou as mãos. *Deus*, ele orou, *não admira que ela continue lutando contra mim – lutando contra ti. Tudo que ela pega na escola diz que a natureza pode fazer as coisas por si mesma, que tu és irrelevante.*

■ ■ ■

A TÁTICA USADA em livros didáticos como o de Katy raramente é a de ataque direto à religião. Em vez disso, Deus com toda certeza é silenciosamente relegado a uma posição de irrelevância, na qual simplesmente nada lhe é deixado para que faça. Considere este exemplo típico do livro utilizado em larga escala na faculdade, *Evolutionary Biology* (Biologia Evolucionista): "Unindo a variação aleatória e sem propósito ao processo cego e impiedoso da seleção natural, Darwin tornou supérfluas as explicações teológicas e espirituais a respeito dos processos da vida".[1]

A mesma mensagem é dirigida também aos estudantes do ensino médio. Em declaração de 1995, a Associação Nacional de Professores de Biologia (ANPB) afirmou que a vida é o resultado de "um processo natural, não supervisionado, impessoal e imprevisível".[2] As palavras "não supervisionado" e "impessoal" significam que Deus não deve ser tolerado nem mesmo no papel de dirigir e guiar o processo evolucionista. Foi ainda declarado que a vida é conseqüência de um processo material que age cegamente, ao acaso.

Certamente, o pai de Katy não é o único que enfrenta esse problema. Todos os cristãos precisam saber como responder ao desafio apresentado pelo naturalismo darwiniano. Felizmente, alguns conceitos básicos nos ajudarão a superar a retórica e nos capacitarão a pensar de forma mais clara. O melhor argumento contra o darwinismo é conhecido há séculos pelos fazendeiros e criadores e pode ser apresentado como um princípio simples: a mudança natural em seres vivos é limitada. Ou, apresentado positivamente: os organismos permanecem fiéis à sua espécie.

Tomemos as gravuras no livro de Katy. Elas "vendem" a idéia de que as variações entre cães, cavalos e rosas são "evolução em ação". O darwinista parece negligenciar o fato óbvio de que os cães continuam sendo cães, os cavalos continuam sendo cavalos e as rosas continuam sendo rosas. Nenhuma das mudanças criou um novo tipo de organismo. A criação de cães tem feito surgir variedades que vão do pesado grande dinamarquês ao minúsculo chihuahua, mas nenhuma variedade demonstra qualquer tendência a abandonar a família canina.

O esplêndido Tyler Municipal Rose Garden, em Tyler, Texas, exibe cerca de quinhentos tipos de rosas de quase todas as cores e matizes. Entretanto, apesar da intensa reprodução, elas continuam sendo rosas. Nenhum dos exemplos citados nos livros de biologia está evoluindo para um novo nível de complexidade; eles apenas ilustram a variação em torno do mesmo padrão.

O darwinismo não pode negar que a mudança observável é limitada; o que a teoria sugere é que, com o tempo, essas variações menores somam-se para criar mudanças maiores – as grandes transformações necessárias para se passar de um primitivo organismo unicelular a abelhas, borboletas e meninos. Esse é o âmago da teoria darwiniana; mas, ironicamente, é também a parte da teoria mais fácil de se desacreditar. Até o próprio trabalho de Charles Darwin com a reprodução de pombos demonstra os limites da mudança biológica.

Na Inglaterra Vitoriana, a criação de pombos era extremamente popular, e quando Darwin retornou de sua famosa viagem marítima às ilhas Galápagos, começou a criar pombos. Nas mãos hábeis de um criador, o pombo pode desenvolver uma cauda em leque, com penas semelhantes às de um leque chinês; pode tornar-se semelhante ao pelicano, com um enorme papo avultando por sob o bico, e pode tornar-se um jacobino, com um "capuz" de penas sobre a parte traseira e sobre os lados da cabeça, assemelhando-se aos capuzes usados pelos monges jacobinos. Contudo, a despeito dessa grande diversidade, todos são descendentes do pombo comum, o vulgar pássaro cinza que infesta nossos parques urbanos. Apesar da extraordinária variedade de caudas e penas, todos os pombos que Darwin observou continuavam sendo pombos. Eles representavam uma mudança cíclica na freqüência genética, mas não uma nova informação genética.

Como Darwin formulou uma teoria de mudança ilimitada a partir de tais exemplos de mudança limitada? Ele tomou as mudanças que tinha *observado* e as generalizou em relação ao passado distante – o qual, naturalmente, *não* tinha observado. Se o pombo comum pode ser tão grandemente transformado dentro de poucos anos nas mãos de um criador – raciocinou – o que poderia acontecer ao mesmo pombo na natureza após milhares, ou mesmo milhões, de anos? Havendo bastante tempo, as mudanças seriam virtualmente ilimitadas, e o pombo poderia até mesmo ser transformado em um tipo completamente diferente de pássaro.[4]

Foi uma especulação ousada, mas ninguém deve enganar-se e pensar que foi mais do que isso. Nem Darwin nem qualquer outra pessoa jamais testemunhou o processo de evolução. Trata-se de uma conjectura, de uma generalização que vai muito além dos fatos observados. Ora, não há nada de errado na generalização em si, enquanto tivermos em mente que ela é apenas isso, e não um fato observável. Mas para que se faça uma generalização razoável, é necessário ter boas razões para crer que o processo generalizado continuará a acontecer em uma proporção constante.

Aí reside a falha fatal na teoria de Darwin. Séculos de experimentação mostram que a mudança produzida nos processos de reprodução *não* continua em proporção constante de geração em geração. Pelo contrário, a mudança é rápida no princípio, depois estabiliza-se e finalmente alcança um limite que os criadores não conseguem ultrapassar.

Consideremos um exemplo histórico. A partir de 1800, produtores agrícolas começaram a tentar aumentar o nível de açúcar da beterraba, com extraordinário sucesso. Após 75 anos de plantação seletiva, eles aumentaram o nível de açúcar da beterraba de 6% para 17%. Mas não puderam ir além disso. Embora a mesma produção seletiva continuasse por mais meio século, o nível de açúcar jamais ultrapassou os 17%. Em certo ponto do processo, a variação biológica sempre se estabiliza e cessa.

Por que as alterações cessam? Porque, uma vez que todos os genes de um determinado elemento tenham sido selecionados, a reprodução seletiva não tem como continuar. O processo de reprodução reordena e seleciona os genes existentes em um conjunto de genes, combinando-os e recombinando-os, como alguém que mistura e distribui as cartas de baralho. A reprodução não pode criar novos genes, assim como misturar cartas não cria novas cartas. Pássaros não podem desenvolver pêlos. Ratos não podem desenvolver penas. Asas não crescem em um porcos.

E mais importante: à medida que os criadores intensificam a pressão seletiva, o organismo fica mais fraco e finalmente torna-se estéril ao ponto de extinguir-se. Esta é a ruína da pecuária moderna: nossas vacas e galinhas altamente selecionadas produzem mais leite e ovos, mas são muito mais vulneráveis a doenças e à esterilidade. Essa é uma barreira natural que nenhum processo de reprodução é capaz de ultrapassar.

Além disso, quando um organismo não mais é submetido à pressão seletiva, tende a retornar à sua condição original. Deixados por sua conta, os filhotes dos pombos ornamentais que tanto encantaram a Darwin voltarão a ser os pombos silvestres comuns.

Portanto, Darwin simplesmente estava enganado em sua generalização. Quer seja nos laboratórios de reprodução ou na própria natureza, as pequenas mudanças produzidas pela combinação de genes não são instrumento para a mudança ilimitada exigida pela evolução. A tendência natural dos seres vivos não é continuar mudando indefinidamente, e sim permanecer próximos à sua condição original.

O QUE DARWIN REALMENTE PROVOU?

Uma vez que a reprodução seletiva nada mais faz do que combinar genes existentes, a única maneira de levar a evolução a novos níveis de complexidade é introduzir um novo material genético. A única fonte natural de material genético novo na natureza são as mutações. No neodarwinismo atual, o mecanismo central para a evolução são a mutação aleatória e a seleção natural.

O conceito de mutação foi popularizado para o segmento mais jovem, há poucos anos, pelas Adolescentes Tartarugas Ninjas Mutantes e hoje praticamente qualquer filme de ficção científica apresenta esse tipo de mutação. Mas o que é exatamente isso? Já que o gene é semelhante a um conjunto codificado de instruções, uma mutação é como um erro de digitação – uma letra trocada aqui, um sinal de pontuação alterado ali, uma frase ou código genético omitidos.

Mas já temos aí um problema óbvio. Se você introduz um erro de digitação no relatório que está escrevendo, é improvável que isso vá melhorá-lo. É mais provável que um erro venha a piorar, e não melhorar o sentido do texto. O mesmo é verdade quanto a erros no código genético. A maioria das mutações é prejudicial ou, freqüentemente, letal ao organismo, de modo que, se as mutações se acumulassem, o mais provável seria que o resultado fosse *in*volução, e não evolução.

Com o propósito de fazer sua teoria funcionar, os neodarwinistas devem esperar que algumas mutações, em algum lugar e de algum modo, venham a ser benéficas. Além disso, dado que a evolução de uma única estrutura ou de um novo órgão em particular pode exigir milhares e milhares de mutações, os neodarwinistas devem esperar que uma grande quantidade dessas raras mutações benéficas ocorram em um único organismo. As improbabilidades são chocantes.

Se levarmos o neodarwinismo ao laboratório e o testarmos experimentalmente, as dificuldades apenas se multiplicarão. O modo mais prático de estudar mutações em laboratório é com a ajuda da mosca-da-fruta comum – do tipo que você pode ver voando ao redor de bananas maduras na cozinha. Uma vez que essa pequena mosca alcança a maturidade sexual em apenas cinco dias, podem ser observados os efeitos da mutação sobre várias gerações. Com o uso de substâncias químicas ou de radiação para induzir mutações, cientistas têm produzido moscas com olhos púrpura ou brancos; moscas com asas superdimensionadas ou encolhidas ou mesmo sem asas; larvas de mosca com pêlos rígidos esparsos ou em tal quantidade que elas se tornam semelhantes ao porco-espinho.[5]

Não obstante, toda essa experimentação de modo algum tem feito avançar a teoria da evolução, pois nada tem sido produzido a não ser formas bizarras de mosca-da-fruta. As experiências jamais produziram um novo tipo de inseto. As mutações alteram os detalhes em estruturas *existentes* – como a cor dos olhos ou o tamanho das asas – mas não levam à criação de *novas* estruturas. A mosca-da-fruta continuou sendo mosca-da-fruta. À semelhança do processo de reprodução, as mutações genéticas produzem apenas mudanças menores e limitadas.

Além disso, as pequenas mudanças observadas não se acumulam para criar mudanças maiores – princípio central do darwinismo. De fato, as mutações não são a fonte para as mudanças infinitas e ilimitadas exigidas pela teoria da evolução. Quer examinemos as experiências de reprodução ou as experiências de laboratório, o resultado é o mesmo: as mudanças em seres vivos permanecem estritamente limitadas a variações de um tema. Não vemos o surgimento de novas e mais complexas estruturas.

O mesmo padrão se mantém por todo o tempo, como vemos na pesquisa dos fósseis. A regra definitiva é que os organismos aparecem completamente formados, com variações agrupadas em torno do mesmo padrão, sem estágios transitórios que cumpram etapas evolutivas. De fato, a pesquisa de fósseis, como um todo, apresenta evidências convincentes contra o darwinismo.[6]

O domínio desses fatos básicos nos dá as ferramentas adequadas para pensar de forma crítica a respeito dos exemplos tipicamente usados para apoiar a evolução. Tomem-se os famosos pintassilgos de Darwin, pássaros cuja variação no tamanho dos bicos ajudou a inspirar sua teoria inicial. Estudo recente, destinado a apoiar o darwinismo, descobriu que os bicos daqueles pássaros crescem mais nas estações secas, nas quais os grãos que comem são mais duros e secos, mas crescem menos após a estação chuvosa, em que pequenas sementes tornam-se novamente disponíveis. Isso é a evolução acontecendo "ante [nossos] próprios olhos", conclui o autor do estudo. Mas na verdade é exatamente o contrário: a mudança no bico dos pássaros é uma flutuação cíclica que lhes permite adaptar-se e sobreviver, aponta Phillip Johnson em *Reason in the Balance* (Razão na Balança). Em outras palavras, é uma pequena adaptação que permite aos pássaros... continuarem pássaros. A mudança não demonstra que estejam desenvolvendo um novo tipo de organismo ou que originalmente se desenvolveram de outro organismo.[7]

O mesmo vale para todas as freqüentemente citadas "confirmações" da evolução, tais como os organismos que desenvolvem resistência a antibióticos e insetos que desenvolvem resistência ao inseticida. E, ainda mais perturbador, alguns dos mais famosos exemplos têm sido desmascarados como meras fraudes – como é caso recente das mariposas matizadas de preto-e-branco, na Inglaterra. Os livros escolares asseguram que, durante a Revolução Industrial, quando os troncos das árvores foram escurecidos pela fuligem, uma variedade de mariposas de cores brilhantes tornou-se mais visível e mais fácil de ser comida pelos pássaros, enquanto um tipo de mariposa mais escura se multiplicava.

Isso é apregoado como ilustração clássica da seleção natural, a teoria de que a natureza preserva as formas que funcionam melhor que suas rivais na luta pela existência. No entanto, recentemente foi descoberto que as fotografias exibindo as mariposas brilhantes contra os troncos de árvore enegrecidos foram fraudadas. Mariposas pintadas voam ao redor dos galhos mais altos e de modo algum pousam nos troncos. Ainda mais recentemente, o biólogo Theodore Sargent, da Universidade de Massachusetts, admitiu haver colado exemplares mortos de mariposas sobre troncos de árvore, para um documentário. A respeitada revista *Nature* afirma que o exemplo das mariposas, considerado o "cavalo premiado de nosso estábulo" para ilustrar a evolução por seleção natural, deve agora ser rejeitado.[8]

Nenhuma descoberta científica contradisse o princípio básico de que a mudança em seres vivos é limitada. Luther Burbank, tido como o maior criador de animais reprodutores de todos os tempos, disse que a tendência dos organismos de se manterem fiéis à sua condição é tão constante que pode ser considerada uma lei natural – que ele chamou de Lei da Reversão ao Padrão Médio. É uma lei, disse ele, que "mantém todos os seres vivos dentro de limites mais ou menos fixos".[9]

A despeito do que dizem os livros escolares, Darwin não provou que a natureza é capaz de ultrapassar esses "limites fixos". Ele apenas sugeriu que isso era teoricamente possível – que mudanças menores poderiam se acumular por milhares de anos até que um peixe se tornasse anfíbio, um anfíbio se tornasse réptil e um réptil se tornasse mamífero. Mas, passados mais de cento e cinqüenta anos, ficou claro que as especulações de Darwin dissipam-se em vista de todos os resultados dos experimentos de laboratório e de reprodução controlada, bem como diante do padrão da pesquisa de fósseis.

As palavras simples do primeiro capítulo de Gênesis ainda se mantêm firmes: Deus criou cada ser vivo para reproduzir-se "segundo a sua espécie" (veja Gênesis 1.11,12,21,24, 25).

COMPLEXIDADE IRREDUTÍVEL

O falecido evangelista cristão Francis Schaeffer costumava oferecer um argumento simples contra a evolução, fácil de entender e devastador: suponha que um peixe desenvolva pulmões. O que acontece depois? Ele passa ao próximo estágio evolucionário?

Claro que não. O peixe morre afogado.

Os seres vivos não podem simplesmente mudar peça por peça – um novo órgão aqui, um novo membro ali. O organismo é um sistema integrado, e qualquer alteração isolada tem mais probabilidade de ser prejudicial do que benéfica. Se as guelras de um peixe começassem a se transformar em pulmões seria um desastre, não uma vantagem. O único modo de transformar um peixe em animal terrestre é transformá-lo todo de uma vez, com uma cadeia de mudanças interrelacionadas acontecendo ao mesmo tempo – não somente pulmões, mas mudanças correlacionadas no esqueleto, no sistema circulatório e assim por diante.

A expressão para descrever esse tipo de sistema interdependente é *complexidade irredutível*. O fato de que os organismos são irredutivelmente complexos é mais um argumento de que não podem ter-se desenvolvido parte por parte, um passo de cada vez, como Darwin propôs. A teoria de Darwin afirma que todas as estruturas vivas desenvolveram-se em passos pequenos e graduais, de estruturas mais simples – penas desenvolveram-se de escamas, asas de patas dianteiras, flores de folhas e assim por diante. Mas nada que seja irredutivelmente complexo pode evoluir em passos gradativos. Desse modo, sua própria existência refuta a teoria de Darwin.

O conceito de complexidade irredutível foi desenvolvido por Michael Behe, professor de bioquímica na Universidade Lehigh, em seu livro de 1993, *Darwin's Black Box* (A Caixa Preta de Darwin). Behe apresenta como exemplo caseiro de complexidade irredutível a ratoeira. Uma ratoeira não pode ser armada gradualmente, aponta. Você não pode começar com uma plataforma de madeira e pegar alguns ratos, acrescentar uma mola e pegar um pouco mais de ratos, colocar um gatilho, e assim por diante, cada acréscimo fazendo a ratoeira funcionar melhor. Pelo contrário, para simplesmente *começar* a capturar ratos, todas as partes devem estar montadas desde o princípio. A ratoeira não funciona até que todas as suas partes estejam presentes e trabalhando em conjunto.[10]

Muitas estruturas vivas são como a ratoeira. Elas envolvem um sistema completo de partes interativas, todas trabalhando conjuntamente. Se uma parte devesse desenvolver-se de forma isolada, o sistema inteiro pararia de funcionar; e, uma vez que, de acordo com o darwinismo, a seleção natural preserva as formas que funcionam melhor que suas rivais, um sistema não funcional seria eliminado – como o peixe com pulmões. Portanto, não é possível uma explicação darwiniana sobre como os sistemas e estruturas irredutivelmente complexos vieram a existir.

Um dado interessante é que o próprio Darwin compreendeu o problema e chegou a admitir que ele poderia invalidar sua teoria. "Se pudesse ser demonstrado que existiu algum órgão complexo que não pudesse ter sido formado por modificações leves, sucessivas e numerosas", escreveu ele, "minha teoria estaria completamente destruída".[11] Hoje, podemos dizer com segurança que a teoria de Darwin *foi* destruída, pois agora sabemos que a natureza está repleta de exemplos de órgãos complexos que não podem ter sido formados por modificações leves e numerosas – isto é, órgãos que são irredutivelmente complexos.

Tome-se o exemplo do morcego. Os evolucionistas propõem que o morcego desenvolveu-se de uma pequena criatura, semelhante ao rato, cujos membros dianteiros (os "dedos frontais") transformaram-se em asas em passos gradativos. Mas, imagine os passos: à medida que os "dedos frontais" tornavam-se maiores e a pele começava a crescer entre eles, o animal não podia mais correr sem tropeçar nos próprios dedos; por outro lado, os membros dianteiros ainda não eram longos o bastante para funcionar como asas. Assim, durante a maior parte de seus hipotéticos estágios transitórios, a pobre criatura teria membros muito longos para correr e muito curtos para voar. Ela se tornaria indefesa e logo estaria extinta.

Não há maneira concebível pela qual asas de morcego sejam formadas em estágios graduais. Essa conclusão é confirmada pela pesquisa de fósseis, na qual não encontramos nenhum fóssil intermediário que nos levasse ao morcego. Desde a primeira vez que os morcegos aparecem na pesquisa de fósseis, eles já estão completamente formados e virtualmente idênticos aos morcegos modernos.

Um exemplo clássico de complexidade irredutível é o olho humano. Um olho é inútil a menos que todas as suas partes estejam completamente formadas e trabalhando em conjunto. Mesmo uma leve alteração em sua forma atual destruiria sua função. Como, então, o olho poderia desenvolver-se por pequenas alterações? Já nos dias de Darwin, a complexidade do olho foi usada como prova contrária à sua teoria, e Darwin disse que o mero pensamento de tentar explicar o olho deu-lhe "calafrio".

Darwin teria tido ainda mais calafrios se tivesse conhecido a estrutura das células *dentro* do olho. Darwinistas contemporâneos, como Richard Dawkins, tentaram resolver o problema traçando o caminho da evolução visual, começando por uma mancha sensível à luz, passando a um grupo de células em forma de taça para melhor focalizá-la, e assim por diante, através de uma série gradativa de pequenos melhoramentos até se produzir uma verdadeira lente. Mas mesmo o primeiro passo – a mancha sensível à luz – já é irredutivelmente complexo, exigindo uma cadeia de reações químicas, começando quando um fóton interage com uma molécula chamada *cis*-retinal 11, que muda para *trans*-retinal, que força uma mudança na forma de uma proteína chamada rodopsina, que adere a outra proteína chamada transducina, que se agrega a outra molécula... e assim por diante. De onde vêm as células em forma de taça sobre as quais Dawkins falou? Há dúzias de proteínas complexas envolvidas em manter a forma das células, e mais outras dúzias para controlar grupos de células. Cada um dos passos de Dawkins já é um sistema complexo, e adicioná-los um ao outro não responde de onde esses sistemas complexos originalmente vieram. É como se perguntássemos como um sistema estéreo é fabricado e alguém respondesse: "Ligando um par de alto-falantes em um amplificador e acrescentando um toca-discos laser e um toca-fitas". Certo. Mas o verdadeiro problema é, primeiramente, como fabricar os alto-falantes e amplificadores.[12]

A fábrica mais automatizada e avançada, com todos os seus computadores e robôs coordenados em uma escala cronometrada com precisão, é menos complexa que o funcionamento interno de uma única célula. Nenhum sistema assim pode surgir de um processo darwiniano cego e gradual. A mais racional explicação para as estruturas irredutivelmente complexas na natureza é que elas são produto da mente criativa de um ser inteligente.

■ ■ ■

Em todas as frentes, os cientistas estão sendo forçados a enfrentar a evidência de uma causa inteligente. Desde que a teoria do *big bang* foi proposta, os cosmologistas têm sido obrigados a lutar com as implicações de que o Universo teve princípio absoluto – e, portanto, um criador transcendente. A descoberta das informações contidas no DNA está forçando os biólogos a reconhecerem uma causa inteligente para a origem da vida. Do mesmo modo, o fato da complexidade irredutível está levantando a questão do desígnio nos seres vivos.

É claro que a ciência não pode nos dizer tudo o que gostaríamos de saber sobre essa causa inteligente. Ela não pode revelar os detalhes do caráter de Deus, nem explicar o plano da salvação. Essas são tarefas para a teologia. Mas o estudo do desígnio e do propósito na natureza claramente apoia a existência de um criador transcendente – tão óbvio que, como o apóstolo Paulo escreve no Novo Testamento, não temos desculpa diante dEle (veja Romanos 1.20).

Já que a evidência científica é tão convincente, por que a elite científica agarra-se tão tenazmente à evolução darwiniana? Por que o darwinismo ainda é o credo oficial em nossas escolas públicas? Porque o verdadeiro problema não é o que vemos através do microscópio ou do telescópio; é aquilo a que aderimos em nossos corações e em nossas mentes. O darwinismo funciona como o fundamento que dá sustentação a uma visão de mundo naturalista e, conseqüentemente, o cientista, homem ou mulher, que está comprometido com o naturalismo antes mesmo de entrar no laboratório, é levado a aceitar até a mais fraca evidência que apoie a teoria. A mudança mais trivial em um ser vivo é aceita como confirmação das reivindicações mais exageradas da evolução, de modo que a menor variação no bico de pássaros ou a resistência a inseticidas são apregoadas como provas de que tanto pássaros como moscas evoluíram fundamentalmente do limo, por um processo cego e não dirigido.

O centro da controvérsia não é a ciência; trata-se de uma luta titânica entre cosmovisões ou visões de mundo conflitantes – entre naturalismo e teísmo. O Universo é governado por forças materiais cegas ou por um ser pessoal amoroso? Somente quando os cristãos entenderem isso – somente quando afastarmos a cortina de fumaça e formos ao âmago da questão – deixaremos de perder debates. Somente então seremos capazes de ajudar nossas crianças, como Katy, a enfrentar os contínuos desafios à sua fé.

* * *

CAPÍTULO 10

A PERIGOSA IDÉIA DARWINIANA

Considere a situação de pais cristãos, não necessariamente fundamentalistas, os quais suspeitam que o termo evolução está repleto de implicações ateístas. A verdadeira questão [dos darwinistas mais coerentes] é que os pais estão completamente certos sobre as implicações, e os professores de ciência que negam isso estão desinformados ou mentindo.

PHILLIP JOHNSON

Evolução e religião são realmente conflitantes? Para fins de relações públicas, muitos darwinistas ocultam seu antagonismo em relação à religião. Por exemplo, o paleontólogo Stephen J. Gould, de Harvard, mesmo sendo destacado crítico da teoria do desígnio, insiste em dizer que não é irreligioso. Ciência e religião não podem entrar em conflito, diz ele, porque tratam de assuntos diferentes: a ciência tem a ver com fatos, enquanto "a religião trata da moralidade humana".[1]

Até mesmo muitos cristãos têm caído nessa armadilha, que resulta em estarmos freqüentemente despreparados para as batalhas intelectuais que enfrentamos na cultura secular. Ainda que o darwinismo seja uma teoria científica e deva ser enfrentado com evidências científicas, ele é fundamentalmente uma cosmovisão – ou, mais exatamente, uma plataforma decisiva na visão de mundo do naturalismo. A menos que o coloquemos nesse nível, continuaremos incapazes de responder a seus desafios.

Um evolucionista ousadamente explícito sobre essa visão de mundo subjacente é o biólogo William Provine, da Universidade de Cornell. Ele declara de forma explícita que o darwinismo não tem a ver apenas com mutações e fósseis; trata-se de uma abrangente filosofia que declara que a vida pode ser explicada por causas naturais que agem aleatoriamente – o que implica em não ser necessária a existência de um Criador. E, se Deus não criou o mundo, ressalta, todo o sistema de crenças do Cristianismo cai por terra.

Provine prega sua mensagem nos campus universitários pelo país, freqüentemente exibindo a seguinte lista em um projetor de slides para enfatizar o que um darwinismo consistente significa: "Não há vida após a morte; não há fundamento absoluto para a ética; não há sentido absoluto para a vida; não há livre arbítrio".[2] A única razão por que alguém crê em tais coisas, afirma Provine, é que as pessoas ainda não entenderam todas as implicações do darwinismo.

Suas idéias podem soar radicais, mas Provine está sendo brutalmente honesto. Ele reconhece que o ensino bíblico sobre a criação não é somente uma doutrina teológica; a criação é o próprio fundamento de tudo que os cristãos crêem.

No outro lado do debate, Phillip Johnson, professor de direito de Berkeley, viaja pelo país argumentando *contra* o darwinismo, ainda que concorde plenamente com Provine sobre as abrangentes implicações da teoria. Essas implicações freqüentemente surgem quando Johnson fala a platéias seculares. Como ele escreve: "Descobri que qualquer discussão com modernistas a respeito das fraquezas da teoria da evolução rapidamente é desviada para a área política, especialmente política sexual". Por quê? Porque os modernistas "tipicamente, temem que qualquer descrédito da evolução naturalista acabe mandando as mulheres para a cozinha, os homossexuais para a clandestinidade e os partidários do aborto para a cadeia".[3]

Em outras palavras, a maioria das pessoas sente por instinto que há muito mais em questão do que uma teoria científica – que há uma relação entre a ordem material e a moral. Ainda que os temores encontrados por Johnson sejam certamente exagerados, a intuição básica está correta. A nossa origem determina o nosso destino. Ela diz quem somos, por que estamos aqui e como devemos organizar nossas vidas em sociedade. Nossa visão das origens determina o nosso entendimento da ética, do direito e da educação – e, claro, também da sexualidade. Quer partamos da premissa de que somos criaturas de um Deus pessoal, ou produtos de um processo irracional, segue-se uma cadeia complexa de conseqüências, e essas conseqüências divergem dramaticamente.

Tome-se a ética. Se um Deus transcendente nos criou com propósito, a pergunta mais racional a fazer é: qual é esse propósito e como devemos viver para cumpri-lo? A resposta se acha na revelação divina; seus mandamentos morais dizem como podemos tornar-nos as pessoas que Deus quer que sejamos. Assim, a moralidade cristã não é subjetiva, baseada em nossos sentimentos pessoais; ela é objetiva, baseada no modo como Deus criou a natureza humana. Os céticos freqüentemente rejeitam o Cristianismo como "irracional", mas, se de fato fomos criados, a conduta realmente irracional é ignorar as normas morais do Criador.

Em contrapartida, o naturalismo afirma que Deus não nos criou; na verdade, fomos nós que criamos a idéia de Deus. Ele "existe" apenas na mente daqueles que crêem nEle. Se essa afirmação é verdadeira, a atitude mais racional é rejeitar a religião como produto da imaginação e basear a moralidade estritamente naquilo que é real – o conhecimento científico. A ciência nos diz que o ser humano é produto de forças evolucionistas e que a moral não passa de uma idéia que surge em nossa mente quando alcançamos certo nível de desenvolvimento. Conseqüentemente, não há base objetiva absoluta para a moral; os seres humanos criam seus próprios padrões. Uma vez que a única realidade objetiva que existe é o mundo natural, e este se encontra em constante fluxo evolucionário, nossas idéias acerca de certo e errado também estão constantemente em mutação. O resultado é um relativismo ético radical.

Considere-se, por exemplo, a questão do direito. Tradicionalmente, entendia-se que as leis de uma nação eram baseadas em uma ordem moral transcendente (baseada, por sua vez, na lei divina). A crença era que "os homens não fazem as leis. Eles apenas as descobrem. Leis... devem apoiar-se no fundamento eterno da justiça". Essas palavras podem soar como se tivessem saído da pena de um religioso do século XVI, mas foram escritas no princípio do século XX pelo 13º presidente americano, Calvin Coolidge.[4]

Todavia, se o darwinismo está certo, não há leis divinas nem ordem moral transcendente, e não há base normativa e final para o direito. O influente jurista Oliver Wendell Holmes, darwiniano confesso, ensinava que as leis são a mera codificação de princípios e políticas tidos como social e economicamente vantajosos. A lei é reduzida a uma técnica de gerência- usada a serviço da engenharia social – a visão atualmente predominante na área legal.

Na educação, o darwinismo tem moldado não apenas o conteúdo, mas também a metodologia de ensino. A figura chave é John Dewey, que buscou desenvolver o significado do darwinismo para o processo de aprendizagem. Se os seres humanos são uma parte da natureza, e nada mais, raciocinou ele, a mente é simplesmente um órgão que se desenvolveu de formas inferiores na luta pela existência – como aconteceu com asas e garras – e seu valor depende de seu funcionamento e de ela capacitar o organismo a para a sobrevivência. Dewey rejeitou a crença tradicional de que a idéia é um tipo de discernimento da realidade objetiva, que deve ser julgada como verdadeira ou falsa. Em vez disso, argumentou que as idéias são meras hipóteses sobre aquilo que pode produzir os resultados que desejamos, e sua validade depende de seu funcionamento. A filosofia pragmática de Dewey é a fonte de muitos relativismos que têm destruído tanto a educação acadêmica como a moral nos dias de hoje.

O darwinismo é, ainda, a fonte principal do pós-modernismo, que rejeita a idéia de uma verdade universal, considerando-a instrumento de opressão manipulado por um "patriarcalismo-de-pele-branca". Em razão de o darwinismo eliminar o transcendente, o pós-modernismo chega à inevitável conclusão de que não há verdade transcendental. Cada um de nós está preso à perspectiva limitada de nossa raça, sexo e grupo étnico. A "busca da verdade" que supostamente motiva a educação é um pretexto; existe apenas a perspectiva negra, a perspectiva feminista, a perspectiva dos sem-terra, e assim por diante. Qualquer reivindicação de verdade universal é considerada uma tentativa de impor a perspectiva de um grupo sobre todos os outros.

A despeito do extravagante ceticismo em relação à verdade objetiva, o pós-modernismo, ironicamente, apoia-se na suposição de que *alguma coisa* é objetivamente verdadeira – a saber, o darwinismo.

Ainda que pareça muito exagerado relacionar o darwinismo com o pós-modernismo, considere a odisséia pessoal do influente guru pós-modernista, Richard Rorty, atualmente na Universidade de Stanford. Em um ensaio autobiográfico, Rorty revela que, certa época, sentiu-se atraído pelo Cristianismo. Mas, achando-se "incapaz" da "humildade que o Cristianismo exigia", fugiu de Deus – somente para descobrir que um mundo sem Deus é um mundo sem qualquer base para a justiça ou para a verdade universal.[5] Então Rorty resolveu desenvolver uma filosofia coerente com o darwinismo. Como Dewey, aceitou a noção darwinista de que as idéias são ferramentas para a resolução de problemas e que elas se desenvolvem como meios de adaptação ao ambiente. "Ser leal a Darwin", Rorty escreve, significa entender que a espécie humana não se orienta "para a verdade", mas apenas "para o aumento de sua própria prosperidade".[6] Reivindicações da verdade são apenas ferramentas que "nos ajudam a conseguir o que queremos".[7] (O que, naturalmente, significa que as próprias idéias de Rorty são apenas ferramentas para conseguir o que *ele* quer – incluindo a idéia de pós-modernismo. Deste modo, o pós-modernismo refuta-se a si mesmo.)

O darwinismo representa, assim, a peça principal para o debate fundamental entre o Cristianismo e o naturalismo em praticamente qualquer área do pensamento. Uma vez que a cultura moderna deu à ciência a autoridade de definir o que o mundo "realmente é", o darwinismo provê a justificativa científica para uma abordagem naturalista em qualquer campo. Como o biólogo inglês Richard Dawkins afirma, Darwin "tornou possível ser um ateu intelectualmente realizado".[8]

Muitos cristãos inibem-se em estabelecer contraste tão severo entre o teísmo e o darwinismo. Eles esperam poder combinar a teoria biológica de Darwin com a fé em Deus – sugerindo que Deus pode ter usado a evolução como seu método de criação. Mas o próprio Darwin insistiu em que os dois são mutuamente excludentes.[9] Porque a seleção natural atua como uma peneira, eliminando as variações nocivas e preservando as variações benéficas nos seres vivos. Porém, se Deus estivesse dirigindo a evolução, ele garantiria que cada variação fosse benéfica desde o princípio. A seleção natural seria, nas próprias palavras de Darwin, "supérflua".[10] O verdadeiro objetivo dessa teoria é identificar um processo natural que imite o projeto inteligente, tornando supérfluo, deste modo, a *teoria do desígnio*.

Darwin é tipicamente retratado como um homem forçado a aceitar a teoria da seleção natural pelo peso dos fatos. Mas os historiadores atuais reconhecem que, primeiro, ele se comprometeu com a filosofia naturalista, depois buscou uma teoria para justificá-la como ciência. Desde o princípio de sua carreira, ele já se tinha voltado contra a idéia da criação e desenvolvera uma firme convicção de que, como ele afirma, "tudo que há na natureza é o resultado de leis fixas".[11] Em outras palavras, as cartas já estavam todas arranjadas em favor do conceito de vida naturalista, antes mesmo que ele realmente descobrisse qualquer fato convincente.

A verdade é que a natureza tornou-se praticamente uma divindade substituta para Darwin. "Quanto ao seu respeito pelas leis da natureza", escreveu seu filho William, "isso poderia ser chamado de reverência, talvez um sentimento religioso. Ninguém sentiu mais intensamente a vastidão e a inviolabilidade das leis da natureza."[12] Com atitude semelhante à adoração religiosa, não surpreende que Darwin eventualmente atribuísse à seleção natural poderes criativos quase divinos.

Os darwinistas modernos insistem que a evolução é tão obviamente apoiada pelos fatos que qualquer um que discorde deve ser ignorante ou desonesto. No entanto, Darwin era mais sincero. Ele sabia perfeitamente bem que não tinha provado sua teoria da seleção natural. E a descreveu como uma inferência, baseada principalmente na analogia. Para Darwin, ela somente pode ser julgada pela utilidade e eficiência com que "agrupa e explica fenômenos".[13]

Semelhantemente, muitos dos mais ardorosos partidários iniciais de Darwin foram rápidos em reconhecer as fraquezas científicas de sua teoria, ainda que escolhessem defendê-la porque viram-na como um meio útil de promover a filosofia naturalista. Herbert Spencer, a primeira pessoa a estender a evolução a todas as disciplinas, da ética à psicologia, explicou com franqueza que sentia uma enorme pressão interna para encontrar uma alternativa naturalista à idéia de criação. "A crença na criação especial tinha saído de minha mente há muitos anos", escreveu ele, "e eu não podia permanecer em estado de indefinição: a aceitação da única alternativa concebível era decisiva." Além disso, admitiu Spencer, uma vez que você aceite a filosofia naturalista, alguma forma de evolução naturalista é o "corolário inevitável" – independente da força da evidência científica.[14]

Thomas Huxley autodenominou-se "o buldogue de Darwin" e lutou bravamente pela causa, ainda que, segundo ele mesmo admitia, nunca tenha considerado que a teoria darwiniana tivesse muito peso científico. Ele também uniu-se à causa por razões filosóficas. Muito antes de encontrar Darwin, Huxley rejeitara o ensino bíblico sobre a criação e buscava ativamente uma alternativa. Huxley declarou que Darwin "fez o grande serviço de nos libertar para sempre do dilema – recusada a hipótese da criação, o que você tem para propor que possa ser aceito por qualquer pensador cuidadoso?"[15] Em termos aparentes, Huxley estava querendo defender *qualquer* teoria naturalista, mesmo que a achasse cientificamente falha, contanto que lhe provesse uma alternativa à criação.

Os dados históricos deixam claro que o debate em torno da evolução, no século XIX, foi filosoficamente "controlado". O darwinismo tornou-se vitorioso não tanto porque supre a evidência, mas porque proveu uma base científica lógica para o naturalismo. Se o mundo é governado por leis que operam de maneira uniforme, como disse Huxley, então as sucessivas populações de seres "devem ter procedido uns dos outros em modificações progressivas".[16] A palavra mais importante, aqui, é "devem". Uma vez aceito o naturalismo filosófico, então algo muito semelhante ao darwinismo *deve* ser verdadeiro – independente dos fatos.

Os primeiros oponentes de Darwin, igualmente, perceberam o que estava em questão. Em 1874, o teólogo Charles Hodge, de Princeton, publicou ensaio questionando "O que é o darwinismo?" Ele respondeu francamente que o darwinismo é equivalente ao ateísmo. "A seleção natural é feita por leis naturais, operando sem intenção ou desígnio", escreveu Hodge. Ora "a negação de projeto na natureza é, praticamente, a negação de Deus".[17]

Em nossos dias, uma das mais explícitas declarações sobre a motivação filosófica por trás do darwinismo para nossa surpresa, vem do geneticista de Harvard, Richard Lewontin. Em artigo defendendo a superioridade da ciência sobre a religião (que ele agrupa no mesmo nível de coisas como ovnis e mentalização), Lewontin admite abertamente que a ciência tem seus próprios problemas. Ela criou muitos dos nossos problemas sociais (como os desastres ecológicos) e muitas teorias científicas não passam de "histórias arbitrárias sem consistência". Não obstante, "na luta entre a ciência e o sobrenatural, ficamos ao lado da ciência". Por quê? "Porque temos compromisso prévio com o materialismo."[18]

Observe cuidadosamente essas últimas palavras. Lewontin está admitindo que a hostilidade para com a religião, moda no meio da elite científica, não é imposta pelos fatos, mas pela filosofia materialista.

E ainda há mais, pois Lewontin diz que mesmo os métodos da ciência são ditados pela filosofia materialista. As normas que definem o que se classifica como ciência foram primeiramente moldadas pelos materialistas de tal modo a assegurar que somente cheguem a teorias materialistas. Como defende Lewontin, "somos forçados, por nossa adesão apriorística às causas materiais, a criar um aparato de investigação e um sistema conceitual que produzam explicações materialistas".[19]

Essa é uma confissão atordoante. A autoridade da ciência repousa primeiramente em sua imagem pública – na impressão de que suas teorias apoiam-se com firmeza no fundamento dos fatos empíricos. Mas Lewontin abriu as cortinas e revelou os truques do Mágico de Oz. A verdade é que muito do darwinismo não é ciência, e sim filosofia naturalista disfarçada de ciência. Portanto, um debate honesto entre darwinismo e Cristianismo não é um debate de fatos contra fé, e sim de filosofia contra filosofia, de cosmovisão contra cosmovisão.

Devemos ser claros sobre o que está em questão aqui. Enquanto o darwinismo reinar em nossas escolas e no melhor de nossa cultura, a cosmovisão cristã será considerada a bruxa do sótão – irracional e inacreditável. Eis por que não podemos mais permitir que os naturalistas tratem a ciência como um santuário onde sua filosofia pessoal reine livre de desafios.

QUEM É "ESSE CARA"?

Em *Yellow and Pink* (Amarelo e Róseo), de William Steig, um livro infantil ilustrado e deliciosamente excêntrico, dois bonecos de madeira, ao acordarem, acham-se deitados em um jornal velho sob o sol quente. Um boneco está pintado de amarelo, o outro de rosa.

Subitamente, Amarelo senta-se e pergunta: "Você sabe o que estamos fazendo aqui?"

"Não", respondeu Róseo. "Nem me lembro como cheguei aqui."

Então começa uma discussão entre as duas marionetes sobre a origem de sua existência.

Róseo examina seus traços bem feitos e conclui: "Alguém deve ter-nos criado."

Amarelo discorda. "Digo que somos um acidente", e então esboça um cenário hipotético sobre como isso poderia ter acontecido. Um galho poderia ter-se quebrado de uma árvore e caído sobre uma pedra afiada, partindo a ponta em duas pernas. Depois, o vento poderia tê-lo levado rolando colina abaixo até que estivesse lavrado e delineado. Talvez um raio tenha caído de modo a cortar a madeira em braços e dedos. Os olhos poderiam ter sido formados por pica-paus furando a madeira.

"Com bastante tempo, mil, um milhão, talvez dois milhões e meio de anos, muitas coisas estranhas poderiam acontecer", diz Amarelo. "Por que não nós?"

Os dois bonecos continuam a argumentar um com o outro.

Afinal, a discussão é interrompida pelo aparecimento de um homem vindo de uma casa próxima. Ele caminha em direção às marionetes, apanha-as e examina sua pintura. "Bonita e seca", comenta e, guardando-as debaixo do braço, dirige-se de volta à casa.

Olhando por baixo do braço do homem, Amarelo cochicha no ouvido de Róseo: "Quem é esse cara?"[20]

■ ■ ■

ESSA É PRECISAMENTE a pergunta que cada um de nós deve responder. Não se trata de uma fantasia de livros infantis. É absolutamente sério. Além dos debates públicos e da retórica, além das aparições e da politização, no centro de cada cosmovisão ou visão de mundo há questões intensamente pessoais: quem me criou e por que estou aqui?

Toda cosmovisão tem de começar em algum lugar – Deus ou a matéria, faça sua escolha. Tudo o mais flui dessa opção inicial. Esse é o motivo por que a questão da criação tornou-se esse feroz campo de batalha dos dias atuais. Ela é o fundamento de toda a visão de mundo cristã. Pois se Deus criou toda a realidade finita, então cada aspecto dessa realidade deve sujeitar-se a Ele e à sua verdade. Tudo encontra sentido e interpretação em Deus. Nenhuma parte da vida pode ser autônoma ou neutra, nenhuma parte pode ser cortada fora para tornar-se independente da verdade cristã. Em virtude de a criação incluir toda a extensão da realidade finita, a cosmovisão cristã deve ser igualmente abrangente, cobrindo todos os aspectos de nossas vidas, nosso pensamento, nossas escolhas. Tanto os amigos como os adversários do Cristianismo percebem que tudo se sustenta ou cai de acordo com o que se pensa acerca da doutrina da criação.

Freqüentemente, os cristãos procuram evangelizar outras pessoas começando com a salvação – João 3.16 e a mensagem do Evangelho. Para uma geração mais antiga, essa abordagem funcionava. A maioria das pessoas tinha algum tipo de experiência eclesiástica em seu passado, mesmo que não tivesse convicções pessoais fortes. Porém, no mundo pós-cristão de hoje, não entendem sequer o significado de termos bíblicos cruciais. Por exemplo, o termo básico *pecado* não faz nenhum sentido para as pessoas se não têm o conceito de um Deus santo que nos criou e, portanto, está no direito de exigir certas coisas de nós. E, se as pessoas não entendem o que é pecado, certamente não compreenderão a necessidade da salvação.

Conseqüentemente, no mundo de hoje, começar a evangelização com a mensagem da salvação é como começar a ler um livro pelo meio – você não conhece os personagens, então o enredo não faz sentido. Em vez disso, devemos começar com o Gênesis, no qual o personagem principal, Deus, apresenta-se como o Criador e o "enredo" da história humana revela seus primeiros e cruciais episódios. A evidência científica apoiando esses episódios inaugurais é poderosa, como Dave Mulholland descobriu em sua odisséia pessoal.

Primeiro, a cosmologia descobriu a perturbadora verdade de que a matéria não é absolutamente eterna, como os cientistas naturalistas em sua arrogância presumiram. O Universo começou em um período finito de tempo – o que, por sua vez, implica que algo *fora* do Universo deve tê-lo posto em funcionamento.

Segundo, há as estonteantes "coincidências" que tornam o Universo apropriado para a vida. Desde as propriedades moleculares da água ao equilíbrio das cargas elétricas no próton e no elétron, toda a estrutura do Universo foi habilmente destinada a sustentar a vida na Terra.

Terceiro, as experiências de laboratório angariadas como provas de que a vida pode surgir espontaneamente por meio de forças naturais aleatórias não vieram a provar nada disso. Pelo contrário, resultaram em evidência positiva de que a vida somente pode ser criada por um agente inteligente que controle, dirija e manipule o processo. A descoberta do DNA traz uma nova e explosiva força ao argumento do projeto ou desígnio superior. Se nos apoiamos na experiência – e, afinal, *supõe*-se que a ciência baseia-se na experiência – a única fonte de informação conhecida é uma causa inteligente.

Quarto, Darwin não conseguiu demonstrar que a vida se desenvolveu por meio de forças naturais não dirigidas e irracionais. As experiências com reprodução e mutação têm mostrado que sua premissa fundamental – de que os seres vivos podem variar interminavelmente – falhou de forma fatal. Atualmente, as investigações mais avançadas sobre o interior da célula confirmam que a complexidade irredutível das coisas vivas somente pode ser explicada por um desígnio inteligente.

O prolongado domínio do darwinismo deve-se mais a um compromisso com o naturalismo do que à sua validade científica. Por sua vez, o naturalismo tem-se espalhado como um derramamento de óleo tóxico em campos tão diversos como a ética, o direito, a educação e o pós-modernismo – para citar apenas alguns. Como resultado, o darwinismo tornou-se a pedra angular para uma filosofia abrangente que se coloca em total oposição ao Cristianismo.

UM GUIA RODOVIÁRIO PARA A REALIDADE

Toda cosmovisão é proposta como um mapa para a realidade, um guia de navegação no mundo. Um teste eficaz de qualquer reivindicação de verdade, portanto, é perguntar se podemos viver por meio dela. Se você segue um mapa, mas se ainda se acha caindo dentro de rios ou despencando de penhascos, pode ter plena certeza de que há algo errado com o mapa. Pela mesma analogia, se você vive de acordo com uma cosmovisão, mas continua indo de encontro à realidade de modo doloroso, pode esta certo de que há algo errado com essa cosmovisão. Ela não consegue refletir acuradamente a realidade.

Apliquemos esse teste à cosmovisão naturalista do famoso popularizador da ciência, Carl Sagan, a quem nos referimos várias vezes nesta seção. Sagan literalmente canonizou o cosmos, divulgando de forma aberta sua filosofia pessoal em seu popular programa de televisão. Longe de repudiar essa transformação da ciência em religião, a comunidade científica o recompensou ricamente, chegando a conceder-lhe a Medalha do Bem-Estar Público, da Academia Nacional de Ciência, em 1994.

Uma conseqüência da religião cosmológica de Sagan foi que ele se tornou ativamente comprometido com a causa dos direitos dos animais. Com perfeita coerência, pois se os seres humanos evoluíram de animais, não pode haver qualquer diferença intrínseca entre eles. Seria tão cruel e imoral matar uma vaca como assassinar uma pessoa. "Em meus escritos", disse Sagan em artigo da revista *Parade*, "tenho tentado mostrar como estamos intimamente relacionados com os outros animais, como é cruel infligir-lhes dor gratuita".[21] Como resultado, ele se opôs radicalmente ao uso de animais para pesquisa médica. Se os animais têm o mesmo valor do ser humano, como podemos justificar o sacrifício de suas vidas para salvar humanos?

Porém, nessa questão, Sagan chocou-se contra a realidade de modo muito doloroso. Em 1994, descobriu que tinha mielodisplasia, uma rara doença sangüínea. Possivelmente com poucos meses de vida, foi-lhe dito que sua única chance de sobrevivência era um transplante experimental de medula óssea. Mas havia um problema: o procedimento que podia salvá-lo tinha sido desenvolvido através da pesquisa com animais – o tipo de pesquisa a que Sagan se tinha oposto apaixonadamente.

Sagan enfrentou intenso dilema: deveria ele permanecer fiel à sua filosofia naturalista e rejeitar o transplante de medula como algo adquirido por meios imorais? Ou deveria concordar em submeter-se ao tratamento médico na esperança de salvar a própria vida, mesmo que isso significasse agir em contradição com suas convicções morais?

Sagan não demorou a tomar a decisão: submeteu-se a três tratamentos de medula óssea que estenderam sua vida por algum tempo (embora tenha finalmente sucumbido à doença e morrido em 1996). No tempo em que Sagan escreveu o artigo para a revista *Parade*, ele, segundo as suas palavras, ainda estava "em grande conflito" sobre a escolha que fizera. Ele reconheceu claramente que sua decisão de aceitar o tratamento foi uma negação prática de sua cosmovisão naturalista. Mas, quando se confrontou com a realidade, abandonou o roteiro de viagem naturalista e, quer admitisse ou não, implicitamente mudou para o roteiro bíblico, que diz que os seres humanos têm valor transcendente ao valor de plantas e animais.

O Cristianismo não é meramente religião, definida estritamente como piedade pessoal e adoração comunitária. O Cristianismo é também uma perspectiva objetiva de toda a realidade, uma cosmovisão completa. Somente o Cristianismo se mantém coerentemente de pé ante o teste da vida prática. Somente o Cristianismo nos dá um roteiro de viagem exato. Somente o Cristianismo combina com o modo de como devemos agir, se desejamos viver humana e racionalmente no mundo real.

A Criação é o primeiro elemento da cosmovisão cristã, o fundamento sobre o qual tudo mais é construído. A Criação é a base da dignidade humana, pois nossa origem diz-nos quem somos, por que estamos aqui e como devemos tratar uns aos outros. As questões da vida humana tornaram-se os mais prementes assuntos de nossos dias, como dois homens descobriram, de modo muito pessoal, em um campo de batalha do outro lado do globo.

CAPÍTULO 11

UMA QUESTÃO DE VIDA

Vietnã, 1968

Pairando em sua posição cerca de 500 metros acima do solo, os homens do helicóptero Comando & Controle (C&C), comandado pelo Coronel Yarborough, estavam alertas, ao fim de um dia nervoso. Durante as duas últimas semanas, a divisão *Ghostrider* (Cavaleiros Fantasmas), a qual estavam vinculados, vinha transportando tropas e suprimentos para uma grande ofensiva nas regiões montanhosas centrais de Plei Merong. A atmosfera era tensa, não havia segurança no território. Durante o reconhecimento, quando a tripulação de Yarborough sobrevoou a área pela primeira vez, foi descoberto um depósito de contêineres de mísseis vazios a não mais do que trezentos metros da zona de aterrissagem. O inimigo podia estar em qualquer lugar.

À medida que o helicóptero C&C circulava lentamente sobre a selva, a tripulação avistou a hélice de outro helicóptero posicionado sobre o íngreme declive da zona de aterrissagem, pairando próximo ao solo para apanhar pessoal de apoio que voltava à base. Os homens do helicóptero C&C podiam ver lá em baixo homens correndo apressadamente, desaparecendo e aparecendo das moitas e arbustos. A libélula mecânica ziguezagueava, impaciente para partir.

Cabuum!

Subitamente, o ar explodiu de mísseis. Lufadas de fumaça branca de pequenas armas de fogo surgiram em dezenas de lugares através da ladeira. O helicóptero próximo ao solo recuou para a esquerda, como se tivesse sido atingido em um dos lados. Uma fumaça cinza espiralada saía da hélice traseira, e a máquina começou a arremessar descontroladamente. A fumaça escurecia e se adensava.

Enquanto a máquina ferida continuava a ir de um lado para outro, Ken McGarity assistia à cena de seu posto de atirador do lado direito do helicóptero C&C. Ele viu o outro helicóptero cair, despedaçando-se na zona de aterrissagem, com a hélice principal em pedaços. Logo avistou dois capacetes surgirem. Depois outro. Os três homens correram em busca de abrigo, um deles coberto de chamas.

A fumaça negra do helicóptero atingido aumentava rapidamente, turvando a visão de Ken. Mísseis continuavam a atravessar a fumaça, ainda que não pudessem alcançar o helicóptero C&C.

"Vamos descer!" – Gritou o piloto do C&C. Ele gritou e sinalizou para Ken que vigiasse o seu lado enquanto desciam.

Ken pegou sua arma e ajoelhou-se na porta do helicóptero, com seu pé direito no trem de aterrissagem. Ele inclinou-se o máximo que pôde, tentando enxergar. Tinha de saber onde estavam seus próprios homens para que pudesse lançar uma rajada de fogo.

O coronel dirigiu-se à porta aberta ao lado de Ken, pronto para acionar um extintor sobre o soldado que estava em chamas lá no solo. O C&C passara pelo alto bambual e logo chegaria em baixo, aos arbustos, mas Ken ainda não conseguia ver onde seus homens estavam escondidos. Ele também não podia enxergar o inimigo.

Não demorou para sobrevoar a zona de aterrissagem. Por que o coronel não jogava o extintor? Eles não podiam permanecer ali mais do que sete segundos, mas já tinham ficado pelo menos vinte. *Jogue essa coisa!*

Ninguém viu o míssil B-40 vindo.

Metade da aeronave explodiu com o impacto. Ken foi lançado ao ar e caiu de cima dos arbustos sobre o duro solo...

Quando voltou a si, Otto Mertz, companheiro do helicóptero que caiu primeiro, arrastava-o através da lama para um lugar seguro.

"Minhas pernas!" – Gritou Ken.

"Estão quebradas." – Disse alguém.

Os braços de Ken tinham sido cruzados sobre o peito. *Eles devem estar quebrados também* – pensou.

Ken perdeu a consciência várias vezes antes de ser finalmente levado por um helicóptero de socorro médico. Depois de estar seguro em uma maca de transporte, uma voz de mulher lhe perguntou: "Qual é o seu nome?"

"McGarity", respondeu. "Ken McGarity. Estou muito ferido?"

"Vamos tomar conta de você", gritou a enfermeira enquanto as barulhentas hélices os levavam embora.[1]

■ ■ ■

QUANDO OS HOMENS FERIDOS chegaram ao 71º Hospital de Evacuação do Exército, em Pleiku, no dia 21 de setembro de 1968, o Dr. Kenneth Swan era o cirurgião de plantão. O médico de 33 anos de idade estava no Vietnã há apenas um mês.

Dois homens haviam morrido em Plei Merong. Os demais podiam ser classificados como "feridos que podiam andar", tendo sofrido apenas pequenos ferimentos, exceto o soldado identificado como Ken McGarity. O homem estava coberto de lama ensangüentada. Uma perna pendia de uma tira fina de pele; a outra estava tão quebrada que o fêmur despontava do que restou de sua coxa. Torniquetes tinham estancado o sangramento arterial, mas os ferimentos estavam emplastrados de lama e sujeira. Ambos os braços foram seriamente fraturados e feridos por estilhaços. O dedo mínimo da mão direita desaparecera e um dos testículos se tinha despedaçado. Escorria sangue de ambos os olhos, e o globo ocular direito fora danificado. Os ferimentos dos olhos indicavam que foram atingidos por fragmentos do projétil e podiam indicar danos no cérebro.

Enquanto Swan avaliava a devastação diante de si, ele tinha duas opções. Podia classificar o soldado como "sem expectativas", medicá-lo e deixá-lo morrer, ou podia empregar todos os recursos do hospital em seu tratamento. Que escolha deveria fazer?

Era de se esperar que o soldado já tivesse sangrado até a morte. Ele tinha estado no campo por quase duas horas antes de ser transportado. Mas não estava apenas vivo, estava consciente.

"Como estou indo?" – perguntou o homem.

"Você está no hospital."

"Sinto-me como se tivesse deixado minhas pernas no helicóptero. Elas estão quebradas, não é?"

O Dr. Swan sabia que a piada do soldado estava muito próxima da verdade, mas o curto diálogo o ajudou a decidir-se. Sendo cristão, como podia recusar-se a tratar alguém que estava ali falando com ele?

"Vamos cuidar de você", prometeu.

O raio X revelou aquilo que o cirurgião já sabia: as pernas do soldado tinham de ser amputadas. Enquanto trabalhava na amputação – ambas as pernas acima do joelho – Swan coordenava as atividades da equipe de médicos que ele convocara. O ortopedista tratou os ferimentos provocados por estilhaços nos braços de McGarity. O oftalmologista removeu o olho esquerdo e limpou os ferimentos do olho direito, na esperança de salvá-lo. Depois que o ortopedista fez todo o possível nos braços de McGarity, Swan amputou o coto estraçalhado do dedo mínimo direito do soldado. Um urologista esforçou-se para limitar os danos da "vasectomia de metralhadora".

Depois, em uma cirurgia final delicada e envolvente, o neurologista realizou uma cranioctomia, cortando através do topo da testa do soldado e levantando o crânio para que pudesse extrair os fragmentos dos lóbulos frontais do cérebro – dano que poderia ter o efeito de uma lobotomia. Ou pior.

Por oito horas, os cirurgiões permaneceram com suas botas sujas no piso de concreto e fizeram o melhor que podiam para reparar o corpo de Ken McGarity. Um fotógrafo civil da emergência do hospital rodeava o paciente – para grande irritação dos cirurgiões – registrando os ferimentos para pesquisa. Em segundo plano, fazendo um bizarro acompanhamento rítmico, a base aérea nas adjacências enfrentava o fogo de morteiros que começava.

Quando as cirurgias terminaram, o Dr. Swan sentiu que sua equipe fizera um bom trabalho. O paciente tinha chance.

Na manhã seguinte, contudo, o comandante de Swan sentou-se com ele no bagunçado saguão e o questionou duramente a respeito do caso. Por que tinha resolvido tratar daquele ferido com tanto esforço?

"Não havia outro jeito de tratar daqueles ferimentos", respondeu Swan, surpreso com a pergunta.

O superior olhou fixamente em seus olhos. "Olhe, Swan, por que enviar cegos duplamente amputados e com significativos danos cerebrais de volta aos pais? O que você tinha em mente?"

Swan se viu respondendo com coragem: "Fui treinado para *tratar* dos doentes. Não cabe a mim escolher quem vive ou morre. Isso é decisão de Deus".

"Como cirurgião de plantão, *era* sua escolha", retrucou o comandante. "Da próxima vez que você convocar uma equipe, pergunte a você mesmo a que tipo de vida está condenando alguém." Ele fez uma pausa. "Naturalmente, ele ainda pode morrer." O superior soou sinistramente esperançoso.

■ ■ ■

VÁRIOS DIAS DEPOIS, Rick Martin, um companheiro recruta do Alabama, chegou à unidade de tratamento intensivo para visitar Ken McGarity. A cabeça de seu amigo estava enfaixada com uma enorme bandagem. Seus braços, quebrados, estavam presos em faixas de tecido apertadas que permitiam aos ferimentos estarem sempre limpos. Um simples lençol cobria os cotos enfaixados de suas pernas, cada uma das quais estava da largura da cintura, de tão inchadas.

"Olá, companheiro", disse o visitante. "É Rick Martin."

"Veja isso, rapaz, minhas pernas estão quebradas. Meus olhos devem ter levado uma rajada de areia, também."

A enfermeira avisara a Rick que Ken ainda não entendera a gravidade de seus ferimentos. Mas perceber como as impressões de Ken estavam erradas deixou Rick perturbado, quase zangado. Alguém tinha de contar a verdade àquele homem.

"Não, rapaz", disse Rick e fez uma pausa, ganhando coragem. "Suas pernas não estão quebradas. Elas foram amputadas."

"É mesmo?"

"É. Você perdeu as pernas."

"E quanto a meus olhos?"

"Sinto muito. Você vai ficar cego."

"Sinto que meus braços continuam no lugar."

"Sim, seus braços vão ficar bem. Eles estão apenas quebrados."

Ken ficou em silêncio por tanto tempo que Rick se perguntou se os medicamentos o tinham feito dormir de novo.

"Está certo, então", disse Ken finalmente. "Está certo."

Rick não soube o que dizer da resignação de seu amigo; ele imaginou que provavelmente era efeito da morfina.

"Quero que você faça algo por mim, Rick", disse Ken. "Preciso mesmo que você faça isto. Escreva à minha mãe e ao meu pai e diga-lhes que eu quebrei minhas pernas e que entrou areia em meus olhos. Mas diga-lhes que vou ficar bem. Não quero que saibam da gravidade do caso. Você vai fazer isso?"

"Claro", disse Rick. "Claro."

"Você tem um cigarro, amigo?" Perguntou Ken.

"Tenho", respondeu, "mas não acho boa idéia acendê-lo aqui, com todo esse oxigênio ao redor. Provavelmente vamos explodir o local."

"Então tire-me daqui", respondeu Ken.

"Não sei..."

"Apenas coloque-me em uma cadeira de rodas e tire-me daqui."

Rick levantou Ken. O homem parecia tão leve e frágil quanto o irmão de Rick de nove anos.

Lá fora, no chão duro que cercava a unidade de tratamento intensivo, Ken inclinou a cabeça para trás e respirou fundo.

"Sente isso, Rick?", perguntou ele. "Você sente o vento? É bom senti-lo em meu rosto."

Rick acendeu um cigarro e o pôs na boca de Ken. Ele deu algumas tragadas, então Rick pegou o cigarro de volta.

"Estou vivo", disse Ken.

"Você está absolutamente certo", disse Rick, começando a sentir uma estranha sensação de entusiasmo. "Você está fumando."

"O vento é agradável", disse Ken outra vez. Ele respirou fundo. E respirou novamente. Então sentiu estremecer-se. "Vou desmaiar agora, Rick."

"Ok. Peguei você, companheiro."

■ ■ ■

UM MÊS DEPOIS, o capelão assistente, outro jovem da cidade natal de Ken McGarity, Fênix, Alabama, trouxe a notícia ao Dr. Kenneth Swan. "Achei que gostaria de saber, McGarity conseguiu. Ele está em Walter Reed."

Kenneth Swan deveria ter ficado feliz ao ouvir essas palavras, mas não ficou. Ele imaginou o infeliz soldado vivendo em um hospital de veteranos, pesadamente medicado contra os violentos acessos de fúria ou as ilusões psicóticas ocasionadas pelo cérebro danificado. Ele viu o homem semicurvado em uma cadeira de rodas, esticando o pescoço e resmungando em fúria entorpecida. Essas imagens fervilhavam na imaginação do cirurgião, onde continuariam por vinte anos.

■ ■ ■

NA ÉPOCA EM QUE Ken Mcgarity chegou ao Centro Médico do Exército Walter Reed, na cidade de Washington, capital americana, três semanas após ter sido ferido, os pesadelos começaram. Enquanto novas cirurgias eram realizadas para reparar os danos nos ligamentos de seu braço direito e nas feridas das amputações, a dor explodia em todos os níveis de sua consciência.

Em sonhos, Ken via soldados norte-vietnamitas destruindo o centro do campo de pouso da base... Os corpos estavam sendo resgatados depois de Tet... Ele inclinou-se para fora do helicóptero mais uma vez, desesperado para identificar seus próprios homens... Ele estava correndo em uma estrada no meio do tiroteio, usando apenas uma camiseta, uniforme e botas. "Nunca vá a lugar algum sem arma!" – berrou o sargento. "Nunca!" Uma bomba explodiu e ele acordou gritando, coberto de suor.

A enfermeira sussurrou: "Fizemos você dormir com aqueles últimos remédios. Não faremos isso de novo". Então lhe deu outra dose de morfina.

Ken gostaria de dizer a ela que tinha medo de dormir. Mas a morfina o venceu mais uma vez.

Em seus raros momentos de lucidez, outra coisa aterrorizava McGarity – tanto ou mais do que seus pesadelos, ainda que de modo bem diferente. Quando se reapresentou para sua segunda viagem ao Vietnã, solicitando transferência de seu posto relativamente seguro no 75º Batalhão de Engenharia para o serviço no helicóptero, estivera em casa desfrutando um mês de licença. Enquanto estava lá, uma tarde saiu para o lago para ficar sozinho com seus pensamentos.

Primeiramente, relaxou, deitando-se de costas no extenso gramado, olhando as estrelas que surgiam. Mas logo a imensidão do céu pareceu balançar e inclinar-se, ameaçando cair sobre ele. Subitamente, estava tentando respirar contra uma opressiva sensação de medo.

De que tinha medo?

Da morte.

Esse era o pensamento que o sufocava. Ken não queria morrer. Qualquer coisa, menos isso. Ele era jovem demais para deixar este mundo que estava apenas começando a descobrir.

Ken sentou-se, como se estivesse abrindo seu próprio caixão e levantou os braços para o céu: "Deus, se você está aí e vai estar comigo, faça-me saber", orou. "Dá-me um sinal."

Que sinal?

Em instante, fez um pacto. "Você pode tirar meus olhos, pode tirar meus braços, minhas pernas, minha mente, mas deixe minha vida." Saberia ele o que estava oferecendo? Ken achou que sabia. O sofrimento não o assustava. A morte, sim.

Assim, quando Rick Martin disse a Ken que ele tinha perdido as pernas e a visão, a mente do soldado instantaneamente voltou ao pacto que fizera com Deus. Quando ele respondeu a Rick que estava tudo bem, na verdade era com Deus que Ken estava falando.

Agora, repousando no Centro Médico do Exército Walter Reed, estava claro que Deus era real. Deus o tinha ouvido e tirara quase tudo que ele ofereceu – mas tinha deixado a vida. Mesmo em meio ao pesadelo, Ken McGarity percebia que sua vida era um dom de Deus. Deus não a tinha tirado. *Por que não? E para onde vou agora? O que Deus quer de mim?*

■ ■ ■

QUANDO KEN CHEGOU ao Hospital Hines de Assistência a Veteranos, nas cercanias de Chicago, para começar sua reabilitação na ala de cegos, enquanto assistentes o transportavam para dentro, seu corpo de 37 quilos e cheio de infecções expelia pela transpiração todas as toxinas que podia produzir.

"Ele realmente precisa de uma limpeza", disse a enfermeira.

"Não sei o que esperam que eu faça com ele" – reclamou o psiquiatra. "Por que não deixaram esse homem morrer?"

Por que as pessoas achavam que, por estar cego, ele também era surdo, Ken gostaria de saber. Não só falavam mal dele, falavam como se salvar sua vida tivesse sido um erro.

Na ala dos cegos de Hines, contudo, Ken descobriu uma nova força. Ele não tinha que fazer nada que não quisesse. Para quem sempre tinha sido excessivamente independente, agora, podia praticar sua rebelião com liberdade.

A equipe médica lhe disse que precisava começar a aprender como viver sua nova vida. Ele precisava exercitar os braços, desenvolver a força da parte superior de seu corpo. Mas Ken queria apenas que a dor passasse. Para tanto, decidiu que ficaria simplesmente deitado em sua cama e deixaria que tomassem conta dele até que a dor diminuísse o bastante para poder pensar em coisas tais como a força de seu tronco.

Mas Ken não contara com a enfermeira Early. Ela nunca dava um copo d'água em suas mãos; sempre o colocava sobre a mesa dobrável em frente ao rapaz. Ela queria que aprendesse a procurar o copo sem derrubá-lo.

Certa vez, Ken ficou tão frustrado que derrubou o copo no chão do quarto com um golpe de seu antebraço direito. Ele ouviu o barulho da água e os pulos do copo de plástico com absoluta satisfação.

Mas a enfermeira Early voltava todos os dias. Nas horas da manhã, ela esticava os braços de Ken, exercitando primeiro a mobilidade e depois a força, deixando-o levantar um peso de duzentos e cinqüenta gramas.

"Dá-me mais peso", exigia Ken. Ele queria exercitar-se como homem. Como Early não o permitia, abandonou os exercícios.

A batalha de Ken durou semanas. Secretamente, gostava do perfume da enfermeira. *Quer saber se uma mulher está por perto, sinta seu perfume* – ele gostava disso.

Um dia, sentindo-se particularmente mal, Ken recusou-se a comparecer à terapia ocupacional. "Não sou fazedor de cestas!" – reclamou.

"Ah, é?" – respondeu Early e o jogou com força na cadeira de rodas. "Você vai para a terapia ocupacional!" – disse ela. "E tem mais uma coisa que você vai fazer. Você vai agir como soldado. Seus ferimentos não lhe dão nenhum direito a mais do que aqueles pelos quais o Congresso dos Estados Unidos está pagando. E o Congresso não me está pagando para ter pena de você!"

Early continuou o discurso enquanto lutava para prender Ken na cadeira e empurrá-lo para fora da ala. Ela escancarou a porta com um chute, para enfatizar. Depois, entrou à direita rapidamente, em uma sala que cheirava a roupas e toalhas recém-lavadas.

"Estamos na lavanderia, Ken", disse. "Estamos a sós." Agora, a voz dela era calma e mais baixa. "Quero lhe dizer uma coisa."

Você já me disse o bastante, pensou.

"Sei que você está sofrendo", disse Early com voz terna e compassiva. "Sei que é por isso que você não quer fazer nada. Mas você tem que tentar. Você tem que tentar agora, enquanto ainda dói. Quando a dor tiver ido embora, a oportunidade terá passado. Você não poderá recuperar nenhuma mobilidade se deixar passar mais tempo. Ken, use toda essa sua determinação em seu favor. Sei que você pode fazer qualquer coisa que você determine fazer. Daqui para a frente, será preciso esforçar-se muito mais. Você terá que achar sua própria maneira de fazer as coisas. Mas você pode. Você vai fazer. Se você fosse um fracassado, a essa hora já estaria morto. Preciso que você me mostre a coragem que manteve você vivo."

"Enfermeira Early?" – respondeu Ken.

"Sim?"

"De que tamanho você quer seu estúpido cesto?"

■ ■ ■

A ALA DE KEN ABRIGAVA todos os piores casos. Ele não precisava dos olhos para saber disso. Era o único no meio de meia dúzia de homens no quarto que podia sair sozinho da cama para a cadeira de rodas. Não obstante, ele e seus companheiros encontravam maneiras de se entreterem. Nas sextas à noite, ligavam para um serviço de entregas de frango assado e encomendavam um monte de comida e cerveja.

Numa tarde de sexta-feira, os pacientes estavam brincando um com o outro, sentindo-se com o moral elevado, antevendo uma grande noite de frangos e cervejas, quando Dave Crowley sugeriu: "Ei, Ken, por que você não pega alguma comida para nós?" Você pode sentar naquela cadeira agora, descer até a cantina e comprar alguma coisa."

"É. O que mais podemos fazer com nosso dinheiro?" – disse outro.

Ken nunca foi capaz de recusar um desafio. "Eu vou", respondeu.

Ken estava em sua cadeira de rodas e já um pouco depois do posto de enfermagem, quando a enfermeira de plantão falou: "Para onde você vai, Ken?"

"À cantina. Vou comprar alguma comida para os meus amigos."

"Ótimo", disse ela distraidamente, como se falasse com um menino de três anos que dissesse que ia voar para a lua.

Ken continuou deslizando. Ele mostraria para eles.

Quando alcançou o fim do primeiro corredor, perguntava-se como iria fazer aquilo. Ele esperou até que ouviu o barulho familiar do deslizar de botas cirúrgicas de um médico.

"Pode me dizer como ir até a cantina, senhor?" – perguntou Ken.

"Vire à esquerda aqui, então desça este corredor, vire à direita no próximo, ande mais dois, entre novamente à esquerda, de novo à direita e, então, é melhor perguntar de novo."

"Está certo. Obrigado."

Empurrando sua cadeira de rodas com a mão esquerda e roçando a parede com a direita, para se orientar, Ken conseguiu passar por umbrais de portas, aquecedores, postos abandonados e carrinhos de lavanderia. Várias rampas íngremes o fizeram tremer, e ele se perguntava como empurraria sua cadeira de novo para cima, quando voltasse.

Ken lembrava-se das instruções para um ou dois corredores de cada vez, então perguntava de novo. Finalmente, saiu em um espaço aberto e sentiu o cheiro de hambúrgueres e batatas fritas. Mais alguns impulsos de mão e esbarrou numa mesa e numa cadeira. Soube então que tinha chegado.

Mas como atravessaria o restaurante? Como saberia o que estava em sua frente? Ele virava a cabeça ao redor, tentando se orientar ao máximo com seus sentidos úteis, quando ouviu alguém falando perto:

"Soldado?"

A pessoa estava falando com Ken?

"Soldado?"

"Sim, senhor!"

"Sou o Coronel McDermott. Você deveria estar aqui?"

"Estou fazendo reabilitação na ala dos cegos, senhor. Meus companheiros me pediram para ir à cantina e comprar alguma comida para eles. Sou o único que consegue sentar em uma cadeira de rodas, então vim."

"Essa ala fica no nono andar, não é?"

"Sim, senhor."

"Nono andar. É um longo caminho. Alguém trouxe você aqui para baixo?"

"Não, senhor. Desci sozinho."

"Qual é o seu nome, soldado?"

"Ken McGarity, senhor. Eu era artilheiro dos *Ghostriders*."

"Gostaria que lhe ajudasse a encontrar seu lanche?"

"Sim, senhor. Ficaria grato, senhor. Eu estava pensando em como faria isso."

"Você não se importa se eu empurrar sua cadeira pelo caminho, não é?"

"Não, senhor. É um longo caminho do nono andar para cá."

Enquanto o Coronel McDermott empurrava Ken através de bombons, roscas e batatinhas fritas, o ambiente ficou silencioso. Tão silencioso que, quando a máquina registradora tilintou com as compras de Ken, ela soou como o som de uma orquestra.

"Como você vai levar essa sacola até o nono andar, recruta?" – perguntou o coronel.

"Fácil." Ken enfiou o troco no bolso da frente da camisola do hospital, então prendeu a ponta da sacola entre os dentes. Ele não podia segurar a sacola em seu colo porque os cotos de suas pernas eram muito curtos para equilibrar alguma coisa. Respirou bem fundo pelo nariz, preparando-se para andar.

"Recruta McGarity?" – disse o coronel.

Ken soltou a sacola para responder: "Sim, senhor!"

"Estou fazendo continência para você, recruta."

"Sim, senhor."

Repentinamente, o silêncio foi quebrado pelo aplauso que soou ao redor.

"Vá em frente", disse o coronel.

Fora do restaurante, Ken enfrentou a primeira rampa com uma nova energia em seus braços e mãos. Ele conseguira. Achara um jeito de chegar aqui em baixo; agora, tudo que tinha de fazer era encontrar um jeito para viver sua vida. A enfermeira Early dissera que ele podia fazer qualquer coisa que determinasse. Agora, pela primeira vez, tinha certeza de que podia. Ele não percebera como suas dúvidas e medos o estavam prendendo tanto, tentando sufocar a vida que lhe restava.

O alívio fez lacrimejarem os seus olhos. Realmente conseguiria!

■ ■ ■

VINTE ANOS DEPOIS, em 1989, Peter McPherson, jovem jornalista independente, telefonou para o Dr. Kenneth Swan, então professor de cirurgia da Universidade de Medicina e Odontologia de Nova Jersey. McPherson estava escrevendo sobre traumatologia e Swan era o candidato ideal para uma entrevista. Além de sua experiência no Vietnã, era chefe de cirurgia traumatológica no hospital universitário; ele também permanecia na reserva militar como coronel.

"Dr. Swan, qual foi o caso mais difícil de sua carreira?" – perguntou o jovem jornalista. Uma lembrança de vinte anos, há tempos reprimida, veio à superfície da mente de Swan. Era a lembrança de um soldado tão horrivelmente ferido que os colegas de Swan acharam que era melhor deixá-lo morrer.

"O que houve afinal com o homem?" – perguntou McPherson depois de ouvir a história.

"Ele voltou para os Estados Unidos", disse Swan. "É tudo que sei."

Quando o artigo de Peter McPherson foi publicado, dezenas de leitores escreveram cartas ao editor, querendo saber o que houvera com o jovem soldado. McPherson ligou para Kenneth Swan e sugeriu que ambos descobrissem. Nenhum dos dois tinha certeza se iriam gostar do que podiam descobrir.

A busca tornou-se quase uma obsessão que levou o jornalista e o médico através de muitos becos sem saída e muitas evasivas burocráticas. Contudo, dois anos mais tarde, em julho de 1991, o Dr. Swan finalmente soube que seu antigo paciente, Kenneth McGarity, estava morando agora em Columbus, Georgia; ele tinha esposa e duas filhas, completara o ensino médio, freqüentou a Universidade de Auburn e aprendera a mergulhar.

"Deve ser a pessoa errada", disse Swan ao funcionário da Assistência a Veteranos. "Meu paciente tinha danos cerebrais. Ele amputou ambas as pernas. Como poderia aprender a mergulhar?"

"Doutor, este é o seu paciente. Se o senhor quer ligar para ele, vá em frente."

Quando Swan fez a ligação, uma alegre voz masculina, sulista, atendeu. Era Ken McGarity.

Swan explicou sobre Peter McPherson, a história, a busca. "Gostaria de encontrá-lo", concluiu.

"Ótimo", disse McGarity. "O senhor preencherá muitos claros para mim, Dr. Swan. Há muitas coisas que gostaria de saber sobre aquele dia."

Assim, em 25 de setembro de 1991, quase 23 anos após aquele dia decisivo em Pleiku, o Dr. Swan e Ken McGarity encontraram-se do lado de fora da casa deste em Columbus, Georgia, acompanhados de McPherson e um fotógrafo. Quando McGarity estendeu a mão para cumprimentá-lo, o Dr. Swan reconheceu seu trabalho, o dedo mínimo direito amputado. Naquele instante, sentiu-se ligado àquele homem. Na longa conversa que se seguiu, pôde dar a McGarity respostas tranqüilizadoras a muitas preocupações que o perturbavam. Como o sentimento de culpa de sobrevivente. Talvez Swan devesse tê-lo deixado morrer, como tantos lhe tinham sugerido. Talvez houvesse alguém que precisava mais de cuidados médicos.

"Não, não", tranqüilizou-lhe Swan. Tratar de Ken não significou negar tratamento a nenhuma outra pessoa.

Depois, o Dr. Swan levantou suas próprias questões perturbadoras. Valera a pena? Ken estava feliz por estar vivo?

"Vou lhe dizer uma coisa", disse Ken ao doutor. "Estar cego em uma cadeira de rodas tem seus problemas, não vou negar. Mas, na verdade, não é tão ruim assim, Dr. Swan. Eu estaria morto se não fosse o senhor!"

■ ■ ■

A HISTÓRIA ESCRITA POR Peter Mcpherson foi publicada no *Washington Post* e logo o programa *20/20*, da rede ABC, o *New York Times*, a *Good Housekeeping*, e até mesmo o *Times* de Londres, começaram a ligar.

Os meios de comunicação devoraram o fato em sua forma mais superficial – após vinte anos, médico encontra paciente que foi seu pior caso, vivendo uma vida feliz e realizada. Que inspirativo tributo ao indomável espírito humano! Mas a vida real é sempre mais complicada do que parece, e certamente foi assim para Ken McGarity. À época da visita do Dr. Swan, Ken, Theresa, sua esposa e filhas estavam passando pela parte mais difícil da cura de Ken.

Em 1989, dois anos antes de o Dr. Swan encontrar os McGarity, Theresa teve um colapso nervoso e fora hospitalizada. As duas garotas, Alicia e Elizabeth, foram morar com os pais de Theresa. Quando Theresa saiu do hospital, percebeu que tinha de confrontar Ken com os problemas surgidos desde o casamento em 1971, problemas que contribuíram para a própria doença dela. Para isso, tinha de retornar ao lugar por ela considerado uma vez a casa dos sonhos – onde agora Ken morava sozinho, um fantasma doentio daquele homem com quem ela se casara.

Quando passou pela porta, o ambiente e o cheiro familiares atingiram Theresa com o gélido efeito da atmosfera morta de um mausoléu. Ela percebeu que não agüentaria ficar ali por mais que poucos minutos, mas o que aprendera no hospital lhe dizia que precisava fazer isso, especialmente se ela e Ken quisessem ter a mais remota chance de futuro.

"Theresa! Theresa!" – gritou Ken, abrindo caminho para fora de seu quarto. "Theresa, você voltou. Venha cá, deixe-me beijá-la."

Ela inclinou-se, mas ofereceu-lhe apenas a face. Então se afastou. "Eu não voltei, Ken. Ainda não."

"Eles querem manter você no hospital por mais tempo?"

"Não. Eu estou melhorando. Mas não vou ficar realmente bem até que você procure a ajuda de que precisa. E nosso casamento não vai dar certo até que você busque a ajuda de que precisa."

"A ajuda de que preciso?"

"Ken", disse Theresa, "você tem problemas de estresse pós-traumáticos."

Mas Ken tinha tanto medo de se tornar um zumbi drogado no hospital de veteranos que preferiu colocar Theresa para fora de casa do que admitir a verdade. Ele sabia que estava viciado em Valium e em álcool, mesmo que nenhum desses dois trouxesse qualquer alívio para suas ansiedades. Assim, continuou a viver sozinho, desesperado e desanimado, escondido em seu quarto – sua toca de refúgio.

Os medos de Ken tornaram-se recorrentes: ele não queria acabar como um zumbi no hospital, mas se buscasse ajuda nesse momento os médicos o colocariam exatamente onde não queria ficar. Ele não via saída, por isso continuava adiando, recusando-se a tomar uma decisão, recusando-se a agir.

Ken orou, clamando a Deus que o socorresse. Mais uma vez, Deus respondeu. Mas, desta vez, revelou claramente o que queria.

Você quer sua esposa de volta? Perguntou Deus. *Você quer suas filhas de volta?*

"Mais do que a própria vida", respondeu ao Senhor.

Então você terá que lutar por elas, Ken. Você terá que buscar ajuda.

■ ■ ■

KEN LEMBRAVA-SE DE COMO isso tudo começou. Ele não se tornou viciado e recluso de uma vez só, ainda que tivesse percebido que algo estava errado quase no momento em que voltou para casa, vindo do hospital. Ken passara apenas dez dias com seus pais, para logo perceber que tinha de se mudar. Ele os ouvia cochichando sobre seu estado, falando por trás, combinando o que ele devia fazer e quando. Assim, anunciou que estava arranjando sua própria casa, e no mesmo dia alugou um apartamento de um quarto. Seu irmão mais novo foi de grande ajuda, trazendo amigos próximos para visitar e levar Ken para passear, ir ao cinema e a bares. Alguém sempre queria ouvir as histórias de guerra de um veterano beberrão e tagarela.

A mãe de Ken vinha ocasionalmente cozinhar para ele. Fora disso, alimentava-se de enlatados. Ele podia sobreviver sozinho. O único problema era que não conseguia dormir. Longe de seus amigos e da bebida, sozinho em sua cama, a escuridão o cercava como um franco-atirador. Ouvia cada som. Os carros passando pelo prédio. Mariposas esvoaçando contra as luzes próximas à sua janela. Pior, um avião passando casualmente nos céus acima o fazia mergulhar de sua cadeira de rodas para o chão em pânico repentino.

Para resguardar a sanidade, estabeleceu um perímetro contra a escuridão. A cama era seu *bunker*, e ele mantinha o rifle ao seu lado. Às vezes, passava horas testando o funcionamento da arma, o mecanismo lubrificado, preciso e seguro. Às vezes hipnotizava-se e dormia desse jeito. Mas os pesadelos não paravam.

Depois que conheceu e casou com Theresa, em 1971, melhorou por algum tempo. Ela não conseguia entender por que ele mantinha uma arma ao seu lado, de noite. Primeiro, tirou a arma da cama e a colocou ao lado do criado-mudo. Depois, debaixo da cama. Finalmente, convenceu-o a guardar o rifle no armário.

A mãe de Theresa era uma cristã dedicada e, com seu encorajamento, o novo casal começou a freqüentar a igreja regularmente. A vida de casado reduziu o tempo de Ken para freqüentar bares, bem como para beber em casa com amigos. Física e emocionalmente, começou a sentir-se muito melhor. Ele até conseguia dormir, apenas com algum pesadelo eventual lançando-o nos braços de Theresa.

Um ano após o casamento, apesar da "vasectomia de metralhadora" parcial de Ken, Theresa chegou em casa com a notícia de que seriam pais. Com o nascimento de Alicia, Ken experimentou a mais profunda alegria por segurar em seus braços a filha recém-nascida perfeita. Seis anos depois, sentiu o mesmo quando Elizabeth veio ao mundo.

Fortalecido pelo amor de Theresa, pelo encanto de suas filhas e por um crescente sentimento de segurança, Ken estudou muito, passou em um exame supletivo do ensino médio e começou a assistir aulas na Universidade de Auburn. Ele aprendeu a mergulhar, confiando no professor o suficiente para segurar sua mão e submergir nas águas. Nada parecia impossível – como a enfermeira Early lhe tinha dito, ele apenas tinha de achar o seu próprio jeito de fazer as coisas.

Porém, depois de dez anos de casamento, Ken começou a retroceder. Seu humor tornou-se sombrio e irritável, marcado por violentos acessos de ira. Esposa e filhas ficaram com medo dele, depois que tentou agredi-las, e se mudaram de casa.

A despeito do pesadelo em que sua vida se tornou, Theresa nunca abandonou Ken. Depois que ela saiu do hospital e o confrontou pela primeira vez com seus problemas de estresse pós-traumático, continuou voltando à casa periodicamente para ver se ele mudara de idéia sobre a terapia.

Finalmente, após um ano de separação, Ken cedeu. "Eu quero você de volta, querida", disse-lhe. "Quero as garotas de volta. Sei que é isso que Deus quer que eu faça. Estou disposto. Mas só não quero pedir ajuda a um hospital de veteranos."

Theresa sabia o que ele queria dizer; podia ouvir isso em sua voz. Ela também tinha voltado à faculdade, especializando-se em aconselhamento, e, com acesso a recursos de tratamento psicológico, logo encontrou um psiquiatra qualificado para tratar de Ken como um paciente externo.

"Por que você acha que sente necessidade de ter uma área segura em torno de si?" Perguntou o terapeuta de Ken. "Para 'manter a área limpa', como você diz?"

Ambos chegaram a essa pergunta após dois meses de sessões terapêuticas. Agora, Ken sabia a resposta.

"No dia em que o B-40 me atingiu, meu mundo inteiro explodiu. Creio que estou tentando evitar que aquilo aconteça de novo."

"Exatamente."[3]

■ ■ ■

A PUBLICIDADE GERADA pelo encontro de Ken com o Dr. Swan fez com que outros veteranos entrassem em contato com o soldado, para compartilhar as próprias histórias da guerra e seus problemas como civis. Ken percebeu que não estava só em suas lutas. Muitos outros tinham sofrido problemas de estresse pós-traumático.

Ken gostou especialmente de ouvir a respeito de seus companheiros na velha unidade de helicópteros *Ghostrider*, como Otto Mertz, o soldado que o arrastou para um local seguro em meio ao tiroteio. Quando renovaram a amizade, Ken descobriu que Otto era cristão consagrado e contou-lhe a história de sua oração à margem do lago e como despertou para verificar que aquilo tinha acontecido – que Deus lhe tirara os olhos e pernas. Ele confessou que vinha fugindo de Deus desde então, do poder absoluto e terrível de Deus e da ira de seu julgamento.

"Por que Deus parece irado?" Otto perguntou. "Se você olhar para sua vida e observar todas as coisas maravilhosas que você conseguiu, não será obrigado a dizer que Ele é um Deus de amor?"

Ken silenciou. Ele tinha de reconhecer que Deus lhe dera uma esposa maravilhosa, duas filhas adoráveis e o tinha livrado de problemas financeiros. Deus preservara sua vida e sempre o tinha sustentado, apesar das muitas falhas.

A partir daquele momento, Ken começou a aceitar esse Deus de amor como o Senhor de sua vida. Ele não queria mais fugir de Deus; queria correr para Ele, para seus braços. Embora Ken já o conhecesse, finalmente estava em paz com Deus.

Como Ken estava agradecido a Deus por, através do Dr. Swan, não tê-lo deixado morrer naquele dia em Pleiku.

CAPÍTULO 12

O QUE ACONTECEU COM A VIDA HUMANA?

Não vejo razão nenhuma para atribuir ao homem uma diferença importante de raça daquela pertencente a um babuíno ou a um grão de areia.

OLIVER WENDELL HOLMES

Homem perde status de "sub-senhor" da Criação

A vida é um milagre, um presente sagrado de Deus. Ninguém melhor do que Ken McGarity para sabê-lo. É de se admitir que ele não viveu "feliz para sempre". Mesmo assim, apesar da dor e deficiência, Ken é grato por estar vivo. Sabe quão valiosa a vida é.

Qual é o significado da existência humana? Por que estamos aqui? Qual é o valor da vida? As questões culturais mais discutidas dos nossos dias – aborto, suicídio assistido, eutanásia, engenharia genética – todas despertam questionamentos sobre o que significa ser humano, sobre os valores da vida e como esta deve ser protegida. Outra vez o foco da discussão centraliza-se na questão da nossa origem.

Os cristãos acreditam que Deus criou os seres humanos à sua própria imagem. Por carregar essa marca divina, a vida humana é sagrada, um dom do Criador. Ele somente pode definir os limites do quanto vivemos ou quando morremos. Contra isto, como já vimos nos capítulos anteriores, está a crença naturalista de que a vida nasceu do mar primordial, através de uma colisão ao acaso de produtos químicos, e que durante bilhões de anos de mutações por acaso, este acidente biológico deu início aos primeiros seres humanos. Milhões de pessoas atualmente aceitam essa suposição básica de que somos um pouco mais do que pequenos germes crescidos – assim como Dave e Katy viram em

Epcot – o que pela lógica leva à conclusão de que uma pessoa não tem maior importância do que um babuíno, como Oliver Wendell Holmes francamente definiu.

Estas duas maneiras de ver o mundo são antitéticas, e esta antítese se encontra bem no coração da nossa presente crise cultural. A questão de onde vem a vida não é nenhum argumento acadêmico para que os cientistas debatam. Nosso entendimento da origem da vida é profundamente pessoal. Determina o que acreditamos sobre a identidade humana. Determina quem vive e quem morre. Por isso questões éticas acerca da vida humana têm-se tornado o grande debate delimitador da nossa era.

O compromisso cristão com a vida não pode ser tratado como um "caso amoroso com o feto", segundo a acusação de alguns críticos, ou como um desejo de impor a moralidade repressiva vitoriana.[1] Ao invés disso, o crente é dirigido por uma convicção, baseada na revelação bíblica sobre a natureza das origens do homem e o valor da vida humana. Por isso, diante de um soldado mutilado brigando pela vida, o Dr. Kenneth Swan não consultou nenhum livro de ética ou discussão sobre princípios abstratos. Tendo sido criado numa cultura saturada pela tradição judaico–cristã de que a vida humana tem valor intrínseco, porque foi criada à imagem e semelhança de Deus, ele simplesmente fez o que naturalmente lhe ocorreu. O médico salvou a vida do soldado.

Porém, o que antes fora a cultura de vida, está sendo hoje tomado pelo que um grande líder cristão chamou de "cultura de morte" construída sobre a ética naturalista que está afetando grandemente toda a sociedade, desde o não nascido ao velho e enfermo, desde o deformado e incapacitado ao fraco e indefeso. De forma insensata buscando sua própria lógica, essa cultura de morte nega que a espécie humana é superior a todas as outras espécies biológicas, e termina com a ameaça à vida em cada estágio. Tal conceito tanto progrediu que a eutanásia é hoje um direito protegido pela constituição de um estado americano, financiada pelo programa de assistência médica, e o infanticídio esta sendo defendido por respeitados acadêmicos e cientistas, tudo sem quase nenhum murmúrio de indignação pública ou discordância.

Certamente trata-se de hipérbole, talvez você possa dizer. Retórica alarmista. Então, vamos dar uma olhada em como as convicções mais fundamentais sobre a qual a civilização ocidental se tem apoiado por dois milênios está sendo substituída por uma ética naturalista de pragmatismo e utilitarismo.

ISTO É O MEU CORPO, NÃO É?

A mudança da cultura de vida para uma cultura de morte tem sido semelhante às alterações das placas tectônicas nos continentes – tão súbita e inesperada quanto um terremoto, quando medida ao longo do curso da história. Ocorreu intensamente durante os anos de 1960, embora como tudo mais no mundo ocidental, as linhas de influência tenham estado evidentes séculos atrás, na Idade da Razão e do iluminismo.

O ponto inicial pode estar fixado no século XXVII, quando o matemático francês René Descartes resolveu duvidar de tudo aquilo que pudesse ser duvidado. Depois de intenso questionamento interior, Descartes concluiu que poderia duvidar de tudo, exceto do fato que ele duvidava; duvidar de tudo, exceto de sua experiência mental. Esta conclusão levou-o à famosa afirmação: "Penso, logo existo". Com isto, Descartes liberou a idéia revolucionaria de que a mente humana, não a de Deus, é a fonte da certeza; a experiência humana é o ponto estabelecido ao redor do qual todas as coisas giram.[2]

Ironicamente, Descartes foi cristão sincero, homem religioso e devotado, até o fim de sua vida. Ele, porém, não teve nada de cristão em sua filosofia. Por estabelecer a mente humana como juiz de toda a verdade, sua filosofia fez de Deus alguém irrelevante. Desde que as noções tradicionais de moralidade e ordem social são extensamente derivadas do Cristianismo, estas convenções morais também desmoronam quando Deus é dispensado como irrelevante ou não-existente.

A morte de Deus é a morte da moralidade. Esta lógica foi defendida por um profeta excêntrico – Friedrich Nietzsche, um alemão que perscrutou o interior da alma do nosso século e mais tarde enlouqueceu. "Onde está Deus?", Nietzsche indagou em 1889. "Eu lhes direi, *nós o matamos* – você e eu. Todos somos seus assassinos!"[3] Ele ficou bastante enraivecido pelo fato de que os ocidentais não tinham ainda sondado as conseqüências devastadoras da "morte" de Deus. Nietzsche queria que entendessem que se abandonassem a crença em Deus, deveriam também abandonar as idéias bíblicas de moralidade e significado da vida.

Isto é o que a sociedade do século XX tem feito. Se não fomos criados por Deus – logo não estamos sob suas leis – se somos apenas os mais avançados dos primatas, por que então não deveríamos fazer tudo quanto preferimos? Na década de 1960, na chamada Era de Aquário, tais visões explodiram na consciência popular, auxiliada por um lado, pela repressão, e por outro, pela tentativa de liberalização das drogas. A liberação sexual, por sua vez, seria o novo meio para criar uma sociedade nova, aberta e igual, onde "ninguém poderá dizer-nos o que fazer com os nossos corpos". Como diz o apologista cristão Peter Kreeft em sua sátira brilhante "A Última Noite do Mundo", temos uma sociedade hoje em dia na qual "o bem intrínseco, auto-justificável em seus fins, de valor auto-evidente, significativo na vida e absolutamente não negociável, é o sexo".[4]

O que faz essa visão possível, observa o professor Robert George, da Universidade de Princeton, é o dualismo radical entre o corpo e a alma, que pode ser rastreado até Descartes, quando este reduziu o corpo a pouco mais do que uma maquina operada pela mente. Segue-se que o corpo não é exatamente "eu", mas algo separado do meu verdadeiro ser – um instrumento a ser usado, como um carro ou um computador, para qualquer propósito que se deseje. Sendo assim, o que eu faço com o meu corpo, quer o use para o prazer físico, ou até descarte-o se este se tornar inconveniente, não tem nenhuma importância moral.

Levada à sua conclusão lógica, essa visão implica que o ato sexual entre pessoas não casadas ou parceiros do mesmos sexo, ou até mesmo perfeitos desconhecidos, não tem significado moral. Desde que o corpo é reduzido ao *status* de mero instrumento da consciência, pode ser usado para qualquer forma de prazer e gratificação mútua enquanto não houver nenhuma coerção.[5] Até dar cabo da própria vida não tem maiores conseqüências do que descartar roupas velhas.

Essa foi a lógica que levou a Suprema Corte dos EUA a decidir no caso *Roe* contra *Wade* (1973), estabelecendo que um feto humano não é uma pessoa, havendo, portanto, legitimidade para destruí-lo.[6] O juiz Harry Blackmun, que escreveu a maioria das opiniões, validou na época que se um feto fosse uma pessoa, então seus direitos à vida seriam garantidos sob a 14ª Emenda (ela instrui aos estados americanos que não privem "qualquer pessoa de vida, liberdade ou propriedade"). Com o propósito de manter o direito ao aborto, a Corte teve de argumentar que, mesmo sendo o feto biologicamente humano, não é uma pessoa legal. E mais, se os magistrados reconhecessem que o feto mudasse de não-pessoa para pessoa em qualquer estagio da gravidez, então o aborto se transformaria numa privação ilegal de vida – em resumo, assassinato. A Corte sentenciou que o feto não é gente e não tem nenhum direito em qualquer estágio da gravidez. Somente a mãe é gente, com "direito à privacidade".

O caso *Roe* contra *Wade* foi o ponto de partida de um poderoso movimento social, inflamado pela política dos direitos sexuais, para libertar os indivíduos, segundo se alega, do jugo das repressivas restrições morais. A "escolha" do que fazer com o corpo de uma pessoa tornou-se o valor definitivo dos anos 70 e 80 – enquanto se ignorava que a escolha em si não pode de jeito nenhum estabelecer qualquer valor se este depende do que é escolhido.

A CULTURA DA MORTE

O aborto tem sido sempre mais do que aborto. Ele é a pavimentação utilizada para causar a ruptura do compromisso histórico ocidental com a dignidade da vida humana. Em 1973, quando organizações pró-vida alertaram que *Roe* nos estava levando a um declive escorregadio para toda sorte de horrores, foram rotuladas de alarmistas. Mais tarde os fatos provaram que os proponentes a favor da vida foram, isso sim, prescientes.

Com o "Caso do Bebê" em 1982, em Bloomington, Indiana, EUA, a demanda incansável por uma decisão cruzou a grande divisa – do feto vivo no ventre ao bebê vivo fora do ventre – e a América mudou de aborto para infanticídio. O bebê nasceu com deformação no esôfago, o que tornava a digestão impossível. Os médicos sugeriram uma operação razoavelmente simples, com 90% de probabilidades de sucesso. Os pais, porém, recusaram a dar permissão para a cirurgia, mesmo sabendo que essa decisão significaria a morte do recém-nascido. Os próprios médicos concordaram. A razão? O bebê também nascera com a Síndrome de Down.[7]

Dois tribunais de Indiana recusaram-se a intervir, e seis dias depois o bebê morrera de fome. O colunista George Will, ele próprio uma criança com a Síndrome de Down, declarou categoricamente: "O bebê foi morto porque era retardado".

Com a comoção da controvérsia sobre o "Caso do Bebê", algo chocante foi revelado: tornara-se rotina deixar crianças deficientes morrerem. Já em 1975, uma pesquisa entre cirurgiões pediatras revelou que 77% deles eram a favor da negação de alimentos e tratamentos no caso de bebes deficientes. Foi descoberto num hospital de Oklahoma que a equipe de pediatras considerava a "qualidade de vida" na decisão de cuidar ou deixar morrerem as crianças deficientes. Entre as considerações de "qualidade" estavam raça e renda familiar.[8]

A verdade é que o fundamento da filosofia de eliminar bebês defeituosos começou a ser estabelecido pelo debate sobre o aborto. Nos anos de 1960, a Associação Médica Americana (AMA) passou uma resolução endossando o aborto no caso de "criança [talvez] nascida com deformação física ou deficiência mental que a torne incapaz".[9] Vários estados tinham já aprovado leis nesse sentido. Quando a mesma legislação foi aprovada em Nova York, um comentarista da radio WCBS bradou: "O aborto ... é um método sensato de lidar com problemas tais como superpopulação, ilegitimidade e possíveis defeitos congênitos".[10]

O primeiro funcionário público de escalão superior a declarar o aborto como sendo uma política positiva de Saúde Pública foi a Diretora de Saúde do Estado do Arkansas, Joycelyn Elders, posteriormente cirurgião-geral dos Estados Unidos. O aborto, diz ela, tem "efeito importante e positivo de saúde publica", reduzindo "o numero de crianças afligidas com defeitos severos".[11] O aborto já não era mais tratado como violenta tragédia, uma decisão a ser tomada com agonizante relutância. Ao invés disso, era agora um bem positivo – um meio de melhorar as espécies.

Para apoiar sua posição, Elders citou uma pesquisa mostrando que o numero de crianças nascidas com a Síndrome de Down no Estado de Washington em 1976 era "66% mais baixo do que teria sido sem a legalização do aborto".[12] O que Elders não afirmou foi que a maioria das pessoas com a Síndrome de Down são moderadamente retardadas e se tornam adultos capazes de ter emprego e viver com independência. Se os pais biológicos não estão a altura de criá-los, há uma lista de espera de casais ansiosos por adotarem essas crianças. Mesmo assim, ainda hoje, elas estão sendo assinaladas para a eliminação.

Em razão de que bebês com a Síndrome de Down possuem um cromossomo extra, essa condição pode ser diagnosticada antes do nascimento através da amniocentese. As companhias de seguro prontamente aceitam pagar pelos testes; se estes derem positivo, elas com freqüência também pagam pelo aborto. Porém, as mesmas companhias não pagam os cem mil dólares ou mais necessários para sustentar o primeiro ano de vida do bebê. Quantos desses casais que enfrentam tal decisão podem suportar a pressão econômica? Não muitos. Pesquisas mostram que 90% escolhem o aborto – freqüentemente sob pressão dos médicos.[13]

Para qualquer bebê "rejeitado" ou "defeituoso" que consegue atravessar essa linha de fogo de defesa, há sempre uma última solução. Francis Crick, que juntamente com James Watson, ganhou o prêmio Nobel pela descoberta da estrutura de dupla hélice no DNA, defende que todos os recém-nascidos fossem monitorados para determinar quem deverá viver. Todos aqueles que fracassassem em alcançar certo nível no "Teste APGAR", usado para determinar a saúde dos recém-nascidos, seriam submetidos à eutanásia.[14]

Steven Pinker, do MIT (Instituto Tecnológico de Massachusetts), que substituiu o falecido Carl Sagan como o grande popularizador da ciência, está injetando esse ponto de vista como algo normal e convencional. Punker é a escolha perfeita para o cargo: desembaraçado e genial, professoral na medida certa para exercer autoridade, mas gentil o suficiente para não ser ameaçador. Pinker é o mais destacado proponente da psicologia evolucionaria, a versão mais moderna da sociobiologia, a qual reduz os seres vivos em produtos de seus próprios genes.

A finalidade pela qual a evolução produziu a mente humana, segundo alega Pinker, é meramente para proteger os genes e "maximizar o numero de copias dos genes que os criou". Aplicando esse conceito à questão do infanticídio, Pinker argumenta que o recém-nascido é basicamente um portador de gene e que, os pais antes de qualquer ligação afetiva com o bebê, sempre "avaliam com tranqüilidade o seu valor biológico (a chance de que este viverá para produzir netos)" baseaddos na saúde e nos recursos próprios. Para Pinker, quando as mães matam os próprios recém-nascidos, devemos "entender" esses atos à luz da evolução do "circuito emocional" delas, por seleção natural, para incluir a "capacidade de 'neonaticídio' nos casos em que sentem não ter condições de criar os bebês. Em resumo, embora negando que apoie a pratica, Pinker sugere que o infanticídio é construído em nosso "desígnio biológico", e não podemos culpar as pessoas por praticá-lo.[15]

O fundamento lógico de tudo isso é, novamente, o dualismo entre corpo e pessoa. Os direitos pertencem somente às pessoas; assim, se alguém pode ser reduzido a uma não-pessoa, então não tem direito nenhum. Peter Singer, recentemente indicado como professor de Bioética em Princeton, defende de forma aberta a permissão de os pais matarem bebês deficientes, com base de que estes não são "pessoas" até que sejam racionais e auto-conscientes. Como não-pessoas, diz ele, são "substituíveis", à semelhança de galinhas ou outra criação. Singer não pára por ai. Ele continua a defender a morte de pessoas incapazes de qualquer idade, se seus familiares decidirem que suas vidas "não valem a pena ser vividas".[16] (Este é o tipo indizivelmente desumano de ética que alunos em algumas das mais privilegiadas escolas dos EUA estão aprendendo hoje. E o que acontecerá quando essa elite de estudantes chegar a posições de poder?)

O bebê no ventre, após ter sido reduzido ao *status* de não-pessoa, foi então demonizado na literatura pró-escolha como um agressor contra a mãe; por isso o aborto é considerado como legítima defesa. A Professora Eileen McDonagh, da Universidade Northeastern, alega que o feto "invade maciçamente o corpo da mulher e desapropria a sua liberdade", justificando o "uso de força letal para contê-lo", análogo a casos de estupro seqüestro ou escravidão.[17]

Fica claro que qualquer ameaça ao nosso festejado direito de fazer o que quisermos com os nossos corpos deve ser detida através de qualquer meio necessário. O argumento de que o feto é um intruso violento e perigoso e a justificativa do uso de força letal para repeli-lo são os equivalentes funcionais de Susan Smith para justificar o afogamento de seus filhos como defesa por estarem interferindo em sua liberdade de ficar com o seu novo amante.

Ainda assim, muitos americanos bem-intencionados, inclusive crentes, têm caído no argumento da "escolha". Não vêem que aborto, infanticídio e eutanásia são parte do mesmo pacote. A lógica que apoia a prática como "uma política social útil" para prevenir o nascimento de "defeituosos", ou para reduzir a ajuda social e o crime, aplica-se com força igual a todos os estágios da vida. Se o corpo é um mero instrumento do ser, se não tem nenhuma dignidade como herança, então somos livres para dispormos dele como quisermos – ou outros estão livres para disporem dele por nós.

O lobby do aborto entende muito bem que todas estas questões estão interconectadas, e que por isso organizações feministas brigam sem cansar-se para defender, inclusive, o aborto de parto-parcial – um procedimento medonho, bizarro que a AMA denunciou e que até seus praticantes reconhecem como não clinicamente necessário. É por isso também que o lobby do aborto briga com fúria contra qualquer restrição dos direitos do aborto – até limites mínimos tal como a notificação aos pais. Uma escola deve obter o consentimento dos pais antes de dar uma aspirina a uma criança, mas o lobby do aborto briga com unhas e dentes contra qualquer estatuto que solicite consentimento destes para o aborto. Por que os que defendem a pró-escolha se opõem até aos limites modestos? Porque eles entendem que o aborto representa um conflito mundial: Deus e a santidade da vida contra a autonomia moral do indivíduo. Eles não podem abrigar tal idéia.

Porém, uma vez que o principio da autonomia e escolha seja estabelecido, não há maneira alguma de manter elevado valor da vida. Alguns anos atrás, um antigo companheiro de cela que evangelizei e discipulei, e que se tornou um jovem e talentoso pastor, tirou sua própria vida. Fiquei arrasado quando recebi a noticia. Além da dor, eu me culpava. Deveria tê-lo percebido, deveria ter feito alguma coisa.

Uma amiga, vendo minha agonia, tentou confortar-me. "Não se culpe, Chuck", falou, gentilmente segurando meu braço, "e não julgue. Foi, apesar de tudo, a vida *dele*".

A vida *dele*, a escolha *dele*! O comentário bem-intencionado me fez ir ainda mais fundo no meu desespero, porque essa senhora de meia-idade estava refletindo a crença da maioria dos americanos e de diversos países ocidentais.

Pesquisas de opinião mostram apoio público consistente e progressivo em favor da eutanásia – em nome dos direitos dos pacientes e da compaixão, é claro. Na verdade, uma das organizações que promovem de maneira agressiva a eutanásia é chamada de Compaixão na Morte. Até o Dr. Kevorkian, que levava seus "pacientes" à morte ignominiosa em trailers baratos ou em quartos de hotéis de beira de estrada, e depois jogava os corpos em hospitais locais, conseguiu evitar seguidos processos, um após o outro, antes de ser finalmente condenado e encarcerado.

Em 1997, o Oregon tornou-se o primeiro estado americano a legalizar o suicídio assistido, aprovado em plebiscito. Até agora, desafios à nova lei têm sido violentamente rejeitados com sucesso. Os estados de Washington e Nova York barraram essa prática por referendo popular, mas objeções em ambos foram sustentadas com êxito nos tribunais. Para entender a conexão entre aborto e eutanásia, só precisamos observar de que maneira essas pequenas cortes argumentaram em favor do suicídio assistido.

Os juizes, em ambos os estados apoiaram-se em uma decisão de 1992, no caso *Paternidade Planejada* contra *Casey* (discutido melhor no capitulo 39). Nessa decisão, embora mantendo restrições modestas do Estado sobre o aborto, a Suprema Corte atentou em colocar o alegado direito constitucional de aborto criado pelo caso *Roe* contra *Wade* num patamar mais seguro. A sentença definiu liberdade como o direito de fazer "escolhas intimas e pessoais ...essencial à dignidade e autonomia pessoal... o direito de definir o próprio conceito de existência, importância, universo e mistério da vida humana"[18]

No caso de suicídio assistido de Washington, a Juíza do Distrito Federal, Barbara Rothstein, reportou-se à definição de liberdade de Casey. Além do mais, o que poderia ser mais "intimo e pessoal" do que a escolha de morrer ou viver? Então Rothstein argumentou que o suicídio assistido "constitui uma escolha central para a dignidade e a autonomia pessoais".[19] O Nono Tribunal de Apelação apoiou-a. (Conquanto a Suprema Corte tenha logo depois anulado essa decisão, ofereceu razões bastante pragmáticas para não permitir o suicídio assistido nesse momento.)[20]

A decisão do Nono Tribunal apoiando Rothstein foi elaborada pelo Juiz Reinhardt, ativista liberal, que, em sua opinião de 109 paginas, incluiu uma nota de rodapé petrificante: Nos casos em que os pacientes não forem capazes de dar consentimento, um substituto poderá ser indicado para agir em seu nome para conceder autorização ao suicídio assistido.[21] Com um rabiscar de caneta, o tribunal cruzou a divisa – de suicídio à eutanásia, de morte voluntária à involuntária. Esta foi a primeira vez que um tribunal dos Estados Unidos endossou o uso particular de força letal (fora do contexto do aborto), um passo que tornou sem efeito a essência do contrato social americano, em que indivíduos concordam em renunciar o uso de força letal em troca da preservação da ordem do Estado. Como o teólogo moralista Russel Hittinger afirma, isto já não é mais o direito de morrer; é o direito de alguns americanos matarem outros americanos.[22]

A linha entre o suicídio assistido e a eutanásia tornou-se ficção legal. Legislaturas ou tribunais podem talvez retardar o processo aqui e ali, mas o trem saiu da estação e está descendo os trilhos. Ainda que a eutanásia não esteja garantida como direito constitucional (exceto em Oregon), sua prática continua aumentando.

Devemos ser bem claros, contudo, que o crente não é moralmente obrigado a salvar vidas de todas as maneiras e a todo custo. Muitos acreditam que é moralmente aceitável desligar os aparelhos que sustentam a vida quando a tecnologia está meramente sustentando a vida de modo artificial. Muitos também acreditam que é moralmente aceitável recusar intervenção extrema ou medidas heróicas para ressuscitar um paciente que está além de qualquer ajuda. Porém, sem uma visão bíblica sobre a vida humana, a distinção entre a rejeição de medidas heróicas e o fato de ajudar a apressar a morte pode ser muito sutil.

■ ■ ■

Ao final, essas questões dependem da maneira sobre como a cultura enxerga a vida humana. Se esta carrega o selo do Divino Criador, então é infinitamente preciosa. Porem, se é simples produto da biologia ou da natureza, uma unidade utilitária, então os valores utilitários transformam-se no fator de autoridade predominante sobre todo o processo. Pegue o moribundo, o enfermo, o deficiente, o que não produz e tire do caminho dos viventes.

Quando dois casos de suicídios assistidos estavam sendo discutidos na Suprema Corte dos Estados Unidos, várias pessoas se reuniram e protestaram nas escadarias do edifício. A maioria era de americanos deficientes, muitos em cadeiras de rodas, alguns carregando cartazes que diziam: "Não Estamos Mortos Ainda". Eles sabem que se a Suprema Corte legalizar o suicídio assistido por orientação dos médicos, criará uma tremenda pressão sobre deficientes para aceitarem essa opção e deixarem de ser um estorvo para a sociedade. Observando a vida com os olhos de um tetraplégico, que necessita de vasta soma de dinheiro e recursos humanos para o seu sustento, ou com os olhos de Ken McGarity, vemos o feixe do laser focalizando a lógica mortal de uma cosmovisão que degrada a vida.[23]

A ironia trágica suprema em tudo isso é que uma razão supostamente exaltando a razão humana levou a essa visão degradante da própria vida humana. Quando Descartes declarou: "Penso, logo existo", não tinha idéia de como seu *slogan* levaria a uma cultura na qual o que eu sou é determinado pelo que *outras* pessoas pensam.

MARAVILHOSOS NOVOS BEBÊS

Descartes também não previu para onde esta degradante visão da vida humana nos levaria.

O livro profético de Aldous Huxley, *Maravilhoso Mundo Novo*, começa com uma visita a um laboratório onde estantes e mais estantes de garrafas de vidro fazem ruídos na correia transportadora. Cada garrafa contém um ovo humano cuidadosamente fertilizado e imerso em gel aminiótico, predestinado para um propósito especifico, indo de alfas (os intelectuais) aos gamas (os trabalhadores braçais). Os defeituosos são eliminados, e a maioria das mulheres esterilizada.

Na história, esse processo extraordinário cria uma espécie humana ideal capaz de viver em perfeita harmonia e estabilidade, uma espécie livre de antigos estorvos tais como família e educação de filhos. Para assegurar sem empecilho a busca da felicidade, o sexo livre é encorajado, e uma droga chamada *Soma* está disponível para todo e qualquer propósito. A vida é uma eterna alegria. Quando se torna um peso ou inconveniente, é misericordiosa e gentilmente finalizada.

A visão de Huxley não era nenhuma fantasia bizarra. Ele expandia em idéias o que até então estava sendo sobriamente discutido entre seus amigos no meio acadêmico. Eugenia – a idéia de melhorar a raça humana através de uma ninhada selecionada - não foi originada nos laboratórios de Hitler. Teve início nas décadas de 1920 e 1930 entre homens e mulheres respeitáveis e em sofisticados lugares como Londres, Filadélfia e Nova York.

No horizonte do maravilhoso mundo novo de hoje está sendo tecido o espectro da engenharia genética, a tentativa máxima de criar uma raça livre de defeitos. Escassos são os obstáculos restantes no caminho dessa expressão final da autonomia humana. Em março de 1997, quando Dolly, a primeira ovelha clonada, foi apresentada ao mundo, cientistas e médicos bradaram que a experiência é o raiar de uma nova era, prometendo grandes benefícios médicos e comerciais. Numa apressada audiência convocada pelo Senado dos Estados Unidos, cientistas garantiram ao corpo legislativo que ninguém tentaria clonar seres humanos. Todos fizeram sinal de consentimento balançando a cabeça... até que um senador imprudente, notadamente liberal, chocou a todos presentes com a indagação lógica: "E por que não?"

Por que não? Se a vida é simplesmente um processo natural ao acaso – moléculas colidindo e combinando numa sopa primordial – por que não deveremos controlar nossos genes e criar novas formas de vida? Estaremos simplesmente adaptando um processo natural ao uso mais vantajoso.

Para atingir a tecnologia do *Maravilhoso Mundo Novo* é só uma questão de tempo. Uma pesquisa chamada EG – sobre gestação extracorpórea – está sendo encaminhada na Universidade de Juntendo, em Tóquio, e na Universidade Temple, na Filadélfia, com a pretensão de criar um ventre artificial para vários bebês prematuros.[24] Caso a pesquisa seja bem-sucedida, a mesma tecnologia será certamente aperfeiçoada até que o ventre artificial possa hospedar um ovo fertilizado. Quase nada existe que possa deter o imperativo da tecnologia: Se alguma coisa *pode* ser feita, então o *será*. Assim, com o papel dos pais biológicos tido como supérfluo, a humanidade pode dar outro importante passo na estrada para a autonomia total.

As nossas capacidades com certeza têm excedido o nosso entendimento moral e ético.

Apesar de a maioria dos cristãos éticos apoiar a reprodução assistida se usada exclusivamente para ajudar a restaurar a função natural, o problema aparece quando fazemos coisas nunca antes feitas na natureza – por exemplo, combinações genéticas impossíveis. A tecnologia da fertilização *in vitro* ou *in vivo* também torna possível uma grande quantidade de práticas moralmente dúbias, como a colheita de tecidos do feto para propósitos médicos, a distribuição de ovos fertilizados que sejam capazes de se tornar fetos e a paternidade ou maternidade substituta, os quais já abriram a caixa de Pandora. Soubemos de uma mulher que foi inseminada pelo genro e deu à luz um filho para a própria filha. Uma pastora episcopal pegou o esperma de três homens misturados (para que ela própria não soubesse quem é o pai), fez inseminação e teve o bebê. Gays e lésbicas participam de encontros que chamam de "Processadores de Óvulo-Esperma", onde se examinam mutuamente com os olhos voltados para a seleção de bons genes. Duas lésbicas podem contratar um gay pelo seu esperma para a inseminação artificial, ou dois homens podem contratar uma lésbica previamente para ser a mãe de aluguel.[25]

Pouca coisa resta na nossa cultura para limitar ou até retardar o processo.[26] Na Grã-Bretanha, um prestigiado comitê sob a liderança da senhora Mary Warnock, professora de filosofia moral em Cambridge, foi organizado para fornecer orientação moral nessas questões. Porém, ela mesma afirmou que, em casos assim, "todos têm o direito de julgar por si próprios". E quem se atreveria a dizer o contrario?

A resposta, com certeza, é alguém realmente humano. Até mesmo no *Maravilhoso Mundo Novo* de Huxley, o momento mais dramático chega quando o protagonista, apropriadamente chamado de "o selvagem", nascido à maneira antiga, foge do mundo de prazeres sem fim em busca de seus pais naturais.

Algo em nós se mexe sem cessar em busca de significado, propósito e conexão. Os cristãos conhecem esse "algo" como alma, ou *o imago Dei* – a imagem de Deus em nós. Por causa da doutrina da Criação, sabemos que a vida tem valor. Sabemos que a vida está enraizada em algo além de tubos de ensaio ou átomos que colidem, mesmo com todas as vozes ao redor dizendo o contrário.

CAPÍTULO 13

À IMAGEM DE QUEM?

Não é natural ver o homem como produto da natureza, é uma visão distorcida vê-lo como animal. Não é saudável. Peca contra a luz, contra o entendimento pleno do que significa a harmonia como o principio de toda a realidade.

G. K. CHESTERTONE

Será que alguém pode realmente viver com uma visão naturalista da vida humana, em que os seres humanos são primatas? Algumas pessoas na Dinamarca pensam que sim.

Em 1996, o zoológico de Copenhague anunciou uma nova exposição. Numa gaiola de vidro, no setor chamado casa do primata, um par de *Homo sapiens* estaria em exposição. Desde que as pessoas podem observar *Homo sapiens* em quase todo lugar, a qualquer hora, a exposição parecia uma estranha escolha. Porém, o diretor do zoológico, Peter Vestergaard, tinha uma agenda especifica. A exposição, disse ele, forçaria as pessoas a "confrontarem suas origens", fazendo com que "aceitassem" que "somos todos primatas". Alem do mais, acrescentou, os humanos e macacos compartilham 98.5% dos mesmos cromossomos.[1]

Mesmo assim que impressionante diferença os 1.5% parecem ter. Enquanto os vizinhos cabeludos estavam ocupados olhando fixamente para o teto, balançando-se em barras e catando piolho uns nos outros, os engaiolados *Homo sapiens* – outrora conhecidos como Henrik Lehman e Malene Botof – liam livros, consertavam motocicleta, respondiam o correio eletrônico no computador, mandavam e recebiam faxes e, quando necessário, ajustavam o ar-condicionado. Os *Homo sapiens* eram também livres para sair da gaiola sempre quando se deparassem com o desejo primitivo de ir a um jantar à luz de velas ou a uma noite na ópera. Diferente de seus vizinhos macacos, os humanos em exposição recusavam-se a fazer suas necessidades biológicas em publico, e quando Lehman era questionado se ele e sua companheira fariam uma exposição de "comportamento intimo" em frente dos espectadores, ele torceu o nariz: "Isso não é interessante".[2]

Algumas semanas depois a exposição acabara, e os dois *Homo sapiens* deixaram a casa do macaco. Estariam eles mais sábios por sua experiência? Alguém esperaria que sim. Eu suspeito que foram forçados a reconhecer que eram qualitativamente diferentes dos macacos nas gaiolas em volta.

A curta experiência com certeza serviu para algo – porém, não para aquilo que o diretor do zoológico pretendia. A filosofia naturalista sustenta invariavelmente a proposição de que somos descendentes de criaturas parecidas com macacos, fazendo de nós primatas no mais alto estagio – ao menos até agora – do processo de evolução. Mesmo assim, o teste de qualquer cosmovisão é se a tese conforma-se com a realidade, da maneira como as coisas realmente são. E a realidade é que os seres humanos são fundamentalmente distintos dos animais. A verdade está dentro de nós, colocada ali pelo selo divino do Criador, e não importa o quão fortemente desejemos desalojá-la, não o podemos. De fato, toda tentativa de negar a verdade sobre a nossa natureza está condenada ao fracasso.

Somente a visão de vida judaico-cristã conforma-se à realidade e descreve a natureza e o caráter da condição humana da forma como realmente experimentamos. Somente a visão bíblica cria uma base sustentável, racional e verdadeiramente libertadora para a vida humana. Isto se torna abundantemente claro quando examinamos o Cristianismo e o naturalismo sob várias perspectivas: compatibilidade com a evidência cientifica, dignidade humana, o definitivo significado da vida, nosso destino e o serviço ao próximo.

Que cosmovisão, ou visão de mundo, corresponde à evidencia cientifica? O respeito pela vida humana em todos os estágios é apoiado por crescentes dados científicos, mostrando que até mesmo antes de nascer o feto é completamente humano. Fotos de ultra-sonografia mostram uma criança ainda não nascida respondendo de maneira clara a estímulos; devido aos avanços em estudos neonatais, os médicos agora consideram o bebê no ventre como paciente real. A medicina está fazendo diagnósticos e maravilhas terapêuticas em bebês não nascidos, incluindo cirurgia. A expansão do conhecimento cientifico "nos está fazendo ver o bebê como uma pessoa real muito antes do nascimento", afirma Mike Samuels na revista *American Family Physician.*[3] A posição pró-vida é apoiada por argumentos empíricos e racionais acessíveis a todos.

Robert George, da Universidade de Princeton, insistiu nesses argumentos entre os principais acadêmicos dos EUA, inclusive o bem conhecido crítico acadêmico Stanley Fish, da Universidade Duke. Em 1998, George foi convidado para um debate com Fish numa reunião da Associação Americana de Ciência Política: o debate seria sobre a natureza da evidência pró e contra o aborto. Em antigas publicações, Fish rejeitou os argumentos contrários como baseados somente em "convicções religiosas", ao mesmo tempo sugerindo que a prática é baseada em "fatos científicos". A posição de George sustenta que, ao invés, os argumentos contra o aborto são baseados em informações científicas de que o feto é realmente humano.

George mandou seus papeis para Fish antecipadamente, e então os dois convidaram duas centenas de outros acadêmicos, os quais se reuniram para o debate. Porém, o evento foi encurtado logo no começo, quando Fish levantou-se, jogou seu próprio trabalho sobre a mesa e anunciou: "O Professor George está certo, e está certo em me corrigir. Hoje a evidência cientifica favorece a posição pró-vida".[4]

A platéia ficou sentada em silêncio, impressionada.

Que cosmovisão fornece a base mais forte para a dignidade humana? As Escrituras nos dizem o seguinte: "E criou Deus o homem à sua imagem; (...) macho e fêmea os criou" (Gênesis 1.27). Esta é uma afirmação de tirar o fôlego. Os seres humanos na realidade refletem o caráter da Fonte final e definitiva de todo o Universo. Como poderia alguém, mesmo em teoria, conceber outra base mais segura para a dignidade humana?

A visão cristã também nos diz que os humanos têm destino eterno, o que de igual modo dá suporte à dignidade humana. Através da historia, a maioria das culturas tem tido uma visão inferior do indivíduo, subordinando-o aos interesses da tribo ou do Estado. Se o Cristianismo não fosse verdade, isto poderia ser bastante razoável. "Se os indivíduos vivem somente até setenta anos", diz C. S. Lewis, "então um estado, ou uma nação, ou uma civilização, que poderá durar mil anos, é mais importante do que um indivíduo. Porém, se o Cristianismo é verdade, então o indivíduo não é somente mais importante, mas incomparavelmente mais importante, pois é eterno e a vida de um estado ou de uma civilização, comparada à dele, é apenas um momento."[5] Isto explica porque o Cristianismo sempre forneceu não somente uma vigorosa defesa dos direitos humanos, como também é o mais forte baluarte contra a tirania.

Em razão de estarmos em igual patamar diante de Deus, o Cristianismo dá uma base sólida para a igualdade política e social. Cada indivíduo fica diretamente responsável diante do Criador, escreve Abraham Kuyper; não há intermediários, não há nenhuma hierarquia espiritual entre nós e Deus. Segue-se, então, que "não temos de reivindicar nenhum tipo de dominação de uns sobre outros, e que somos iguais perante Deus e entre os homens". Em conseqüência, a cosmovisão cristã "não condena meramente toda escravidão aberta e sistemas de castas, mas também toda escravidão dissimulada de mulheres e dos pobres".[6]

O multiculturalismo insiste que todas as culturas são moralmente equivalentes.[7] Porém, este argumento dificulta ver com clareza as diferenças genuínas. Isto porque em cada cultura onde, de fato, é mantida a dignidade individual dada por Deus, as viúvas não são queimadas na fogueira funeral de seus maridos (como na Índia), as pessoas não são vendidas como escravas (como no Sudão e em outros lugares) e a vida não é sacrificada para satisfazer aos ancestrais ou a um deus raivoso (como ainda acontece em algumas culturas primitivas). Ainda que se considerem todas as faltas de seus adeptos – e houve muitas – não tem sido assim com o cristianismo. Ele concede aos homens e mulheres dignidade como nenhum outro credo no mundo.

Desde o iluminismo, os pensadores seculares ocidentais têm procurado fixar os direitos humanos somente à luz da natureza humana, em separado da revelação bíblica. A Revolução Francesa foi incentivada pela retórica sobre "os direitos dos homens". Ainda assim, sem estarmos alicerçados nos ensinamentos bíblicos sobre a Criação, não há maneira alguma de afirmar o que é a natureza humana. Quem pode defini-la? Quem determina como é para ser tratada? Em conseqüência, a vida é valorizada na medida que os detentores do poder decidem valorizá-la. Não é para menos que a Revolução Francesa, com seu slogan "Nem Deus Nem mestre", rapidamente conduziu o sistema à tirania e à guilhotina.

Quando os 39 desorientados membros da seita Heaven's Gate (Portão do Céu) tiraram suas próprias vidas, o magnata das comunicações, Ted Turner, num comentário cínico, disse que a tragédia "era uma boa maneira de nos desfazermos de alguns loucos. Já tem muita gente de qualquer jeito".[8] Esta afirmação, embora sucinta, ou insensível, somase às crenças de um crescente número de pessoas no mundo ocidental que sucumbiram à noção de que não há nada especial sobre a vida humana, que somos todos simplesmente parte da natureza.

Na cosmovisão naturalista o lógico é tão-somente colocar o objetivo do controle da população acima da dignidade da vida humana, e recorrer a qualquer meio disponível para reduzir a população a fim de preservar a mãe natureza de ser esvaziada e saqueada. Sob esta perspectiva, os seres humanos são freqüentemente vistos como agressores do meio ambiente. De fato, os cristãos acreditam que somos responsáveis pela proteção da Criação de Deus, que devemos ser bons administradores e exercer sobre ela o devido domínio. Porém, os naturalistas vão além da responsabilidade ambientalista, e estabelecem a reverência como paradigma. No filme *The River* (O Rio), uma família de fazendeiros tipicamente americana senta à mesa durante o jantar, e a criança pequena recita a bênção, numa oração à natureza: "Graças te damos terra, graças te damos sol, somos gratos pelo que tendes feito. Amém".[9]

A mesma lógica que dirige o movimento em prol dos direitos dos animais, igualmente denigre a vida humana em seus esforços para fazer a espécie humana igual a todas as outras. Estas tentativas muitas vezes tornam-se maldosas, com os ativistas dos direitos dos animais espalhando tinta nas mulheres que vestem casacos de pele; ruim e destrutível, quando colam explosivos ao redor de troncos de árvores para explodir os madeireiros e salvar as corujas pintadas; ruim, destrutivo e muitas vezes tolo, quando dão batidas em restaurantes para libertar lagostas.

Quando os proponentes dos direitos dos animais descobrirem a irracionalidade inerente ao próprio credo, como às vezes o fazem, essa visão adulterada da vida humana pode produzir um tipo de esquizofrenia. Assim como no caso quando duas causas importantes colidem. Grupos de direitos dos animais como o PETA (Pessoas pela Ética no Tratamento aos Animais), famoso entre as estrelas de Hollywood, opõe-se à pesquisa animal, a ponto de às vezes dar batidas e destruir laboratórios e seqüestrar as cobaias.[10] Porém, a pesquisa animal, que foi indispensável para o desenvolvimento da vacina contra a pólio, e igualmente responsável por outros descobrimentos fundamentais que salvam vidas, também é crucial para a pesquisa da AIDS, outra causa muito popular em Hollywood. Assim, os ativistas da AIDS agora se encontram apoiando com avidez a pesquisa animal, até mesmo quando seus aliados políticos quebram laboratórios.[11]

A visão naturalista da vida humana é simplesmente não-sustentável em termos racionais, mas ainda assim as elite culturais agarram-se a ela com devoção servil. Há alguns anos, um editorial da revista *California Medicine* afirmou que a tradicional ética judaico-cristã "está sendo corroída em seu núcleo e pode eventualmente ser abandonada". O anônimo autor do editorial deu boas-vindas à mudança da ética da "santidade da vida" para a ética da "qualidade de vida", argumentando que "se tornará necessário e aceitável colocar valores relativos ao invés de absolutos em coisas tais como vidas humanas, o uso de recursos escassos e os vários elementos que comporão a qualidade de vida pretendida".[12]

É difícil imaginar algo mais terrível do que viver numa cultura onde a vida humana submete-se a valores menores, tais como recursos materiais. Este é o princípio que vemos atuando aqui: qualquer cultura que mata Deus, inevitavelmente termina em adorar outra entidade – e sacrificará de boa vontade até mesmo a própria vida na adoração dessa nova deidade.

Que cosmovisão oferece senso de significado e propósito? Um dos argumentos usados com freqüência sobre o aborto é que a criança não virá para um mundo onde será destinada a sofrer com a pobreza e o abuso. Igualmente, outro argumento comum sobre a eutanásia é que o doente grave não tem propósito para continuar a viver. Estas visões parecem persuasivas somente porque o propósito de vida reduziu-se a algo lastimavelmente superficial, a um senso simplista de alegria em virtude de satisfação emocional, sucesso profissional ou riqueza. Muitos modernistas perderam qualquer noção de melhor destino. Suas vidas não têm direção ou objetivo.

É como se um amigo sugerisse que você colocasse a família numa *van* e começasse uma viagem. Sem destino em mente, sem noção de tempo, sem limite de escolha de diversão. "Leve o tempo que quiser, e retorne quando quiser", o amigo instiga. "É tudo seu. Você está livre para ir. Vá."

"Você está louco", responde ao amigo. "Por que levaria minha familia numa viagem sem destino?"

Mesmo assim é exatamente isso que os seres humanos modernos são orientados a fazer no mundo de hoje: somos motivados para que façamos viagens sem destino, para seguir nossos impulso e desejos. Para que tenhamos certeza, as vozes da cultura embelezam um pouco. Celebram as alegrias da autonomia, nossos direitos de criar nossas vidas e até mesmo nosso interior, nossas escolhas e conveniências intermináveis, nossa liberdade de nos despojarmos de todas as estranhas convenções e do legalismo de uma era menos iluminada. Quer seja papo da elite, ou mensagem torrencialmente constante da televisão, ou bobagens políticas, escutamos constantemente que a escolha pessoal é a única coisa que produzirá "alegria" – o objetivo mais sagrado da vida ocidental. Somos libertados somente para estar à deriva e sem ajuda, como alguém indo numa viagem sem destino e sem resposta para a mais velha questão filosófica de todas: qual é o propósito da vida?

Já vi esses exemplos em vários lugares. Minha esposa e eu vivemos numa área da Flórida que, há alguns anos, começou a atrair aposentados da alta sociedade: presidentes de companhias de automóveis, tesoureiros de grandes empresas e barões poderosos da Wall Street, que se estabelecem em comunidades luxuosas particulares, cercados por campos de golfe bem feitos, bons restaurantes e palmeiras esvoaçando ao vento. Curtem o sonho americano que se torna realidade: sem preocupações, sem trabalho, e golfe todos os dias.

Muitos deles seguem um padrão previsível. Como um homem que chamarei de Charlie. Livre das pressões do trabalho, Charlie vigorosamente trota para o campo de golfe todos as manhãs, termina no décimo nono buraco para tomar uns drinks e relaxar, para a seguir chegar em casa a tempo de dar uma rápida olhada no *Wall Street Journal* e tirar uma curta soneca. Às cinco horas Charlie pega sua jaqueta verde e amarela, combinando com a calça de xadrez, parte do novo guarda roupa que comprou numa butique local cara e exclusiva para homens. Nada de listras azuis para Charlie. Então segue para o clube onde participa de um coquetel oferecido por seus vizinhos. (Aos quais chamaremos de Hewitts.)

Cada noite um vizinho diferente dá uma festa, ou em suas casas ou no clube. Depois de seis semanas ou mais, o ciclo volta para os Hewitts, e aí começa tudo de novo.

Após um ciclo ou dois, Charlie começa a detectar uma mesmice nas conversas. As pessoas resmungam sobre os impostos, compartilham as novidades sobre os novos vizinhos, reclamam dos trabalhadores do pátio ou dos encanadores, comparam seus grandes edifícios... e, lógico, comentam sobre o tempo.

"O tempo está bom hoje, não é Charlie?"

"Ah, sim, mas está ficando abafado."

Charlie até sente o entusiasmo pelo golfe ir caindo um pouco, o que é estranho porque sempre adorou esse jogo em toda sua vida. E percebe que quando dá uma lida no *Wall Street Journal*, às vezes sente uma onda de nostalgia pelos velhos bons tempos quando *tinha* que realmente lê-lo – quando o citava com freqüência. Sentia falta de quando entrava com energia no escritório toda manhã para começar um novo dia de trabalho.

São necessários geralmente seis meses, um ano no máximo, antes que a desilusão se instale. Charlie não está mais interessado em falar sobre livros ou notícias; o papo banal do coquetel esvaziou seu cérebro. Além disso, está bebendo muito, e sua memória começa a falhar. Ele tem pavio curto e fica irritado com facilidade, principalmente com os encanadores incompetentes e os trabalhadores do seu quintal. Quando alguém abre a porta do carro sem qualquer cuidado e suja sua Mercedes nova, fica muito depressivo. Começa a imaginar quantos jogos de golfe terá abandonado antes de morrer. Na verdade, pensamentos como esse começaram a acordá-lo no meio da noite.

Infelizmente, conheço muitos Charlies – outrora pessoas vivas e produtivas, que agora se deterioraram em pileques. Desejam sentir o senso de realização e dignidade que nenhuma quantidade de prazer pode oferecer.[13]

Mas este é o fato: homens e mulheres não podem viver sem propósito. A Confissão de Fé de Westminster pergunta:

"Qual é a finalidade principal do homem?"

"Glorificar a Deus e desfrutá-lo para sempre."

É desconcertante pensar que podemos conhecer, glorificar e regozijar-nos no soberano Deus, cumprindo seu propósito através de nosso viver. Este propósito integral dá significado e direção à vida em todas as circunstancias.

Isto explica porque a tetraplégica Joni Eareckson Tada consegue viver tão alegremente, apesar de estar confinada a uma cadeira de rodas. À semelhança de Ken McGarity, ela conheceu fortes dores, sofrimento e desconforto; mas também sabe que tem um propósito, e seu trabalho com pessoas deficientes já abençoou a vida de milhões de pessoas. Estive com Joni muitas vezes e nunca a vi a não ser entusiasmada e disposta a encorajar os outros. Ela é muito mais realizada do que muitas pessoas que têm plena saúde e são cercadas por abundância material.

Prazer, liberdade, felicidade, prosperidade – nenhum desses objetivos é satisfatório porque jamais pode responder à definitiva pergunta a respeito do propósito. Qual é o propósito da vida humana? Saber que estamos cumprindo o propósito de Deus é a única coisa que realmente traz paz ao conturbado coração.

Que cosmovisão fornece senso de segurança sobre o nosso destino final? Toda visão da vida humana é moldada por duas grandes suposições: nossa origem e nosso destino – de onde viemos e para onde iremos. Como referido anteriormente: Essa vida é tudo o que há? A morte é o fim de nossas aspirações e nossos anseios mais profundos?

Os existencialistas sugeriram que se não há nada além do túmulo, então a morte zomba de tudo para o qual vivemos; ela reduz o projeto humano e seus sonhos a uma diversão temporária, sem nenhum significado definido. Porém, se nossas almas sobrevivem além do túmulo, como a Bíblia ensina, então esta vida é investida de profundo significado. Tudo o que fazemos aqui tem importância para toda a eternidade. A vida de cada pessoa, no ventre ou fora dele, saudável ou enfermo, reveste-se de enorme dignidade.

Por isso a morte é cercada por rituais. Ela nos lembra da nossa própria mortalidade e nos força a fazer perguntas intrigantes sobre o significado de nossa própria vida. Lembro-me de como isso me tocou em abril de 1994, no velório de Richard Milhous Nixon, o 37º presidente dos Estados Unidos, um homem cuja carreira definiu profundamente a minha própria vida antes da minha conversão. Até mesmo depois de Watergate e do meu próprio período de prisão, visitava-o com freqüência, pois a verdade é que eu o admirava. Ele era decente e amável, no coração um verdadeiro filho de mãe Quaker, com uma paixão idealista pela paz. Mais importante, era um amigo. Para mim, o velório foi especialmente doloroso e comovente.

Por três dias, milhares de visitantes, fazendo pouco caso da chuva fria, cercavam a Biblioteca Nixon em São Clemente, Califórnia; uma fila passava pelo caixão num tributo silencioso. Na tarde do velório, a área foi isolada por cordas nos quarteirões ao redor, enquanto as limusines traziam os poderosos e os quase poderosos de todos os continentes. O estacionamento da Biblioteca tornara-se um santuário a céu aberto, com 500 cadeiras arrumadas em fileiras, marcadas estritamente de acordo com o protocolo. Presentes estavam quatro ex-presidentes e o atual, membros do gabinete e funcionários da presidência, diplomatas e autoridades estrangeiras e a maioria dos membros do Congresso dos Estados Unidos.

Enquanto era carregado o caixão portando o corpo de Richard Nixon rumo ao seu lugar de descanso, a multidão ficou em silencio e observava sombriamente os procedimentos, enquanto o silêncio era quebrado pelo ruído de aviões a jato passando por cima.

Havia chovido naquela manhã, mas como a multidão aguardava, raios de sol esvaecidos luziam na terra filtrados pelas nuvens escuras. Os minutos passaram-se. O silêncio tornou-se lúgubre. Olhei em volta e vi que todos estavam simplesmente observando o caixão. Os poderosos do mundo sentados sob o efeito magnetizante de um caixão – forçados nesse momento a encarar a realidade sobre a qual os poderes que dispunham nada poderiam fazer: a própria mortalidade. Era uma imagem nítida do grande dilema humano.

Então, diante da platéia, com mais outros milhões assistindo pela televisão, Billy Graham pregou uma das maiores e mais longas mensagens que jamais o vi pregar. Pregou sobre a esperança cristã, que nenhum outro credo oferece.

Para os secularistas, a morte é como saltar de um penhasco para um abismo negro de coisa nenhuma. Os muçulmanos enfrentam julgamento assustador, e para muitas religiões orientais a perspectiva também é implacável: depois da morte, a lei do carma decreta que as pessoas devem ser penalizadas pelo que fizeram nesta vida, reencarnando de acordo com seu procedimento passado. Porém, para o cristão, a Bíblia assegura que viverá a eternidade com o Senhor e "o morrer é ganho" (Filipenses 1.21).

Que cosmovisão oferece o melhor e mais certo motivo para o serviço e a solidariedade ao próximo? Esta é uma questão crucial, pois qualquer sociedade na qual os cidadãos importam-se apenas consigo mesmos não pode durar por muito tempo. Tal grupo não pode nem ser chamado de sociedade. Antes, é uma coleção de indivíduos egoístas, destinados a explodir quando suas pressões interesseiras atingirem certo ponto, exatamente para onde estamos sendo encaminhados em nossa cultura ensimesmada.

As Escrituras ordenam que os crentes amem ao próximo como a si mesmos (Mateus 19.19), cuidem das viúvas e dos órfãos (Tiago 1.27), sejam bons samaritanos (Lucas 10.30-37), alimentem o faminto, vistam o nu e visitem o doente e encarcerado (Mateus 25.36). Mas de onde vem essa compaixão de cuidar dos outros?

A resposta é que se sabemos que fomos criados por Deus, então devemos viver em estado de contínua gratidão a Deus. Gratidão, disse G.K. Chesterton, é a mãe de todas as virtudes. Devemos ser agradecidos por cada suspiro que damos, e a cada momento devemos regozijar-nos nas maravilhas da Criação e de tudo o que é nosso – família, trabalho, recreação. Devemos agradecer porque o Filho de Deus tirou os nossos pecados e pagou a nossa dívida na cruz. Compelidos por essa gratidão, desejamos amá-lo e viver como Ele ordena. "Porque este é o amor de Deus, que guardemos os seus mandamentos" (1 João 5.3).

As pessoas freqüentemente me perguntam por que continuei a trabalhar com os presos por mais de 25 anos, indo de volta à prisão, freqüentando lugares repletos de doenças, violência e depressão. Minha resposta é simples: vem da gratidão pelo que Cristo fez por mim, e não posso fazer nada menos do que isso.

Obedecer aos mandamentos de Cristo muda nossos hábitos e disposição. É por isso que, através dos séculos, muitas das causas humanitárias têm sido lideradas por cristãos, desde a abolição do comércio de escravos ao estabelecimento de hospitais e escolas. Até certa altura no começo do século XX, na América, havia mais de 1.100 sociedades cristãs trabalhando por justiça social. Hoje, duas das maiores organizações do mundo para socorrer os famintos são agencias cristãs.

É certo que os bem-intencionados secularistas podem mostrar compaixão, doar generosamente para obras de caridade e oferecer ajuda ao necessitado. Como criaturas feitas à imagem de Deus, todos os seres humanos praticam alguma das virtudes. Mas esta é a pergunta crucial: o que os motiva? Como os sociobiologistas argumentam de modo persuasivo, se os humanos são produto de seleção natural, então até os atos mais amáveis são feitos, em última instância, porque antecipam nossos próprios interesses genéticos. A bondade é uma forma disfarçada de egoísmo. Isso significa que até o mais consciente dos secularistas não tem base racional para ser compassivo; atua sobre motivos unicamente subjetivos – os quais poderiam mudar a qualquer momento.

É claro que muitos cristãos freqüentemente deixam de seguir suas convicções. Porém, quando são egoístas, agem ao contrario de suas crenças. Por contraste, quando os secularistas são compassivos, estão agindo ao contrário da lógica interna de seus próprios pontos de vista.

Não há base também para a compaixão em pontos de vista alternativos, como por exemplo o panteísmo oriental. Enquanto visitava uma prisão em Trivandrum, na Índia, alguns anos atrás, vi em primeira mão o que o sistema hindu de casta faz com a dignidade humana. Nossa equipe foi calorosamente acolhida naquela estrutura antiga da era colonial por um grupo de oficiais penitenciários bem vestidos, e fomos imediatamente cercados por um cordão de guardas indianos em uniforme de verão caqui: bermudas no joelho, dragona nos ombros e bengalas leves de passeio sob os braços. Enquanto nos encaminhavam em direção ao centro da plataforma ornamentada com flores, poderia quase ouvir o esforço da "Marcha do Coronel Bogey".

No campo diante de nós havia pelo menos mais de mil presidiários, muitos deles "intocáveis". Peles morenas, suadas, contrastando com os calções brancos, suas únicas roupas. Descansavam agachados e submissos, os olhos indo assustadoramente de um lado para o outro. Eles não somente estavam condenados nessa instituição horrível, onde eram engaiolados em buracos esquálidos sem banheiro ou água corrente, mas, ainda pior, estavam totalmente desumanizados e tratados como párias. Nenhum indiano que vivesse de acordo com seu credo poderia se importar nem um pouco com eles. Falei nesse dia através de um tradutor indiano, compartilhando meu próprio testemunho e o Evangelho de Jesus Cristo. Quando mencionei o perdão dos pecados, vi muitos olhos arregalados, impressionados. Este era um pensamento radical. No hinduísmo não há o conceito de perdão. Qualquer coisa errada que alguém fizer nesta vida deve ser paga na próxima reencarnação de acordo com a lei de ferro do carma. Em conseqüência, nenhum hindu praticante faria caridade, pois interferiria na lei do carma.

Uma nova vida em Cristo? Pecados lavados? Liberdade? Os presidiários ficaram impressionados com essas idéias. Milhares de pares de olhos fixados intensamente em mim, muitos deles brilhando com lágrimas.

Depois da oração de apelo, assustei os guardas e os dignatários quando pulei da plataforma e andei em direção à multidão, estendendo minha mão ao primeiro homem ao meu alcance. Foi puro impulso; pensei que deveria deixar que percebessem o meu desejo de tocá-los.

Eis que de repente, como numa revoada de pássaros, os homens ficaram de pé e me cercaram. Pelos próximos vinte minutos, apertei cada mão que pude. A maioria tão-somente me alcançou e me tocou; senti mãos pelos meus braços, peito e costas. Estavam desesperados por um "toque", para saber que o amor oferecido por Deus é real. Ficaram trocando de posição uns com os outros até que virtualmente todos haviam feito algum tipo de contato físico comigo.

Mais tarde, esses homens voltaram para suas celas horríveis. Ninguém pode dizer quantos se entregaram a Cristo naquela noite, mas pelo menos uma mensagem foi passada – que no Cristianismo eles não são intocáveis.

A cosmovisão cristã nos compele, como nenhuma outra visão de mundo, a nos importarmos com o próximo.

■ ■ ■

A VISÃO ELEVADA da vida humana oferecida pelo Cristianismo não é veneração da mera vida biológica. O cristão entende que a nossa real esperança está no plano espiritual, por essa razão há algumas coisas mais importantes do que a vida biológica. A obediência a Deus é uma delas. Como um fio vermelho, tal obediência faz seu caminho da cova dos leões à cruz, das igrejas residenciais chinesas aos cultos realizados sob árvores em regiões estéreis do sul do Sudão. A justiça e a verdade são valores bem mais queridos do que a vida biológica.

A visão naturalista da vida penetra em cada área da cultura ocidental, mas em nenhum outro segmento tem tido tanta influência quanto entre os jovens. Em todo canto, eles são bombardeados com mensagens hedonísticas, de autogratificação. Dia após dia, são massacrados com mensagens de que a vida é toda ela sobre brinquedos, prazeres e satisfação de todos os anseios hormonais.

Mesmo assim, bem dentro de nós há uma verdade que não pode ser suprimida, até mesmo sob insistente ataque. Está em nossa própria natureza, na maneira em que somos criados, não importa o quão fortemente tentemos reprimi-la. Ela explode nos lugares mais improváveis – até mesmo numa entrevista coletiva com o presidente.

Em 1993, Bill Clinton abertamente aproveitou a oportunidade de se identificar com os jovens dos EUA através de uma sessão de perguntas e respostas na rede MTV com um grupo de estudantes do 2º Grau. O show é melhor relembrado como a ocasião em que os estudantes perguntaram ao presidente se ele usava cuecas samba canção ou sungas. Porém, nem todas as perguntas foram tão triviais.

Perto do fim da sessão, uma jovem de 18 anos, de Bethesda, Maryland, levantou a mão. "Presidente", disse Dahlia Schweitzer, "parece-me que o recente suicídio do cantor Kurt Cobain exemplificou o vazio que muitos de nossa geração sentem. Como o senhor propõe que... se deva ensinar a nossa juventude o quão importante a vida é?"

A resposta de Clinton foi o que se esperaria de um político experiente e que vivera a infância nos anos 60. Disse que os jovens precisam melhorar sua auto-estima; precisam sentir que "são a pessoa mais importante no mundo para alguém".

Porém Kurt Cobain *era* importante para alguém – para muitos 'alguéns'. Ele era estrela. Ainda assim sentia o "vazio" ao qual a jovem Dahlia referira; nada na sua cosmovisão pessoal, na sua forma de ver o mundo, poderia ensiná-lo "quão importante a vida é".

No relatório da conversa entre Dahlia Schweitzer e Clinton, o jornal New York Times comentou, sem muita seriedade, que o presidente pareceu não ter uma resposta legislativa para a pergunta.[14] Bem, devemos ser gratos por pequenas coisas, suponho. Pode-se apenas imaginar um político propondo uma lei sobre o "significado da vida".

Obviamente, a questão não é algo que pode ser direcionado por medidas políticas ou pela visão de mundo predominante de nossa cultura. Como o filosofo existencialista Albert Camus argumentou, se Deus está morto, então "[só] há um problema filosófico realmente sério, e esse é o suicídio. Julgar se a vida vale ou não vale a pena ser vivida soma na resposta à questão filosófica fundamental".[15]

Ainda assim Agostinho ofereceu uma resposta que é tão verdadeira hoje como o foi há 600 anos: "Tu nos fizeste para ti, e nossos corações não acham a paz até que descansem em ti".[16] Somente quando encontramos a Deus podemos interromper essa impaciente busca, porque a própria essência de nossa natureza é o *imago Dei* – a imagem de Deus – implantada em nós pelo Criador.

Por que lidamos por tanto tempo com a Criação e a questão das origens? Porque a implicação mais importante da Criação é que ela sustenta o nosso entendimento básico de quem somos; a nossa visão da origem determina nossa visão da natureza humana. A dignidade da vida humana não é somente um assunto quente de nossos dias, é intensamente pessoal para mim.

Posso saber todos os argumentos teológicos e, acredite, posso até manter a minha posição em qualquer debate racional. Porém, quando tudo tiver sido dito e feito, acharei a resposta definitiva sobre a questão da vida na face sorridente do meu neto Max.

CAPÍTULO 14
DEUS NÃO COMETE ERROS

Max é um lindo garoto de oito anos, com brilhantes olhos azuis e uma mecha loira no cabelo que balança quando pula no seu lugar favorito na nossa casa – a cadeira do meu escritório. "A cadeira do vovô, a cadeira do vovô", grita com alegria, o rosto se abrindo num sorriso largo.

Max e eu nos vemos muito, e nosso período juntos, avaliado com modéstia, é intenso. Às vezes vamos comer no McDonald's, aqueles que possuem playground com escorregadores e balões inflados bem coloridos com pequenas bolas de plástico dentro. Não importa quantas crianças estão escorregando e pulando entre as bolas, Max está sempre tendo a maior diversão. Se as outras crianças saem, ele continuará a pular, cantarolando: "Mais crianças, mais crianças".

Todos observam Max. Não somente por ser adorável, mas também porque é diferente. Ele é colocado de lado, às vezes, em razão do humor, dos olhares impenetráveis e da sua deficiência em interagir.

Como você vê, Max é autista.

Max chegou de maneira amedrontadora e difícil, através de cesariana de emergência. Houve então uma alegria especial na família Colson quando nossa filha, Emily, passou pela cirurgia e Max chegou a salvo, aparentando ser um bebê robusto e saudável. Mas logo notamos que ele não reagia como esperado. Tinha cólicas e ficava irritado. Gritava alto e parecia especialmente incomodado com barulhos estranhos. Não engatinhou quando deveria e andou tarde. Depois vieram os olhares distantes e os períodos de ausência. Negávamos o que se estava tornando evidente pelo tempo que pudéssemos, firmemente assegurando uns aos outros que em breve Max sairia dessa.

Confesso que orei fortemente por alguma intervenção miraculosa. Também fiz a dura pergunta: "Como Deus poderia deixar que isso acontecesse ao único filho da minha querida filha?" *Não é justo*, disse a Deus muitas vezes. No principio, tinha dificuldades em curtir Max tanto quanto o fazia com os outros netos. Não podia brincar de cavalinho ou fazê-lo olhar para mim. Freqüentemente ele gritava quando o pegava no braço.

Porém, quando ficou um pouco mais velho, notamos algo mais. Max tem uma capacidade especial de amar.

Patty e eu geralmente pedimos aos nossos netos que nos acompanhem no Natal, em nossa entrega de presentes. Assim, quando Max tinha somente dois anos, ele estava conosco quando nos dirigíamos para o interior em visita a uma família que morava a uma hora de nossa casa. Enquanto seguíamos, Emily, Patty e eu falávamos sobre duas garotinhas que veríamos. O pai estava na prisão, e a mãe estava fora a trabalho, de forma que moravam com os avós. Prometemos que quando chegássemos, tentaríamos o máximo possível que essas garotinhas soubessem o quanto eram amadas. Em todo o tempo, Max estava sentado em sua cadeira especial para bebês, chupando o dedo, olhar fixado no horizonte distante e expressão desconectada característica de sua condição.

Os avós estavam esperando na frente da casa, um grande trailer ao fundo num cercado de madeira. Enquanto entrávamos porta a dentro, Max, em geral dolorosamente tímido com estranhos, de repente largou da mão de Emily e correu pela sala em direção às duas garotinhas. Ele desajeitadamente abraçou a mais nova, uma gracinha de quatro anos, com seus longos cabelos louros, e depois colou sua bochecha na dela, sorrindo. Fez a mesma coisa com a irmã de seis anos. Então, ainda sorrindo, voltou para o lado de sua mãe.

Max jamais tinha feito isso antes. Minha única explicação é que ele entendera o que estávamos conversando no carro – e estava determinado a dar amor por nós.

Uma das grandes verdades paradoxais da vida cristã é que a maior adversidade freqüentemente produz as maiores bênçãos. Na minha própria vida descobri a verdade de Tiago 1.2: "Meus irmãos, tende grande gozo quando cairdes em várias tentações". Tenho visto o cumprimento dessa verdade na vida de minha filha. Max era uma das causas do estresse, supomos agora, que levou Emily a ficar sozinha sem marido. Porém, se esteve desencorajada por tudo isso, jamais o demonstrou. Max transformou minha filha de uma jovem maravilhosa para uma mulher cristã amadurecida, que vê seu filho como presente de Deus.

No aniversário de seis anos de Max, Emily me escreveu uma carta tocante. "Deus criou Max exatamente do jeito que pretendia que ele fosse", registrou. "Max não foi um erro pela maneira como foi criado. Deus tinha um plano definitivo quando o criou como ele é. Não presumo saber o que Deus tinha ou tem em mente em seu propósito, e talvez eu jamais conheça todas as particularidades desse propósito. O que eu sei é que Max é perfeito da forma como Deus o criou."

Max escuta as coisa de modo diferente das outras pessoas, vê as coisas de modo diferente, prova as coisas de modo diferente e curte a vida diferentemente. Ainda assim "seu espirito alegre e a exuberância pela vida" são um grande presente. "Aprendi a olhar além da deficiência e ver o indivíduo", Emily escreveu, "e agora Max se tornou minha maior bênção."

Max também é uma bênção para outras pessoas. "Max tem habilidade de afetar a vida das pessoas mais do que qualquer um que eu conheça", Emily continuou. "Quando Max entra numa sala cheia de gente, é como deixar cair uma colher num liqüidificador – todos param e reagem. Exatamente quando a vida das pessoas está fluindo bem, tudo se mistura como deveria, entra Max, essa criança doce, energética e linda, que não combina com seus padrões. Todos reagem de alguma maneira, bem ou mal. Mas eventualmente se conscientizam de suas próprias ações e sentimentos, e isto os afeta de forma profunda. É uma experiência maravilhosa para mim ver alguém que, mesmo não tendo se sentido confortável com Max, aproveite a oportunidade de alcançá-lo."

Emily concluiu sua experiência com estas palavras: "Deus sabia, quando criou Max, que ele necessitaria de ajuda extra neste mundo, então mantém suas mãos ao redor de Max. Ele não o deixa ir sozinho. Sei que em qualquer lugar que Max estiver, Deus o está segurando gentilmente em suas mãos. Como poderia uma criança amparada por Deus ser qualquer coisa que não fosse um presente?"

O fato é que Max tem tocado mais vidas do que qualquer outro garotinho que eu conheça. Ainda assim, ele é exatamente o tipo de criança que os eugenistas modernos tiraria do ventre – ou, se o "defeito" não pudesse ser detectado antes, fariam o serviço na mesa de parto. Ou até, se Francis Crick desse o seu jeito, nas primeiras semanas de vida.

A verdade terrível é que a cultura da morte agarrou-se firmemente nas mentes e nos corações das pessoas outrora responsáveis em tudo na vida. Porém, quando se trata de Max, essas pessoas teriam que lidar com a minha filha primeiro – e comigo. Os cristãos têm que fazer uma linha de defesa para os Maxs da vida.

■ ■ ■

O VERDADEIRO PROBLEMA deste mundo não é a deformação no corpo, mas a deformação na alma. Em uma palavra, é o pecado. Qualquer um que idealize melhorar a raça humana não deve preocupar-se com a eugenia, mas com o meio para curar o coração pecaminoso.

Ainda assim, a própria noção de pecado é agradável à mente moderna. Como resultado disso, muitos dos pensadores ocidentais mais brilhantes construíram um grande mito para evitar encarar a verdade sobre o pecado e a culpa. Ironicamente, esse mito, mais do que qualquer outra coisa, tem causado dano e miséria inimagináveis neste século.

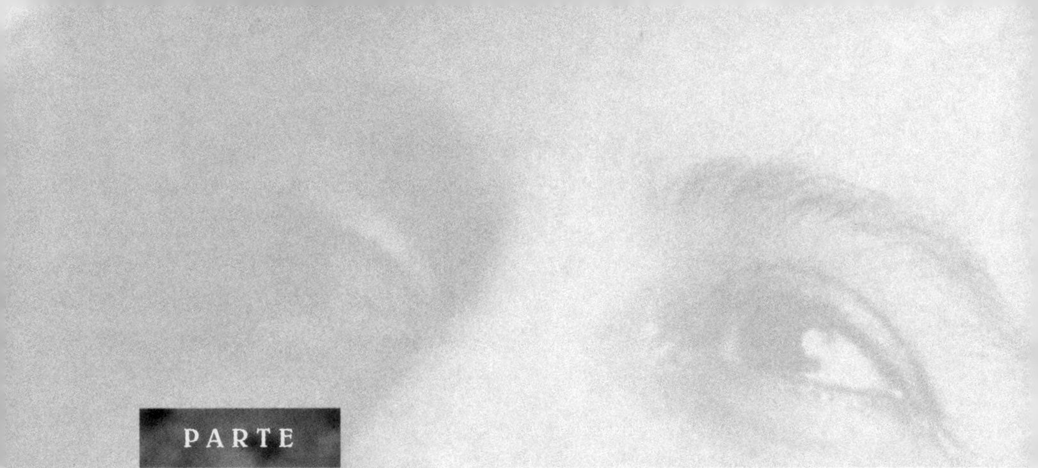

PARTE TRÊS

A QUEDA: O QUE DEU ERRADO COM O MUNDO?

CAPÍTULO 15

O QUE HÁ DE ERRADO CONOSCO

Certamente nada nos ofende de forma mais rude do que esta doutrina [o pecado original], e ainda assim, sem esse mistério, o mais incompreensível de todos, somos incompreensíveis para nós mesmos.

BLAISE PASCAL

O primeiro e mais fundamental dos elementos de qualquer cosmovisão é a maneira como ela responde as questões das origens – de onde veio o Universo e como a vida humana começou. O segundo elemento tem a ver com o modo como essa cosmovisão explica o dilema humano. Por que há guerra e sofrimento, doença e morte? Essas perguntas são particularmente pressionadoras para a cosmovisão cristã, pois se acreditamos que o Universo veio da mão de um Criador sábio e bom, como explicamos a presença do mal? Ou, parafraseando o título do *best seller* do rabino Kushener, por que coisas ruins acontecem a pessoas boas?[1] Se Deus é igualmente todo-amor e todo-poderoso, por que não usa seu poder para acabar com o sofrimento e a injustiça?

Nenhuma outra questão aparenta ser enorme pedra de tropeço para a fé cristã do que esta, como também é a mais difícil para o cristão responder.

Ainda assim a cosmovisão bíblica realmente tem uma resposta, que conta para a experiência universal humana melhor do que a de qualquer outro credo. As Escrituras ensinam que Deus criou o Universo e nos fez à sua imagem, para sermos santos e vivermos de acordo com seus mandamentos. Mesmo assim, Deus nos amou de tal maneira que nos deu a dignidade única de sermos agentes morais livres – criaturas com habilidade de fazer escolhas, optar entre o bem ou o mal. Com o propósito de criar as condições nas quais pudessem exercitar essa liberdade, Deus estabeleceu um limite moral aos nossos primeiros ancestrais: Ele os proibiu de comer do fruto da árvore da sabedoria do bem e do mal. Os humanos originais, Adão e Eva, exerceram sua liberdade de escolha e optaram por fazer o que Deus mandara que não fizessem; Assim, rejeitaram o modo de vida proposto por Deus, bem como a sua vontade, abrindo o mundo para a morte e o mal. O termo teológico para esta catástrofe é Queda.

Em resumo, a Bíblia coloca a responsabilidade do pecado, que abriu as portas para o mal, diretamente sobre a raça humana – começando com Adão e Eva, mas continuando em nossas próprias escolhas morais. Em virtude da decisão de desobedecer a Deus, a natureza humana tornou-se moralmente distorcida e em declínio, de modo que desse ponto em diante a humanidade sempre inclina-se a fazer o mal. Esta é a base da doutrina que os teólogos chamam de *pecado original*, e que assombra a humanidade até os dias de hoje. Desde que os humanos receberam domínio sobre a natureza, a Queda também teve conseqüências cósmicas, como por exemplo de a natureza começar a produzir "espinhos e cardos", a tornar-se uma fonte de labuta, dificuldade e sofrimento. Nas palavras do teólogo Edward Oakes, "nascemos num mundo onde a rebelião contra Deus já tomou espaço e nos arrasta como numa correnteza".[2]

O problema com esta resposta não está em que as pessoas não a achem clara, mas no fato de considerarem-se desagradável. A implicação disso é que cada um de nós está incluído na responsabilidade pela quebra e distorção do estado original da Criação. Não obstante, da mesma maneira que o pecado entrou no mundo através de um homem, implicando toda a humanidade, também a redenção veio para todos através de um homem (Romanos 5.12-21). A justiça está disponível para todos através da fé no sacrifício expiatório de Cristo.

A visão cristã do pecado pode parecer forte, até aviltante, para a dignidade humana. Por isso, nos tempos modernos, muitos pensadores influentes lançaram a idéia do pecado como algo repressivo e não iluminado. Eles sugerem, ao invés disso, uma visão *utópica* assegurando que os humanos são intrinsecamente bons e que sob a condição social correta sua boa natureza emergirá. Essa visão utópica tem raízes no iluminismo, quando intelectuais ocidentais rejeitaram o ensinamento bíblico e o substituíram com a teoria de que a natureza é o nosso criador – que a raça humana veio do limo primordial e evoluiu ao cume da evolução. A doutrina bíblica do pecado foi rejeitada como algo ultrapassado, advindo daquilo que os filósofos do iluminismo desdenhosamente chamaram de Era da Escuridão, da qual sua própria era triunfantemente emergiu. As pessoas já não viveriam sob a sombra da culpa e do julgamento moral; já não seriam mais oprimidas e encurraladas por regras morais impostas por uma divindade arbitrária e tirânica.

Mas se a fonte de desordem e sofrimento não é o pecado, então de onde vêm *esses* problemas? Os pensadores do iluminismo concluíram que devem ser produto do ambiente: ignorância, pobreza ou outras condições sociais indesejáveis; tudo de que necessitam para gerar uma sociedade ideal é criar um ambiente melhor: melhorar a educação, aumentar as condições econômicas e refazer as estruturas sociais. Se as condições forem corretas, a perfeição humana não tem limite. Assim nasceu o impulso da utopia moderna.

Contudo, qual destas cosmovisões, a bíblica ou a utópica, encara o teste de realidade? Qual se encaixa no mundo e na natureza como realmente os experimentamos?

Quase não se poderá dizer que a visão bíblica de pecado é irreal, se reconhecemos com franqueza a disposição humana de fazer escolhas morais erradas e infligir dano e sofrimento aos outros. Principalmente quando olhamos o longo curso da história. Alguém satirizou certa vez que a doutrina de pecado original é, do ponto de vista empírico, a única filosofia validada por 35 séculos de história humana registrada.

Por contraste, a cosmovisão do "iluminismo" provou ser totalmente irracional e intolerável. A negação de nossa natureza pecaminosa e o conseqüente mito utópico não conduz a uma experiência social beneficente, mas à tirania. A confiança de que os seres humanos são aperfeiçoáveis provê a justificação para tentar aperfeiçoá-los... *não importa o que precisar*. E com Deus fora do quadro, os que estão no poder não se sentem responsáveis diante de qualquer autoridade mais elevada. Eles podem usar qualquer meio necessário, não importa quão brutal ou coercitivo, para remodelar as pessoas para ajustar-se às suas noções de sociedade perfeita.

O triunfo da cosmovisão do ilumisnismo, com sua mudança fundamental nas pressuposições sobre a natureza humana, foi em muitas maneiras o evento final do século XX, o que explica por que a história desta era foi tragicamente escrita com sangue. Como William Buckley observou severamente: Utopia "inevitavelmente... traz a morte da liberdade".

A razão para isso emergirá na dolorosa história que se segue. Para algumas pessoas, pelo menos inicialmente, poderia parecer a vida de benfeitores extraviados ou de uma seita maluca. Mas nos acompanhe, porque é muito mais do que isso. É um conto de advertência, mostrando como é fácil sucumbir ao grande mito utópico, com todas as suas conseqüências horrorizantes.

CAPÍTULO 16

UMA MELHOR MANEIRA DE VIVER?

Escritório de um Advogado, São Francisco, 1977

No dia em que Meg Broadhurst entrou no meu escritório de advocacia e disse: "Quero que me ajude a trazer meu filho de volta", ela prendeu minha atenção.

"O marido seqüestrou seu filho?", perguntei.

"Não, é mais complicado do que isso. Meu filho, Jason, está em Synanon."

Tendo morado pelos últimos 20 anos em Bay Area, ouvi falar da organização chamada Synanon, basicamente um programa de reabilitação de drogados. Apesar de o grupo ter começado em Los Angeles no fim dos anos 50, agora tinha um centro em Oakland e outro em Tomales Bay, uma hora e meia ao norte da cidade.

Como advogado da vara de família, já ouvira muitas histórias estranhas, mas essa contada por Meg ganhou de todas. A principio, depois que admitiu sua própria história de dependência de drogas e álcool, imaginei que ela pudesse estar delirando. Estariam esses fatos realmente acontecendo a menos de duas horas de São Francisco?

Por mais que Meg tenha tentado esconder, havia uma aura de desespero ao seu redor – e uma história assustadora para contar. Deixemos que ela conte.

A história de Meg

Pois bem, serei franca com o senhor. Envolvi minha família com a Synanon. Mas primeiro precisa saber um pouco sobre mim e meu marido, Jack.

Conheci Jack numa das festas de meus pais em Malibu. Ele não era como um dos surfistas com os quais eu costumava andar. Trabalhava com imóveis, e tinha algo mais em mente do que cortar ondas na costa norte de Oahu. Quando começamos a sair, tratava-me como se eu esperasse mais dele do que beber *sangria* e namorar em sacos de dormir. Seu estilo atraiu o meu lado sério – a parte que me levou à faculdade de inglês da UCLA para estudar. Era onde ficava, quando não estava na praia. A idéia de namorar um homem que tinha ambições e que pensava sobre o futuro – e satisfazer os meus pais ao mesmo tempo – veio a mim como uma epifania. Poderia namorar Jack Broadhurst. Talvez até casar com Jack Broadhurst.

Jack sempre me falava sobre quão livre eu era. Talvez eu fosse muito jovem para a minha idade, mas ele era definitivamente muito velho para a sua, e enquanto nos apaixonávamos, sua criança interior apareceu. Acho que casou comigo em gratidão por isso. E eu me casei porque não vi o quanto mais organizada minha vida poderia ser. Os garotos ricos com os quais cresci pensavam que a vida seria um verão sem fim, mas alguma coisa me dizia que não poderia ser real. Além disso, eu admirava Jack. Ele vestia paletó, lidava com o mundo real e agia... bem, como um homem.

Quando nos casamos, mudamos para um lugar inacreditável na Colônia Malibu. Então lá estava eu, ainda no último ano da UCLA, mas morando numa casa de praia e dirigindo um Porsche. Nosso primeiro ano foi muito divertido. Não tinha nada para fazer, só estudar e cozinhar para o meu marido. Quando ele chegava em casa, comíamos, fumávamos um baseado, bebíamos vinho e nos curtíamos.

Mas depois que me formei, Jack queria sair mais, especialmente para as festas de Hollywood, onde poderia conhecer novos clientes para fins lucrativos com imóveis. Odiava aquelas festas, e a única maneira de suportá-las era cheirar algumas fileiras de cocaína no banheiro e depois continuar na tequila. Representava a surfista chique, enquanto Jack tentava ganhar mais um cliente. A partir daí, veja você, Jack e eu decidimos ter um "casamento aberto" – ele podia dormir por aí, e eu podia "cheirar".

O problema era que quando eu bebia não conseguia parar. Com bastante dinheiro, e bastante *Bloody Mary* e *Margarita*, realmente eu não precisava parar – a não ser para uma viagem numa carreira de pó peruano. Até quando, numa noite, Jack me achou caída no chão do banheiro.

Foi quando nos mudamos para São Francisco e Jack começou a vender propriedades comerciais na cidade. Realmente não sabia o que fazer comigo em Nob Hill, mas eu sabia que não podia beber nem cheirar, então passava meu tempo nas reuniões dos Alcoólatras Anônimos e tentando fazer as coisas organicamente saudáveis. Queria ser uma mãe com os pés no chão, ou pelo menos uma mãe comum, foi quando tivemos nosso filho, Jason, meu garotinho, que quero que você pegue de volta para mim. Meu bebê era tão maravilhoso, e eu ia de um lado para o outro entre amá-lo fortemente e o desejo de fugir das fraldas e da trabalheira.

Então ouvi falar desses clubes de jogos – parecidos com a reunião dos Alcóolatras Anônimos, liderados por um grupo chamado Synanon. As pessoas do AA não saberiam o que fazer com uma pessoa como eu, que tinha atração tanto por álcool como por drogas, mas a Synanon sabia.

O Clube de Jogos da Synanon era como a reunião do AA, exceto que você podia dizer o que quisesse. Você tinha que realmente falar apenas de você. Podia, inclusive, atacar as pessoas por mentirem sobre seus vícios ou por limitar seu comportamento. Nenhum comentário era proibido no jogo.

Uma vez comecei a falar e quase não consegui parar de falar. As sessões eram selvagens. Adorava convidar Jack para as reuniões, e escutar as pessoas instigando-o para que falasse sobre seus segredos como homem de negócios. Foi impressionante, entende, porque ele realmente gostava disso também. De alguma maneira, quando ele estava no jogo, era capaz de me contar coisas sobre nosso relacionamento que jamais poderia dizer de outra forma. Ele precisava saber que eu realmente o amava, a princípio. E até então eu o fiz.

Acho que ter uma criança estava mudando a ambos, e queria que fôssemos uma família de verdade – nos amarmos e sermos bons pais para nosso filho. Lembro-me da noite em que contei a Jack no jogo: "Chega de casamento aberto. Chega de dormir por aí. Não quero mais isso." Os outros membros do Clube do Jogo Synanon realmente confirmaram o que eu estava dizendo. Podiam ver o quanto eu queria que nosso casamento desse certo.

Quando fomos para casa nessa noite, Jack me chamou no quarto de Jason. Enquanto olhávamos para o nosso filho de cinco anos dormindo tão tranqüilamente, todo enrolado e agasalhado, Jack sussurrou para mim: "Tomo a ti, Meg, para ser minha esposa, para cuidar e manter...". Ele fez todo o discurso, todos os juramentos, os votos tradicionais que nem sequer usamos no nosso próprio casamento.

Depois disso, Jack e eu ficamos fortemente unidos. Foi como se tivéssemos nos apaixonado de novo, só que desta vez melhor, bem melhor. E foi por causa da Synanon.

Então ouvimos falar que a Synanon formara comunidades, e pessoas como nós do Clube do Jogo estavam começando a se mudar para lá, especialmente por encontrarem também as mesmas facilidades em Tomales Bay. A idéia realmente me atraiu, mas jamais pensei que Jack a aceitaria. Ele era o "Senhor Dinheiro". Sua concepção sobre "ficar alto" era pegar um edifício com porcentagem de leasing baixa e vendê-lo em um ano pelo dobro do que comprou. E era capaz mesmo. Jack conhece quando uma propriedade é basicamente boa e só precisa ter as janelas modernizadas, e sabe quando um edifício ruim e velho é simplesmente um velho prédio. Tenho que admitir que é um gênio no que faz.

Mas Jack estava começando a falar que queria também alguma coisa mais da vida, e um dia afirmou: "Você quer mudar-se para Synanon? Digo, permanentemente?"

Não pude acreditar que estivesse falando sério. Mas Jack estava.

O chefe do Clube do Jogo de São Francisco tinha dito a ele que a Synanon estava interessada em recrutar dentre os seus membros alguém para atuar como executivo. Precisavam de uma pessoa como Jack para ajudá-los a desenvolver suas propriedades. Ele teria que lavar as louças e as panelas por uma semana, como todos os novos membros da comunidade, mas depois o transfeririam para o trabalho que amava.

"Meg", ele me disse, "por que não nos mudamos para uma comunidade onde possamos nos concentrar em nós e em Jason? Se realmente há uma maneira melhor de viver, talvez devamos tentar."

Nunca pensei em ouvir aquelas palavra da boca de Jack. Primeiro os votos de casamento reafirmados, e agora isso! Concordei, e em três meses nos mudamos para Tomales Bay. Isso aconteceu em março de 1973, e foi quando esta história realmente começou.

A primeira vez que vi Tomales Bay, pensei: *Vou viver numa pintura de paisagem japonesa!* É lindo.

Aquela propriedade da Synanon fica numa posição de onde se pode contemplar o mar à frente, e até dois anos atrás, Tomales era a sede da organização. Agora mudou-se para Badger, mas o armazém, o Advertising Gifts and Premiums (ADGAP), centro do principal negócio da Synanon, ainda está em Tomales. O local é como uma pequena cidade fechada. Há 500 pessoas ainda morando lá, e tem clínicas médicas, barbearia, sistema de esgoto, cinema, estúdio artístico – tudo.

Quando Jack e eu chegamos, a princípio pensei que Charles Dederich, o fundador da Synanon, fosse algo como um guru. Ele convidou Jack e eu para uma conversa particular, e estávamos muito ansiosos para nos encontrarmos com o velho chefe pessoalmente. Já o vimos antes, lógico, no Templo do Jogo, o edifício especial dedicado às sessões tipo AA, em Tomales. Mas nunca o havíamos encontrado pessoalmente.

Aquele primeiro encontro nos impressionou. Ele colocou o braço ao redor de Jack e disse: "Agora eu sei o que vocês estão se perguntando. Tomamos a decisão certa, nos mudando para cá com todos esses bêbados e loucos? Meg tinha um problema, entendo, mas obviamente agora ela é bastante funcional. Então, você está perguntando: 'esta é a coisa certa para a nossa família?'

"Deixe-me dizer-lhe porque vocês vieram para cá, Jack. Você sabe o que está dentro de você. Sabe que há um desejo de viver como nunca viveu antes, e de alguma maneira que você simplesmente não pode fazer no mundo fora da Synanon. Você sabe que está vivo dentro do Clube do Jogo de uma maneira que nunca poderia estar fora daqui.

"Deixe-me dizer-lhe o porquê disto. É por causa da coisa dentro de você, seu verdadeiro eu, é totalmente energia. Isto lhe dirige em direção à vida no seu sentido mais alto. Isto é impaciente, e continua impaciente até achar satisfação."

Então Dederich citou sua frase favorita de Ralph Waldo Emerson, as mesmas que sempre citávamos no início de cada jogo: "'Enquanto o homem com sua própria vontade aceitar a si mesmo, continuará a crescer e a desenvolver suas potencialidades. Enquanto ele não se aceitar por vontade própria, muita de sua energia será usada para defender-se ao invés de explorar e realizar a si próprio'.

"Aqui em Synanon você terá a chance de se aceitar e usar sua energia para crescer, ser positivo, tornar-se uma pessoa realizada", Dederich afirmou. "Por que você não faz isso fora daqui? Porque toda a sociedade promove varias formas de desordem de caráter. No princípio, quando a Synanon começou em Ocean Park, em 1958, pensei que o problema era o vicio. Mas o problema real era a desordem de caráter, e isso é algo que todos sofremos — você, Jack, tanto quanto Meg, apesar de apenas ela ser viciada em drogas. Você é viciado em outras coisas. Como dinheiro e mulheres – certo? Não há nenhuma vergonha nisso. Estamos todos confusos por causa da sociedade em que fomos criados.

"Porém, aqui em Synanon, você pode lançar mão de seus recursos interiores em busca da satisfação absoluta, porque você pode ver através de seus próprios disfarces no jogo. Podemos ajudá-los a se livrarem de todos esses empecilhos, todas aquelas velhas idéias de certo e errado que acorrentam seu eu interior. Vamos libertá-los dessas regras e convenções antigas que encurralam, de modo que finalmente você possa ser o que realmente é. Você será liberto de todas as suas desordens de caráter, e, juntos, poderemos fazer uma comunidade saudável e mostrar a todo o mundo uma maneira melhor de viver."

Lembro-me que depois daquela reunião, Jack afirmou: "Esse homem é um gênio. Ninguém jamais me viu por dentro como ele".

Por uns tempos a vida em Synanon era tudo o que havíamos sonhado. Trabalhávamos numa escala de dez dias, que é chamada de "estar em movimento", e depois tínhamos dez de "crescimento", o que significava que poderíamos andar a cavalo, nadar no lago de Synanon, velejar na praia, assistir a filmes, usufruir da biblioteca, fazer artesanato. Não tínhamos muito dinheiro, mas não precisávamos dele.

Quando as pessoas entravam, elas davam freqüentemente seu dinheiro para a Synanon. Isso mostrava o quanto eles acreditavam no que a Synanon estava fazendo. Todos recebíamos uma mesada regular da organização – dinheiro que chamávamos de DPG (Dinheiro Para Gastar). Desde que podíamos usar as facilidades da Synanon, vivíamos como se fôssemos ricos.

Também não havia crimes. Podíamos deixar nossas coisas do lado de fora e não precisávamos trancar as portas. Todo o local era administrado com duas regras apenas: sem violência e sem drogas, e isto incluía álcool e cigarros. Então tinham todas essas pessoas, na maioria ex-viciados e muitos deles ex-criminosos, e ainda assim o lugar era tranqüilo. Dederich continuou a falar sobre começar novas "Cidades Synanon" em todo o país para que pudéssemos espalhar essa nova maneira tranqüila de viver para todas as pessoas. Estávamos ansiosos em estar envolvidos com uma missão tão nobre.

Jack e eu nos preocupávamos a princípio quando as pessoas no jogo sugeriam que colocássemos Jason no internato da comunidade. Ele tinha somente sete anos. Porem, descobrimos que era comum os pais entregarem seus filhos para a comunidade, quando as crianças tinham seis meses de idade. Os líderes nos disseram que era mais saudável para uma criança ser amada por toda a comunidade, onde todos funcionam como a extensão de sua família. Soava bem, e de toda maneira, víamos Jason todas as noites. Pelo menos no começo, até que começaram com o berçário à noite. Também demos todas as roupas de Jason para a escola, porque as crianças de lá não eram donas de suas próprias roupas; eles simplesmente as tiravam dos cestos comunitários.

Entretanto, com outras pessoas tomando conta de Jason, Jack e eu realmente podíamos ficar mais tempo juntos. Foi o que realmente me prendeu – a chance de Jack e eu sermos felizes.

Tornei-me realmente uma fanática pela Synanon na noite em que Dederich começou a "jogar" com Jack sobre seu último movimento. Veja você, pensei que Jack tivesse parado de fazer isso quando recitara os votos de casamento naquela noite. Mas não tinha parado. Estávamos todos no Templo do Jogo – Dederich em sua grande cadeira na frente, vestindo seu macacão e camisa xadrez, e sua mulher, Betty, junto a ele, vestindo um de seus vestidos longos e esvoaçantes.

"Quero apresentar-lhes Jack Broadhurst", Dederich disse aos convidados, que vieram assistir. "Jack é antiquado. Ele veio a nós de um bem-sucedido negocio de imóveis. Ele o vendeu quando decidiu vir para a Synanon e investiu cem mil dólares em nossa associação. Trouxe sua mulher, Meg, e o filho, Jason, que está aqui também. Acabo de apontar Jack como diretor da nossa Divisão de Desenvolvimento de Bens e Propriedades." Então Dederich perguntou: "Você gosta de seu novo trabalho, Jack?"

"O que eu gosto", Jack respondeu, "é ser parte da Associação Synanon. Acho que é o melhor investimento que qualquer pessoa pode fazer, não somente com seu dinheiro, mas também com suas vidas."

Dederich movia seu corpo pesado, para longe de Jack. "O homem realmente sabe fazer fumaça, não?" Então Dederich me perguntou: "Meg, você sabe exatamente por que Jack está tão contente por ser um grande diretor?"

Soube de cara aonde Dederich queria chegar. Todos também sabiam.

"Você já conheceu Trina?", perguntou.

"Ela é a nova secretária de Jack", falei, bancando a inocente.

"Trina", Dederich disse, "levante-se para nós."

Tive que admitir que ela era bonita. Trina tinha aqueles traços italianos atraentes, olhos ovais, lábios carnudos. Ela usava uma blusa costa nua e uma mini-saia, e levantou-se como se estivesse pousando para a *Vogue* ou algo parecido, com um dos joelhos dobrado.

"Diga-me, Trina", disse Dederich, "antes de você vir para Synanon, o que você fazia?"

"Eu estava por aí, na estrada", respondeu ela.

"Como parte de um grupo de rock, certo?"

"Eu fazia serviços pessoais", retrucou ela depois de uma pausa.

"Serviços pessoais?", respondeu Dederich. "Podemos chamar assim se você quiser, doçura. Mas o que isso significa é que você se fazia disponível para qualquer tipo de "serviço pessoal" que os membros da banda quisessem, e, em troca, eles forneciam LSD e outras drogas, certo?"

Trina caiu pesadamente na cadeira. "Olha, não tenho orgulho da vida que levava", murmurou.

"Nenhum de nós tem", Dederich respondeu. "Mas o que eu quero saber é por que o meu novo diretor de desenvolvimento de bens e propriedades acha que *você é* a pessoa qualificada para ser sua secretária?"

"Ei, Chuck, havia poucas candidatas na seleção", Jack respondeu, entrando na conversa.

Dederich voltou-se para encarar Jack. "Ei, senhor diretor", ele disse zombeteiramente. "Eu lidei com isso – eu lidei com isso pessoalmente - que você tivesse uma legítima secretária com 12 anos de experiência entre as candidatas. Mesmo assim, ao invés disso, você contratou Trina. Agora, por que exatamente você fez isso?"

Todos no Templo do Jogo começaram a vaiar e gritar. Você não acreditaria nas coisas obscenas que as pessoas gritavam lá.

"Está bem, está bem", berrou Dederich para acalmar a todos. "O problema é que Jack não vai estar trazendo o comportamento de sua classe média, deitando-se com sua secretária aqui". Ele recebeu um cargo de responsabilidade, e a primeira coisa que fez foi algo totalmente irresponsável. Acho que talvez essa discussão esteja retornando para deixar os pratos limpos para Jack."

Isto fez com que Jack parasse de me trair. Finalmente ele se tornou o senhor Fidelidade. Pelo menos até que Dederich assim o quisesse. Mas esta parte da história vem depois.

Outra coisa boa que aconteceu em Synanon foi que me tornei professora. Deixaram que eu ensinasse no internato em Tomales, e até me tornei chefe das disciplinas de humanidades do ginásio e científico. Finalmente me estavam levando a sério. E eu gostava de ensinar porque me permitia ficar mais perto de Jason, desde que todas as escolas eram combinadas em uma única operação.

Eu me lembro quando, lá no científico, um dos meus namorados me disse: "Você é como um docinho extremamente delicioso". Era isso que eu era mesmo, a namorada "docinho extremamente delicioso", e a esposa atrapalhada – eu representava todos esses papéis coadjuvantes. Ninguém sabia que eu me formara na UCLA com louvor. Em Synanon, porém, deixei finalmente de sentir como se tivesse que esconder meu cérebro. Acho que isso era porque eu era bastante correta quando comparada com todos os demais. Por uma coisa, eu nunca fora prostituta, como quase a metade das mulheres que estavam lá, inclusive Betty, a mulher de Dederich.

As escolas da Synanon foram modeladas no estilo livre dos anos sessenta, como Summerhill, mas na ocasião em que comecei a ensinar, tornaram-se tradicionais instituições escolares preparatórias. Exceto por uma coisa: ensinamos as crianças a fazerem suas próprias versões do jogo. Eles mutuamente se criticavam com dureza em coisas como não realizar as tarefas ou relaxar os seus afazeres. Achava que isso era bom porque significava que as crianças se manteriam a si próprias na linha. A única coisa que me incomodava na escola era que a foto de Dederich estava pendurada por todo canto. Era assustador, como a foto de Lenin pendurada em todo canto nos países da cortina de ferro. E depois de um tempo, havia até uma expectativa de ensinarmos às crianças que elas deviam suas vidas a Synanon – que sua primeira obediência não era para com seus pais, mas para com a organização.

Na realidade, muitas coisas começaram a mudar depois que Jack e eu já estávamos lá cerca de dois anos. Muito disso foi devido ao processo.

Veja você, na ocasião em que Dederich perdeu o interesse em ajudar os drogados, ele estava mais interessado em vender Synanon para todo o mundo como um novo tipo de sociedade ideal. Tornara-se o evangelista propagador do modelo de vida da Synanon. O problema é que ainda estávamos fazendo muito dinheiro com a venda de souvenires institucionais, os quais nos referendavam como um centro de reabilitação de drogas. Então o jornal *San Francisco Examiner* fez uma revelação chamando Synanon de "aproveitadora". Os advogados da Synanon se voltaram e processaram a companhia proprietária do jornal, a Hearst Corporation, por usar táticas ilícitas para acolher evidências, e vencemos. A Hearst teve de pagar um dinheirão.[2]

Não obstante, a publicidade negativa afetou a organização, e Dederich decidiu que teria que redefinir sua missão. O conselheiro chefe, Dan Garrett, surgiu com algo que eles acharam uma grande idéia: declarariam a Synanon como religião legalizada. Eles viam todos os tipos de vantagens: era melhor para os impostos, e não tinham que se apoiar no "nível de sucesso" dos viciados. O nível de sucesso não era realmente tão bom assim. Como a maioria dos viciados não se sairia bem se deixasse Synanon, então muitos deles continuavam. Mas se Synanon fosse uma religião, isso já não importava mais. Como Garrett costumava dizer: "Ninguém se forma a partir de uma religião". Além do mais, sendo uma religião, isso significava que todos teriam de estar mais comprometidos e "obedecer os senhores da fé" - Garrett na verdade escreveu isso num memorando.

No jogo, passávamos horas discutindo a idéia de nos tornarmos uma religião, e eu tinha dificuldades de acreditar no que algumas pessoas diziam. Elas diziam que Chuck era um "deus", e Betty a sua natural "sumo sacerdotisa". Durante anos, os recrutados foram acolhidos com o seguinte slogan: "Abandone tudo e siga Chuck"; mas antes eu encarava isso como uma piada. Agora percebia que muitos dos antigos respeitavam Dederich como uma figura de Cristo. Até tínhamos um jogo onde todos decidiram que Chuck poderia ser chamado de "Salvador".[3]

Sinceramente, não sabia o que pensar. Acho que Synanon era como uma religião para mim em varias maneiras. Por exemplo, no jogo, as pessoas freqüentemente repetiam suas histórias – era chamado de "contar sua história podre" – falar de como a vida era sem esperança e inútil antes de entrar para Synanon. As histórias eram como testemunhos religiosos. Mas as coisas estavam extrapolando, e em minha cabeça. Dederich escreveu um livro para definir as crenças do grupo: era chamado de *O Sermão da Viagem ao Tao*. Ele até escreveu uma oração que deveríamos recitar – a Oração de Synanon. Betty também entrou em cena, falando às pessoas que éramos como um seminário, como sacerdotes em treinamento, e tínhamos que aceitar o dogma Synanon "sem qualquer reserva mental" - tínhamos "apenas de dizer 'amém'" para qualquer ordem que Chuck nos passasse.

Estas foram suas palavras exatas. Ela até começou a *falar* como uma alta sacerdotisa. Qualquer um que não estivesse disposto a aceitar Synanon como uma religião estaria sumária e prontamente excomungado.

O jogo estava realmente mudando também. Ao invés de ser aberto e verdadeiro sobre o que pensávamos, começamos a ser pressionados pelo "jogo afirmativo". Isso significava que, uma vez que Chuck ou Betty ou seus ajudantes insinuassem a linha a ser seguida em tudo na Synanon, todos deveriam alinhar-se e concordar com eles. E se criticássemos alguma política interna, todos se voltariam contra nós e diriam quão gratos deveríamos ser por tudo que Chuck tem feito em nosso favor.

Na realidade, o grupo começaria a escavar o passado das pessoas, dizendo que suas vidas eram uma bagunça antes de entrarem para Synanon, e como Dederich os salvou. "E é assim que se retribui a ele?", o grupo perguntaria. A pressão seria tanta que as pessoas atacadas freqüentemente começariam de fato a concordar com as acusações; elas trariam à tona até novos problemas para confessar ao grupo e começariam a fazer acusações a si próprias. Horripilante. Exatamente como os comunistas faziam para domar as pessoas, obrigando-as a acusar a si próprias.

Por esse tempo, também, Dederich tinha interligado uma rede de rádio comunitária chamada "the Wire", difundida em todos os edifícios, escritórios e até banheiros, para que cada membro da Synanon pudesse ouvir os pensamentos de Dederich sobre qualquer assunto, a qualquer hora do dia. Raramente se tinha tempo para pensar por si. Todos estavam constantemente ouvindo a opinião de Chuck em tudo que acontecia, para que pudessem estar do lado "certo".

Mas isso ainda não era o pior. Em seguida veio o teste da lealdade. Algo como raspar nossas cabeças. Synanon tinha várias formas de punição aplicadas quando infligíamos as regras, e uma das punições era raspar a cabeça. Então, de repente, ficou claro que todos tinham que raspar – permanentemente – como um tipo de prova do compromisso. Isto foi em 1975, e eu ainda continuava bem à parte das coisas, ficava aborrecida mas sem muito protesto. Porém, alguns de meus amigos ficaram realmente tristes em perder seus cabelos. Betty tentou fazê-los sentir-se melhor dizendo: "Vocês não podem ser feios, vocês são Synanon. Vocês vestem o escudo da Religião".[4]

Mas Synanon ainda estava recebendo muita publicidade negativa. O artigo do jornal *San Franscisco Examiner* alarmou outros repórteres e as doações começaram a diminuir. Então Dederich decidiu que iria simplesmente reduzir a população, cortar para ter apenas aqueles que fossem absolutamente leais a ele. Ele lançou outro teste de lealdade, que chamou de uma "pequena cirurgia emocional". Começou a comentar sobre como casais com filhos eram um peso para a comunidade. Disse-nos que a criação de cada criança custava à Synanon até duzentos mil dólares, e como, se economizássemos esse dinheiro, poderíamos ajudar delinqüentes juvenis. "O mundo já está muito populoso", afirmava. "Por que os membros da Synanon deveriam continuar a ter filhos, quando poderiam, sem egoísmo, ajudar a salvar crianças que já estavam neste mundo miserável?"[5]

Então Chuck ordenou que todas as mulheres grávidas fizessem aborto. Foi quando realmente comecei a recuar e ponderar sobre Synanon. Havia cerca de cinco mulheres grávidas naquele instante, e uma delas era minha melhor amiga, Jean, uma das professoras. Ela queria um filho há tanto tempo, e estava finalmente grávida, agora quando tinha quase quarenta anos. Ela estava com cerca de cinco meses quando Chuck fez seu pronunciamento, e ela realmente não queria fazer um aborto. Resistiu por uns tempos, mas todos permaneceram "jogando" com ela sobre a lealdade à Synanon, e Jean não suportou a pressão.[6]

Tentei dissuadi-la, mas lembro-me do dia em que entrei no prédio da escola e soube o que tinha feito. Ausentara-se por um dia, e quando voltou, não podia olhar para mim, então eu soube. Ela foi a um médico da Synanon. Agora jamais teria filhos. Para quê? Por quê?

Dederich sabia o quanto todos estavam tristes com os abortos, mas não parou. Fez com que soubessem que ficaria muito feliz se todos os homens fizessem vasectomia. Isto significava que se quisessem ficar nas boas graças dele teriam que seguir adiante – porque ficar nas boas graças de Chuck significava melhor casa, melhor trabalho e outros incentivos. Se você resistisse, poderia ser rebaixado e forçado a catar lixo ou arrancar erva daninha.

Este era o começo do fim para Jack e eu. Implorei a Jack: "Por favor não faça isso. Não faça vasectomia". Eu queria ter outro bebê.

Mas Jack sabia que sua posição de diretor de desenvolvimento estava em risco. Então disse: "Olhe, minha querida, já temos Jason. E além do mais, estou ficando muito velho".

"Velho? Jack, você só tem 36 anos! Escute, Jack, por favor", eu disse. "Cometemos um erro. Isso é loucura total. Temos que deixar este lugar agora mesmo."

E no minuto em que disse aquilo – o instante em que sugeri deixar a Synanon – pude vê-lo virar-se contra mim. Seu rosto realmente endureceu, e não me escutava nem falava comigo. Simplesmente me deixou fora de sua vida. Isso foi tão terrível. Viemos para Synanon para melhorar nosso relacionamento, mas agora Synanon estava entre nós. Jack é totalmente dependente dessa organização; ela é toda a sua vida. Ele irá brigar comigo com unhas e dentes acerca de trazer Jason de volta. Até onde lhe diz respeito, Jason não pertence a ele ou a mim; pertence à Synanon.

Então, continuando, ele fez a vasectomia – sabia que o faria – e assim todos os homens em Synanon. A não ser o próprio Dederich, lógico. Não é interessante? Eu sei que ele agora está rindo da maneira como pôde obrigar todos a fazerem o que ele mesmo jamais se rebaixaria a tanto para fazer. Alguns casais deixaram Synanon por causa disso, mas muitos continuaram lá, e eles estavam ainda mais comprometidos por causa do sacrifício que fizeram.[7]

Não obstante, por pior que seja, isso ainda não foi o pior.

Depois do processo contra a Hearst Corporation, Dederich começou a ter fantasias de vingança. As propriedades da Synanon eram invadidas de tempos em tempos, especialmente a de Oakland, onde uma gang de rua de fato invadiu e começou a espancar o nosso pessoal sem nenhuma razão aparente. Então Dederich orientou a todas as localidades para formar patrulhas de segurança. Eram como bombeiros voluntários no começo, mas em curto tempo tornaram-se como uma força policial interna. Assim, Dederich começou um grupamento de guardas, que na verdade eram mais como um pequeno exército. Eles são chamados de Marinha Imperial, e são formados na maioria por jovens delinqüentes que as agências do serviço social do governo mandam para que os reabilitemos.[8] Esses garotos são de índole ruim, e estão bem armados também.

Como se não bastasse, Dederich começou a instigar as pessoas através do Wire – rede de radio dentro das casas – dizendo como a Synanon não seria incomodada por ninguém. Ele falava continuamente acerca dos tumultos do final dos anos sessenta e sobre a onda de crime dos anos setenta. Dizia que teríamos de combater a violência com violência. Synanon quebraria "pernas e joelhos", se tivesse que fazê-lo. Foi o que de fato disse, esse ex-guru da não-violência.

Até fez isso como parte da religião. Gostava de falar que Synanon se estava transformando numa religião "agressiva, militante" e que mudaríamos a regra de dar a outra face. Ao invés disso, a regra da nossa religião seria: "Não mexa conosco – você pode ser morto".

E para ser justa, tenho que alertá-lo de que, se pegar o meu caso, não sei o que lhe pode acontecer, porque Dederich fica possesso quando advogados ajudam ex-membros da Synanon a ter os seus filhos de volta. Já o ouvi dizer: "Estou um tanto quanto com vontade de quebrar as pernas de alguns advogados e depois quebrar as pernas de suas mulheres e ameaçar cortar os braços de seus filhos".[9] E ele faz isso mesmo.

Muitos casais eram como eu e Jack – um querendo sair e o outro querendo ficar. Acho que foi por isso que Dederich apareceu com a idéia do maior teste de lealdade de todos. Decidiu que o casamento estava no caminho da total lealdade para com ele, então resolveu acabar com isso. Simplesmente abolir o casamento. Para fazê-lo, decidiu separar todos os casados e forçá-los a ficar com outra pessoa – o que ele chamou de "companheiro de amor". Duraria por três anos, e depois todos tinham que pegar outra pessoa. Dederich era quem selecionava, na maioria dos casos, quem ficaria com quem.[10]

Dederich daria uma grande celebração de separação, onde todos os casados deveriam agradecer um ao outro pelo tempo em que viveram juntos e fazer um novo par com outra pessoa. Ele começou com os seus próprio filhos adultos, para dar exemplo. Sua filha – seu nome era Jady – realmente amava o marido, mas ela o deixou para ficar com outro homem. Seu filho teve uma reação mais difícil, e Dederich teve que ameaçar rebaixá-lo. Ele disse: "Você não vai mais participar deste movimento". Como se a Synanon ainda fosse algum movimento idealista para mudar o mundo! Pode ter começado assim, mas agora não era nada além de uma tirania pessoal. Dederich nos estava tirando tudo aquilo que amávamos, tudo com que nos importávamos, tentando fazer com que fôssemos leais somente a ele.

Disse a mim e a Jack para nos separarmos, e o colocou com Trina. Você pode acreditar nisso? Acho que o fez para dizer que poderia fazer o que quisesse, até reverter o que ele mesmo fizera no passado. Para ficar comigo, Chuck escolheu Michael Tenney.

Eu devia muito a Michael, de fato. Acho que ele ama sua mulher, Diane, até mais do que eu amo Jack. Muitas pessoas os admiravam como sendo o verdadeiro casal Synanon. Mike é medico, Diane, enfermeira, e cuidaram de quase todos em Tomales. Acho que até Dederich se arrependeu de ter separado Mike e Diane, mas ele não podia permitir exceções. Diane ficou tão desapontada e entristecida que simplesmente saiu da Synanon e nunca mais voltou. Dederich entra "no ar" e fala mal dela como sendo uma "traidora" – é como chamam aqueles que vão embora – e como não tinha gratidão, nem lealdade, como era estragada, e mais e mais. Ele sempre fazia isso quando alguém se mandava.

De qualquer maneira, na primeira noite depois que fui separada para Mike, fiz os preparativos; coloquei minha camisola e esperei que Mike terminasse o banho. Fiquei pensando naquela fala do *Maravilhoso Mundo Novo,* de Huxley: "Vamos fazê-lo pelo Estado!" Isso era também como no livro *1984*, de Orwell, porque, quer dizer, qual era a diferença entre Charles Dederich e o Grande Irmão? Dederich se encaminhando para o controle total.

Mike voltou do banho comunitário com uma camiseta e um short esportivo, e fechou a porta. Jamais vira um homem parecer tão triste em toda a minha vida, especialmente ao entrar num quarto com a "mulher" esperando por ele na cama, e comecei a rir.

"O que foi?", Mike perguntou.

"Você. Você está parecendo que vai ser enforcado e esquartejado."

Ele sentou no lado da cama, e começamos a conversar. "Decidi deixar Synanon", ele disse. "Eu sei que pode ser ruim para você. Talvez eles lhe acusem de me ter feito sair ou alguma outra coisa parecida. Mas amo Diane mais do que qualquer outra coisa neste mundo, e quero achá-la. Espero que volte para mim uma vez que eu esteja fora daqui."

"Sabe onde ela está?"

"Não falei ainda com ela, mas é capaz de estar em Walnut Creek com a irmã."

"Olhe", eu respondi, "você não tem que fazer isso, eu sei, mas se você pudesse apenas dormir neste quarto – lá no sofá – por duas ou três noites, então as pessoas pensariam que o nosso "amor companheiro" estaria dando certo. Então partiríamos os dois ao mesmo tempo. Aí iremos simplesmente nos separar."

Ambos sabíamos quão traumatizante – e até perigoso – poderia ser deixar Synanon. Os marinheiros do Império espancaram um dos "traidores". Eles têm grande quantidade de armas, e qualquer um que sair recebe todo tipo de ameaças. Dederich vai para a emissora Wire e começa a condenar os "traidores" e a dar dicas de que não se importaria se eles se machucassem. Sei que parece absurdo, mas o lugar se transformou num campo armado, um pequeno estado totalitário. Até ouvi um boato de um campo de prisioneiros que estão administrando no deserto.[11]

Mike e eu saímos ao mesmo tempo, como havíamos planejado. Mike e Diane tinham liquidado todo o seu patrimônio e colocado o dinheiro na Synanon, de modo que partiram sem nada, só com a roupa do corpo. Perderam tudo. Quanto a mim, no mês passado estive em Malibu, de volta à casa de meus pais, tentando juntar os pedaços. Telefonei para o Jason, mas eles não me deixaram falar com meu filho.

Ele está com 12 anos agora, muito independente, e temo que esteja com a boca cheia de palavrões. Ele acha que está quase se tornando um cowboy na Marinha Imperial ou algo assim, e diz que não quer ver-me mais. Você precisava escutá-lo. "Mãe, você não é minha dona. Pertenço à Synanon, e é lá que você também deveria estar. Você deveria trazer esse velho corpo de volta para cá." É como se ele tivesse se juntado aos jovens nazistas!

Jason ainda é uma criança. Precisa de sua mãe. E eu preciso dele. Não posso acreditar de quantas coisas desisti de fazer para ser um membro leal daquela organização! Perdi anos de minha vida, e perdi meu marido e meu filho. Percebi que Jack já se foi, mas ainda há uma chance de lutar por Jason. Você precisa me ajudar a trazê-lo de volta. Você tem que fazê-lo.

■ ■ ■

O QUE VOCÊ ACABOU de ler foi um relato dramatizado. Meg Broadhurst é um personagem fictício. Mas a Synanon, seu líder Charles Dederich, e os grandes personagens associados com a Synanon são reais. Todos os eventos descritos aqui aconteceram, e a experiência de Meg e sua família precisamente representa o destino típico daqueles que se envolveram com a Synanon, uma organização da contracultura devotada ao que Dederich gosta de chamar de "uma maneira melhor de viver".

Dois anos depois desse suposto relato, uma batalha real sobre custodia, semelhante à descrita nessa dramatização, provocou tal violência da parte de Charles Dederich, que suas ações criminais levaram ao fim da Synanon. Um advogado chamado Paul Morantz ganhou 300 mil dólares contra a Synanon, pela sua interferência num caso de custódia de uma criança. Depois, Morantz recebeu tantas ameaças anônimas, que começou a procurar armadilhas por todo canto. Um dia quando foi ver sua caixa de correio, sentiu como se uma pistola de prego disparasse na palma da mão. Ele balançou-a ao ar. Segundos depois, uma cascavel imensa, o chocalho preso para não dar nenhum aviso, saiu da caixa. Os vizinhos o levaram rapidamente ao hospital. Onze tubos de soro antiofídico salvaram sua vida, mas a tentativa deixou-o com danos nervosos permanentes.[12]

Com o testemunho de um vizinho, o ataque a Morantz foi rastreado até Synanon. Os dois homens que fizeram a armadilha foram presos, junto com o próprio Dederich. Todos os três foram indiciados, apesar de Dederich só receber uma multa e a suspensão condicional da pena. Porém, as condenações acabaram com o reinado de terror da Synanon. A comunidade continuou lutando até o começo dos anos 80, mas os processos contra a Synanon por seus tratamentos violentos contra membros da comunidade e pessoas de fora, juntamente com o completo colapso de sua rede de doação, demandou a venda de todo o patrimônio, até que não havia sobrado mais nada. Um por um, os antigos membros partiram da Synanon.

Infelizmente, para muitas famílias era muito tarde. Centenas de crianças perderam a infância nos berçários comunitários da Synanon. Centenas de pais perderam as famílias, o amor e a afeição dos filhos, e também anos de suas vidas para a "melhor maneira de viver" de Charles Dederich. Foi um sonho utópico de uma sociedade ideal, e seguiu o caminho de todos os sonhos utópicos... como veremos adiante.

CAPÍTULO 17

SYNANON E O PECADO

Se a experiência da história humana de Rousseau a Stalin significa alguma coisa, deve ser que estamos presos, gostemos ou não, a uma doutrina – negue a realidade – do pecado original.

EDWARD T. OAKES

Synanon não é apenas um conto do idealismo da década de 1960 que deu errado num pequeno local ao norte da Califórnia. É uma parábola do que acontece quando homens e mulheres rejeitam os ensinamentos bíblicos sobre o pecado e o mal, e depois abraçam o grande mito utópico moderno: que a natureza humana é intrinsecamente boa e pode formar a base da sociedade perfeita. Como o político filosofo Glenn Tinder escreve, se alguém reconhece que “não há nenhum mal grande e intransponível na natureza humana”,[1] então é possível a criação de um céu aqui mesmo na terra.

Essa foi exatamente a filosofia por trás da Synanon. Nos eventos daquela pequena comunidade coercitiva, podemos ter uma visão microcósmica de quão perigosa essa filosofia é. Quando fechamos os olhos para a capacidade humana de fazer o mal, falhamos em construir as fronteiras morais necessárias para nos proteger contra esse mal.

O desejo de Charles Dederich de libertar os viciados de seu comportamento destrutivo começou com intenções aparentemente boas. A abordagem foi inspirada, em grande parte, pelo individualismo de Ralph Waldo Emerson, que acreditava poder o ser humano isolado achar dentro de si toda bondade e verdade necessárias para a comunidade moral. Foi o que Emerson quis dizer pela sua celebrada noção de “autoconfiança”

– que o homem, em sua busca pela verdade, deve estar livre de toda autoridade externa, não importa se for revelação divina, igreja, história ou tradição. Emerson anunciou o amanhecer da nova era de "cada um por si; levado a encontrar todos os recursos, esperanças, recompensas, sociedade e divindade dentro de si mesmo".[2]

Essa visão utópica da nova era moldou a estratégia de Dederich. Para criar indivíduos emersonianos isolados entre seu rebanho, atacou sem misericórdia todas as suas pré-concepções, credos e lealdade moral. Ele acabou com a reserva emocional na viciosa interação do jogo; intensificou a lealdade nas famílias e amigos, "reformulando" os de fora como "inimigos"; invadiu as fronteiras da mente com a rádio comunitária Wire e, finalmente, destruiu a família, com suas políticas de berçários comunitários, aborto, vasectomia e os "companheiros de amor" por temporada.

A idéia era que antigos laços emocionais, lealdades e padrões de pensamentos fossem derrubados para que padrões novos, positivos e saudáveis emergissem. Mas o que realmente emergiu foi a dependência total de uma personalidade autoritária. Quando convicções morais e compromissos pessoais são destruídos, o resultado não é uma grande liberação da bondade humana. Ao invés, o indivíduo torna-se maleável, controlável por qualquer coisa ou qualquer um que venha tomar o lugar da família, igreja e de amigos – e depois possa impor sua vontade e suas convicções sobre o indivíduo isolado.

Todas as utopias, não importa quão bem intencionada sejam, adotam essa estratégia de uma maneira ou de outra. Elas começam com a promessa de liberar o indivíduo de coisas tais como opressão econômica ou ruas cheias de crimes ou superstições antigas. A barganha é sempre a mesma: dá-me poder, e o usarei para criar uma sociedade ideal. Mas, como vimos na história da Synanon, a troca apenas faz brotar o pior daqueles que têm o poder, enquanto escraviza àqueles que prometeram libertar.

A cosmovisão utópica moderna seria, então, capaz de produzir um sistema de vida racional e sustentável? Enfaticamente não. Ela diz que somos bons, mas desencadeia o pior mal. Promete entendimento, mas nos joga na escuridão.

A lição acauteladora que devemos tirar da Synanon é que o mesmo padrão pode aparecer em qualquer lugar no qual o mito utópico seja aceito. Ao contrário das confortáveis suposições contemporâneas, a ameaça de tirania não morreu no pedregulho do Muro de Berlim. O mito utópico continua vivendo. Confessadamente há uma grande diferença entre um país totalitário e países de tradição democrática, mas, e apesar disso, as mesmas suposições que levaram às mais destrutivas tiranias do século XX estão em funcionamento em nossa própria sociedade. A única diferença é a velocidade com que essas idéias atuam em direção às suas inevitáveis conseqüências. Enquanto as nações totalitárias completaram o ciclo, demonstrando os desdobramentos da utopia em todo seu horror, a maioria das nações ocidentais ainda está um pouco em seu estágio primário, expressando a visão utópica na linguagem humanitária.

Por exemplo, a negação do pecado e responsabilidade se expressa em termos terapêuticos, tal como a necessidade de "entender" até o pior dos crimes como resultado de uma infância problemática ou outras circunstâncias. Sintomas de rupturas familiares – como divórcio, adultério e aborto – são defendidos como expressões da liberdade de escolha do indivíduo. Esquemas de engenharia social são mascarados como compaixão pública. Mas todas são apresentações enganosas; por trás há a mesma falsa visão utópica que vimos atuando vividamente na história da Synanon. Essa é a mesma cosmovisão que deu inicio ao totalitarismo moderno. Como Glenn Tinder escreve: "Muito da trágica loucura de nossos tempos, não somente por parte de extremistas como Lenin, mas também por parte de liberais de beira de estrada e conservadores, jamais se teria erguido se não nos tivéssemos, em nosso orgulho tecnológico e ideológico, esquecido do pecado original".[3]

Será que as nações ocidentais verão através de suas desilusões e mudarão o curso antes que seja tarde demais? Esta difícil questão é levantada nos capítulos seguintes, onde sondaremos as conseqüências da falsa cosmovisão da bondade humana, em ambos os sistemas, os totalitários do Oriente e os do Estado-de-bem-estar-social do Ocidente. Rastrearemos os efeitos dessa visão de mundo na política, psicologia, crime, bem-estar e educação, a fim de revelar sua fraqueza fatal. Em contraposição à cosmovisão utópica, colocaremos a cosmovisão cristã, a qual apresentamos com demonstrativos como a única filosofia que convém à experiência humana universal.

Mas primeiro devemos olhar como o mito da utopia nasceu e por que atrai tanto a mente humana. Não podemos começar a opor o mito até que entendamos como a visão utópica veio a substituir o que havia sido por 16 séculos o entendimento estabelecido a respeito da natureza humana e da sociedade. Em outras palavras, o que aconteceu com a noção bíblica do pecado?

■ ■ ■

O QUE ACONTECEU com o pecado? Em 1973, quando o psicólogo Karl Menninger levantou essa questão provocativa em seu *best seller* com esse mesmo título, parecia ser um profeta do Antigo Testamento trovejando contra o relativismo moral de nossa era.[4] Não vamos falar do que é progressivo ou não, do que é ou não apropriado, afirmou, penetrando através da névoa de palavras modernas escondidas como uma brisa rápida. Vamos falar do bem e do mal, de certo e errado.

O que realmente aconteceu com o pecado? Boa pergunta. Para solucionar o mistério, devemos viajar de volta à metade do século XVIII para os influentes escritos do filósofo suíço chamado Jean-Jacques Rousseau. Idéias persuasivas são tipicamente lançadas nos escritos de uma pessoa que as captura e dá expressão ao que se torna uma tendência poderosa. Tal foi o caso quando Rousseau irrompeu no cenário dos intelectuais europeus, ganhando notoriedade instantânea com um ensaio defendendo tese surpreendente: que o progresso da civilização não foi benéfico para os seres humanos, mas prejudicial. Em seu estado natural, a natureza humana é boa, argumentava; as pessoas tornam-se más somente quando corrompidas pela sociedade.

A partir da época de Aristóteles, a maioria dos filósofos ensinou que os seres humanos são por natureza sociais e que cumprem sua verdadeira natureza com a participação nas instituições civilizadas da família, igreja, estado e sociedade. No entanto, Rousseau fez uma reviravolta nessa noção estabelecida. Ele insistiu que a natureza humana estava em seu melhor estado antes e em separado das instituições sociais; que as pessoas são por natureza amáveis, virtuosas e não egoístas; e que é a sociedade, com suas regras artificiais e convenções, que os fazem invejosos, hipócritas e concorrentes.

A noção de Rousseau de que a civilização é artificial talvez seja menos surpreendente quando você percebe que a sociedade em que ele viveu era exatamente isso. Imagine a sociedade francesa dos anos de 1700. As mulheres se escondiam por trás de perucas, maquiagem branca e vestidos ornamentados com jóias e laços. Os homens empertigavam-se no andar arrogante, com longas e encaracoladas perucas, coletes de seda e punhos, meias ornadas e sapatos de salto alto afivelados. Rousseau fugiu dessa empoada e polida sociedade, denunciando-a como falsa em seu âmago, e retirou-se para uma pequena casa de campo onde poderia estar perto da natureza. Vestia-se com roupas surradas e puídas, mas também divertia-se em chocar as pessoas vestindo mantos bizarros e esvoaçantes e túnicas largas e longas. Ele recusava-se a praticar maneiras consagradas e formalidades sociais, cultivando, ao invés, um estilo de comportamento intensamente emocional e espontâneo. Beijava os amigos ostensivamente, muitas vezes jogando-se em seus pescoços. Divertia-se em representar o imbecil sem tato e vulgar.

As estranhas roupas e maneiras rudes de Rousseau eram a expressão deliberada de sua filosofia: se a natureza humana é essencialmente boa, se o mal e a corrupção são criados por uma sociedade falsa e hipócrita, então jogue fora os limites da civilização e explore o seu eu natural e espontâneo – o verdadeiro ser que sublinha as formas sociais. Liberte-o das ridicularizantes pressões do conformismo.

Essas mesmas idéias aparecem nos escritos formais de Rousseau sobre filosofia. Ele rejeita qualquer coisa que limite a liberdade do ser interior, o qual via como bom por natureza – ou, pelo menos, não formado e não definido e capaz de se tornar bom. Os indivíduos devem ser livres para se criar a si próprios ou à própria escolha, livres para descobrirem as próprias identidades, livres para seguirem os próprios caminhos (para citar o anúncio Saab mencionado no capítulo 4). O trabalho de Rousseau mais influente, *O Contrato Social*, é aberto com a famosa frase: "O homem nasce livre e em todos os lugares está acorrentado".[5] Ele apelava para reformadores que libertassem as pessoas das correntes das instituições, regras, costumes e tradições.

Ainda assim, ironicamente, a filosofia de Rousseau de liberdade radical e sem limites gerou os mais opressivos regimes do mundo moderno, inspirando revolucionários como Robespierre, Marx, Lenin, Hitler e Mao. Até Pol Pot e seu quadro de oficiais terroristas educados em Paris eram conhecidos por terem estudado Rousseau, enquanto os capangas dizimava um quarto da população cambojana. Como isso aconteceu?

A chave foi que Rousseau não definiu liberdade como afirmação de direitos contra o *Estado*; liberdade significava libertação das formas e instituições da *sociedade* – família, igreja, classe e comunidade local. O Estado, de fato, seria o libertador. Pela destruição de todos os laços sociais, liberaria o indivíduo de render lealdade a qualquer coisa, exceto a si mesmo. "Cada cidadão seria então completamente independente de todos os homens", proclamou Rousseau, "e absolutamente dependente do Estado".[6]

Essa foi a primeira vez em que o Estado foi de fato retratado como libertador. Para Rousseau, o Estado "é o agente da emancipação que permite o indivíduo desenvolver os germes latentes da bondade até agora frustrada por uma sociedade hostil".[7] Foi assim que nasceu o que certo históriador chamou de "as políticas de redenção", a idéia de que a política possa ser o meio não somente de criar um mundo melhor, mas de realmente transformar a natureza humana, criando "o Novo Homem".[8]

Além do mais, desde que a natureza humana é essencialmente indefinida, de acordo com Rousseau, não há princípios morais que limitem as ambições do Estado. Na cosmovisão cristã, tratamos uma coisa de acordo com sua natureza, baseados em última instância no que Deus a criou para ser. Por isso tratamos uma criança de forma diferente de um cachorro. Mas se não existe tal coisa como a natureza humana, então não justifica afirmar que devemos tratar uma pessoa de um modo preferível do que tratamos um animal. Não existe base para dizer que o Estado deve tratar seus cidadãos de forma justa ao invés de injusta, e não há nenhuma limitação moral no uso do poder pelo Estado.

Isto explica por que a filosofia de Rousseau deu origem ao conceito moderno de revolução, o qual envolve não somente rebelião política para destituir um governo em especial, mas também a destruição em bloco da sociedade existente a fim de construir uma nova e ideal sociedade do nada. Enquanto a teoria social tradicional justifica qualquer ação por um apelo ao passado – a natureza normativa do homem criado por Deus – os revolucionários modernos justificam sua ações com um apelo ao futuro – para a sociedade ideal que irão criar. As atrocidades mais sangrentas podem ser justificadas com a invocação da sociedade perfeita que prometem construir das cinzas da antiga.[9] Assim, os revolucionários modernos avançaram impiedosa e brutalmente, sacrificando milhões de pessoas.

Por que ninguém da legião dos discípulos de Rousseau previu essas conseqüências desastrosas? Por que ninguém considerou que a corrupção do poder absoluto é inevitável?

Porque a utopia cria uma cegueira peculiar. Acreditando que o indivíduo é por natureza bom, Rousseau estava confiante que o todo poderoso Estado seria igualmente bom, desde que em sua visão ele seria simplesmente uma junção da vontade dos indivíduos em uma "Vontade Geral". Rousseau de fato acreditava que o Estado sempre estaria correto, sempre pendendo para o bem público – "sempre constante, inalterado e puro".[10] E se alguns indivíduos recalcitrantes não concordassem com a Vontade Geral? Isto provaria tão-somente que eles foram corrompidos e deveriam ser coagidos a ver que sua verdadeira liberdade estaria em concordar com a Vontade Geral. Como Rousseau definiu, o indivíduo deve "ser forçado a ser livre".[11]

Robespierre, líder do Reinado de Terror que surpreendeu a Revolução Francesa em 1793, aceitou essa lógica muito bem. Ele e seus companheiros jacobinos entenderam a chamada de Rousseau por "força" como argumento para incluir condenação e execução de todos aqueles que se opusessem à nova ordem, resultando na prisão de 300 mil nobres, sacerdotes e dissidentes políticos e a morte de 17 mil cidadãos em um ano. Claro que isso era apenas o começo dos rios de sangue que iriam fluir da filosofia de Rousseau. Pois na prática, o programa utópico de construir uma sociedade nova e perfeita sempre significava aniquilar aqueles que resistissem, aqueles que permanecessem comprometidos com os velhos costumes ou aqueles que pertencessem à classe julgada como sendo irremediavelmente corrupta (a burguesia, os fazendeiros ricos, os judeus, os cristãos).

Esse mesmo padrão básico é encontrado na filosofia de Karl Marx, cuja visão de uma sociedade perfeita instigou o experimento da utopia fracassada numa nação após outra ao redor do globo. A falha fatal na visão utópica do Estado no marxismo é mais uma vez a negação do ensinamento cristão básico sobre a Queda. Se alguém acredita que existe algo como o pecado, este deve acreditar na existência de um Deus que é a base de um padrão transcendental e universal de bondade. Tudo isso Marx negou. Para ele, religião e moralidade não são nada além de ideologias usadas para racionalizar os interesses econômicos de uma classe acima da outra. Não é para menos que os estados totalitários criados por Marx não reconheceram nenhum principio universal moral, nenhuma justiça transcendental e nenhum limite moral em sua brutalidade assassina. O partido, como a Vontade Geral, estava sempre com a razão.

A mesma negação do pecado explica as raízes do fascismo. Em 1964, a revista *Time* foi retardatária em levantar a questão em sua capa: "Deus Está Morto?" Já no século XIX, o filosofo alemão Friedrich Nietsche declarara a morte de Deus e delineara o que isso significava: a morte da moralidade. Ele rejeitou o pecado como sendo nada mais do que um ardil inventado por um bando miserável de "sacerdotes ascéticos", xamãs do Antigo Testamento que haviam alcançado o controle mágico sobre os homens e mulheres tocando a "música encantadora" de culpa em suas almas.[12] Ele denunciou a moralidade cristã como sendo moralidade para escravos. Bondade, perdão, humildade, obediência, abnegação - estas eram características de fracos escravos reprimidos que tinham abandonado a alegria da vida. Para Nietzsche, a ética bíblica não era nada menos do que uma patologia, um puritanismo que acaba com a vida. Ele ansiava pela evolução de uma raça de super-homens saturados com uma ética de poder. Um século depois, os nazistas, alimentaram sua disposição de espírito a partir da deixa de Nietzsche e tentaram criar tal super-raça.

É realmente paradoxal que tal horror fluiu da retumbante filosofia idealista da bondade inata do ser humano. O sátiro francês Anatole France observou que jamais houve tantos que tenham sido mortos em nome de uma doutrina como essa de que os seres humanos são por natureza bons.[13] Porém, se olharmos a vida pessoal daqueles que estabeleceram essa filosofia, começamos a ver a imperfeição de matiz escura no coração de seu "idealismo".

Considere Rousseau. Por que ele viu opressão apenas nas instituições sociais tal como a família? Por que ele retratou o Estado como o grande libertador?

O históriador Paul Jonhson oferece uma intrigante hipótese. Durante o período em que Rousseau estava escrevendo *O Contrato Social*, explica Jonhson, ele estava lutando com um grande dilema pessoal. Como boêmio inveterado, Rousseau não parava em emprego e trocava sempre de amante, eventualmente morando com uma jovem e simples servente chamada Thérèse.[14] Quando esta presenteou Rousseau com um bebê, ele foi, em suas próprias palavras, "jogado na maior vergonha".[15] Naquele tempo, ainda tentava fazer seu caminho para a alta sociedade, e um filho ilegítimo era um empecilho.

Amigos confidenciaram a Rousseau que filhos indesejados eram costumeiramente mandados para um "asilo de enjeitados", e alguns dias depois uma trouxinha coberta foi deixada na porta do orfanato local. Mais quatro filhos nasceram de Thérèse e Rousseau e cada um foi deixado na porta do orfanato.[16]

Os registros mostram que a maioria dos bebês colocados nessa instituição morreu; e os poucos que sobreviveram tornaram-se mendigos. Rousseau era bem cônscio desse fato triste; ele sabia que estava abandonando os próprios filhos para a morte quase certa. Em vários de seus livros e cartas, fez vigorosas tentativas para justificar seus atos.

Primeiramente se pôs na defensiva, argumentando que não poderia trabalhar numa casa "cheia de cuidados domésticos e barulho de crianças".[17] Mais tarde sua postura tornou-se positivamente virtuosa aos próprios olhos. Ele insistiu que seguia os ensinamentos de Platão, que declarou o Estado como mais bem preparado do que os pais para educar bons cidadãos.

Quando Rousseau voltou a escrever sobre teoria política, suas desculpas pessoais parecem ter sido sublimadas em máximas gerais. A idéia de Estado ideal resultou em um tipo de entidade que libera os seus cidadãos das obrigações pessoais problemáticas. Em particular, ele instigou que a responsabilidade em educar as crianças deveria ser tirada dos pais e dadas ao Estado. Existiria uma conexão entre Rousseau, o homem fugindo das obrigações de pai, e Rousseau, o teórico político?

Naturalmente é um assunto delicado tentar ler a motivação pessoal de um filósofo a partir dos seus escritos. Mas sabemos que até o fim de sua vida Rousseau lutou com sentimentos de culpa sobre os filhos. No seu último livro, lamentou que tenha "faltado com a necessária coragem para criar uma família".[18]

Idéias não surgem apenas do intelecto. Elas refletem toda a nossa personalidade, nossas esperanças e temores, nossas ansiedades e lamentos. As pessoas que seguem um tipo específico de ação estão inevitavelmente sujeitas a uma forma de pressão intelectual para achar explicação racional para ela. Teólogos chamam isto de efeito "intelectual" do pecado, significando que o pecado afeta nossa mente, nosso processo de pensamento. Os reformadores cunharam a frase "depravação total", significando que nossas escolhas pecaminosas distorcem todas os aspectos do nosso ser, inclusive as idéias.

A história de Rousseau refuta com frieza a noção contemporânea que a moral pessoal não tem conseqüências publicas. O mundo pagou caro pela opção pessoal de Rousseau, desde os fornos de Auschwitz ao Templo do Jogo da Synanon. E ainda hoje pagamos, de modo sutil e, por conseguinte, muito mais insidioso.

CAPÍTULO 18

SOMOS TODOS UTOPISTAS HOJE

As ilusões utópicas e aberrações sentimentais da cultura moderna liberal são realmente todas derivadas do erro básico de negar o fato do pecado original.

REINHOLD NIEBUHR

Quando o muro de Berlim caiu, a alegria neste lado do Atlântico tinha uma aura quase presunçosa ao redor. O modelo ocidental de democracia triunfara, de uma vez por todas, sobre a grande tirania que dominou grande parte do século XX. Na verdade, o colapso do gigante comunista foi um evento político profundamente importante. Mas o que aconteceu com as idéias que criaram o comunismo em primeiro plano? Morreram elas silenciosamente também?

É claro que não. Com efeito, muitos americanos e outros do mundo ocidental continuavam a apreciar o mesmo mito utópico que produziu esse fruto amargo nas nações totalitárias: a mesma presunção de que a natureza humana é basicamente boa, a mesma rejeição da moralidade transcendente como confinadora e opressiva, os mesmos sonhos grandiosos de engenharia social. Todavia, a menos que venhamos a mudar essas pressuposições básicas, estamos construindo o nosso próprio caminho para a tirania na forma que o grande estadista francês Alexis de Tocqueville chamou de "despotismo suave", um Estado apadrinhador supersolícito que debilita os seus cidadãos tão profundamente quanto aquele, por mimá-los ao invés de coagi-los.[1]

O utopismo americano traça suas origens a partir da noção de Rousseau sobre a bondade humana, mas também exibe uma exclusiva trajetória tecnológica e pragmática enraizada na revolução científica e que apela com instância ao "yankee": "você pode fazer isso, fundamente sua atitude nessa visão". A descoberta dramática de Isaac Newton de que uma única lei – a lei da gravidade – explica uma variedade de fenômenos, tanto nos céus como na terra, permitiu que se construísse a imagem do Universo como uma grande máquina operada por leis naturais. Muitas pessoas, por conseguinte, começaram a estender essa imagem de máquina a todas as áreas da vida, inclusive à própria sociedade.[2]

Nos séculos XVIII e XIX, pensadores sociais acreditavam veementemente que a ciência não apenas explicaria o mundo físico, mas também mostraria como organizar de forma harmoniosa a nossa vida em conjunto. Eles buscavam algum princípio que explicasse a sociedade do mesmo modo que a lei da gravidade de Newton explicava o movimento – um princípio que reduzisse a sociedade a um unificado sistema governado pela lei. Eles buscavam uma física experimental da alma que os possibilitasse habilitar uma ciência de governo e de política com o intuito de dominar as velhas e estabelecidas pragas da ignorância, opressão, pobreza e guerra.

Com certeza, em nenhum lugar essa visão de utopia científica tornou-se realidade. A razão para o fracasso está alojada na lógica do próprio método cientifico. Se transformamos os seres humanos em objetos para estudos científicos, assumimos implicitamente que eles são objetos para ser manipulados e controlados, como as variáveis científicas. Isto significa termos de negar coisas tais como a alma, consciência, o raciocínio e a responsabilidade moral. Quando aplicamos essa hipótese a problemas sociais reais, inevitavelmente desumanizamos e desmoralizamos as pessoas, colocando-as à mercê dos cientistas sociais a serviço do Estado tecnocrata. O resultado final não é utopia, mas outra forma de despotismo.

ENTRE O ANIMAL E A MÁQUINA

Essa lógica de raciocínio pode ser claramente vista no campo da psicologia, começando no século XIX com Sigmund Freud, que fez mais do que todos os outros para desmascarar a própria noção de responsabilidade moral.[3] Freud reduziu os seres humanos a animais complexos, rejeitando explicações de comportamento expressadas nos "antiquados" termos teológicos – *pecado*, *alma* e *consciência* – substituindo-os por termos científicos emprestados da biologia, como *instinto* e *impulsos*. Na teoria de Freud, as pessoas não são agentes mais racionais do que os peões de um jogo de xadrez nas garras de forças inconscientes, as quais não entendem e não podem controlar. Um darwinista comprometido, Freud propôs um esquema evolucionário no qual nossos impulsos primitivos (o id) pertence à mais antiga e mais animal parte do cérebro humano, enquanto a mente racional (o ego) é o posterior desenvolvimento do córtex cerebral mais altamente evoluído. Assim, as coisas que a sociedade rotula de "ruim" não são realmente más; elas simplesmente refletem a parte animal mais antiga do cérebro.

Mais tarde os psicólogos levaram o processo de redução ainda mais adiante. A natureza humana não foi moldada no animal mas na máquina. O mais antigo livro sobre psicologia experimental foi intitulado de "*Elementos da Psicofísica*, como se a psicologia fosse um ramo da física. Seu autor, Gustav Fechner, outro darwinista radical, argumentou que os seres humanos são complicados mecanismos que respondem ao estímulo, moldados por forças em seu ambiente.

Depois de Fechner veio Ivan Pavlov, cujo nome é familiar devido à sua experiência de condicionar cães a salivar com o soar de um sino. Pavlov, outro evolucionista e materialista, rejeitou em definitivo qualquer noção sobre alma, espírito ou até consciência. Toda a vida mental, declarou (seja em seus cães salivantes ou em seres humanos), poderia ser explicada em termos inteiramente mecânicos de estímulo e resposta.

Na década de 1960, a obra de B. F. Skinner, *Walden Two*, introduziu milhões de estudantes universitários ao behaviorismo, uma escola de psicologia que nega em termos categóricos a realidade da consciência ou dos estados mentais. Porque essas coisas não se podem observar, Skinner argumentou, não é possível descrevê-las cientificamente; portanto,[4] não são reais. Somente o comportamento externo e observável é é real.

Com a negação da realidade da mente, Skinner e os behavioristas acreditavam que tinham "purificado" a psicologia de todos os preconceitos filosóficos, tornando-a completamente cientifica e objetiva. Na realidade, é claro, eles simplesmente injetaram seus próprios preconceitos filosóficos. Assim, criaram uma nova marca de utopismo "cientifico", a qual afirma que as falhas na natureza humana são resultado, não da corrupção moral, mas de reações adquiridas – que podem ser desaprendidas para que as pessoas possam então ser reprogramadas para serem felizes e ajustadas, vivendo em harmonia numa sociedade utópica.

ADAPTANDO A NATUREZA HUMANA

Entre outros resultados desse pensamento utópico, observou-se uma mudança na educação. A educação clássica sempre objetivou a busca da verdade e o treinamento do caráter moral. Mas se a natureza humana não era nada mais do que um mecanismo reativo, então poderia ser manipulada e moldada pelas leis que a ciência descobrisse. Assim, a educação tornou-se um meio de condicionar, com a criança sendo tratada como essencialmente passiva, ao invés de agente moral ativo.

Naturalmente, essa filosofia desumana é sempre apresentada numa linguagem de promessa utópica. Nas palavras de J. B. Watson, o fundador do behaviorismo: "Dá-me o bebê e... a possibilidade de moldá-lo em qualquer direção é quase infinita".[5] Esqueça de tentar reformar o comportamento através de religião e moralidade; estas são meras formas de opressão. Através da educação o mundo pode ser "desacorrentado do folclore legendário... livre de costumes tolos e convenções... que prendem o indivíduo semelhantemente a barras de aço apertadas". Watson, soando de forma assustadora como um Charles Dederich antigo, prometeu educar as crianças com "melhores maneiras de viver", o que "por sua vez as educaria de forma ainda mais científica, até que o mundo se transforme num lugar ajustado para a habitação humana".[6]

As mesmas idéias foram aplicadas à lei. No mundo ocidental, a lei positiva (ou lei humana), tradicionalmente, era baseada em um padrão transcendental de justiça, derivado da lei de Deus. Mas no final do século XIX, pensadores legais como Oliver Wendell Holmes, influenciados por Darwin e pelo nascimento da ciência social, começaram a mudar esses fundamentos (como veremos mais adiante). Eles reduziram a lei a um sumário de políticas sociais e econômicas comprovadas cientificamente para obter melhor funcionamento. A lei foi redefinida como uma ferramenta para identificar e manipular os fatores certos a fim de criar harmonia social e progresso.

O mesmo utopismo científico explica o nascimento do Estado do bem-estar-social. A idéia de que tanto a lei como a política de governo deveriam ser transformadas em engenharia social teve sua raiz no New Deal, plano americano de ação social da década de 1930, e desabrochou nos programas da Grande Sociedade da década de 1960. Muitos políticos americanos tornaram-se entusiastas convertidos à idéia sinceramente acreditando que tudo o de que precisariam para resolver os problemas de pobreza e crime seriam programas governamentais bem elaborados com fundos bem capitalizados. Estavam confiantes de que ganhariam a "guerra contra a pobreza", encabeçada pelo presidente Lyndon Johnson.

Ora, hoje a guerra está terminada, e a pobreza ganhou. O Estado do bem-estar-social foi um tiro pela culatra, criando tanto uma subclasse quase permanente de dependência e uma gama de patologias sociais, desde famílias desfeitas e gravidez de adolescentes a abuso de drogas e crime. O que deu errado?

O romancista Dean Koontz descobriu a resposta através de uma experiência difícil. Na década de 1960, jovem, idealista e ansioso por mudar o mundo, alistou-se como conselheiro no Título III do Programa Appalache de Combate à Pobreza. Seu trabalho era lidar com estudantes problemáticos, ajudando-lhes um a um e aconselhando-os para ajudá-los a sair de sua situação econômica deprimente. Mas quando Koontz apareceu para trabalhar, descobriu que muitos dos alunos tinham sido fichados na polícia. De fato, o homem que o antecedeu foi espancado pelos garotos aos quais foi ajudar e acabou num hospital. Koontz rapidamente percebeu que eles precisavam muito mais do que um pouco de monitoramento. Precisavam de formas de direção moral e disciplina, as quais não estavam recebendo em casa ou na escola. Até o fim do seu primeiro ano no programa, um Koontz desencorajado percebeu que a noção de reformar a sociedade através de programas governamentais era algo mal-orientado. Os fracassados programas da Grande Sociedade, escreve, são uma ilustração "da busca sem esperança da humanidade por uma utopia através da beneficência governamental".[7]

Koontz aponta o problema: a "busca sem esperança da utopia". O utopismo da Grande Sociedade não ofereceu nenhuma resposta real para o dilema do colapso moral – o crime e a desordem social – porque redefine doenças morais como problemas técnicos que podem ser resolvidos por burocratas. Ao invés de tratar os seres humanos como agentes morais que devem ser orientados com a linguagem do dever e da responsabilidade, a Grande Sociedade os tratava como objetos para serem moldados e manipulados. Em conseqüência, seus programas tendiam a enfraquecer a dignidade moral de quem era beneficiado, deixando várias pessoas dependentes e desmoralizadas.

Outra vez vemos a ironia: quando negamos a cosmovisão cristã e rejeitamos seus ensinamentos sobre pecado e responsabilidade moral em favor de uma visão mais "iluminada" e mais "cientifica" da natureza humana, de fato terminamos por despir as pessoas de sua dignidade, tratando-as como menos do que seres humanos.

Moradia publica é outro exemplo. Na década de 1920, os progressistas começaram a limpar as favelas das cidades, substituíndo-as por projetos de moradia construída sob padrões higiênicos e sociológicos. Essas grandes e pesadas estruturas refletiam a visão tecnocrata utilitária. Eram torres de aço e concreto monótonas e rígidas, impessoais e funcionais, designadas para armazenar tantas pessoas quanto possível, da forma que fosse mais eficiente.

Os resultados? Paredes que não pertenciam a ninguém foram rapidamente borradas por grafite. Corredores que não pertenciam a ninguém foram rapidamente preenchidos por criminosos e traficantes. Terrenos pelos quais ninguém era responsável tornavam-se rapidamente ressequidos, encobertos de pó e cheios de lixo. Os projetos de moradia desenhados com tanto cuidado científico foram transformados em sementeiras do crime e da miséria.

Muitos desses projetos tiveram até que ser demolidos. Quando um deles, em Newark, Nova Jersey, foi dinamitado, antigos moradores ficaram por perto dando gritos de aplausos. Em contrapartida, o prefeito da cidade lamentou "o fim de um sonho americano que falhou".[8]

Ainda assim o sonho *não* morreu. Enquanto os projetos de moradia transformaram-se em pedregulho, planos para novos esquemas de engenharia social estão na mesa de rascunho. Estes, também, falharão. Por quê? Porque a fonte da crise do Estado de bem-estar-social não é devido a políticas mal-conduzidas; é a filosofia utópica por trás das políticas – uma cosmovisão que considera os seres humanos como sendo cifras que podem ser moldadas e manipuladas, remendadas e readaptadas, para se ajustar às visões dos planejadores sociais.

O problema da visão tecnocrata é que ela reduz os indivíduos a recipientes passivos dos serviços do Estado, roubando-lhes assim a liberdade e iniciativa. Não é surpresa que a visão utópica tecnocrata de B. F. Skinner tenha sido tratada no livro chamado *Beyond Freedom and Dignity* (Além da Liberdade e Dignidade). O titulo mostrou que a única maneira de forçar as pessoas a se ajustarem em qualquer ideal pela sociedade é lançar fora as noções tradicionais de liberdade e dignidade humanas.

Além do mais, quando as coisa dão errado, quando o crime e a pobreza provam ser intratáveis, a suposição é de que o Estado não está fazendo o suficiente. Assim, criamos uma mentalidade de autorização na qual as pessoas acreditam que o governo lhes deve apoio até mesmo se não cumprirem os deveres básicos de cidadania – ou mesmo se tiverem comportamento nocivo ou ilegal.

Eles usam drogas? São alcoólatras? São fisicamente capazes mas recusam-se a trabalhar? Estão tendo filhos sem a mínima intenção de sustentá-los? Não importa. Eles têm direito aos benefícios do governo, sem interrogações. Assim, reforçam-se esses padrões desordenados, e o círculo continua. Os cidadãos não são encorajados a assumir responsabilidade moral e pessoal por suas vidas. Não é nenhuma surpresa, então, que o programa de bem-estar social gere uma subclasse em que o comportamento desordenado e ilegal é a norma. Por ignorar a dimensão moral, por reduzir as confusões sociais a problemas técnicos para serem tratados com soluções cientificas, temos criado o caos moral.

O utopismo científico tem tido sempre resultados contrários ao que intenta. Ele expande o controle governamental enquanto gradativamente mina os cidadãos em sua responsabilidade moral, iniciativa econômica e prudência pessoal.

UMA QUESTÃO DE ALMA

Porém o bem-estar social não é a única área de política pública que ilustra os efeitos perniciosos do mito utópico. Quando se refere ao crime, a política da justiça criminal americana oscila para frente e para trás entre abordagens liberais e conservadoras: entre a ênfase em reabilitação e engenharia social e em leis mais fortes e sentenças mais pesadas. Ainda assim, ambas as abordagens exemplificam, de diferentes formas, a mesma cosmovisão utópica do mundo.

O liberalismo tradicional coloca a responsabilidade pelos crimes na pobreza e em outras doenças sociais. O crime não é uma questão de alma, afirma o liberal; é um problema técnico que pode ser resolvido com a criação de condições sociais corretas mediante políticas públicas acertadas, distribuição de dinheiro às áreas certas e organização do ambiente físico de forma apropriada. Essa visão foi expressa no nascimento da Grande Sociedade pelo então ministro da Justiça Ramsey Clark. Ele enumerou as causas do crime em detalhes sórdidos: "o efeito desumano nos indivíduos das favelas, racismo, ignorância e violência, de corrupção e impotência de cumprir os direitos, de pobreza e desemprego e ociosidade, de geração de desnutridos, de dano mental congênito e negligencia pré-natal, de doença, de poluição, de decrepitude, sujeira, feiúra, insegurança, moradia com superpopulação, de viciados em álcool e drogas, de avareza, ansiedade, medo, ódio, desesperança e injustiça".

Surpreendentemente, depois de recitar essa ladainha horrenda, Clark concluiu com otimismo: "Eles podem ser controlados". Não importa quão universais, endêmicos e intratáveis estes problemas sejam; são todos problemas técnicos que podem ser consertados com a aplicação das soluções técnicas adequadas.[9]

Além do mais, desde que os liberais consideram o crime como resultado de forças impessoais na sociedade, isso coloca a responsabilidade do crime fora do criminoso. Já na virada do século, Clarence Darrow, o advogado que ganhou notoriedade defendendo o darwinismo no julgamento de Scopes, retratou os criminosos como vítimas impotentes das circunstâncias. Em 1902, em discurso amplamente publicado para os prisioneiros do Presídio Municipal de Cook, Chicago, declarou que "não existe tal coisa como o crime da forma como a palavra é geralmente compreendida... Eu não acredito que as pessoas estejam na prisão porque mereçam. Eles estão na prisão simplesmente porque não podem evitar isso por conta das circunstâncias que estão inteiramente além de seu controle e pelas quais não são de maneira nenhuma responsáveis".[10]

Hoje, os herdeiros de Darrow enchem os tribunais de todo o país, implorando piedade dos jurados e mostrando os malfeitores como vítimas de forças além de seu controle. Esse tipo de defesa tornou-se tão comum que hoje é conhecida como "defesa Twinkie", assim nomeada devido a um caso em 1978, no qual um homem alegou insanidade temporária após atirar no prefeito e no supervisor da cidade, na Prefeitura de São Francisco, Califórnia. Ele insistiu que uma dieta baseada em comida ruim aumentou o açúcar no sangue e confundiu seu cérebro. Twinkie o fez proceder dessa forma.

Enquanto essa abordagem liberal é com freqüência apresentada como cuidadosa e compassiva, a verdade é que se baseia numa visão inferior da natureza humana. Como escreve Myron Magnet em *The Dream and the Nightmare* (O Sonho e o Pesadelo), o liberalismo trata as pessoas como produtos passivos do ambiente, como o milho ou a alfafa, que crescem automaticamente ou murcham dependendo da chuva e do sol.[11]

Ainda assim, a abordagem racional conservadora é igualmente desumana, pois trata o crime como um pouco mais do que um cálculo de incentivos. Essa abordagem sugere que o crime aumenta quando os benefícios do comportamento criminoso ultrapassam o custo da punição. Por esse motivo, a solução é proferir sentenças mais duras e penas mais longas. Conheci essa abordagem no íntimo, por ter escrito muitos dos *slogans* sobre lei e ordem do presidente Nixon, quando eu estava na Casa Branca. Como fomos aplaudidos nos círculos conservadores com essa retórica dura!

Ultimamente essa abordagem é impulsionada a partir da filosofia mecanicista que reduz o mundo a relações matemáticas e à autenticidade dos cálculos. Trata as pessoas não como agentes da moral dispostos a pecar, mas como máquinas calculadoras que somam os incentivos à luz dos desestímulos e depois decidem se cometem ou não o crime.

A taxa oscilante de crimes entre as décadas de 1960 e 1980 demonstra que ambas as abordagens – liberal e conservadora – da justiça criminal falharam. Por quê? Porque nenhuma reconhece a dignidade da alma e sua habilidade de fazer escolhas moralmente significantes. Nenhuma respeita o ser humano como genuíno agente da moral, capaz de fazer tanto o verdadeiro bem quanto o autêntico mal. Nenhuma recomenda a necessidade de responsabilidade moral e arrependimento.

Essa negação do pecado e a perda da responsabilidade moral espalharam-se por todo a nossa cultura, introduzindo "A Era Dourada da Desobrigação".[12] Quando as pessoas consistentemente aprendem que são controladas por forças, então começam a acreditar nisso. Quando as coisas dão errado, alguém mais deve ser o culpado.

Exemplos absurdos existem aos montes. Como o da mulher que entrou para uma competição de comer cachorro quente numa boate em Houston. Na pressa de ganhar dos outros concorrentes, comeu tão rápido que começou a engasgar-se asfixiada. Teria a mulher dado de ombros ao infortúnio como uma conseqüência natural do próprio comportamento tolo? Não, ela decidiu colocar-se na posição de vítima. Processou a boate que patrocinou a competição, argumentando que o lugar era culpado porque "não deveria ter competições como aquelas".[13]

A atitude de vítima pode ser atraente porque nos livra de admitir o nosso erro. Mesmo assim é na admissão da culpa que achamos nossa verdadeira dignidade, pois em fazendo isso confirmamos a dimensão moral da natureza humana. Durante séculos, os códigos de leis e moralidade do ocidente foram baseados na elevada consideração da responsabilidade individual. Era entendido que os seres humanos são agentes morais capazes de distinguir o certo do errado, e responsáveis por suas ações.

É óbvio que o reconhecimento da responsabilidade significa atribuir louvor e culpa reais – e culpa, por sua vez, implica na legitimidade da punição. Isso é que faz da responsabilidade moral algo tão agridoce. Não obstante, punição de fato expressa uma elevada visão do ser humano. Se uma pessoa que inflige a lei é meramente vítima disfuncional das circunstâncias, então a solução não é justiça mas terapia; o infrator não é uma pessoa com direitos, mas paciente a ser curado. O problema, disse C. S. Lewis, é que "ser 'curado' contra a vontade... é ser colocado no mesmo nível daqueles que ainda não alcançaram a idade da razão ou daqueles que jamais alcançarão; ser classificado com bebês, imbecis e animais domésticos. Mas ser punido, por qualquer meio e severamente, porque merecíamos, porque 'tínhamos a obrigação de entender melhor', é ser tratado como uma ser humano criado à imagem de Deus".[14]

■ ■ ■

A NEGAÇÃO DO PECADO talvez possa parecer uma doutrina benigna e confortável, mas ao final, é humilhante e destrutiva, pois nega a importância das nossas escolhas e ações. Isso nos reduz a peões de jogo de xadrez nas garras de uma força maior: ou forças inconscientes na psique humana ou forças econômicas e sociais no meio-ambiente. Planejadores e controladores sociais então sentem-se perfeitamente justificados em tentar controlar essas forças, refazer a natureza humana e reconstruir a sociedade de acordo com seus projetos – para aplicar qualquer força necessária para o seu cumprimento.

"De todas as tiranias, uma tirania sinceramente exercitada para o bem de suas vítimas pode ser a mais opressiva", escreveu Lewis. "Aqueles que nos atormentam para o nosso próprio bem irão atormentar-nos sem cessar, pois o fazem com a aprovação de suas próprias consciências".[15]

O utopismo pode ser mantido somente por um tipo de cegueira voluntária à realidade do pecado humano. Mas quando sucumbimos a essa cegueira, perdemos a capacidade de lidar com o pecado, e ao fim, de fato, concordamos com seus efeitos. Nesse ponto repousa o maior paradoxo de todas as tentativas de negar a Queda: negando o pecado e o mal, de fato desencadeamos os seus piores poderes.

CAPÍTULO 19

A FACE DO MAL

O pecado não pode ser superado por artifícios humanos do tipo que os governos manejam, mas apenas pelo sofrimento e pela graça.

GLENN TINDER

Qual é o aspecto da face do mal ?

Poucos anos atrás, quando visitei uma prisão feminina na Carolina do Sul, fiquei sabendo que Susan Smith se tinha registrado para ouvir minha preleção. Smith é a mulher que afogou seus dois filhos deixando que o carro caísse num lago com as duas crianças ainda afixadas nos assentos do veículo. Sua motivação? Ela pensou que o homem com quem estava saindo dera a entender que as crianças seriam obstáculo ao seu casamento com ela.

Quando me preparei para pregar naquele dia, observei minuciosamente a platéia, pensando em como seria o aspecto de tal mãe desnaturada. Imaginei um tipo de mulher como Dorian Gray, com a face marcada pela luta íntima travada contra o mal. Reportando-me a fotografias publicadas nos jornais, procurei a sua face, mas não consegui encontrá-la.

Depois da reunião, perguntei ao diretor do Prison Fellowship se Susan Smith tinha de fato estado presente. "Oh, com certeza", respondeu. "Ela estava na primeira fila, olhando direto para você o tempo todo."

A face do mal é assustadoramente comum.

Em Jonesboro, Arkansas, uma criança de 11 anos e outra de 13 acionaram o alarme de incêndios da escola, assumiram posição de franco-atiradores, e então atiraram nos alunos e professores à medida que saíam do prédio. Eles mataram quatro alunos e um professor, ferindo outros onze.[1]

Em Oakland, Califórnia, um adolescente munido de faca corria atrás de uma mulher, perseguindo-a rua abaixo, enquanto a multidão se juntava e gritava: "mata! mata!" – como espectadores em evento esportivo. Alguém na multidão finalmente fez a amedrontada mulher tropeçar, dando ao perseguidor a chance de esfaqueá-la até a morte.[2]

Em Dartmouth, Massachusetts, três jovens cercaram um colega da 9ª série e o mataram a facadas. Após o ato, sorriram e trocaram cumprimentos batendo as palmas da mão um do outro em pleno ar, como jogadores de basquete celebrando uma boa enterrada na cesta.[3]

Em Nova Jersey, Brian Peterson pegou a namorada, Amy Grossberg, atravessou a fronteira do seu Estado para um quarto de motel em Delaware, onde ela deu à luz uma criança. Eles mataram o recém-nascido e o jogaram no lixo.[4]

Assassinos com sardas no rosto. Assassinos no playground. Assassinos que matam por brincadeira.

Qual é o aspecto da face do mal? Parece com a criança vizinha. Parece conosco.

Como podemos encarar essa carnificina, esse mal indescritível aparecendo atrás do saudável sorriso de uma criança de 11 anos, e ainda sustentar o mito de que o ser humano é basicamente bom?

A cobertura da grande mídia desse crimes hediondos oferece todas as respostas convencionais. O problema é a pobreza. (Mas a maioria desses matadores era de classe média.) O problema é a raça – pois existe um racismo reprimido em muitas de nossas percepções do crime. (Mas a maioria desses assassinos é branca.) O problema é uma infância complicada – a frase preferida dos terapeutas para todo o comportamento anormal da atualidade. (Mas milhões de crianças no mundo vêm de circunstancias difíceis e nunca cometem crimes.)

A única explicação não oferecida é a que os comentaristas modernos não conseguem proferir: a temida palavra "*pecado*". É o pecado que desencadeia a capacidade do mal em sua essência. É o pecado que nos cega para qualquer coisa além dos nossos desejos egoístas. Como disse o juiz a Amy Grossberg durante a sentença: "Se existe uma característica perturbadora no seu caráter... foi o egocentrismo que lhe cegou a necessidade de procurar ajuda, e lhe impediu de ver o valor intrínseco da vida da criança".[5]

Pecado é optar pelo que sabemos ser errado. Após entrevistar o pastor de Susan Smith, um repórter da *New York Times Magazine* concluiu com a seguinte análise: Smith "teve a opção entre o bem e o mal. Ela dispunha de uma escolha e sabia o que estava fazendo quando agiu daquela forma".[6] Quão raramente ouvimos pessoas reconhecendo essa dura e simples verdade. Temos uma escolha, e quando pecamos, optamos por fazer o mal.

Como perdemos o contato com essa verdade fundamental? Para começar, veja como as crianças são educadas hoje. As crianças e adolescentes da geração anterior ainda eram submetidos à disciplina moral na escola, seguindo uma longa tradição que considerava o caráter tão importante quanto a capacidade acadêmica. Professores acreditavam que parte do seu papel era encorajar virtudes e instilar restrições contra a sempre presente ameaça da sedução do pecado e da imoralidade. Essa tradição vem dos dias da colonização quando as meninas em aventais e os meninos em calças curtas aprendiam a ler nas *Cartilhas da Nova Inglaterra*, que ensinavam juntamente com o alfabeto as quase melancólicas lições teológicas.

A — Na queda de Adão
todos pecamos...
I — O ídolo tolo
é chicoteado na escola...
X — Xerxes morreu,
e assim morrerei eu.[7]

Quão diferente das salas de aula atuais, onde as crianças são ensinadas, acima de tudo, a gostar de si mesmas. Onde até erros gramaticais não são corrigidos a fim de que não causem nenhum dano à auto-estima do aluno. Onde "culpa" é algo perigoso ao bem-estar mental, um constrangimento artificial do qual necessitamos nos libertar. Em conseqüência, a nova geração de hoje nem mesmo entende o vocabulário de responsabilidade moral. Não é surpreendente, portanto, que agora vejamos crianças que não mostram qualquer remorso quando violam os direitos dos outros, desde coisas triviais como roubar a blusa da irmã até a crimes hediondos como matar à bala um colega.

O mito utópico infiltrou até nos lares, onde as mesmas idéias são servidas através de revistas, seminários de pais, classes de maternidade e livros sobre desenvolvimento infantil. Nos anos de 1940, no mais influente livro já escrito para pais, o Dr. Benjamin Spock estimulou-os a rejeitar a velha noção puritana de crianças como seres brutos, propensos ao mal e necessitando ser civilizados. Ao invés disso, ele apelou aos pais para que as entendessem como *psiques* evoluídas necessitando de atenção. Por exemplo, quando uma criança em idade escolar rouba alguma coisa, Spock sugere que os pais considerem se a criança pode "estar precisando de mais... aprovação no lar" e até de um aumento na mesada![8]

A mesma mensagem foi proclamada nos mais populares livros sobre paternidade das décadas de 1960 e 1970: de Him Ginott: *Between Parent and Child* (Entre Pais e Filhos), e de Thomas Gordon: *Parent Effectiviness Training* (Treinamento Eficiente dos Pais). Estas obras tentam transformar os pais de rigorosos moralizadores em terapeutas simpáticos, os quais são orientados a permanecer de cabeça fria, sem julgar, igualmente profissionais em seu comportamento, conduzindo os filhos para "clarificar" seus próprios valores.[9]

Dessa forma, mesmo nos lares, o coração e a própria alma da sociedade, tanto quanto o senso do dever, foram substituídos pelo senso do direito, um sentimento de que podemos tudo, mesmo se isso significar a violação dos padrões de bom comportamento. Adultos que uma vez deram firme e indubitável orientação moral – pais, professores e até pastores – foram doutrinados com a idéia de que a maneira de assegurar crianças saudáveis não é ensinando-lhes o que está certo ou errado, mas deixando que elas descubram os seus próprios valores. Como conseqüência disso, muitos americanos perderam até o vocabulário de responsabilidade moral. O pecado e a responsabilidade transformaram-se em conceitos alienígenas.[10]

Até que ponto isto nos afetou fica evidente em uma reportagem especial da MTV sobre "Os Sete Pecados Mortais", que foi ao ar em agosto de 1993. Uma descrição do programa apresentava-se bastante promissora – entrevistas com celebridades e com adolescentes comuns falando sobre os sete pecados mortais: luxúria, orgulho, raiva, inveja, preguiça, ganância e gula. Mas o que mais impressionou foi a chocante ignorância moral dos participantes.

A estrela do rap Ice-T olhou fixamente para a câmera e gritou: "Luxúria não é pecado... Tudo isso é estupidez".

Um jovem na rua parecia pensar que preguiça era uma folga do trabalho. "Preguiça... Algumas vezes é bom sentar e dar algum tempo a si próprio."

Orgulho foi o pecado que a geração MTV encontrou maiores dificuldades para entender. "Orgulho não é um pecado – você deve sentir-se bem sobre si próprio", um jovem falou. A atriz Kirstie Alley concordou. "Não acredito que o orgulho seja um pecado, penso que algum idiota inventou isso", esbravejou.

O programa não disse uma palavra sequer sobre culpa, arrependimento ou responsabilidade moral. Em vez disso, estava cheio de jargões psico-terapêuticos, como se o pecado fosse uma doença ou um vício. Até mesmo o narrador do programa se associou ao coro: "Os sete pecados mortais não são atos malignos, mas antes compulsões humanas universais".[11]

A fixação mental utópica tornou-se tão incrustada que a maioria das pessoas nas culturas ocidentais não tem recursos intelectuais para identificar ou lidar com o genuíno erro de comportamento. Por exemplo, quando um histÓriador respeitável escreveu um livro sobre assassinos em massa, como Hittler ou Stalin, tudo o que pôde dizer foi que estavam sujeitos a "desordens mentais".[12] Cada um de nós é afetado por essa degeneração do discurso moral até ao ponto em que mesmo os cristãos estão propensos a usar o vocabulário da terapia no lugar da linguagem mais rigorosa da moralidade.

A questão do verdadeiro mal foi apresentada com brutal honestidade no livro de Thomas Harris, *The Silence of the Lambs* (O Silêncio dos Inocentes), um romance de terror transformado em filme apavorante. Nele, um assassino serial preso, chamado Hannibal Lecter, um monstro que canibaliza as vítimas, é abordado por uma jovem agente do FBI na expectativa que ele lhe dê informações que a ajudem a prender outro matador brutal.

"Que possível razão eu teria para cooperar com você?", pergunta Lecter.

"Curiosidade", diz a agente Starling.

"Sobre o quê?"

"Sobre o por quê de você estar aqui. Sobre o que aconteceu com você."

"Nada aconteceu comigo, agente Starling. *Eu* aconteci. Você não pode reduzir-me a um jogo de influências. Você desistiu do bem e do mal em favor do behaviorismo, agente Starling... Nada jamais é culpa de alguém. Olhe para mim, agente Starling. Você pode dizer que eu sou o mal? Seria eu o mal, agente Starling?"[13]

A pergunta chocante de Hannibal Lecter sopra para bem longe os jargões acumulados que entopem a nossa mente. Sabemos, tanto intuitivamente quanto por experiência, que o mal é real. Sentimos uma força – em nós e nos outros – que tem o poder de dominar e destruir.

Uma falha fatal no mito da bondade humana é que deixa de corresponder com o que sabemos sobre o mundo a partir de nossas experiências comuns. Quando a cosmovisão é muito pequena, quando ela nega a existência de alguma parte da razão, aquela parte se reafirmará de alguma maneira, exigindo a nossa atenção. É como tentar apertar um balão nas mãos: algumas partes sempre se projetarão para fora. Nosso sentimento de pecado sempre encontrará expressão de alguma forma.

Tome, por exemplo, o enorme apetite que os americanos têm por ficção de terror. O que explica essa fascinação? Parte da resposta é que esses livros lidam com as questões dolorosas sobre a profundidade da maldade humana. Esta pode ser uma razão de os romances de Steven King estarem sempre em primeiro lugar. Pois no mundo grotesco de King, o mal é ameaçadoramente real, e forças sobrenaturais espreitam por toda parte, buscando a quem possam devorar. As pessoas normais são atraídas por essas histórias macabras pela mesma razão que uma criança pequena deseja ouvir a história de "Os Três Porquinhos" muitas e muitas vezes, cada vez se deleitando na maneira como o terceiro porquinho ferve um pote de água no fogo da lareira para escaldar o lobo mau quando ele descesse pela chaminé.

As crianças adoram contos de fada, especialmente os clássicos gravados pelos Irmãos Grimm, porque são cheios de vilões assustadores – madrastas más e bruxas malvadas, feiosos duendes travessos e dragões amedrontadores.

As crianças sabem por instinto que o mal existe, e gravitam em direção às histórias que simbolizam as coisas más e amedrontadoras da vida através de personagens da ficção – e depois mostram esses personagens sendo derrotados pelo bem.

O psicólogo Bruno Bettelhein diz que pais bem-intencionados que se recusam a ler essas histórias de arrepiar para os seus filhos não estão fazendo um favor a eles. Ao contrario, lhes estão negando oportunidade de encarar seus temores dentro de um ambiente abrigado pela fantasia – numa história onde as bruxas e fantasmas desaparecem com as palavras "felizes para sempre".[14]

Para os adultos a ficção pode ter função semelhante: uma maneira de confrontar o lado escuro da realidade. A romancista Suzan Wise Bauer afirma que os adultos que vivem num mundo de tragédia e dor "necessitam de um Grimm para adultos – uma narrativa que não apenas explique a presença do mal, mas ofereça um triunfo sobre ele".[15]

O escritor de suspense Dean Koontz acredita que a popularidade de seus próprios romances sobre matadores em série origina-se na sede dos leitores por quadros do mundo em tonalidades morais bem vivas. Segundo o autor, em nossa era terapêutica nos foi ensinado que "uma forma de comportamento é tão válida quanto outra", que mesmo a morte e a destruição não devem ser condenadas, mas entendidas. "Nos pensamentos 'iluminados', não existe o mal verdadeiro." Em nossa vida cotidiana, todavia, sabemos que não se trata da verdade. Isso explica porque "as pessoas buscam a ficção que diz existir o mal verdadeiro, que existe uma maneira de viver que é boa, e que existe uma maneira de viver que é má. E que essas são opções morais." As pessoas têm "necessidade de ver o que elas realmente conhecem no íntimo sobre a vida refletida no entretenimento ou na literatura".[16]

Num mundo onde os júris desculpam o inescusável, onde psicólogos explicam os mais inexplicáveis males, as pessoas anseiam por um tipo de realismo entre o bem e o mal que só encontram, por incrível que pareça, na ficção.

■ ■ ■

O FATO É que a moldura da utopia desfez a ferramenta que precisamos para entender efetivamente o mal genuíno. E quando não podemos dar nome ao mal ou identificá-lo, perdemos a capacidade de lidar com ele – para finalmente compactuarmos com seus efeitos mortíferos.

Vi isso de modo trágico alguns anos atrás durante uma visita à Noruega. As prisões daquele país lembram um campo coberto de neve: brancas e frias. Os oficiais são orgulhosos do sistema carcerário com instalações caras e modernas. Eles se gabam que, ao lado dos suecos, adotam os métodos mais humanos e progressivos de tratamento no mundo todo, e muitos criminalistas concordam.

A prisão que visitei fora da cidade de Oslo era um modelo de segurança máxima. Fui saudado pela diretora, uma psiquiatra com atitude clinicamente desligada. À medida que me mostrava o ambiente estéril, parecendo mais um laboratório do que uma prisão, ela se gabava do número de conselheiros e do tipo de terapia dada aos presos. De fato, havia tantos psiquiatras que perguntei à diretora quantos dos presos eram doentes mentais.

"Todos eles, naturalmente", respondeu com rapidez, elevando a sobrancelha em atitude de surpresa.

"O que você quer dizer com 'todos eles'?"

"Bem, qualquer um que comete crime violento é mentalmente desequilibrado."

Ah sim! As pessoas são por natureza boas, de modo que quando alguém comete algo assim tão terrível é doente mental. E a solução é terapia. Eu estava vendo a completa aplicação do modelo terapêutico. Tragicamente, porém, veria em breve o seu fracasso.

Naquele dia falei aos presos. Tipicamente, a prisão é um local onde não preciso me cansar para pregar a mensagem sobre o pecado; esta é uma verdade bíblica que homens e mulheres atrás das grades conhecem muito bem. Não obstante, os presos continuavam insensíveis por qualquer coisa que eu tenha dito, inclusive ao convite para aceitar a Cristo. Nenhuma reação. Apenas expressões de olhares impassíveis.

Quando eu estava saindo, no entanto, fui abordado por uma jovem policial que se identificou como crente. Em perfeito inglês, ela me agradeceu, e depois disse: "Orei por esse dia, quando esses homens seriam apresentados à mensagem sólida do pecado e da salvação". Ela continuou a descrever sua frustração em ter que trabalhar dentro de sistema tão falho, onde não havia conceito de responsabilidade pessoal e, conseqüentemente, não existia razão para buscar a transformação pessoal.

Apenas alguns dias depois, as críticas da policial ao sistema foram demonstradas de maneira dramática. Eu viajara para a Escócia, e enquanto estava lá, recebi um telefonema urgente dos integrantes do Prison Fellowship da Noruega. Eles me informaram que a jovem oficial que conheci recebera a responsabilidade de acompanhar um preso para ver um filme – parte da terapia. No caminho de volta, ele a dominou, violentou e então a matou.

Um sinal de doença mental? Um resultado de forças sociais ou econômicas? Quão fracas e inadequadas tais explicações se mostram diante da monstruosidade, crueldade e violência humanas. Quando abraçamos categorias amorais para explicar o mal, falhamos em levá-lo a sério e deixamos de reprimi-lo. Enquanto recusarmos a ouvir o real diagnóstico da doença da alma, não encontraremos o verdadeiro remédio, e no fim isso nos destruirá.

Em qualquer sociedade, apenas duas forças conseguem manter a natureza humana pecaminosa sob controle: a restrição da consciência e a repressão da espada. Quanto menos os cidadãos tiverem da primeira, quanto mais deverá o Estado aplicar a segunda. Uma sociedade que falha no cumprir as ordens através do apelo ao dever cívico e à responsabilidade moral deve recorrer à coerção – ou coerção aberta, como praticada nos estados totalitários, ou coação camuflada, onde os cidadão são persuadidos a desistir de suas liberdades de modo voluntário. Em razão dos exemplos citados no início deste capítulo, não é demais imaginar americanos e outros ocidentais eventualmente tão amedrontados quanto aos próprios filhos que darão as boas-vindas à proteção até por controles cada vez maiores por parte do governo. Essa é a razão por que utopia sempre conduz à perda da liberdade.

A única alternativa ao crescente controle do Estado é a volta ao realismo bíblico sobre o potencial humano para o mal, uma revigorante disposição de olhar o mal no olho e não piscar. Os sociólogos estão sempre em busca das causas básicas do crime e de outras disfunções na sociedade, mas a causa básica não mudou desde a tentação no Jardim do Éden. É o pecado.

Os seres humanos se revoltaram contra Deus e a ordem da sua Criação, jogando-a para fora do seu contexto original. Tudo é distorcido pelo pecado. Nada está livre dos seus efeitos. Não se trata de mensagem meramente "religiosa", limitada a alguma área de fé "particular". É a verdade sobre a realidade final. E ao examinar esta verdade mais de perto, veremos claramente por que o ponto de vista bíblico fornece a única base racional para se viver num mundo real.

CAPÍTULO 20

UMA SERPENTE NO JARDIM

[Deus] criou o fato da liberdade; nós realizamos os atos da liberdade. Ele fez possível o mal; o ser humano fez o mal virar realidade.

NORMAN GEISLER E RON BROOKS

O melhor diagnóstico para a condição humana está "todo nas primeiras páginas de Gênesis", afirma o teólogo Nigel Cameron.[1] Nessas páginas descobrimos de onde viemos, qual é o nosso propósito e o que deu errado com o mundo.

Quando Deus criou os dois primeiros seres humanos, Adão e Eva, estabeleceu um limite moral: "E ordenou o Senhor Deus ao homem, dizendo: De toda a arvore do jardim comerás livremente, mas da arvore da ciência do bem e do mal, dela não comerás; porque no dia em que dela comeres, certamente morrerás". (Gênesis 2.16-17). Adão e Eva eram livres para acreditar em Deus e obedecer a sua lei, ou desobedecê-lo e sofrerem as conseqüências. Essa mesma escolha confronta cada pessoa no decorrer da história.

Obediência a Deus não é uma questão de seguir regras arbitrariamente impostas por um mestre severo. Mas um meio de entrar na vida real, uma vida cheia de significado e propósito: "Vês aqui, hoje te tenho proposto a vida e o bem, e a morte e o mal... escolhe, pois, a vida, para que vivas, tu e a tua semente" (Deuteronômio 30.15-19).

A obediência também não é apenas sobre ações externas. Mas uma reação interna a Deus como um ser pessoal; é a escolha de conhecer e amar "o Senhor teu Deus de todo o teu coração, e de toda a tua alma, e de todo o teu poder" (Deuteronômio 6.5). No âmago dos mandamentos de Deus não está um conjunto de princípios ou uma lista de expectativas, mas a essência de um *relacionamento*. Somos feitos para amar a Deus com todo o nosso ser.

Para criar seres pessoais capazes desse tipo de relacionamento, contudo, Deus teve de dotá-los com a capacidade de escolha. Esses seres não são marionetes humanas penduradas em cordões celestiais, mas agentes moralmente importantes capazes de alterar o curso da história com as opções que fazem.

Isto não implica que a Bíblia endosse a noção contemporânea de "escolha" autônoma mediante a qual tudo quanto eu tenha escolhido torna-se certo em virtude de tê-lo feito. A Bíblia nos ensina que existe um Deus santo cuja lei se constitui padrão válido, transcendente e universal de certo e errado. Nossa escolha não altera sob nenhum aspecto esse padrão; nossa escolha simplesmente determina se o aceitamos, ou o rejeitamos, sofrendo, por isso, as conseqüências.

Deus é bom, e sua criação original era boa. Ele não é o autor do mal. Este é um elemento crucial no ensinamento cristão, pois se Deus tivesse criado o mal, então sua própria essência teria o bem e o mal e não haveria nenhuma esperança de que o bem pudesse jamais vencer o mal.[2] Não existiria nenhuma base para a doutrina da salvação, pois Deus não poderia salvar-nos do mal se o mesmo estivesse alojado em sua própria natureza. Também não haveria nenhuma base para lutar contra a injustiça e a opressão, contra a crueldade e a corrupção, pois estes, também, seriam reflexos da própria natureza de Deus e, portanto, inerentes ao mundo como Ele o criou.

O ensinamento bíblico da bondade original da Criação resolve dois problemas filosóficos importantes: explica a fonte do mal e sedimenta nossa esperança de salvação pessoal. Se tivéssemos sidos criados com uma falha fatal, então a salvação necessitaria de nos destruir e começar tudo de novo. Mas desde que fomos criados bons, a salvação significa restaurar-nos para o que fomos originalmente criados. Redenção significa a restauração e o cumprimento do propósito original de Deus.

Mas se Deus é bom e a Criação é boa, qual é a origem definitiva do mal? Novamente voltamos para as páginas iniciais de Gênesis, onde vemos a tentação de Eva por um ser espiritual muito poderoso, o qual apareceu em forma de serpente e insinuou idéias destrutivas simplesmente fazendo perguntas. "É assim que Deus disse: Não comereis de toda árvore do jardim?", a serpente perguntou (Gênesis 3.1). Então, havendo levantado dúvidas, seguiu para o ataque e deu o bote, lançando uma contradição direta à palavra divina. Com audácia, a serpente anunciou: "Certamente não morrereis" (Gênesis 3.4). De forma espalhafatosa, confrontou a verdade com uma mentira.

Afinal, de onde essa serpente – esse ser maligno – veio? Através da história, todas as culturas têm algum conceito sobre o mal como uma entidade real, alguma força personificada ora como um diabo ora como um deus malvado – ou o que os filósofos chamam de "presença". Somente na Bíblia é que aprendemos sobre a verdadeira fonte dessa força. Existe um reino invisível de seres espirituais, tanto de anjos do bem como de anjos caídos (demônios), e há uma batalha moral acontecendo nesse mundo invisível, como há no mundo visível. Ocasionalmente as Escrituras afastam a cortina para nos dar uma amostra rápida dessa batalha invisível.

Um dos personagens principais nessa batalha é um anjo caído, um ser que uma vez fora perfeito, mas qúe tomou uma decisão moral de se rebelar contra Deus. Esse ser é chamado de "o acusador" ou "Satanás" ou "o diabo". No primeiro capítulo do livro de Jó, no Antigo Testamento, ao ser perguntado de onde vinha, Satanás se gaba de andar livremente: "De rodear a terra e passear por ela", com certeza em busca de almas para corromper (Jó 1.7). Milhares de anos depois, o apóstolo Pedro, aparentemente lançando mão da mesma imagem, avisa que o diabo "anda em derredor, bramando como leão, buscando a quem possa tragar" (1 Pedro 5.8). Nos Evangelhos, tomamos conhecimento de que após Judas ter tomado a decisão fatal de trair a Jesus, "entrou nele Satanás" (João 13.27), uma frase de arrepiar que admite ser possível um espírito malígno estender seu controle para dentro da alma de uma pessoa, uma vez que ela tenha decidido trair o Senhor. Jesus alertou que o principal modo de operação de Satanás é através do engano: "Ele profere mentira... porque é mentiroso e pai da mentira" (João 8.44).

A própria queda de Satanás começou ao declarar sua intenção de ser como Deus: "e serei semelhante ao Altíssimo" (Isaías 14.14). Ele então seduz Eva com a mesma tentação: Se comeres desta árvore, serás semelhante ao Altíssimo, capaz de determinar o bem e o mal. Como define Francis Schaeffer, Satanás é "o originador da Grande Mentira" – de que temos a capacidade, como Deus, de criar nosso próprio padrão de certo e errado.[4] É uma mentira tantas vezes repetida que se tornou a sabedoria aceita por nossa cultura.

Podemos quase imaginar as multidões de anjos, diante do perfeito equilíbrio da história humana, vendo em tenso silêncio como Satanás faz sua oferta a Eva. E podemos quase ouvir então o gemido coletivo de pesar quando ela estende a mão e pega a fruta. Eva acreditara na mentira!

"E deu [a fruta] também a seu marido, e ele comeu com ela" (Gênesis 3.6). Nestas palavras simples encontra-se a explicação para o dilema humano que oprime gerações após gerações com sofrimento e dor. O pecado de Adão e Eva não foi comer um pedaço de fruta, mas almejar poderes como os de Deus, ansiando por algo além de seus direitos. Eles rejeitaram sua natureza como seres criados, limitados, finitos, e tentaram ser o que jamais poderiam ser – divinos. Queriam ser o seu próprio deus.

Essa única escolha de desobedecer um mandamento divino introduziu a batalha moral dos seres celestiais na arena terrestre, com conseqüências que alcançarão o fim da história. O pecado original no Éden afetou toda a humanidade, de modo que todo ser humano nasce num estado de alienação de Deus.

Um jovem novo convertido perguntou certa vez: "Não seria Adão e Eva apenas símbolos de toda a humanidade, e a Queda não seria meramente símbolo do pecado que nos aprisiona?" Não, isto não é uma fábula mitológica. Foram escolhas reais, feitas por verdadeiros seres humanos. Como o apóstolo Paulo declara repetidas vezes em Romanos 5, a queda de Adão e Eva em pecado foi tão histórica quanto o trabalho de redenção de Cristo no Calvário. E o contrário também é verdade: porque a Queda foi genuinamente histórica, a segunda pessoa da Trindade teve que entrar na história e sofrer morte e ressurreição históricas para trazer a redenção.

A explicação bíblica do mal não se reduz a um exercício intelectual ou a uma teoria para explicar o que está errado com o mundo. Ao invés, traz uma mensagem pessoal inevitável: de que *cada um de nós* tem pecado contra um Deus santo. Como o apóstolo escreve: "Não há um justo, nem um sequer... Todos se extraviaram" (Romanos 3.10). Quando realmente entendemos estas palavras, somos tocados por uma humildade profunda. Percebemos que todos viemos para este mundo num padrão moral de igualdade perante Deus; todos precisamos da redenção que somente Deus pode prover.

Virtualmente todas as outras cosmovisões desenham uma linha separando o bem do mal entre grupos de pessoas: entre judeu e gentio, entre ariano e não ariano, entre castas superiores e inferiores, entre burguesia e proletariado. Porém, a Bíblia ensina que a linha entre o bem e o mal divide cada coração humano. Ele está dentro de nós. "Nada há, fora do homem, que, entrando nele, o possa contaminar, mas o que sai dele, isso é que contamina o homem", disse Jesus. (Marcos 7.15). Todos somos culpados perante o Juiz do Universo. Somos todos responsáveis pelos problemas do nosso mundo.

Além disso, todos sofremos as conseqüências profundas, não só em termos pessoais, mas também em sentido cósmico. Muitas pessoas ficam desconcertadas com a idéia de inferno ou pela pregação sobre o juízo final. Mas a doutrina do inferno é ortodoxia cristã histórica. Deus é um Deus de amor, mas também é um Deus de justiça, e justiça requer tanto céu (recompensa por retidão, justiça) como inferno (punição pela injustiça). O julgamento divino pode soar duro e desumano, mas a realidade do inferno é o que faz nossas escolhas significativas e o que nos concede dignidade humana completa. Pois se nossas ações não tivessem nenhuma conseqüência final, seriam insignificantes. Além disso, não existiria nenhuma responsabilidade moral e, portanto, nenhum motivo para agir de modo moralmente correto, o que por sua vez significa que não existiria nenhuma base para uma sociedade civilizada.

Entretanto, os céticos perguntam: e sobre a pessoa que nunca ouviu o Evangelho? O apóstolo Paulo nos diz que ninguém será desculpado "porquanto o que de Deus se pode conhecer neles se manifesta" (Romanos 1.19-20). Somos responsáveis pelo que sabemos (e por implicação *não* pelo que desconhecemos). Quando nos rebelamos contra o que sabemos ser certo e verdadeiro, sofremos as conseqüências.

Mesmo assim, Deus sempre nos deixa uma saída. Ele está sempre pronto e disposto a perdoar e nos restaurar. Redenção completa, como veremos na próxima seção, é a provisão de Deus para nos poupar das conseqüências que decerto merecemos.

ESCRAVOS DA CORRUPÇÃO

As conseqüências do pecado afetam a ordem do próprio Universo. Muitas pessoas têm pouco entendimento sobre o termo *pecado*. Tendemos a pensar que isso significa havermos quebrado umas poucas regras, cometido alguns erros. Então nos desculpamos e continuamos com a nossa vida, certo? Errado. O pecado é muito mais do que quebrar regras. Deus criou um cosmos entrelaçado e complexo, cada parte dependendo da outra, tudo governado por leis de ordem e harmonia. O pecado afeta cada parte dessa ordem e harmonia – deformando-a, fraturando-a, alterando-a e corrompendo-a.

Em primeiro lugar, o pecado interrompe o nosso relacionamento com Deus. Qual foi a primeira coisa que Adão e Eva fizeram depois que comeram do fruto proibido? Tentaram esconder-se do Todo-poderoso. Por causa do pecado, os seres humanos sentem culpa e têm medo de Deus. Essa não é uma culpa neurótica e falsa, uma barreira disfuncional para se viver uma vida completa, desinibida, como a psiquiatria moderna muitas vezes argumenta. Não, a culpa real é um sinal interno de que fizemos algo errado, assim como a dor sinaliza que fizemos algo prejudicial ao nosso corpo. Quando colocamos nossa mão num forno quente, a dor nos diz que devemos alterar o que estamos fazendo. (Precisamos tirar a mão do forno!) A culpa funciona da mesma maneira. Ela é um alerta no âmago de nosso ser de que temos violado a lei que governa o Universo e interrompido o nosso relacionamento com o Criador.

Segundo, o pecado nos aliena uns dos outros. Adão logo começou a culpar Eva por sua atitude; Eva, por sua vez, culpou a serpente por tentá-la. ("O diabo me enganou, e eu comi.") Subterfúgio, culpa, acusação, superioridade, amargura e orgulho – todos os elementos do colapso social estão nos primeiros capítulos de Gênesis.

Terceiro, a Queda afeta toda a natureza. Pelo fato de Adão e Eva terem recebido domínio sobre o restante da Criação, a rebelião do casal injetou desordem em todo o Universo. Este é um conceito difícil de entender em nossa era científica, mas as Escrituras claramente nos ensinam que o pecado rompeu a ordem física, como também a ordem moral. Deus alertou Eva de que, como conseqüência do pecado, o parto e a vida em família se tornariam uma questão de dor e pesar (ver Gênesis 3). Certamente é em nosso relacionamento íntimo familiar que sofremos os piores desgostos. A Adão Deus alertou que quando tentasse cultivar a terra para plantar, ela produziria "espinhos e cardos" (Gênesis 3.17-19). O trabalho que originariamente era criativo e satisfatório, se tornaria uma questão de fatigante labuta e trabalho pesado.

Por último, Deus disse a Adão e Eva que eles retornariam ao pó de onde foram tirados. Em outras palavras, a morte e suas preliminares – doença e sofrimento – se tornariam parte da experiência humana. A morte "não tinha lugar na criação original", escreve C. S. Lewis; ela entrou na nossa experiência porque o próprio mundo físico – inclusive nossos corpos – foi danificado pela Queda. "Não é da natureza da alma deixar o corpo; antes, o corpo (desnaturado pela Queda) abandona a alma."[5] A criação em si está "escrava da corrupção" até ao tempo da redenção final (Romanos 8.21).

É certo que a Queda não foi somente um ato isolado de desobediência que poderia ser rapidamente remendado. Cada parte do bom trabalho manual de Deus foi arruinado pela rebelião do ser humano. É por isso que os reformadores descreveram a natureza humana como "totalmente depravada". Eles não queriam dizer que a natureza humana está completamente corrompida, pois apesar do nosso pecado, ainda temos a imagem de Deus, assim como o rosto doce de uma criança pode ser visto através de manchas de lama e sujeira. Depravação total, de acordo com os reformadores, significa que toda parte do nosso ser – intelecto, vontade, emoções e corpo – mostra os efeitos do pecado. Nenhuma parte permanece intocada pela Queda.

Por exemplo, a sexualidade é boa, criada por Deus; mas é muitas vezes distorcida pela luxúria e infidelidade. De igual modo, o governo foi criado para manter a ordem; mas degenera facilmente em tirania e opressão. A capacidade humana que resulta em criatividade artística é boa; mas pode se degenerar em mensagens de rebeldia e licenciosidade. Na Queda, toda parte da criação mergulhou no caos do pecado, e toda parte implora por redenção. Somente a cosmovisão cristã mantém essas duas verdades em equilíbrio: a destruição radical causada pelo pecado e a esperança da restauração da bondade original.

PAGANDO O PREÇO

Somente o conceito cristão de pecado e responsabilidade moral dá-nos uma maneira racional de entender e ordenar nossas vidas. Uma afirmação na classe de ética de Nancy Pearcey ilustra isso muito bem. Durante a discussão sobre a natureza da responsabilidade moral, um aluno perguntou: "Quem é responsável por quem? Afinal de contas, a noção de responsabilidade não faz sentido, a menos que sejamos responsáveis por alguém".

"Somos responsáveis por outras pessoas", outro aluno respondeu voluntariamente. "Por exemplo, se você atropelar uma criança, você é responsável perante os pais da criança." "Mas quem disse?", persistiu o primeiro aluno. "Quem irá afirmar que sou responsável perante aqueles pais?"

"Somos responsáveis pela sociedade", aventurou um terceiro aluno. "A sociedade faz as leis que nós seguimos, e isso nos torna responsáveis."

"Mas quem dá à sociedade esse direito?", perguntou o primeiro aluno.

A resposta espreitando nas mentes de muitos alunos foi de que a nossa responsabilidade final é para com Deus. Qualquer outra autoridade pode ser desafiada. Somente se existir um Ser absoluto, um Ser de bondade e justiça perfeitas, haverá ao fim um tribunal perante o qual seremos todos responsáveis. Mas numa classe de universidade secular ninguém se atreveria a dizer isso. Então os alunos continuaram discutindo, na esperança de encontrar alguma base para a responsabilidade moral que não necessitasse do reconhecimento da autoridade divina.

A sala de aula da universidade não é o único lugar onde "conversa sobre Deus" é tabu. Em muitas partes da cultura contemporânea é aceitável acreditar em Deus, mas somente se você mantiver sua fé restrita ao seu mundo particular. Mesmo assim, o Cristianismo não se manterá privado. Cristianismo não é meramente fé pessoal. É a verdade sobre toda a realidade. Os cristãos devem aprender como sair da redoma, penetrar em ambientes hostis à fé, fazer as pessoas verem o dilema que elas mesmas encaram, e depois mostrar-lhes porque razão a cosmovisão cristã é a única resposta racional.

Os descrentes devem ser conscientizados de que estão num dilema intolerável. Por um lado, todos implicitamente esperamos viver numa sociedade onde a autoridade divina seja respeitada, onde não tenhamos que sentir medo de sermos traídos, roubados ou assassinados. Não obstante, ao mesmo tempo, muitos de nós não querem submeter-se à autoridade divina; não querem reconhecer a fonte externa e transcendente da verdade moral que restringe o nosso próprio comportamento. Isto seria um golpe no orgulho e egocentrismo do ser humano, e uma negação de que a escolha é nosso direito final, que somos moralmente autônomos. E o que é pior, significaria que quando falharmos em não viver aquela verdade transcendental, estaremos numa posição muito desconfortável de não somente ter de admitir culpa perante o tribunal divino, mas também de aceitar as conseqüências. Este é o preço que pagamos por aceitar a resposta cristã.

E ainda, o preço pela rejeição é muito mais elevado. Quando a moralidade é reduzida a preferências pessoais e quando ninguém pode ser moralmente responsabilizado, a sociedade logo cai em desordem. Os produtores artísticos sacodem lixo que vulgariza o gosto de nossas crianças; os políticos fazem cócegas nos nossos ouvidos, enquanto roubam o nosso bolso; os criminosos aterrorizam as ruas de nossas cidades; os pais negligenciam os filhos e as crianças crescem sem consciência moral. Desse modo, quando a anarquia predomina em qualquer país, seus cidadãos tornam-se candidatos em potencial a uma liderança com estilo totalitário (ou classe dominante) que entra em cena oferecendo ajeitar tudo. Infelizmente, no momento em que muitas pessoas estão cansadas da anarquia e do caos elas rapidamente trocam sua liberdade pela restauração da ordem social – mesmo que seja sob pulso de ferro. Os alemães fizeram exatamente isso nos anos de 1930, quando deram boas-vindas a Hitler; assim também fizeram os italianos, ansiosamente seguindo Mussolini, que prometeu fazer os trens funcionarem no horário.

Devemos insistir que as pessoas encarem esta dura escolha: ou uma cosmovisão que sustenta sermos por natureza bons ou uma cosmovisão que reconheça um padrão transcendente e a nossa responsabilidade pelo nosso pecado perante um Deus santo. A primeira opção leva à anarquia moral e abre a porta para a tirania; a segunda opção torna possível uma sociedade organizada e moralmente responsável. Quando o teólogo judeu Dennis Prager discursa, pede com freqüência para as pessoas na platéia imaginar que estão andando num beco escuro de uma cidade à noite e, de repente, dão de cara com um grupo de rapazes vindo em sua direção. Prager então pergunta: "Ficariam vocês atemorizados ou aliviados por estarem carregando bíblias após terem acabado de sair de um estudo bíblico?" A pessoas riem e admitem que ficariam aliviadas.[6] O compromisso com a verdade bíblica leva a um comportamento mais civilizado.

Por contraste, ninguém que observe a história do nosso século é capaz de engolir a idéia de que se apenas liberássemos as pessoas das tradições morais opressivas e de regras, elas seriam espontaneamente boas e generosas. Toda civilização desde o início dos tempos sabe que sem lei somos levados à crueldade e ao barbarismo. Até os ladrões têm seus códigos de honra, como se diz. As leis morais não são regras sufocantes que reprimem e restringem a nossa natureza verdadeira; antes, são direções para nos tornarmos o tipo de ser que Deus pretendia quando nos criou. Quando entendemos isso, vemos que os padrões morais são verdades que nos revigoram, melhoram a nossa vida e nos enriquecem.

O que é preciso ser compreendido é que a doutrina realista e bíblica do pecado é o único salva-vidas contra a tirania pessoal de Charles Dederich e da tirania impessoal de um Estado opressor. Foi a aceitação da doutrina bíblica do pecado que deu aos norte-americanos o grau de liberdade sem precedente histórico que ainda hoje usufruímos. Nossos fundadores construíram um sistema de controle e equilíbrio em todos os ramos do governo porque reconheceram a necessidade de conter a ambição e a ganância. Como definiu James Madison, essas estruturas "colocam ambição contra ambição e tornam impossível para qualquer elemento do governo obter poder sem controle".[7] Tais limites no exercício do poder nos protegem muito melhor do que qualquer documento escrito garantindo os direitos humanos. Além do mais, a Constituição da antiga União Soviética continha uma lista de diretos até maior do que a própria Carta de Direitos da Constituição americana, mas o documento não produziu nenhum bem por falta de limites no poder.

Precisamos insistir em que nossos céticos prolonguem os debates sobre as conseqüências lógicas de suas cosmovisões. Negar a realidade do pecado pode parecer uma idéia iluminada e enaltecedora, mas é definitivamente humilhante e destrutivo. Tal comportamento nega a importância de nossas escolhas e ações e libera nossos piores impulsos. O Cristianismo, por outro lado, nos capacita a direcionar-nos às questões sociais, tais como assistência, combate ao crime, direitos humanos e educação. O Cristianismo fornece a base para um sistema de bem-estar compassivo e moralmente desafiador, que reforça a dignidade e o respeito próprio do beneficiário. O Cristianismo provê as bases para um sistema de justiça criminal que faz com que as pessoas sejam responsáveis pelos seus atos, em vez de reduzir sua estatura como agentes morais através das "psicobobagens" da vitimização. O Cristianismo fornece a base para uma sólida teoria sobre os direitos humanos, considerando todos os indivíduos como igualmente criados por Deus e igualmente caídos. A educação cristã trata as crianças com a dignidade de seres criados à imagem de Deus. Em cada uma dessas áreas, como vimos nos capítulos anteriores, uma comparação expõe a absoluta falência do utopismo moderno e seu dogma da bondade natural.

VIRANDO AS MESAS

Naturalmente, a noção do pecado não é apenas uma questão de cosmovisão, é também pessoal. Neste nível, um entendimento realista da depravação do ser humano nos leva a Deus em nossa busca por uma solução para nossa culpa pessoal. Ao invés de tentarmos enterrar a culpa embaixo de camadas de jargão psicológico – onde nunca permanece enterrada – podemos encará-la de cabeça erguida, sabendo que o próprio Deus proporcionou a saída.

Com freqüência, ouvimos dizer que a religião é meramente um desejo de realização. Esse era o argumento de Freud: O Cristianismo é uma ilusão inventada para satisfazer várias necessidades pessoais. É verdade que existem benefícios psicológicos a serem obtidos na crença em Deus. Mas o reducionismo psicológico é um jogo que ambos os lados podem jogar. Isto porque pode também ser dito que, da mesma forma, há alguns benefícios psicológicos em não acreditar em Deus. Além do mais, a idéia de Deus pode ser tão desconcertante quanto confortável (pelo menos a curto prazo). Quem quer abandonar preferências pessoais e ser responsável por um padrão moral absoluto por cada pensamento e ação? Quem quer ir além de admitir alguns erros e de fato confessar ter pecado perante Deus? Quem quer se desfazer de sua riqueza? Quem quer sofrer pelos outros?

Realmente, poderíamos discutir que o mito da bondade humana ao qual a cultura moderna sucumbiu é melhor explicado pela psicologia do ateísmo, que é em si uma forma de desejo de realização – um desejo profundo de ser livre de toda autoridade externa ou de alguma fonte transcendente de moral. Pode ser muito mais agradável acreditar no dogma do ser autônomo, o qual nos reassegura que não há verdades objetivas fazendo-nos legítimas demandas, que o certo e errado estão sujeitos às nossas próprias escolhas, que através de nossas próprias decisões criamos valores do nada. Cada indivíduo é um minideus, criando seu próprio mundo. As pessoas podem até consignar os próprios filhos para a morte, permanecendo impunes, como aconteceu com Rousseau.

Sem Deus, sem pecado, sem culpa. A humanidade está no trono e tudo vai bem com o mundo. Não é de admirar que o mito utópico possa parecer, no início, algo bem atraente.

Ao virar as mesas desta maneira, podemos mostrar às pessoas que a estratégia de banir as idéias para entrar no jogo do mero desejo de realização corta para ambos os lados. Então podemos guiar a conversa de volta para a questão real: a alegação direta de que o Cristianismo é a verdade. Ele combina com a nossa própria experiência melhor do que qualquer outra cosmovisão. Ele é apropriado para a realidade. Ele faz sentido. Ele responde as questões da existência.

Mesmo assim, há uma questão que toda alma sensível levanta em algum tempo: como Deus pode ser bom e ainda permitir o mal? Em momentos de angústia, os crentes e descrentes igualmente encaram essa contradição aparente. Por que um Deus amável permitiria que suas criaturas sofressem? Até mesmo a mente mais brilhante do nosso século encontrou-se obstruída por essa questão e, no seu caso, isso formou uma barreira trágica entre ele e o Deus que sabia existir.

CAPÍTULO 21

SOFRER FAZ ALGUM SENTIDO?

Um Deus que não aboliu o sofrimento – pior ainda, um Deus que aboliu o pecado precisamente pelo sofrimento – é um escândalo para a mente moderna.

PETER KREEFT

Era o ano de 1942, e o cenário era a sala da casa de Albert Einstein, onde o famoso físico tinha programado um chá para três clérigos: um rabino ortodoxo chamado Dov Hertzen, um padre católico de meia-idade chamado Brian McNaughton e um teólogo protestante liberal de nome Mark Hartman.[1]

"O rabino Hertzen provocou esta festinha", Einstein começou, tão logo os homens tinham experimentado o chá e as bolachas. "Ele me congratulou por minha mente aberta quando deixei a minha crença em um Universo estático. Não muito tempo atrás, observei por mim mesmo as mudanças vermelhas do Hubble na Cal Tech."

Einstein reclinou-se em sua cadeira e levantou o queixo. "Naturalmente, eu já sei há muito tempo que uma das implicações da relatividade geral é que o Universo está em expansão. E se está se expandindo, então claramente no passado foi menor. Extrapolando de volta no tempo, terminamos com um Universo que se iniciou no tempo finito, no passado, como uma bola superdensa.

"Assim sendo", concluiu Einstein, dobrando as mãos, "cheguei a aceitar que o Universo teve um início real no tempo. Mas, quais são as conseqüências dessa descoberta. Será que ela tem alguma implicação metafísica ou mesmo religiosa? Isto é o que o rabino Hertzen me perguntou, e eu pensei que talvez pudéssemos discutir juntos o assunto."

Ele sorriu ligeiramente. Com o cabelo solto e o bigode cheio, o surrado suéter e as calças velhas, Einstein era um mestre na criação de estereótipos de um professor gentil e distraído. Porém, ele usava essa imagem sem piedade, desarmando as pessoas, e então pondo para fora sua acurada lógica para cortá-las em pedaços.

O rabino Hertzen caiu logo na manha. Acomodado na beira de sua cadeira, mergulhou ansioso no assunto. "Você não acha que se o Universo, ele próprio, teve início, deve existir uma causa por trás disso? Uma Causa com *C* maiúsculo?"

"Por que essa conclusão seria necessária?" Einstein deu um olhar cortante para o jovem rabino por cima da sua xícara de chá, e então disse com simpatia: "Eu conheço alguma coisa de ciência, mas quando começamos a falar de um *C* maiúsculo, estamos fora dos limites da ciência".

"Pelo menos este permanece cientifico", o padre McNaughton entrou na conversa, calmamente gesticulando com o cigarro entre os dedos. "Se observamos um efeito, inferimos uma causa. Se o Universo teve início no tempo, este acontecimento tem de ter tido uma causa – uma causa *fora* do Universo."

"Bravo", Einstein respondeu matreiro. "Você acaba de reduzir a questão a um simples silogismo."

"Algumas vezes a verdade é simples", McNaughton replicou descontraído. O grupo sorriu nervosamente.

O rabino Hertzen abreviou o seu argumento, a voz ligeiramente grave, com agitação. "Os achados dos astrônomos estão trazendo confirmação científica de que deve existir um Ser Todo-poderoso. Como judeu, Dr. Einstein, não teria o senhor todos os motivos para descobrir se este não é o Ser que deu a Moisés a Tora? O Todo-poderoso, abençoado seja Ele, do povo judeu. O seu próprio povo", concluiu triunfante.

"Como poderia um ser Todo-poderoso *não* ser o Deus do povo judeu?" Einstein perguntou secamente.

"Então você acredita num criador?", o rabino insistiu.

"Eu já disse antes e direi outra vez: eu creio no Deus de Spinoza, uma divindade revelada na harmonia estruturada do Universo."[2] Ele inclinou-se para a frente para dar ênfase, chamando a atenção para o assunto. "Como cientista, sempre que encontro uma maneira de reduzir acontecimentos díspares a uma unidade subscrita de lei natural, sou movido por reverência pela racionalidade no âmago da realidade. Para mim, essa atitude parece ser religiosa no sentido mais elevado da palavra. Eu chamo isso de sentimento religioso cósmico."[3]

Os rostos dos três visitantes brilharam, enquanto Einstein apanhou o cachimbo, permitindo-lhes essa esperança momentânea. "Mas, o que eu não posso aceitar", continuou, "é a idéia de um Deus pessoal que pune ou premia as pessoas. A minha religião não tem dogmas, nenhum Deus pessoal criado à imagem do homem. Um verdadeiro cientista tem que ser convencido da operação universal da lei de causa, e não pode por um momento sequer entreter a idéia de um ser que interfere no curso dos acontecimentos."

A voz de Einstein elevou-se. "Por que vocês, líderes religiosos, anexam o seu conceito de Deus aos mitos do passado? Eu lhes digo, vocês fazem um desserviço à religião mantendo essa noção primitiva. Isto é a principal causa de conflitos entre ciência e religião."

Ele deu uma estocada em seu cachimbo e olhou os homens um por um. "Eu sei o que é. A sua religião tem sido uma ferramenta controladora. Vocês a usam para encher as pessoas de medo e concentrar o poder nas mãos dos sacerdotes. Esta é a razão por que vocês se apegam tanto a ela – para aumentar o seu próprio poder."[4]

Surpresos, os três visitantes rebuscaram a mente em busca de uma resposta. Einstein tirou vantagem do silêncio.

"Perdoem-me pela minha veemência. Vocês são, afinal de contas, meus convidados. Mas, por favor, considerem – o argumento é realmente muito simples. Se este ser pessoal é onipotente, então todos os acontecimentos em todas as partes do Universo são obra sua – inclusive todos os atos humanos, todos os pensamentos humanos, todos os sentimentos humanos. Assim, como é possível pensar em responsabilizar as pessoas por suas ações e pensamentos diante de tal ser todo-poderoso ?"

A voz de Einsten diminuiu para uma intensidade seca. "Vocês dizem que Deus é um ser de absoluta bondade e justiça. Mas pense nisso. Caso Ele seja o responsável final por todas as nossa ações, então está por trás de todo o mal que fazemos uns aos outros. Ao administrar punição e retribuição, está em certo sentido julgando suas próprias atitudes. Deus, Ele mesmo, é a fonte do próprio mal que supostamente julga!"[5]

Padre McNaughton foi o primeiro a recuperar-se. "Mas nós temos o livre-arbítrio", começou.

"Eu não creio nisso", Einstein interrompeu. "A ciência revela um Universo totalmente preso por leis naturais, um Universo racional. Não há espaço de sobra para causas de uma natureza diferente."

"Se não temos livre-arbítrio como pode existir moralidade?", perguntou o Rabino Hertzen.

"Livre-arbítrio. Livre-arbítrio. Você não percebe que isso é uma ilusão?" Einstein esfrega sua testa e fecha os olhos com rapidez, começando a preocupar-se com essa discussão sem sentido. "Quando a ciência pesquisar as profundezas da mente humana, estou convencido de que encontraremos as leis que a governam, como em tudo o mais. Assim sendo, não deposite os seus argumentos em favor da existência de Deus em raciocínios sobre o livre-arbítrio. Sua religião está constantemente sendo forçada a retroceder ante os avanços da ciência."[6]

Quando Einstein apanhou a xícara de chá, o reverendo Hartman finalmente encontrou a brecha para entrar na conversa. "Realmente", ele disse com voz apaziguadora, "nós não temos que opor ciência contra religião. A religião não faz qualquer asserção sobre o mundo conhecido pela ciência. A religião genuína é um sentimento de dependência no Absoluto."

"Hmmmm", Einstein murmurou, mastigando um biscoito. "Eu sei que você é progressista, um homem de pensamentos avançados, reverendo. Então, como é que você explica de modo satisfatório o problema de um Deus que causa o mal?" Os seus olhos brilharam.

"Oh, eu não tenho disputas com a ciência ou os seus ensinamentos de que somos parte de um Universo governado pelas leis naturais. Mas religião pertence ao reino da experiência humana. Damos significado ao sofrimento através da crença em um Deus de amor e redenção."

"Entendo", disse Einstein calmamente. "Sabemos que a religião é falsa, mas acreditamos de qualquer maneira para satisfazer nossas necessidades psicológicas."

"Não!", exclamou o rabino Hertzen. "Deus permite o sofrimento porque aprendemos com isso."

Einstein respirou fundo e ergueu as sobrancelhas dubiamente. "Sim, temo que sim", disse. "Esta tem sido uma tarde muito interessante, senhores. Mas estou com dor de cabeça e devo descansar antes do jantar."

Depois que seus convidados partiram, Einstein vagou até seu estande de música e começou a folhear distraidamente as páginas de partituras. Seus olhos viram um titulo de uma partitura que havia tocado recentemente em seu violino: "Jesus, Alegria dos Homens", de Bach.

Com um resfôlego, Einstein deu vazão à impaciência e frustração que crescera durante toda a tarde. Ele sabia o que motivara sua pequena reunião de chá. Há muito tempo alimentava uma raiva ardente sobre o sofrimento da raça judia através dos séculos, e agora rumores sinistros estavam saindo da Alemanha. Não, ele não podia aceitar a idéia de um Deus pessoal que permitisse tais coisas acontecerem. E a conversa daquela tarde não o levou nem um pouco para perto de uma resposta.

Melhor é escapar para o mundo da ciência, onde a ordem e a racionalidade oferecem alternativa para a dor caótica da vida pessoal. Abriu o estojo de seu violino e tocou as cordas do instrumento. Quanto a isso, a música era quase tão boa quanto uma fuga. Na música encontrou a simetria, a simplicidade fundamental, a perfeição racional que almejava – a mesma ordem que encontrara em seu trabalho científico.[7]

Einstein tirou o violino do estojo e começou a afiná-lo. A música tiraria sua mente dessas questões que não tinham respostas.

O DILEMA DE EINSTEIN

Para Albert Einstein, o maior cientista do século XX, a barreira intelectual mais forte para a fé cristã não foi a questão sobre se Deus criou o mundo. Ele via claramente que o Universo era desenhado e organizado, e concluiu que deveria ser, por conseguinte, o resultado de uma mente, não meramente de matéria se chocando de forma indefinida no espaço. Como ele definiu, a ordem do Universo "revela uma inteligência de tal superioridade" que ofusca toda inteligência humana.[8] Sua sátira famosa, "Deus não joga dados com o Universo", embora direcionada especificamente contra a teoria dos quanta, revela seu compromisso feroz com uma ordem causal unificando a natureza de cima abaixo.

O que bloqueou Einstein foi algo mais forte do que a doutrina da Criação: foi o problema do mal e do sofrimento. Sabendo que deve existir um projetista, ele agonizou acerca do *caráter* desse projetista. Como Deus pode ser bom, e mesmo assim permitir que coisas terríveis aconteçam às pessoas? E porque Eisntein não pôde conciliar o problema do mal e do sofrimento com um Deus bom, virou as costas ao Deus da Bíblia.

Eisntein tropeçou por ser determinista. Ele via os seres humanos como máquinas complicadas, fazendo aquilo que foram programados para fazer pelas forças naturais, como brinquedos de corda. Mas se isso é verdade, então não podem existir tais coisas como moralidade, pecado ou culpa. Se as ações de uma pessoa são determinadas, Einstein escreveu, então "aos olhos de Deus ela não pode ser responsável" por seu comportamento, não mais do que uma pedra é responsável por aonde vai parar quando alguém a arremessa.[9]

Quem é então responsável? Deus mesmo, Einstein concluíra. Se há um Deus onipotente, raciocinou, deve existir um tipo de determinismo divino, onde Deus nos dá corda e nos faz agir da maneira como agimos. Mas se Deus nos leva a fazer coisas más, tanto quanto o bem, então Ele é diretamente responsável pelo mal. "Ao punir e recompensar, estaria até certo ponto julgando a si mesmo", Einstein escreveu. "Como isso pode ser combinado com a bondade e a justiça atribuídos a Ele?"[10] Se as nossas ações são determinadas, então Deus em si deve ser mal.

Sem vontade de aceitar a falta de esperança de um sistema de crença no qual a realidade final é má, Einstein concluiu que o único Deus que existe é uma mente cósmica impessoal que dá ao mundo sua estrutura racional. Ao dizer que acreditava no Deus de Spinoza, Einstein quis afirmar que cria no princípio da ordem do Universo. Para Einstein, a verdadeira religião era nada mais que um êxtase perante a estrutura racional do Universo.[11]

Einstein não era nada a não ser lógico. Mas a conclusão de alguém deve ser tão boa quanto a sua premissa, e a de Einstein – que os seres humanos são robôs essenciais – era seriamente falha. Ele perdeu a verdade do judaísmo (no qual nascera) e do Cristianismo (que ele também investigou) não porque tenha sido forçado pelos "fatos", mas porque já se havia comprometido com uma filosofia particular – que o impediu de conciliar a existência do sofrimento e do mal com a existência de um Deus bom.

Muitas pessoas compartilham da filosofia de Einstein, achando o problema do mal a maior pedra de tropeço para a fé cristã. Dessa forma, como podemos responder? Porventura a Bíblia oferece uma resposta sólida que dê sentido ao sofrimento? Pode o Cristianismo responder aos anseios do coração por justiça num Universo caído?

O PROBLEMA DO MAL

Para vermos o problema claramente, vamos defini-lo em proposições simples. Se Deus é tanto todo-bom como todo-poderoso, ele não permitiria que o mal e o sofrimento existissem em sua Criação. Mesmo assim o mal existe. Entretanto, ou Deus não é todo-bom (e por isso tolera o mal) ou não é todo-poderoso (e por isso não pode livrar-se do mal, mesmo que o queira). Através da história, as pessoas lutam contra essa aparente contradição e têm proposto uma variedade de soluções, as quais passam longe da solução bíblica. Desde que essas soluções aparecem com freqüência, é importante saber por que são inadequadas e falsas. Vamos examinar cinco das mais comuns.

Solução #1: Negue definitivamente a existência de Deus. Os ateus simplesmente sugerem essa primeira proposição. Se Deus não existe, então o mal não representa nenhum problema. Ou representa?

Se seguimos essa proposta até sua conclusão lógica, o problema do mal é transformado em algo ainda pior: que *nada* é mal, e, por extensão, nada é bom. Pois se não existe Deus, então o "bem" e o "mal" não são nada mais do que sentimentos subjetivos que refletem o que nossa cultura nos ensinou a aprovar e desaprovar, ou o que individualmente nos importa gostar ou não. Para os ateus, não há resposta para a questão do mal porque não há realmente nenhuma questão. Não existe tal coisa como mal objetivo; o que fazemos é simplesmente projetar nossos sentimentos subjetivos para acontecimentos externos.

Porém, satisfaria isso o desconforto inato do ser humano a respeito do mal e do sofrimento? Naturalmente que não. Ao invés, é uma filosofia que nos escarnece por reduzir as nossas convicções morais mais profundas a um truque de nossas mentes. Podemos ser roubados, nossas crianças serem mortas, podemos sofrer morte lenta, mas nada disso é genuinamente mal. É simplesmente parte da nossa natureza porque a natureza é tudo que existe. Podemos clamar a noite por respostas, mas a realidade objetiva é indiferente às nossas lágrimas. O poeta Stephen Crane descreve esse dilema de forma comovente:

Um homem falou ao Universo:
"Senhor, eu existo".
"Contudo", respondeu o Universo,
"O fato não criou em mim
Um senso de obrigação".[12]

Em seus próprios termos, o ateísmo simplesmente não tem resposta, e a falta de propósito de nosso sofrimento transforma tudo ainda mais doloroso.

Entretanto, por ironia, abrir quando as coisas dão errado até os ateus mais convictos jogam seus braços para o céu; até aqueles que dizem que Deus não existe, instintivamente o culpam por seus pesares. Não existe ateu em trincheiras de guerra, como dizem por aí. Então, vamos prosseguir analisando as outras soluções.

Solução #2: Negue a existência do sofrimento. Algumas pessoas tentam resolver o problema estereotipando o mal e o sofrimento como ilusões criadas por nossas próprias mentes. Essa é a estratégia adotada pela Ciência Cristã e por algumas religiões orientais. O Universo é uma ilusão (*maya*, no hinduismo), e o sofrimento do corpo é uma concepção má da mente. Se treinarmos a nossa própria mente.paraa pensar de forma correta, poderemos superar o sofrimento pela percepção de que ele não existe.

No entanto, pode alguém viver consistentemente com tal filosofia de negação? Conta-se a história de um garoto que foi a um praticante da Ciência Cristã e pediu-lhe que orasse pelo pai, que estava muito doente. "Seu pai apenas *pensa* que está doente", o homem respondeu ao garoto. "Ele deve aprender a lutar contra esses pensamentos negativos e perceber que está de fato saudável." No outro dia o garoto voltou, e o ministro perguntou como estava o pai. "Hoje ele acha que está morto", respondeu o garoto. O poder do pensamento positivo não pode apagar a realidade objetiva do sofrimento e da morte.

Durante os meus dias na Casa Branca, testemunhei pessoalmente a futilidade de tentar fingir que o mal não é real. Entre o pequeno círculo dos principais consultores do presidente Nixon, havia quatro cientistas cristãos, inclusive Bob Haldeman e o falecido John Ehrlichman, os dois homens mais próximos do presidente durante os meses críticos após a descoberta do Watergate, ocasião em que estava sendo elaborada uma forma dissimulada de encobrir os fatos. Certa noite, durante o escândalo, encontrei-me com Bob Haldeman e alertei que qualquer ocultação poria em risco a presidência. O cabeça dura do chefe da equipe moveu-se em sua cadeira e olhou fixamente para mim.

"O que você faria?", exigiu.

"Não dê nenhum dinheiro aos ladrões que invadiram os escritórios de Watergate", sugeri. "Isso poderia ser considerado suborno para se calarem."

Haldeman ignorou a minha precaução com um olhar inflexível. "Todos têm fundos para defesa", retrucou.

Eu continuei a insistir. "Bob, o presidente precisa de um bom advogado criminalista para o aconselhar."

"Não", Haldeman respondeu. "Não fizemos nada de errado. O que ele precisa é somente de um bom relações-públicas."

Com o chefe dos conselheiros de Nixon assegurando-lhe que seu único problema era a imagem pública, ele nunca fora forçado a confrontar a realidade. Como o Rei Davi, precisava de um Natan que lhe falasse com brutal honestidade. (Como eu desejaria ter feito isso!)

Porém, teria sido a cosmovisão de Haldeman e Ehrilichman que os levou a reduzir os graves erros a um mero problema de percepção? Nas palavras de Gleen Tinder: "Um seguidor lógico da Ciência Cristã não lamenta e nem tenta erradicar os desejos pecaminosos, mas tenta simplesmente não tomar conhecimento deles. Nem tampouco aquele que cometeu um erro sério tem dor de consciência de culpa e busca redenção; ao invés disso, a questão toda, tanto quanto possível, é apagada de sua mente".[13] Ou, talvez, da mente do país. Apenas contrate aquele bom relações-públicas.

Mas a lição da história nos diz que se não acreditamos no mal, não podemos suportar a realidade quando essa nos atinge direto na face. A teoria da ilusão simplesmente não resistir sob o peso da experiência humana.

Solução #3: Coloque Deus acima do bem e do mal. Algumas pessoas têm a noção de um Deus tão distante e transcendental que não pode ser definido por qualquer conceito da mente humana – um "Deus acima do bem e do mal". Isto pode soar sublime e reverente, mas se os termos *bom* e *mal* não se aplicam à realidade final, então eles são meras peculiaridades de nossa própria consciência subjetiva. A idéia de Deus como "completamente outro" o torna tão completamente transcendente que o nosso desconforto moral não encontra eco nEle. Ainda ficamos sozinhos com nossas lágrimas durante a noite.[14]

Solução #4: O poder de Deus é limitado. O raciocínio aqui é que um Deus todo-poderoso não permitiria que coisas ruins acontecessem; desde que coisas ruins acontecem, não deve ser todo-poderoso. Esta perspectiva está ganhando popularidade hoje através de uma escola de pensamento conhecida como *teologia progressiva*, que propõe um Deus ainda em processo de transformação – um Deus que está evoluindo com o mundo e ainda não é onipotente. Este Deus tem as melhores intenções (ele realmente gostaria de mudar as coisas), mas sendo finito, não é capaz de se livrar do mal que infesta a Criação. Devemos direcionar a nossa esperança para o futuro, quando Deus e o mundo alcançarão um glorioso novo estágio de evolução e todos os males serão superados.

Essa é a teologia promovida no livro do rabino Kushner, *When Bad Things Happen to Good People* (Quando Coisas Ruins Acontecem a Pessoas Boas), que defende a bondade de Deus pela negação de sua onipotência. "Deus quer que os justos vivam em paz, tenham vidas felizes, mas às vezes até Ele não pode prover isso", Kushner escreve. "É muito difícil até mesmo para Deus impedir a crueldade e o caos mediante o clamor de vítimas inocentes."[15] Esta é uma divindade que luta contra as forças do caos, ganhando algumas batalhas e perdendo outras.

Essa teologia, contudo, poderá resolver o problema do sofrimento para gerações futuras, nascidas depois que Deus tenha por fim alcançado sua posição de onipotência, mas isso certamente não resolverá o problema do sofrimento e do mal para nós aqui e agora. Essa divindade não é nada mais do que um incompetente murmúrio celestial que tem pouco a oferecer para as muitas gerações que devem sofrer e morrer antes que o céu tenha evoluído aqui na terra.

Solução #5: Deus criou o mal para alcançar um bem maior. Essa é a posição tomada pelo filosofo John Hick em *Evil and the God of Love* (O Mal e o Deus de Amor). Somente num mundo onde temos que lutar pelo bem é que podemos livremente escolher Deus, Hick argumenta. A luta em si é necessária para amadurecer a alma e nos preparar para regozijar-nos em Deus para sempre.[16]

Essa posição contém um núcleo de verdade, pois o bem às vezes emerge de coisas ruins, e a luta pode, de fato, amadurecer a alma. O problema é que se propusermos que Deus criou o mal *por qualquer razão*, até por algo bom, então estaremos de volta ao dilema de Einstein: que o próprio Deus é mal e não há escapatória, não existe salvação. Pois se o mal é parte intrínseca da realidade, não pode definitivamente ser eliminado. Além disso, se Deus criou os seres humanos de tal maneira que necessitem do mal para amadurecer, então os fez com falhas ao invés de muito bons, como Gênesis proclama.

O poeta e escritor de peças teatrais Archibold MacLeish promove esse ponto de vista em sua peça *J. B.*, que reconta a história de Jó num cenário moderno. Um clérigo conta a J. B. que seu sofrimento é causado pelo simples fato de que é um ser humano, pois os seres humanos são intrinsecamente falhos. "Seu pecado é simples. Você nasceu homem."

J. B. acha essa explicação singularmente desconfortável. "Este é o conforto mais cruel de todos", responde, "fazendo o Criador do Universo o malcriador da humanidade, uma festa para os crimes que Ele pune."[17]

Semelhante a Einstein, MacLeish percebe que se dissermos que Deus criou a humanidade pecaminosa, a implicação é que quando ele julga o pecado, julga a si mesmo.

Além do mais, a noção de que Deus criou o mal para alcançar um bem maior é uma falácia óbvia, pois está claro que muitas coisas más não levam a resultados bons. A expressão mais emocionante desta objeção vem da caneta do grande romancista russo Fyodor Dostoyevsky em *The Brothers Karamazov* (Os Irmãos Karamazov).

Num desafio ao seu irmão mais novo, cristão, Ivan Karamazov conta a história de uma garotinha atormentada pelos pais. “Essa pobre criança de cinco anos foi sujeita a todo tipo de tortura possível por aqueles pais refinados. Eles bateram-na, surraram-na, chutaram-na sem motivo algum até que seu corpo virou um hematoma só.” Então Ivan se volta para o irmão, exigindo uma resposta. “Poderia você entender por que uma criaturinha que não pode sequer compreender o que foi feito a ela, deva bater em seu coraçãozinho dolorido com seu minúsculo punho no escuro e chorar suas lágrimas doces e sem ressentimento ao querido e bom Deus para protegê-la? Você entende... por que essa infâmia deve ser e é permitida?”[18]

Ivan insiste que não aceitará um Deus que permite esse sofrimento sem sentido até mesmo em uma criancinha. “Imagine que você esteja criando uma fábrica de destino humano com o objetivo de fazer os homens felizes ao final de tudo, dando-lhes finalmente paz e descanso, mas que era essencial e inevitável torturar até a morte somente uma pequena criatura – aquela criança batendo em seu próprio peito com seus punhos, por exemplo – e para construir aquele edifício em suas desagravadas lágrimas, adoraria você o arquiteto em tais condições?”[19]

A resposta deve ser não. Nenhuma pessoa sensível poderia responder de outra maneira. Entretanto, o problema está na premissa: a suposição de que Deus requer o mal, até mesmo em estágio temporário, para completar o destino da Criação. O Deus das Escrituras não precisa construir um inferno temporário a fim de produzir o céu. Naturalmente, uma vez que o mal exista, Deus pode, e com freqüência o faz, transformá-lo em bem. Mas isso é algo bem diferente (como veremos mais tarde).

Então, por que existe mal no mundo? Como acharemos qualquer significado em nosso sofrimento? Nenhuma das alternativas acima satisfaz o clamor do coração humano. Cada uma ou diminui Deus ou nos diminui. Somente a explicação bíblica é consistente tanto com a razão como com a experiência humana, pois apenas nos diz como Deus pode ser Deus – a realidade final e o Criador de todas as coisas – e mesmo assim não ser o responsável pelo mal.

LIBERDADE PARA ESCOLHER

Como a Bíblia concilia a bondade e o poder de Deus com a presença do mal? As Escrituras ensinam que Deus é bom e que criou um Universo que era "muito bom". As Escrituras também ensinam que o Universo está agora arruinado pelo mal, morte e sofrimento. É lógico que há uma maneira de conciliar essas duas afirmações *sem* lhes negar qualquer elemento: d*eve existir uma fonte do mal fora de Deus*. É exatamente isso que as Escrituras afirmam.

Deus é bom e criou um mundo perfeito. Contudo, uma das coisas que torna os seres humanos (e os anjos) entidades inteligentes é a liberdade. Eles tinham a liberdade de escolher obedecer a Deus ou se distanciar dEle. E para se distanciar de Deus, a fonte de toda bondade, era necessário criar o mal. O mal não tem existência independente, e nem foi criado por Deus. O mal é criado pelo pecado.

A decisão de pecar foi tomada no reino espiritual por Satanás e outros anjos, seres inteligentes capazes de genuínas escolhas morais; o pecado então entrou no nosso mundo através das livres escolhas morais feitas pelos primeiros seres humanos, Adão e Eva. De lá, a praga espalhou-se por toda a história por causa das livres escolhas morais que os seres humanos continuam a fazer.

As pessoas às vezes perguntam: O que fez Adão e Eva pecarem? No entanto, a liberdade significa que não há nenhuma causa externa. Não somos aprisionados numa corrente sem fim de causa e efeito, como deterministas semelhantes a Einstein acreditam. Ao invés disso, podemos iniciar uma nova corrente genuína de causa e efeito. Ao fazermos escolhas morais, somos genuínas primeiras causas; e logicamente você não pode perguntar o que causou a primeira causa. Assim, podemos resolver a contradição aparente com a qual começamos: Deus é todo-bom, e criou um mundo bom e perfeito; mas uma das coisas perfeitas que Ele fez eram criaturas livres, que livremente escolheram fazer o mal.

Como dissemos anteriormente, é vital reconhecermos a historicidade da Queda. Se a Queda é meramente um símbolo, enquanto na realidade o pecado é intrínseco à natureza humana, então voltamos ao dilema de Einstein: que Deus criou o mal e está implicado em nossos erros. As Escrituras dão uma resposta genuína para o problema do mal somente porque insiste que Deus criou o mundo originalmente bom – e que o mal entrou num certo ponto da história. E quando isso aconteceu, causou uma mudança cataclísmica, distorcendo e desfigurando a Criação, resultando em morte e destruição. É por esse motivo que o mal é tão odioso, tão repulsivo, tão trágico. Nossa resposta é inteiramente apropriada, e a única razão por que Deus pode realmente nos confortar é que *Ele está do nosso lado*. Ele não criou o mal, e também, detesta a maneira com que isso desfigurou o trabalho de suas mãos.

Entretanto, se Deus sabia de antemão que faríamos tal bagunça com as coisas, diz o cético, por que deixou que isso acontecesse? Por que nos criou com a capacidade de pecar? Pergunta justa. Mas pense com cuidado sobre o que isso significa. Para que Deus assegurasse que *nós não pudéssemos pecar*, ele teria de mexer no nosso livre-arbítrio – para nos criar não como seres humanos completos, mas como marionetes ou robôs programados para fazer somente o que Ele quisesse. Isso, porém, nos faria incapazes de amar a Deus ou a outro semelhante, pois o amor genuíno não pode ser coagido.[20] Também, sem livre-arbítrio, não seríamos capazes de responsabilidade moral, criatividade, obediência, lealdade ou heroísmo. A única maneira pela qual Deus poderia criar seres que fossem completamente humanos era correr o risco de que eles usassem sua liberdade para escolher o mal.

Asim, uma vez que os seres humanos realmente escolheram o mal, o caráter santo de Deus exigiu justiça. Ele não poderia ignorá-la, fazer vistas grossas, ou simplesmente limpar a lista de candidatos e começar tudo de novo. Uma vez que as balanças da justiça perderam o equilíbrio, teriam de ser reequilibradas. Uma vez que o tecido moral do Universo foi rasgado, teria de ser consertado.

Neste caso, diz o cético, a raça humana deveria ter sido extinta com Adão e Eva. Eles deveriam ter sido punidos por sua rebelião, lançados no inferno, o que seria o fim da história da humanidade. Ah, mas Deus é misericordioso assim como justo, e inventou uma alternativa impressionante: Ele próprio suportaria a punição por suas criaturas. Ele mesmo entraria no mundo da humanidade para sofrer o julgamento e a morte que os seres humanos mereciam. E foi exatamente isso o que fez. Através do Deus-homem, Jesus Cristo.

Não era isso que qualquer pessoa jamais esperaria; não era nada que os seres humanos pudessem ter inventado. Jesus cumpriu as exigências da justiça divina quando aceitou a crucificação na cruz romana. Ele venceu Satanás em seu próprio jogo: Ele levou o pior que Satanás e o pecado humano pudessem acumular e transformou isso num meio para a nossa salvação. "Pelas suas pisaduras, fomos sarados", escreveu Isaías (Isaías 53.5). Através de sua morte na cruz, Jesus venceu o mal e garantiu a vitória definitiva sobre ele. No final dos tempos haverá um novo céu e uma nova terra, livres do pecado e do sofrimento, onde o Senhor "limpará de seus olhos toda lágrima" (Apocalipse 21.4).

Até que venha esse tempo, Deus usa os "espinhos e cardos" que infestaram a Criação desde a Queda para nos ensinar, castigar, santificar e transformar, preparando-nos para aquele novo céu e nova terra. Isso é algo que eu bem entendo: as maiores bênçãos de minha vida emergiram do sofrimento, e tenho visto o mesmo processo repetido em incontáveis vidas. Assim como dói quando o médico coloca um osso quebrado no lugar, pode também causar uma enorme dor quando Deus reajusta nosso caráter. Não obstante, essa é a única maneira de ser completo e saudável.

Um antigo documento descrevendo os mártires da Igreja no primeiro século diz que eles "atingiram tão elevada força da alma que nenhum deles articulou um grito ou gemido".[21] Através do sofrimento, Deus dá àqueles que se voltam para si "elevada força da alma". Porque somos criaturas caídas, é preciso muitas vezes o sofrimento para nos separar dos nossos hábitos errados, das nossas noções erradas e dos ídolos para os quais vivemos, para que nossos corações estejam livres para amar a Deus.

Friedrich Nietzche, embora ele mesmo fosse ateu, certa vez articulou uma verdade bíblica profunda: "Os homens e as mulheres podem suportar qualquer quantidade de dor contanto que saibam a razão de sua existência".[23] A Bíblia nos dá "a razão", o contexto mais amplo de significado e propósito, uma perspectiva eterna. Os propósitos de Deus são o contexto que dá ao sofrimento significado e importância.

Em sua famosa doutrina de "Falta Abençoada", Agostinho definiu o mistério do sofrimento: "Deus julgou ser melhor tirar o bem a partir do mal do que sofrer absolutamente nenhum mal".[23] Melhor suportar a dor envolvida na redenção do pecado do que não ter de forma alguma criado os seres humanos.

Por que Ele fez isso? Existe somente uma resposta. Amor. Deus nos amou tanto que, até mesmo quando previu o pecado e o sofrimento que escureceriam e distorceriam a Criação, decidiu nos criar de todo jeito. Este é o mistério mais profundo de todos, e o que inspira nossos corações a adorá-lo.

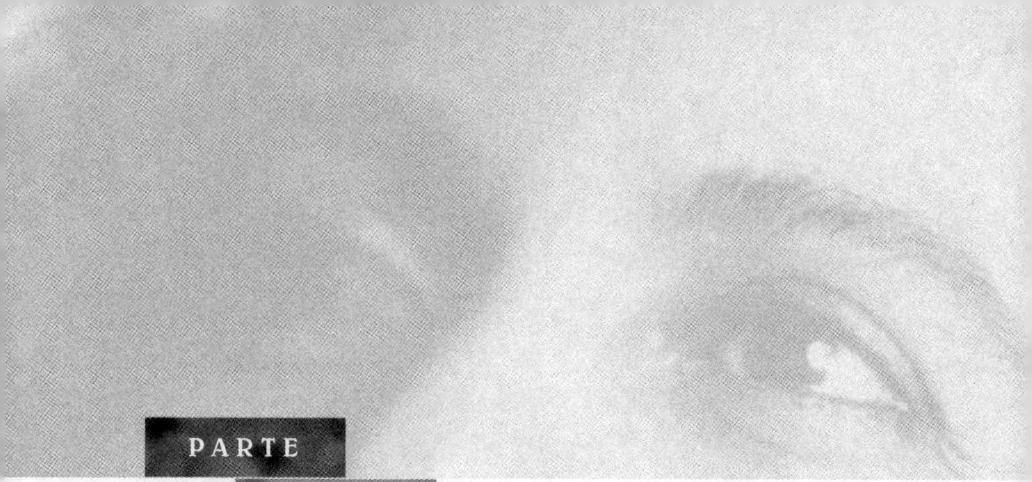

PARTE

QUATRO

REDENÇÃO: O QUE PODEMOS FAZER PARA ESTABELECÊ-LA?

CAPÍTULO 22

BOAS INTENÇÕES

Certamente nada nos ofende com mais rudeza do que esta doutrina [o pecado original], e ainda assim, sem esse mistério, o mais incompreensível de todos, somos incompreensíveis para nós mesmos.

Blaise Pascal

O sistema de iluminação da sala de cirurgia jogava uma luz brilhante em cima da paciente, enquanto o Dr. Bernard Nathanson inspecionava a cena com um olhar clínico experiente embaixo das sobrancelhas espessas e pretas. Lençóis brancos pesados cobriam a parte superior do corpo da mulher; os joelhos dobrados, os pés no apoio. Quarenta minutos antes ela havia sido dopada com tranqüilizante para acalmar a ansiedade.

Nathanson posicionou o espéculo para manter aberto o canal vaginal, então administrou anestesia local no colo do útero com uma seringa hipodérmica. Ele alargou o canal cervical com uma peça metálica e inseriu a cureta (um longo instrumento metálico com a ponta de aço amolada em forma de laço) dentro da cavidade uterina. A paciente estava com cerca de nove semanas de gravidez – tão adiantada que Nathanson levou um ou dois minutos a mais para ter certeza de que todas as camadas do interior do útero tinham sido raspadas e o tecido coletado para exame.

Ao fim desse procedimento de dez minutos, Nathanson cuidadosamente examinou os pedaços do tecido ensangüentado na bandeja para ter certeza de que tinha dado conta de extrair todos os pedaços do feto desmembrado. Certo de que fora bem-sucedido, Nathanson deu as costas, meneou a cabeça para a enfermeira e retirou as luvas cirúrgicas.

Depois de jogá-las no lixo, escovou as mãos com gesto distraído mas satisfeito. Ele acabara de fazer um bom trabalho. Algo completamente rotineiro, mais ainda assim era necessário manter o padrão elevado.

Nathanson desceu e olhou para o rosto da mulher sob os lençóis brancos.

"Está tudo bem", disse. "Descanse um pouco na sala de recuperação; depois virei examiná-la. Você tem alguém para lhe levar para casa, certo?"

A mulher meneou a cabeça afirmativamente, passando a língua nos lábios secos.

Nathanson dirigiu-se à porta que dava acesso à área de descanso dos cirurgiões, onde teria um pequeno intervalo antes de voltar ao batente para os pacientes da tarde. Outra fila de mulheres assustadas e muitas vezes golpeadas pela tristeza.

Ninguém que assistisse a cena na sala de cirurgia jamais adivinharia que a mulher na mesa fosse a amante de Nathanson... ou que ele acabara de abortar o seu próprio filho.[1]

■ ■ ■

Para o Dr. Bernard Nathanson na metade dos anos de 1960 essa cena tipificava o novo mundo da liberdade de reprodução. Ele realizou campanhas vigorosas em favor da legalização do aborto, e, aos seus olhos, as intenções eram boas e razoáveis. Até corretas. Além do mais, quando começara a residência na clínica obstétrica e ginecológica do Hospital de Mulheres em Nova York dez anos antes, vira centenas de casos de emergência devido a abortos ilegais. E os resultados em muito se diferenciavam, dependendo da situação social e econômica da mulher.

As mulheres pobres chegavam com terríveis hemorragias, febre alta, em choque. Elas tentaram abortar sozinhas, usando instrumentos grosseiros, ou foram cortadas por charlatães. As conseqüentes infecções com freqüência resultavam em esterilidade, e muitas vezes levavam à necessidade de histerectomia. Algumas até mesmo morriam.

Em contraposição, pacientes particulares influentes tinham tudo mais fácil. Ao lado de médicos simpatizantes, tramavam formas de disfarçar o aborto, o que significava que Nathanson e outros residentes adotavam um procedimento conhecido como D&C, que consiste de raspagem das paredes do útero pelo processo de dilatação e curetagem. Ou elas simplesmente voavam até Porto Rico, Inglaterra, ou Japão, onde realizavam a intervenção.

Foi essa desigualdade social que primeiro motivou Bernard Nathanson a fazer campanhas em favor da legalização do aborto. Em 1969, juntou-se a Lawrence Lader para fundar a Liga Nacional dos Direitos do Aborto (então conhecida como Associação Nacional para Revogação das Leis do Aborto). A organização ajudou a recrutar feministas, inclusive Betty Friedan, mas foram esses dois homens que montaram a estratégia do movimento contra seus oponentes mais terríveis e fizeram o máximo para definir o aborto como uma "questão da mulher", onde somente as feministas tivessem permissão para expressar suas opiniões. Foram também Nathanson e Lader que determinaram que a hierarquia religiosa deveria ser rebaixada a um clube de elite de homens brancos insensíveis aos problemas das mulheres.

Em 1970, quando Nova York liberou suas leis de aborto, Nathanson começou a administrar a maior clínica de aborto do pais, o *Center for Reproductive and Sexual Health* (conhecida dos funcionários por seu acrônimo, CRASH, ou DESASTRE — Em português, o nome da clínica seria algo como "Centro Para a Reprodutividade e Saúde Sexual"). Localizada em Manhattan, o local prosperou mediante as referências do Serviço de Consultoria do Clero Sobre o Aborto, do Reverendo Howard Moody, uma rede de ministros protestantes e rabinos. Nathanson tinha orgulho dos elevados padrões profissionais da clínica e do sucesso do modelo cirúrgico ambulatorial.

Em 1973, contudo, quando o caso *Roe* contra *Wade* fez do aborto solicitado algo legal em todo o país, Nathanson decidiu fazer uma mudança na carreira. Ele aceitou a posição de chefe do serviço de obstetrícia no St. Luke's Hospital Center e passou a cuidar das mães e dos bebês (embora continuasse a fazer abortos). Sua tarefa era organizar uma unidade sofisticada de perinatologia, com máquinas que monitoram fetos eletronicamente e outros equipamentos caros para tratar de recém-nascidos doentes.

Naquele tempo, um dos mais interessante equipamentos era o ultrasom, que literalmente abriu a janela para acompanhar o desenvolvimento do feto. A primeira vez que Nathanson viu o ultra-som em ação, estava com um grupo de residentes reunidos ao redor de uma paciente grávida numa sala de exames escura, assistindo à demonstração feita pelo técnico.[2]

O técnico aplicou um gel condutor sobre o abdome da mulher e começou a trabalhar com um sensor próximo ao estômago. Assim que a filmagem ficou nítida, Nathanson mostrou-se impressionado. Ele podia ver um coração bater! Quando o técnico focalizou de perto a imagem, Nathanson podia ver todos os quatro ventrículos pulsando. Parecia com um vívido desabrochar, tão nítido e tão definido que lhe tirou o fôlego. Podia ver também os principais vasos que entram e saem do músculo cardíaco.

O técnico depois focalizou a testa do bebê, os olhos e a boca. Então através do zoom mostrou que o bebê tinha as mãos dobradas em cima do rosto. Mão direita, mão esquerda. Em cada uma Nathanson contou cinco dedos.

A imagem da parte superior da cabeça mostrava o desenvolvimento do cérebro, onde as primeiras etapas podiam ser vistas. A seguir o técnico passou pela arquitetura elegante da espinha.

Era menino ou menina? Exatamente como os futuros pais, o grupo não poderia deixar de imaginar. Era uma menina. Finalmente, o técnico mostrou a estrutura óssea das pernas, e cada pé com cinco dedos perfeitos.

Durante o exame, Nathanson percebeu que sua mente abandonou o termo *feto* em favor do termo *bebê*. De repente, tudo o que aprendera sobre o bebê no ventre desde a sua matrícula no curso de perinatologia entrou em cena. Por exemplo, ele soube que o óvulo humano fertilizado torna-se uma entidade autodirecionada muito cedo, após ter-se dividido em apenas quatro células; que a batida do coração começa desde o décimo oitavo dia após a concepção; que com seis semanas os sistemas dos órgãos principais já estão formados. De fato, depois de apenas doze semanas *nenhum* novo desenvolvimento anatômico ocorre; a criança simplesmente fica maior e mais capaz de sustentar a vida fora do útero.

Tudo isso não passava de fatos médicos, mas agora fundia-se com a imagem na tela e impactava a consciência de Nathanson. Ele sentiu um frio na espinha, e o ar na sala pareceu ficar mais denso, dificultando a respiração. Seu humor passou da exultação do novo conhecimento para um pânico de lhe fazer suar a fronte, enquanto a questão o atingia: quantos bebês exatamente como essa garotinha ele mesmo cortara aos pedaços? Quantas vidas humanas tirara?

■ ■ ■

Bernard Nathanson logo convenceu-se de que a vida humana existia no ventre desde o começo da gravidez. Num artigo escrito para o jornal de medicina *New England Journal of Medicine*, confessou que na clínica CRASH presidira mais de "60 mil mortes". Com o aborto "estamos tirando a vida e tirá-la deliberadamente, mesmo com ordem especial sob circunstâncias especiais, é uma questão séria". Enquanto acreditava no aborto como algo legítimo, ele realmente afirmava que os médicos "devem trabalhar juntos para criar um clima moral rico o suficiente para providenciar o aborto, mas sensível o bastante para a vida a fim de acomodar o profundo senso de perda".[3]

O artigo de Nathanson causou acaloradas controvérsias, e a atenção do público forçou-o a pensar mais de perto sobre a moralidade do aborto.

O artigo gerou também uma nova circunstância que pegou Nathanson de surpresa. Ele começou a receber convites para falar em reuniões pró-vida – grupos que consistiam em sua maioria de pessoas devotas e religiosas, entre católicos, protestantes conservadores e judeus ortodoxos. Apesar de Nathanson ter aceito os convites, sempre deixou claro que suas objeções contra o aborto não eram baseadas em nenhuma religião, mas que vinham de fatos científicos e conclusões puramente humanitárias. Quando seu primeiro livro, *Aborting America* (América Fazendo Aborto), foi publicado em 1979, ele até criticou o que viu como argumentos capciosos e retórica falsa usados por alguns ativistas do pró-vida.

Mesmo assim, até aquele momento, Nathanson decidira que o aborto se justificaria somente quando a vida da mãe estivesse ameaçada. No mesmo ano que *Aborting America* foi publicado, Nathanson deixou de realizar abortos. Ele sempre acreditara que a moral de uma sociedade deve ser julgada através de como ela trata o fraco e o indefeso, e seus primeiros trabalhos sobre a reforma do aborto foram inspirados por uma preocupação pelo pobre. Mas a tecnologia do ultra-som revelou a ele uma classe ainda mais vulnerável: o não-nascido.

■ ■ ■

UM DIA, NATHANSON teve uma brilhante idéia. Desde que o ultra-som poderia revelar o bebê no útero, poderia também ser usado para testemunhar um aborto. Ele pediu a um colega que costumava fazer vários abortos por dia para colocar o equipamento em algumas de suas pacientes e, com as devidas autorizações, gravar o procedimento.

Nathanson sabia bastante o que acontecia em um aborto. Mesmo assim, quando viu conceitos abstratos transformados em imagens vivas – quando de fato testemunhou os pequenos corpos sendo rasgados aos pedaços, membro a membro – ficou sobressaltado e revoltado. Ainda mais repugnante, o ultra-som mostrou os bebês desesperadamente tentando escapar do aparelho de sucção. Um feto de doze semanas continuou a lutar até mesmo depois de ter sido severamente mutilado, abrindo a boca no que pareceu como um grito de medo e dor.[4]

Nathanson tomou a fita do feto de doze semanas e transformou-a num filme intitulado de *O Grito Silencioso*.[5] Quando foi lançado, em 1985, transformou no mesmo instante a natureza do aborto em debate. As forças pró-aborto ficaram iradas, acusando Nathanson e os produtores de terem fraudado a filmagem. Quando a autenticidade da fita foi confirmada, os opositores mudaram de tática e desviaram a discussão para a questão de se o feto é capaz de sentir dor durante o aborto – como foi demonstrado claramente no filme. Sem propor nenhuma posição teológica, Nathanson forçou os apoiadores do aborto a reconhecer que aborto é tirar a vida humana.

■ ■ ■

AO MESMO TEMPO, um "grito silencioso" interno começou a dominar a própria vida de Bernard Nathanson. Questões inquietantes passavam e repassavam em sua mente: como pude ser tão cego sobre a verdadeira natureza do aborto? Como pude presidir assassinato em massa? E com tal atitude utilitária grosseira, como se fosse nada mais do que uma questão de competência profissional?

Nathanson começou um exame de consciência profundo, cavando em seu passado para descobrir a fonte de suas idéias tortuosas. Seu pai, Joseph Nathanson, um médico rico, mandou-o para uma escola hebraica, mas ao mesmo tempo ridicularizava as lições espirituais que o rapaz aprendia ali. Apesar de o velho Nathanson alegar que as afirmações religiosas do judaísmo fossem superstição, ele queria que o filho abraçasse o judaísmo como uma identidade étnica. Joseph Nathanson, depois que escapou da pobreza em que cresceu, passou a conduzir-se pelo materialismo. Agora, olhando para trás, Bernard Nathanson percebeu que aprendera uma lição extraordinária de seu pai: *não deixe que ninguém fique em seu caminho.*

Nathanson aprendera bem a lição. Ele até entregou não apenas um, mas dois de seus filhos para a morte. Na primeira ocasião uma gravidez indesejada ameaçou "ficar no caminho", quando ainda estava na faculdade de medicina, e deu à sua amante grávida o dinheiro para o aborto ilegal. A segunda foi na metade dos anos de 1960, quando encontrava-se com o seu casamento em crise. Um caso extraconjugal resultou em gravidez inconveniente. Esse foi o aborto que ele mesmo realizou.

Como o pai, Bernard Nathanson crescera materialista e ambicioso sem piedade. Seu primeiro casamento foi moderno e sem substância. O segundo deu-lhe o filho, Joey, mas Nathanson negligenciou o garoto pelo espiral frenético das atividades profissionais e dos compromissos. Sua noção de pai era mandar o filho para colégios caros e particulares. Depois que esse casamento acabou, brincou de solteiro instável. Conseqüentemente, destruiu também o terceiro casamento.

Nathanson vivera uma vida "inexplicavelmente rasa", como mais tarde ele próprio escreveu, adquirindo casas maravilhosas, carros da moda, esposas como se fossem troféus, adegas de vinho e cavalos. Então, com a idade, buscou desesperadamente recuperar a juventude através de cirurgias plásticas, musculação e roupas criadas para garotos de faculdade. "Eu estava morando com a suserania dos demônios do pecado", escreveu, "obviamente dedicando-me a tudo que estivesse vinculado ao aparente carnaval sem fim dos prazeres, a festa que nunca termina (como os demônios fazem acreditar)."[6]

Porém, a bagagem de maior peso que Nathanson carregava era o aborto. Aborto, aborto, aborto. A ironia foi que a sua causa humanitária número um resultou em nada menos do que assassinatos em massa. Nathanson achou-se cara a cara com a culpa. Culpa real. Não um sentimento passageiro de vergonha ou embaraço confuso, mas um conhecimento brutal, esmagador e obstinado de sua própria maldade. Ele era uma ruína carbonizada.

Bem antes e também durante o final da década de 1980, Nathanson tencionou suicidar-se. Ele acordava com pesadelos espasmódicos às quatro ou cinco horas da manhã, sentindo como se estivesse sendo estrangulado por um inominável horror. O avô e a irmã cometeram suicídio, e ele se achou perguntando: "Será que as pessoas mais próximas a mim achariam a minha morte um alivio?"

Nathanson voltou-se para o que chamava de "literatura do pecado". Ele lia repetidamente *Confissões*, de Agostinho, e absorvia livros de Kierkegaard, Tillich, Niebuhr e Dostoyevsky – obras que descreviam a atormentada busca da alma pelas respostas para a culpa. "Tua beleza atraiu-me a ti", Agostinho escreveu. "Não tenho nenhuma dúvida de que tu és aquele a quem eu me agarraria, somente... meu eu interior era uma casa dividida contra si mesma."[7] Agostinho queria voltar-se para Deus, mas ele não conseguia levar a si próprio a fazê-lo. O próprio clamor de Nathanson refletiu as meditações agonizantes do autor de *Confissões*.

Porém, a solução final de Agostinho estava disponível para o médico? Nathanson poderia aceitar o Cristianismo? Desde sua infância, associara o nome de Jesus Cristo à longa história da perseguição dos cristãos contra o povo judeu. Então, ao invés de voltar-se para o Cristianismo, buscava alívio em terapia, livros de auto-ajuda, drogas antidepressivas, aconselhamento e na miscelânea de abordagens espirituais, desde a teosofia até ao borgianismo sueco. Tudo para nada.

"Eu sentia o peso do pecado crescendo mais forte e mais insistente", Nathanson escreveu. "Eu [tinha] tanta bagagem moral para transportar para o próximo mundo... Eu [estava] amedrontado."[8]

■ ■ ■

ENTÃO, EM 1989, Nathanson foi a uma assembléia pró-vida em Nova York para juntar informações para um artigo que estava escrevendo sobre a ética dos protestos do aborto clínico. Proibido de participar por causa de uma ordem do tribunal resultante de antigos protestos (ele fora condenado por violar os direitos de propriedade), ficou à parte como um observador objetivo. E o que viu finalmente derrubou suas defesas.

Os ativistas pró-vida pareciam ter paz não originada neste mundo. "Com os pró-aborto atirando-lhes os epítetos mais ofensivos, a polícia cercando-os, a mídia abertamente contra a sua causa, o judiciário federal multando-os e prendendo-os, e os oficiais municipais ameaçando-os – durante tudo isso permaneciam sentados sorrindo, silenciosamente orando, cantando, confiantes", Nathanson escreveu. Eles mostravam uma "intensidade de amor e oração que me impressionou".

Foi somente aí, com essa imagem vívida de amor pressionando dentro de si, que Nathanson começou "pela primeira vez em toda minha vida adulta... a considerar seriamente a noção de Deus."[9]

Quase que imediatamente foi da literatura do pecado para a literatura da conversão, especialmente para *Pillar of Fire* (Pilar de Fogo), uma autobiografia detalhando a conversão de Karl Stern, um dos antigos professores de Nathanson. Como aluno de medicina, Nathanson fora fascinado por Stern, líder do departamento de psiquiatria da Universidade de McGill. Em seu livro, Stern descreve a longa viagem intelectual do judaísmo nominal para um Cristianismo altamente intelectual e devoto. Em retrospectiva, Nathanson percebeu que as convicções religiosas de Stern que transformaram uma mera técnica médica em *cuidado* médico. Nathanson havia sido atraído pelos métodos de Stern sem entender a inspiração.

Esse é o tipo de transformação que eu quero para a minha própria vida e trabalho, pensou.

Em 1993, Nathanson deixou seu trabalho para ir atrás de estudos mais avançados sobre a bioética, primeiro na Universidade de Georgetown, depois em Vanderbilt, onde era permitido aos alunos de bioética incorporar estudos religiosos em seus programas. Ele também buscou conselho dos rabinos, pois chegara a um ponto onde acreditava que encontraria o Criador algum dia. Como poderia entrar na presença de um Deus justo? Os rabinos ensinaram que é possível reconciliar-se através de boas ações, ou de ouvir a declaração do perdão de Deus de Israel no Yom Kippur (Dia do Perdão), Porém, Nathanson imaginava: como pode alguém conhecer o perdão pessoal e individualmente? Como poderia ele mesmo ser libertado da morte – a morte de todas as vidas que tirara e a morte de sua própria alma?

Nas horas escuras do amanhecer do dia, Nathanson às vezes sentia que já havia entrado no inferno com a marca "Sem Saída", e que suas "boas intenções" o haviam levado a tornar-se, conforme suas próprias palavras, o "prefeito do inferno".[10] O próprio senso de justiça o atormentava. Ele estava condenado ante seus próprios olhos. Haveria alguma esperança para ele?

CAPÍTULO 23

EM BUSCA DA REDENÇÃO

Ele nos tirou da potestade das trevas e nos transportou para o Reino do Filho do seu amor, em quem temos a redenção pelo seu sangue, a saber, a remissão dos pecados.

COLOSSENSES 1.13,14

Um dia, no final do outono de 1996, minha secretária informou-me sobre um telefonema surpreendente. O Dr. Bernard Nathanson estava convidando minha esposa e eu para irmos ao seu batizado.

Fiquei aturdido. "Você tem certeza que pegou o nome certo?" Perguntei. "Bernard Nathanson?"

"É isso mesmo", ela disse com um sorriso.

Eu sabia que Nathanson estava interessado no Cristianismo; na verdade, já havíamos tentado encontrar-nos por algum tempo, mas não conseguimos por causa de nossas agendas, e eu não tinha idéia de que ele havia ido tão longe. Confesso que experimentei uma fisgada de desapontamento por não tê-lo introduzido ao batismo, mesmo assim eu estava muito alegre por saber que o homem que uma vez fora o líder nacional dos abortos era agora um cristão. Esse convite eu não podia recusar.

Algumas semanas depois, numa fria manhã de dezembro, Patty e eu seguimos ansiosamente através dos poucos quarteirões entre o nosso hotel em Manhattan e a igreja para a reunião das 7:30. Fomos avisados para usar a entrada dos fundos, onde fomos recepcionados por um jovem sorridente, vestindo casaco preto. Ele se apresentou como Rev. John McCloskey e nos levou por alguns degraus até a entrada do porão.

Sabia algo a respeito de MacCloskey, um jovem ministro carismático com um poderoso ministério junto aos estudantes da Universidade de Princeton. Ele também dera a Nathanson as boas novas do perdão que tão desesperadamente buscou e o levou à fé cristã.

O Rev. McCloskey nos guiou para uma pequena capela no porão, fria e úmida, onde havia umas cinqüenta pessoas sentadas nas cadeiras dobráveis. Nem pompa nem cerimônia, somente um grupo de crentes ao redor de um pequeno altar. Poderíamos ser a igreja do primeiro século, reunida nas catacumbas, para testemunhar o batismo de um novo crente em nome do Cristo ressurreto.

Em pé diante do altar, o ministro oficiante deu as boas-vindas de forma simples e resumida. Então Nathanson foi escoltado para frente por uma jovem que imediatamente reconheci como Joan Andrews (hoje Joan Andrews Bell). Como Deus se delicia com as ironias, eu pensei. Andrews foi uma cristã que passou cinco anos na prisão na Flórida por resistência não-violenta diante das clínicas de aborto. Na prisão, enquanto ladrões e assassinos entravam e saíam, Joan permanecia sentada, orando no silêncio de sua cela. Eventualmente muitas pessoas esqueceram quem Joan Andrews era e, talvez, ela tivesse pensado se seu ato de protesto teria valido a pena. Porém, Deus usa todo ato de obediência leal, e aqui estava ela, guiando o outrora líder mundial pró-aborto para ser batizado.

Esse era um momento extraordinário de vitória espiritual. Na maior parte do tempo, nós, cristãos, lutamos em trincheiras, vendo apenas a guerra sangrenta que nos cerca. Mas de vez em quando Deus nos permite dar uma olhada na vitória real. Agora estávamos diante de um desses raros momentos, iluminados, enquanto víamos Bernard Nathanson – judeu por nascimento, um homem que fora ateu por convicção e médico brilhante, mas amoral por profissão – ajoelhando-se perante a cruz de Cristo.

Minha mente voltou para um dia, três meses atrás, quando me juntei a um grupo de líderes religiosos para andar nos corredores do Congresso e apelar aos senadores que anulassem o veto do presidente Clinton à lei que bania um procedimento de aborto chamado parto-parcial. Durante toda a chamada dos votos, sentei-me na galeria, observando e orando. A atmosfera estava estranhamente solene; os senadores pareciam se mover em câmara lenta. O único som era o do secretário chamando os votos, seguido de respostas "sim" e "não".

Eis que de repente um choro estridente de um bebê penetrou no silêncio lúgubre... provavelmente o filho de algum turista que visitava o Capitólio. Seria isso fruto da minha imaginação, ou alguns dos senadores ficaram cinza? O choro de um bebê no plenário era um lembrete vivo do que estava em risco nessa votação crucial.

Mesmo assim isso não fez nenhuma diferença.

Abatido, envergonhado pelo meu país, saí abrindo caminho entre a multidão para um andar abaixo onde se localizava a recepção de mármore logo à direita da câmara dos senadores. Lá eu vi Kate Michelman, líder do movimento pró-aborto, e um grupo de colegas celebrando – abrançando, torcendo e trocando efusivos apertos de mãos.

A cena chocou-me como algo macabro. Ali estavam mulheres profissionais, bem vestidas, celebrando o direito de continuar uma prática totalmente selvagem: um procedimento em que o bebê é removido do canal de nascimento em sentido contrário, tudo menos sua cabeça, cuja base do crânio é furada e o cérebro sugado.

Naquele dia, os membros do grupo pró-aborto venceram uma importante batalha política. Mesmo assim foi uma pálida vitória em comparação ao que Patty e eu estávamos testemunhando, exatamente três meses depois, no culto de batismo de Bernard Nathanson. Ali, perante os nossos olhos, a vitória verdadeira: o triunfo final de Deus sobre o pecado através do sacrifício de Jesus na cruz.

Depois do batismo, nosso pequeno grupo reuniu-se em um restaurante irlandês na Segunda Avenida. Bernard Nathanson, Rev. McCloskey, Joan Andrews, vários ministros (muitos dos quais também haviam sido aprisionados por demonstrações não violentas contra o aborto) e outros ativistas do Direito à Vida completavam as seis mesas, pedindo café da manhã tardio com baguetes e ovos mexidos. Falando suavemente e com muita emoção, Nathanson agradeceu a todos por terem vindo.

"Tudo o que pude pensar enquanto me submetia ao batismo era na cerimônia do meu bar mitzvah", ele disse. "Naquele dia eu estava com muito medo". Nathanson hesitou, depois olhou para cima. "Hoje sinto que todo aquele medo acabou. Eu experimentei graça pura."

■ ■ ■

BERNARD NATHANSON HAVIA sido redimido. Ele era um novo homem, dando os primeiros passos num novo mundo de fé e esperança; ele teve alívio para os medos, sua atormentada alma foi transformada e as questões mais vexatórias sobre a vida foram respondidas. Enquanto o ouvia falar, tremi maravilhado com a transformação que pode acontecer na alma do ser humano. Dorothy Sayers, escritora de mistério e amiga de C. S. Lewis, cunhou a frase "O dogma e o drama", significando que o ensinamento cristão sobre salvação tem todo os elementos artísticos de uma grande narrativa.[1] Realmente, é a melhor história já contada. Nenhum romancista, nenhum teatrólogo, nenhum roterista jamais conseguiu escrever um enredo tão atraente. Ésse enredo é encenado novamente toda vez que uma pessoa pára de fugir da Caça do Céu e cede à implacável perseguição do amor.

Nem todos nós, naturalmente, somos levados para as profundezas do desespero em que Nathanson se encontrava. Mesmo assim todos os seres humanos anseiam, dentro de seus corações, por libertação do pecado e da culpa. Muitos tentam suprimir a ânsia, procuram racionalizá-la de qualquer maneira, emudecê-la com respostas secundárias. Porém, ao final, é impossível evadir-se. Essa é a grande certeza do ser humano: mais cedo ou mais tarde, até mesmo o mais decente entre nós sabe que há algo de podre em nossa essência. Todos ansiamos por encontrar a libertação de nossas culpas e falhas, por encontar algum maior significado e propósito de vida e saber que há esperança.

Essa necessidade de salvação foi gravada na alma humana desde que o primeiro casal desviou-se no Éden. O desejo é universal, e toda religião e cosmovisão tenta oferecer alguma forma de redenção. Para o budista, é o nirvana; para o judeu, é a expiação com as boas obras; para o muçulmano, pode ser o céu depois da perigosa caminhada através do julgamento da espada.

Entretanto, as religiões e filosofias não são as únicas a oferecer redenção. Qualquer credo no mercado de idéias, qualquer movimento que atraia seguidores, qualquer coisa que tenha o poder de agarrar o coração das pessoas e ganhar sua devoção faz assim porque toca nos seus mais profundos anseios. E esses anseios são, em última análise, religiosos.

Exatamente como cada cosmovisão oferece uma resposta à questão de como chegamos aqui (Criação) e uma analise do dilema básico do ser humano (a Queda), assim também cada cosmovisão oferece uma maneira de resolver esse dilema (redenção). Porém, qual oferece a redenção verdadeira? Qual dá a resposta genuína para o dilema do ser humano? E quais são grosseiras imitações?

O TEATRO DA MORALIDADE DE HOJE

A sirene que chama muitas pessoas hoje em dia é a que reivindicou o coração e a alma de Bernard Nathanson por tanto tempo: a crença de que o objetivo da vida é o ganho material, que a realização, o progresso e o prazer sexual são "tudo o que há". A América e outros países do ocidente têm uma indústria altamente desenvolvida e tecnologicamente avançada – a industria da propaganda – criada para nos atrair com a promessa de redenção através do materialismo e do comercialismo.

Toda vez que ligamos a televisão ou abrimos uma revista ou jornal, somos bombardeados com as boas novas do comercialismo: para cada necessidade, cada insegurança, cada preocupação existe um produto à venda que pode satisfazer as nossas necessidades, levantar a nossa auto-estima e acalmar a nossa preocupação. Os publicitários investem muito dinheiro na contratação de psicólogos para sondarem a *psique* do ser humano e apontar nossas ânsias e necessidades mais profundas. Então elaboram imagens sedutoras e frases apropriadas para nos prender, levando-nos a pensar que adquirindo os produtos anunciados satisfaremos aquelas necessidades fundamentais.

E como aquelas necessidades mais profundas são religiosas, o que os anúncios realmente comercializam é a ânsia universal por redenção.

Esse procedimento não é nenhuma casualidade. De acordo com o sociólogo James Twitchell, em seu livro *Adcult U.S.A.* (em português, algo como Religião da Publicidade Americana), muitos dos primeiros publicitários da América foram cristãos, freqüentemente filhos de ministros. Enquanto desenvolviam a arte da propaganda moderna, simplesmente transportaram sua compreensão sobre necessidades espirituais para a arena comercial. A seqüência espiritual de pecado-culpa-redenção tornou-se a seqüência psicológica de problema-ansiedade-resolução. É por isso que o comercial típico da televisão é, nas palavras de Twitchell, "um teatro da moralidade para o nosso tempo".[2] Vemos um homem ou uma mulher em aflição. Ele tem dor de cabeça; ela uma gripe. Uma segunda figura aparece na tela prometendo alívio, testificando o poder do produto anunciado. O investigador testa o produto, e, aleluia, o problema está resolvido. A vida é alegre. Do alto, a voz desincorporada do anunciante impõe em casa as vantagens do produto.

"O fascínio poderoso da religião e da propaganda é o mesmo", Twitchell conclui. Ambas nos asseguram que "seremos salvos".[3]

Essa mensagem tem várias formas. Às vezes trabalha com a fé pessoal, com *slogans* tais como: "Eu encontrei!" – "É a coisa certa" – "Algo em que acreditar". Outras vezes oferece um substituto dissimulado para o relacionamento com o divino: "Você está em boas mãos". Ainda em outros casos sugere as promessas da Terra Prometida: "Trazemos boas coisas para a vida" – "Seja tudo o que você puder". Finalmente, explora a retórica religiosa da gratidão: “Obrigado, biscoito delicioso” – “Obrigado, Delco” – “Eu adoro o que você faz por mim”.[4]

Nos anos recentes temos visto até a própria imagem da religião aparecer nos anúncios. Além do mais, o que é mais profundo do que a necessidade de Deus? Pegue um apelo por *status* ou prazer, combine isso com o apelo da religião – e o fascínio é quase irresistível.

Imagine isso: uma família briga desesperadamente, enquanto as águas ameaçam inundar a casa. Com a residência à beira do desabamento, o pai grita por socorro. E, veja, os céus se abrem e uma mão gigante desce para salvar a família do desastre.

Libertação através de Deus? Não. Libertação através da Companhia de Seguros Allstate. O anúncio exerce atração em virtude da ânsia universal por segurança, que é, na essência, uma ânsia religiosa. Alguém quase poderia esperar ver a família fazer uma oração: “Nós te agradecemos, Allstate, por tua proteção em tempos de dificuldade”.

Há também outro anúncio nos EUA que mostra uma jovem na igreja “confessando” seus caminhos miseráveis. “Não é pecado ser frugal”, o sacerdote lhe assegura. E a jovem é liberada de sua culpa para curtir o novo carro esportivo e econômico da marca Chevy Cavalier.

Um anúncio da IBM mostra uma freira andando para o trabalho eclesiástico vespertino, enquanto sussurra sobre navegar na internet. Outro anúncio da mesma empresa mostra monges meditando telepaticamente sobre o programa Lotus. Gatorade mostra Michael Jordan correndo no Tibete e encontrando um santo homem oriental, que entona: “A vida é um esporte. Beba-a”. A Snickers mostra um time de futebol convidando um padre para abençoar o time, seguido de um rabino, um nativo americano, um budista e uma fila infindável de líderes religiosos. “Não está indo a lugar nenhum por algum tempo?”, diz a tarja. “Pegue um Snickers.” Um anúncio da Volvo mostra um homem tomando banho em água corrente e clara como cristal. Enquanto olha para o céu, uma voz macia e etérea diz: “Volvo, isso pode ajudar a salvar a sua alma”.[5]

Claramente, os anunciantes estão ligados na ânsia do ser humano pela salvação – e ansiosos para explorá-la. O romancista John Updike compara o esforço colocado nos comerciais com o cuidado medieval dos monges devotados a decorar os sagrados manuscritos. O objetivo de toda a arte dos anúncios é “nos persuadir que certo bombom, ou companhia de seguro, ou aglomerado à base de óleo é, como o Cristo crucificado... a porta para a boa vida”. A publicidade moderna faz de “cada sala de estar uma catedral”, e coloca nela, a cada seis minutos ou mais, os ícones da cultura moderna.

Calvin Coolidge, o 30º presidente norte-americano, uma vez disse na Associação de Agências de Publicidade da América que "o anúncio ministra o lado espiritual do negócio". É parte do "trabalho maior da regeneração e redenção da humanidade".[7] Regeneração? Redenção? Através do anúncio, a "religião" do apetite e da gratificação do ego é oferecida a nós como uma solução para o dilema humano, um conforto em nossas inseguranças, um caminho para a salvação. As ferramentas mais avançadas da comunicação e persuasão estão sendo usadas para nos pressionar para o serviço da deidade mais popular da América, o ídolo do consumismo.

Porém, como Bernard Nathanson diria, bens materiais e itens de consumo não oferecem nenhum conforto quando alguém entra na noite escura da alma. Como algumas pessoas afirmaram, os pobres estão em melhor posição do que os ricos, porque aqueles ainda pensam que o dinheiro compra felicidade; o rico sabe mais sobre isso.

Praticar a religião do consumismo é como beber água salgada: quanto mais se bebe, mais sede se tem. Não existe riqueza e poder suficientes para satisfazer, nunca há bastante possessão material para dissimular a culpa. E não importa quão prazerosa ou atraente tais coisas possam fazer à nossa rápida existência aqui na terra, elas não podem levar-nos além. Pois o velho adagio ainda é adequado: você não pode levar isso consigo.

Apesar de o consumismo ser o substituto favorito da América e de vários países ocidentais para a religião, não é o único. Outros têm provado ser igualmente sedutores... e até mais destrutivos.

CAPÍTULO 24

ISTO LIBERTA?

Um dos erros mais perigosos incutido em nós pelo otimismo progressivo do século XIX é a idéia de que a civilização está automaticamente destinada a aumentar e expandir. A lição da história é o oposto.

C.S. LEWIS

Quando Diane foi para a universidade em 1967, ela também desceu ao fundo do poço. Dentro de semanas estava fumando maconha, desprezando a fé da infância e apregoando *slogans* sobre a liberação das mulheres.

Hoje, Diane retornou à fé cristã e já não se identifica como feminista. "Cansei de ser vitima", explica. "Costumava ler os livros feministas aos montes. Então um dia isso me golpeou. Todos aqueles livros eram iguais! Cada problema enfrentado pelas mulheres era explicado como se alguém, em algum lugar, tivesse feito algo errado com ela – como se fossem criaturas fracas e passivas. Era patético."

Diane mudou de idéia, mas milhões ainda marcham atrás da bandeira da liberação da mulher – juntamente com líderes de outras ideologias de libertação. Em todo o país, grupos juntam-se ao redor de ideologias de gênero, raça e orientação sexual, fervendo de raiva sobre pretensas opressões contra um tipo ou outro.

Para entender o apelo que esses grupos exercem, precisamos entender a cosmovisão subjacente. De acordo com esses grupos, qual é o dilema humano, a fonte do sofrimento e da injustiça? Opressão dos brancos, homens, heterossexuais ou algum outro grupo predominante. Qual é a solução, o caminho para a justiça e a paz? Despertar a nossa consciência e erguer-nos contra o opressor. Assim, a promessa da libertação é, ao final, uma promessa de redenção.

Todas as ideologias de libertação no mercado de idéias hoje são variações do mesmo tema que penetrou no pensamento ocidental desde o século XIX: que a história está avançando em direção a uma consumação gloriosa. Tal conceito é, às vezes, intitulado de "mito do progresso", ou, nas palavras da filósofa britânica Mary Midgley, "o Mito da Escada Rolante", o que é, em suma, a secularização do ensinamento cristão sobre a providência divina. Considerando que o Cristianismo ensina que a história caminha em direção ao Reino de Deus, o Mito da Escada Rolante, em termos paralelos, nos assegura que estamos evoluindo em direção à utopia terrena, o produto da sinceridade e do esforço humanos.[1]

Juntamente com a negação do pecado, a idéia do progresso inevitável estimulou os grandes movimentos utópicos que traçamos nas seções anteriores. Esta idéia primeiro vingou através do trabalho do filósofo alemão do século XIX, Georg Friedrich Hegel. Até aquele tempo, o mundo era retratado como uma estática escada da vida. Todas as coisas tinham seu próprio nicho em certo degrau dessa grande escada – a partir das pedras, depois as plantas, os animais, os homens os anjos e o próprio Deus. Entretanto, Hegel fez algo inteiramente novo, algo realmente de tirar o fôlego. Ele inclinou a escada da vida para o lado, para que, ao invés de ser uma lista de tudo o que existe no mundo a qualquer tempo, fosse transformada em uma série de *estágios* através do qual o mundo passasse durante o curso da história. Assim, a escada transformou-se em uma série dinâmica de passos: move-se de um degrau para o próximo num progresso sem fim em direção à perfeição.[2]

Em conseqüência da influência de Hegel, tudo era visto como sujeito à evolução – não somente os seres vivos mas também os costumes, culturas e conceitos. O Universo era considerado como estando em processo de mudança constante, sujeito à grande transformação de seu início primitivo para um futuro exaltado. Em todos os campos, da biologia à antropologia, do direito à sociologia, existia uma busca fervorosa por "leis de desenvolvimento" que revelariam o padrão da história e o alvo da evolução, fornecendo às pessoas um guia sobre como viver de acordo com o grande movimento em direção a um mundo melhor. Havia grande otimismo de que as melhores mentes humanas seriam capazes de descobrir as leis do progresso e nos levar adiante para a utopia – uma visão substituta do céu. Os filósofos e pensadores começaram a concorrer uns com os outros para ver quem descobriria o caminho para o céu terreno, o meio de redenção.

O Mito da Escada Rolante tomou várias formas, algumas das quais serão os tópicos dos capítulos seguintes, enquanto discutimos o tema da redenção.

O NEOMARXISMO CONTINUA BEM VIVO

O discípulo mais famoso de Hegel foi Karl Marx, e o marxismo é melhor compreendido como o exemplo primário do Mito da Escada Rolante – do esforço da mente moderna para secularizar o Reino de Deus, para criar um céu puramente humano aqui na terra. O marxismo pode estar desacreditado como teoria política na maior parte do mundo hoje, mas continua a viver sob a roupagem moderna de vários movimentos de libertação, como observamos no início do capítulo. O elenco mudou, mas o enredo é o mesmo.

No drama marxista clássico da história, o proletariado foi oprimido (trabalhadores urbanos de fábricas); nas ideologias multiculturalistas mais recentes, os oprimidos são as mulheres, os negros ou os homossexuais. No marxismo clássico, o proletariado erguer-se-á contra os opressores – os capitalistas; na forma moderna, pessoas de várias raças e gêneros são também chamadas para utilizar sua raiva e batalhar contra os opressores – geralmente homens brancos heterossexuais.

Os campus universitários politicamente corretos de hoje oferecem variações incontáveis para o tema do marxismo, mas o centro comum de todas é revelado pela forma como essas variações se encaixam e complementam umas as outras. A Universidade da Califórnia, em Santa Bárbara, oferece um curso intitulado Marxismo Negro, ligando o marxismo e a libertação negra. A Universidade Brown conecta os movimentos de libertação negro e homossexual num curso chamado Lavanda Negra: Estudo dos Movimentos Gays e Lésbicas Negros. A UCLA relaciona a etnia hispânica (americanos de origem hispana) com a homossexualidade num curso intitulado Literatura Hispânica Lésbica. A Universidade Villanova combina o feminismo com o ambientalismo num curso intitulado Eco-feminismo. E a Universidade de Stanford mistura tudo em um único caldeirão com um curso catalogado como Mulheres de Cor: A Interseção de Raça, Etnia, Classe e Gênero. Muitas universidades brasileiras oferecem também cursos parecidos. Como conseqüência dessa maciça politização da educação, os universitários estão sendo ensinados a aplicar categorias do marxismo na lei, na política, na educação, nos estudos sobre família e em muitos outros campos.

O que tudo isso significa é que o marxismo, apesar de muito desacreditado como ideologia política, ainda está bem vivo na vida intelectual do ocidente. Renascido como multiculturalismo e movimento politicamente correto, permanece como uma das mais difundidas e influentes formas de dissimular a salvação. Os grupos governamentais de direitos e outros desenvolvidos a partir do multiculturalismo estão, inclusive, dando determinadas interpretações da Constituição dos Estados Unidos, de forma que mesmo que o marxismo original não tenha tomado conta da nação, esse marxismo renascido ainda pode fazê-lo.

UM GULAG NO FINAL

Enquanto Karl Marx debruçava-se sobre seus livros no Museu Britânico, na metade do século XIX, fervorosamente filosofando, o que ele conseguiu apresentar foi uma alternativa completa para a religião. No início havia um criador: a saber, a própria matéria. No marxismo o Universo é o originador de si mesmo, uma máquina que se movimenta automaticamente, gerando seu próprio poder e governado pela própria força em direção ao objetivo final – a sociedade comunista sem classe. Lenin, discípulo de Marx, estatuiu a doutrina em linguagem explicitamente religiosa: "Podemos considerar o mundo material e cósmico como um ser supremo, como a causa de todas as causas, como o criador do céu e da terra".[3]

A contrapartida marxista ao Jardim do Éden é o estado do comunismo primitivo. E o pecado original é representado pela criação da propriedade privada e da divisão de trabalho, que causou a queda da humanidade de seu estado inicial de inocência para a escravidão e a opressão. A partir daí surge todo o mal subseqüente de exploração e luta de classe.

Neste drama, a redenção é forjada com o reverso do pecado original: destruindo-se a propriedade privada dos meios de produção. E o redentor é o proletariado, que se erguerá contra o capitalismo opressor. Nas palavras do historiador Robert Wesson: "O proletariado-salvador [irá] com seu sofrimento redimir a humanidade e trazer o Reino do Céu para a terra".[4]

O Dia do Julgamento, na teologia marxista, é o dia da revolução, quando a burguesia maligna será condenada.[5] É significativo que Marx não chamou para o arrependimento, mas para revolução. Por quê? Porque, como Rousseau, considerava a humanidade como inerentemente boa. Ele acreditava que o mal e a ganância nasciam das estruturas econômicas da sociedade (propriedade privada), e que, por isso, podiam ser eliminados por uma revolução social que destruísse o velho sistema econômico e instituísse um novo.

Finalmente, como todas as religiões, o marxismo tem uma escatologia (doutrina dos eventos finais da história). No Cristianismo, o fim dos tempos é quando a perfeição original da Criação de Deus será restaurada, e o pecado e a dor não mais existirão. No marxismo, o fim da história é quando o comunismo original será restaurado e o conflito de classe não mais existirá. O paraíso será introduzido pelo esforço dos seres humanos cuja consciência terá sido erguida. Marx estava ansioso por essa consumação inevitável da história tanto quanto o cristão espera pela segunda vinda de Cristo.

"O marxismo é uma visão secularizada do reino de Deus", escreve o professor de teologia Klaus Bockmuehl. "É o reino dos homens. A raça irá finalmente incumbir-se de criar por si mesma aquela 'nova terra onde habita a justiça'."[6] O marxismo promete resolver o dilema humano e criar o Novo Homem vivendo numa sociedade ideal.

Esses elementos religiosos explicam os poderes intrincados de resistência do marxismo. A maioria das teorias específicas de Marx falharam espetacularmente, e sua promessa de uma sociedade sem classes nunca aconteceu, apesar das muitas revoluções inspiradas pelo marxismo ao redor do globo.[7]

Por que, então, o marxismo é ainda tão popular? Por que tantos movimentos de libertação hoje adotam as categorias e as análises do marxismo? Por que o multiculturalismo e o movimento que defende o politicamente correto causam sensação através dos campus das universidades, tendo um grande efeito em estudantes como Diane, ensinando-os a verem o mundo através das lentes do ressentido farisaísmo? Precisamente porque o marxismo aponta para as necessidades religiosas essenciais, realçando de forma suave a fome de redenção da humanidade.

O próprio Marx sabia que estava oferecendo uma contrapartida combativamente ateísta para o Cristianismo. "Marx foi batizado aos quinze anos e por algum tempo pareceu ser cristão fervoroso", diz o historiador Paul Johnson. Mas ao final rejeitou o Deus bíblico, denunciando a religião como "um sol ilusório ao redor do qual o homem circula, até que comece a girar ao redor de si próprio".[8]

O objetivo final de Marx era a autonomia. Ele escreveu: "Um *ser* só se considera independente quando for auto-suficiente; e ele só será auto-suficiente quando dever sua *existência* a si mesmo". Porém, uma pessoa não pode ser independente se é a criação de um Deus pessoal, pois então "ele vive pela graça de outro".[9] Assim, Marx estava determinado a tornar-se o seu próprio mestre, um deus para si.

Essa é a raiz do marxismo, e também o ponto de onde devemos começar a criticá-lo. Quão plausível é essa insistência de autonomia absoluta? Ironicamente, o próprio Marx admitiu que era altamente *implausível.* Crer num criador, reconheceu, é "muito difícil de desalojar da consciência popular"; ao mesmo tempo, para a maioria das pessoas a noção da autonomia absoluta é "incompreensível". Por quê? Porque contradiz tudo o que é *tangível* na vida prática."[10] Em outras palavras, na vida real é obvio que não somos completamente autônomos. Não criamos a nós mesmos, e não podemos existir completamente por nós mesmos. Somos seres finitos, contingentes, dependentes – pequeninos pedaços no Universo tão vasto, um mero redemoinho no fluxo da corrente da história.

A conclusão é que a cosmovisão de Marx é falha; ela não condiz com a realidade. E também o próprio Marx admitiu muito mais ao reconhecer que sua filosofia "contradiz tudo" na "vida pratica". Marx é um exemplo vivo da descrição que o apóstolo Paulo faz do descrente: "Eles *sabem* a verdade, e ainda assim a suprimem" (Romanos 1.18-32).

Quando ainda jovem, Marx escreveu poesia, muitas delas incidindo sobre temas como raiva, destruição e selvageria. Uma de suas peças que sobreviveram incluem estas linhas, de tradução livre:

Então eu vaguearei como um deus e vitorioso
Pelas ruínas do mundo
E, dando às minhas palavras uma força ativa,
Sentir-me-ei igual ao criador.[11]

Aqui Marx revela a motivação final atrás de sua filosofia: de ser igual ao Criador, para dar às suas próprias palavras a força ativa das palavras criativas de Deus.

O auto-endeusamento de Marx teve resultados desastrosos para milhões de pessoas, levando à guerra, ao massacre e a campos de trabalho forçado. "Aplique o marxismo em qualquer país e você sempre encontrará um Gulag no final", diz o filosofo francês Bernard-Henri Levi, ele próprio um ex-marxista.[12] Por estarem confiantes que o próximo estágio na história representará de modo automático o progresso, que qualquer mudança será para melhor, os revolucionários de pronto rasgaram a ordem existente – o que, do ponto de vista histórico, significou muitas vezes eliminar qualquer um que resistisse, de governantes a camponeses. Além disso, em razão de o marxismo assumir que a reconstrução de instituições econômicas e sociais é o suficiente para introduzir harmonia e paz, não coloca nenhum limite moral nos líderes da nova ordem. Pelo fato de negar o mal na natureza humana, não reconhece a necessidade de impor controle e equilíbrio nos poderes individuais, permitindo que eles acumulem poder absoluto. E todos sabemos o que o poder absoluto faz.

O marxismo é um substituto da religião que traz devastação e morte. E os atuais movimentos de libertação, os quais dependem da cosmovisão marxista, são também inerentemente religiosos. Eles podem ter abandonado o foco de Marx sobre economia em favor da raça, gênero ou etnia, mas as formas básicas de pensamento permanecem as mesmas – e elas são igualmente falhas e perigosas.

Para aqueles que realmente acreditam em salvação através do Mito da Escada Rolante, a forma machista de libertação é... o sexo em si.

CAPÍTULO 25

SALVAÇÃO ATRAVÉS DO SEXO?

Todos as rupturas intelectuais e culturais da modernidade foram de uma maneira ou de outra ligadas aos desejos sexuais que seus progenitores sabiam ser ilícitos, mas que, todavia, escolheram. Suas teorias, em última análise, eram racionalizações das escolhas que sabiam ser erradas.

E. MICHAEL JONES

Em seu romance de 1967, *An Exile* (Exílio), Madison Jones descreve um delegado levado ao adultério com uma jovem mulher – ocasião em que vive uma experiência transcendente. Enquanto estavam deitados, observavam a luz da lua incidindo através do colorido da vidraça sobre a torre, levando o delegado a lembrar-se de um vitral na igreja que freqüentava quando criança.

"Gravado no vidro, em cores pálidas de azul e amarelo e vermelho, havia o retrato de Jesus abençoando as crianças", Jones escreve, "e daquela janela ali caiu sobre ele uma luz exatamente como essa – uma luz que tinha a cor da graça, aquilo era a própria graça de Deus descendo através da janela sobre todos."

Contemplando a jovem mulher dormindo ao seu lado, o delegado meditava: "Isto foi graça, dissera o pregador, que tornou sem pecado o homem pecador; e agora via-se sob o manto da graça. Alguém nascido de novo na graça. Não era estranho que agora, com o suor do pecado explicitamente ainda secando sobre si, ele deveria sentir o que sentira antes?"

Realmente estranho. Pois o relacionamento do delegado com essa jovem foi exclusivamente sexual. Ele não a amava, e ela não o amava. De fato, como o leitor do romance mais tarde descobre, ela fora coagida para entrar nesse relacionamento por seu pai, envolvido com atividades criminosas, esperando com isso corromper o delegado. No entanto, esse encontro puramente físico, sem amor e utilitário, é retratado como uma avenida para uma experiência religiosa.

"Ainda novo em sua experiência, [o delegado] pensou: purgação do velho corpo e da velha mente. Então isso era graça..."[1] O simples ato físico de intercurso, num relacionamento pecaminoso e sem amor, foi paradoxalmente retratado como um meio de graça.

Os místicos medievais usaram meditação e auto-negação para alcançar transcendência e comungar com o sagrado; os modernistas usam o sexo.

O sexo é parte vital da ordem criada por Deus, compondo a sagrada aliança do casamento; nossa natureza sexual é um bom presente divino. Porém, para muitos pensadores modernos, a sexualidade tornou-se a base para uma cosmovisão inteira, a fonte final de significado e cura, um meio de redenção. O sexo tem sido exaltado a ponto de nos elevar a nós mesmos para o próximo nível da evolução, criando um novo tipo de natureza humana e uma avançada civilização. Em resumo, a sexualidade tem sido transformada em outra versão do Mito da Escada Rolante.

Qual é a origem dessas idéias quase místicas da sexualidade? Em grande medida, vêm de Rousseau, que ensinou que a natureza humana era boa e que o mal era o resultado dos constrangimentos da civilização, com sua regras morais e convenções sociais. No século XIX, Freud atribuiu que a neurose resultava dos constrangimentos das regras morais e da culpa que elas produzem. Então, como a ciência aprendeu mais sobre a psicologia da sexualidade – por exemplo, as ações das glândulas – essas mesmas idéias foram vestidas com trajes científicos.

Por exemplo, no início do século XX, Margaret Sanger, geralmente lembrada como a primeira campeã do controle de natalidade, ensinou uma ampla filosofia sobre a sexualidade, reforçada pela ciência. Ela afirmava que a repressão sexual suprimia a atividade das glândulas do sexo e assim prejudicava a saúde e entorpecia o intelecto. Assim, a própria ciência, argumentou, ampara a liberação sexual.

O drama da história, no relato de Sanger, consiste das lutas para libertar nossos corpos e mentes dos constrangimentos da moralidade, as proibições que distorcem e empobrecem a natureza humana. Ela inflexivelmente resistiu "os 'moralistas' que pregam a abstinência, a auto-negação e a proibição" e descreveu a ética cristã como "moralidade cruel de 'pecado' e auto-negação". Sanger esperava substituir isso com sua própria moralidade de liberação sexual, prometendo que liberar as energias sexuais era "o único método" pelo qual uma pessoa poderia encontrar "paz interior, segurança e beleza".[2] E também o único método para superar as doenças sociais vindouras: "Remova os constrangimentos e proibições que agora obstruem a liberação das energias interiores, [e] a maioria dos males abundantes da sociedade perecerá".[3]

O que Sanger ofereceu era nada menos do que uma doutrina da salvação na qual a moralidade é a raiz de todo o mal e a livre expressão sexual o caminho para a redenção. Ela até recorreu à linguagem religiosa, convocando a elite sexual para "remover os tabus morais que agora amarram o corpo e o espirito humano, libertar o indivíduo da escravidão da tradição, e, acima de tudo, responder ao seu incessante clamor pelo conhecimento que tornaria possível a autodireção e salvação".[4] Salvação? Em outra passagem, Sanger promete que os homens e as mulheres se tornarão literalmente em gênios através "da remoção das inibições e constrangimentos fisiológicos e psicológicos, o que tornará possível a libertação e canalização das energias interiores primordiais do homem em expressão completa e divina".[5] Divina? Aqui está outra alteração da promessa da serpente no Éden: não é comer do fruto da árvore do Jardim que nos tornará deuses; é a liberação das energias sexuais.

A filosofia de Sanger é apenas outra versão do Mito da Escada Rolante, na qual a liberdade sexual é o meio para transformar a natureza humana e criar o Novo Homem. Está em nosso poder "remodelar a raça [humana]" e criar "uma civilização real", para "transmutar e sublimar o mundo de cada dia em um reino de beleza e alegria", ela escreveu eufórica. Para recorrer outra vez à linguagem religiosa: "Através do sexo, a humanidade poderá alcançar a grande iluminação espiritual que transformará o mundo, que iluminará o único caminho para um paraíso terreno".[6]

Entre os contemporâneos de Sanger, Alfred Kinsey era igualmente influente em configurar hábitos sexuais e teorias de educação sexual, particularmente em seus livros *Sexual Behavior in the Human Male* e *Sexual Behavior in the Human Female* (Comportamento Sexual no Ser Humano Masculino *e* Comportamento Sexual no Ser Humano Feminino), publicados nos anos de 1940.[7] O impacto de Kinsey foi devido em parte à sua postura como cientista objetivo, tabulando o que os americanos faziam na intimidade de seus quartos. Porém, a verdade é que ele não era nem objetivo nem cientista. Como Sanger, estava comprometido com uma ideologia que definiu a moralidade como uma força prejudicial para ser rejeitada e que elevou a sexualidade a um meio de salvação.

Para liberar o sexo da moralidade, Kinsey reduziu-o a um simples ato biológico de orgasmo físico. Para então alegar que todos os orgasmos são moralmente equivalentes – seja entre pessoas casadas ou não, entre pessoas do mesmo sexo ou do sexo oposto, entre adultos e crianças e até entre seres humanos e animais. Seu modelo era o mundo animal. Kinsey era um darwinista devoto o qual acreditava que se os seres humanos evoluíram dos animais, não há então diferenças significativas entre eles. Ele gostava de falar sobre "o animal humano", e se um comportamento em particular pudesse ser achado nos animais, considerava-o também normativo para os seres humanos. Por exemplo, Kinsey alegou que certos mamíferos são observados tendo contatos sexuais entre machos e até entre espécies; assim concluiu que ambos, o homossexualismo e o bestialismo, são "parte do quadro normal dos mamíferos" e comportamentos aceitáveis para os seres humanos.[8]

Kinsey estava tão ansioso em provar sua filosofia que empregou métodos de pesquisa altamente não científicos, tal como contar com amostras não representativas que incluíam porcentagem desproporcional de infratores sexuais e aberrações. É dificilmente considerado cientifico usar amostras deformadas para definir a sexualidade "normal", e apesar disso, como o biografo James Jones documenta, Kinsey persistentemente estudou pessoas que estavam à margem, ou até mesmo além dos limites, em seus comportamentos sexuais: homossexuais, sadomasoquistas, *voyeurs*, exibicionistas, pedófilos, travestis e fetichistas.[9]

Não obstante, Kinsey continuou sem sentir-se amedrontado pela crítica, pois suas visões sexuais não eram baseadas em definitivo na ciência, mas numa crença intensamente pessoal. Nas palavras do professor Paul Robinson, da Universidade de Stanford, um crítico simpatizante, Kinsey via a história "como um grande drama, em que as forças da ciência competiam com as das superstições para conquistar as mentes e corações dos homens".[10] Por "superstição", Kinsey quis dizer religião e suas prescrições morais. Kinsey algumas vezes falou como se a introdução da moralidade sexual baseada na Bíblia fosse *a* linha divisória na historia do ser humano, um tipo de "Queda" da qual devemos ser redimidos. Para ele, a expressão sexual era o meio de salvar a natureza humana da opressão da religião e moralidade.

Outra grande influencia na atitude sexual dos americanos e do mundo ocidental veio do psicólogo austríaco Wilhelm Reich, que se tornou uma cultuada figura nos anos de 1960. Sua contribuição foi a busca pelo "orgasmo definitivo", que rapidamente se tornou uma das manias do movimento do potencial humano. Reich ensinou que quase todo mundo é neurótico em algum grau e que toda neurose é por sua vez um sintoma de falha sexual. Portanto, a resposta para todas as disfunções do ser humano seria desenvolver "a capacidade de se render ao fluxo da energia biológica sem nenhuma inibição, a capacidade de descarregar completamente todo o excitamento sexual acumulado através das involuntárias e agradáveis contrações do corpo".[11] Reich acreditava que os seres humanos não são nada além de criaturas biológicas e que a redenção vem através da completa imersão no reflexo sexual.

O inimigo no Éden de Reich é, uma vez mais, religião tradicional e moralidade, essa "filosofia assassina" que cria culpa, distorce nossos desejos e dá vazão a desvios de personalidade.[12] Para ele, desde que a natureza nada sabe sobre moralidade, qualquer restrição moral ao impulso sexual funciona como um veneno vagaroso sobre a totalidade da personalidade. Num livro convenientemente intitulado *Salvation through Sex* (Salvação Através do Sexo), o psiquiatra Eustace Chesser diz que para Reich o orgasmo "é a única salvação para o homem, levando-o ao Reino dos Céus na terra".[13]

As idéias de Reich foram incorporadas por Robert Rimmer em seu romance provocativo *The Harrad Experiment* (O Experimento Harrad), publicado em 1966. O livro vendeu três milhões de cópias e ajudou a alimentar a revolução sexual. Para uma geração inteira de americanos com curso superior, tornou-se leitura recomendada nos cursos universitários sobre casamento e família, e muitas pessoas creditam ao livro a rápida fusão de universidades masculinas com universidades femininas e a criação de dormitórios mistos.

O romance retrata uma faculdade experimental onde os alunos têm que fazer várias combinações e permutas entre casais a fim de desenvolver uma abordagem livre e desinibida da sexualidade. A filosofia por trás dessa utopia sexual é expressada pelo professor que fundou a faculdade: "A premissa é que o homem nasce bom e pode elevar-se pelos seus esforços para um mundo infinitamente melhor". Como? Pela liberação sexual. Esse é o meio de atingir "um degrau a mais na escada evolucionária", para "chegar a uma nova forma de homem e mulher".[14]

A visão de Rimmer sobre o sexo é francamente religiosa, e ele professa de forma aberta a afirmação de que o intercurso "é de fato um ato de adoração". Ou, segundo a opinião de outra personalidade que ele utiliza (citando o filosofo Alan Watts): "O que os amantes sentem um pelo outro nesse momento não é nada além de adoração no completo sentido religioso... Tal adoração devida a Deus seria realmente idolatria se não fosse o fato de o amor, nesse momento, levar à ilusão e mostrar aos amantes o que eles em verdade são... realmente divinos". O sexo é retratado como um caminho para a divindade.[15]

Em posfácio acrescentado à edição de 1990 do romance, Rimmer sumariza concisamente sua religião: "Poderemos levantar a nós mesmos pelos nossos esforços e criar um novo tipo de sociedade onde a sexualidade humana e a maravilha completa do corpo e da mente tornem-se a nova religião – uma religião humanista, sem a necessidade de um deus, porque você e eu e todos os outros bilhões de seres podemos interagir mostrando cuidado e afeição uns com os outros de modo que sejamos os únicos deuses de que precisamos? Penso que podemos".[16]

A sexualidade está claramente sendo apresentada como mais do que uma mera gratificação ou deleite sensual. Não é nada menos que uma forma de redenção, um meio para curar a falha fundamental da natureza humana. Somente quando virmos essas ideologias sexuais como cosmovisões completas, defendidas com fervor religioso, entenderemos por que os cristãos e os conservadores morais acham tão difícil reformar os currículos dos cursos de educação sexual nas escolas públicas. Você não encontrará educadores sexuais contemporâneos usando palavras como salvação; todavia, muitos têm a mesma suposição básica de que a expressão sexual livre é o meio para uma vida completa e saudável.

Por exemplo, Mary Calderone, a principal arquiteta da educação sexual contemporânea e ex-diretora executiva do Conselho de Informação e Educação Sexual dos Estados Unidos, insinuou, em artigo de 1968, que a "verdadeira questão" que os educadores sexuais encaram é esta: "Que tipo [de pessoa] queremos produzir" para tomar o lugar da natureza humana como conhecemos hoje? E "como desenharemos a linha de produção" para criar essa criatura avançada?[17]

O problema, como Calderone o vê, é que a natureza humana não está evoluindo tão rápido quanto a tecnologia; por essa razão devemos remodelar a natureza humana em si para combinar com o mundo moderno e sempre em mudanças. Um novo estágio de evolução está cortando o horizonte, ela escreve, e a tarefa dos educadores é preparar as crianças para entrarem nesse novo mundo. Para alcançá-lo, os educadores devem afastar as crianças das velhas visões e valores, especialmente das formas da moralidade sexual bíblica e outras tradicionais – pois "leis religiosas ou regras sobre sexo foram feitas com base na ignorância".[18]

Nesse novo estágio de evolução, todos os valores atualmente defendidos cairão por terra, dando espaço para os novos valores baseados somente na ciência. Portanto, diz Calderone, a melhor coisa que podemos fazer por nossas crianças é prepará-las para ver todas as noções de certo e errado como tentativas mutantes e relativas. Assim, libertadas dos velhos valores, elas poderão sentir-se incutidas com os valores de uma elite cientificamente treinada (consistindo de profissionais como ela mesma, naturalmente), que saberão o que fazer para que os seres humanos sejam realmente saudáveis. Calderone chama as escolas e as igrejas para usarem a educação sexual para desenvolver "seres humanos de qualidade através de processos tão conscientemente elaborados como as melhores mentes da sociedade podem projetar"[19] Aqui o utopismo sexual aparece com tom quase assustador, pois liga a educação sexual a uma visão de engenharia social de acordo com um "projeto" desenhado pela elite científica.

■ ■ ■

QUANDO RASTREAMOS A história das idéias sobre sexualidade, torna-se claro que os fundadores da educação sexual nunca realmente buscaram simplesmente transmitir uma coleção de fatos sobre como nossos corpos funcionam. Antes, foram os evangelistas de uma cosmovisão utópica, uma religião, na qual o entendimento "cientifico" sobre a sexualidade é o meio de transformar a natureza humana, libertando-a dos constrangimentos da moralidade e introduzindo uma sociedade ideal. Essa é outra forma do Mito da Escada Rolante.

Mesmo assim, se examinarmos as vidas desses que se intitularam a si próprios como profetas, encontraremos pouco fundamento para acreditar em suas promessas. Margaret Sanger casou-se duas vezes e teve vários amantes – ou, como ela mesma define, "parceiros voluntários". Era viciada no analgésico Demerol e obssecada por numerologia, astrologia e mediunidade, numa tentativa desesperada de achar significado para a existência. Em sua vida, a liberação sexual não foi o grande caminho para a salvação que prometera em seus escritos.[20]

Kinsey, igualmente, tinha uma vida secreta sobre a qual raramente ouvimos falar. Seu objetivo era "criar sua própria utopia sexual", diz o biógrafo James Jones, e Kinsey construiu um grupo seleto de amigos e colegas que se comprometeram com sua filosofia de total liberdade sexual. Sabemos que Kinsey e sua mulher tinham relações sexuais com muitos dos membros de sua equipe, homens e mulheres, e outras pessoas. Kinsey também era masoquista, às vezes envolvido com práticas bizarras e dolorosas.[21]

Mas Kinsey tinha um segredo ainda mais escuso. Em *Kinsey, Sex, and Fraud* (Kinsey, Sexo e Fraude), a pesquisadora Judith Reisman argumenta convincentemente que a pesquisa de Kinsey sobre as reações sexuais em crianças somente podem ter sido obtidas se ele ou seus colegas de fato estiveram envolvidos com abuso sexual infantil. Como poderiam ser feitas "observações atuais" da reação sexual em crianças dos dois meses aos quinze anos?[22] E esse é o homem cujas ideias têm sido tão influentes na formação da educação sexual americana e de outros países.

A vida de Wilhelm Reich da mesma forma revela as falhas de sua própria filosofia. Reich exigiu liberdade sexual completa para si e teve vários casos, mas não suportava a idéia de que sua mulher pudesse viver sob a mesma filosofia sexual. Sua terceira mulher escreve que Reich tinha muitos ciúmes e proibiu que vivesse como ele vivia.[23] Um teste para saber se uma cosmovisão é verdadeira é se ela corresponde à realidade: podemos viver com isso? Obviamente Reich não conseguiu.

A verdade é que a liberação sexual não é nenhum caminho elevado para a salvação para aqueles que a adoram em seu santuário. Ao invés, os resultados trágicos da licenciosidade sexual espalharam-se completamente através da nossa sociedade, produzindo epidemias de abortos, doenças sexualmente transmissíveis (afligindo uma em cada quatro mulheres) e crianças nascidas fora do casamento, com todas as patologias sociais decorrentes, incluindo problemas escolares, abuso de drogas e álcool e crime. Mesmo assim, para muitos, a liberação sexual permaneceu um direito acalentado, e as visões utópicas plantadas por Sanger, Kinsey, Reich e Calderone continuam a prosperar. Suas idéias ainda sustentam suposições no currículo da educação sexual usado em todo o sistema de escolas públicas dos EUA.

■ ■ ■

TODOS BASEAMOS NOSSAS vidas em alguma visão de realidade final que dá significado à nossa existência individual. Se rejeitarmos a Deus, colocaremos algo em seu lugar e absolutizaremos alguma parte da Criação. É exatamente o que tem acontecido com aqueles que contemplam a utopia sexual como meio de satisfação e salvação. A biologia toma o lugar de Deus como a realidade final, e o sexo se torna o caminho para o divino.

A ironia é que aqueles que rejeitam muito enfaticamente a religião, que insistem com muito alarde que são "científicos", terminam por promover o que só pode ser chamado de religião. De fato, isto parece uma enfermidade comum entre aqueles que se orgulham de serem científicos. Durante a Era da Razão, a ciência era oferecida como um substituto para a religião. Mas o que alguns previram foi que, no processo, a ciência tomaria as funções da religião. E hoje, como veremos, a ciência em si tornou-se uma das mais populares formas de redenção.

CAPÍTULO 26

A CIÊNCIA É O NOSSO SALVADOR?

Arranhe um "altruísta" e veja um "hipócrita" sangrar.

M. T. GHISELIN

Quando o filme *Independence Day* chegou aos cinemas no final da década de 1990, muitas pessoas tiveram a sensação de ter visto a história em algum lugar antes.[1] Com efeito, realmente viram. O filme foi essencialmente uma refilmagem do clássico de ficção científica de 1953, *War of the Worlds* (A Guerra dos Mundos) – porém com uma diferença marcante.

Enquanto as duas versões mostravam alienígenas invadindo a Terra, no filme de 1953 os cientistas lançam mão de uma arma que acaba sendo destruída. A população em pânico é forçada a voltar-se para Deus; as igrejas ficam lotadas com pessoas orando. E o mais importante, as orações são respondidas: os alienígenas contraem uma bactéria terrestre e de repente morrem. "Tudo o que o homem foi capaz de fazer falhou", diz uma voz ao final; a salvação veio somente da mão de Deus. O filme termina com uma cena de pessoas numa montanha, cantando louvores a Deus.[2]

A versão contemporânea é bem diferente – assinalando uma mudança dramática na cultura americana em apenas algumas décadas. *Independence Day* inclina-se educadamente em direção a Deus com pessoas orando por ajuda. Porém, a salvação real vem do desenvolvimento avançado da tecnologia militar: algumas bombas colocadas estrategicamente explodiram os alienígenas e salvaram o mundo. *Independence Day* é uma expressão em celulóide da difundida convicção de que a ciência e a tecnologia se constituem em meio de salvação.

O esboço dessa fé é bem sumarizado no livro *best seller* de Daniel Quinn, *Ishmael*, que mostra uma série de conversações entre um idealista hostil dos anos de 1960 e um gorila sabe-tudo, que se oferece para explicar o que há de errado com o mundo. O problema, diz o gorila, é que a cultura ocidental caiu na conversa de que o mito da ciência é o salvador. Ele funciona mais ou menos assim: o Universo começou cerca de quinze bilhões de anos atrás com o big bang; nosso sistema solar nasceu há cerca de sete bilhões de anos; eventualmente, a vida apareceu no caldo químico dos antigos oceanos, evoluindo primeiro para simples microorganismos, depois para organismos mais elevados, formas mais complexas e finalmente para seres humanos. Nós, seres humanos, somos o apogeu da evolução, com inteligência para controlar a natureza e dobrá-la para servir aos nossos propósitos. A solução para os nossos problemas sociais, portanto, paira em nossas mãos, através do esforço da inteligência e sinceridade humanas. Através de nossa sempre avançada ciência e tecnologia, salvaremos a nós próprios.[3]

A CIÊNCIA COMO SALVAÇÃO

Quinn colocou seu dedo diretamente nas suposições que flutuam por aí na mente da maioria do povo ocidental, muitos dos quais têm essa cosmovisão básica sem mesmo perceber que a possuem. Em virtude de a cosmovisão não ter nome, nem rótulo, nem igreja e nem rituais, muitas pessoas não a identificam como uma religião ou mesmo como um sistema distinto de crença. É simplesmente parte da mobília da mentalidade ocidental. Mesmo assim, não é nada menos do que uma visão de redenção, uma salvação substituta, um substituto para o Reino de Deus, fazendo da ciência o caminho para a utopia.

Olhando para trás, encontramos as primeiras pinceladas dessa noção nos escritos do cientista do século XVI, Francis Bacon. Num conto intitulado Nova Atlântida, Bacon descreve uma civilização imaginária centralizada num laboratório gigantesco e comprometida com o progresso perpétuo através da ciência – ou, como ele singularmente define, "o efeito de todas as coisa possíveis".[4]

Mais influente foi o filósofo do século XIX, Augusto Comte, honrado hoje como o fundador da sociologia. Comte propôs que todas as sociedades passam por três estágios de evolução social. O mais primitivo é a era teológica, onde as pessoas buscam explicações sobrenaturais para os eventos; o segundo é o estagio metafísico, onde as pessoas explicam o mundo através de conceitos filosóficos abstratos, e o mais avançado é o estágio da ciência, onde as pessoas encontram a verdade através da experiência científica. Diferente da maioria de seus contemporâneos, Comte admitiu que o que estava propondo era essencialmente uma religião. Ele de fato fundou a Religião da Humanidade, com igrejas, hinos e calendários mostrando os dias especiais para os "santos" da ciência e filosofia – tendo ele mesmo como o sumo sacerdote.[5]

Entretanto, a religião do progresso através da ciência realmente decolou apenas depois que Charles Darwin publicou sua teoria da evolução por seleção natural. Fornecendo sanções científicas para a evolução, a teoria de Darwin trouxe enorme ímpeto para a idéia de progresso universal sem fim.[6] O filósofo inglês, Herbert Spencer, expandiu a evolução em filosofia compreensiva cobrindo toda a realidade – desde as estrelas às sociedades. Em seu sistema, o objetivo do progresso da evolução é a emergência dos seres humanos, os quais, em troca, ajudarão a produzir algo novo e melhor para o próximo estágio da evolução. O evangelho da evolução de Spencer tornou-se um substituto secular para a esperança cristã. Como escreve Ian Barbour em *Issues in Science and Religion* (Questões em Ciência e Religião), "a fé no progresso substitui as doutrinas da Criação e providência como a certeza de que o Universo não é realmente sem propósito."[7]

Até mesmo algumas correntes do marxismo identificam a ciência ao invés de a revolução como a fonte da salvação. No início do século XX, o físico J. D. Bernal predisse que após o triunfo do proletariado e do nascimento da sociedade sem classes, haveria um estágio a mais antes que a utopia verdadeira aparecesse – um estágio em que a nova "aristocracia de inteligência cientifica" criaria um mundo governado por peritos cientistas. Numa explosão de entusiasmo, Bernal predisse que os cientistas evoluiriam de fato em uma nova raça super-humana que iria "emergir como uma nova espécie e deixaria a humanidade para trás".[8]

Essa idéia de criar uma nova e melhorada raça é o componente chave em muitas formas de utopismo científico. No início do século XX, após o surpreendente trabalho de Gregório Mendel sobre os genes ter sido redescoberto, muitos cientistas começaram a colocar suas esperanças numa visão de criar um Novo Homem através da engenharia genética. Nos anos de 1930, o grande geneticista H. J. Muller dividiu a história da vida em três estágios: no primeiro estágio, a vida estava completamente à mercê do ambiente; no segundo estágio, os seres humanos apareceram e inverteram a ordem, aprendendo como alcançar e controlar o meio-ambiente; e no início do terceiro estágio, os seres humanos alcançariam o interior e controlariam sua própria natureza. A humanidade irá "modelar a si mesma em uma criação crescentemente sublime – um ser ao lado do qual as divindades místicas do passado parecerão mais e mais ridículas", Muller escreveu. Esse ser divino examina todo o Universo, e, ajusta "seus próprios poderes maravilhosos interiores contra o bruto Golias do sol e dos planetas, desafiando-os para uma disputa".[9]

Muller foi um excelente cientista, mas o que ele está descrevendo aqui não é ciência. É ciência transformada em mito de salvação.

Esse mesmo mito motiva muitas das pesquisas feitas hoje na engenharia genética. O ganhador do prêmio Nobel, Francis Crick, co-descobridor do DNA, escreve: "Podemos esperar ver grandes esforços para melhorar a natureza do homem nos próximos dez mil anos".[10] Algumas pessoas acreditam até que a ciência genética irá desenvolver "super-genes" para produzir seres humanos superinteligentes ou super-fortes. Isto é salvação através da genética – a criação do Novo Homem pela manipulação de genes.

O TESTE DA REALIDADE

Mas tal salvação irá realmente nos salvar? Como essa visão de redenção se sai num teste contra a realidade? Não muito bem.

A ciência em si não traz nenhuma diretriz moral para nossa experiência genética. Como decidiremos que traços queremos? Queremos criar um super-Einstein ou uma super-Madre Teresa, ou até mesmo uma classe de escravos semi-humanos para fazer o nosso trabalho doméstico? Essas questões pressupõem um padrão de valores, o que a ciência não pode fornecer.

Mais importante, a simples tentativa de refazer a natureza humana geneticamente despojaria as pessoas de sua dignidade e as reduziria a mercadorias. Com a tecnologia oferecendo maior escolha e controle sobre os traços do embrião, ter um filho poderia tornar-se como comprar um produto de consumo. E as crianças seriam consideradas como produtos que planejamos, criamos, modificamos, melhoramos e avaliamos de acordo com o padrão de controle de qualidade. O que acontece se o "produto" não satisfaz o padrão dos pais – se eles pensarem que não estão recebendo pelo que pagaram? A criança é jogada de lado, como um aparelho que não funciona? Como certo teólogo argumenta, os seres humanos são "procriados e não feitos", e se invertermos isso – se as crianças tornarem-se em produtos que fabricamos – causaremos danos imensuráveis à dignidade humana.[11]

Infelizmente, objeções como essas não são prováveis de ser levantadas num clima onde os cientistas têm fé no progresso inevitável, pois o Mito da Escada Rolante cria as expectativas de que a mudança será sempre para melhor. Isto explica porque alguns cientistas revelam uma perturbante aceitação acrítica em relação a engenharia genética. Mas claramente, a mudança ou pode ser uma melhora ou uma degeneração. Novas formas de tecnologia podem ser usadas a serviço do bem ou do mal. A fé de que podemos salvar a nós mesmos através da ciência pode ser sustentada somente se fecharmos os nossos olhos para a capacidade humana de barbarismo.[12]

Muitos cientistas conscientes acham difícil continuar com tal fé cega. Mesmo assim, ao invés de buscar outra forma de salvação, simplesmente transferem o Mito da Escada Rolante para uma galáxia diferente. Em razão de o planeta Terra estar tão atolado em poluição, guerra e outras doenças, eles dizem, provavelmente nos destruiremos a nós mesmos antes de podermos evoluir para um estágio superior. Por exemplo, Stephen Hawking, autor do *best seller A Brief History of Time* (Uma Breve Historia do Tempo), avisa que a evolução não melhorará a raça humana rápido o bastante para controlar a nossa agressão e evitar a extinção.[13] Nossa única esperança, então, é nos ligarmos a seres em algum outro lugar do Universo – uma civilização de extraterrestres que evoluíram eles próprios com sucesso para um estágio mais avançado e que podem ajudar-nos. Esses não são disparates de entusiastas de OVNI de olhos arregalados, preste bem atenção. O governo federal juntamente com fundações particulares têm colocado grandes somas de dinheiro no projeto conhecido como Search for Extra-Terrestrial Intelligence (SETI – em português, algo como: Busca por Inteligência Extraterrestre), vasculhando os céus com poderosos radiotelescópios na esperança de encontrar sinais de outra civilização. Se chegarmos a descobrir outra civilização no espaço, diz Francis Drake, que comanda a instituição SETI, "isso nos dirá em que poderemos evoluir e até onde poderemos evoluir". Esses amigáveis extraterrestres podem até nos legar seu conhecimento tecnológico, dando-nos "informações científicas as quais de outra forma poderíamos levar centenas de anos e vastos recursos para obtê-las".[14]

O entusiasmo sem fôlego que com freqüência acompanha as descrições do SETI é uma certeza absoluta de que essa busca por uma solução extraterrestre é na essência religiosa. E ninguém era partidário mais entusiasta da teoria do que o falecido Karl Sagan. Para ele, o SETI era não apenas um projeto científico; mas sim, um tanto quanto literalmente, a fonte da redenção do mundo. Seu pensamento era mais ou menos assim: qualquer sociedade capaz de transmitir mensagens para nós deveria ser bem mais sofisticada tecnologicamente do que a nossa. Dessa forma, o recebimento de mensagens do espaço nos daria "uma parte incalculável de sabedoria", dizendo-nos "ser possível atravessar a adolescência da tecnologia" pela qual estamos agora passando.[15]

Nenhuma dessas mensagem jamais foi detectada, naturalmente, embora Sagan oferecesse descrições detalhadas dos segredos maravilhosos que poderíamos aprender se conseguíssemos decodificar alguma delas. "É possível", exclamou, "que junto ao primeiro conteúdo de tal mensagem possa haver detalhadas prescrições de como evitar o desastre tecnológico, para a passagem da adolescência para a maturidade." Sagan jamais explicou como uma raça alienígena seria capaz de dar "prescrições detalhadas" para resolver nossos problemas sem que tivesse qualquer tipo de contato com a Terra e sendo uma raça cuja química, cérebro e linguagem seriam completamente diferentes dos nossos. Ainda assim, Sagan parecia certo de que ofereceriam conselho com "soluções diretas, ainda não descobertas na Terra, para os problemas como escassez de alimentos, crescimento da população, fornecimento de energia, recursos escassos, poluição e guerra".[16]

Apesar de disfarçada como ciência, isto não é nada além do que uma visão mágica de extraterrestres emergindo do desconhecido para nos erguer de nossa miséria. Um antigo crítico do SETI definiu a questão com franqueza: "Isso é um sonho baseado na fé – uma busca tecnológica por Deus".[17]

Esse é o lugar onde a grande promessa da ciência e tecnologia nos leva – não a uma gloriosa utopia terrestre, mas para um escape do mundo de fantasia deste planeta e dos horrores que essa mesma tecnologia criou. Essa visão de salvação não é mais racional do que os sonhos desvairados da seita Heaven's Gate – trinta e nove pessoas, inteligentes, bem educadas, que ingerem coquetéis de álcool e drogas na esperança de, que, ao deixar os corpos para trás, seus espíritos encontrariam com um cometa que os levaria ao "Nível Acima do Humano". No caso desses, o Mito da Escada Rolante provou ser mortal.

Nenhum otimismo científico, alguém deveria perceber, envolve uma mudança do coração. Um ponto assumido é que os problemas da humanidade não são causados por escolhas morais erradas, mas por falta de conhecimento. Por exemplo, Sagan promete que a tão esperada mensagem do espaço nos ensinará "as leis do desenvolvimento das civilizações" que nos capacitarão a controlar a sociedade, exatamente como as leis físicas e químicas nos capacitam a controlar a natureza. Que necessidade há de uma coisa estranha e problemática como moralidade quando podemos controlar a sociedade para o seu próprio bem através de leis invioláveis da "evolução cultural"?[18]

Mesmo assim, a história não oferece nenhuma evidência de que o conhecimento salvará a sociedade humana. Pelo contrario, o problema com os Hitlers e os Stalins do mundo não foi porque eles eram estúpidos ou ignorantes das leis da evolução cultural; o problema foi que eles eram perversos. Tecnologia maior e melhor simplesmente dá às pessoas maiores e melhores meios de escolher levar a cabo o bem ou o mal.

Ter confiança na tecnologia é uma forma desencaminhada de salvação; algumas coisas simplesmente não são receptivas a um conserto técnico rápido. É o coração humano que determina como deveremos usar nossas máquinas – se as configuramos como espadas ou relhas de arado. Ao invés de vasculhar os céus atrás de mensagens de outras galáxias, é muito mais realista buscar a Deus que *fez* aqueles céus e que veio para revelar a verdade vivendo entre nós. Não precisamos de mensagens de rádios de extraterrestres; já temos uma mensagem do próprio Deus, e ela é encontrada num livro antigo que proclama a Criação do cosmos muito antes de qualquer astrônomo cismar com tais questões. A mensagem começa: "No princípio criou Deus os céus e a terra" (Gênesis 1.1).

Propriamente entendida, a ciência é uma ferramenta maravilhosa para investigar o mundo de Deus. Mas a ciência não pode resolver o dilema humano, e não pode nos dar esperança nem significado. Em última análise, aqueles que exaltam a ciência como religião descobrem estarem errados – por essa razão finalmente caem num profundo pessimismo, à deriva numa estação espacial chamada Terra, esperando por um farol do além para salvá-los de si mesmos.

No entanto, para aqueles menos inclinados à fantasia, não existe saída para a terrível percepção de que um mundo sem Deus só pode acabar em desespero.

CAPÍTULO 27

O DRAMA DO DESESPERO

Até onde os olhos da ciência podem alcançar, o homem está só, absolutamente sozinho, num Universo onde seu próprio aparecimento é uma espécie de acidente cósmico.

JOHN HERMAN RANDALL

"Quanto mais o Universo parece compreensível, mais também parece sem sentido." Com essas palavras surpreendentes, o físico ganhador do prêmio Nobel, Steven Weinberg, conclui *The First Three Minutes* (Os Primeiros Três Minutos), seu livro sobre a origem do Universo.[1]

A ciência revela que vivemos num "Universo esmagadoramente hostil", Weinberg explica. Ele existia muito antes de os seres humanos aparecerem, e não permanecerá habitável para sempre. De acordo com previsões atuais, o Universo encaminha-se para o fim por meio de um fogo abrasador, que nos levará a todos para a destruição. Nada do que fizermos prolongará o nosso ciclo de vida temporário no globo. A vida é sem significado, sem propósito, "sem sentido".[2]

Para muitos pensadores modernos, a alternativa para a mensagem cristã de salvação não é nenhuma das propostas substitutas de que falamos, mas a queda livre no pessimismo e no desespero. Eles desistiram, decidindo que não há nenhum propósito transcendental, nem esperança de redenção, nem resposta para os dilemas mais angustiantes, e a pessoa corajosa é aquela que encara honestamente a realidade e se livra de todas as esperanças ilusórias. Não obstante, por ironia, até mesmo esse pessimismo é muitas vezes tido como um fervor que se assemelha à fé. Como o anti-herói literário, considerado realmente o herói, trata-se de uma antifé que de fato funciona como fé.

O que aconteceu aos sonhos utópicos dos dois últimos séculos, a visão do progresso sem fim? Para muitas pessoas, acabaram-se nas convulsões das duas guerras mundiais que deixaram uma trilha de horror, das trincheiras ensangüentadas de Argonne às cinzas de Auschwitz. Desde 1918 até 1945, um pouco mais de um quarto de século, o mundo teve seu otimismo complacente abalado pela inescapável realidade da exposição do mal.

Os intelectuais europeus que experimentaram a inevitável loucura em primeira mão, em solo nativo, foram os primeiros a pregar a filosofia do desespero. "Não existe nenhum juiz ou controlador divino", proclamou o filósofo francês Jean-Paul Sartre. "O mundo é tudo que existe, nossa existência é tudo que temos." Assim nascia o termo *existencialismo*. Na peça de Sartre, *No Exit* (Sem Saída), uma personagem destila a crença do existencialismo na seguinte frase: "Você é a sua vida, e isso é tudo o que você é".[3] Não existe nenhum propósito elevado, objetivo ou significado para a vida.

Albert Camus, outro existencialista após a Segunda Guerra, sondou o problema da falta de significado em *The Myth of Sisyphus* (O Mito de Sísifo), baseado numa história da mitologia clássica em que Sísifo é punido pelos deuses que o sentenciaram a empurrar uma pedra até o cume de uma montanha somente para que esta rolasse montanha abaixo novamente. Para Camus, essa figura mitológica representa "o herói absurdo", a pessoa que reconhece o absurdo da existência e se rebela contra ela. Desde que o Universo está "sem um mestre", Camus escreve, tudo o que resta para o herói absurdo é exercitar sua livre escolha e rebelar-se, e por meio dessa atitude tornar-se o seu próprio mestre.[4]

Nos anos de 1960, as obras de Sartre e Camus tornaram-se bem populares entre os intelectuais e estudantes universitários, alimentando os ânimos contra o sistema. Se a ciência naturalista leva à conclusão que não existe nenhum significado final para a vida – ela é um absurdo – então por que não procurar fontes alternativas de significado em prazer sexual e experiências com drogas que mexem com a mente?

Não se engane. A década de 1960 não foi apenas uma era de cabelos compridos e calças boca-de-sino. Foi uma convulsão intelectual e cultural que marcou o fim do otimismo da modernidade e introduziu uma cosmovisão de desespero em nível bem amplo. As idéias forjadas no âmbito refinado da academia insinuavam-se para moldar toda uma geração de jovens. Essas idéias, por sua vez, alimentaram suas conclusões lógicas pondo sob suspeita genuínas noções da razão e da verdade objetiva no pós-modernismo.

Realmente, a modernidade sempre teve o seu lado escuro inferior. Já no século XIX, pessoas sensíveis perceberam que a ciência parecia sugerir uma imagem do Universo hostil aos valores humanos. O mundo descoberto pela ciência compunha-se supostamente de entidades matemáticas: massa, extensão e velocidade. As coisas que mais importavam aos seres humanos – propósito, significado, amor e beleza – eram relegadas para o reino subjetivo da mente, enquanto eles próprios eram reduzidos a uma presença insignificante nesse contexto de matérias impensantes, insensíveis e sem propósito, girando cegamente no espaço. A ciência nos ensina que os seres humanos não são mais "os herdeiros descendentes do Céu de todas as épocas", disse o filosofo britânico Lord Balfour. "Sua existência é um acidente, sua história um episódio curto e transitório na vida de um dos mais insignificantes dos planetas."[5]

Esse é um quadro sombrio, mas muitas pessoas acham-no ainda mais atraente por sua melancolia, sobressaltadas diante dele "num horror delicioso", escreve o historiador John Herman Randall. Na verdade, começando no século XIX, "muitos acreditaram nisso *porque* era tão terrível; eles orgulhavam-se de sua coragem em encarar os fatos".[6]

Um exemplo muito citado vem da obra do filósofo britânico Bertrand Russel, *A Free Man's Worship* (A Adoração de um Homem Livre). (Com esse título, Russel claramente entendia que estava propondo uma fé alternativa.) "O homem é o produto de causas que não previam o fim que almejavam alcançar... sua origem, seu crescimento, suas esperanças, seus medos, seus amores e suas convicções são meramente o resultado das colocações acidentais dos átomos." Por último, estas palavras orgulhosas e desesperadas: "Somente no cadafalso dessas verdades, somente no alicerce do desespero inflexível, a habitação da alma poderá ser doravante seguramente construída".[7] Pode-se quase imaginar Russel em pé numa pedra íngreme, sangrando mas ereto, seu queixo erguido à impessoalidade dos céus, proclamando seu credo aos elementos abandonados.

Um exemplo mais recente é a obra do ganhador do prêmio Nobel, o bioquímico Jacques Monod. Em seu celebrado *Chance and Necessity* (Perspectiva e Necessidade), Monod rejeita a fé cristã e a substitui pelo drama do cientista como herói solitário, desafiando o Universo alienado e sem significado. "O homem deve finalmente acordar de seu sonho milenar e descobrir sua total solidão, seu isolamento fundamental. Ele tem de perceber que, como um cigano, vive na fronteira de um mundo estrangeiro; um mundo que é surdo à sua musica, e tão indiferente às suas esperanças quanto aos seus sofrimentos ou crimes."[8] Este quadro melodramático vai muito além de qualquer coisa que possa ser propriamente chamada de ciência. Claramente expressa uma fé, ou, de forma mais precisa, uma antifé: o mundo é hostil a tudo o que nos faz humanos, contudo superaremos nossa solidão cósmica através da rebeldia heróica.

Os credos do pessimismo muitas vezes denotam uma matriz distintamente darwinista. A teoria de Darwin sugere que os seres humanos são meramente animais avançados competindo na luta pela sobrevivência – que a natureza é "vermelha no dente e na garra", nas palavras de Alfred, Lord Tennyson. Todas as formas de vida são levadas a competir pelo próximo degrau na escada evolucionária, deixando o fraco para trás. No final do século XIX e no começo do século XX, essas idéias foram cultuadas no darwinismo social – de que o rico e o corrupto estão no poder porque provaram ser "os mais capazes" na luta pela sobrevivência e que não existe nada que possamos fazer sobre essa situação porque é simplesmente a lei da natureza. A persuasão moral e a redenção espiritual são irrelevantes porque estamos presos numa luta sem fim para alcançar o topo do monte.

MÁQUINAS DE GENE

Esse lado escuro do darwinismo permaneceu como uma subcorrente, causando algumas ondulações no mito dominante do progresso até décadas recentes, quando irrompeu no que é conhecido como *sociobiologia* – hoje muitas vezes chamada de psicologia evolucionária (discutida brevemente no capítulo 12). A sociobiologia é uma tentativa de explicar o que a evolução implica para os valores humanos. Ao fazê-lo, tende a cumprir a função de religião, pois é impossível discutir valores sem tropeçar nas questões religiosas mais básicas.

Começando com a suposição darwinista de que aqueles que são mais competitivos terminam no cume, os sociobiologistas concluem que a evolução requer comportamento cruelmente egoísta. Até mesmo ações que parecem ter por objetivo o benefício de outros são fundadas no egoísmo subjacente: somos bondosos para os outros somente porque serão bondosos para nós. O amor e o altruísmo são ilusões, máscaras para o subjacente interesse próprio. Nas palavras de um sociobiologista, não existe "nenhuma pista de caridade genuína" entre os seres humanos ou entre quaisquer outros organismos. Embora um organismo possa algumas vezes achar-se ele mesmo forçado a agir de maneira que beneficie outros, ainda assim se tiver "uma chance completa de agir em seu próprio interesse, nada a não ser a conveniência irá contê-lo de brutalizar, mutilar, matar – seu irmão, companheiro, pai ou filho".[9] Sob a luz fria da ciência, tornamos-nos em essência egoístas.

Que imagem cruel da vida – tomada como valor de face é antes uma imagem ridícula. Nenhuma sociedade existe sem altruísmo, caridade e cooperação. Mesmo assim tais sentimentos podem ser explicados satisfatoriamente, insiste o sociobiologista. De acordo com a teoria, os agentes reais da evolução são os genes, e seu único interesse é sobreviverem e serem passados à próxima geração. Até mesmo quando estamos engajados em comportamentos aparentemente altruísticos, estamos de fato sendo enganados por nossos genes, os quais se ocupam carregando o convés em seu favor. Desse modo, a mãe sacrifica-se sem egoísmo pelo filho, mas o faz apenas porque seus genes compeliram-na a cuidar dele como o veículo para que seus genes sobrevivam no futuro.

Agora, poderíamos concordar que cuidar dos membros da nossa própria família tem um toque de interesse próprio. Porém, o que dizer da cooperação e do altruísmo que alcançamos para além de família e parentes? O que dizer também a respeito de um heróico transeunte que resgata uma criança se afogando? Até mesmo isso se reduz a egoísmo genético, diz o escritor de ciência, Mark Ridley, em *The Origins of Virtue* (A Origem da Virtude). Ele argumenta que qualquer organismo inteligente o suficiente para lembrar dos indivíduos e exercer controle descobrirá que algumas vezes está em nosso interesse ajudar os outros – porque eles podem algum dia nos ajudar em retorno. E se é do nosso interesse, é algo para ser preservado por seleção natural. Até mesmo o comportamento mais egoísta pode ser explicado pelos genes egoístas.[10]

Mas note que as reivindicações da sociobiologia têm ido além da ciência, para dentro do domínio do mito, onde o gene é personificado como o herói do enredo. No conto de Ridley, por exemplo, os genes pesam os prós e os contras do comportamento cooperativo e nos "programam" de maneira conforme, como se os genes tivessem a capacidade lógica de um perito em computador.[11] O escritor britânico de ciências, Richard Dawkins, insiste que os seres humanos não são nada mais do que "maquinas criadas pelos nossos genes", como se estes fossem engenheiros capazes de arquitetar e construir mecanismos complexos.[12] Ou considere uma frase famosa de Edward O. Wilson, o fundador da sociobiologia: "O organismo é somente a maneira de o DNA fazer mais

DNA", como se os genes fossem capazes de planejar e fazer as coisas. Wilson argumenta até que a fonte definitiva da moralidade do ser humano é a "moralidade dos genes", fazendo-os capazes de razão moral e escolha.[13]

Em resumo, a sociobiologia atribui consciência, vontade e escolha aos genes, enquanto reduz os seres humanos a uma máquina que cumpre as ordens genéticas. Nessa cosmovisão os genes tornam-se divindades – os criadores finais e controladores da vida.

Naturalmente, quando pressionados, os sociobiologistas dirão que tudo isso é metafórico, não pretendendo que tenha sentido literal. Não obstante, é uma metáfora consistente e penetrante que conseqüentemente molda a nossa maneira de pensar. Até mesmo os próprios cientistas vão e voltam, falando às vezes com se tomassem a idéia dos genes egoístas literalmente. "Devo sustentar que uma qualidade predominante para ser esperada num gene bem-sucedido é o egoísmo sem piedade", Dawkins escreve. "Vamos tentar ensinar generosidade e altruísmo, porque nascemos egoístas."[14] Observe como ele pula dos genes para os seres humanos, usando a palavra "egoísta" exatamente no mesmo sentido, com todas as suas conotações morais. Na "religião dos genes", o egoísmo é o pecado original.

"Como bem-sucedidos gangsters de Chicago", Dawkins continua, girando sua fábula colorida, "nossos genes têm sobrevivido, em alguns casos por milhares de anos, num mundo altamente competitivo", e preservar nossos genes é "a *razão final* para a nossa existência". Dawkins argumenta: "Por ditar a maneira de as máquinas sobreviverem [que somos nós] mediante seus sistemas nervosos construídos, os genes exercem *poder definitivo* sobre nosso comportamento". Finalmente Dawkins encerra positivamente lírico. O gene "não fica velho. Ele passa de corpo em corpo através das gerações, manipulando um corpo após outro de sua própria maneira e para seus próprios fins, abandonando uma sucessão de corpos mortais antes de esses caírem na senilidade e morte. Os genes são imortais".[15]

Imortais? Dawkins oferece essa teoria como uma ciência sóbria, mas falar sobre força imortal com "poder definitivo" sobre nossas vidas, dando-nos a "razão final" para viver, é claramente uma afirmação religiosa.

Realmente, a sociobiologia tem todo os elementos essenciais da religião. Ela nos diz de onde viemos: elementos químicos aleatórios ligados para formarem o DNA rudimentar, até que finalmente algum DNA descobriu como construir corpos para si. Ela nos diz o que há de errado conosco: a falha fatal na natureza humana é que somos egoístas – um egoísmo que vai além das nossas conscientes escolhas morais e está firmemente incrustado em nossos genes. Mas ao passo que a maioria das cosmovisões oferece uma proposta para remediar a falha básica da natureza humana, a sociobiologia não oferece nenhum remédio. Ela apresenta os seres humanos como marionetes controlados por genes imorais e ardilosos, sem nenhuma esperança real de jamais serem livres. É, portanto, uma religião sem nenhuma esperança de redenção. A vida é reduzida à guerra perpétua, enquanto o gene transforma-se em demônio destruidor, que luta para superar todos os concorrentes na luta pela existência.

Assim, a sociobiologia pode ser entendida como uma forma contemporânea daquelas religiões fanáticas que se aproveitam da fascinação humana pelo poder, morte e destruição. Além do mais, os gregos e os romanos adoravam os deuses da morte (Plutão) e da guerra (Marte). Os babilônios adoravam Nergal, um deus de morte e pestilência. O deus indiano Siva e sua mulher Kali representam morte e destruição. Semelhantemente, na sociobiologia a "divindade a ser adorada é o poder", escreve a filósofa britânica Mary Midgley. Os adeptos "nos oferecem um misterioso poder" localizado nos genes.[16]

O que pode haver de atraente em tal fé negativista? Apesar de seu pessimismo, ela oferece uma compensação: é uma maneira de seus adeptos ridicularizarem a religião e a moralidade convencionais. Ela dissipa a "ilusão" de que existe um Deus amável e soberano e que os seres humanos têm dignidade e importância como genuínos agentes morais.

Se você imagina que estamos estudando além da conta sobre a sociobiologia, dê somente uma pincelada nos escritos de Edward O. Wilson, o fundador do movimento. Wilson admite que deixou a tradição batista aos 15 anos e transferiu os seus anseios religiosos para outro lugar: "Meu coração continua a acreditar na luz e no caminho... e procuro a graça em algum outro cenário" – o qual veio a ser a ciência. Tendo entrado no "templo da ciência", mudou sua fé para a "mitologia" do materialismo científico, e depois buscou uma "única grande imagem naturalista do homem" que explicaria tudo "como um processo material, de baixo para cima, de átomos para genes e destes para o espírito humano".[17]

Wilson é sincero ao deixar claro que seu objetivo é usar o "poder da religião" a serviço do materialismo e naturalismo. "Não se engane sobre o poder do materialismo científico", alerta. É uma filosofia que apresenta "uma mitologia alternativa" que repetidas vezes "venceu a religião tradicional".[18]

Porém, é possível aceitar como verdade que essa filosofia tenha vencido a religião cristã tradicional? De maneira nenhuma, pois a sociobiologia ou a psicologia evolucionista falham no teste básico de qualquer reivindicação da verdade: não é um retrato fiel, quer seja da natureza humana, quer seja da sociedade. Experiência comum e bom senso – reforçados pelos achados da sociologia e antropologia – facilmente desmascaram esse quadro escuro sobre a competição acirrada entre os genes egoístas e a conseqüente escravidão do ser humano ao seu poder.

É enganoso atribuir egoísmo a um objeto que não tem um ser – a saber, o gene. Quando falamos sobre mudanças nas freqüências do gene, isto é ciência. Mas se dissermos que os seres humanos são marionetes impotentes cujas cordas estão nas mãos dos genes calculistas, isto é mitologia. Quando afirmamos que os seres humanos são influenciados pelos genes, isto é ciência. Mas se dissermos que os genes são "egoístas" – que são os "mestres escondidos" que nos têm "programado" para "servi-los" – isto é mitologia.

A ciência não nos compele a adotar a sociobiologia ou qualquer outra cosmovisão pessimista que negue a realidade da redenção e dramatize a natureza como um estágio de conflito perpétuo. De fato, muitos pessimistas se engajam em um raciocínio circular: primeiro excluem a Deus e concluem que o Universo não tem significado; depois argumentam que se o Universo não tem significado, não pode haver Deus. O ateísmo é apresentado como a conclusão, quando, de fato, é a *premissa* escondida.

E se a premissa é rejeitar ao Deus bíblico, então não adianta quão sofisticadas as teorias sejam, elas terminarão em desespero. Pois esses mitos pessimistas estão certos numa coisa: um Universo sem Deus é realmente impessoal, sem significado e sem propósito. O que é, nas palavras de Weinberg, sem sentido.

DESAFIANDO A MORTE

Um anúncio de página inteira sobre bicicletas da marca Schwinn nos EUA mostra um jovem fazendo piruetas no ar em sua bicicleta; na parte inferior da página está a foto de um caixão descendo à sepultura. A mensagem logo abaixo escarnece do leitor: "O quê, uma mortezinha lhe assusta?" A Schwinn está anunciando mais do que bicicletas; está dizendo aos garotos que é legal cortejar a morte.

Desde quando brincar com a morte tornou-se chique? Desde que um penetrante senso de insignificância deixou muitas pessoas tão exausta que basta apenas um sopro de perigo para restaurar o sentimento de estar diante de uma situação definitiva. E o que é mais intenso, mais definitivo do que ficar cara a cara com a morte?

O conjunto de valores dessa estratégia mental talvez possa explicar a crescente popularidade dos esportes radicais, da asa delta ao alpinismo, da patinação pelas ruas atrelado à traseira de um ônibus ao pára-quedismo. Quando o programa da TV americana *U. S. News and World Report* fez uma matéria sobre esportes radicais, o subtítulo dizia: "o risco, a excitação, a simples rebelião de tudo".[19] Como o herói absurdo de Camus, essa é a rebelião contra o absurdo, contra a futilidade de vida, onde tudo que amamos ou para quem vivemos termina em morte. Numa sociedade reduzida ao secularismo, a única resposta é olhar para a morte diretamente na cara... e cuspir nela. Essa é a resposta final do existencialismo heróico.

Kristen Ulmer, um ícone da multidão dos "esportes radicais", diz que passou a praticar "ski radical" (manobras em que alguém se expõe deliberadamente ao perigo) para combater o tédio. Ela insiste que se estimula com qualquer tipo de risco ou perigo, e sugere que radicalizem os esportes convencionais injetando-lhes mais perigo: "Uma coisa é ser muito bom jogador de basquete. Mas imagine se cada vez que você perdesse uma cesta alguém atirasse em sua cabeça. Seria muito mais estimulante, certo?"[20]

No meio-oeste americano, várias companhias oferecem um passeio aos turistas para caçarem tornados. Qual é a atração? O estímulo de uma escaramuça com a morte. Um homem afirmou ao jornal da NBC que chegar perto de um tornado era "uma experiência religiosa".[21] Isso é tudo o que resta de uma cultura que sondou as profundezas do absurdo: os atrevidos fazem travessuras diante da morte.

Quando as travessuras envelhecem, só resta a morte em si. Ernest Hemingway, um dos maiores romancistas do século XX, sustentou o credo existencialista afirmando que a vida é "uma viagem de um dia curto do nada para o nada".[22] Para dar significado a esse nada, Hemingway inventou seu próprio código: ele provaria a vida a fundo – experimentar tudo, sentir tudo, fazer tudo. Até a morte poderia ser superada se a tratasse como outra experiência, a mais estimulante e interessante de todas.

Então, aos 61 anos, depois de uma vida de notoriedade como um grande caçador, aventureiro e mulherengo, Hemingway deliberadamente abraçou a morte. Ele não podia mais provar que era senhor do seu próprio destino com suas aventuras ousadas ou o estilo de vida auto-indulgente, mas poderia prová-lo controlando o tempo e o modo de sua própria morte.

Num domingo de manhã, 2 de julho de 1961, Hemingway carregou sua arma favorita, sentou-se no vestíbulo de sua casa em Idaho, apoiou a parte inferior da arma no chão, colocou o cano na boca, e puxou o gatilho.

Neurótico? Doentio? Talvez não. Em virtude de sua cosmovisão, a atitude de Hemingway foi eminentemente lógica. Além do mais, se a vida não tem significado e o desespero arma o bote como um leão no portão, a melhor opção é sair heroicamente nos próprios termos. Ernest Hemingway enfrentou o desespero uma última vez com o controle de sua própria morte.

■ ■ ■

AO FINAL DE TUDO, aqueles que negam o Deus da Bíblia e da história, e que acham o mito do progresso vazio, têm apenas duas saídas: ou podem não dar importância para a morte, desafiando-a, ou controlá-la abraçando-a em seus próprios termos. Assim, Hemingway é o ícone perfeito para o fracasso da ciência e da filosofia do ocidente: tendo esgotado a conseqüência lógica da rejeição de Deus no iluminismo, muitas pessoas são trazidas ao completo desespero na falta de qualquer verdade ou significado transcendentes. A esperança otimista e ardente de que a humanidade segue sempre e continuamente para cima, progredindo de forma aberta para um novo estágio na evolução, foi substituída por um cinismo amargo. Abandonada nas pedras da realidade, a ciência agora promete apenas a fantasia quase cômica de que a humanidade talvez seja salva por extraterrestres.

Alguém pode pensar que alcançando o beco sem saída do desespero, homens e mulheres possam ser levados a voltar-se para o Criador. Porém, embora seja verdade que “nossos corações não achem paz até que descansem em [Deus]”,[24] o instinto básico do ser humano é fugir dEle. Pois encontrar a Deus nos custará nossa acalentada autonomia.

Então para onde muitas pessoas vão? Para o oriente.

CAPÍTULO 28

ESSA TAL DE NOVA ERA

Homens e mulheres definitivamente vieram de amebas, [e] definitivamente estão em seu próprio caminho em direção a Deus.

KEN WILBER

Quando a imagem brilhante de ciência e progresso começou a apagar-se, e o otimismo deu lugar à desilusão e ao desespero, muitas pessoas começaram a procurar respostas em outras culturas. As religiões asiáticas, especialmente o hinduismo e o budismo, encantaram as culturas ocidentais em certo grau e, hoje, essas religiões tornaram-se alternativas populares para a cosmovisão ocidental dominante.

E a atração é poderosa. O secularismo ocidental é materialista, limitando a realidade ao que pode ser testado cientificamente. O misticismo oriental é espiritual, abrindo a consciência para novos níveis de conhecimento. O pensamento ocidental é analítico, conduzindo para a fragmentação e a alienação. O pensamento oriental é holístico, prometendo cura e integridade. A ciência ocidental destruiu o ambiente e poluiu o ar. O panteísmo oriental oferece um novo respeito pela natureza.

Nos anos de 1960, muitos jovens voltaram-se para as religiões orientais para preencher seus vazios espirituais, dando início ao movimento da Nova Era. Hoje, o movimento tornou-se tão importante que faculdades comunitárias oferecem classes de yoga, tai chi, astrologia e terapia do toque. O movimento da Nova Era é também um negócio bem-sucedido. Supermercados locais nos EUA oferecem cópias grátis de publicações da Nova Era, anunciando de tudo, desde práticas de saúde holística à terapia de vidas passadas. No Brasil, faculdades de porte oferecem cursos alternativos com as mesmas propostas.

O budismo tomou conta do cinema com *Kundun* (em tibetano significa "a presença") e *Seven Years in Tibet* (Sete Anos no Tibete). Neste, Brad Pitt vestiu um sari branco e raspou a cabeça para o seu papel como Heinrich Harrer, um austríaco que escapa de uma prisão britânica na Índia durante a Segunda Guerra Mundial e alcança Lhasa, onde é influenciado pelo jovem Dalai Lama. Pitt pediu para desempenhar o papel porque buscava a experiência religiosa. Depois da filmagem de cada dia, os monges budistas rezavam pelo cenário e convidavam o elenco para cantar com eles. Pitt chorava com freqüência.[1]

O ator Richard Gere é ainda mais devoto. Em 1984, converteu-se ao budismo tibetano e agora passa vários meses por ano viajando e falando em nome do Dalai Lama. Depois vem Steven Seagal, reconhecido pelo chefe supremo da linhagem Nyingma, baseada no Tibete, como um *tulku* (lama reencarnado), como também um *terton* (revelador da verdade).[2]

Não é difícil ver por que a religião oriental é uma forma atraente de salvação para a cultura pós-cristã. Ela satisfaz o ego ao pronunciar que o indivíduo é divino e oferece um gratificante senso de "espiritualidade", sem fazer nenhuma exigência em termos de compromisso doutrinário ou do viver ético. E para fazer com que isso seja mais palatável, o movimento da Nova Era reformula o pensamento oriental para preencher a mente ocidental, com sua fome pelo progresso ascendente.

Ao passo que o pensamento oriental é fatalista e pessimista – o ciclo do carma é chamado de "a roda do sofrimento" – a adaptação da Nova Era é otimista e utópica. Promete que se mantivermos contato com o "Espirito Universal", do qual somos todos parte, criaremos uma nova consciência e um novo mundo. O movimento Nova Era baseia-se na promessa de que estamos no umbral de um grande salto à frente, para dentro, literalmente, de uma nova era de "harmonia e entendimento, simpatia e confiança abundante", para citar o musical *Hair*.[3] As revoltas sociais das décadas passadas não são advertências do desastre iminente, mas o prelúdio para a transformação evolucionária. Como o escritor da Nova Era Ken Wilber define: "Homens e mulheres vieram definitivamente de amebas, [e] definitivamente estão em seu próprio caminho em direção a Deus".[4] Em direção de se *tornarem* Deus, é o que Wilber quer dizer. A humanidade, ele sugere, está perto de dar um grande salto à frente, para emergir como uma criação completamente nova, tornando-se divina. Isto não é nada além do Mito da Escada Rolante em forma espiritualizada.

Pode parecer que o movimento Nova Era tenha aparecido do nada nos anos de 1960, mas o caminho foi preparado pelo movimento romântico do século XIX, um tipo de contracultura em seus próprios dias. Como vimos no último capítulo, naquele tempo as pessoas sensíveis já podiam ver que a ciência estava criando uma imagem do mundo como uma vasta máquina, movendo inexoravelmente suas engrenagens, sem nenhum lugar para beleza, significado ou propósito. Os românticos procuravam com afinco uma alternativa, exatamente como os filhos dos anos de 1960, e reviveram então uma filosofia antiga conhecida como neoplatonismo, que combinava o pensamento grego com o misticismo oriental. Eles lançaram fora a metáfora do Universo como uma máquina e a substituíram com a metáfora do Universo como um organismo, uma coisa vivente, animada pela "Força da Vida".

Tudo está vivo, os românticos diziam. Até a matéria em si, pensavam, tem forma de vida rudimentar ou consciência. E qual é a maior característica da vida? Crescimento. Desenvolvimento. Os românticos propuseram que da mesma forma como cada organismo se desdobra em estágios de acordo com uma lei interna de desenvolvimento, a vida em si também se desdobra em estágios definidos do simples ao complexo sob a direção da Força da Vida. A Força da Vida muitas vezes tomou os adornos de uma divindade imanente, de maneira que Deus foi concebido não como o Criador transcendente, mas como um espirito penetrando na natureza. "O mundo não era nenhuma máquina, ele estava vivo," escreve o historiador John Herman Randall, "e Deus não foi seu criador tanto quanto sua alma, sua vida."[5]

A publicação da obra de Darwin, *A Origem das Espécies*, trouxe grande auxílio ao conceito de evolução espiritual. Muitas pessoas que aceitaram a evolução do darwinismo não eram ateístas; ao invés, tentaram integrar a teoria de alguma maneira na religião, identificando Deus com uma força que dá propósito e direção à evolução. Contudo, o resultado final foi muitas vezes mais aparentado ao panteísmo do que ao Cristianismo ortodoxo. Esse Deus era completamente imanente, compelindo a evolução ainda para maiores alturas e levando a humanidade para algum lugar ao longe da perfeição divina. Como Alfred, Lord Tennyson escreveu: há "um Deus, uma lei, um elemento, / e um evento divino bem distante, / para o qual toda a criação se movimenta".[6]

A evolução espiritual com freqüência reduziu Deus a um participante no processo, um "Deus-em-processo-de-desenvolvimento", que estava gradativamente evoluindo junto com o mundo para uma divindade completa. No inicio do século XX, o filosofo Henri Bergson reduziu Deus a uma força vital animando toda a vida e levando avante a evolução. O grande filosofo Alfred North Whitehead retratou Deus como a alma do mundo, mudando conforme o mundo muda, empenhando-se em busca da perfeição. E o papel do ser humano é ajudar Deus a realizar-se. Como o teólogo Charles Harshrone define, somos "os co-criadores" com Deus, não somente na criação do mundo mas também em realizar Deus em si.[7] Já encontramos algumas dessas idéias antes no capítulo 21, sob o rótulo de teologia de processo, a que mais rápido cresce na América hoje.

Vemos, portanto, que por um longo tempo, na filosofia, nas artes e ainda na teologia o mundo ocidental abraçou idéias compatíveis com o panteísmo oriental. Tudo o que o panteísmo precisou foi de uma desilusão difundida pela cultura ocidental para lançar e transmitir essas idéias à crença popular.

A NOVA ERA NA SALA DE AULA

Hoje, o pensamento da Nova Era permeia a sociedade ocidental, gerando uma gama de técnicas usadas na medicina, nos negócios, na educação, no exército e até mesmo – tragicamente – em igrejas. Vários exercícios de meditação são vendidos como meio de resolver conflitos e aumentar o relaxamento, a criatividade, a auto-estima e até a saúde física. Por exemplo, no curso de Administração da Universidade de Stanford, um seminário registrado como Criatividade nos Negócios inclui meditação, mantra, "trabalho do sonho", cartas de tarô e uma discussão sobre "o Capitalismo da Nova Era".[8] As agências do Governo, assim como os negócios particulares, gastam milhões de dólares em contratos com companhias de consultoria que usam as técnicas da Nova Era para treinamento administrativo.[9] Casos semelhantes ocorrem no Brasil.

Como é natural, esses programas raramente usam a linguagem religiosa de modo aberto. Por exemplo, o Espírito Universal (Brahma, no pensamento clássico hindu) é muitas vezes chamado de o Ser Superior ou por algum termo semelhante. Todavia, por debaixo da retórica secular, esses programas incorporam a doutrina hindu básica de que a mente humana individual ou o espírito é parte da Mente Universal, e que usando relaxamento e exercícios guiados pela imaginação, podemos penetrar nessa Mente como uma fonte de sabedoria e criatividade.[10]

Os programas da Nova Era têm até penetrado nas escolas de 1º e 2º Graus. Uma mãe em Atlanta, na Georgia, ficou preocupada quando sua filha da segunda série do 1º Grau deixou de responder a uma pergunta um dia quando passeavam de carro. A mãe chamou o nome da menina repetidas vezes e finalmente virou-se para olhar para o banco de trás. Os olhos de sua filha estavam fechados, com a cabeça pendendo para frente. Alarmada, a mulher parou o carro, abriu a porta de trás, e balançou o braço da menina. Ela acordou abruptamente, como se despertasse de um transe.

"O que foi?", a mãe perguntou ansiosa. "Você não respondia quando eu chamava."

"Não se preocupe, mãe", a garotinha respondeu. "Eu estava com meu amiguinho Pumsy."

Fazendo mais perguntas à filha, a mãe descobriu que a garota estava aprendendo técnicas de meditação do conselheiro da escola através de um currículo intitulado *PUMSY in Pursuit of Excellence* (PUMSY na Busca da Excelência). Pumsy é um dragão bonitinho de conto de fadas que descobre um guia sábio chamado Friend (Amigo), que lhe ensina (bem como às outras crianças do programa) conceitos básicos da cosmovisão oriental. Por exemplo, Friend diz a Pumsy que sua mente é como uma piscina de água: quando ela é tentada a imaginar pensamentos negativos, transforma-se em lamaçal. Mas quando pensa positivo, pode penetrar numa Mente Clara, que a ajudará a resolver seus problemas.[11]

Há uma razão para o termo *Mente Clara* estar em maiúsculo: é outro disfarce para o termo Brahma, o deus do hinduismo. Uma pista é a linguagem quase religiosa usada para descrevê-la. Por exemplo, Friend diz a Pumsy: "Sua Mente Clara é o melhor amigo que você jamais terá... ela está sempre perto de você e jamais a abandonará". Isto soa suspeitosamente como uma linguagem bíblica: "Não te deixarei nem te desampararei" (Josué 1.5). Algumas páginas adiante na história, lemos: "Você tem que confiar na [sua Mente Clara] e deixá-la fazer boas coisas para você".[12] Através desse programa, as crianças estão essencialmente sendo ensinadas a colocar a confiança religiosa numa noção hindu de Deus como uma Mente Universal.

É óbvio que tais técnicas da Nova Era não são vendidas aos professores como religião. Elas são negociadas como maneiras de aumentar a criatividade e apoiar a auto-estima. PUMSY ensina aos jovens para cantarem *slogans* como "Eu consigo", "Eu posso fazer acontecer", e "Eu sou eu, eu sou o suficiente". Mais uma vez, ouvimos reflexos dos temas bíblicos: "Eu sou o que sou" (Êxodo 3.14). Esse programa está ensinando auto-adoração, não auto-estima. Está ensinando que somos salvos não por confiar no Deus transcendente que nos alcança com a graça, mas percebendo que Deus está dentro de nós, que *nós* somos Deus. A salvação não é uma questão de reconhecer o pecado, mas de elevar nossa consciência até o reconhecimento da nossa divindade interior.[13]

A educação é somente um caminho para as idéias da Nova Era. Elas aparecem em cada canto da cultura popular. Os livros sobre a Nova Era, por exemplo, gozam do privilégio de ser colocados em posição destacada nas prateleiras das livrarias, muitas vezes ultrapassando as obras da religião cristã tradicional. Se você abrisse um livro e lesse: "Olhei e vi um novo céu e uma nova terra", talvez pensasse estar lendo o Apocalipse. Ao invés disso, é a abertura do megasucesso de James Redfield, *The Tenth Insight* (O Décimo Insight). As palavras são de fato do Apocalipse, mas essa é a ligação mais próxima com qualquer coisa bíblica. Enquanto a história se desdobra, o autor entrelaça sua filosofia de Nova Era com o enredo. Aprendemos então que, antes de nascermos, fomos todos parte de uma grande força espiritual pervadindo o Universo. Podemos reconectar-nos nessa força – ou "alcançar união com Deus" – se relembrarmos de como era fazer parte de Deus antes de nascermos. Esse conhecimento é retomado por sintonização ao "espirito interior" – fragmento do Espirito Universal que permanece em todos nós. Se um número suficiente de pessoas fizer esse contato, Redfield afirma, a sociedade será transformada. O mal e o crime desaparecerão; a pobreza e a doença serão apagadas. Viveremos em harmonia perfeita – exatamente como retrata o livro de Apocalipse.[14]

Até mesmo cristãos podem ser desarmados pelas sutilezas da Nova Era. "Você deve ler este livro", um amigo entusiasta disse a Nancy Pearcey, dando a ela um exemplar de *The Secret Garden* (O Jardim Secreto), de Francis Hodgson Burnet, publicado pela primeira vez em 1911. A amiga era uma mãe cristã bem-intencionada, e o livro um clássico infantil. Mas Nancy se surpreendeu quando descobriu que a obra versava sobre a filosofia hindu enfeitada como uma história encantadora para crianças.

Nas palavras de um garoto de 10 anos chamado Colin, uma das principais personagens do livro, o mundo é feito de uma única substância espiritual, que ele chama de Mágica (sempre com inicial maiúscula). "Tudo é feito a partir da Mágica, folhas e árvores, flores e pássaros, texugos e raposas, esquilos e pessoas", afirma Colin.[15] "A Magica está em mim... Está em cada um de nós."[16] Isto é panteísmo clássico, e Burnett entrelaça-o com uma linguagem tirada exatamente do credo cristão. "A Magica está sempre... fazendo coisas do nada", diz Colin.[17]

A diferença entre a divindade panteísta e o Deus bíblico é que aquela é uma força impessoal que pode ser ligada, à semelhança da corrente elétrica. Como Colin afirma, precisamos aprender como "apoderarmo-nos dela [Mágica] e fazê-la efetuar coisas para nós – como eletricidade e cavalos e energia".[18] Não se trata de um Senhor para ser obedecido, mas de uma força a ser manipulada. E a maneira de fazê-lo é através de feitiços e encantamentos. Assim, Colin canta, "A Magia está em mim... Mágica! Mágica! Venha e me ajude!"[19]

Ironicamente, alguns anos depois que Nancy leu *O Jardim Secreto* e dissecou seus temas de Nova Era, seu próprio filho teve de lê-lo – numa escola cristã. Devemos estar atentos para saber o que as nossas crianças estão lendo na escola.

A TENTAÇÃO ORIGINAL

O movimento da Nova Era não deve ser tratado com desprezo como se fosse uma tola moda passageira. Ele é o veículo para a disseminação de uma cosmovisão completa, oferecendo resposta para as três maiores questões da vida. *De onde viemos, e quem somos?* Somos de alguma forma fragmento do Espírito Universal. *O que deu errado com o mundo?* Esquecemos a nossa verdadeira natureza, esquecemos que somos parte de Deus. *Qual é a fonte da nossa salvação?* Devemos redescobrir a nossa verdadeira natureza e nos ligarmos ao deus interior.

Como todas as formas do Mito da Escada Rolante, essa começa com as premissas utópicas. Não existe nenhum mal real, somente a ignorância: esquecemos quem somos. E, além disso, não existe nenhuma redenção real, somente a iluminação: devemos recuperar um conhecimento místico da nossa divindade interior. Podemos fazê-lo por várias técnicas, como meditação, exercícios de relaxamento, exercícios guiados de imaginação, visualização e uso de cristais – tudo focaliza a produção de um estado de conscientização em que as fronteiras do ser se dissolvem e ganhamos o senso de unidade com o divino. Através dessa consciência superior, uma pessoa é reconhecida como tendo penetrado o poder divino e se torna mais criativa, mais energética, e até mesmo capaz de curar doenças através do poder da mente.

Mas como todas as formas de utopismo, essa oferta de salvação é vazia. Ao negar a realidade do pecado, deixa de dirigir-se à verdade crucial de nossa existência – que somos criaturas caídas propensas ao mal. Os proponentes da Nova Era nos asseguram que alienação e rivalidade existem apenas no nível superficial da existência; no nível mais profundo, somos um com o próximo em Deus. Na medida que nos dermos conta dessa unidade, afirmam, começaremos a tratar uns aos outros com gentileza e caridade.

Contudo, essa visão da natureza humana simplesmente não tem correspondente na realidade. Mero conhecimento não é o suficiente para cortar o mal do coração pela raiz. Simplesmente saber o que é certo não nos capacita para fazer o certo.[20] Esse é o dilema contra o qual o apóstolo Paulo se debateu: "Porque não faço o bem que quero, mas o mal que não quero, esse faço" (ver especialmente Romanos 7.14-25). Não precisamos elevar nossas consciências; precisamos ser salvos.

A divindade da Nova Era não nos pode salvar. Ela é uma essência de energia espiritual impessoal subjacente a todas as coisas. Ela – ou melhor, isso – é mais relacionada com eletricidade do que com divindade. É um poder que as pessoas tentam ligar, não o Deus pessoal o qual podem amar e com quem podem comunicar-se.

Alem do mais, com todas as suas promessas sobre elevar a autoestima, o evangelho da Nova Era nada faz para afirmar o valor do indivíduo; não oferece nenhuma base para a dignidade e significado humanos. Ao contrário, o objetivo de todas as técnicas de meditação é perder a individualidade, dissolvê-la no Espirito Universal, exatamente como uma gota se dissolve no oceano. Quão diferente do Deus bíblico, que nos criou como indivíduos, que olha por cada um de nós e que tem contados "até mesmo os cabelos da [nossa] cabeça" (Mateus 10.30).

Alem disso, a filosofia da Nova Era não nos dá base para a moralidade. Se Deus está em tudo, Deus está tanto no bem como no mal; conseqüentemente, não há nenhuma diferença final entre ambos. A moralidade é reduzida a um método de purificar a alma dos desejos para que possa atingir a consciência mística, como na trilha óctupla do budismo.[21]

Mas a falha fundamental do pensamento da Nova Era é a sua simples implausibilidade. Quantos de nós somos capazes de insistir, com a cara mais séria do mundo, que somos perfeitos? Mesmo assim, os proponentes da Nova Era de fato alegam que "somos perfeitos exatamente do jeito que somos. E quando aceitamos isso, a vida funciona".[22] As pessoas dispostas a engolir essa teoria têm de estar deliberadamente esquecidas do óbvio de suas próprias falhas, deficiências e pecado.

E ainda, quantos de nós somos capazes de reivindicar, sem estardalhaço, como se tivéssemos acabado de fugir de um asilo, que somos Deus, a realidade final, o espírito absoluto? Numa cena na minissérie da televisão *Out on a Limb* (Em Apuros), de Shirley MacLaine, a estrela mostra como teve de ser treinada pelo seu conselheiro da Nova Era a gritar "Eu sou Deus" repetidas vezes até que pudesse dizê-lo com confiança.[23] Dá algum trabalho convencermos a nós mesmos, contra toda a evidência, que somos divinos. E aqueles que são bem-sucedidos em fazê-lo simplesmente caíram na mais antiga tentação da história humana: o impulso para a auto-deificação, a tentação original da humanidade. "Certamente não morrereis", a serpente promete. "E sereis como Deus" (Gênesis 3.4-5).

Em resumo, o evolucionismo espiritual não é meramente um erro, uma idéia equivocada; é rebelião religiosa contra a realidade – contra o simples fato de que Deus é o Criador e nós somos criaturas. Trata-se da gabarolice do vaso que alega poder fazer a si próprio sem a necessidade do oleiro.

UM DEUS À NOSSA PRÓPRIA IMAGEM

O panteísmo subjacente ao pensamento da Nova Era tem aparecido em muitos períodos da história e em tantos disfarces que C. S. Lewis considerou-o como religião à parte da revelação divina na qual caímos de forma natural: "a inclinação natural da mente humana... a atitude pela qual a mente automaticamente cai quando é deixada por si mesma". Por essa razão, Lewis observa, o panteísmo é "o único oponente realmente formidável" do Cristianismo.[24]

E ainda hoje o panteísmo está fazendo incursões até mesmo dentro das instituições cristãs. Igrejas populares têm conferências de "Re-Imaginar" denunciando o Deus bíblico como patriarcal e fazendo cultos de adoração a "nossa mãe, Sophia" (nome grego para sabedoria).[25] O apologista cristão, Peter Kreefs, diz que na Faculdade de Boston, onde ensina, muitos alunos entram como panteístas: "Muitos dos meus alunos acreditam que somos parte de Deus e que Deus está em cada um de nós". Como conseqüência, não acreditam que precisamos ser salvos; "precisamos apenas reconhecer nosso valor intrínseco e nos aceitar como somos".[26] Não é de admirar que muitas pessoas prevêem que o grande confronto do século XXI será entre o movimento da Nova Era e o Cristianismo ortodoxo.

O perigo é que como mais e mais cristãos consideram a religião como uma terapia, relaxamos as nossas defesas contra as cosmovisões que atraem principalmente as nossas emoções, enquanto não exigem nada. A Nova Era é a combinação religiosa perfeita para uma cultura dirigida por uma terapia da mente, faminta para preencher o nada. Ela permite aos seus seguidores recorrer à sabedoria antiga meramente para a reformularem de modo que se ajuste à moda do momento.

Em contraposição, o Cristianismo faz exigências morais estritas aos seus seguidores. Os críticos freqüentemente rejeitam o Cristianismo como mera satisfação de desejo, uma ilusão confortante prescrita pelos antigos. Contudo, essa caracterização é patentemente tola. Quem, afinal de contas, inventaria uma religião na qual somos ordenados a dar nossas vidas pelos outros, superar o mal com o bem, amar os nossos inimigos, dar a outra face, dar nossas riquezas aos pobres, ser justo e misericordioso? Será que alguém realmente projetaria uma religião devotada a um Deus todo-poderoso, soberano, e onipotente que exige justiça e obediência? Um Deus que ministra julgamento severo?

Não. Quando as pessoas criam as suas próprias religiões, criam deuses à sua própria imagem. Os deuses antigos da mitologia tinham poder limitado, eram sujeitos a interferência humana e exibiam todas as fraquezas e vícios humanos. E o deus da Nova Era, além de ser um pouco mais do que um sentimento íntimo sincero, ou na pior das hipóteses, um mistificador dos poderes ocultos, é meramente uma ratificação de qualquer coisa que o ego humano queira.

Numa análise final, qualquer cosmovisão religiosa deve passar pelo teste mais crucial: pode ela fazer sentido na condição humana? Oferece redenção genuína? É verdade? Aplicando esse teste à cosmovisão da Nova Era, detectamos sua fraqueza fatal. Ela deixa de corresponder à realidade como nós a experimentamos.

E se não existe resposta no ocidente e nenhuma resposta no oriente, para onde alguém deve voltar-se?

CAPÍTULO 29

A VERDADEIRA REDENÇÃO

A Bíblia é repetidamente apoiada por evidências arqueológicas... O fato de que seus registros podem ser explicados ou ilustrados por dados arqueológicos mostra que eles se encaixam na estrutura da história como somente um produto genuíno da vida antiga teria condições de fazê-lo.

MILLAR BURROWS

A pluralista sociedade moderna fornece uma salada de cosmovisões e sistemas de crenças, todas revindicando nossa lealdade. E se os adornos são seculares ou religiosos, não importa, todas estão em essência oferecendo meios de salvação – tentativas de resolver o dilema do ser humano e dar esperança para a renovação do mundo. As respostas mais em voga hoje presumem que não há nenhum Reino de Deus no qual possamos firmar nossas esperanças escatológicas. Assim, prometem criar um céu aqui na terra – o Mito da Escada Rolante em suas várias formas. Paralelamente, há as mensagens de desespero heróico, desafiando-nos a sermos corajosos para encarar a falta de significado da vida.

É fácil ficar desnorteado pela ordem das respostas disponíveis no mercado de idéias de hoje, lançá-las nas mãos de alguém e declarar todas as opções válidas. É por isso que o pluralismo freqüentemente leva ao relativismo – à idéia de que não existe nenhuma verdade abrangente e objetiva, mas somente uma variedade de crenças subjetivas. Como o estudioso Ronald Knox uma vez afirmou zombeteiramente: "O estudo comparativo das religiões é a melhor maneira de se tornar comparativamente religioso."[1] Infelizmente, essa máxima muitas vezes contém a verdade.

Todavia, um exame cuidadoso das cosmovisões concorrentes pode de fato levar ao efeito oposto: alinhando a fé cristã contra as outras cosmovisões e religiões, como o fizemos nos capítulos anteriores, vemos com clareza surpreendente que o Cristianismo oferece as únicas respostas verdadeiras para as questões básicas da vida e o melhor entendimento de como podemos ser salvos.

Primeiro, o Cristianismo começa com o diagnóstico preciso sobre o dilema do ser humano. O problema básico é moral: nossa culpa perante um Deus santo. Deus nos criou e estabeleceu dimensões morais para as nossas vidas. Mas estragamos tudo. Pecamos, cada um de nós; todos deixamos a desejar quanto ao padrão perfeito de Deus (Romanos 3.23). Desafiamos a ordem moral do Universo e, em conseqüência, estamos alienados de Deus.

Temos de admitir que as pessoas com freqüência não se sentem culpadas perante Deus, desde que somos doutrinados com a convicção de que a culpa é meramente um sentimento subjetivo, uma neurose a ser curada, e que de fato devemos sentir-nos bem sobre nós mesmos. Como conseqüência, muitas pessoas vêm para o Cristianismo com base em outras coisas, menos culpa: uma ansiedade por paz interior e propósito, uma atração pela qualidade de amor praticado na igreja local ou uma necessidade de resolver alguma crise da vida. Porém, não importa o que inicialmente nos atraiu ao Cristianismo, em algum momento teremos de confrontar a verdade da nossa própria condição moral: a culpa é objetivamente real, e nós somos culpados. Somos pecadores nas mãos do Deus justo. O Espírito Santo pode penetrar o coração mais duro para o convencer de seus pecados. Eu sei, porque foi exatamente o que o Espírito fez na minha vida.

Segundo, o Cristianismo fornece a única resposta para o problema do pecado. O próprio Deus estendeu a mão sobre a brecha moral que nos separava dEle a fim de nos trazer de volta. A segunda pessoa da Trindade tornou-se ser humano, viveu uma vida perfeita de obediência à ordem moral, e em sua morte pagou o preço da nossa violação da lei moral, satisfazendo as exigências da justiça divina. A solução de Deus revela uma administração surpreendente do problema, pois a expiação substitutiva permite que Deus seja igualmente "justo e justificador daquele que tem fé em Jesus" (Romanos 3.26). Ele permanece "justo" porque meramente não faz vista grossa para a violação da lei moral pela humanidade, o que é algo que flui de seu próprio caráter santo. Todavia, ao mesmo tempo "justifica" aqueles que violaram aquela lei porque suas exigências foram satisfeitas pelo sofrimento de Cristo na cruz.

Desde que são os seres humanos que cometem pecado, somente um ser humano pode pagar essa penalidade. Mas desde que o pecado ofende a um ser infinito, a penalidade é infinita – o que significa que somente Deus pode cumprir a sentença. Assim, a Encarnação é a única solução razoável e cabível: Deus tornou-se homem a fim de que, como homem, pagasse a penalidade pelo nosso pecado.

Porém, a morte do Deus-homem não é o fim da história, pois Jesus ressuscitou dentre os mortos e vive para sempre. Ele venceu a morte, tornando possível sermos livres do pecado e da morte, do mal e da destruição. Ao aceitar a salvação, somos transformados em novas criaturas e um novo povo. Essas são as "boas novas" (o significado literal do Evangelho) que o Cristianismo oferece. É muito mais do que uma mera resposta intelectual; é algo que transforma as nossas vidas. Por mim, sei que não poderia viver comigo mesmo se não tivesse experimentado essa esmagadora convicção certa noite, em 1973, sentado no meu carro na calçada de um amigo, que Deus tinha morrido por mim. Num mar de lágrimas, senti o alívio de um sentimento esmagador de culpa e fui reavivado com um novo senso de propósito e significado. Pela primeira vez, tinha uma razão real para viver.

Todas as ideologias que examinamos nesta seção são imitações pálidas do Evangelho cristão. Elas prometem libertar as pessoas da opressão (ou neurose, ou tudo o mais que definam como problema), criar o Novo Homem, construir a Nova Sociedade e introduzi-los na Nova Era. Apegando-se à beleza da esperança do Evangelho, mas não querendo nenhuma exigência do Evangelho, remodelam-no como o Mito da Escada Rolante, uma falácia do progresso, prometendo que podemos criar uma nova vida através de política, sexo, ciência ou espiritualidade oriental. Porém, todas essas cosmovisões são defeituosas, substitutos inadequados para a necessidade real de pessoas reais por uma redenção real.

Terceiro, a oferta de salvação do Cristianismo é baseada na verdade histórica. O elemento final que separa o Cristianismo de todas as outras religiões e cosmovisões é que ele está baseado não na projeção evolucionária de milhões de anos no futuro ou nalguma fantasia extraterrestre, mas em evento histórico ocorrido em período e lugar específicos: a crucificação de Cristo durante a Páscoa dos judeus em Jerusalém, no ano 30 d.C., e sua ressurreição três dias depois.[2]

Nos dois mil anos desde a ressurreição de Cristo, a validade histórica desse evento resistiu a toda agressão imaginável, desde a acusação de "roubarem e esconderem o corpo" (pelos líderes religiosos dos dias de Jesus) às alegações modernas de que foi uma "conspiração da Páscoa" ou um "truque de feitiçaria com ossos". O que os céticos omitem é que o túmulo vazio é um fato histórico, verificado por observação comum como qualquer outro fato histórico. Foi reconhecido pelos soldados que guardavam o túmulo (Por que eles precisavam planejar uma explicação alternativa?). O Cristo ressurreto também apareceu para 500 testemunhas oculares – pessoas demais para desfazer os relatos como histeria das massas ou poder de sugestão (1 Coríntios 15.3-6).

Além do mais, os discípulos originais recusaram-se a renunciar Jesus, apesar de serem perseguidos, torturados e martirizados. Esse grupo de homens vencidos, os quais já tinham retornado às redes de pesca e barcos, e jamais se teriam tornado pregadores audaciosos do Evangelho e defensores da fé se não tivessem visto o corpo ressurreto de Jesus e o reconhecido como o Deus vivo. Caso tivessem tentado uma conspiração da Páscoa, jamais poderiam mantê-la em segredo. Pessoas morrem por coisas que *acreditam* ser verdade, mas jamais morrerão por algo que *sabem* ser falso.

Eu sei quão impossível é para um grupo de pessoas, até mesmo algumas das mais poderosas do mundo, manter uma mentira. O que estava escondido em Watergate durou apenas algumas semanas antes que o primeiro conspirador cedesse e passasse de cúmplice a testemunha de acusação dos co-autores.[3]

Uma postura comum, especialmente entre os teólogos liberais, é que a historicidade da ressurreição de Jesus não importa – mesmo que o evento não tivesse acontecido, Ele é um importante professor da moral. O antigo primeiro-ministro da Índia, Mahatma Gandhi, expressou essa atitude: "Posso dizer que nunca estive interessado no Jesus histórico. Não deveria importar-me se fosse provado por alguém que o homem chamado Jesus nunca viveu, e o que foi narrado nos Evangelhos tenha sido invenção da imaginação dos escritores. Pois o Sermão da Montanha ainda seria verdade para mim".[4]

Mas a verdade histórica *realmente* importa. Não é o suficiente ver a morte e a ressurreição de Jesus como um símbolo, uma parábola, um mito, uma idéia puramente subjetiva que pode ser "verdade para mim", mesmo que não seja verdade para outros. A mensagem cristã são as boas novas sobre o que Deus tem feito. *Porém se o evangelho for um mito, então Deus não tem feito nada.* "Se a religião foi feita independente da historia, não pode haver um evangelho", escreveu o grande estudioso cristão J. Gresham Machen. "Pois 'evangelho' significa 'boas novas', novidade, informação sobre algo que aconteceu. Evangelho independente da história é uma contradição de termos."[5]

A ressurreição de Jesus é muito *mais* do que um fato histórico, é óbvio, mas não é nada *menos* do que isso. Os fatos claramente dão suporte às alegações do Evangelho. Os críticos costumavam argumentar que o Novo Testamento foi escrito centenas de anos após o período no qual Jesus viveu, pelo que uma quantidade imensa de mitos e lendas cresceu e distorceu os eventos originais. Mas agora sabemos que os livros do Novo Testamento foram originariamente escritos algumas décadas depois da ressurreição de Cristo – período bastante curto para que lendas se desenvolvessem. Até mesmo muitos estudiosos liberais vieram a concordar que o Novo Testamento foi composto logo depois de os eventos registrados acontecerem, no período em que as pessoas que conheciam a Jesus ainda estavam vivas e poderiam contestar qualquer alegação falsa. "Na minha opinião", William F. Albright escreve, "cada livro do Novo Testamento foi escrito por um judeu batizado entre os anos quarenta e oitenta do primeiro século."[6]

Além do mais, temos vários milhares de cópias do Novo Testamento, muitas delas bastante antigas. (Geralmente, quanto mais antiga for a cópia, mais próxima é da composição original e assim mais confiável é considerada.) Muitos dos livros do Novo Testamento estão preservados em manuscritos datados de pouco mais de cem anos após os originais (alguns fragmentos têm data até mais antiga). Em contrapartida, temos somente vinte cópias das obras do escritor romano Tácito, e o manuscrito mais antigo tem data de mil anos depois do período em que ele viveu. O manuscrito mais antigo da obra de Aristóteles é datado de 400 anos depois de tê-la escrito. A cópia mais antiga de *Gallic Wars* (Guerras da Gália), de César, é datada de mil anos depois de ter sido produzida. Mesmo assim, ninguém questiona nem a historicidade de Tácito ou Aristóteles ou César, nem a autenticidade de seus escritos.[7] A conclusão é que, hoje, a vida de Jesus é mais completamente válida do que qualquer outra figura antiga.

A salvação testemunhada no Novo Testamento é a culminação de um longo processo de preparação do Antigo Testamento, que é também historicamente confiavel, como as descobertas arqueológicas continuam a confirmar. Por exemplo, houve uma época em que os críticos disseram que Moisés não poderia ter escrito o Pentateuco porque a escrita não havia sido inventada. Os arqueólogos descobriram que a escrita estava bem desenvolvida milhares de anos antes dos dias de Moisés. As culturas egípcias e babilônicas eram altamente instruídas, com dicionários, escolas e bibliotecas.[8]

Outrora os críticos reservaram suas críticas mais apuradas para os primeiros capítulos de Gênesis, alegando que as histórias dos patriarcas eram lendas. Porém, em período recente, descobertas arqueológicas têm repetidamente confirmado que os relatos do Gênesis são precisos sobre nomes, lugares, rotas de comércio e costumes dos tempos dos patriarcas. Os arqueólogos têm encontrado tábuas cuneiformes contendo referências sobre pessoas como Abraão e seus irmãos, Naor e Harã. As tábuas também explicam costumes intrigantes, tais como os praticados por Abraão e Jacó, que tiveram filhos com uma escrava; as tábuas mostram que era um costume comum praticado naquela época. Todavia, apenas alguns séculos depois de os patriarcas terem vivido, muitos desses nomes e práticas e até algumas cidades desapareceram completamente. Ao contrário do que os críticos uma vez disseram, teria sido impossível para os escritores da Bíblia inventarem essas histórias depois. Eles teriam que ter inventado eventos que, por simples acaso, combinassem lugares e costumes que naquele momento há muito já tinham sido esquecidos.

A descoberta dos rolos do Mar Morto igualmente confirmou muito sobre o Antigo Testamento – até seu caráter sobrenatural. Veja o Salmos 22, que prevê a crucificação de Cristo com detalhes excepcionais. Os céticos, rejeitando a realidade da profecia divinamente inspirada, insistem que os Salmos deveriam ter sido escritos na Era dos Macabeus, um pouco antes do nascimento de Cristo, visto que antes disso a prática da crucificação não existia no Império Romano. Mas quando os rolos do Mar Morto foram descobertos, eles incluíam cópias dos Salmos datadas de séculos *antes* da Era dos Macabeus.

E as evidências continuam a aparecer. Nos anos de 1970, escavações arqueológicas confirmaram o *design* sem igual dos templos filisteus, com o telhado apoiado em dois pilares centrais com cerca de dois metros de distância. Essa descoberta dá plausibilidade histórica à narrativa de Sansão, que se pôs entre dois pilares no templo filisteu e os derrubou.

Os arqueólogos também descobriram as ruínas da antiga cidade de Jericó e encontraram evidências de que a muralha da cidade caiu de maneira incomum – para fora e rente ao chão, formando uma rampa perfeita para o exército invasor.[9] E em 1993, em Israel, os arqueólogos descobriram um fragmento de rocha inscrita com um texto antigo referindo-se à "Casa de Davi", a primeira referência ao Rei Davi e sua família real jamais encontrada fora das páginas da Bíblia.[10]

Os dados históricos nos pressionam a concluir que as narrativas do Antigo e Novo Testamentos não são fábulas inventadas; são relatos de pessoas e eventos reais. Como o jornalista e historiador britânico Paul Johnson conclui, "não é agora o homem de fé, mas sim o cético, que tem motivos para temer o curso das descobertas".[11]

O MITO TORNA-SE FATO

O velho mundo pagão estava confuso com mitos sobre um deus moribundo que se ergue outra vez, escreve C.S. Lewis, mas no Cristianismo, a visão desse mito tornou-se realidade. "O deus moribundo realmente aparece – como uma Pessoa histórica, vivendo num lugar e tempo definidos."[12] A semelhança de um mito, o Evangelho é uma história colorida que inspira a nossa imaginação, embora ao mesmo tempo seja um fato sério, algo que aconteceu em um mundo real. A história de Jesus, Lewis conclui, é "Fato Perfeito: reivindicando não somente nosso amor e nossa obediência, mas também nossa admiração e deleite, dirigido ao selvagem, à criança e ao poeta em cada um de nós, nada menos do que ao moralista, ao estudioso e ao filósofo".[13]

Porém, a ressurreição de Cristo é somente o começo da história da redenção. No Pentecostes, o Cristo ressurreto deixou o Espirito Santo entre os crentes, para cumprir os seus propósitos em nossas vidas. Hoje, também, todos os crentes recebem o poder de se tornarem filhos de Deus, de serem transformados e restaurados à sua verdadeira natureza, de pessoas criadas à imagem de Deus. E vivemos como uma comunidade de esperança, em expectativa escatológica, sabendo que Cristo retornará e estabelecerá o seu reino sobre todas as coisas.

A redenção de Deus, então, não nos muda para algo tão diferente quanto nos *restaura* para a maneira como fomos originalmente criados. Virtualmente todas as palavras utilizadas na Bíblia para descrever a salvação implicam no retorno a algo que originalmente existiu. *Redimir* significa "comprar de volta", e a imagem evoca um seqüestro; alguém paga o resgate e compra os cativos de volta, restaurando-os à sua liberdade original. A *reconciliação* implica em relacionamento desfeito por um conflito e depois restaurado à amizade original. O Novo Testamento também fala sobre *renovação*, implicando que algo foi danificado e rasgado, depois restaurado à sua condição antiga. A *regeneração* implica em algo que regressa à vida após ter sido morto. Como Al Wolters observa, "todos estes termos sugerem uma restauração de algo bom que se estragou ou se perdeu".[14]

Ser justificado perante Deus é um presente maravilhoso, mesmo assim é somente o começo. A salvação nos autoriza a assumir a tarefa dada aos primeiros seres humanos no princípio da Criação: subjugar a Terra e estender os domínios do Criador sobre toda a vida.

■ ■ ■

Somente o cristianismo fornece a redenção verdadeira – uma restauração do nosso estado criado e a esperança de paz eterna com Deus. Nenhuma outra cosmovisão identifica o problema real: a mancha do pecado em nossas almas. Nenhuma outra cosmovisão pode libertar uma alma atormentada como a de Bernard Nathanson – ou como eu e você.

E tendo sido libertado do pecado, somos autorizados a ajudar a trazer a restauração de Cristo à totalidade da ordem da Criação.

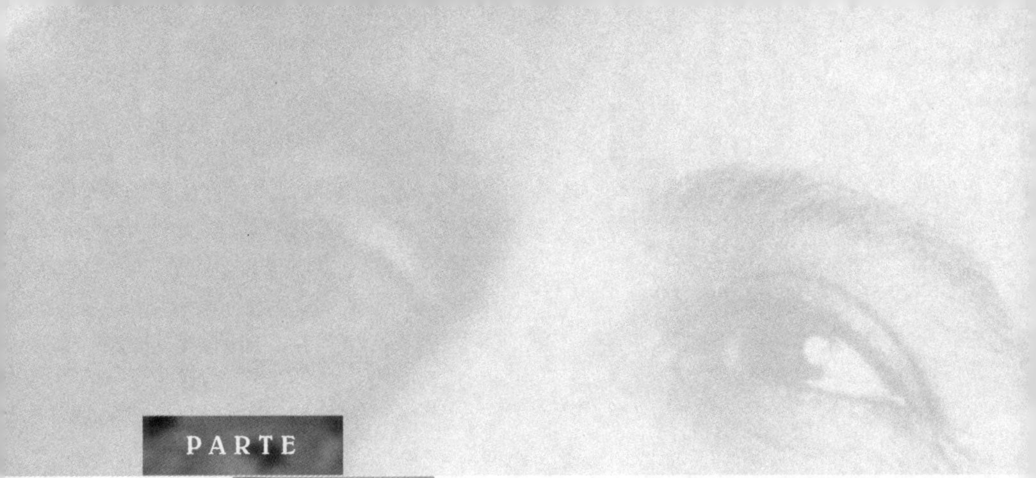

PARTE CINCO

RESTAURAÇÃO: E AGORA, COMO VIVEREMOS?

CAPÍTULO 30

O GOLPE FATAL

Naquelas primeiras noites como encarcerado na Unidade Correcional do Condado de Plymouth, Danny Croce não conseguiu dormir. Sequer chegava perto. Ele observava e ouvia, enquanto os companheiros de cela resmungavam e os velhos canos do edifício rangiam. A prisão parecia inquieta. Sombras esfumaçadas giravam em volta do teto de cimento puro, deformado pelo reflexo da luz baixa no corredor.

Bem acordado no beliche, Danny continuou a aprofundar-se nas sombras, revivendo a noite que o trouxe àquela cela. O "jovem do interior" de Brockton, Massachusetts, terra do famoso lutador de boxe meio-pesado, Marvin Hagler Maravilha. O próprio Danny lutara profissionalmente. Agora a cena daquela noite trágica bateu-lhe com muita força como socos curtos de cruzados. Uma pancada da qual não podia desviar-se.

Mais uma vez Danny viu o ônibus movendo-se para a sua pista, com os faróis altos iluminando a cortina de chuva que caía. Ele desviou-se para a direita. De repente seu carro ergueu-se no ar, o motor funcionando com as rodas rodando livres. A calma da noite foi cortada pelo som de metal retorcido. Danny perscrutou a escuridão repentina, tentando encontrar o caminho. *O que está bloqueando minha visão*? As rodas do carro por fim tocaram o chão, batendo na terra macia. O volante dançava em suas mãos descontroladamente. Ainda assim não podia ver. *O que é isso*? Ele conseguiu acender a luz do teto, que somente intensificou a proximidade do grosso bloqueio escuro através do pára-brisa. A cegueira de Danny durou segundos de horripilante eternidade antes que o pára-brisa de repente se desbloqueasse e o veículo derrapasse até parar.

Cambaleando para fora do carro, Danny viu uma barreira policial quebrada e um homem amassado no chão. Ele perguntou aos curiosos o que o derrubara.

"Você", responderam.

Danny olhou outra vez e sentiu uma terrível pontada de reconhecimento. O homem no chão era o policial John Gilbert. O mesmo que jogara bilhar com ele no bar e caçoara sobre como manter a forma para o ringue.

O carro de Danny carregou Gilbert por cerca de 27 metros, os curiosos disseram. Espraiando-se sobre o pára-brisa num casaco de chuva preto impermeável, foi o corpo de Gilbert que bloqueara a visão de Danny.

Lembrando-se do episódio, Danny sentiu como se o casaco de chuva estivesse cobrindo sua própria face como uma mortalha, a chuva correndo como lágrimas de remorso. Durante as noites, a cena voltava repetidas vezes à cabeça de Danny, como se Deus, ou talvez o diabo, rebobinasse o filme, fazendo com que se repetisse em processo contínuo. Era o seu próprio inferno, que ele sabia estar merecendo. Nessas condições os "*se apenas*" continuavam a martelar indefinidamente.

Se apenas Danny tivesse saído do bar depois da primeira vez que cochilara. *Se apenas* o amigo ferreiro Sully não estivesse mais embriagado do que ele e fosse capaz de dirigir. *Se apenas* não tivesse chovido naquele dia e ele e Sully tivessem sido capazes de concluir o oitavo andar daquele prédio em que estavam trabalhando. *Se apenas* tivesse seguido o lema do amigo ferreiro: olhe para onde quer ir, e deixe seus pés seguirem. *Se* tivesse sido capaz de prever as conseqüências, não teria jamais seguido para onde aquele dia fatídico o levara. Mas ele não tinha visto nada.

Danny freqüentemente imaginava se o coquetel de drogas tinha começado toda a corrente de eventos. Aquilo era alguma coisa a mais que ele vira no escuro. Os cristais puros e brancos de cocaína sobraram depois que o éter etílico evaporou. A primeira de uma série de más escolhas que fizeram Gilbert aterrizar com os braços e as pernas abertos no pára-brisa de Danny.

Quando Danny virou-se no beliche para olhar a parede oposta, viu a família de Gilbert – a esposa, os dois filhos, a cadeira vazia na mesa do jantar. Ele queria ter-se desculpado com Jeany Gilbert mil vezes antes da sentença, mas os advogados não lhe permitiram. Então Danny permaneceu como o fantasma da família... e esta permaneceu como o pesadelo de Danny.

O vídeo começou a repetir-se... meia noite... 2h00 da manhã... 4h30 da manhã. Às vezes Danny sentia-se como se ele próprio estivesse dirigindo as cenas, procurando uma ponte oculta para um final diferente. Às vezes só podia encobrir-se contra a investida, ambos os punhos apertados sobre as sobrancelhas. As memórias circulavam em sua cabeça – cruzados, "jabs", diretos.

Mesmo antes de receber o chamado de Sully para informá-lo sobre a condição de John Gilbert, Danny já esperava pela má notícia. Da mesma maneira que soubera como a luta terminaria da vez que lutou contra Tommy Rose. Tommy havia sido o número quatorze no *ranking* da categoria peso-galo naquele tempo, e aquela luta foi o momento glorioso da carreira de Danny. Tommy Rose era um lutador de futuro.

A princípio Danny pensou que tinha encurralado Tommy no canto do ringue, e continuou tentando eliminá-lo. Ele procurou fazer com que Tommy pensasse que a direita era sua melhor arma; dessa forma Tommy contra-atacaria com fragilidade, e Danny poderia então mandar um cruzado de esquerda. Ele acertou alguns poucos murros, mas ao final do terceiro *round* – ou será que foi do segundo? – os braços e as pernas de Danny estavam exaustos. Ele permaneceu em pé, como uma vaca muito estúpida pronta para cair depois do choque no matadouro, enquanto Tommy deu-lhe a maior surra de toda sua vida.

Era assim que Danny aguardava o telefonema de Sully: sabendo que suas pernas já eram e o que estava prestes a acontecer.

"É algo ruim", Sully informou.

"Ele está morto, não está?"

"Sim, ele está morto."

Mas havia uma diferença. Danny não conseguia lembrar-se do soco de Tommy que o fez desmaiar, todavia jamais esqueceria a maneira impaciente com que Sully disse "morto" – como se não conseguisse esperar para cair fora da vida de Danny.

■ ■ ■

DURANTE A PRIMEIRA SEMANA de Danny na prisão, foi-lhe designada a tarefa de cultivar os campos no solo duro da Nova Inglaterra, ainda quase congelado em abril. Ao final de um turno, enquanto os homens deslocavam-se na direção da caixa d'água para serem recontados e acompanhados de volta às celas, Danny ouviu alguém chamá-lo.

"Ei, Croce! Venha até aqui!" Era um homem ao lado da carroça de feno. Danny não o conhecia, portanto continuou a andar para a caixa d'água. Porém, o homem moveu-se para bloquear-lhe o caminho. Ele tinha braços e abdome avantajado. Danny viu os outros prisioneiros olharem por cima dos ombros para os guardas à distância, fazendo depois uma barreira humana ao lado de ambos.

"Então, Croce, ouvi dizer que você lutou contra Tommy Rose. Ouvi que você era valente. Mas a coisa é a seguinte, eu não me lembro de nenhum Croce lutar contra Rose."

"O promotor me inscreveu como Rivaro para aquela luta."

"Por quê? Tem vergonha do teu nome? Teu nome estrangeiro – Cro-chay. É por isso que tua família diz 'Crose', eu aposto. Tua família toda tem vergonha, tendo um matador como você nela." O homem virou-se para mostrar o sorriso afetado aos espectadores. "Um matador em qualquer lugar menos no ringue."

Danny sabia que teria de usar as mãos na prisão. Ele estava surpreso apenas por estar acontecendo tão rápido. "Conheço o jogo o suficiente", respondeu. "Saia do meu caminho."

"Eu estou *no* seu caminho, seu nojento. Que grande matador você é. Contanto que esteja dirigindo um carro."

Os homens ao redor riram, e o homem balançou seu peso para trás como um Golias. Então atingiu Danny com um golpe direto na sua têmpora.

O desafiante arremessou o braço como se tivesse uma ferramenta na mão, o que deu a Danny tempo suficiente para decidir o contra-ataque típico de cruzado. Ele não queria acrescentar nenhum período extra em sua sentença, então planejou derrubar esse homem sem machucá-lo muito. Assim aplicou uma combinação de golpe tríplice na barriga do sujeito – bum, bum, bum – e a face do homem amarelou, numa expressão de esgotamento.

Apesar disso, o homem voltou-se para Danny. Dessa vez dissimulou com um *jab* de forma tão fraca que o preso quase não pôde distinguir o tipo de golpe.

Danny bateu-lhe do lado da cabeça com a direita, e depois uma esquerda, levantando-o por detrás de seus calcanhares. Ele caiu morto como uma pedra – e sem esboçar nenhum movimento.

Geralmente quando uma luta acaba, seja em um bar ou num ringue, existem torcida e grito. Mas os companheiros de Danny mantiveram a luta em silêncio. Depois algo ainda mais estranho aconteceu. Os espectadores começaram a aproximar-se de Danny. Por um momento pensou que teria de lutar contra todos. Depois entendeu. Eles estavam encaminhando-o para fora dali, protegendo-o.

"A caixa d'água tem uma torneira", alguém informou. Os prisioneiros protegeram-no de ser visto, enquanto lavava o sangue das mãos. Então todos se alinharam para a contagem.

"O'Brien", o guarda chamou.

" Ele caiu", respondeu alguém. "Lá perto do carro de feno."

"Sempre dormindo, esse infeliz", o guarda retrucou.

Todos riram, vigorosa e falsamente.

Pelo menos não terei de brigar por algum tempo, Danny pensou.

■ ■ ■

INCAPAZ DE DORMIR à noite, Danny ficava grogue durante o dia. Ele tinha de achar uma maneira de descansar, ou um dos recém-chegados o desafiaria e então perderia a reputação. Tinha medo da ordem dos guardas para trancar as celas, o puxão e o tinido das portas, e o tempo se prolongando mais uma vez à medida que a lembrança dos momentos escuros naquele carro o fazia suar em bicas.

Certa noite, cerca de três meses após a sentença de Danny, um prisioneiro chamado John Dunn colocou sua cabeça para dentro da sua cela logo antes do fechamento. Danny não estava muito feliz em vê-lo. Ele sabia que Dunn considerava-se espiritual.

"Estamos inciando um grupo de homicídio-automobilístico", Dunn informou.

"Como um grupo dos A. A.?", perguntou Danny.

Dunn assentiu afirmativamente. "Você consegue 'bom tempo' por isso – tempo subtraído de sua sentença", acrescentou. "Um dia por uma hora."

Danny pensou sobre os 18 meses que ainda restavam. "Então eu acho que você me verá", respondeu.

Danny contou sua história para o grupo. Quando terminou, vários homens disseram, de uma maneira ou de outra: "Era a hora dele. Todos temos que bater ponto". Essa era uma forma de dizer, na gíria, que a hora de Gilbert chegara.

O processo pretendia fornecer algum alívio, mas Danny não sentiu nenhum. Aquela *não era* a hora de John Gilbert. Esse era o ponto central.

Logo depois, um tipo hippie de cabelos compridos veio a Danny. "Você já orou alguma vez a Deus?"

Danny não mais orara desde que era criança. Ele nem havia pensado muito sobre religião. Contudo, mais tarde, naquela noite, em sua cela, achou-se implorando, mais devido ao desespero do que a qualquer outra coisa: "Por favor, Deus, deixe-me dormir".

Essa foi a última coisa de que se lembrava. De repente era de manhã, e pela primeira vez em meses Danny estava com apetite para o café.

A insônia voltou, apesar disso. Danny esperou por várias noites, então orou uma vez mais, assim tão simplesmente: "Por favor, Deus deixe-me dormir".

Outra vez, a próxima coisa que Danny soube, após orar, é que já era de manhã.

Era tão curioso que se sentiu compelido a falar com o cabeludo. Danny não sabia quase nada sobre religião. Ele apenas sabia se era católica, testemunha de Jeová, evangelho quadrangular, quando lhe falavam ou davam algum folheto, carregando "aquele Livro". Então perguntou ao hippie se tinha uma Bíblia, e o homem emprestou a Danny o seu Novo Testamento.

Enquanto Danny lia os Evangelhos, descobriu que o Jesus ali descrito o atraía, era direto com todos, e apesar de estar sempre sendo combatido, permanecia em seu lugar. Ele falava às pessoas tão claramente o que havia em seus corações que as derrubava com suas palavras, sem dar um soco – diferente de Danny, que vinha lutando desde que sua família mudou-se para a cidade de Brockton. "Então você pensa que é muito melhor do que nós", um dos mais velhos gritava. Ou falavam maldades sobre sua mãe. Qualquer coisa para começar uma briga. A primeira vez, recusou-se a brigar, e eles o jogaram numa lata de lixo. Então aprendeu a usar os punhos. Agora, lendo a Bíblia, lembrava-se de como se tornara um valentão – e que atitude era essa.

Quanto mais Danny sentia-se atraído por Jesus, tanto mais se sentia numa nova luz. Ele era acostumado a comparar-se com o cara do assento ao lado, no bar, e que geralmente não aparentava tão mal. Mas quando comparava-se a Jesus, começou a sentir-se receoso. Esse homem que jamais erguera os punhos o amedrontava como nenhuma outra pessoa jamais conseguira.

Danny também leu passagens sobre as pessoas sendo "lançadas para fora nas trevas", onde há "choro" e "ranger de dentes". Danny conhecia algo sobre a escuridão. Em sua mente, estava preso naquele carro, incapaz de ver, incapaz de mudar de direção, carregando a morte nos ombros – não somente a de John Gilbert, mas também a sua própria.

Deitado no beliche à noite, Danny começou a examinar toda a sua vida, horrorizado com a pessoa a qual se tornara. Ele via-se vivendo a próxima bebida, a próxima carreira de coca; ele se viu usando as mulheres. A última namorada tinha sido boa companhia, mas a teria deixado pela próxima grama de coca. Na verdade, provavelmente o fez.

Naquele domingo, quando o guarda chamou os prisioneiros que desejassem sair das celas para ir à capela, Danny gritou: "Cela 16". Porém, sentou-se duro feito uma pedra durante o culto, ouvindo pouco. Ele estava lá para fazer uma pergunta. Depois, aproximou-se do capelão Bob Hansen e perguntou-lhe se as passagens da Bíblia que havia lido sobre as trevas eram realmente sobre o inferno.

"Sim", respondeu o capelão.

"Então estou em grande apuro", Danny retrucou.

"Quando você voltar para a sua cela, ajoelhe-se perto do beliche", o capelão orientou. "Confesse os seus pecados a Deus, e ore a Jesus Cristo para entrar no seu coração."

Danny fez exatamente isso. Em sua cela, ajoelhou, confessou que era um pecador e pediu a Cristo para ser o seu Senhor. Enquanto o fazia, lembrava-se de coisas horríveis que praticara, e as memórias traziam dor e ânsia de ser perdoado. Falar com Deus era como ter uma conversa com alguém de quem sempre sentira falta sem o perceber. Ele quase poderia ouvir Deus responder-lhe através do silêncio que refletia seu pesar e o abraçava. Danny não somente sentia-se ouvido, mas também compreendido, recebido.

Danny dormiu aquela noite. E todas as que se seguiram depois.

▪ ▪ ▪

Danny começou a demonstrar sua fé. Ele andava pelos blocos das celas com um andar espiritual, uma testemunha combativa da verdade que encontrara. Caminhava com uma nova confiança, chamando a todos que conhecia para ir à capela. Alguns prisioneiros até davam um passo atrás quando ele passava, como se pudesse jogá-los contra a parede se não se tornassem cristãos.

Por dentro, Danny resolveu que não permitiria qualquer abuso contra as suas novas convicções. Eles podiam chamá-lo de fanático por

Jesus, mas ninguém ficaria em seu caminho. Ele orava para que ninguém o tocasse. Seria capaz de controlar-se se o deixassem em paz.

As únicas brigas que aconteceram foram as do íntimo – uma guerra entre as novas convicções e os antigos hábitos.

Certo dia, quando estava jogando pingue-pongue, Danny pôs o cigarro costumeiro na boca e acendeu o isqueiro. De repente, algo disse: "Pare". O filtro já não tinha gosto de limpo. Ele colocou o cigarro de volta no maço e pensou no que estava acontecendo.

O Capelão Hansen sempre dizia que procurasse por respostas na Bíbllia, então Danny de fato fez uma busca na concordância naquela noite. Achou apenas uma passagem que dizia alguma coisa próxima ao ato de fumar; foi em Isaías e tinha a ver com "fumaça de linho queimado". Mesmo assim não duvidou de que ouvira uma voz dizer "pare".

Não muito depois descobriu 1 Coríntios e ganhou entendimento de que seu corpo era o templo do Espírito Santo. Ele não deveria danificá-lo deliberadamente. Então orou para ter força de vontade e parar de fumar. No primeiro dia teve de orar 20 vezes... enquanto sentava-se no refeitório tomando café... enquanto trabalhava no campo... enquanto jogava cartas na mesa do terraço – em todos os lugares e momentos que o tentavam a acender um cigarro de novo.

No outro dia orou 19 vezes. A batalha contra o cigarro o manteve de joelhos por semanas.

Danny logo descobriu que a mesma voz era contra seus hábitos. Era uma voz paciente que dizia 'pare' apenas para uma coisa de cada vez, mas a lista era longa, começando com o cigarro e a bebida, indo depois para o uso de drogas e palavrões. Ele descobriu que quando começou a limpar a linguagem, perdera metade de seu vocabulário. Descobriu também que suas primeiras vitórias produziram uma super-confiança nascida do orgulho espiritual.

Certo dia, enquanto jogava cartas, disse a outro cristão prisioneiro: "Para que você está colocando esse cigarro na boca, irmão? Você não sabe que Deus pode livrá-lo disso se você pedir?"

"Bem, eu acredito nisso, Danny, mas eu não cheguei lá ainda", o amigo respondeu.

Não muito depois Danny passeou pelos banheiros, onde os caras fumavam drogas durante o dia, numa área escondida. Ele podia sentir o cheiro doce e pesado. Uma ânsia interior o perturbava: *como seria se eu desse apenas algumas provadinhas*? Ele não pôde resistir a tentação de descobrir.

Quando Danny saiu, a primeira pessoa que encontrou foi o irmão sobre quem acabara de pular em cima por causa do cigarro. “Ei, Danny”, o sujeito arregalou os olhos, gesticulando com o cigarro, “acho que você não é tão perfeito também.”

Danny foi para o beliche e implorou pela força de Deus. Essas batalhas íntimas consigo mesmo eram mais fortes do que qualquer coisa que havia encarado no ringue.

Conseqüentemente, após várias orações por dia os velhos hábitos começarem a apagar-se, e Danny percebeu em si algo como a “nova criação” mencionada nas Escrituras.

Então, exatamente antes de Danny entrar na capela um dia, enquanto ainda estava no quintal, um dos novos prisioneiros começou a atormentar um rapaz franzino de 19 anos, chamado Finório. O apelido combinava. O garoto, que estava no xadrez só por emitir cheques sem fundo, parecia realmente com um rato, os cabelos sem cor e orelhas de abano.

Em contraste, o novato parecia um garoto barra pesada, magro, mas musculoso, com coisas para provar. Com o lado de dentro da mão empurrou o ombro de Finório com força.

Finório não fez nada a não ser por a mão no local machucado.

“Você é valentão”, Danny disse, entrando.

“Esse maluco tem olhado para mim como se ele fosse um homossexual ou algo parecido.”

“Ele não tem olhado para você. Finório nunca olha para nada a não ser para o chão.”

“Você está me chamando de mentiroso?”

“Se você quer brigar com alguém, brigue com alguém que sabe. Eu.”

“Esse camarão é sua companheira?”

Danny não respondeu.

“Bem, eu lutarei com você, seu vadio. Seu...” O valentão deixou sair uma enchente de palavrões, manifestando vontade de brigar.

O primeiro murro do novato foi com maior habilidade do que Danny esperava. Ultrapassou o bloqueio e o pegou do lado da cabeça. Por um momento Danny antecipou uma esquerda, outra direita, qualquer combinação que o ritmo do sujeito ditava.

Porém, o novato dava só uma pancada e pulava fora. Dava outra e pulara fora. Danny bloqueava e fintava.

Mas da próxima vez que o novato deu uma nova guinada, Danny deu um passo à frente rapidamente e o pegou com três golpes certeiros na cabeça – bum, bum, bum. A seqüência deixou a cara do homem branca, com sangue escorrendo do supercílio. A velha fúria ressurgiu dentro de Danny, e ele acabou com o sujeito com um cruzado de direita. Genuíno. O rapaz caiu sentado no fundo das calças, sangrando muito na boca. E não se levantou.

"Finório agora é um dos garotos de Danny", alguém gritou. "Você vai ter de nascer de novo, Finório."

"Você não me deve nada, Finório", Danny respondeu, de repente sentindo-se como se tivesse perdido a briga.

A sirene tocou. Hora do culto na capela.

Durante a reunião, Danny permaneceu preocupado com os próprios pensamentos. Depois foi ao capelão Hansen e perguntou o que deveria fazer.

"Você sabe o que deve fazer", o capelão respondeu. "Quando você ofende seu irmão, você tem de consertar o erro. Você tem de ir até o rapaz."

Quando Danny apareceu na cela do novato, o homem grunhiu, e Danny quase não conseguiu ele mesmo dar-lhe a mão. "Eu vim para ver como vai. Sinto muito por ter nocauteado você. Eu sei o que estou fazendo – e foi demais ter batido como fiz."

"Você provou", o novato retrucou. Com a boca inchada e distorcida.

"Você não precisa mexer com caras como Finório. Agora que você lutou comigo, as pessoas te deixarão em paz. Você deu o primeiro murro."

"Não te afetou muito."

"Como eu disse, sei o que estou fazendo. Estamos acertados?"

"Acertados", afirmou o novato. Ele levantou e apertou a mão de Danny rapidamente, depois subiu de volta para o seu beliche.

Danny pensou em convidá-lo para o culto, mas sabia que não era o momento adequado. *Ele perguntará sobre mim*, Danny pensou. *Haverá outras oportunidades*.

Após regressar ao dormitório, onde lhe foi permitido morar nos últimos meses, Danny levantou e olhou pela janela. Ele podia ver a caixa d'água e os campos além. A horta estava cheia de pés de alface, e o campo atrás abarrotado de milho até a cintura. O dia estava chegando ao fim, enquanto a noite se aproximava num céu azul aquoso, as nuvens avermelhadas com o pôr-do-sol.

Repentinamente, Danny sentiu-se livre. Em pé, na Unidade Correcional do Condado de Plymouth, com alguns meses ainda para cumprir, sentiu-se desacorrentado de modo como jamais se sentira, mesmo quando estava em liberdade. Lá fora transformara o seu próprio mundo numa prisão. Na prisão, Deus o libertou. *Olhe para onde você quer ir, e deixe seus pés seguirem*. Ele agora via para onde seus velhos caminhos o levariam, e estava livre para voltar e andar em outra direção – livre para escolher o bem, mesmo quando os velhos caminhos ainda o chamassem.

Olhando para a caixa d'água, lembrou-se de sua primeira luta na prisão, quando lavou o sangue das mãos depois de martelar O'Brien. Mas foi necessário mais do que todo o volume da caixa d'água para lavar de suas mãos o sangue de John Gilbert. Foi necessário o sangue de Cristo – a água viva.

■ ■ ■

DEZ ANOS DEPOIS de ter sido solto, Danny Croce uma vez mais entrou na Unidade Correcional do Condado de Plymouth. Embora o governo tenha fechado o antigo edifício e construído um novo, a prisão de Plymouth era essencialmente a mesma.

Danny ficou no espaço entre duas portas operadas pela segurança. A primeira foi fechada atrás dele. A segunda recusou-se a abrir. Ele tocou a campainha novamente.

"Quem é você?", uma voz perguntou pelo interfone.

Por uns momentos de pânico, deu asas à imaginação. Ele lembrava-se de ter estado na antiga prisão. Foi ele o homem que matara John Gilbert? Sim.

Quem mais ele era? Rostos e eventos passaram pela sua memória como um vídeo em rápida velocidade. O dia em que foi solto da prisão. O casamento. Os cinco filhos. Os anos trabalhando com crianças problemáticas em Boston. Então, o divisor de águas: fora aceito no Wheaton College e recebera uma bolsa de estudos da Fundação Charles W. Colson para ex-detentos. A formatura. A ordenação. Sim, ele se lembrava. Tanto o que era como o que é agora.

"Quem é você?", a voz repetiu.

"Eu sou o novo capelão da prisão", Danny respondeu.

CAPÍTULO 31

SALVO PARA QUÊ?

A cultura no sentido mais amplo é o propósito pelo qual Deus criou o homem à sua imagem... [o que] inclui não somente os mais antigos chamados de... caça e pesca, agricultura e criação de animais, mas também intercâmbio, comércio, ciência e arte.

HERMAN BAVINCK

O "golpe despertador" de Danny Croce é de importância fundamental para este livro. Não porque seja uma história de conversão emocionante – embora o seja – mas por causa do que Danny fez *depois* que sua vida foi redimida. É o tipo de golpe despertador que os cristãos contemporâneos precisam urgentemente, como também uma metáfora apropriada para o tema que será desenvolvido no restante do livro.

Quando Danny Croce tornou-se cristão, embarcou numa aventura para mudar o mundo. A primeira coisa a ser transformada foi a própria vida: ele mudou suas atitudes e organizou o cotidiano, saiu da prisão, casou-se, estabeleceu-se numa vida respeitável e formou-se na universidade. Mas mudar sua própria vida não era o fim de tudo para Danny. Depois da formatura não pôs seu diploma do Wheaton debaixo do braço e deu início a uma vida confortável que sua educação universitária poderia oferecer-lhe. Não. Saiu para transformar o mundo que conhecera. Ele voltou para a prisão.

E Danny conseguiu. A prisão do condado de Plymouth hospeda 1400 presos em 22 unidades, das quais quatro são as "solitárias", a segregação temida, e unidades de custódia e proteção. Em cada unidade, Danny localizava um crente fervoroso, ou então pregava e testemunhava até Deus converter alguém. Então nomeava esses homens para trabalharem como auxiliares e guiar outros à fé. Para equipá-los, continua a discipulá-los e ensiná-los, ministrando cursos de teologia e doutrina, freqüentemente usando material de nível de seminário. Ele também faz estudos semanais da Bíblia em toda a prisão, auxiliado pelos voluntários do Prison Fellowship. Todos os dias Danny conversa com os presos um por um, ensinando encorajando, e ajudando-os a resolverem seus problemas pessoais.

Danny ajuda a presos como Peter, que recebeu uma carta de sua esposa dizendo-lhe que pedira o divórcio. Danny orou com Peter, depois dirigiu cerca de cem quilômetros para encontrar essa esposa desiludida. Muitas reuniões após, Peter e sua esposa reconciliaram-se, e agora estão crescendo juntos em Cristo.

Quando Deus nos faz novas criaturas, temos de ajudar a criar um mundo novo ao nosso redor, e o trabalho de Danny Croce na prisão de Plymouth, como o de Jorge Crespo no Garcia Moreno, oferece um exemplo extraordinário. Vezes sem conta tenho testemunhado esse tipo de transformação dentro do ambiente sujo da prisão, e os resultados são importantes em termos de redução dos problemas disciplinares e casos de reincidência.[1]

Sim, as culturas podem ser renovadas – até aquelas tipicamente consideradas as mais corruptas e intratáveis. Porém, se vamos mudar o nosso mundo, temos de primeiro não restringir-nos à noção confortável de que o Cristianismo é apenas uma experiência pessoal, aplicável somente à vida privada da pessoa. Ninguém é uma ilha, escreveu o poeta cristão John Donne. Mesmo assim um dos maiores mitos de nossos dias é que somos ilhas – nossas decisões são pessoais e ninguém tem o direito de nos dizer o que fazer com as nossas vidas privadas. Facilmente nos esquecemos de que cada decisão particular contribui para o clima moral e cultural no qual vivemos, espalhando-se quais ondulações na superfície da água – primeiro em nossas vidas pessoal e familiar, e depois na sociedade mais ampla.

Isto porque cada decisão que tomamos reflete a nossa visão de mundo. Cada escolha, cada ação, ou expressa uma cosmovisão falsa e assim contribui para um mundo desordenado e arruinado, ou expressa a verdade de Deus e ajuda a construir um mundo que reflete sua ordem criada. Nosso propósito nesta seção final do livro é mostrar a você como fazer escolhas genuinamente bíblicas em todas as áreas da vida. As três categorias de cosmovisão examinadas nas seções anteriores – *criação, queda e redenção* – fornece uma estrutura conceitual pela qual podemos identificar o que está errado com as formas não-cristãs de pensar e depois formular uma perspectiva cristã em cada assunto.

A primeira tarefa, então, é estar discernindo, examinando as várias cosmovisões, para medir quão bem elas respondem às questões fundamentais sobre a vida: *Criação* – de onde viemos, e quem somos nós? *Queda* – o que aconteceu de errado com o mundo? *Redenção* – o que podemos fazer para consertá-lo? Projete o caminho em que qualquer cosmovisão responde a essas três questões, e você verá como essas idéias não-bíblicas deixam de enquadrar-se na realidade. Em contraste, a cosmovisão bíblica fornece respostas que são internamente coerentes e realmente funcionam.

Por último, quando aplicamos essa análise de três crivos, aprendemos como colocar os princípios bíblicos em prática em cada área da vida. Como temos visto em Danny Croce e Jorge Crespo, *transformar pessoas transforma culturas*. Esse é o objetivo para o qual todos os crentes são chamados, conforme as Escrituras deixam bem claro.

A COMISSÃO CULTURAL

A justificação das Escrituras para a construção da cultura começa em Gênesis. No limiar da Criação, a terra é sem forma, vazia, escura e não desenvolvida. Então, cumprindo uma série de etapas, Deus estabelece as características básicas da Criação: luz e escuridão, terra e mar acima e abaixo do firmamento, e assim por diante. Depois, todavia, Deus muda sua estratégia.

Até o sexto dia, Deus fez todo o trabalho da Criação diretamente. Mas agora cria os primeiros seres humanos e os ordena a levar adiante de onde deixou: eles deveriam refletir sua imagem e exercer domínio sobre toda a Criação (Gênesis 1.26). Daí em diante, o desenvolvimento da Criação seria primeiramente social e cultural: seria o trabalho dos homens, enquanto obedecessem os mandamentos de Deus para povoar e subjugar a terra (Gênesis 1.28).

Algumas vezes chamada de "comissão cultural" ou "mandato cultural", a ordem de Deus é a culminação de suas obras na Criação. A cortina foi erguida no palco, e o diretor dá às personagens a deixa inicial no drama da história.[2] Embora tudo o que Deus criou tenha sido considerado "muito bom", a tarefa de explorar e desenvolver os poderes e potenciais da Criação, a tarefa de construir uma civilização, Ele atribui aos portadores de sua imagem. "Em sendo frutíferos deveriam preenchê-la ainda mais; ao subjugá-la deveriam desenvolvê-la ainda mais", explica Al Wolters em *Creation Regained* (Criação Recuperada).[3]

A mesma ordem ainda nos diz respeito hoje. Apesar de a Queda ter introduzido o pecado e o mal na história humana, ela não apagou o mandato cultural. As gerações desde Adão e Eva ainda têm filhos, constroem famílias e se espalham sobre a terra. Elas ainda criam animais e semeiam nos campos. Ainda constroem cidades e governos. Ainda fazem músicas e obras de arte.

O pecado introduz um poder destrutivo na ordem da Criação de Deus, mas não oblitera aquela ordem. Quando somos redimidos, não somos apenas libertados das motivações pecaminosas que nos dirigem, mas também restaurados para cumprir o propósito original, para fazer aquilo para o qual fomos criados: edificar sociedades e criar culturas e, assim, restaurar a ordem criada.

A nossa argumentação neste livro é que a comissão cultural do Senhor é inseparável da grande comissão. Essa pode ser uma afirmação dissonante para muitos cristãos conservadores, os quais, durante boa parte do século XX, evitaram a noção de reforma da cultura, associando esse conceito com o liberalismo do evangelho social. A única tarefa da Igreja, segundo muitos acreditam, é salvar quantas almas for possível de um mundo destinado ao inferno. Mas essa negação implícita da cosmovisão cristã não é bíblica e tornou-se o motivo pelo qual temos perdido tanta influencia no mundo. A salvação não consiste apenas na libertação do pecado; a salvação também significa ser restaurado para a tarefa que recebemos no início – o trabalho de criar cultura.

Quando nos voltamos para o Novo Testamento, é certo que não achamos versículos especialmente ordenando que os crentes se engajem na política ou na lei ou na educação ou nas artes. Mas não é necessário, pois o mandato cultural dado a Adão ainda se aplica. Cada parte da Criação vem das mãos de Deus, cada parte foi atraída pela conspiração da raça humana e sua hostilidade para com Deus e cada parte será algum dia redimida. Essa é a mensagem do apóstolo Paulo aos romanos, na qual promete que "a mesma criação será libertada da servidão da corrupção" (Romanos 8.21). A redenção não é somente para os indivíduos, é para toda a Criação de Deus.

Paulo mostra essa verdade com mais ênfase em Colossenses 1.15-20, onde descreve o senhorio de Cristo de três maneiras: (1) *todas as coisas foram feitas por Cristo e para Cristo*: "Porque nele foram criadas todas as coisas que há nos céus e na terra, visíveis e invisíveis... tudo foi criado por ele e para ele"; (2) *todas as coisas subsistem por Ele*: "E ele é antes de todas as coisas, e todas as coisas subsistem por ele"; (3) *tudo será reconciliado por Cristo*: "Porque foi do agrado do Pai que toda a plenitude nele habitasse e que... por meio dele reconciliasse consigo mesmo todas as coisas, tanto as que estão na terra como as que estão nos céus". A redenção cobre todos os aspectos da Criação, e o final dos tempos não sinalizará o seu fim, mas o início de um novo céu e uma nova terra: Deus fará todas as coisas novas (Apocalipse 21.5).

A lição é clara: os cristãos não são salvos apenas de alguma coisa (pecado), mas também para alguma coisa (o senhorio de Cristo sobre toda a vida). A vida cristã começa com a restauração espiritual, a qual Deus trabalha com a pregação de sua Palavra, a oração, as ordenanças, o louvor e o exercício dos dons espirituais dentro da igreja local. Este é o início indispensável, pois somente a pessoa redimida é cheia do Espirito de Deus e pode genuinamente conhecer e cumprir os planos de Deus. Mas a partir daí somos destinados a proceder sob essa nova perspectiva até a restauração de toda a criação de Deus, que inclui virtudes particulares e públicas; vida individual e familiar; educação e comunidade; trabalho, política e lei; ciência e medicina; literatura, arte e música. Essa meta redentora penetra em tudo que fazemos, pois não há nenhuma linha divisória invisível entre o sagrado e o secular. Temos de trazer "todas as coisas" sob o senhorio de Cristo, em casa e na escola, no seminário e na sala da diretoria da empresa, na arte e no palco de concerto, na prefeitura e na câmara legislativa.

Esse é o conceito que queremos enfatizar, quando afirmamos que um cristão deve ter cosmovisão ampla: uma *visão* ou perspectiva que cubra todos os aspectos do *mundo*. Pois cada aspecto do mundo foi criado com estrutura, caráter e norma. Esses princípios subjacentes são as "leis" de Deus – o desígnio e o propósito de Deus para a Criação – e pode ser conhecido através de *revelação especial* (as palavras de Deus dadas nas Escrituras) e *revelação geral* (a estrutura do mundo que Ele fez), que incluem igualmente a lei da natureza e as normas para a vida humana.

Cabe insistir nesse ponto porque muitas pessoas hoje operam numa distinção fato/valor, acreditando que a ciência descobre os "fatos", os quais acreditam ser confiáveis e verdadeiros, enquanto a moralidade e a religião são baseadas em "valores", os quais acreditam que sejam subjetivos e relativos ao individual. Infelizmente, os cristãos freqüentemente espelham essa atitude secular. Tendemos a ser confiantes quanto as lei de Deus para a natureza, como a lei da gravidade, movimento e hereditariedade; mas parecemos muito menos confiantes quanto as leis de Deus para a família e educação, ou para o Estado. Mesmo assim a verdadeira cosmovisão cristã não faz tal distinção. Ela insiste em que a lei de Deus governa toda a Criação. Da mesma forma como temos de aprender a viver de acordo com a lei da gravidade, assim também devemos aprender a viver de acordo com as normas de Deus para a sociedade.

A razão pela qual esses dois tipos de lei parecem bem diferentes é que normas da sociedade são obedecidas por escolha. No mundo físico, pedras caem, planetas se movem em suas órbitas, estações vêm e vão e o elétron circula o núcleo – tudo sem qualquer escolha – porque neste caso Deus governa diretamente. Mas na cultura e na sociedade, o governo de Deus é indireto, incumbindo os seres humanos com a tarefa de criar ferramentas, fazer justiça, produzir arte e música, educar as crianças e construir casas. Enquanto uma pedra não pode desafiar a lei divina da gravidade, os seres humanos *podem* rebelar-se contra a ordem criada de Deus – e o fazem com freqüência. Mesmo assim esse comportamento não deveria cegar-nos quanto ao fato de que existe um objetivo único, uma ordem universal cobrindo igualmente a natureza em geral e a natureza humana.

Todas as grandes culturas, desde o início da história, admitiram o conceito de uma ordem universal – todas, aliás, exceto a cultura ocidental pós-moderna. A despeito das diferenças entre elas, e de não corresponderem à revelação bíblica, todas as grandes civilizações acreditaram numa ordem divina que estabelecia leis tanto no reino natural como no humano. No Oriente Médio essa ordem era chamada de *Tao*; no Egito antigo era chamada de *Ma'at*; na filosofia grega era conhecida como *Logos*.[4]

Igualmente, no Antigo Testamento o salmista fala quase num só fôlego de Deus espalhando a neve como lã e revelando suas leis e decretos a Jacó, sugerindo que não existe diferença essencial entre as leis de Deus para a natureza e aquelas dadas ao ser humano (ver Salmos 147.16-19). Ambos os tipos são parte de uma única ordem universal. O Evangelho de João pega emprestada a palavra grega *logos* para este plano universal da Criação e, num movimento surpreendente, a identifica com um ser pessoal – o próprio Jesus Cristo. "No principio era o Verbo [*logos*]", a fonte da criação (João 1.1). "Todas as coisas foram feitas por ele, e sem ele nada do que foi feito se fez" (João 1.3). Em outras palavras, o próprio Jesus é a fonte da plenitude do propósito ou desígnio da Criação.

Como conseqüência, obedecer a Cristo significa viver de acordo com esse plano em todos os aspectos da vida. Família e Igreja, negócios e comércio, arte e educação, política e legislação são instituições fundadas na ordem da Criação de Deus; elas não são arbitrárias em suas configurações. Uma escola não é um negócio e não deve ser administrada como tal; uma família não é um Estado e, portanto, submete-se a outro tipo de administração. Cada instituição tem sua estrutura normativa, ordenada por Deus, e sua própria esfera de autoridade abaixo de Deus.[5] Para o cristão, não deve haver nenhuma dicotomia entre o sagrado e o secular porque nada está fora da ordem criada por Deus. Nossa tarefa é recuperá-la para o seu domínio.[6]

O mundo é um campo de batalha espiritual, com dois poderes brigando pelo mesmo território. O adversário de Deus, Satanás, invadiu a Criação e agora tenta mantê-la como território ocupado. Com a morte e a ressurreição de Jesus Cristo, Deus lançou o contra-ataque para reivindicar seu domínio por direito, e somos os soldados de Deus nessa batalha em processo. "Ele nos tirou da potestade das trevas e nos transportou para o Reino do Filho do seu amor" (Colossenses 1.13). Redimidos, estamos armados para a luta a fim de estender esse reino e empurrar as forças de Satanás para trás. A luta pode ser feroz, mas não devemos perder as esperanças, pois o que estamos empreendendo é essencialmente uma operação de limpeza. Por causa da ressurreição de Jesus, a guerra foi vencida; a vitória está assegurada.[7]

A história do Cristianismo está cheia de demonstrações gloriosas da verdade e do poder do Evangelho. Através dos séculos, quando os cristãos viviam pela fé, colocando a comissão cultural e a grande comissão para funcionarem, eles renovaram, restauraram, e, em certas ocasiões, até mesmo construíram novas culturas. Eles literalmente viraram o mundo de cabeça para baixo.

TODA VERDADE É VERDADE DE DEUS

No primeiro século, um pequeno grupo de judeus dissidentes espalhou uma mensagem absurda sobre certo "criminoso" condenado que ressuscitou dos mortos. A partir de tal início ignóbil, o Cristianismo cresceu para ser a força que dominou a cultura ocidental e depois o mundo. Como? Pelos testemunhos dramáticos dos crentes sob o signo da perseguição. Testificando a paz e alegria brilhando nos rostos de homens e mulheres comuns condenados à morte por suas convicções, os pagãos eram atraídos a Cristo e sua Igreja.

No segundo século, Tertuliano, um dos pais da Igreja, repreendeu as autoridades seculares pela falha de suas políticas severas: "Vossa crueldade [contra nós] não dá nenhum proveito a vocês, apesar de sua excentricidade. Ao invés disso, atrai as pessoas para o nosso grupo.

Quanto mais vocês nos dizimam, mais crescemos em número. O sangue dos cristãos é a semente [da Igreja]". Em conseqüência de seu testemunho extraordinário, os cristãos logo encheram cada canto da antiga sociedade. "Temos preenchido tudo que vocês têm – cidades, ilhas, fortes, vilas, prefeituras, até campos militares, tribos, conselhos das cidades, palácio, senado e fórum", Tertuliano disse, desafiando os romanos. "Não deixamos nada para vocês além dos templos."[8]

Assim como os cristãos estavam crescendo em número, eles trabalhavam para transformar a cultura de dentro para fora. Outro pai da Igreja do segundo século, Justino Mártir, mostrou o caminho.

Como jovem, Justino decidiu tornar-se filósofo e estudou com professores de várias escolas filosóficas do mundo antigo, do estoicismo ao aristotelismo, passando pelo platonismo. Finalmente percebeu que a verdade que ele buscava encontrava-se nas Escrituras, e se tornou crente, mas não abandonou a filosofia. Ao converter-se à fé cristã, argumentou, tornara-se também *melhor* filósofo: ele agora era capaz de juntar todas as verdades individuais descobertas em várias correntes filosóficas e lhes dar sentido dentro da moldura da única verdade perfeita providenciada pela revelação divina. "Tudo quanto fosse corretamente dito por qualquer homem, pertence a nós, cristãos", escreveu.[9]

Justino não estava propondo que os cristãos fossem relativistas, como se todos os caminhos levassem a Deus. Ele opunha-se resolutamente ao paganismo e até mesmo foi levado a julgamento por ser cristão, ocasião em que se recusou a renunciar a fé, sendo por isso mesmo executado. Não. Justino não comprometeu as verdades do Cristianismo. Mesmo assim, acreditava realmente que as pessoas percebiam a realidade em parte, e ensinou que Cristo é o cumprimento de todas as verdades parciais incorporadas na filosofia e na cultura.

Seguindo a liderança de Justino, a Igreja antiga buscou cumprir a grande comissão e a comissão cultural, para redimir a alma e a sociedade. Quando o Império Romano caiu, foram os cristãos que salvaram a civilização num dos capítulos mais inspiradores da história ocidental.

■ ■ ■

A IDADE DAS TREVAS começou com uma súbita onda de frio. Em 406 d.C., o Rio Reno congelou, formando uma ponte de gelo que permitiu a um bando de bárbaros cruzarem dos territórios alemães aos territórios romanos. Nos anos seguintes, ondas sucessivas de vândalos e visigodos invadiram o Império Romano e a Europa, reduzindo as cidades a escombros e dizimando as populações. A subestrutura inteira da civilização romana foi destruída, para ser substituída por pequenos reinos governados por reis guerreiros bárbaros e analfabetos.

Enquanto as sombras da Idade das Trevas caíam sobre a Europa ocidental, quem emergiu dos escombros? Quem reconstruiu a civilização? A Igreja cristã.[10]

Em 401 d.C., um garoto britânico de 16 anos, chamado Patricius, foi capturado pelo grupo guerreiro irlandês invasor, seqüestrado de sua terra, e vendido a um insignificante comandante irlandês chamado Miliucc, que o enviou para ser pastor de seus rebanhos. Patricius passou meses sozinho nas montanhas, a fome corroendo por dentro e o frio pegajoso mordendo seu corpo, até que finalmente buscou ajuda da única fonte restante: ele começou a orar.

Antes, Patricius realmente não acreditava no Deus sobre o qual seus pais cristãos o haviam ensinado. Ele pensava que os sacerdotes eram tolos. Mas encontrou em Deus a fonte de força que o ajudou a suportar seis longos anos de amargo isolamento e privação. "Cuidar de rebanhos era meu trabalho diário, e eu orava constantemente durante as horas do dia", escreveu mais tarde. "O amor de Deus e o seu temor me cercavam cada vez mais – a fé cresceu e o Espirito refloresceu."[11]

Então, certa noite Patricius foi acordado por uma voz misteriosa que lhe disse que voltaria para casa. "Olhe, seu navio está pronto", afirmou a voz. Apesar da incerteza da direção e da distância, Patricius rumou para o mar. Mais de três mil quilômetros depois, encontrou um navio de partida para a Inglaterra.

Quando alcançou a terra natal, contudo, Patricius descobriu que não mais combinava com o seu povo. "Física e psicologicamente endurecido pelas incompartilháveis experiências, desesperadamente atrasado na educação comparado com seus colegas, ele não podia descansar", escreve o historiador Thomas Cahill.[12] Então, certa noite o ex-escravo ouviu a voz de Cristo outra vez, agora dizendo para voltar à Irlanda. Ele começou o treinamento teológico e depois retornou como Patrick, missionário para os irlandeses.

Esse não era nenhum retorno romântico, como as melodias das baladas irlandesas. Quando Patrick começou sua missão, encarou os sacerdotes pagãos irlandeses (druídas) que ainda praticavam rituais de sacrifício humano para o seu monstruoso deus celta (freqüentemente retratado comendo pessoas). Os ferozes guerreiros irlandeses, acreditando que a cabeça humana era o centro da alma, penduravam os crânios de seus inimigos nos cintos como troféus.

Patrick trouxe a mensagem cristã para dentro dessa cultura sangüinária e estabeleceu mosteiros em toda a terra. O movimento monástico na Irlanda começou a revolucionar o mundo, substituindo os antigos valores de uma sociedade guerreira com novos valores do Cristianismo. Vivendo o estilo de vida de Patrick, os guerreiros abandonavam suas espadas, as guerras entre tribos diminuíram significativamente e o comércio de escravos terminou. Uma cultura de guerra e poder bruto foi transformada por uma ética que santificou o trabalho manual, a pobreza e o serviço. Uma cultura de analfabetismo e ignorância tornou-se uma cultura de aprendizado.

Além disso, depois da queda de Roma, os mosteiros da Irlanda também tornaram-se refúgios para um vasto número de acadêmicos cristãos e monges fugindo dos bárbaros, vindos de toda a Europa e até de lugares tão distantes quanto Egito, Armênia e Síria. Em conseqüência, diz o historiador Kenneth Clark, tão surpreendente quanto possa parecer, "por um bom tempo – quase cem anos – o Cristianismo ocidental sobreviveu apegando-se a lugares como Skelling Michael, um pináculo de pedra localizado cerca de 29 quilômetros da costa irlandesa".[13] Mesmo assim o Cristianismo realmente sobreviveu e, como resultado, uma enchente de missionários da Irlanda espalhou-se pela Escócia, Inglaterra e pelo restante do continente europeu. Por todo o caminho os monges carregaram suas tradições de copiar e preservar a Bíblia, junto com todos os outros livros que conseguiam salvar – incluindo os grandes clássicos gregos e romanos, alguns dos quais não eram vistos na Europa por séculos. Eles também ensinavam aos convertidos latim, música e pintura.

Para se ter uma idéia do êxito, entre 650 e 850 d.C. mais da metade de todos os comentários conhecidos da Bíblia foram escritos por irlandeses. Por todos os lugares onde chegavam, os monges irlandeses carregavam suas bíblias e livros ao redor de suas cinturas, exatamente como os irlandeses pagãos faziam com os crânios de seus inimigos.

Foi desse jeito que "o irlandês salvou a civilização", usando as palavras de Cahill. O trabalho disciplinado daquele povo convertido estancou a onda de barbarismo pela Europa, preservou o melhor da cultura greco-romana e infundiu nova vida no continente. Os mosteiros tornaram-se o centro da cultura, substituindo as cidades moribundas e expandindo um vasto complexo povoado por monges, trabalhadores, serventes e dependentes. Gradativamente, "os pântanos se tornaram santuários habitáveis, uma casa religiosa, uma fazenda, uma vila, um seminário, uma escola de aprendizado e uma cidade", escreve John Henry Newman.[14]

Esse feito extraordinário foi realizado repetidas vezes por toda a Idade das Trevas. Vindos do norte, os vikings investiam com freqüência sobre a costa ou navegavam bem para o interior pelos rios para pilhar e destruir, matando as pessoas, arruinando os campos, saqueando as riquezas e queimando as cidades através da Europa. Vindos do Oriente, os húngaros e os avares, os hunos e os mongóis, varreram sucessivamente pelas estepes, deixando devastação e morte por onde passavam. Porém, todas as vezes o Cristianismo mostrou seu poder de regeneração espiritual inextinguível e sobrenatural. Todas vezes, as comunidades monásticas se erguiam dos escombros para se tornarem ilhas de paz e ordem espiritual.

A primeira preocupação dessas comunidades, naturalmente, era nutrir a vida interior da fé. Mas a reforma espiritual inevitavelmente descambou para a mudança social, enquanto os cristãos cumpriam o chamado de defender o oprimido e falar ousadamente contra o mal nos lugares de destaque. Nos monges, diz o historiador Christopher Dawson, "os nobres feudais anárquicos, que não se interessavam de jeito nenhum pela moralidade ou lei, reconheceram a presença de algo mais forte que a força bruta – um poder sobrenatural – que eles não se atreveram a ignorar".[15]

Uma paz duradoura não poderia vir para a Europa, contudo, até que os próprios bárbaros fossem evangelizados, e um dos capítulos mais emocionantes na historia da Igreja cristã foi a transformação dos bárbaros de guerreiros sangüinários em fazendeiros amantes da paz, determinados a viver pelo trabalho de suas próprias mãos ao invés de roubar e saquear.[16] Como os bárbaros se converteram e suas invasões cessaram, a sociedade européia começou a florescer. As cidades cresceram e associações emergiram para proteger os interesses das artes e profissões, e as idéias de um governo representativo se enraizaram.

Nesse cenário, o Cristianismo deu à luz uma nova instituição, a universidade, a qual se desenvolveu de escolas anexas às grandes catedrais em lugares como Paris e Bologna, conseqüentemente substituindo os mosteiros como centros de aprendizado e cultura. Mais tarde, a Reforma acenderia as centelhas de um importante salto na formação da cultura, inspirando uma nova ética de trabalho que acenderia a revolução industrial e criaria um clima político que tornou possível as democracias livres.

É assim que o Cristianismo deve funcionar na sociedade – não somente como uma fé particular, mas também como uma força criativa na cultura. A vida interior da fé deve moldar as nossa ações no mundo. Em cada escolha e decisão que tomamos, ou ajudamos a superar as forças do barbarismo – seja medieval ou moderno – ou concordamos com essas forças; ou ajudamos a construir uma índole doadora de vida e amante da paz, ou sopramos as chamas de egoísmo e destruição.

O NOVO MILÊNIO

Ao alvorecer do terceiro milênio, encaramos o mesmo desafio e oportunidade que a antiga igreja encarou: construir uma cultura formada pela cosmovisão bíblica. Por todos os lados ouço evangélicos cansados da batalha, dizendo que perdemos a guerra cultural e que podemos restringir-nos à construção de nossas próprias igrejas ao invés de lutar. Mas à luz de nossa herança histórica, não nos atrevemos a cair em desespero. Isso seria não somente um pecado (falta de fé na soberania de Deus), mas também má interpretação do nosso tempo presente. Abandonar o campo de batalha cultural agora seria desertar da causa exatamente quando estamos no limiar de uma grande oportunidade.

Em anos recentes, todas as grande proposições avançadas durante o século XIX caíram, uma por uma, como soldadinhos de brinquedo. O século XX foi a era da ideologia, dos grande "ismos": comunismo, socialismo, nazismo, liberalismo etc. Em todos os lugares, os ideólogos alimentaram visões de criar uma sociedade ideal com um esquema utópico. Mas hoje todas as grandes construções ideológicas estão jogadas nos montes de cinzas da história. Tudo o que resta é o cinismo do pós-modernismo, com suas afirmações falidas de que não existe verdade objetiva ou significado, que somos livres para criar a nossa própria verdade, enquanto entendemos que tal teoria nada mais é do que um sonho subjetivo, uma ilusão confortante.

Enquanto as ideologias reinantes esmigalham-se, as pessoas são pegas diante de um impasse: tendo acreditado que a autonomia individual era o santo graal que as levaria à libertação, elas agora vêem que foram levadas apenas para o caos moral e a coerção do Estado. O tempo está maduro para a mensagem em que a paz social e a satisfação pessoal que as pessoas realmente almejam estão disponíveis somente no Cristianismo. A igreja se manteve inabalável através do fluxo e refluxo de dois milênios. Ela tem sobrevivido à perseguição dos primeiros séculos, à invasão dos bárbaros e da idolatria da Idade Média e aos assaltos intelectuais da era moderna. Suas paredes sólidas soerguem-se acima das ruínas espalhadas através da paisagem intelectual. Deus nos livre que nós, herdeiros de santos e mártires, venhamos a falhar neste momento primordial.

O novo milênio é um tempo de celebração para os cristãos, para aumentar a nossa confiança, para soar as trombetas e içar a bandeira bem alto até que Cristo venha. Esta é a hora de demonstrar fortemente que o Cristianismo oferece a mais racional e realística esperança para a redenção pessoal e renovação social.

Mas se queremos ter impacto sobre a nossa cultura, o ponto de partida deve ser de nos posicionarmos unidos em Cristo, fazendo um esforço consciente entre todos os verdadeiros crentes para nos juntarmos em esforços comuns a despeito das barreiras raciais, étnicas e confessionais. Em sua oração sacerdotal, Jesus orou fervorosamente para que fôssemos unidos uns com os outros, como ele é um com o Pai. Por quê? *Para que o mundo conheça* que ele é o Cristo (vide João 17.20-23). A conclusão inevitável das palavras de Jesus é que a unidade em Cristo é a chave para o evangelismo e a renovação cultural. Muito da fraqueza da Igreja pode ser rastreado a partir de sua inabilidade ou falta de vontade de obedecer o mandamento de empenhar-se pela unidade em Cristo.

Hoje, precisamos do que C. S. Lewis chamou de *simples Cristianismo*: os crentes se posicionando juntos, cerrando fileiras ao lado das grandes verdades das Escrituras. Somente quando tal unidade for visível neste mundo realmente experimentaremos o poder do Evangelho.

Então, juntos, como povo de Deus, devemos obedecer as duas grandes comissões: primeiro ganhar o perdido e depois construir uma cultura. Os cristãos têm de aproveitar esse momento para mostrar ao mundo, exatamente como os irlandeses fizeram séculos atrás, que o Cristianismo não é apenas a verdade... ele é a única grande esperança da humanidade.

CAPÍTULO 32

NÃO SE PREOCUPE, SEJA RELIGIOSO

O cristão e o materialista têm diferentes pontos de vista sobre o Universo. Ambos não podem estar certos. Aquele que estiver errado agirá de uma forma que simplesmente não se enquadra no Universo real.

C.S. Lewis

Como podemos redimir uma cultura? Como nos levantaremos para a oportunidade que se nos apresenta no início do novo milênio?

A resposta é simples: de dentro para fora. A partir do indivíduo para a família e daí para a comunidade, e, então, para fora como uma onda atingindo amplamente cada estágio. Devemos começar entendendo o que significa viver pelos princípios da cosmovisão cristã em nosso próprio comportamento, bem como nas escolhas pessoais. A menos que estejamos agindo dessa forma, interpretaremos os mandamentos bíblicos de acordo com o espírito da época e conseqüentemente nos conformaremos com o mundo e não com a Palavra de Deus.

Alguns anos atrás, no meio de uma discussão sobre doutrina, um jovem discordou de Nancy sobre determinado argumento do apóstolo Paulo em 1 Coríntios.

"Eu discordo de você", ele afirmou.

"Não, você discorda de Paulo", Nancy gentilmente o corrigiu.

"Está bem, então, eu discordo de Paulo", murmurou o rapaz.

O jovem continuou a explicar que, segundo o seu ponto de vista, a Bíblia foi escrita há muito tempo para uma época diferente e que, hoje, o Espirito Santo pode revelar nova verdade – verdade que pode até contradizer o que a Bíblia ensina. Esse jovem era cristão – presidente de um grupo evangélico no campus e líder entre os colegas – mas tinha absorvido a estrutura de pensamento de uma cultura secular e estava reinterpretando as Escrituras naquele contexto. Ele perdera o entendimento da verdade e da revelação, de uma cosmovisão cujas Escrituras têm suas raízes em Deus, realidade definitiva. Essa postura desembocou em escolhas pessoais equivocadas, que se evidenciaram no fato de ele estar dormindo com a namorada. Ele não era ignorante em ética bíblica e não estava deliberadamente caindo em pecado ou apostatando. As convicções do rapaz lhe diziam que a Bíblia era nada mais do que documentos humanos e, assim, não era normativa para sua vida. Sempre que lia as Escrituras, ele a filtrava através de um crivo mental estabelecido por uma cosmovisão não-cristã, resultando no entendimento distorcido sobre doutrina e ética pessoal.

Ao manifestarmos o desejo de transformar nossa cultura pagã como os cristãos o fizeram na Idade da Trevas, devemos começar conosco, entendendo o que a cosmovisão cristã significa para as nossas escolhas morais e para o estilo de vida. Essa atitude é mais importante hoje do que nunca porque as escolhas morais individuais determinam a saúde de toda a sociedade. As pesquisas constantemente mostram que a sociedade preocupa-se muito mais sobre decadência social e moral – crime, família separada, uso de droga, sexo, violência na mídia de entretenimento – tudo resultado de opções morais tomadas essencialmente por indivíduos.[1]

Em virtude desses fatos, é de se esperar que os púlpitos sejam devotados a encorajar as pessoas a assumir a responsabilidade por suas vidas, a exercer a auto-disciplina necessária para mudar o comportamento. Ao invés disso, durante as últimas décadas, as vozes dominantes da cultura argumentam que os indivíduos têm direito de viver de qualquer maneira e que a sociedade tem a responsabilidade de pagar a conta por qualquer conseqüência negativa que disso resulte.

Essa atitude foi inteligentemente ilustrada na publicação de quadrinhos cômicos "Outland" durante o debate controverso sobre políticas de saúde em 1993, nos EUA. No quadro de abertura, o pingüim Opus e seus amigos são empoleirados precariamente num triciclo na beira de um precipício. Por todo lado há placas de aviso: Perigo! Pare! Um aviso do ministério da Saúde diz: "Escorregar ladeira abaixo é perigoso para a saúde". Mas as personagens ignoram as placas e se lançam no abismo. O triciclo tomba, como era natural, e todos saem voando. De dentro da lama, Opus ergue a mão e exige: "Rápido! Seguro de saúde de graça e ilimitado!"[2]

Infelizmente, essa é a atitude que muitos tomam sobre as patologias que assolam tanto a nossa vida pessoal quanto a sociedade em geral: nosso comportamento é de nossa responsabilidade, mas a sociedade tem o dever de compensar qualquer conseqüência negativa de nossas opções autônomas.

O comportamento sexual é o melhor exemplo. Relações sexuais fora do casamento são responsáveis pela expansão de doenças sexualmente transmissíveis (DST), pela maioria dos abortos, por lares sem pai e pela crônica dependência de programas assistenciais. Mas essa destruição faz com que os educadores sexuais ensinem aos jovens abster-se do sexo fora do casamento? Dificilmente. Desde os anos de 1960 até 1980, os programas de educação sexual das escolas públicas nos EUA e seus defensores mantiveram-se inflexíveis na posição de que a atividade sexual era inteiramente uma questão pessoal da escolha do aluno. Quando as conseqüências inevitáveis surgiram, esses mesmos educadores pressionaram por soluções do governo para tratar os efeitos negativos dessa decadência moral. Para evitar as DST, o governo fornece preservativos nas escolas. Quando a promiscuidade homossexual levou às doenças fatais, o governo foi responsabilizado e pressionado a manter e pagar a conta por mais pesquisas. Quando o sexo levou à gravidez, o governo teve de pagar os abortos e fornecer apoio social às famílias sem pai.

Essa atitude começou na década de 1960, quando surgiu um novo conceito de moralidade pública, declarado abertamente nas palavras do sociólogo Christopher Jencks. Falando sobre famílias sem pai, Jencks argumentou que se as pessoas "realmente preferem uma família consistindo de mãe, filhos e uma série de machos transitórios, não deve ser atribuição do governo federal a responsabilidade de tentar alterar essa opção". Qual é a responsabilidade do governo então? Ele "tem de inventar maneiras de suprir tais famílias [pais/mães solteiros] com os mesmos recursos disponíveis para outros tipos de família".[3]

Observe com cuidado o que Jencks estava dizendo: o governo *não deve* buscar promover o clima moral da nação ou desencorajar comportamento irresponsável. Ao invés disso, seu trabalho é "inventar maneiras" para compensar qualquer desvantagem criada pelas más escolhas que as pessoas fazem. Como o psiquiatra David Larson define, o governo tem de ter certeza de que as pessoas tenham o seu bolo e o comam, também![4] Conceitos parecidos proliferam no Brasil.

Essa atitude não está confinada somente ao governo. É impressionante quantos americanos comuns caíram na armadilha de esperar que uma outra pessoa arque com os custos da sua própria irresponsabilidade.

A Associação Medica Americana diz que o crescimento das despesas com os cuidados da saúde, hoje, podem ser atribuídos em grande parte aos "fatores de estilo de vida e problemas sociais". Alguns estudos indicam que até 70% de todas as doenças resultam das opções do padrão de comportamento.[5] As pessoas sabem que deveriam parar de fumar, evitar comida supérflua e fazer exercícios regularmente. Mas quantos dão esses passos básicos como prevenção? Todavia, quando seus hábitos maléficos lhes acarretam problemas no coração ou câncer nos pulmões, esperam que o sistema de saúde os protejam das conseqüências dos próprios maus hábitos.[6] O desenho de Opus é desconfortavelmente próximo da verdade.

Mas se onde vêm essas idéias de estilo de vida sem valor? Quais são as raízes de sua cosmovisão? Como as categorias da *criação, queda* e *redenção* nos ajudam a diagnosticar o que está errado com a visão secular predominante – e para ver como a cosmovisão cristã conduz a uma melhor, mais racional e saudável maneira de viver?

Em poucas palavras, se rejeitarmos o ensinamento bíblico sobre a Criação, terminaremos atribuindo à própria natureza o papel de nosso criador. A moralidade então torna-se algo que os seres humanos inventaram quando evoluíram a um certo nível. Não existe nenhuma fonte transcendental de padrões morais que determine como deveremos viver. Cada indivíduo tem o direito de traçar o seu próprio caminho. E se rejeitamos a idéia do pecado e da Queda, nada é objetivamente errado, e não há culpa real; existe somente esse falso sentimento que resulta da desaprovação social. A conclusão lógica desse pensamento é que a redenção significa libertar-nos da falsa culpa e restaurar nossa autonomia natural, eliminando o estigma dos nossos estilos de vida. Já o papel da autoridade pública é mobilizar os recursos para ter certeza de que nenhuma conseqüência negativa tenha efeito a partir das opções individuais. Pois se todas as opções são moralmente iguais, então uma pessoa não deveria sofrer pelas escolhas que faz.

Em contrapartida, o Cristianismo alega que Deus criou o Universo com uma estrutura definida – uma ordem material e uma ordem moral. Se vivemos ao contrário dessa ordem, pecamos contra Deus, e as conseqüências são invariavelmente prejudiciais e dolorosas, em termos pessoais e sociais. Por outro lado, se nos submetemos a essa ordem e vivemos em harmonia com ela, então nossas vidas são mais felizes e saudáveis. Nesse caso, o papel das autoridades públicas é encorajar as pessoas a viverem de acordo com os princípios que contribuem para a saúde e a harmonia social.

Nas últimas quatro décadas, nosso discurso público foi dominado por um modelo sem valores prefixados. E ainda hoje as conseqüências desastrosas tornam-se claras em abundância. Até mesmo alguns secularistas começaram a ver que a sociedade simplesmente não pode arcar com os custos da irresponsabilidade pessoal e moral: durante aquelas quatro décadas, o aborto e a gravidez entre adolescentes elevou-se muito; o sistema assistencial ficou superlotado; as taxas de crimes explodiram, especialmente entre os jovens; os custos da saúde pública subiram tão rápido que o governo ameaçou cortá-los (como de fato alguns projetos de saúde faliram em poucos anos). Torna-se progressivamente óbvio que o estado assistencial *não* tem sido capaz de "inventar maneiras" para propiciar às famílias sem pais "os mesmos recursos disponíveis aos outros tipos de família", como Jencks definiu.[7] Ao invés disso, a assistência social ajudou a criar uma subclasse permanente desorganizada e desmoralizada. Por compensar esse tipo de comportamento irresponsável, o governo acaba, no fundo, subsidiando-o e, dessa forma, encorajando-o cada vez mais.

Os americanos alcançaram "o impasse modernista": foi-lhes dito que tinham o direito de ser livres das restrições da moralidade e da religião, mas assim que as escolhas irrestritas conduziram à falência social, começaram a ansiar pela proteção que a moralidade uma vez forneceu. Além disso, não *tivemos* epidemias de crimes, famílias divididas, aborto ou doenças sexualmente transmissíveis, enquanto os americanos amplamente aceitaram a moralidade bíblica. Muitos estão começando a entender que a moralidade não é meramente um inibidor arbitrário da opção individual, mas proteção contra a desintegração social.

É por isso que, depois de décadas de retórica pública sobre os direitos individuais, agora ouvimos líderes culturais lutando para achar alguma linguagem secular comum que reavive o senso de dever e virtude cívicos. Organizações como a *National Fatherhood Initiative* (Iniciativa Nacional de Paternidade), de David Blankenhorn, estão emergindo para deter a desintegração da família. Os educadores sexuais começam a falar sobre ensinar as crianças a adiar o envolvimento sexual. A educação do caráter começa a encontrar espaço nas salas de aula.

Essa nova abertura para argumentos morais dá aos cristãos uma extraordinária oportunidade para defender a posição de que viver de acordo com a ordem moral bíblica é mais saudável tanto para indivíduos como para a sociedade. E há uma crescente gama de evidências científicas que podemos usar para apoiar nossa argumentação. Estudos médicos estão confirmando que aqueles que freqüentam a igreja com regularidade e agem coerentemente com a fé têm melhor saúde física e mental.[8] Considere alguns achados recentes.

Uso do Álcool: O uso do álcool é maior entre aqueles com pouco ou nenhum compromisso religioso.[9] Um estudo descobriu que quase 89% dos alcoólatras perderam o interesse pela religião durante sua juventude.[10]

Uso de Drogas: Numerosos estudos descobriram uma correlação inversa entre compromisso religioso e uso de drogas. Entre os jovens, a importância da religião é o melhor indicador individual quanto aos padrões do uso de substâncias químicas. Joseph Califano, ex-secretario do departamento de Serviços Humanos e Saúde e arquiteto do programa governamental Grande Sociedade, de Lyndon Johnson, deu uma espantosa meia-volta quando tornou-se chefe do Centro de Vício e Uso de Drogas da Universidade de Columbia. Em 1998, Califano convidou-me, juntamente com o General McAffrey, o czar antidrogas de Clinton, para nos juntarmos a ele em uma conferência de imprensa na qual divulgou os resultados do estudo de três anos mostrando a relação entre o uso de substâncias químicas e o crime. As estatísticas eram impressionantes. Em 80% dos delitos criminosos, álcool ou drogas estavam implicados.[11] Então Califano apontou para mim e disse à imprenssa reunida: "Ele tem a resposta. Cada indivíduo que deixou as drogas ou o álcool com sucesso aponta a religião como a chave de sua reabilitação". Califano agora apoia vigorosamente fundos públicos para os programas de tratamento de drogas que "supram as necessidades espirituais".[12]

Crime: Há também uma forte correlação entre a participação em atividades religiosas e o ato de evitar o crime. Em estudo recente, o professor de Harvard, Richard Freeman, descobriu que a freqüência regular à igreja é o fator principal na prevenção dos jovens afro-americanos urbanos de se voltarem para as drogas ou o crime.[13] Outro estudo revelou que a freqüência regular ao estudo bíblico na prisão do Prison Fellowship diminuiu a reincidência em dois terços.[14]

Depressão e Estresse: Vários estudos descobriram que elevado nível de compromisso religioso correlaciona-se com os baixos níveis de depressão e estresse.[15] Numa pesquisa Gallup, aqueles que revelaram forte compromisso religioso tinham duplamente mais probabilidade de se descreverem como "muito felizes".[16] Armand Nicholi, professor de psiquiatria na Faculdade de Medicina de Harvard e crente profundamente comprometido, argumenta baseado em sua longa experiência de vida que os crentes são muito menos prováveis de experimentar perturbações mentais do que os sem religião. Por quê? Porque "uma característica única essencial que identifica todos os tipos de depressão" é "o sentimento de desesperança e impotência", e os crentes nunca estão sem esperança.[17]

Suicídio: Pessoas que não freqüentam a igreja são quatro vezes mais propensas a cometer suicídio do que as que a freqüentam com regularidade. De fato, a falta de freqüência à igreja correlaciona-se mais fortemente com as taxas de suicídio do que qualquer outro fator de risco, inclusive desemprego.[18]

Estabilidade familiar: Vários estudos descobriram uma forte correlação inversa entre a freqüência à igreja e o divórcio, enquanto outro determinou que a freqüência à igreja é o indicador mais importante da estabilidade do casamento.[19] A fé também se mostrou como fator indispensável na prevenção das relações sexuais entre adolescentes, bebês nascidos fora do casamento, discórdia entre pai e filho e outras formas de desintegração da família.

O clássico projeto de pesquisa sociológica "Middletown" estudou os habitantes de uma típica cidade americana três vezes, primeiro nos anos de 1920 e pela terceira vez nos anos de 1980. Os dados durante esse longo período indicaram claramente um "relacionamento entre solidariedade familiar- saúde familiar – e filiação e atividade na igreja."[20] Num estudo dos fatores que contribuem para famílias saudáveis, 84% de famílias fortes identificaram a fé como um contribuinte importante para o seu vigor. Assim também em outro estudo, pais afro-americanos citaram a influência da igreja como importante em educar os filhos e fornecer diretrizes morais.[21]

Satisfação matrimonial e sexual: Para que ninguém pense que esses números significam que as pessoas cristãs estão permanecendo em casamentos infelizes por senso de dever ou obrigação, considere estas estatísticas. Os freqüentadores de igreja são mais prováveis de dizer que se casariam com a mesma esposa de novo – uma importante medida para a satisfação matrimonial. Um estudo de 1978 descobriu que a freqüência à igreja era fator indicativo da satisfação matrimonial melhor do que qualquer outra simples variável.[22] E o estudo *Sexo na América,* de 1994, mostrou que mulheres bem religiosas desfrutam nível mais elevado de satisfação sexual em seus casamentos do que mulheres não religiosas.[23]

Saúde Física: Os estudos mostraram que pacientes da maternidade e seus recém-nascidos têm menos complicações médicas se as mães tiverem filiação cristã. Pertencer a um grupo religioso pode baixar a pressão sangüínea, aliviar o estresse e aumentar a sobrevivência depois de um ataque cardíaco. Pacientes de cirurgias cardíacas com fortes convicções religiosas são mais prováveis de sobreviver. Homens maduros e mulheres que freqüentam cultos de louvor são menos depressivos e fisicamente mais saudáveis do que aqueles sem nenhuma fé religiosa. Eles também são mais saudáveis do que aqueles que não freqüentam cultos de louvor, mas assistem programas religiosos na televisão em casa. As pessoas que vão à igreja têm pressão sangüínea mais baixa, até mesmo quando comportamentos arriscados, tais como fumar são levados em conta nos outros grupos.[24]

A freqüência à igreja afeta até mesmo as taxas de mortalidade. Para os homens que a freqüentam regularmente, o risco de morrer de doenças do coração, tipo arteriosclerose, é de apenas 60% em relação àqueles que não freqüentam. As taxas de mortalidade por enfizema pulmonar dos que vão aos cultos ficam abaixo da metade em relação aos que não freqüentam, enquanto as de cirrose hepática alcançam apenas 25%[25]. A ciência parece estar confirmando o ensinamento de Provérbios: "O temor do Senhor aumenta os dias" (Provérbios 10.27).

■ ■ ■

ISTO NÃO SIGNIFICA que todas as pessoas de fé sejam saudáveis e felizes, mas as estatísticas realmente "fazem uma declaração poderosa sobre a condição típica humana", escreve Patrick Glynn em *God: The Evidence* (Deus: A Evidência). Tanto a experiência clínica e os dados de pesquisas sugerem que "entre os determinantes mais importantes da felicidade e do bem-estar humano estão nossa crença espiritual e escolhas morais"[26].

As estatísticas são tão persuasivas que até o secularista é obrigado a convencer-se de que a religião é boa para a sociedade. De fato, é exatamente o que Guenter Lewy conclui em seu recente livro *Why America Needs Religion* (Porque a América Precisa de Religião). Lewy começou a escrever o livro defendendo o secularismo, mas depois de pesquisar os dados, terminou argumentando, para sua surpresa, que a crença em Deus faz as pessoas mais felizes e satisfeitas. "Seja delinqüência juvenil, crime adulto, preconceito, nascimentos fora do casamento, conflito matrimonial e divórcio, existe uma taxa significativamente mais baixa de tais indicadores de falha moral e doenças sociais entre os cristãos."[27] Em resumo, uma pessoa *pode* viver uma vida moral e saudável sem Deus, mas estatisticamente falando, os números díspares são contra essa opção.

Além do mais, os benefícios do Cristianismo não são apenas uma questão de atitude e estilo de vida. É impossível desconsiderar aquilo que é francamente sobrenatural. O Dr. Dale Mathews documentou experiências em que voluntários oraram por pacientes selecionados com artrite. Para evitar um possível efeito placebo se soubessem que havia alguém orando por eles, os pacientes não ficaram sabendo quais foram submetidos ao teste. A taxa de recuperação entre os que estavam recebendo orações foi muito maior do que entre outro grupo de controle, pelo qual não foram feitas orações.[28]

É hora de a profissão médica reconhecer o potencial de cura da dimensão espiritual, diz o professor da universidade de Harvard, Herbert Benson. Embora não sendo ele próprio cristão professo, Benson admite que os humanos são "projetados para a fé religiosa". Somos "ligados a Deus... Nossa planta genética... tem-nos feito acreditar numa parte Infinita e Absoluta".[29] Isto é o mais perto que um descrente pode chegar para confirmar a afirmação bíblica de que o espírito humano foi criado a fim de viver em comunhão com Deus.

Essas descobertas não significam, contudo, que qualquer tipo de religião é benéfica. Gordon Allport, o grande psicólogo da religião, fez uma distinção entre religião *intrínseca* e *extrínseca*. As pessoas extrinsecamente religiosas usam a religião para propósitos externos, como o político que vai à igreja para obter respeitabilidade ou a pessoa que ora em favor de benefícios apenas materiais. Mas as pessoas intrinsecamente religiosas servem a Deus sem querer tirar vantagem disso: elas oram a fim de comungar com Ele e entender sua verdade; elas ofertam sem qualquer cálculo utilitário. Na experiência profissional de Allport, a melhora da saúde mental correlaciona-se apenas com religião intrínseca. Os benefícios vão para aqueles que acreditam genuinamente, não para aqueles que usam a religião com propósitos interesseiros.[30] Essas descobertas parecem destruir o estereótipo freudiano da religião como um mero desejo de satisfação, algo que inventamos para obter certos benefícios. Pois se fosse para inventarmos uma religião com propósitos exteriores, seríamos mais miseráveis do que nunca.

Outra constatação e que os benefícios apenas advêm sobre aqueles que praticam sua fé, não para aqueles que meramente a professam. De fato, os estudos de Larson descobriram que é extremamente doentio ter fortes convicções religiosas e não praticá-las. Pessoas exibem elevados níveis de estresse se acreditam em Deus mas negligenciam a freqüência à igreja, não lêem nem meditam nas Escrituras, não dão graças antes das refeições ou caem em pecado. Um estudo sobre alcoólatras crônicos descobriu que um número surpreendentemente elevado tem convicções religiosas conservadoras, mas não estão andando de acordo com elas. As pesquisas de Larson sugerem que o estresse causado por essa contradição entre crença e prática pode contribuir para o comportamento alcoólatra.[31]

Em resumo, o cristão incoerente sofre até mais do que ateístas coerentes. A pessoa mais miserável de todas é aquela que conhece a verdade e mesmo assim não a obedece.

■ ■ ■

O CRESCIMENTO DAS evidências cientificas validando a cosmovisão cristã tem sido grandemente inspirado pela palavra de um homem, David Larson, presidente do Instituto Nacional de Pesquisa de Saúde. A história de Larson ilustra não somente como os cristãos devem preservar suas convicções, mas também o que podemos levar a cabo quando temos essa atitude.

Quando Larson começou o treinamento em psiquiatria, um de seus professores tentou desencorajá-lo. "Diga-me, Dave", falou o professor, "sua fé é importante para você, não é?"

"Sim", Larson respondeu.

"Então acho que você deveria abandonar a idéia de ser um psiquiatra. Para os pacientes psiquiátricos, a religião pode apenas ser prejudicial."

O professor de Larson estava apoiando a sabedoria convencional entre psiquiatras e psicólogos, transmitida por Sigmund Freud, o fundador da psicanálise, que definiu a religião como "uma neurose obsessiva universal", uma "impotência infantil" e "regressão para o narcisismo primário". A terminologia mudou desde Freud, mas a maioria dos psicólogos e psiquiatras matém a suposição de que a religião é um fator negativo na saúde mental e que está associada com patologias mentais.[32]

Mesmo assim Larson recusou intimidar-se. Enquanto continuava em seus estudos, percebeu um padrão muito interessante: afinal de contas, a religião não estava associada a doenças mentais. De fato, era totalmente o oposto: A religião na verdade ajudava na proteção *contra* as desordens mentais.

Essa percepção impulsionou Larson a fazer sua própria pesquisa, e hoje seu trabalho está provocando uma reviravolta em toda a profissão. "Um número crescente de psicólogos está descobrindo a religião, se não em suas vidas pessoais, pelo menos nos dados de suas pesquisas", relata o *New York Times.* "O que uma vez foi, na melhor das hipóteses, um tópico fora de moda na psicologia nasceu de novo como algo respeitável para a pesquisa científica."[33] Os dados estão mostrando que a religião, longe de ser uma doença mental, é na verdade benéfica à saúde mental, à saúde física, ao vigor da família e à ordem social.

Esses novos elementos científicos fornecem uma ferramenta maravilhosa para a apologética, pois mostram claramente que se ignorarmos os princípios bíblicos, terminaremos vivendo de modo contrário à natureza do nosso ser e pagaremos elevado preço em termos de estresse, depressão, conflito familiar e até doenças físicas. Ao invés de ser um conjunto arbitrário de regras e restrições que reprimem e distorcem nossa natureza verdadeira, o Cristianismo na verdade a descreve e nos mostra como viver de acordo com ela. Quando agimos assim, desfrutamos do prazer de viver do modo para o qual fomos criados. "O temor do Senhor é o principio da sabedoria... Porque, por mim, se multiplicam os teus dias, e anos de vida se te acrescentarão" (Provérbios 9.10-11). A evidência é uma validação poderosa de Provérbios; uma visão biblica da natureza humana que age realmente conforme a realidade.

Reconhecendo esses benefícios concretos da fé, muitos cristãos se estão organizando em busca de saúde financeira, espiritual e emocional – como também para fornecer testemunho efetivo na cultura mais ampla. Por exemplo, o programa cristão com base na Flórida, *Christian Care Medi-Share Program* (Programa Cristão de Plano Médico de Saúde), oferece aos membros 100% de cobertura por muito menos do que os programas de saúde de seguro de grupo – um pouco menos que 200 dólares mensais por família. Em troca, os membros se comprometem a viver um estilo de vida saudável: sem fumar, sem drogas ilegais, sem sexo fora do casamento. Eles também oram uns pelos outros. Quando um membro sofre doença ou acidente, os outros oram e escrevem cartas de encorajamento. John Reinhold, fundador e presidente desse programa cristão, diz: "Nossos membros acreditam em compartilhar e cuidar, mas não desejam subsidiar aqueles... que escolhem viver de maneira que inevitavelmente leva ao colapso prematuro da mente e do corpo".[34]

Não podemos escapar das conseqüências das nossas próprias escolhas. Em nossos corpos, adicionamos mais informações ou da cosmovisão biblica ou de uma cosmovisão oposta à Bíblia. Quando encarnamos a verdade de Deus em nossas vidas e famílias, ajudamos a trazer uma nova vida para a nossa vizinhança e igrejas, nossas cidades e nação, num círculo sempre crescente.

CAPÍTULO 33

O CAMPO DE TREINAMENTO DE DEUS

Se as tendências da família de décadas recentes forem projetadas para o futuro, o resultado não será apenas incerteza crescente dentro do casamento, mas a sua eliminação gradual em favor de mancebias casuais orientadas para a expressividade e a auto-satisfação dos adultos. O problema com esse cenário é que as crianças serão prejudicadas, os adultos provavelmente não mais serão felizes e a ordem social pode entrar em colapso.

DAVID POPENOE

Imagine seus filhos trazendo para casa um livro da biblioteca que lhes assegura que o divórcio não é nada sério, mas apenas uma transição pela qual algumas famílias passam. Ou não imagine. Vá à biblioteca você mesmo, e descubra uma variedade de livros para crianças que minimizam a importância do casamento íntegro.

"Existem diferentes tipos de pais", afirma um livro para pré-escolares. "Às vezes um pai vai embora como fez o seu. Ele pode não ver os filhos de jeito nenhum." Em outras palavras, o divórcio é somente uma variação normal da paternidade. "Alguns garotos conhecem pais e mães, outros não", diz outro livro. Ainda outro trata o divórcio como um momento complicado que pode ser controlado com algumas dicas práticas. "Viver com um dos pais quase sempre significa que haverá menos dinheiro. Esteja preparado para deixar de lado algumas coisas."[1]

A mensagem? Que os pais que ficam e os que se vão são apenas "diferentes tipos de pais" e que o divórcio não tem nenhuma significância moral.

A mensagem não termina com livros ilustrados para crianças pequenas. Quando o Instituto Para Valores Americanos pesquisou 20 dos livros de nível universitário mais usados em cursos de graduação sobre casamento e família, descobriu uma perspectiva assustadoramente negativa sobre o assunto.[2] Os livros enfatizam problemas como violência doméstica, enquanto minimizam os benefícios do casamento. Eles advertem as mulheres da probalidade de o casamento ser psicologicamente sufocante e fisicamente ameaçador. "Sabemos", afirma um livro, "...que o casamento tem efeito adverso na saúde mental da mulher", sem qualqer fundamento em dados empíricos. De fato, a maioria dos estudos chega à conclusão de que homens e mulheres relatam maiores níveis de felicidade quando são casados.[3] Enquanto isso, esses volumes quase ignoram os bem documentados efeitos negativos do divórcio sobre as crianças, e apenas metade deles menciona o fato de que a desintegração das famílias se correlaciona fortemente com o incremento da criminalidade juvenil.

Não teria sido surpresa se alguns estudos do Instituto Para Valores Americanos tivessem descoberto poucos livros escolares ideologicamente tendenciosos. O que é perturbador é a descoberta de que virtualmente *todos* os livros usados pelos alunos em todo o país difundem as visões do feminismo radical e da revolução sexual para os nossos futuros professores, conselheiros e assistentes sociais.

Mesmo que não houvesse qualquer outro motivo, quase toda a civilização protege a família tanto do ponto de vista legal quanto social, pois é a instituição que propaga a raça humana e educa as crianças. Ainda assim, na América pós-moderna, a família está sendo atacada em várias frentes, a partir de livros a revistas populares, na televisão e no cinema, através de políticas estaduais e federais. Essa desconstrução sistemática da instituição social mais antiga e básica é a causa principal do caos social na América em décadas recentes.

Ao sairmos do âmbito dos indivíduos e de suas opções, o primeiro círculo de nossa influência é nos relacionamentos íntimos da família. Em nenhum outro lugar o conflito de cosmovisões é mais pronunciado do que aqui. Em nenhum outro lugar os efeitos são mais desastrosos. Em nenhum outro lugar toca tão profundamente na ordem natural que está subjacente a todas as civilizações. E em nenhum outro lugar é mais evidente que os cristãos devem assumir uma abordagem de cosmovisão se pretendem fazer alguma diferença. Muitos crentes tornaram-se politicamente ativos sobre as questões relacionadas com a família, mesmo assim nossos esforços são mais reativos ao invés de ativos, porque temos falhado ao confrontar as suposições que subjazem nas cosmovisões existentes.

A FAMÍLIA NA ERA DE MURPHY BROWN

Conflitantes cosmovisões sobre a família foram exibidas em 1992, quando o vice-presidente dos EUA, Dan Quayle, proferiu o seu mal-afamado discurso "Murphy Brown", que provocou clamores indignados de um canto a outro do país. Muitos americanos sintonizaram no *show* de abertura da próxima estação apenas para ouvir a resposta de Candice Bergen, que interpreta a personagem que deu título ao discurso. A estrela não desapontou. Como Murphy Brown, olhou bem para dentro da câmara e disse aos espectadores que não existe nenhuma definição normativa para a família. Tudo o que importa, declarou, é "compromisso, amor e cuidados".

Logo depois, contudo, Bergen foi entrevistada no programa *TV Guide* e tomou posição bastante diferente. "Até onde vão os valores da minha família, meu filho e minha família têm sempre a maior prioridade", respondeu. Bergen alegou até que estava um passo adiante de Don Quayle, tendo prevenido aos produtores do programa para não "colocar no ar a mensagem... especialmente para as jovens mulheres, porque estaremos encorajando-as a ser mães solteiras". Ela terminou com a declaração de que "eu mesma... acredito que o ideal é que você tenha uma família com ambos os pais. Sou a última a pensar que os pais são obsoletos".[4] Assim, quando falava como o ícone cultural Murphy Brown, insistia em que não há nenhuma estrutura familiar normativa. Porém, como Candice Bergen, esposa e mãe, apoiou com entusiasmo a tradicional família de pai e mãe.

Isto implica que, se pretendemos entender o liberalismo moral contemporâneo, temos de dissecar essa inconsistência confusa. Vivemos numa época em que a liberdade tem sido definida como escolha absolutamente livre. Não importa *o que* escolhemos; a dignidade do indivíduo reside na mera capacidade de escolher. Assim somos perfeitamente livres para ser a favor do casamento e de valores tradicionais, contanto que não neguemos aos outros o direito de escolher outros valores. Ou seja, contanto que não aleguemos estar a nossa escolha baseada num padrão de verdade objetivo e normativo que se aplica a todos.

Assim Bergen sente-se perfeitamente à vontade para revelar sua própria adesão às idéias tradicionais para a família porque tudo o que está fazendo é expressar sua própria opinião particular, pessoal e subjetiva. Mas quando Don Quayle expressa idênticos ideais, é atacado com selvageria pela mídia e ridicularizado pelos comediantes tarde da noite. Até Bergen condenou-o como "arrogante", "agressivo" e "ofensivo" – apesar de aparentemente ter defendido os mesmos pontos de vista.[5] Por quê? Porque Don Quayle apresentou-os não como preferências pessoais, mas como verdades morais objetivas.

Essa distinção sutil está no âmago dos conflitos morais que divide a nossa cultura. Em conseqüência, não podemos determinar as cosmovisões de cada um simplesmente procurando descobrir seus posicionamentos em questões morais particulares: Você é ou não a favor do aborto? Você é ou não a favor do casamento homossexual? Ao invés disso, temos de perguntar como *justificam* seus pontos de vista. Muitos americanos e brasileiros preservam ideais tradicionais, mas consideram-nos como questões de escolhas particulares, recusando a insistir nelas como normas objetivas e universais. O exemplo mais familiar é daqueles que são "pessoalmente contra" o aborto, contudo, defendem o direito de outros fazerem suas próprias opções. Em suas próprias vidas, muitos praticam comportamento ético exemplar, mas, quando se lhes requer que articulem princípios objetivos para justificar esse comportamento, não podem oferecer nada além de "sinto que é certo para mim".[6]

Tal postura é certamente verdadeira quando diz respeito à família e à sexualidade. As pessoas usam os termos tradicionais de *casamento* e *família*, mas estes não mais abrangem o sentido de obrigação objetiva. Muitos não mais tratam o casamento como um compromisso moral com sua própria definição e natureza, que nos faz exigências objetivas, sem levar em consideração nossa preferência pessoal. Ao invés disso, o casamento é considerado como uma construção social, como algo que pode ser definido de acordo com as preferências pessoais. Até alguns que vestem o manto do conservadorismo moral caem na mesma cilada. Na Convenção Nacional Republicana de 1992, a ex-primeira-dama, Barbara Bush, veio com esta vaga declaração: "Não importa como *você* define família, é isso o que queremos dizer por valores familiares".[7]

É importante atravessar completamente a retórica e chegar à raiz do conflito, o que de novo depende do nosso entendimento básico sobre *criação, queda e redenção*. A cosmovisão cristã ensina que, desde o começo, Deus criou os indivíduos para relacionamentos. Ao criá-los macho e fêmea, Deus estabeleceu a sexualidade humana, o matrimônio e a instituição da família, cada um com sua própria norma moral divinamente estabelecida. Embora possa existir grande variedade na expressão cultural dessas instituições, quando entramos no pacto do casamento e da família, submetemo-nos a um objetivo e a uma estrutura ordenados por Deus.

Mas durante o iluminismo, os filósofos começaram a rejeitar a doutrina da Criação e substituíram-na por um hipotético "estado de natureza" pré-social e pré-político. Nesse estado primitivo, os indivíduos são a única realidade; laços sociais são criados pelas escolhas que fazem. Por isso o filosofo francês Pierre Manent afirmou que a doutrina básica do liberalismo moderno é que "nenhum indivíduo pode ter uma obrigação para a qual não tenha dado consentimento".[8]

Tal suposição muda radicalmente o ponto de vista sobre o casamento, pois não está enraizada na forma como fomos originalmente criados, mas somente nas opções individuais. Assim, podemos também *alterar* por escolha. E ainda mais, todas as escolhas tornam-se moralmente equivalentes, e não há justificação para favorecer algumas em detrimento de outras. Se alguém deseja um casamento tradicional, tudo bem. Se outra pessoa deseja um casamento com outra do mesmo sexo ou outra variante, bem, tudo bem, nada a opor.

Essa equivalência moral tem sido o argumento de defesa agressiva das práticas anticonvencionais. Em Hollywood, por exemplo, tornou-se normal ter filhos fora do casamento e constituir famílias retalhadas de várias uniões. Para essas pessoas, antecipar o sexo não é meramente uma questão de desejos sexuais incontrolados, mas expressão de convicção genuína, uma afirmação de que a coabitação é moralmente aceitável quanto o casamento.

O crítico de cinema, Michael Medved, descobriu isso quando comandou a produção de um filme particular de um casal de Hollywood, referindo-se a eles como "casados". Essa era uma suposição natural, desde que vivem juntos há mais de 15 anos e tiveram dois filhos. Mas ninguém pode mais supor estas coisas, e Medved recebeu uma carta enraivecida de um amigo do casal, dizendo que os dois *não* eram de jeito nenhum casados e que ficariam "ofendidos" ouvir que estavam sendo descritos daquela forma.[9]

Ofendidos? Presumir que alguém é casado, tornou-se, agora, um insulto? O que estamos vendo é que desafios à moralidade tradicional são por si só tratados como cruzadas morais. Pois se nenhuma escolha está errada, então nenhum estilo de vida pode ser criticado, e ninguém jamais deverá sentir-se culpado. Opor-se a tal comportamento é positivamente errado. Quando se coloca essa postura em termos de cosmovisão, o único "pecado", no liberalismo moderno é limitar os outros com regras opressoras e códigos morais artificiais; "redenção" significa restaurar a liberdade uma vez desfrutada no estado original da natureza. Conforme o filósofo político, John Stuart Mill, escreveu certa vez, "o mero exemplo do inconformismo, a mera recusa de dobrar os joelhos para os costumes, é em si um serviço".[10] Assim, *existe* um movimento positivo rotativo sobre a imoralidade: se você deliberadamente rejeita a moral e as regras sociais, está de fato prestando um serviço, ajudando as pessoas a se libertarem das garras das tradições morais opressivas.

Essa é a filosofia do "ego desimpedido", diz o filósofo político de Harvard, Michael Sandel, uma cosmovisão que descreve o ser isolado como anterior a todos os compromissos ou obrigações morais. Nas sociedades tradicionais, a identidade de uma pessoa era descoberta e expressa através de papéis sociais representados na família, igreja, vila, tribo e grupo étnico. Hoje, contudo, papéis e responsabilidades são considerados em separado, e até mesmo de forma contraditória, da identidade essencial de alguém, do âmago do indivíduo. O ego pode aceitar esses papéis ou rejeitá-los no processo de auto-definição.[11]

Isto pode soar abstrato, mas tem conseqüências intensamente práticas. Um dos temas do movimento radical feminista é que as mulheres estão sufocadas pelo papel de esposa e mãe e devem descobrir seu verdadeiro ego *separadamente* desses relacionamentos. Como resultado, as últimas décadas testemunharam uma vasta migração de mulheres para empregos remunerados, porquanto a busca de satisfação pessoal tornou-se para elas mais importante do que o casamento e a família. O elevado incremento do índice de abortos pode ser visto como um forte indicador do decrescente interesse em gerar filhos. De igual modo, o aumento do uso de creches reflete em parte uma redução no compromisso em ser o principal responsável pelos próprios filhos. O Dr. Stanley Greenspan, professor de pediatria na Universidade de Medicina George Washington, observa que esta é a primeira vez na história que surge uma tendência crescente entre as famílias de classe media de "contratar outras pessoas ou instituições para cuidar de seus bebês".[12]

A fonte dessas tendências, contudo, não é exclusivamente o feminismo. Uma razão de as mulheres serem envolvidas por esse tema de autonomia tão persuasivo é que ele já vem sendo adotado pelos *homens* por quase meio século. Nos tempos coloniais, a virilidade masculina era definida em termos de responsabilidade pela família e pelo bem comum; hoje, a masculinidade "verdadeira" tende a ser definida como individualista, agressiva e auto-afirmativa. Essa nova imagem emergiu no final do século XIX, nas ficções de *cowboy* e aventura que "celebravam o homem que escapara dos limites dos assuntos deméstico".[13] Nos anos de 1950, a revista *playboy* entrou em cena, advertindo que o casamento é uma armadilha que esmagará "o espirito aventureiro e amante da liberdade inerente ao homem".[14] O papel de esposo e pai, ao invés de ser responsabilidade ordenada por Deus que expressa a natureza essencial do homem, passou a ser visto como convenção restritiva que contradiz o verdadeiro ego do homem. Essa visão produziu frutos mortais, porquanto os homens desertaram de suas responsabilidades para com a estrutura famillial, uma tendência tão difundida hoje que o problema social predominante na América e em outros países do ocidente é o êxodo masculino da família.[15]

A noção de "ego desimpedido" tem sido a causa de homens mulheres olharem o relacionamento familiar como papéis arbitrários e confusos. É por isso que pessoas como a pesquisadora da sexualidade, Shere Hite, podem insistir que "o desenlace da família é uma coisa boa", pois nos libera de papéis e regras restritivos.[16]

Essa visão negativa do casamento tem produzido conseqüências por toda a cultura. Se as pessoas se atrevem a dizer que o casamento é superior a outros tipos de compromisso, são acusadas de "discriminação". Elayne Bennet, fundadora do *Best Friends* (Melhores Amigos), um programa que ensina garotas a adiarem o envolvimento sexual até depois do 2º grau, foi questionada certa vez porque não insistia para que adiassem o sexo até o casamento. "Se falarmos de casamento as escolas não nos deixarão entrar", respondeu.[17] Deixe este assunto de lado por um momento: muitas escolas públicas hoje *nem mesmo consideraram* avaliar um programa que tenha o casamento como ideal. Além disso, muitas políticas públicas no EUA não mais protegem o casamento como um bem social único. Nos negócios, existem benefícios de cônjuges para as pessoas não-casadas; nos tribunais, existem regras que colocam a união homossexual no mesmo nível do casamento.[18] No Brasil, tais regras estão em discussão no Congresso Nacional. A família é tratada como uma mera coleção de indivíduos desobrigados de direitos essenciais uns para com os outros, pois cada um é livre para escolher a forma que melhor entende em seu próprio benefício.

A cultura popular ecoa essa mensagem. As mesmas pessoas da empresa Hallmark que nos trazem aqueles emocionantes filmes para a família, também produzem um cartão de casamento em que se lê: "Não posso prometer-lhe o para sempre. Mas posso prometer-lhe o hoje". Uma história em quadrinhos de grande revista faz a mesma afirmação, quando descreve um jovem dizendo à namorada: "É só casamento que estou propondo, afinal de contas, não é um compromisso para a vida toda". A aclamada romancista Toni Morrison disse que a família nuclear "é um paradigma que simplesmente não funciona... Por que estamos nos prendendo a isso, eu não sei".[19] E o entretenimento popular constantemente retrata o divórcio e o adultério como formas de libertação. Na cena final do filme de grande sucesso *Uma Babá Quase Perfeita*, a personagem principal tranqüiliza uma jovem garota após a separação de seus pais, afirmando que depois do divorcio alguns pais, "se dão bem melhor... e eles podem tornar-se melhores pessoas e bem melhores mamães e papais".[20]

Que tal uma checagem da realidade nesse ponto? As estatísticas da ciência social mostram que pais divorciados *não* se tornam geralmente "melhores mamães e papais". Poucos pais até vêem seus filhos com regularidade, e as mães igualmete passam menos tempo com eles por causa da devastação emocional que sofrem e o aumento das responsabilidades. De fato, as conseqüências negativas do divórcio estão sendo medidas repetidamente, e as descobertas são repugnantes.[21]

Considere estas estatísticas. Crianças em famílias de pais descasados ou solteiros são seis vezes mais propensas a ser pobres, e metade das mães solteiras nos Estados Unidos vive abaixo da linha de pobreza. Filhos de pais divorciados sofrem de pesar intenso, o que freqüentemente dura muitos anos. Até mesmo como jovens adultos, são quase duas vezes mais propensos a necessitar de ajuda psicológica. Crianças de famílias destruídas têm mais dificuldades acadêmicas e problemas de comportamento na escola e são quase duas vezes mais propensas a abandonar os estudos.[22] Garotas em lares com pais solteiros estão em maior risco de sexualidade precoce e são três vezes mais propensas a ter filhos fora do casamento.[23]

Crime e consumo de drogas estão fortemente ligados a lares sem a presença paterna. Estudos mostram que 60% dos estupradores cresceram em lares sem pais, como acontece com 72% de assassinos adolescentes e 70% de todos os que cumprem longas penas. De fato, a maioria das doenças sociais que perturbam a vida americana hoje pode ser atribuída à falta do pai na família.[24]

Surpreendentemente, quando os pais divorciados casam-se de novo, os filhos não ficam melhores, e alguns estudos mostram na verdade que desenvolvem aumento de doenças. Crianças em idade pré-escolar em famílias adotivas, por exemplo, são 40 vezes mais propensas a abuso físico ou sexual.[25]

Os adultos são também profundamente prejudicados pelo divórcio. Um estudo que examinou o impacto do divórcio dez anos após ter sido efetivado, descobriu que entre dois terços dos casais divorciados, um dos cônjuges ainda se encontrava depressivo e em situação financeira precária. E entre um quarto de todos, ambos os antigos cônjuges estão em pior situação, solitários e deprimidos.[26]

O divórcio afeta até a saúde física. Filhos do divórcio são mais propensos a doenças, acidentes e suicídio. Homens divorciados são duas vezes mais sujeitos a morrer de doenças do coração, derrame, hipertensão e câncer do que os homens casados. E são quatro vezes mais propensos a morrer em acidentes de carro e suicídio, com possibilidades sete vezes mais elevadas de ter pneumonia e cirrose hepática. Mulheres divorciadas perdem 50% mais tempo com doenças e ferimentos a cada ano do que as casadas, e são duas ou três vezes mais propensas a morrer de todas as formas de câncer. Tanto homens como mulheres divorciados são quase cinco vezes mais propensos a sucumbir ao consumo de drogas.[27]

O impacto do divórcio na saúde, diz David Larson, presidente do Instituto Nacional de Pesquisa de Saúde, "é como começar a fumar um maço de cigarros por dia".[28]

Os efeitos não se restringem às famílias diretamente envolvidas. Quando a desintegração do lar se difunde, toda a vizinhança entra em declínio. Vizinhanças sem pais são freqüentemente infectadas com crime e delinqüência. São muitas vezes lugares onde os professores não podem ensinar porque crianças mal-comportadas perturbam e quebram as salas de aula. Além do mais, filhos do divórcio são muito mais propensos a se divorciar quando adultos. Assim, a conseqüência negativa passa para a próxima geração. Isto significa que o colapso da família afeta toda a sociedade.[29]

As novas gerações freqüentemente sentem essas verdades melhor do que seus pais. Muitos sofreram em virtude do divórcio dos pais e de modo típico dizem que esperam desesperadamente por um casamento duradouro, enquanto ao mesmo tempo sentem profundo pessimismo sobre o matrimônio. Quando a estrela do rock, Kurt Cobain, suicidou-se, ao escavar a sua vida privada repórteres descobriram que quando tinha oito anos, seus pais se divorciaram, lançado-o em uma vertiginosa espiral descendente. "Isso o destruiu", admite a mãe, Wendy Cobain. "Ele mudou completamente." A experiência foi tão dolorosa que quando Cobain tentou o suicídio antes, em 1994, tinha um bilhete em seu bolso que dizia: "Prefiro morrer do que passar por um divórcio".[30]

O tempo está maduro para que os cristãos elaborem uma posição persuasiva para a visão biblica do casamento e da família, usando estatísticas como essas para dar forma a um argumento convincente de que as pessoas são mais felizes e saudáveis em famílias estáveis. Devemos, portanto, aprender como modelar a visão bíblica perante um mundo observador.

O CASAMENTO COMO UM ESPELHO MÍSTICO

O que a cosmovisão cristã fala sobre a família? A doutrina da Criação nos diz que Deus nos fez com natureza definida (à sua imagem) e nos deu uma tarefa definida: controlar e desenvolver as forças da natureza (encher a terra e subjugá-la), formar famílias e criar sociedades (ser frutífero e multiplicar-se). A imagem de Deus se reflete, em parte, na diferenciação da humanidade em dois sexos: "Deus criou o homem à sua imagem... macho e fêmea os criou" (Gênesis 1.27). A implicação disso é que ser marido ou mulher, pai ou mãe, não se trata de papel arbitrário ou artificial separado do nosso "verdadeiro" ser, uma ameaça para a pessoa autêntica. Ao invés disso, estes relacionamentos são parte intrínseca da nossa identidade fundamental, o que nos torna plenamente humanos. A libertação não está em escapar desses papéis, mas em abraçá-los e cumprir assim as nossas responsabilidades de maneira fiel aos ideais de Deus.

Em outras partes das Escrituras, aprendemos que o casamento é também rico em simbolismo e significado espiritual – um espelho místico do relacionamento entre Deus e seu povo. Religiões antigas de fertilidade muitas vezes imaginavam Deus sendo igualmente homem e mulher, enquanto a teologia pagã se expressava nas celebrações de fertilidade, envolvendo ritual de fornicação no templo de prostituição. É por isso que, no Antigo Testamento, a idolatria era com freqüência chamada de fornicação. Mas a teologia bíblica se expressa no casamento mediante o amor fiel entre marido e mulher como uma imagem da fidelidade de Deus para com o seu povo. No Novo Testamento, Paulo vincula o relacionamento entre marido e mulher ao "mistério profundo" da união de Cristo com sua esposa, a Igreja (ver Efésios 5).

Enquanto marido e mulher mantêm-se unidos, formam uma família, a instituição central da sociedade humana – o campo de treinamento, de fato, para todas as outras instituições sociais. A sexualidade humana não é desenhada somente como fonte de prazer ou meio de expressar afeição. Foi também planejada como um poderoso laço entre marido e mulher a fim de formar ambiente seguro e estável para criar e educar crianças vulneráveis para a fase adulta. A vida familiar é a "primeira escola" que nos prepara para participar da vida religiosa, cívica e política da sociedade, treinando-nos nas virtudes que nos permitem colocar o bem comum acima dos nossos próprios objetivos particulares. Dizer não ao sexo fora do casamento significa dizer sim para essa visão mais ampla do matrimônio como o fundamento de uma instituição duradoura que não somente satisfaz as necessidades pessoais, mas também nos prende a uma comunidade maior através de obrigações e benefícios mútuos.

Não é suficiente insistir que o sexo fora do casamento seja pecado ou que praticar o homossexualismo seja errado. Além disso, devemos aprender a articular de maneira positiva a cosmovisão bíblica geral que dá sentido a esses princípios morais. Devemos explicar o que significa viver dentro de uma ordem objetiva e moral criada ao invés de perpetuar o reino caótico do ser autônomo.

COMO SER SALVADOR DE CASAMENTO

Quão bem a Igreja ensinou esse modelo bíblico e ajudou os crentes a viverem por ele? Alguns dos melhores trabalhos nos EUA têm sido feitos por organizações paraeclesiásticas, como a *Focus on the Family*, de James Dobson. Os livros, artigos e programas de rádio de Dobson têm sido especialmente eficientes, e não podemos saber deste lado de cá o quanto têm contribuído para ajudar a fortalecer as famílias e aumentar sua dedicação para viverem pelos princípios bíblicos. No Brasil, vários ministérios trabalham, também, nessa área.

Infelizmente, todavia, as igrejas locais não têm sido sempre eficientes. Sua reação ao declínio do casamento resume-se com freqüência a ineficientes protestos contra a cultura decadente. Poucos obreiros se equipam para colocar freio nas tendências destrutivas que desfizeram os casamentos com regulariadade sempre crescente, até dentro de suas próprias congregações.

Quais são os princípios mais importantes que as igrejas podem ensinar às famílias? Para começar, os crentes deveriam ser encorajados a tratá-las como ministério – uma missão para a cultura ao redor. Muitos amigos meus têm esse tipo de visão pelas suas famílias, e uma em particular alcançou amplo sucesso. Jack e Rhodora Danohue decidiram que seu trabalho como cristãos era produzir uma família forte. Hoje, têm 13 filhos e 75 netos, todos fiéis cristãos. Alguns são pastores, outros estão envolvidos em estabelecer escolas cristãs e a maioria está em ministérios leigos, como *Young Life* e *Prison Fellowship*. E os Donahues continuam a educar os filhos e netos, muitas vezes dando jantares para os quais convidam palestrantes com a finalidade de abordar certos tópicos, ocasião em que passam boa parte da noite discutindo questões teológicas, filosóficas e morais.

Como um modelo histórico estimulante, considere Jonathan Edwards, pastor congregacional, acadêmico e líder do Primeiro Grande Reavivamento nos Estados Unidos. Ele e sua mulher, Sarah, criaram 11 crianças; e até 1900, a família tinha 1400 descendentes, entre eles 13 reitores, 65 professores, 100 advogados, 30 juizes, 66 médicos e 80 funcionários públicos proeminentes, incluindo três governadores, três senadores e um vice-presidente dos Estados Unidos.[31] Com famílias de tal cultura e distinção, não é para menos que os puritanos fizeram tanto para moldar a mente e o caráter americanos. Se os evangélicos contemporâneos esperam deixar o mesmo poderoso legado, precisamos perceber que a tarefa de construir uma cultura exige compromisso de longo prazo, e devemos enfocar nosso alvo em nutrir famílias piedosas para influenciar gerações futuras.

Seja sua família pequena ou grande, sejam seus recursos escassos ou extensos, todo pai e mãe cristãos são chamados para tornar o lar um ministério. Isto significa educar as nossas crianças numa cosmovisão bíblica e equipá-las para terem impacto no mundo. Ao final das contas, é a melhor maneira pela qual os cristãos podem restaurar e redimir a cultura ao redor.

Como a Igreja pode nutrir tais famílias? Alguns anos atrás, um jornalista de Washington, Michael McManus, procurou o melhor programa para casais que buscasse enriquecer o casamento e salvar outros problemáticos. O que começou como uma pesquisa para escrever artigos terminou como ministério. Mike organizou uma estratégia geral que chamou de *Marriage Savers* (Salvadores de Casamento), com uma abordagem positiva baseada na Bíblia que está fazendo grande diferença em todo o país. Quando várias igrejas numa comunidade concordam em adotar a estratégia utilizada pela organização, a decisão realmente baixa a taxa de divórcio e faz o casamento ficar mais forte.[32]

Considere alguns dos programas efetivos que os Salvadores de Casamento reúnem:

Namoro Inteligente: Os hábitos de relacionamento de um casal são formados muito antes de os cônjuges comparecerem ao altar. Isso significa que a Igreja deve começar por ajudar os casais a namorarem, e a primeira mensagem que precisam ouvir é que, se quiserem um bom casamento, devem evitar antecipar as relações sexuais. A Pesquisa Nacional de Crescimento da Família descobriu que as mulheres que não são virgens quando se casam têm 71% de maiores possibilidades de divórcio. Dizer não ao sexo antes do casamento significa dizer sim a um casamento forte.[33]

Tentativa é erro: Muitos casais consideram que morar juntos é uma espécie de casamento experimental, como forma de testar a compatibilidade e, assim, terem uma união conjugal melhor mais tarde. Mas a realidade é exatamente o contrário: coabitação quase certo destrói as chances de um bom casamento. Cerca de 90% dos casais que moram juntos dizem que querem casar-se, mas a Pesquisa Nacional da Família e do Lar descobriu que quase metade dos casais separa-se antes de assinar os papéis. Aqueles que realmente se casam são 50% mais propensos ao divórcio. Coabitar não é uma preparação para o casamento: literalmente prepara os casais para o fracasso.[34]

Casais Comprometidos: muitas igrejas tornaram-se "máquinas de bênçãos", dispostas a casar qualquer casal que vier bater à sua porta, sem lhe dar nenhum treinamento em como ter um casamento forte. De fato, três quartos de todos os casamentos nos EUA são abençoados numa igreja, o que significa que elas estão implicadas na perturbadora taxa de divórcio do país. Não obstante, as igrejas têm acesso a programas excelentes e eficientes como o *PREPARE* (*Premarital Personal and Ralationship Evaluation* – Avaliação Pré-matrimonial dos Relacionamentos Pessoais), o qual ajuda os casais a identificarem suas forças e fraquezas para que possam superar os conflitos mais sérios antes de dizer "Sim". Outro programa eficiente é o *Engaged Encounter* (Encontro de Noivos), que ensina aos casais como se relacionarem com mais eficiência. Ambos os programas podem preparar cônjuges para encarar as dificuldades que atacam até mesmo os melhores casamentos.[35]

Choque no Casamento: Depois que o encantamento romântico desaparece, muitos casais encaram o seu período mais crítico. Muito divórcios remontam aos hábitos estabelecidos naqueles primeiros anos. *ENRICH* (ENRIQUECER) é um programa de apoio aos casamentos estremecidos, capacitando o casal a fazer um inventário de suas forças e fraquezas e, assim, identificar as principais áreas problemáticas.[36] Na lei do AntigoTestamento, um homem recentemente casado obtinha permissão para isentar-se do exército e de outras obrigações para dedicar-se à esposa: "por um ano inteiro ficará livre na sua casa e alegrará a sua mulher" (Deuteronômio 24.5). Claramente, o principio bíblico é proteger e nutrir jovens casais.

Seguro de Divórcio: Nenhuma igreja precisa ficar parada, enquanto os casais na congregação se separam. Um dos melhores programas disponíveis para ajudá-los é *Marriage Encounter* (Encontro de Casais), um retiro intensivo de fim-de-semana com 90% de sucesso no fortalecimento dos matrimônios. E para os casamentos seriamente problemáticos, tem o *Retrouvaille* (palavra francesa para "recuperação"), que funciona no modelo dos Alcoólatras Anônimos, com aconselhamento pessoal pelos próprios casais que passaram por problemas conjugais. Entre os que freqüentaram *Retrouvaille*, quase metade já separada ou divorciada, mesmo assim 80% voltaram a ficar juntos.[37]

Vale ressaltar que todos os programas dos Salvadores de Casamento contam com casais mais velhos como mentores. Seja funcionando com noivos ou recém-casados, seja com casamentos problemáticos, os conselheiros mais eficientes são casais que atravessaram com sucesso suas próprias dificuldades. No Brasil, várias organizações paraeclesiásticas trabalham com programas semelhantes.

Às vezes os pastores hesitam em solicitar que os casais passem por aconselhamento, pois temem que simplesmente vão para outra igreja. Para evitar isso, McManus estabeleceu a Política de Casamento na Comunidade, em que várias igrejas numa cidade concordam em impor exigências mínimas uniformes aos casais que querem casar-se. Os resultados têm sido comoventes. A primeira cidade a adotar essa política foi Modesto, Califórnia, onde pastores de 95 igrejas concordaram em exigir dos casais que se submetessem a quatro meses de preparação para o casamento, fizessem um inventário pré-matrimonial e se reunissem com um casal mentor. Uma década depois, a taxa de divórcio da cidade caiu 40%, apesar do grande aumento da população. Nos dois anos em que a Política de Casamento vem funcionando em Kansas City, Estado de Kansas, os divórcios caíram mais de um terço (enquanto nos subúrbios de Missouri, fronteira com Kansas, onde não havia nenhum programa, os divórcios aumentaram). No final de 1998, cerca de 100 cidades já haviam adotado a Política de Casamento, e nove praticou-a o suficiente para produzir uma queda considerável na taxa de divórcio local.[38]

A Política de Casamento tem sido tão bem-sucedida que em alguns lugares atraiu atenção de fora da igreja. Em Grand Rapids, Michigan, o prefeito de Kentwood, um grande subúrbio, persuadiu mais de dois mil líderes dentre o empresariado local, universidades e governo a se juntarem e examinarem como "políticas atuais... podem minar a formação do casamento" e esboçar mudanças que possam "promover o casamento e famílias estáveis". O prefeito Bill Hardiman fez o apelo não com base em religião, mas na necessidade de "melhorar o bem-estar das crianças".[39]

Em outra parte de Michigan, o Juiz do Tribunal Distrital, James Sheridan, persuadiu os pastores de 60 igrejas a assinar uma Política de Casamento. Então, num passo incomum, Sheridan também extraiu um acordo voluntário entre todos os juizes, magistrados e prefeitos que realizam o casamento civil para que exigissem dos noivos passarem pelo aconselhamento pré-matrimonial. "O divorcio é uma questão da comunidade, não somente uma questão religiosa", Sheridan explica. Ele está certo. "O divórcio afeta meus processos como juiz, e também de cada um dos juízes nos Estados Unidos." Para comprovar, cita as estatísticas: "O numero de problemas relacionados com álcool dobra, enquanto alguém passa da condição de casado para a de divorciado. A taxa de mortalidade de homens e mulheres é muito mais elevada se estes são divorciados. As pessoas tendem a ter acidentes ou doenças que causam gastos para a comunidade". Assim, também, muitas mães divorciadas necessitam de ajuda de assistência do governo. "De onde vem o dinheiro para tomar conta das crianças no programa assistencial? Dos impostos." Toda a comunidade paga o preço do casamento dividido e, em conseqüência, tem interesse em programas que os façam mais fortes.[40]

Muito desse esforço renovado é o resultado da pressão exercida por Michael McManus, um exemplo inspirador da diferença que apenas um cristão pode fazer. Um gigante cordial, McManus e sua esposa, Harriet, uma pequena mulher que reflete seu entusiasmo, estão mudando a maneira como as igrejas ministram aos casais. E a cultura circundante finalmente parece estar pronta para ouvir o que as igrejas também estão dizendo.

Retornando aos anos de 1970, livros proclamavam o divórcio como libertação, com títulos como *Creative Divorce and Divorce: The New Freedom* (*Divórcio Criativo* e *Divórcio: A Nova Liberdade*).[41] A suposição comum era de que o divórcio cria somente angústia temporária e que os indivíduos logo se estabilizam ou seguem em frente para formar relacionamentos novos e mais significativos. O divórcio foi até mesmo apresentado como uma chance de crescimento interior e auto-realização. Porém, as ondas da moral estão mudando e as pessoas mostram preocupação crescente pelo custo social da família dividida, refletido nos títulos tais como *The Case against Divorce* (As Alegações Contra o Divórcio), de Diane Medved, *Divorce Busting* (O Fiasco do Divórcio), de Michele Weiner-Davis, e *Rethinking Divorce* (Repensando o Divórcio), de William Galston.[42] Existem até esforços em marcha para eliminar o divórcio sem causa, nos EUA, o qual dá todos os poderes legais para aqueles que se afastam de seus compromissos com as famílias. Os cristãos devem cerrar fileira atrás desses esforços para construir a volta da responsabilidade moral nos termos das leis familiares. No Brasil, é hora de tomar posição contra qualquer ampliação na lei do divórcio.

A família é uma arena onde nós, como cristãos, podemos e devemos ser uma força redentora. Mesmo assim, enquanto trabalhamos para incorporar princípios bíblicos dentro das nossas próprias famílias, inevitavelmente esbarramos com a contra-força da educação pública. Em nenhum outro lugar a cosmovisão secular ganhou uma posição tão firme como nas escolas de nosso país. Desde que a educação de nossas crianças moldam o futuro, devemos começar a levar nossa mensagem redentora para dentro das salas de aula.

CAPÍTULO 34

AINDA EM RISCO

Quero fixar sua atenção no vasto movimento global que visa desacreditar, e finalmente eliminar, todo tipo de excelência humana – moral, cultural, social ou intelectual. E não é uma maravilha notar como a "democracia" (no sentido mais encantador da palavra) está fazendo agora para nós o trabalho que uma vez foi feito pelas mais antigas ditaduras?

SCREWTAPE
(um demônio em " Cartas do Inferno", de C. S. Lewis)

Em 1983, a Comissão Nacional de Excelência na Educação publicou *A Nation at Risk* (Uma Nação em Risco), avaliação que mostrou resultados chocantes na educação americana. Hoje, o risco é até mais sério. Os estudantes prestes a graduar-se nas escolas secundárias registram os piores níveis de educação do mundo. Em um estudo cobrindo 21 países, colocaram-se em 19º lugar em matemática e ciências, e, em física, ficaram na lanterna.[1] Até mesmo os estudantes que fazem parte da renomada *Ivy League* (Liga Ivy) mostram grandes deficiências no conhecimento de história americana e educação cívica. Por exemplo, três em quatro não conseguiram identificar o autor do Discurso de Gettysburg. Fatos como este, que todo imigrante tem de dominar para ter direito à cidadania americana, parecem escapar aos jovens destinados a tornarem-se a próxima geração de líderes de nosso país.[2]

O que é ainda mais perturbador é o declínio da educação moral. Em estudo realizado pelo Instituto Josephson de Ética, dois terços dos estudantes de escola secundária pesquisados admitiram haver colado em exame no ano de 1998, um terço confessou haver roubado algo e mais de um terço disse que mentiria numa entrevista para conseguir emprego.[3] Claramente, a educação pública americana não está mais tendo sucesso em duas de suas tarefas históricas: capacitação acadêmica e educação moral.

O que causou esse declínio desastroso? É fato conhecido, obviamente, que as escolas vêm substituindo métodos tradicionais de ensino por técnicas da moda, negligenciando o esclarecimento de valores em troca da preocupação com a diversidade de culturas. Mas a pergunta básica é *por quê*? Por que os pedagogos investiram na aplicação dessas metodologias em primeiro lugar, e por que se apegam a elas, quando é óbvio que não estão funcionando?

Podemos começar com as escolas que treinam os professores e os administradores da nação. O currículo típico nas faculdades de pedagogia, diz Rita Kramer, autora de *Ed School* Follies (Edição de Desatinos Escolares), é "freqüentemente um pacote de devoções sobre a influência de raça, etnia e gênero humano no aprendizado". Os aspirantes a professores não recebem treinamentos para aprender sobre a matéria que lecionarão; ao invés disso, os currículos estão cheios de cursos que enfocam a auto-estima e a igualdade social. Um professor falou para os futuros professores de artes da linguagem: "Mais importante do que conteúdo ou pensamento [são] os sentimentos dos estudantes. Você não está ali para alimentá-los com informação, mas ser sensível à necessidade de reforço positivo e de auto-estima". Um professor da UCLA alertou a uma classe de jovens professores contra corrigir-se o soletrar e a maneira de contar das crianças: "É mais importante para elas criar do que seguir regras".[4]

Não é de espantar que as crianças americanas tenham as piores notas nos quesitos de habilidades, mas são ótimas em termos de auto-estima. Temos feito com que elas se sintam bem a despeito de seus erros.

Afinal, de onde vieram essas idéias sobre educação? Mais uma vez, a resposta está na mudança da cosmovisão ou visão de mundo. Todo método educacional floresce a partir de uma filosofia mais ampla que lança certas perguntas fundamentais: Quem somos nós como seres humanos? Qual é o nosso objetivo na vida? Como podemos nos preparar para alcançar tais objetivos? O melhor modo de criticar a educação contemporânea é examinar as respostas que foram oferecidas a essas perguntas básicas, usando como base a *Criação*, a *Queda* e a *Redenção*.

Em capítulos anteriores sobre a Criação, vimos como John Dewey, o teorizador educacional mais influente da América, aplicou as idéias de Charles Darwin na educação. Dewey rejeitou a visão bíblica da criança como uma criatura de Deus e manteve, ao contrário, que ela não é nada mais do que um organismo biológico. Assim, a mente é somente um órgão complexo, que evolui através de adaptação ao ambiente, experimentando respostas diferentes até que ache algo que funciona. Essas suposições conduziram ao pragmatismo, uma filosofia que diz não haver verdades transcendentes e imutáveis, mas somente estratégias pragmáticas para conseguirmos o que queremos. Aplicando essa filosofia, Dewey propôs uma teoria educacional que acentuou o processo em detrimento do conteúdo. As crianças não deveriam ser ensinadas a respeito de fatos e verdades; elas deveriam ser ensinadas a como conduzir um processo de investigação.[5]

Uma versão atual dessa filosofia é a educação "construtivista", a técnica pedagógica mais popular hoje em dia, que está baseada na idéia de que o conhecimento não é objetivo, mas uma construção social; por conseguinte, não deveriam ser dadas as respostas "certas" às crianças, mas estas deveriam ser ensinadas a construir as suas próprias soluções através da interação dentro do grupo. Nas palavras da teorizadora educacional, Catherine Fosnot, "o construtivismo não assume a presença de uma realidade objetiva externa que é revelada ao estudante, mas sim que os estudantes constroem a sua própria realidade de forma ativa, transformando-a, e a si mesmos, no processo".[6] As crianças são ensinadas a construir as próprias regras matemáticas, os próprios sistemas de ortografia ("soletração inventada"), a própria maneira de contar, e assim por diante, enquanto os professores são estimulados a não dizer aos estudantes se suas respostas estão certas ou erradas.

Dewey aplicou o mesmo processo de visão do conhecimento para a ética. Se experimentarmos selecionar respostas diferentes para condições particulares, ele ensinou, então com o passar do tempo desenvolveremos uma "ciência" de ética, identificando aquelas ações que, conforme já previsto anteriormente, levam a conseqüências agradáveis e satisfatórias. O obstáculo, obviamente, é que o que satisfaz a um pode não satisfazer ao outro. Assim, a filosofia de Dewey inspirou os métodos relativistas de educação moral em voga nas salas de aula hoje em dia, inclusive o método de Sidney Simon de "clarificação de valores" e o processo de sete passos para escolhê-los – seguido pelo método de Lawrence Kohlberg de "raciocínio moral", pela "abordagem reflexiva", de Clive Beck, e por muitos outros. O que todos esses métodos têm em comum é que os professores são rigorosamente instruídos a não ser de forma alguma diretivos, mas a treinarem os estudantes pelo processo no qual possam vir a pesar as alternativas e tomar as próprias decisões. As escolhas dos estudantes são consideradas aceitáveis não porque estejam de acordo com um padrão transcendente, mas porque passaram pelo processo exigido – indiferentemente do resultado.[7]

Uma visão errônea da Criação levou direto ao relativismo conceitual e moral que infesta a educação pública moderna. Igualmente desastroso tem sido a perda do ensino bíblico do pecado e da Queda. Como vimos anteriormente, Jean-Jacques Rousseau chocou o mundo pronunciando que a natureza humana em seu estado natural é inocente – que as pessoas tornam-se más por força dos limites impostos pela civilização. Por isso questionava: onde podemos ver a natureza humana em seu estado espontâneo e natural antes de ser arruinada por regras e inibições? Ora, na criança. A criança revela a amplitude total do potencial humano, a glória da personalidade indeterminada, aberta a todas as possibilidades.

Assim nascia a visão utópica da criança. "Deixando rastros de nuvens de glória viemos de Deus, que é nossa origem: O céu está ao nosso redor durante a nossa infância", nas palavras do poeta William Wordsworth.[8] Longe se vai a noção bíblica de que as crianças são afetadas pela Queda, tendo a natureza distorcida pelo pecado original. Longe se vai a idéia de que sejam capazes de fazer algum mal genuíno e, assim, precisem de limites morais e treinamento. Como resultado, os românticos elaboraram novas e radicais idéias de como as crianças deveriam ser criadas e educadas.

No século XIX, por exemplo, o teorizador educacional alemão, Friedrich Froebel, fundou o primeiro jardim da infância (*kindergarten*, em alemão literalmente "o jardim das crianças"), onde pela primeira vez aplicou uma abordagem utópica radicalmente nova para educação. Enquanto a meta da educação clássica é transmitir uma herança cultural, na visão utópica de Froebel é vista como o meio de passagem da humanidade para a próxima fase da evolução. Enquanto na educação clássica as crianças são ensinadas a imitar o melhor do passado, na educação utópica são ensinadas a rejeitar o passado e criar algo novo. Ao passo que a educação clássica as ensina a adaptarem as suas vidas a princípios eternos, a educação utópica procura deixá-las livres para que possam revelar e desenvolver idéias novas e formas de vivenciar sua própria experiência. O jardim da infância de Froebel retratava a criança como uma planta cujo crescimento deveria ser permitido de forma a proceder de acordo com sua própria lei interna de desenvolvimento orgânico, a fim de não impedirmos sua evolução. Velhos padrões da verdade e da virtude deveriam ser lançados fora para dar liberdade ao Novo Homem, o qual está, neste momento, evoluindo através de nossas crianças.[9]

Outro pedagogo do século XIX, Francis Wayland Parker, foi mais longe ao chamar a criança de divina: "As tendências espontâneas da criança são os registros da divindade inata".[10] Na educação de Parker, centrada na criança, a melhor coisa para o adulto fazer é sair da frente das tendências naturais da criança, abstendo-se igualmente de reprimi-las com exigências acadêmicas ou demandas de moral.

Pedagogos como Froebel e Parker admitiam que crianças entregues a si mesmas tenderiam espontaneamente ao amor, à abnegação, ao trabalho duro, à criatividade e a todas as outras virtudes cristãs. Em outras palavras, eles admitiram que a natureza humana é essencialmente boa, e não viram nenhum problema em livrar-se do treinamento imposto e dos padrões objetivos.[11] Hoje o mesmo utopismo está funcionando em programas de educação de valores não diretivos, os quais, como visto nos capítulos anteriores, estão baseados na suposição de que se apenas ensinarmos às crianças um processo de investigação que avalie as suas opções, elas escolherão sábia e racionalmente.

A rejeição da visão bíblica da Queda tem levado a métodos educacionais irreais e inexecutáveis que não se sensibilizam às necessidades de nossas crianças quanto à direção moral. Seria então de se impressionar que muitas delas estejam colando em provas, roubando e até mesmo brigando umas contra os outras na sala de aula?

Se a compreensão errônea da doutrina da Queda enfraqueceu a educação moral, o que dizer dos efeitos de uma doutrina errônea acerca da redenção? A redenção certamente está bem viva na sala de aula hoje em dia, mas é redenção política – um reflexo do tipo encontrado de modo geral na sociedade. Muitas crianças sabem mais sobre chuva ácida e direito dos homossexuais do que sobre Shakespeare, George Washington e Machado de Assis. A educação está sendo usada como uma forma de elevar a sociedade à próxima fase da evolução social.

Na década de 1930, o influente pedagogo, George S. Counts, conclamou de forma explícita os professores a começarem "a controlar a evolução da sociedade". Ele os impeliu a "redimir" a sociedade, deixando de ser apenas transmissores da cultura para transformarem-se em "criadores de valores sociais". Pedagogos deveriam veementemente buscar condições para "construir uma nova ordem social", elevando a consciência dos estudantes a respeito de problemas sociais e encorajando-os a apresentarem formas alternativas de ordem social.[12] Hoje, as escolas estão fazendo apenas isso... e com gosto.

Cada vez mais, o tempo na sala de aula é dedicado a causas politicamente corretas, baseadas na filosofia do pós-modernismo que reduz a verdade, visando o fortalecimento da política, e que trata de todas as idéias como expressões de raça, classe social ou gênero, não deixando tempo para os estudos dos clássicos da cultura ocidental. A maioria dos pedagogos já não define educação como fomentadora da busca pela verdade e transmissora de uma preciosa herança, diz Frederic Sommers, da Universidade Brandeis; ao contrário, define como uma forma de "capacitar os estudantes, alertando-os para a necessidade de lutar contra o patriarcalismo, o racismo e a discriminação de classes sociais".[13] O filho de Nancy Pearcey descobriu essa realidade recentemente quando entrou em uma universidade estadual. A reputada cadeira de literatura inglesa foi ensinada por uma feminista radical, que dedicou o currículo inteiro a trabalhos contemporâneos de feministas e ativistas dos direitos dos homossexuais. Em vez de ser uma arena onde os estudantes possam aprender a considerar idéias conflitantes de forma desapaixonada, a sala de aula se está tornando um lugar onde os estudantes estão sendo doutrinados no radicalismo político e alistados nas guerras culturais.

Ao mesmo tempo, a educação tem sido grandemente influenciada por um modelo terapêutico de redenção, no qual os professores tratam as *psiques* das crianças, enquanto lhes ensinam o ABC. A fonte dessa tendência amplamente difundida é a filosofia do existencialismo, que projeta cada indivíduo como uma *personalidade autônoma*. De acordo com essa cosmovisão, as pessoas têm de criar o seu próprio propósito fazendo escolhas, embora não haja nenhum padrão que lhes diga se as escolhas que estão fazendo são corretas ou não.[14] A teoria resultante da educação às vezes é chamada de educação humanística, em homenagem aos grandes psicólogos humanísticos dos anos de 1970 – Carl Rogers, Rollo May e Abraham Maslow – os quais foram os pioneiros no uso de técnicas terapêuticas na sala de aula como forma de livrar os estudantes de barreiras psicológicas, para que assim pudessem tomar decisões com autonomia. Os professores tornaram-se psicólogos amadores, explorando a personalidade do estudante com técnicas emprestadas de grupos de encontro e do treinamento da sensibilidade.

Mas educação não é o mesmo que terapia, e o impacto do existencialismo na sala de aula foi desastroso. O pedagogo William Coulson, outrora colega de Carl Rogers, conta uma história pessoal fascinante que ilustra por que a educação humanística é falha. Em 1967, Coulson e Rogers receberam uma verba para administrar o primeiro estudo sistemático em larga escala do efeito de grupos de debate na sala de aula. O seu laboratório era formado por cerca de 60 escolas do sistema escolar católico de Los Angeles, e eles começaram apresentando seminários para as freiras que ali ensinavam. Para surpresa e consternação de Coulson, muitas delas responderam ao treinamento abandonando os hábitos e deixando a Igreja Católica. A mensagem que obtiveram dos seminários era que, para serem indivíduos "autênticos", teriam de se livrar de toda autoridade externa e fazer suas próprias escolhas. Conforme Coulson observa, é claro que ao deixar a igreja as freiras não se libertaram de autoridade externa coisa nenhuma. Elas simplesmente trocaram uma autoridade (a Igreja Católica) por outra (os líderes do seminário).[15]

A experiência de Coulson não foi um caso isolado. Quando Abraham Maslow transportou a sua teoria humanística da psicologia para a prática educacional, descobriu que seus estudantes desenvolveram uma "certeza quase paranóica de suas próprias virtudes absolutas e justeza".[16] Tendo sido ensinados que eram personalidades autônomas responsáveis por decidir sobre certo e errado, os estudantes tornaram-se indisciplinados. Não é de admirar que pesquisas mostrem que alunos de escolas cujos currículos são mais voltados ao "estilo de vida", os quais empregam métodos que estimulam a tomada de decisões não diretivas, acabam tendo *mais* probabilidade de apresentar comportamento destrutivo.[17]

Estudantes ensinados a importar-se apenas com os seus próprios sentimentos perdem toda a sensação de responsabilidade com qualquer padrão moral externo. Uma professora descobriu essa realidade quando usou um programa de educação baseado em valores, aplicado aos alunos da 8ª série com baixo rendimento. O programa requeria que os estudantes listassem as coisas que adoravam fazer, o que acabou sendo "sexo, drogas, bebida e matar aula". A professora ficou horrorizada, mas impotente. Eles tinham apresentado seus valores, e o programa não-diretivo mostrou ser falho em não permitir formas de desafiá-los a almejar algo mais nobre.[18]

O declínio da educação pública americana e em outros países do ocidente não é devido a um ensino fraco ou sem fundamento; é devido a teorias educacionais que negam a existência de uma verdade transcendente e da moralidade, que renunciam a padrões de excelência e que, em última instância, produzem crianças indisciplinadas. Se esperamos reformar o sistema educacional, temos de aprender a analisar e criticar as cosmovisões que formatam esses métodos pedagógicos desastrosos, para então oferecer uma cosmovisão alternativa decisivamente cristã – que produzirá uma teoria de educação capaz de melhorar as escolas para todos os estudantes.

A VERDADE NO ENSINO

Qual é a visão cristã? Ela foi captada em um momento dramático no filme *A Testemunha*.[19] Em uma cena forte, que envolve um detetive da cidade grande e um menino da seita religiosa A*mish*, de oito anos chamado Samuel, este encontra a pistola do detetive em uma gaveta e a pega.

"Samuel!", o detetive grita asperamente. "Nunca brinque com uma arma carregada!"

O detetive não pergunta a Samuel como se sente sobre o que está fazendo. Ele não permite que o menino decida se brincar com uma arma carregada é o correto. Ao contrário, um adulto educado de forma diretiva informa ao menino dos perigos de se brincar com armas.

Esse exemplo ilustra uma metodologia de ensino diretiva e objetiva, e que, na nossa opinião, reflete também o modelo bíblico. A educação cristã não é utópica; não admite que as crianças (ou o restante de nós) sejam capazes de determinar a verdade definitiva ou final por si mesmas no vácuo do subjetivismo. Ao contrário, Deus comunicou-se conosco através da Bíblia e revelou um padrão objetivo de verdade e moralidade para todas as pessoas. Nossas vidas são guiadas por verdades reveladas muito maiores do que qualquer coisa que poderíamos conceber por nós mesmos.

O que são essas verdades? Primeiro, as crianças não são meros organismos biológicos que se adaptam ao ambiente; elas foram criadas à imagem de Deus e carregam toda a dignidade de seres capazes de reconhecer a verdade, a bondade e a beleza. A meta da educação deveria ser a de alimentar as almas das crianças através de uma apresentação diretiva desses ideais objetivos.

Mas isso é só parte da história. Temos, também, de levar em conta a capacidade de a criança ser egoísta e obstinada. A educação moral deve ser igualmente diretiva, ensinando-se as virtudes bíblicas e primando-se por disciplina consistente na sala de aula.

Finalmente, a educação é um dos modos que buscamos para inverter os efeitos da Queda e restabelecer a dignidade e o propósito originais da humanidade. A meta do aprendizado, escreveu o grande poeta cristão, John Milton, "é reconstruir as ruínas de nossos primeiros pais".[20] Os professores deveriam reconhecer o drama moral e espiritual existente nas almas de seus estudantes, ajudando-os a ver que aquele mesmo drama é a matéria prima da história, da literatura e da filosofia. Educação é a grande arena da guerra espiritual travada no mundo, um campo de batalha para onde deveríamos estar trazendo a cosmovisão cristã para ser difundida: repelir o poder do adversário e reivindicar para Cristo a totalidade do território da mente e do espírito.

Escolas Cristãs

As Escrituras constantemente ordenam aos cristãos a ensinar suas crianças e transmitirem as grandes verdades da fé de geração em geração. Assim, não é de surpreender que a história mostre-os dando grande importância à educação, fundando escolas e alfabetizando por onde quer que passem ao redor do globo. Quase toda grande faculdade nos primeiros dois séculos da história americana foi fundada por cristãos. (De fato, Harvard, Princeton e as outras universidades da Ivy League (Liga Ivy) foram fundadas com o objetivo de treinar pastores.) Hoje, os cristãos continuam estabelecendo escolas, freqüentemente com a meta de alcançar uma cultura em deterioração. De cidade em cidade, as escolas cristãs educam um número significativo de estudantes de suas comunidades, tendo como resultado notas mais altas nos testes a uma fração do custo da educação pública.[21]

A educação cristã não se resume em começar uma aula com a leitura da Bíblia e oração, para então ensinar assuntos que não estejam nos livros escolares. Consiste em ensinar tudo, de ciência e matemática a literatura e artes, dentro da estrutura de uma visão de mundo bíblica e integrada. Significa ensinar os estudantes a relacionarem todas as disciplinas acadêmicas à verdade de Deus e sua auto-revelação nas Escrituras, enquanto detectam e criticam as afirmativas da visão de mundo não-bíblica.

Para aqueles que buscam direção em como agir corretamente, existem muitos bons modelos. Em Detroit, meu amigo íntimo, Mike Timmis, encabeça uma coalizão de líderes de igrejas locais, negócios e organizações comunitárias, que fundou quatro escolas centradas em Cristo, em bairros urbanos. Com matrículas de aproximadamente 700 estudantes, as escolas Cornerstone funcionam 11 meses ao ano, e os pais têm de firmar uma "aliança" comprometendo-se a apoiar ativamente a estrutura. A freqüência à capela é obrigatória, e todo estudante participa de um grupo de estudo da Bíblia. Mantidas por corporações e fundações, as escolas também estimulam a participação de pessoas comuns como "sócios", que não só contribuem com dois mil dólares por ano para patrocinar um estudante, mas também comprometem-se a construir amizade com ele. Os alunos, 98% dos quais são de minorias étnicas, terminam bem acima da média nacional em testes unificados, e o número de violações disciplinares é bem abaixo das escolas públicas.[22]

Uma das experiências mais interessantes nos últimos anos tem sido a expansão do movimento das escolas cristãs clássicas. A educação clássica baseia-se na idéia de que em qualquer assunto há um desenvolvimento de três fases de aprendizagem. Os estudantes devem (1) conhecer os fundamentos do assunto (o que os gregos antigos chamavam de "gramática"); (2) poder argumentar claramente sobre esse assunto ("lógica"); e (3) aplicá-lo de maneira criativa e persuasiva ("retórica"). A educação clássica ensina os estudantes a como usar essas ferramentas básicas de aprendizagem, para que possam apreciar o melhor da herança da cultura ocidental clássica. Eles escutam sinfonias, estudam pinturas e lêem as grandes obras da literatura: de Homero, Platão, Dante, Shakespeare, Dickens e Dostoyevsky. Essa metodologia está tendo efeito tremendo ao criar por todo o país escolas cristãs de primeira linha do ponto de vista acadêmico.[23]

Ensino Doméstico

A alternativa mais radical para pais cristãos nos EUA é assumir a tarefa de educar eles mesmos as suas crianças, tornando-as parte do crescente movimento de ensino doméstico, algo permitido pelas leis americanas. Alguns séculos atrás, muitos de nossos grandes líderes nacionais foram educados, pelo menos em parte, em casa: Patrick Henry, William Penn, Daniel Webster, Wilbur e Orville Wright, Abraham Lincoln e Thomas Edison. Hoje, perto de 1,7 milhão de crianças americanas estão sendo ensinadas em casa, e no exame ACT para ingresso nas universidades, em 1997, a nota média de quem se submeteu ao ensino doméstico ficou acima da média nacional.[24]

Meg e Steve Garber, de Burke, Estado da Virgínia, estão ensinando os gêmeos de nove anos em casa, e os Garber demonstram como um currículo pode ser unificado através de vários assuntos para maior efeito de aprendizagem. No outono de 1998, enquanto estudavam uma unidade a respeito da América Colonial, os gêmeos leram livros sobre o assunto e praticaram composição, escrevendo um diário da vida cotidiana de uma criança daquela época; prepararam comida colonial e leram sobre nutrição e cultivo naquele período; costuraram roupas no estilo colonial e viajaram à cidade de estilo colonial de Williamsburg. Ao mesmo tempo, continuavam praticando matemática, fonética e composição, além de práticas de educação física arte e da criação de galinhas no quintal.

É claro que muitas famílias cristãs escolhem enviar as suas crianças às escolas públicas tanto porque não podem pagar pela escola particular como também estão comprometidas em trabalhar no sistema escolar público. Mas essas famílias também têm uma tarefa educacional a realizar em casa, ensinando as crianças a adquirirem a cosmovisão cristã pela qual possam interpretar e criticar o que aprendem na escola. Sob essa ótica, todos os pais cristãos devem ser educadores domésticos. E todos necessitam de apoio da igreja, o que significa que as igrejas locais precisam encorajar líderes de grupos de jovens a irem além da educação física e dos programas festivos, e começarem a ensinar apologética e assuntos polêmicos baseados na cosmovisão cristã.

Os Ministérios Summit, no Colorado, estão dando a direção certa a seguir. Incrustados no alto das Montanhas Rochosas daquele Estado, todos os verões reúnem estudantes secundaristas que querem aprender a defender sua fé contra as tendências ideológicas atuais. O fundador, David Noebel, desenvolveu um currículo que oferece às crianças cristãs um curso de apologética de impacto, ensinando-as a lidar com os desafios intelectuais que enfrentam na escola e na faculdade. Eles aprendem a analisar e criticar o movimento da Nova Era, o humanismo, o marxismo, o feminismo, o evolucionismo e qualquer outro "ismo" que venha conquistando espaço na cultura americana contemporânea. Igrejas e escolas cristãs deveriam dar uma olhada no Summit (ou utilizar-se do próprio livro editado pelo Ministério: "*Understanding the Times*" – "Entendendo os Tempos") e começar a preparar os jovens para que possam enfrentar uma cultura cada vez mais hostil.[25]

Reformando as Escolas Públicas

Mas mesmo que reforcemos a educação cristã, não podemos abster-nos do desafio de reformar a educação pública. O futuro de qualquer sociedade depende do modo como ensina suas crianças. É por isso que uma das primeiras medidas tomadas por governos revolucionários é colocar todas as organizações educacionais debaixo do controle direto do Estado, dando às escolas a tarefa da construção da nova sociedade. É por isso, também, que uma das batalhas mais ferozes na atual "guerra cultural" é a da educação. Se nós, cristãos, queremos ser "sal", se queremos restabelecer a ordem e a justiça da cultura, temos de restaurar a educação de boa qualidade.

Podemos começar apoiando reformas curriculares que restabeleçam um enfoque objetivo na salas de aula da escola pública. Em escolas estaduais não temos como forçar uma metodologia educacional explicitamente cristã, é lógico, mas *podemos* ter papel ativo promovendo o ensino de princípios gerais da verdade e da moralidade que, apesar de fundamentalmente originários das Escrituras, podem ser apoiados em bases adequadas. Devido à graça comum, esses princípios são reconhecidos freqüentemente por pessoas de outros tipos de fé, bem como também por não-crentes, permitindo-nos trabalhar juntos como aliados nessa luta. Por exemplo, devemos apoiar grupos como a Character Education Partnership (Sociedade de Educação do Caráter), que busca ensinar as virtudes sobre as quais a maioria dos cidadãos concorda.[26]

Esforços de reforma podem ser efetivos, como evidenciado pela Escola Secundária da Comunidade Piscataquis, um pobre cento de educação rural no Maine. Apenas uma década atrás, as notas da escola em um teste estadual estavam entre as mais baixas do Estado. Hoje, elas estão entre as mais altas. O segredo? Disciplina e currículo exigente. Ou, conforme diz Norman Higgins, que foi o diretor durante dez anos: "Elevados padrões para estudantes, elevados padrões para professores, elevados padrões para escolas". Higgins introduziu um currículo clássico no qual todos os estudantes, não só aqueles com o propósito de alcançar a faculdade, devem aprender álgebra, biologia, química, física e idiomas estrangeiros. "Somos como uma escola particular da Nova Inglaterra num ambiente empobrecido de educação pública", diz Higgins.[27]

Indivíduos cristãos que trabalham dentro do sistema escolar público também podem ter enorme impacto. Durante trinta anos, uma mulher afro-americana chamada Barbara Moses fora professora de uma escola pública na Filadélfia, onde levou milhares de crianças a endireitarem as suas vidas compartilhando o amor de Deus para com elas. A professora orava com as crianças, convidava-as a aceitar a Cristo, visitava suas casas e procurava conhecer suas famílias. Poucos indivíduos, como Barbara, tiveram tão grande impacto nas suas escolas locais, demonstrando o que uma pessoa conduzida pelo Espírito Santo pode fazer.[28]

Escolas Públicas Especiais

Um dos meios mais criativos de se reformar a educação pública é o movimento das escolas públicas especiais, chamadas de Charter Schools. A diferença dessas escolas das outras escolas públicas é que os professores sobrevivem por mérito, não por direito adquirido, e não são obrigados a ensinar o currículo estatal. Em troca dessa liberdade, as escolas especiais têm de satisfazer rígidos padrões de desempenho. A idéia é permitir uma ampla margem de experimentação, ao mesmo tempo que submete os estudantes a rigorosos padrões acadêmicos, para que então o Estado possa determinar quais métodos funcionam melhor.

Um exemplo do que as escolas públicas especiais podem realizar é visto na Escola Elementar Wesley, de 1º Grau, na violenta região infestada de traficantes de drogas e viciados de Acres Homes, em Houston, Texas. A escola é cercada por cercas de arame farpado e guaritas elevadas e, alguns anos atrás, só 18% dos formandos da Wesley atingiam a média para aprovação em interpretação de texto. Mas depois que Thaddeus Lott tornou-se o diretor, em 1975, aquele número chegou a até 85% de aprovados. Para promover essa mudança espantosa, Lott voltou aos fundamentos: disciplina rígida, elevadas expectativas e um currículo que acentua prática e aprendizagem como seqüência (Instrução Direta). Sua metodologia obteve tanto êxito que lhe pediram para assumir outras escolas problemáticas. Estas tornaram-se as primeiras escolas públicas especiais do Texas, e o seu sucesso está sendo reproduzido em escolas especiais ao redor do país.[29]

Programas Suplementares

Os cristãos podem também criar formas de complementar o sistema escolar público. Essa foi a tática adotada por Jerry McNeely, ministro ordenado da Igreja Episcopal Metodista Africana, que centralizou suas ações na Escola William D. Hinton, ao sul de Chicago, onde tiroteios e sirenas são ruídos comuns e as calçadas ficam cobertas de garrafas vazias de bebida alcoólica e frascos de crack. Atualmente algo surpreendente acontece na escola Hinton. Duas vezes por semana, assim que toca o último sinal, vários estudantes se apressam para encher uma sala de aula vazia, pegam a lição de casa e começam a comparar os trabalhos. Então Jerry McNeely chega, abre uma caixa grande de substâncias químicas e os estudantes são logo envolvidos em um projeto de ciência.

Essas crianças participam de um dos programas extracurriculares mais em moda em Chicago: os Pioneiros Urbanos, que compõe o Projeto das Igrejas de Negros da Liga Urbana de Chicago. McNeely é o diretor dos Pioneiros Urbanos, com a visão de ajudar as crianças da cidade a conseguirem seus diplomas de graduação em ciência e matemática. Como resultado, centenas de estudantes da 5ª à 8ª série passam quatro horas por semana, explorando o mundo das ciências e da matemática em experimentos nos quais colocam a mão na massa.[30]

Um dos melhores programas de ajuda aos estudantes na busca do êxito escolar é o Kids Hope USA (Criança Esperança da América, mas sem similaridade com o programa homônimo brasileiro), fundado por

Virgil Gulker, horrorizado com as crescentes taxas de violência, atividade de gangues e suicídio até mesmo entre os mais jovens. Quando consultou os peritos pelo país afora, ouviu sempre o mesmo refrão: Não precisamos de mais nenhum programa. O que precisamos é de mais adultos que se importem e que abracem as crianças problemáticas dizendo: "Eu amo você".

Assim, Gulker fundou esse programa no qual cada igreja "adota" uma escola de 1º Grau local, e os membros da congregação ensinam individualmente cada criança. Cada voluntário encontra-se com o aluno adotado no ambiente da escola, e depois envia para o professor um relatório de progresso ao término de cada sessão. A meta acadêmica é para que os estudantes adquiram habilidades básicas de leitura e computação, mas a meta pessoal é sustentar, a longo prazo, uma relação consistente de confiança entre o voluntário cristão e a criança necessitada – comprovadamente o único tipo de relação que pode dar a essas crianças a esperança de que necessitam.[31] *Kids Hope USA* tem atualmente 60 igrejas participantes, em seis Estados.

A Escolha da Escola

A melhor esperança de reformar nossas escolas públicas nos EUA pode ser o sistema de vales educativos (voucher system), que proporciona às famílias de baixa renda alguma possibilidade de escolha sobre a educação dos filhos.

Em Cleveland, Ohio, Delvoland Shakespeare ficou horrorizado quando visitou a escola que o seu filho de cinco anos freqüentaria no 2º semestre. No cruzamento próximo à escola, traficantes de droga ocupavam uma esquina, bêbados ocupavam outra, prostitutas uma terceira e homens estavam jogando dados na quarta esquina. Dentro da escola, viu estudantes zanzando sem qualquer disciplina, e livros escolares danificados sem capas. No banheiro dos meninos, um homem tentou vender-lhe drogas. "[Meu filho] teria de atravessar toda essa zona de guerra, e uma vez entrando na escola, ainda estaria em uma zona de guerra", afirmou Shakespeare. "De modo algum eu iria enviá-lo àquela escola".[32] O jovem pai afro-americano mudou-se com a família para um sótão, para que pudesse pagar uma escola cristã particular. Finalmente, dois anos depois, quando Ohio deu início ao programa de vales que permitia aos pais usarem esse recurso em escolas religiosas, Shakespeare ganhou vales para ambos os filhos. Livre das despesas com instrução, a família pôde mudar-se do sótão para sua própria casa.

Os vales educativos são talvez o melhor caminho para a igualdade educacional, nos EUA, dando aos pais de baixa renda oportunidade de tirar as suas crianças de escolas públicas fracassadas e matriculá-las em boas escolas particulares. De acordo com um estudo de Harvard sobre o programa de escolha escolar em Milwaukee, Wisconsin, as crianças advindas de minorias melhoraram a sua média em leitura de 3 a 5 pontos percentuais, e as suas habilidades de matemática de 5 a 12 pontos percentuais. Oponentes continuam desafiando o programa de vales nos tribunais, mas em 1998, em uma votação de 8 a 1, a Suprema Corte recusou-se a bloquear o programa de Wisconsin.[33]

Os vales educativos são benéficos também para escolas públicas, porque criam a competição necessária para quebrar o monopólio do sistema escolar público e forçá-lo a melhorar. Ainda assim, medidas de escolha escolar são freqüentemente bloqueadas politicamente por poderosas associações de professores e *"lobbies"* de educadores. Como resultado, algumas pessoas de negócios inovadoras estão organizando sistemas particulares de vales educativos. Em Indiana, a Companhia de Seguros Golden Rule estabeleceu o primeiro programa de vale educativo particular da América, o *Educational CHOICE Charitable Trust* (Consórcio Caritativo de Escolha Educacional). Mantido por meio de doações privadas de indivíduos, corporações e fundações, o programa contribui com metade da anuidade para que uma criança de família de baixa renda possa freqüentar uma escola particular ou religiosa.

O *CHOICE* tem tido tanto êxito que atraiu muitos imitadores. Por exemplo, o financista Ted Forstmann e o dono do Wal-Mart, John Walton, criaram o Fundo de Bolsa de Estudos de Washington, programa privado de financiamento de bolsas de estudos que possibilita a cerca de 1300 crianças escaparem todos os anos de um dos piores sistemas educacionais do país (Washington, D.C.), e freqüentarem escolas particulares. Eles também fundaram o Fundo de Bolsa de Estudos para Crianças, disponibilizando a quantia de cem milhões de dólares para dar bolsas de estudos a crianças em cidades ao redor do país.[34]

■ ■ ■

O QUE AS ESCOLAS fazem hoje determina o que a sociedade será amanhã. É por isso que reformar a educação, desde a pré-escola até a universidade, é uma das tarefas culturais mais cruciais que os cristãos enfrentam. Temos uma oportunidade não só de ter influência em nossas instituições públicas, mas também de criar centros cristãos de educação que tornar-se-ão fonte de renovação cultural, algo muito parecido com o que os mosteiros representavam na Idade das Trevas. Muito embora os defensores da secularização tenham condenado a fé bíblica como contrária à razão, o Cristianismo agora se posiciona por ironia para tornar-se o grande defensor da razão.[35]

Mas apenas alguns passos além da escola está o bairro, outra arena pronta para renovação, conforme um homem descobriu, pelos seus próprios esforços, ao trazer restauração em meio ao crime e à decadência.

CAPÍTULO 35

QUALQUER COISA PODE ACONTECER POR AQUI

Em seu primeiro dia no Posto Especial 1, na Avenida DeKalb, na região de Bed Stuy, no Brooklyn, o policial Salvatore Bartolomeo mantém os olhos bem abertos, observa, dá a si mesmo tempo para aprender a melhor forma de fazer a sua ronda. Pela manhã passa por bodegas nas esquinas, conjuntos residenciais de tijolos vermelhos, fachadas de lojas com os portões de ferro ainda fechados. Uma das bodegas já tem uma fila na parte de trás. Ele sabe que ali tem jogatina, e que aqueles sujeitos não estão atrás de comprar leite.

É um dia nublado e frio de novembro, e as pessoas na rua estão com as mãos nos bolsos dos casacos. Sal passa por um carro abandonado, metade da sua carcaça depenada na rua. O bairro inteiro parece igualmente saqueado. Vinte blocos dilapidados, cheios de lixo, em ruínas. Cada rua tem seus edifícios com rebocos queimados e cobertos de fuligem. O policial Sal entende por que ninguém mais quis esse trabalho, que permaneceu vago por meses. Qualquer coisa pode acontecer aqui. Qualquer coisa acontece. Diariamente.

As Torres Lafayette, prédios bem altos, aparecem adiante. O nervosismo de primeiro dia lhe diz que milhares de pessoas estão prestando atenção em cada movimento seu, enquanto três adolescentes em surradas jaquetas do exército e calças folgadas aproximam-se.

"Olá", diz o policial Sal. "Como vocês estão hoje?"

Os jovens olham para baixo e continuam caminhando.

"Vocês estão com pressa para chegar na escola?", pergunta. "Mal podem esperar pelas lições de álgebra?"

Os adolescentes param. Um deles, mais forte que os outros dois, torce as sobrancelhas espessas e diz aos amigos: "Estamos só caminhando na rua, e esse policial tem de falar com a gente".

"Eu estou dizendo 'olá', respondeu Sal. "Como em... olá, como estão vocês?"

"Você me conhece?", pergunta o jovem, finalmente olhando direto para o estranho.

"Eu sou o novo policial da ronda. Estou tentando conhecer o bairro. Vocês moram nas Torres?"

O líder diz aos outros: "Eu não acho que ele nos conheça".

"Não há nenhuma razão para ele nos conhecer", o garoto mais alto acrescenta.

"Olha, não fique por aí dizendo olá para nós, se você não nos conhece", adverte o líder. "Não gostamos de policiais. Especialmente policiais de ronda expulsos dos carros patrulha. O que você fez? Matou alguém em Long Island, para que eles o tenham enviado para cá?"

"Ei, seu prefeito, eu me ofereci para esse trabalho", responde Sal.

Os três caem na risada. Eles chamam Sal de "estúpido", seguido por uma obscenidade, então vão embora xingando e rindo como hienas.

Eu sou do Brooklyn como vocês, Sal tem vontade de dizer. *Cresci aqui. Meu pai cresceu bem aqui nestas ruas – no cruzamento da DeKalb com a Marsey.*

Pelo resto da manhã Sal caminha pela DeKalb, diz olá, e familiariza-se com a ronda. Ele caminha por uma área queimada por detrás do prédio da assistência social na rua Skillman, com duas casas abandonadas, meio carbonizadas, que tombaram e se encostaram uma na outra, cujos telhados enroscaram-se nos fios de telefone. Seus olhos inspecionam as redondezas, cheias de mato, lixo e carros abandonados. Esses edifícios abandonados têm tanta freqüência quanto as bodegas. Na sua maioria pessoas sozinhas, bem como um casal, com a mulher vestida com roupa de festa às dez da manhã.

Sal sempre vê um jovem com jaqueta preta postado ao lado das quadras de handebol nas Torres Lafayette – alguém que pode vigiar por várias centenas de metros em todas as direções. Essa sentinela diz uma palavra ou duas a todos que passam por ali. Quando alguém pára para falar, a sentinela aperta a mão da pessoa. *Ou ele está se candidatando para as próximas eleições ou está traficando drogas, pensa Sal.* Há outros como ele em várias localizações ao redor do bairro. Todos têm boa visão à distância, e sumiriam bem antes de o policial chegar até eles.

Sal, entretanto, poderia mandar rebocar aquele carro abandonado. Seria o começo para limpar o bairro. Sua função aqui é parte da experiência da cidade de Nova York com uma nova teoria de redução do crime, e o seu trabalho é começar com as coisas simples, os primeiros passos para restabelecer a ordem pública. Ele pensará em uma forma de acabar com os traficantes depois.

■ ■ ■

CONFORME SAL VAI tornando-se familiar com a ronda, começa a cronometrar os seus movimentos de acordo com os horários e o ritmo do bairro. Pela manhã, as crianças estão a caminho da escola, assim anda pelas ruas perto de uma das escolas do bairro, aleatoriamente. Os alunos do 1º Grau começam a surgir e a segurar a sua mão, logo chamando-o de "policial Sal". Eles alegram-se ao vê-lo; Sal intimida os garotos maiores e afugenta os valentões. Os alunos das séries mais adiantadas, que voltaram a encontrar-se nas esquinas, enfileiram-se e correm com tranqüilidade para a primeira aula quando Sal aparece. Os estudantes secundaristas são às vezes mais teimosos e permanecem na deles, em seus lugares, mas então Sal tem uma chance de aproximar-se e perguntar-lhes: "Como estão indo, tudo bem?". Ele tornou-se um célebre "mala", alvo favorito dos degradados artistas do bairro.

"E aí, Rocky, seu garanhão italiano. Aqui não tem nenhuma Mona Lisa. Volte para a sua AA-drii-anaa antes que ela pense que você pegou uma febre da selva."

"E aí, seu Mickey Mau, bocão", diz Sal, "você é quem está com febre. Mas aqui não tem nenhuma Minnie para ratos como você!" Sal sempre retruca da melhor forma. Em algumas semanas já consegue chamar dúzias de crianças pelo nome, e às vezes as suas saudações são de fato devolvidas.

Na hora em que os comerciantes abrem as lojas de manhã, está de volta à Avenida DeKalb e pára em todas elas. A maioria dos lojistas tem uma história para contar de arrombamentos e roubos, e parece surpreender-se quando ele escuta. Sal pergunta pelas horas de entrega, se têm uma rotina de ir ao banco, quais são as medidas de segurança. Pela maneira amarga como respondem, Sal pode perceber a pergunta: "O que é que o faz pensar que *você* vai fazer diferença?".

O banco já está cheio às 11:30 da manhã e fica assim até 1:30 da tarde. O maior movimento para o caixa é ao término do expediente comercial, quando a maioria das pessoas vem fazer seus depósitos.

Na primeira vez em que Sal posta-se no banco e toma café em um copo descartável, vê um pedinte a uns trinta metros, um homem alto, magro, cujos joelhos ossudos quase atravessam as calças jeans. O sujeito não dá qualquer sinal de que trabalhe por comida, nem apresenta técnicas para conquistar a simpatia dos transeuntes. Ele se agacha na banqueta e sussurra, levantando a mão. Continua assim até que Sal se aproxima.

"Como você está nesta tarde?", Sal pergunta.

O branco dos olhos do homem é claro. Ou ele não tem estado nas ruas por muito tempo, ou mendigar não é a sua única profissão.

"Eu estou bem", ele responde. "Tomando sol". E levanta um olho ao céu carregado de nuvens e sorri.

"Você poderia fazer algum exercício", Sal diz. "Gostaria que você fosse dar uma andada agora". Ele estica um braço educadamente como se desse passagem para o homem.

"Não há mal algum em ficar sentado", o homem retruca.

"Vamos saindo", Sal repete, "ou eu o prenderei por mendicância."

"Aqui faz parte dos Estados Unidos". A face do homem se endurece: "Por você que me aborrece se eu não estou fazendo nada?".

"Vadiar aqui é ilegal. Mendigar aqui é ilegal. O que mais você está fazendo em seu tempo livre, eu não sei, mas posso empenhar-me para descobrir".

O homem lentamente fica em pé, estica o pescoço até estalar. "Você perdeu sua chance de se alistar na gestapo ou o quê? Aqui é a América".

"Sim, é. Um país onde as pessoas podem entrar em uma loja sem medo de serem nocauteadas na cabeça ao sair."

"Por acaso eu bati na cabeça de alguém?"

"Se eu tiver de lhe pedir a identidade, descobrirei. Então não terei nenhuma escolha sobre o que fazer".

A expressão do homem fica séria por um momento. Ele torce sua boca como se tivesse mascando um palito. Então ergue a cabeça e sai andando todo empinado.

Sal põe também outro pedinte para ir andando, depois caminha de volta ao banco. Ele vê uma anciã ainda mexendo na sua bolsa, enquanto caminha porta afora. Ela está prestes a ir em direção aos pedintes.

"Madame", diz Sal.

Ela volta-se rapidamente para ver quem lhe está falando.

"A senhora permitiria que caminhássemos juntos naquela direção?"

A mulher apruma o dorso e aproxima-se mais do policial. "Há algum problema?", pergunta.

"Não, não vai haver qualquer problema. Não hoje".

■ ■ ■

SAL NÃO SÓ PATRULHA as ruas como também administra "buscas verticais", subindo as escadas dos prédios de apartamentos. Em uma dessas buscas encontra o corpo de uma jovem, violentada sexualmente, com um tiro na nuca, estilo execução. Ela é somente um dos muitos jovens que morrerão por causa da violência na área da ronda de Sal. Nos anos de trabalho do policial na Avenida DeKalb, a casa funerária tornou-se uma das paradas. Sempre que entra, faz uma oração. Não importa que tipo de bandido o rapaz ou a moça poderia ter sido. Ele se ajoelha e ora.

Sal também freqüenta os lugares onde as pessoas se concentram, pois assim pode conhecer os residentes do bairro. Ele gosta de histórias, e procura ter uma "piada do dia" na ponta da língua. As jovens mães ajuntam-se nos balanços do *playground* dos Jardins Lafayette. Quando vê uma nova mãe nas redondezas, sempre vai e põe uma nota de dez dólares na mão do bebê. Por causa de suas piadas e dos beijos nos bebês, sempre brincam com Sal dizendo que deve candidatar-se a prefeito.

As mães das crianças mais velhas começam a notar a proteção que Sal dá aos seus filhos, nas manhãs a caminho da escola, e depois no parque. Um dia, do lado de fora de um dos pequenos mercados, a mãe de Destin perguntou-lhe: "Policial Sal, você é bom em matemática? Você pode ajudar o Destin com a sua lição de matemática?".

O menino tem uma página de caderno de exercícios amassada nas mãos.

Sal pensa aonde ele e o menino podem ir – um lugar onde possam sentar-se juntos, com ao menos um pouco de privacidade. "Vamos entrar na loja", ele diz, levando-o ao Marvelous Mart. "Bernie, deixe-me sentar aqui no canto por algum tempo. Estou conferindo a lição de Destin."

Bernie dá uma olhada que Sal entende como uma permissão. A pequena escrivaninha no canto torna-se seu local de ensino, enquanto muitos juntam-se a Destin. Sal ensina Sam a como soletrar palavras. Ele pratica frações com Monique e ajuda Saleesha com a fonética. Conferir as lições de casa das crianças torna-se uma parte importante do seu trabalho.

Sal começa a constituir uma coleção de retratos das "suas crianças". Quando são tiradas fotos nas escolas, as mães vão até ele e lhe dão as fotografias, autografadas pelas crianças na parte de trás. "Você ajudou o Destin com a sua lição de casa". "Você fez com que o Roderick chegasse na escola". "Clay pensa que você consegue dependurar-se na lua". "Natasha quer ser agora uma policial, também".

■ ■ ■

Os jogos de basquete acontecem durante o ano todo, e Sal usa o esporte para ficar em forma. E ele precisa disso, em virtude de a ronda deixá-lo com os nervos à flor da pele todos os dias, perseguindo bandidos, subjugando-os um a um. Nos finais de semana, quando está de serviço, passa muito tempo nos parques e nos tribunais.

Donzell, um garoto de oito anos, sempre aparece para tomar conta do quepe e cassetete do policial. Ele deixa-o vestir o quepe e sair por aí com o cassetete, enquanto joga basquetebol. Sal e os seus adversários, principalmente adolescentes, jogam sérias partidas em uma metade da quadra. Sal joga com todos os que aparecem e derrota a maioria deles, o que irrita tanto os perdedores que ele sabe que tentariam espancá-lo se não fosse um policial. Ele ganhou o apelido de "Policial Bird" – por causa do famoso jogador de basquetebol Larry Bird –em razão de suas habilidades atléticas, cabelos castanhos claros e olhos verdes.

Depois de uma partida, um adolescente de nome Shawn perde a paciência, principalmente por causa de seu colega Dennis, que o ridiculariza, enquanto o "branquelo" continua marcando pontos. Ele empurra seu amigo com força, e eles começam a bater um no outro.

Salvatore retoma o cassetete de Donzell, o tempo todo pensando que eles apanharão um pouco e se acalmarão por si sós. Mas não se acalmam, e o sangue logo aparece. Quando Sal avança nos dois, a maioria dos socos em meio a confusão não o acertam, mas os chutes sim.

"O que vocês estão fazendo? O que vocês estão fazendo?", ele grita. "Shawn! Dennis! Parem de brigar! Parem de brigar! Eu falo sério!"

Os meninos finalmente se separam, com a respiração rápida, apesar de estarem ainda em guarda, como que se recuperando para o próximo round.

"Olhem, você dois, parem com isso". Sal tira do seu bolso uma nota de cinco. "Tomem. Vão beber alguma coisa juntos e acalmem-se, ou eu prenderei os dois. É o que vocês querem? Hein?"

Sal vê que eles não querem aceitar a oferta por causa do que aconteceu. Ele percebe que começam a lembrar-se que é um policial.

"Peguem", exige. "Ou vamos direto para a cadeia."

A respiração de ambos diminui de intensidade. Os meninos cruzam os braços, mal-humorados, em posição de autoproteção, com os pés firmes.

"Bem, você quer algo para beber, Shawn?", Dennis pergunta.

"Creio que sim."

Ambos saem juntos, mas ainda mantêm uma distância cautelosa entre si.

■ ■ ■

Os prédios abandonados na Skillman atrás do edifício da assistência social – aqueles que apresentam a maior movimentação – tornam-se o local da primeira operação cuidadosa de Sal. Os edifícios ficam próximos à área de ronda de outro policial, Joey Francioso, que é persuadido a ajudar-lhe a descobrir o que está acontecendo por lá.

Os policiais se posicionam no que era o ambiente de trás de uma sala de estar dupla no térreo. Os quartos estão cheios de lixo, gesso caído e grades enferrujadas. É tão escuro que os policiais mal precisam esconder-se. Eles se agacham no chão e olham por um buraco na parede da sala com vista para a frente. A primeira vez que se posicionam no local, o tempo passa tão lentamente que Sal se acha contando cada som emitido por ônibus ou caminhão de passagem pelas ruas próximas. Ele ouve o barulho do lixo ser arrastado pelo passar dos ratos no chão.

Bastante cedo, entretanto, percebe uma labareda de luz na sala de estar da frente. Um cachimbo de crack é aceso por um usuário. O cheiro de amoníaco chega até eles. Ambos acendem suas potentes lanternas e avançam no viciado antes mesmo de ele aperceber-se.

Eles o levam para a parte de trás, tratam de prendê-lo e então retornam.

Uma boa quantidade de usuários e prostitutas são pegos desta forma.

■ ■ ■

No cruzamento da DeKalb com a 10ª Avenida há um sinal na esquina, permitindo que os motoristas vejam em ambas as direções. Outro sinal localiza-se dez metros além, e então não há mais sinal por três quarteirões. As pessoas habitualmente ultrapassam o sinal vermelho no cruzamento da DeKalb com a 10ª, até mesmo quando Sal está bem ali, apitando.

Outro dia em que isso novamente aconteceu, alguns meninos bagunceiros do bairro estavam por perto, e imediatamente perguntaram: "Ei, Robo Cop, você é rápido o bastante para pegar aquele carro? Ninguém vai prestar atenção se você não consegue pegar quem ultrapassa o sinal vermelho! Ninguém se importa com você e seu pequeno apito!"

Então riem e continuam seu caminho, e as pessoas que estão por perto balançam as cabeças, entristecidas.

Noutra vez que Sal vê alguém ultrapassando o sinal vermelho, entra em um táxi. "Você sabe o que eles dizem nos filmes!", grita ao motorista. "Siga aquele carro. Ele vai ter de parar no próximo sinal".

"Seu guarda, eu..."

"Basta passar dois ou três carros à frente dele, e então você pode sumir assim que eu descer."

Assim, a perseguição se inicia. O táxi lança-se na pista esquerda, em direção ao próximo sinal e pára três carros à frente do transgressor.

Sal salta e vai em direção ao Chevy todo enferrujado, que se está sacudindo todo sobre o chassi, como se estivesse sofrendo de tremelique. O motorista não pode ir a lugar algum, então agora está "muito arrependido" por "não ter ouvido o apito do policial". Depois fica muito mais arrependido porque a carteira de motorista está vencida. Muito mais arrependido, porque o seguro obrigatório não está pago. Mais arrependido ainda, porque as múltiplas multas resultaram há muito tempo em uma ordem para a sua prisão. E verdadeiramente perturbado quando sai do carro e Sal vê um pacote de maconha no chão.

Logo Sal percebe que os táxis são quase tão úteis quanto sua velha radiopatrulha. Quase todo mundo que ele pega ultrapassando aquela luz vermelha tem múltiplas multas não pagas – no mínimo. Pessoas presas por ultrapassar os sinais vermelhos estão delatando e entregando de bandeja os traficantes de drogas e os assaltantes.

■ ■ ■

O SUCESSO NO USO de táxis dá a Sal uma idéia de como poderia levar a melhor contra os traficantes das quadras de handebol. Ele pede ao motorista de um caminhão do jornal *New York Daily News* uma carona. Conforme o caminhão desce rua abaixo, Sal pula no pára-choque traseiro e agarra-se à tranca que abre a porta.

Sal aproveita quando o caminhão tem de parar por causa do tráfego e se vê quase que em cima das quadras. Há uma venda acontecendo, e no momento os olhos do traficante estão nas mãos e nos bolsos do cliente.

Sal começa a correr em disparada. O traficante levanta os olhos. A face está em estado de choque. Ele fica boquiaberto; os olhos esbugalham-se. O cliente voa para outro edifício no condomínio.

Sal persegue o traficante e tenta memorizar onde os pacotes estão caindo, esperando que alguns estejam ainda no chão depois de ele agarrar o jovem.

O traficante corre para o bloco 5. Se o jovem entrar em um apartamento, Sal sabe que nunca mais o achará. A entrada de trás conduz a múltiplas escadarias e elevadores.

Conforme alcançam a entrada do edifício, similar a um terraço, o traficante salta os baixos degraus e tropeça. Sal mergulha e dá um golpe na parte de trás das coxas do traficante na hora que este tenta saltar para a porta. Eles caem juntos, e Sal leva uma cotovelada ao lado da cabeça. O traficante fica de joelhos. Sal segura a jaqueta quadriculada do jovem com sua mão esquerda e acerta-o com um cruzado de direita. Isso finalmente o faz parar, mas com o nariz do jovem sangrando sobre a própria boca e abaixo do queixo, torna a prisão nada bonita de se ver.

Pessoas começam a ajuntar-se, conforme Sal levanta o traficante e o algema. A multidão continua crescendo, com atitude cada vez menos amistosa. "O que é que ele fez? Esse é o Jimmy. O Jimmy não fez nada. Por que você bateu nele assim?"

Sal percebe que é um policial italiano no meio de milhares de afro-americanos e hispânicos moradores das Torres. Ele tem de ficar frio. É assim que as revoltas começam. Uma apreensão torna-se uma rixa... uma rixa torna-se o Centro Sul de Los Angeles. (Local onde outrora acontecera um grande distúrbio e muita depredação, com os levantes violentos da população negra, por causa da absolvição dos policiais brancos que haviam espancado um homem negro – Nota do tradutor)

O guarda de segurança do edifício aparece, mas é um velho aposentado contratado, e pelo medo óbvio, só lhe resta incitar os defensores do traficante.

"Por que você está levando o Jimmy?", alguém pergunta novamente. "Olhe aqui, ele está sangrando todo. Você é quem precisa ser preso. O Jimmy está precisando de uma ambulância."

Sal vira-se para a multidão. "Jimmy estava traficando, e se os que estão nisso com ele aparecerem por aqui, eu os prenderei também."

"Ele pensa que o Jimmy é algum tipo de traficante de droga? Onde estão as drogas então? Onde estão as drogas?" Muitas pessoas fazem eco com o sujeito que estava falando, parecendo que o povo está à beira de uma explosão.

Nesse momento, Sal está falando pelo rádio, chamando por ajuda. Ele ficará na frente do edifício e esperará pela chegada do auxílio. Ele está mais seguro aqui do que estaria enfrentando-os na rua. Leva o traficante até o estacionamento de bicicletas, tira as algemas, coloca no punho dele e prende a outra extremidade nas grades de ferro próprias para guardar bicicletas. Sal pode encarar agora a multidão, embora esteja consciente de que prendendo o traficante naquele local é um convite para alguém mais ficar ao lado do rapaz.

"Agora, eu estou dizendo a vocês, se não me deixarem fazer meu trabalho aqui, eu prenderei alguém mais. O reforço policial estará aqui a qualquer minuto."

Um homem alto, de cabelos grisalhos, vestindo enorme e antiquado sobretudo que chega até os sapatos, vira-se então para a multidão. "Por que é que vocês estão criando problemas para o policial? Vocês sabem que esse moleque está traficando. Eu o vejo toda vez que vou trabalhar e sei o que ele está fazendo. Todo o mundo sabe. Exceto Mattie, meu filho de seis anos. E eu não quero *jamais* que Mattie saiba. Claro que ele logo saberá. Mas se eu posso ter um dia a mais sem que ele o saiba, eu farei o possível. Aqueles de vocês que se importam com seus filhos, seus irmãos e irmãs, venham embora junto comigo. Deixe o policial prender o resto da escória que ficar."

Sem se virar para encarar Sal, o homem parte. Os cidadãos unem-se a ele. Os membros das gangues seguem relutantemente.

O auxilio de Sal finalmente chega, enquanto a multidão se dispersa, e os guardas olham para os lados para saber por que todo mundo está partindo.

■ ■ ■

COM O TEMPO, as táticas de Sal ficam mais sofisticadas, e ele sabe como tirar proveito da planta do bairro tão bem ou melhor do que os malfeitores. Os sujeitos ruins estão sempre checando os seus movimentos, o seu horário. Um dia ele faz uma investigação que é mais incomum do que a maioria.

Um traficante que o policial conhece como Sonny pergunta: "A que horas o senhor sai de serviço, seu guarda?"

"Você tem uma grande negociata à vista, Sonny? Você quer saber a que horas vai ser limpeza?"

"Seu guarda, está frio aqui fora. Eu só estou preocupado com o senhor aqui neste frio."

"Eu saio às quatro, Sonny. Isso não significa que o bairro vai ficar desprotegido, você sabe."

"Espero que não. Já morreu gente demais."

"Você esta certo."

"Tenha um dia agradável, seu guarda. Saia do frio assim que puder."

Perto das quatro, na hora em que disse que o seu turno terminaria, Sal procura passar no mesmo local, no cruzamento da DeKalb com a Spencer, onde ele e Sonny encontraram-se antes. Então Sal anda ao redor do quarteirão e entra no prédio da assistência, mas por trás. Toma o elevador, daí uma escadaria, e posiciona-se em uma sala onde pode observar o campo de operação de Sonny. O prédio da assistência, onde as persianas sempre estão fechadas, fornece cobertura perfeita.

Sal observa a turma de Sonny tomar suas posições. O traficante posta vigias em cada lado da rua, em ambas as direções, e mais quatro na rua perpendicular. Ele deve estar preparado para aprontar mais do que os golpes normais do dia-a-dia. Mais três pessoas aparecem com ele, e então passa para o meio-fio, enquanto os demais se encostam na entrada do prédio. As três sombras devem estar levando o produto, enquanto Sonny dirige os negócios.

Sal toma seu rádio e alerta: "Chamando a Central, esta é a Ronda 12. Temos tráfico de drogas na esquina da DeKalb com a Spencer. Eu quero a Unidade de Narcóticos aqui. Os compradores já estão chegando e parece ser coisa grande".

Primeiramente, a Narcóticos posiciona suas unidades a dois quarteirões de distância.

Sonny deve ter falado aos clientes que estaria fazendo uma promoção, porque nas duas horas seguintes, perto de 12 pessoas aparecem. Sal permanece no prédio da assistência e controla o tráfego, enquanto a Narcóticos apanha os compradores a um quarteirão ou mais de distância do traficante. Eles os prendem e coletam provas.

Eis que de repente Sal vê que os malandros começam a partir. "Agora! Agora! Agora!", grita pelo rádio. A Narcóticos encurrala Sonny e seus companheiros, em todas as direções, sirenes dos carros ligadas, armas em punho.

■ ■ ■

O HOMEM QUE TINHA dado apoio a Sal anteriormente, começa a ter silenciosos companheiros entre as crianças.

"Você está vendo aquela cabina telefônica", diz um jovem membro de gangue, com o cabelo quase todo raspado. "Eu deixei algo lá. Leia cuidadosamente."

Uma anotação, comprimida no retorno de moedas do telefone, lista um lugar e uma hora. Sal sabe que quase sempre há um traficante onde eles dizem e imagina que um novo fornecimento de *crack* está sendo entregue. Arrisca-se quanto à informação passada pelo rapaz, e aciona a Narcóticos para essa operação.

A entrega chega bem na hora, só que dessa vez são os policiais, e não os membros da gangue, que se dão bem.

■ ■ ■

SAL RECEBE uma chamada de detetives no 67º Distrito. "Você está vendo os documentos da apreensão de drogas em Flatbush? Aquela família?"

"Estou sim."

"O que aconteceu foi que o pai dessa família roubou os seus comparsas de droga. Assim vieram para a casa dele a fim de recuperá-la. Como ele não estava lá, os comparsas decidiram deixar uma mensagem. Eles vendaram as mulheres e crianças, amordaçaram-nos com fita adesiva e então atiraram. *Bang, bang, bang.* Uma calibre 44 especial. Todos mortos, exceto a filha mais velha que se fingiu de morta. Ela levantou-se depois que partiram e ligou para a polícia no 911. O pai veio para casa e nós o prendemos. Ele diz que o seu comparsa anterior, de nome Scanlon, deve ter sido quem atirou. O Scanlon é do seu território, o 79º."

"Scanlon? Há um Scanlon que eu encontrei em uma reunião da associação de moradores. Ele trabalha com seguros. Talvez um parente?"

"Descubra para nós, está bem?"

Sal faz as investigações preliminares, que estabelecem o agente de seguro como sendo o pai do atirador acusado. Sal gosta do Sr. Scanlon e vai para o apartamento dele com um misto de emoção, mas mantém uma arma na mão, enquanto bate na porta, para o caso de o filho estar lá.

"Entre, entre, policial Sal", o Sr. Scanlon lhe dá as boas-vindas. Ele insiste para que Sal se sente e lhe serve refrigerante.

"Esta é a situação", Sal informa. "Achamos que seu filho Harvey pode estar envolvido em algo. Algo bem ruim. Ele tem aparecido por aqui?"

"Acabou de sair. Ele voltou para casa ontem à noite e tem andado inquieto, entrado e saído desde então. Essa é a bolsa dele, naquela cadeira. Ele a deixa pronta como se não houvesse o dia de amanhã. Eu fico na expectativa de a qualquer hora ele entrar aqui subitamente e sair da mesma forma."

"Você se importa se eu der uma olhada na bolsa dele, Sr. Scanlon?"

"Você precisa perguntar?"

"Bem, de fato, eu preciso."

"Prossiga, prossiga!"

Sal dá uma olhada na bolsa. Ele acha a 44 especial dentro de uma meia. Também há muita munição, junto com feijões enlatados, milho, ervilhas e cenouras. "Seu filho tem um quarto, Sr. Scanlon?"

"Por ali."

Sal acha roupas empilhadas na cama. Obviamente esse sujeito está planejando esconder-se. Sal pede aos detetives do distrito para virem e ficar de olho no rapaz. Enquanto esperam, o Sr. e a Sra. Scanlon insistem em servir comida para eles.

Harvey nunca aparece. Alguém deve ter dado uma dica ao rapaz. Assim, Sal alardeia pelas ruas: "Alguém sabe onde Harvey Scanlon poderia estar?"

Logo pequenos olhos e ouvidos procuram saber se Sal já ouviu falar da namorada de Harvey em Flatbush. Ele consegue o endereço. O endereço preciso. Os detetives do 67º Distrito acham Harvey a apenas alguns quarteirões de onde os assassinatos aconteceram.

Sal recebe uma carta de reconhecimento, mas está preocupado é com os Scanlons. Ele volta a visitá-los.

O Sr. Scanlon o saúda da mesma maneira calorosa de antes, se não mais. Ele chama a esposa e até mesmo as filhas. "Meu filho estava fora de controle com essas drogas", o Sr. Scanlon afirma. "Tínhamos medo que ele nos ferisse. Obrigado por achá-lo. Ele vai ficar preso por muito tempo, mas pelo menos estará vivo. Talvez pense sobre as coisas que andou fazendo."

"Seguramente. Seguramente ele vai", Sal concorda.

Depois disso, quando Sal vê a família na rua, a mãe e as filhas sempre lhe mandam um beijo.

■ ■ ■

TANTAS VEZES QUANTAS Sal expulsa as pessoas para fora dos prédios abandonados na Skillman, os usuários de droga e os casais sempre retornam. As pessoas até mesmo se injetam drogas e defecam nos carros abandonados que lotam os terrenos baldios.

Uma das funções de Sal é reduzir o crime destruindo as redes de proteção, assim ele vai trabalhar com Bob Tolito, do departamento de Saúde Pública – um sujeito agradável que também se preocupa com o bairro. Leva algum tempo, enquanto Bob mexe alguns pauzinhos.

Um dia, porém, o bairro vê uma transformação. O departamento de Saúde Pública chega com um verdadeiro exército mecanizado. Com a ajuda de um guindaste acoplado com uma bola demolidora de aço, as gigantes escavadeiras demolem os edifícios abandonados. Os carros abandonados são rebocados na mesma hora. Tratores John Deere, tão grandes quanto aqueles que aram os campos de trigo do meio-oeste, nivelam a área inteira e deixam-na lisa. Então as escavadeiras voltam, dessa vez com pedregulhos gigantescos que colocam no perímetro da área. Depois o departamento de Saúde Pública instala uma cerca de arame farpado ao redor da área inteira. Os usuários de drogas e outros violadores da lei não têm mais nenhum lugar para se esconder.

'Tudo *pode* acontecer por aqui!', Sal pensa.

■ ■ ■

SAL MINISTRA SEMINÁRIOS para igrejas, escolas, associações de moradores e grupos de cidadãos idosos.

"Se vocês querem mostrar-nos que se importam, basta discar o telefone", ele lhes diz. "Nós não perguntaremos qual o seu nome. Não temos de sabê-lo. O número do telefone de onde vocês estiverem chamando vai surgir em nossas telas, vocês sabem disso. Mas não vamos entregá-los às pessoas que prendermos. Se você gostaria de ter um número de código, como um vigilante da vizinhança, nós os fornecemos também. Basta você dizer: 'Eu sou o 0573'. Vocês não têm de dar seus nomes."

Uma mulher se levanta na parte de trás. Sal se lembra dela e imagina o que dirá.

"Isto não tem nada a ver com o que estamos falando", ela afirma. "Mas eu quero que o resto de vocês saibam que esse homem salvou minha vida."

Sal se lembra do dia. Ele se ocultava outra vez no prédio da assistência, dirigindo as ações de outra operação da narcóticos, quando viu a mulher desfalecer ali mesmo na rua, bem na sua frente. Ele voou pelos degraus afora do edifício. Quando conferiu sua pulsação, descobriu que não apresentava nenhuma. Zero. Ele pensou que ela já havia morrido. Pediu ajuda pelo rádio e começou a administrar técnicas de ressuscitamento no corpo. E assim persistiu até a chegada dos paramédicos.

Aqui ela está, bem viva, contando-lhes como tudo aconteceu.

Ao término da sessão, Sal distribuiu muitos códigos.

▪ ▪ ▪

NUMA QUINTA-FEIRA, tarde da noite, Sal pára na loja de bebidas, na Avenida DeKalb, em frente ao edifício da assistência. É a loja do Sr. King, e Sal dá sempre uma olhada na loja dele na hora de fechar. "Como vai, seu King? "Tudo certo? Está fechando?"

"Logo vamos embora, Sal."

"Ok. Eu estarei rua acima."

Sal passa pela porta e... *bang, bang, bang.* Ao mesmo tempo em que buscava proteção, vê um jovem sentado no chão, baleado. Bastante ferido. O marginal sai, sem nem ao menos correr. Ele dobra a esquina.

O policial Salvatore corre atrás do bandido. O ruído da sola do sapato contra a calçada, juntamente com as batidas de suas chaves e algemas, sinalizam para o atirador que seria melhor que corresse também. "Parado! Polícia! Não se mexa!"

O atirador vira e descarrega sua 9 mm na direção de Sal. Balas batem em postes, perfuram carros e ricocheteiam pela rua.

Sal ziguezagueia entre os carros e se agacha. Ele já sacou a arma, e mantém o atirador à vista. Sal olha além do seu alvo e vê pessoas sentadas fora de suas casas, em cadeiras de dobrar, carrinhos de bebê parados na frente das escadarias. Está escuro. Sal sabe que se errar, poderá atingir um transeunte. Ele reduz a velocidade, guarda a arma, mas continua a perseguição, agora caminhando. Ele vê o atirador pular para dentro de um terreno baldio cheio de arbustos e árvores, e quando chega ali, o marginal já havia sumido.

Sal chama por reforço, e retorna ao local com outro policial, passando o resto da noite vasculhando a área. Eles não desistem até 1:30 da manhã, quando a temperatura cai para quatro graus abaixo de zero. Cansado e com frio, Sal só deseja ir para casa. Mas quando todo o mundo da comunidade já se dispersara, aborrecido agora com o fim da busca, quatro rapazes se achegam até o policial.

"Nós estávamos observando você", o líder informa. "E esperamos até que a multidão se dispersasse. Encontre-nos na escola primária. No playground. Temos o que você precisa."

"Certo, pessoal. Certo, tudo bem. Eu vou dar um passeio por lá." Sal fala com tranqüilidade, casualmente. Para quem quer que os esteja observando, ele quer fazer parecer uma conversa qualquer – um pouco improvável numa cena de crime à 1:30 da manhã.

Quando os quatro sujeitos partem, Sal junta os policiais à paisana e lhes fala sobre o convite. "Olhem, amigos, coloquem seus rádios no canal 10, venham em seus carros tão quietamente quanto puderem. Nenhuma luz. Se eu precisar de ajuda, vocês têm de estar lá antes de eu chamar! Eu não sei se se trata de uma armadilha para mim, e eu já levei tiros o suficiente por um dia."

Sal vai para a escola pelo caminho de costume. Ele pode sentir a cobertura dos policiais à paisana pelas ruas atrás dele. Sal mantém o seu rádio aberto no canal 10. "Aqui é o Sal. Testando."

"Estamos aqui, Sal. Podemos vê-lo."

Os quatro jovens estão esperando no pátio da escola, conforme prometido. Ele caminha até os rapazes tão casualmente quanto pode.

"Escute, nós conhecemos o sujeito", diz um deles. "Ele mora na casa do pai, na rua Spencer."

"Você tem o número?", Sal pergunta tirando o bloco de anotações.

"É o edifício escuro em frente à lavanderia." Depois de lhe dar o número do apartamento e o nome do sujeito, dizem: "Nós não queremos ninguém mexendo com você. Você é um cara legal, Robo Cop. Ninguém precisa ficar atirando em *você*."

Sal agradece aos sujeitos e vai embora, confiante por ter mais do que uma boa chance de pegar o atirador. Além disso, apega-se em algo mais pessoal. A comunidade tem notado o tempo e atenção que ele lhes dedica. Isso está fazendo considerável diferença.

No dia seguinte, quando a equipe de policiais vigilantes finalmente vêem o atirador aparecer no apartamento do pai, os detetives o prendem.

■ ■ ■

ANDANDO PELA DEKALB numa tarde, Sal se encontra com Shawn e Dennis, os dois sujeitos que havia separado na briga ocorrida na quadra de basquetebol. Eles falam sobre o Knicks, equipe de basquetebol muito popular nos Estados Unidos, e se o jogador Patrick Ewing seria ágil o bastante para ganhar um campeonato.

De repente, na rua, ouvem gritos. "Pega ladrão! Pega ladrão! Ele roubou minha bolsa. Alguém me ajude! Ele roubou minha bolsa!"

Eles vêem o trombadinha indo em direção à rua Spencer. Sal corre rapidamente num ângulo que atravessava quatro faixas de tráfico, e pára os veículos que trafegavam na mão em direção ao sul com um grito.

"Parado! Polícia!" grita ao ladrão.

Atrás dele, ouve alguém mais vir correndo. Quando o policial alcança o meio-fio, Shawn e Dennis já estavam à sua frente e voavam baixo como gazelas atrás do malandro. Eles atropelam as pessoas que não conseguem pensar rápido o suficiente para sair da frente. Dennis chega a pular por cima de um homem de baixa estatura.

Os quadris doloridos de Sal começam a reduzir a sua velocidade. Ele já está nessa ronda por muitos anos, e as suas articulações estão cada vez mais dolorosas. A sacudida causada por cada passada aumenta a dor. Ele está mancando, dobra uma esquina, e então vê tanto Shawn como Dennis voarem pelo ar em cima do bandido, jogando-o no chão. Eia! Esses cidadãos estão prendendo por você!

■ ■ ■

NA PRIMAVERA de 1993, Sal recebe um convite para uma festa num condomínio. Os Marsey Street Mavens, como se nomeiam (uma associação de vigilantes do bairro), está preparando uma refeição para a comunidade no dia 26 de maio. Essa é a primeira vez que qualquer um ousou promover tal evento, e Sal se alegra em ver isto acontecer na rua onde seu pai vivera.

A primeira festa é rapidamente seguida por outras. As pessoas já não têm medo de andar nas ruas, ao menos de dia. O bairro passou de um verdadeiro inferno para um lugar de maior segurança. Agora tudo pode verdadeiramente acontecer aqui, inclusive eventos da comunidade.

■ ■ ■

POR VOLTA de 1994, os quadris e pernas de Sal lhe estão dizendo que os seus dias como policial de rua chegaram ao fim. Ele inscreve-se para voltar à radiopatrulha, e a transferência realiza-se normalmente. Entretanto sua ronda será perto da DeKalb, e assim poderá retornar e rever os amigos.

No último dia, ao passar pelas Torres Lafayette, um grupo de pessoas dirigiu-se para falar com Sal. A senhora a quem ajudou a ressuscitar. Dois presidentes de associação de moradores. O jovem durão que pegou no seu pé no primeiro dia de trabalho. Aproximadamente quarenta pessoas no total. Eles são, quase todos, os seus favoritos, e Sal quer saber como chegaram a se conhecer.

O guarda de segurança das Torres achega-se. Ele está trazendo um troféu, uma bonita caneca de lembrança. “Policial Sal”, ele diz, “sabemos que você está sendo transferido. Mas antes que você se vá, queremos dizer obrigado. Temos este troféu para você. Você venceu muitas batalhas aqui, e nos ajudou a reconquistar o nosso bairro.”

Todo mundo aplaude com alegria.

Sal olha a inscrição na caneca: “Para o policial Salvatore Bartolomeo. ‘Robo Cop’. Seis Anos de Serviço Dedicado.”

Reconhecimento oficial é uma coisa. Mas ali é diferente, e muito melhor. Sal nunca ouviu falar de um policial de ronda sendo presenteado com um troféu antes. “Eu não mereço isto”, ele diz. “Vocês é que fizeram com que fosse uma moleza.”

Todos riem. “Está certo, uma moleza...”, murmuram.

“Não, eu estou falando sério! Eu estou falando sério!”

Sim, algo de bom *está* acontecendo por aqui.

CAPÍTULO 36

LÁ SE VAI O BAIRRO

O despedaçamento da ordem e a resultante autodestruição da comunidade começa com janelas quebradas que não são consertadas; depois, é permitido às prostitutas e aos vagabundos vadiarem; logo os delinqüentes e as gangues percebem que podem agir com impunidade; nesse momento o bairro estará a caminho da desintegração.

ANDREW PEYTON THOMAS

A manutenção da ordem nas ruas do Brooklyn por Salvatore Bartolomeo ilustra uma nova e estimulante metodologia para a prevenção do crime. É óbvio que durante a ronda policial Sal lidou com crimes sérios como assassinato, tráfico de drogas e roubo. Mas ele também ajudou a eliminar as coisas que atraem o crime para um bairro: os sinais de desordem social e deterioração, como vadiagem, mendicância, pichação, carros abandonados, edifícios desocupados e terrenos cobertos de lixo. O sucesso dessa forma de manter a ordem na cidade de Nova York sugere que essa possa ser a chave da restauração das cidades cheias de crimes da América e em muitos outros países. De modo significativo, essa metodologia fundamentada na compreensão cristã clássica de que a paz civil vem somente através de uma ordem social justa e responsável – um *insight* extremamente necessário em nossa cultura.

Durante as últimas décadas, é nítido que tanto o crime como a desordem pública cresceram. Em primeiro lugar na lista das causas está o deslocamento demográfico, que aconteceu quando os nascidos logo após a Segunda Guerra chegaram à adolescência propensos a crimes. Outra causa decorreu das políticas mal-conduzidas das décadas de 1960 e 1970 (descritas na parte 3), moldadas pela suposição de que a motivação do crime é a pobreza, uma metodologia que parecia desculpar o crime, culpando-se o ambiente.[1] Ao mesmo tempo, o uso de drogas tornou-se muito elevado, exercendo efeito dominó sobre o crime, e os programas de assistência social chamados de *Great-Society* (Grande-Sociedade) debilitaram a estrutura familiar, o que resultou em gangues de jovens de famílias empobrecidas perambulando pelas ruas. O caos social resultante transformou as cidades do interior da América em zonas de combate, e nada parecia ser capaz de deter a espiral descendente. O crime violento (entre 100 mil pessoas) cresceu de 161 em 1960 para 758 em 1992, um aumento de 470%. Crime de propriedade (entre 100 mil pessoas) cresceu de 1.726 em 1960 para 4.903 em 1992, um aumento de 284%.[2]

Nossa inabilidade de responder efetivamente ao crime era atribuída como culpa do simples fato de que em muitas cidades a polícia estava sem pessoal suficiente e desarmada. Mas não foi só a força de trabalho insuficiente e a potência de fogo que permitiram o florescimento do crime. Foi também uma cosmovisão defeituosa.

Nas décadas de 1970 e 1980, os tribunais introduziram um novo conceito de liberdades civis que transformou o comportamento público desordenado e destrutivo em direito civil. Mais significantes foram dois casos da Suprema Corte, um em 1972 e o outro em 1983, golpeando os estatutos contra a vadiagem e a mendicância. No caso de 1972, o juiz William O. Douglas aumentou bastante os direitos de os "malandros e vagabundos" perambularem pelo país como "ociosos ou mendigos", como se bêbados e pedintes fossem meramente românticos viajantes. A Corte sugeriu que os reais culpados eram os rígidos moralistas de classe média que estavam tentando forçar todos os de opiniões diferentes a se conformarem.[3]

Ao desprezar as leis contra vadiagem e mendicância, todavia, a Corte partiu de uma tradição legal que remonta à Idade Média e até mesmo à antiga Atenas. Historicamente, essas leis eram designadas para desencorajar "a licença individualista extrema", uma característica das pessoas que desconsideram e rompem as convenções e a ordem sociais, explica o advogado Andrew Peyton Thomas. As leis atingiam especialmente os "errantes" e "vagabundos" sem rumo que "se rebelavam contra a família e os compromissos de carreira profissional", preferindo uma existência sem raízes e dada à perambulação, dormindo em lugares públicos e pedindo esmola a cidadãos responsáveis. "Leis de vadiagem buscavam apoiar a ordem pública e a responsabilidade pessoal, encorajando o emprego lucrativo e ligações estáveis com família e vizinhos."[4]

Era essa tentativa de "apoiar a ordem pública" que foi abruptamente abandonada pela Corte em seus dois casos que se tornaram marcos divisórios ou pontos de referência. Os vadios e os viajantes a esmo já não eram mais considerados um perigo para a estabilidade social, mas uma classe perseguida merecedora de proteção. Foi a sociedade civilizada que a Corte condenou por furtar-se de suas obrigações para com os desajustados e patifes.

Essas decisões tiveram efeito dominó com tribunais inferiores sobrepondo-se às leis municipais e estaduais que davam à polícia autoridade para conter comportamentos em lugares públicos. Muito antes disso, as ruas, parques e metrôs de nossas principais cidades estavam cheios de pedintes, prostitutas e bêbados que urinavam nas calçadas e pessoas que dormiam nas grades dos aquecedores.

O mesmo conceito de liberdades civis fez a cabeça de profissionais que trabalham com a saúde mental. Psiquiatras como R. D. Laing começaram a discutir que não há nenhum padrão geralmente aplicável de normalidade e que o doente mental apenas apresenta uma perspectiva de vida diferente, mas igualmente válida. Os simpatizantes da liberdade civil começaram a retratar o mentalmente doente como apenas outro grupo oprimido, enquanto buscavam como meta o direito absoluto de todas as pessoas, sãs ou loucas, viverem pelas próprias percepções da realidade. A União das Liberdades Civis Americana (ACLU, sigla em inglês) abriu vários processos em favor desses doentes. O resultado foi um volumoso movimento para desinternar os doentes mentais, libertando uma quantidade enorme de pessoas instáveis e desorientadas nas ruas das cidades do país. Muitas tornaram-se imediatamente sem-tetos, freqüentemente agindo de forma a ameaçar ou intimidar os cidadãos comuns.[5]

Assim, ao mesmo tempo que o crime alastrava-se e os doentes mentais assumiam os parques e outros espaços públicos, os tribunais algemavam a polícia em sua capacidade de restringir o comportamento anti-social e desordenado. O símbolo da época era "O Selvagem da Rua 96", um veterano viciado em crack que durante anos perseguiu mulheres, empurrou pessoas na frente de carros e aterrorizou na parte superior oeste de Manhattan, porque as autoridades estavam impossibilitadas de encarcerá-lo ou interná-lo em instituição apropriada. Por vezes, em todo o país, tais incidentes enviaram um claro sinal de que as autoridades estavam impossibilitadas ou pouco dispostas a prevenir menores formas de desordem – e, portanto, era improvável que também prevenissem grandes crimes. Como resultado, os cidadãos obedientes à lei começaram a mudar-se das cidades, enquanto os transgressores da lei transferiam-se para elas.

Afinal, se esperamos restaurar nossas cidades, temos de entender e criticar a cosmovisão que provocou essa desordem. A visão romanceada de liberdades civis foi o resultado direto da rejeição da doutrina bíblica da Criação, que ensina terem os seres humanos sido criados para viver em comunidade, e da substituição do jardim do Éden pelo hipotético "estado de natureza" (veja a discussão anterior no capítulo 33). Nesse mito secularizado das origens humanas, os indivíduos são a única realidade final, e os seus direitos triunfam sobre o de todos os outros; as exigências de ordem pública são extrapoladas pelas demandas imperiosas de autonomia individual. Assim, as liberdades civis vieram a ser definidas em condições excessivamente individualistas, negando o direito de as comunidades promoverem os seus valores ou insistirem em padrões de comportamento público. Essa definição foi adotada por sociólogos, agressivamente promovida por organizações de liberdades civis, enredou-se por sentenças em tribunais e finalmente foi até mesmo aceita pela polícia.

Por esse motivo, a solução não é simplesmente uma questão de construir mais prisões e encarcerar mais criminosos. Realmente, a América experimentou esse caminho. Os anos de 1970 apresentaram o maior *surto* de construção de prisões na história de nosso país. Discursos fervilhados com *slogans* de "lei e ordem" e "agindo com dureza contra o crime" eram os vencedores nas campanhas. Aumentaram os aprisionamentos, os cárceres ficaram lotados... e ainda assim o crime continuou subindo.

Então, no início dos anos de 1980, um avanço inovador surgiu, quando os cientistas sociais, George Kelling e James Q. Wilson, desenvolveram o que foi conhecido como a teoria da janela quebrada. Eles descobriram que se uma janela quebrada em um edifício é deixada sem conserto, logo todas as janelas serão quebradas. Por quê? Porque um dano deixado sem conserto, envia a mensagem de que ninguém se importa, de que ninguém é responsável, e que mais vandalismo não incorrerá em nenhuma penalidade. Uma única janela quebrada atrai o tipo de pessoas que logo quebrarão mais janelas. Igualmente, uma cidade que permite a desordem pública, que começa com pichação e lixo espalhado, envia a mensagem de que as autoridades estão pouco dispostas ou impossibilitadas de forçar padrões de comportamento – para controlar o espaço e seus cidadãos. Uma vez que alguma cidade envia esse tipo de mensagem, os cidadãos obedientes à lei partem, e o elemento criminoso é atraído – exatamente o ciclo que devastou as principais cidades da América.[6]

No início dos anos de 1990, o Chefe de Polícia de Nova York, William Bratton, apaixonou-se pela teoria da janela quebrada e persuadiu o prefeito recém-eleito, o durão ex-promotor Rudolph Guiliani, a dar uma oportunidade de experimentá-la. A ordem seguiu então aos Distritos 69 e 75 e para o Brooklyn, onde o policial Sal estava lotado, para "consertar as janelas quebradas" – quer dizer, prender os ofensores insignificantes e limpar os bairros. A polícia adotou a política de tolerância zero para qualquer violação da ordem pública, e, durante o processo, logo foi descoberto que há de fato uma "rede sem costura", uma reação em cadeia entre controlar o crime insignificante e conter os grandes crimes. Considerando que antes ignoravam quem saltava as roletas dos metrôs, os policiais agora passaram a prender os ofensores, os quais, sempre que não eram presos, acabavam tornando-se assaltantes. Considerando que antes fechavam os olhos para violações menores de tráfego, agora paravam todos os infratores, o que freqüentemente conduzia à descoberta de drogas e armas nos carros. Eles afugentaram mendigos e pedintes, muitos dos quais eram intermediários de traficantes esperando vender drogas. Em três anos, no Distrito 75, antes um dos lugares mais perigosos da América, o número de homicídios caiu de 129 para 47.[7]

Os defensores das liberdades civis atacaram várias vezes o programa de prevenção de crimes de Bratton, processando o Departamento de Polícia de Nova York e citando as decisões anteriores da Suprema Corte para argumentar que o programa focaliza certas pessoas simplesmente por serem pobres ou sem-teto. Mas Bratton planejara cuidadosamente a sua política para somente penalizar o comportamento, e não a situação (por exemplo, os desabrigados). Assim, os tribunais impugnaram a ação dos libertários. (Algumas pessoas suspeitam que os juízes também estavam sendo sensíveis à opinião pública que clamava pelo fim do caos.)[8]

Cidades ao redor do país começaram a imitar Nova York, com resultados igualmente dramáticos. Os políticos eram lépidos em fazer alarde do sucesso em qualquer lugar que pudessem encontrar uma máquina fotográfica ou microfone. Era como se tivessem descoberto o Santo Graal, a tão almejada resposta contra o crime. Ainda assim tudo o que Guiliani e os outros "descobriram" é uma verdade bíblica bem estabelecida e fundamental.

VERDADEIRO SHALOM

Milhares de anos antes da teoria da janela quebrada, os judeus já tinham captado a idéia no *shalom*. Embora popularmente traduzida por "paz", as conotações do termo são realmente muito mais amplas do que a ausência de hostilidades. *Shalom* refere-se à paz em sentido positivo, o resultado de uma comunidade corretamente ordenada. Quando as pessoas vivem juntas de acordo com a moral de Deus – em *shalom* – ali há civilidade e harmonia. O melhor modo de reduzir o crime é não reagir depois do fato com castigos e reabilitação, mas desencorajá-lo antes que aconteça, criando uma vida em comunidade civilizada e ordenada.

A base bíblica para essa metodologia é a doutrina da Criação, que nos fala que fomos criados para viver em comunidade. Ao contrário da noção de um "estado de natureza" com sua guerra de todos contra todos, a Bíblia ensina que não somos indivíduos autônomos. Somos, isto sim, criados à imagem de Alguém que é na essência uma comunidade de seres – ou seja, a Trindade. A natureza de Deus é essencialmente amor recíproco e comunicação entre as pessoas da Trindade. Fomos criados como seres inerentemente comunais, e as instituições sociais ordenadas por Deus estabelecem demandas legítimas e normativas que nos obrigam moralmente a cumpri-las.

Essas instituições não são imposições à nossa liberdade, mas expressam a nossa natureza social inerente. "Deus poderia ter criado os homens como indivíduos desconectados", escreve Kuyper. Ao invés disso, criou originalmente um casal e, como resultado, pelo nascimento, cada um de nós "está organicamente unido com a raça inteira".[9] Essa natureza social se expressa por meio de nossas instituições sociais, e estas precisam de algum tipo de estrutura de autoridade para dirigir as suas atividades para o bem comum. Assim, para criar e manter a ordem em nossas comunidades políticas, Deus ordenou o Estado. Todos temos um imperativo moral de obedecer à autoridade formal e trabalhar pela justiça e pelo *shalom*.

No quarto século, em seu trabalho clássico "A Cidade de Deus", Agostinho ensinou que paz (*shalom*) é "a tranqüilidade produzida pela ordem" (*tranquillitas ordinis*). Segundo ele, uma comunidade política somente pode desfrutar paz e harmonia seguindo a ordem moral, pois uma vida civil ordenada permite aos seres humanos caídos a possibilidade de "viverem e trabalharem juntos". Então, o papel primário do Estado não é perseguir criminosos depois do fato ocorrido, mas nutrir a *tranquillitas ordinis*, usando seus poderes sem igual de coerção para esse fim. A busca da *tranquillitas ordinis* também é o dever de todo cristão, pois, apesar de nossos olhos estarem postos em última instância na "Cidade de Deus", enquanto vivermos na "Cidade do Homem", é moralmente imperativo trabalharmos pela paz dessa cidade. Isso não é opcional; é o único modo de manter o mal sob controle.[10]

Durante séculos essa visão bíblica de ordem comunitária dominou o pensamento ocidental. No último século, conforme observou William Wilberforce, o grande estadista britânico evangélico, "o modo mais eficaz de prevenir os maiores crimes é corrigindo os menores, empreendendo uma missão de reprimir o espírito geral de libertinagem, a mãe de todos os vícios".[11] A mesma filosofia influenciou os princípios originais do policiamento dispostos por Sir Robert Peel, em 1829. A função primordial da polícia, disse Peel, não é lutar contra o crime, mas manter a paz.[12] Sessenta anos depois, na primeira constituição da cidade de Nova York, os mesmos princípios foram repetidos: "É por isto que temos de fazer do dever do departamento de polícia preservar especialmente a paz pública... remover todos os estorvos das ruas públicas... coibir toda conduta ilícita e desordenada".[13] Como resultado, na virada do século foi a polícia que desenvolveu as primeiras obras assistenciais de refeições e sopas; foram construídas delegacias de polícia com espaço extra onde migrantes poderiam ficar até que achassem trabalho; mendigos foram transferidos para instituições de caridade e a polícia também ajudava crianças perdidas a encontrarem suas casas. O policial Sal se sentiria em casa.

O sucesso dessa abordagem tem demonstrado que a restauração das principais cidades da América reforça a sabedoria da visão bíblica clássica, e fornece evidência poderosa de que ela é, de fato, verdadeira – verdadeira em relação à nossa natureza, verdadeira em relação ao que somos. Em contrapartida, o caos das últimas décadas atesta as conseqüências desastrosas de se viver em função de uma falsa filosofia da natureza humana, que nega o ensino bíblico da Criação, substituindo-o por um mito secular das nossas origens e da nossa natureza. A visão secular foi experimentada e mostrou deficiência, e seu fracasso abre uma oportunidade maravilhosa para os cristãos testificarem a visão bíblica da natureza humana e da comunidade.

CONSERTANDO AS JANELAS QUEBRADAS

Com que se parece na prática a abordagem bíblica? Em Newport News, Virgínia, a polícia cansou-se de constantemente responder a chamadas sobre assaltantes e traficantes de drogas em um conjunto habitacional abandonado até que finalmente tomaram a decisão de marcar a data para demoli-lo. Com vistas a preparar tudo para a nova construção, os policiais decidiram limpar a área: limparam o lixo, carros abandonados foram removidos, buracos tapados. Para surpresa de todos, a taxa de roubo caiu em pouco tempo para 35%. A polícia ficara perplexa com a teoria da janela quebrada. De igual modo, a polícia de Baltimore trabalhou com agências locais para reformar um condomínio, melhorar a iluminação pública, podar árvores e gramados, limpar becos e construir um *playground* – como resultado os assaltos foram reduzidos em 80% e o roubo de automóveis em 100%. Restabelecer a ordem realmente cria "a tranqüilidade da ordem".[14]

Um dos exemplos de maior sucesso está em Charleston, na Carolina do Sul, onde o chefe de polícia, Reuben Greenberg, decidiu lutar contra o crime, limpando os bairros da cidade e se livrando do lixo, das agulhas usadas e da pichação. Para diminuir os custos, empregou os condenados da prisão local. Logo antigas áreas voltadas ao crime estavam limpas e cuidadas, sinalizando que não seriam tolerados comportamentos desordeiros e anti-sociais.

Greenberg então perseguiu o tráfico de droga negociado ao ar livre, o qual tinha tomado conta de áreas inteiras da cidade. Ele simplesmente colocou policiais uniformizados em cada esquina onde as drogas estavam sendo vendidas. Os policiais não questionaram ninguém; somente se postaram ali. Ainda assim o impacto nos negócios foi imediato. Ninguém chegou perto dos negociantes de droga, nem mesmo para dizer bom dia. Eles foram forçados a deixar a área ou sair completamente do negócio.

Depois Greenberg reavivou a visão original dos anos de 1930, de albergues públicos como refúgio para os pobres, e não para o crime. O departamento de moradias começou a filtrar os inquilinos, recusando-se a aceitar os criminosos violentos, e hoje o albergue público é um dos lugares mais seguros para se morar em toda a cidade.

Finalmente, para lutar contra o crescente crime juvenil, Greenberg reintroduziu os fiscais de alunos gazeteiros. Se as crianças em idade escolar fossem flagradas em qualquer lugar na cidade durante o horário escolar, um fiscal seria enviado a buscá-las e devolvê-las à escola. Os resultados foram imediatos: uma diminuição permanente de 24% em crimes durante o dia, como roubos de bolsas, de carros e furtos nas lojas.[15]

Em alguns lugares, os próprios cidadãos estão tomando a iniciativa de restaurar os bairros. Um bom exemplo é o Parque Bryant, na cidade de Nova York, antes refúgio de traficantes de drogas e outros transgressores da lei, com 150 roubos informados e dez estupros por ano. Finalmente, os vizinhos e donos de propriedades formaram uma associação e arrendaram o parque de sete acres da cidade. Eles botaram abaixo grades de ferro e abrigos que eram esconderijos fáceis para criminosos; reformaram os sanitários públicos e os mantiveram limpos e seguros; contrataram seguranças desarmados para patrulhar o parque de forma a intimidar pequenas transgressões como vadiar nas fontes ou pisar nos canteiros de rosas. Hoje, enquanto permanece virtualmente livre de crime, o Parque Bryant atrai milhares de nova-iorquinos todas as semanas para tomar banho de sol, fazer piquenique e assistir a eventos artísticos.[16]

Até mesmo crianças podem participar. Alguns anos atrás, em Montgomery, Alabama, 50 adolescentes cristãos armados com alicates de jardinagem e cortadores de erva daninha desceram a um bairro formado, em sua maioria, por pessoas idosas, determinados a aparar os arbustos enormes que forneciam esconderijo para vândalos, assaltantes e ladrões. As crianças apararam árvores, afilaram arbustos baixos e até mesmo substituíram luzes e instalaram olhos mágicos nas portas. O projeto foi chamado de "Mocidade Contra o Crime", organizado pelo grupo "Vizinhos que se Importam", um ministério do Prison Fellowship, que mobiliza igrejas para ajudar as vítimas de crime.

Por que o estabelecimento da ordem funciona tão bem como um preventivo contra o crime? Porque expressa uma ordem moral subjacente e mostra que a comunidade está disposta a impor essa ordem. Tal é o que se descobriu em um dos maiores estudos empreendidos das causas do crime e da delinqüência. Pesquisadores da Universidade de Harvard, do Instituto Kaiser e da Universidade de Chicago uniram-se para pesquisar 382 bairros de Chicago, todos com diferenças étnicas, raciais e econômicas. Eles não descobriram nenhum fio em comum na demografia tradicional. Em algumas comunidades minoritárias o crime era elevado, enquanto em outras era baixo. O mesmo se relacionava com a pobreza. O único padrão em comum descoberto pelos pesquisadores foi que a taxa de violência era menor em áreas que tinham um forte sentimento de valores de comunidade e uma vontade de impor esses valores no espaço público – por exemplo, onde os vizinhos sentiam-se livres para intervir e disciplinar crianças que gazeteiam a escola ou picham as paredes ou ainda se agrupam nas ruas. Em outras palavras, até mesmo as comunidades menos favorecidas podem superar condições adversas se têm valores comuns e estão dispostos a impô-los, especialmente entre os jovens.[17] Conforme foi definido por um repórter do *Boston Globe*, com um pouco de ironia, o nível de violência é principalmente influenciado por "coisas como estar disposto a cuidar das crianças e da vida dos outros".[18]

Isto é o que Roberto Rivera, um de nossos companheiros do Prison Fellowship, chama de "Síndrome da Dona Greene". Rivera cresceu em um bairro de cidade grande racialmente misturado e administrado por uma mulher que se impunha chamada Dona Greene. Ela teve três filhos, mas considerou como problema seu tomar conta também das crianças de todo mundo. "Se visse você fazendo algo estúpido ou perigoso, não vacilaria em repreendê-lo", relembra Rivera". "Até pior, você poderia ter certeza de que contaria para seus pais. Era praticamente impossível safar-se de qualquer coisa quando Dona Greene estava por perto."

A ciência social está provando que são as Donas Greene deste mundo que impõem os valores da comunidade e mantêm os bairros seguros. E os valores, por sua vez, derivam em última instância da religião bíblica. Vários estudos recentes mostram uma conexão direta entre a influência da fé cristã e a redução do crime. Estudos independentes mostram que o nível de criminalidade é maior em vizinhanças com mais bares e lojas de bebidas alcoólicas, e menor em áreas com mais igrejas.[19] Um importante estudo conduzido por Richard Freeman, de Harvard, descobriu que os jovens ativos na igreja são mais propensos a terminar a escola, a evitar a gravidez fora do matrimônio, a manter-se num trabalho e a ficar longe de problemas com a lei. Como preventivo de crimes, a freqüência à igreja mostrou-se mais importante do que a estrutura familiar, um achado altamente significante, levando-se em conta ter sido provado que o crescimento em uma casa sem a figura paterna tem também impacto severamente negativo. O poder da religião vem do fato de que ela instila sentimento de propósito e valor da vida; também ensina um padrão de moralidade que age como restrição de comportamento anti-social e criminoso.[20]

O mesmo efeito foi também historicamente provado. James Q. Wilson descobriu que a criminalidade caiu de forma dramática na última metade do século XIX, apesar da rápida industrialização. Ele localizou a causa em um avivamento bastante difundido (o Segundo Grande Avivamento), quando os cristãos criaram um número extraordinário de associações para ajudar os pobres, os necessitados, os homens desempregados e as mulheres abandonadas.[21] Esse sucesso em transformar a sociedade é uma evidência persuasiva de que os cristãos podem fazer o mesmo hoje em dia.

É certo que somente os cristãos têm a cosmovisão capaz de prover soluções exeqüíveis para os problemas da vida comunitária. Assim, devemos estar na vanguarda, ajudando comunidades a cuidarem de seus próprios bairros. Seja mobilizando esforços para acabar com as pichações e limpar terrenos desocupados, ou ativismo político para fazer votar leis que obriguem padrões de comportamento público, deveríamos estar ajudando a restabelecer a ordem nessas áreas menores como primeiro passo em direção aos principais problemas sociais.

Podemos tomar como exemplo o grande sucesso das igrejas locais que assumiram papel ativo na reconquista de suas vizinhanças. Veja o caso do Reverendo Eugene Rivers, que pastoreia a Comunidade Cristã Azusa, uma congregação pentecostal na empobrecida área de Dorchester, em Boston. Rivers, ex-membro de gangue que se formou em Harvard, foi inspirado a restaurar a sua comunidade depois de testemunhar uma tragédia chocante. Na primavera de 1992, membros de uma gangue entraram em uma igreja no meio de uma cerimônia fúnebre e apunhalaram um adolescente da gangue rival, depois atiraram na igreja. Rivers, juntamente com mais de 40 outros pastores, passaram a salvar crianças de gangues e drogas. As igrejas começaram oferecendo reforço escolar depois das aulas ("aprendizado supervisionado fora do horário escolar") e estudos bíblicos; eles formaram patrulhas no bairro para oferecer às crianças condução segura tanto na ida como na volta da escola; aconselharam jovens em condicional e estabeleceram contato com homens de negócios cristãos para ajudar os adolescentes a conseguirem emprego.[22] Depois que Boston permaneceu por dois anos sem um único homicídio entre adolescentes, até mesmo revistas nacionais como *The New Yorker* reportaram: "Não poderíamos funcionar efetivamente sem os ministros de Boston", o ex-comissário de polícia William Branon contou para a revista. "Essas igrejas e líderes como Eugene Rivers significaram muito para o nosso sucesso."[23]

O professor de Princeton, John DiIulio, ficou tão impressionado com ministérios como o de Boston que reduziu sua carga horária de ensino e criou uma organização chamada PRRAY (*Partnership for Research on Religion and At-Risk Youth* – Sociedade Para a Pesquisa da Religião e da Juventude em Risco), para pesquisar e ajudar a financiar programas baseados na fé. DiIulio descreve tais ministérios com termos dramáticos: Os voluntários das igrejas "vão direto às ruas, direto às gangues, direto ao cerne da ação. Os jovens estão atordoados. A polícia nem mesmo entra ali". Mas cristãos comprometidos vão onde a polícia teme andar, levando a mensagem corajosa de que "Deus os ama e tem algo melhor para vocês".[24]

"Tanto a Bíblia como a bola de futebol funcionaram", diz Kathy Dudley que, com o seu marido, fundou o ministério Voice of Hope (Voz da Esperança), visando restaurar bairros no oeste de Dallas. "Íamos para uma rua, recolhíamos todas as crianças, e as levávamos para um *playground* para jogar futebol", diz ela. "Então lhes contávamos histórias da Bíblia." A partir daquela primeira bola de futebol, a Voz da Esperança cresceu como um próspero programa de desenvolvimento da comunidade, com reforço escolar após as aulas, treinamento profissional, reabilitação de moradia, clínica dentária, uma loja de frugalidades e uma loja de presentes.[25]

Esforços semelhantes estão acontecendo na Igreja da Comunidade Lawndale, de Chicago, fundada por Carey Casey, que era pastor de uma igreja confortável, de classe média, até que sentiu o chamado para deixar tudo e revitalizar um dos bairros mais difíceis da cidade. A Igreja da Comunidade Lawndale tornou-se refúgio seguro para crianças, com um ginásio de esportes e reforço escolar após as aulas. No Programa de Oportunidade Universitária, alunos do 1º Grau comprometem-se a um programa de cinco anos de sessões de estudo, duas vezes por semana, no centro estudantil da igreja. Se eles mantêm a média preestabelecida, recebem uma bolsa de estudos de quatro anos para a faculdade, no valor de cerca de três mil dólares por ano. Se os jovens ou membros de suas famílias adoecem, podem ir para o completo centro médico da igreja por uma taxa mínima, e o programa de treinamento profissional da Lawndale ajuda o desempregado a encontrar um novo emprego. A igreja também tem um ministério de moradia para reabilitar edifícios abandonados e dar aos pobres a oportunidade de se tornarem proprietários de uma casa.[26]

Em Baltimore, Sandtown já foi certa vez um bairro de sobrados e ruelas cobertos de lixo, com traficantes de drogas em cada esquina – isto é, até que a Igreja New Song foi fundada. Agora ela alcança pessoas como Torey Reynolds, mãe de quatro filhos, que foi viciada em crack e dependia da assistência social. Com a ajuda da igreja, passou por um treinamento profissional e hoje é empregada de um centro comunitário de assistência de saúde. Os seus filhos freqüentam o Centro Educacional da New Song, e quando estão doentes, ela os leva ao Centro de Saúde Familiar da New Song. Torey e seu marido também são orgulhosos proprietários em primeira mão de um imóvel reabilitado pelo programa local Habitação Para Humanização.

Em Memphis, Tennessee, a mesma visão de restabelecer a ordem social e moral inspira os membros da Igreja Cristã de Mississipi

Boulevard. Ela dirige um ministério de reabilitação de moradias, uma escola cristã, a Central de Alimentos Manna para distribuição de comida aos pobres e idosos, e o Centro de Vida Familiar com todo o entretenimento possível. A igreja também tem um despensário de roupas, um programa de colocação profissional, uma livraria e serviços de aconselhamento.

Todos esses exemplos foram originalmente inspirados por uma visão do desenvolvimento de uma comunidade cristã que nasceu primeiro nos corações de meus amigos, John e Vera Mae Perkins. John cresceu colhendo algodão no Mississipi, sofreu agressões durante o movimento dos direitos civis e então fundou o ministério Voz do Calvário, em Mendenhall e Jackson, no Mississipi. Hoje esses ministérios cresceram de forma a incluir reabilitação de moradias, uma loja de produtos a preços econômicos, treinamento profissional, uma escola, uma creche, uma cooperativa de alimentos e um centro médico. O modelo de desenvolvimento de uma comunidade cristã dos Perkins está sendo imitado atualmente por todo o país.

Em anos recentes, John e Vera Mae levaram a visão à região noroeste de Pasadena, na Califórnia, infestada por drogas. A primeira vez que visitei a nova casa dos Perkins, vi traficantes de drogas na rua, estacionando suas limusines para fazer negociatas nas esquinas, no meio do lixo e do entulho. Eu orei com John e Vera Mae na sua sala-de-estar, sentado na frente de uma janela que ainda tinha um buraco da bala disparada do carro de um traficante.

Mas dentro de meses, os Perkins haviam transformado o seu quintal em uma área de brincadeiras, onde as crianças do bairro podiam brincar com segurança e ouvir histórias bíblicas. Logo compraram propriedades vizinhas e as renovaram; abriram um centro de jovens e oferecem serviços familiares adicionais. Eles encorajaram outros cristãos a comprarem propriedades próximas e a abrirem ministérios relacionados. Com o passar do tempo, os traficantes de droga desapareceram, a criminalidade enfraqueceu e as crianças voltaram a brincar nos jardins. Quando voltei para outra visita, eu não pude acreditar na transformação.

O que está acontecendo em Boston, Dallas, Chicago, Baltimore, Memphis, Mendenhall, Jackson e Pasadena é o que os cristãos deveriam estar fazendo em todos os lugares: convertendo o caos em *tranquillitas ordinis*, uma casa de cada vez, um quarteirão de cada vez, um bairro de cada vez, uma comunidade de cada vez. Embora nossa cidadania seja da "Cidade de Deus", sabemos que Deus nos colocou em nossas cidades e bairros para refletir o seu caráter e restaurar o seu domínio no meio de um mundo caído. Começamos com nossas vidas pessoais e hábitos, passamos dali para nossas famílias e escolas e então para nossas comunidades – e depois para toda nossa sociedade.

CAPÍTULO 37

CRIANDO A BOA SOCIEDADE

"Ora, meu senhor, se ele realmente acredita que não há nenhuma distinção entre virtude e vício, vamos, por precaução, contar nossos talheres antes de ele partir."

SAMUEL JOHNSON

(quando lhe disseram que um convidado para o jantar acreditava ser a moralidade um fingimento)

O que é necessário para se alcançar uma boa vida? Não me refiro ao *slogan* "boa vida" de determinada bebida, mas a uma vida de virtude e saudável. Os fundadores dos EUA entendiam que essa é uma pergunta crucial para qualquer sociedade, pois a virtude é essencial para a liberdade. Pessoas que não podem conter os próprios instintos, que não podem tratar uns aos outros com civilidade, não serão capazes de ter um governo autônomo. "Nossa Constituição foi elaborada para um povo religioso e de moral elevada", afirmou John Adams. "É completamente inadequada ao governo de qualquer outro povo."[1] Querendo afirmar com isso a importância da cosmovisão cristã. Sem virtude, uma sociedade só pode ser regida através do medo, uma verdade que os tiranos entendem muito bem.

A mesma questão crítica nos confronta, enquanto percorremos o dia-a-dia de nossas famílias e nossos bairros, considerando nossa vida em comum: Como podemos alcançar a virtude necessária para manter uma boa e justa sociedade e preservar a liberdade? Como as categorias de cosmovisão a respeito da *Criação*, *Queda* e *Redenção* nos ajudariam a analisar as falsas visões que nos confrontam em nossa cultura hoje em dia?

É com tristeza que observamos, nesta era relativista, muitas pessoas, até mesmo cristãs, perderem os valores éticos do que é certo e errado. Alguns anos atrás, um jovem meu conhecido, membro de igreja idônea, freqüentou um curso de ética de quatro semanas na Harvard Business School – iniciado em resposta aos escândalos financeiros da década de 1980. Ao voltar, o rapaz só falava no curso.

"Que tipo de ética estão ensinando?", perguntei.

"Bem, o professor realmente resumiu tudo no último dia, quando afirmou: 'Não façam nada que os levem às páginas dos jornais. É ruim para o negócio'."

"Mas isso é puro pragmatismo", respondi surpreso. "'Não seja pego', 'não deixe a companhia em dificuldade'; O que isso tem a ver com ética?"

"Mas esse é o 'xis' da questão, não é?", respondeu o jovem. "Ficar longe de problemas."

Infelizmente, essa perspectiva é bastante comum. Apesar de eu não dar espaço ao moralismo farisaico, quando eu estava na política, pratiquei princípios semelhantes. Não faria nada que soubesse ser ilegal, mas me sentia no direito de fazer com a oposição tudo quanto seus representantes nos fizeram quando estavam no poder. Foi por essa razão que o escândalo de Watergate era freqüentemente defendido com a desculpa de que "todo mundo faz isto." Por que um pequeno "grampo" na sede do Partido Democrata é tão ruim assim, quando sabemos que o presidente Johnson grampeou o avião usado na campanha de Nixon em 1968? E o presidente Clinton, que recorreu exatamente ao mesmo tipo de defesa, ocasião em que foi acusado de abusos na campanha de 1995.

Não é de espantar que a ética em nosso país esteja em queda livre nas últimas três décadas. A uma geração atrás, o escândalo de Watergate sacudiu a nação; hoje, depois de incontáveis escândalos parecidos, o público passou a tratá-los como algo rotineiro.

O problema é que o relativismo não é a base apropriada para uma sociedade segura e em ordem. Se todas as pessoas são livres para escolher a seu bel-prazer o que é certo, como uma sociedade pode concordar sobre padrões comportamentais mínimos, e até mesmo exigi-los? E se não há nenhuma lei moral absoluta, que motivação há para ser virtuoso? O resultado é a perda de comunidade. Se você achasse que seus vizinhos não tivessem nenhuma definição clara do que é certo e errado, você dormiria bem à noite, ou deixaria que suas crianças brincassem nos jardins da casa?

Ao longo da maior parte da história ocidental, o consenso moral foi amplamente formado pela tradição judaico-cristã. Mas com o advento do iluminismo, os intelectuais começaram a argumentar que, se Deus já não precisava mais explicar a Criação, da mesma forma Ele não mais seria necessário para o estabelecimento de leis morais. A razão por si só formaria a base para a moralidade. Desde então, a grande pergunta enfrentada pela sociedade ocidental foi colocada pelo grande romancista russo, Fyodor Dostoyevsky: "Pode o homem ser bom sem Deus?"

Pode a razão, por si só, dar origem a um sistema moral viável? A resposta é não, e o fracasso da razão em sua capacidade de originar, por si só, normas morais foi ilustrado vigorosamente, alguns anos atrás, pelo destino da Conferência de Ciências, Filosofia e Religião. No verão de 1939, com os exércitos nazistas ocupando a antiga Checoslováquia e prontos para atacar a Polônia, após terem sido frustradas as últimas esperanças de paz com Hitler, o mundo se cingiu para os horrores de outra guerra mundial. Percebendo que a moral do mundo ocidental deveria ser reforçada de alguma maneira, Louis Finkelstein, chanceler do Seminário Teológico Judeu em Nova York, começou a planejar uma grande conferência, onde os maiores estudiosos de todas as disciplinas utilizariam a sua sabedoria coletiva para criar um código universal de ética que provesse o alicerce moral para a democracia. A conferência foi anunciada em junho de 1940, em declaração assinada por 79 dos mais importantes intelectuais, inclusive Albert Einstein. O jornal *New York Times* publicou o anúncio completo na primeira página, considerando-o como uma "declaração intelectual de independência".[2] Uma semana depois, o *Times* publicou o editorial, "Defendendo a Democracia", onde concluía que "precisamos de um novo Contrato Social, uma nova Declaração dos Direitos da Humanidade".[3]

Quando o grupo reuniu-se mais tarde naquele ano, a meta era o que Finkelstein chamou de "pensamento corporativo" – quer dizer, um esforço de sintetizar a ética judaico-cristã juntamente com o humanismo do iluminismo e a ciência moderna, visando criar o novo fundamento para a sociedade democrática. Até mesmo antes do tiro de largada – durante a sessão organizadora – a batalha era travada entre os tradicionalistas e os modernistas. Pelo lado dos tradicionalistas, Mortimer Adler, editor da série *Great Books* (Grandes Livros), declarou: "Temos mais a temer de nossos professores do que de Hitler", referindo-se àqueles intelectuais que tinham abandonado as verdades morais historicamente aceitas. O adversário, Sidney Hook, respondeu que Adler estava promovendo um "novo medievalismo". "O único absoluto é a ciência", Hook rebateu, e clamou por uma metodologia pragmática da moralidade. Os modernistas afirmaram que todos os valores são relativos – excluindo-se, é claro, o valor da tolerância.[4]

Apesar das dificuldades na primeira conferência, as esperanças se direcionaram para a segunda. Seguramente as melhores mentes da nossa nação poderiam concordar em normas universais de conduta, de forma a permitir que das cinzas da guerra pudesse emergir um novo mundo de esperança. A imprensa continuava a cobertura efusiva.

Foi somente na terceira conferência que o fervor otimista começou a diminuir, quando o debate entrou num beco sem saída, na discussão sobre que tipo de moralidade deveria ser adotado. Ao redor do país, editorialistas começaram a reduzir ligeiramente as expectativas com manchetes tais como "Os Estudiosos Confessam Que Estão Confusos".[5]

A Conferência de Ciências, Filosofia e Religião continuou acontecendo pelos anos da guerra e ainda depois, debatendo assuntos como a bomba de átomo, governo mundial único e o fim do colonialismo ocidental. Sobre a reunião de 1948, Fred Beuttler, da Universidade de Illinois, assim relata: "O medo maior da maioria dos intelectuais acadêmicos era o dogmatismo e a doutrinação". Em outras palavras, os relativistas haviam tomado conta. "Todo o pensamento absolutista", diziam, "tem potencial totalitário." No início da década de 1960 foi dissolvida a conferência. A meta original de definir a "cultura universal" demonstrou ser impossível.[6]

Pense: Durante duas décadas algumas das maiores mentes do mundo ocuparam-se de um debate estimulante e produziram... nada. Por quê? Porque eles discordaram sobre o ponto de partida formal do conhecimento ético. Os tradicionalistas, como Adler, entendiam que para obter-se princípios éticos universais objetivos, deveria haver uma fonte absoluta, uma autoridade transcendente. Os modernistas começaram com a suposição de que ciência é a única fonte de conhecimento seguro, que a natureza é tudo que existe, e assim a moralidade é apenas uma invenção humana que pode ser alterada para ir ao encontro das circunstâncias mutáveis de um mundo em evolução. Os dois lados partiram de cosmovisões contraditórias, e em seus intercâmbios infrutíferos estavam apenas chegando às conseqüências lógicas dos seus pontos de vista iniciais.

O empenho grandioso de Louis Finkelstein mostra o fracasso dos esforços da obtenção de regras éticas unicamente a partir do uso da razão. A ética de hoje caiu no relativismo, com cada indivíduo forjando as próprias verdades para que por elas possa viver. Nas palavras de Richard John Neuhaus, somos "rebanhos de mentes independentes que marcham em direção ao esquecimento da moral com o tolo refrão de Frank Sinatra em nossos lábios: '*I Did It My Way*' " (*"Eu Fiz Tudo do Meu Jeito"*).

Nesse clima, se você estiver em companhia de alguém educado, é considerado ofensivo afirmar que a civilização ocidental, sob a influência da tradição judaico-cristã, poderia desfrutar de alguma vantagem moral ou que suas convicções históricas poderiam ser utilizadas para deter a queda livre de nossa moral. Quando um dos irmãos Bass, do Texas, doou 20 milhões de dólares à Universidade de Yale, onde outrora estudara, mas estipulando que esse valor deveria ser usado para o estudo da civilização ocidental, a universidade hesitou e por fim não aceitou. Os professores queriam um currículo multicultural, não um que favorecesse a tradição ocidental, de forma que bateram o pé, postergaram tanto a decisão, até que finalmente Lee Bass pediu a sua doação de volta.[8]

Em nossas escolas públicas tornou-se quase impossível ensinar preceitos tradicionais de certo e errado – o que tem levado a conseqüências desastrosas. "Por muitas gerações", escreve o teólogo Michael Novak, "a tarefa primária explicitamente assumida pelas escolas públicas da nação era a formação de caráter." Não é mais. Alguns anos atrás, certo repórter do *New York Times* visitou certa sala de aula de uma escola secundária de Nova Jersey, na qual os estudantes estavam discutindo o caso de uma mulher que achara mil dólares e os tinha devolvido. Todos os 15 estudantes disseram que ela era uma tola. Mas o que foi realmente mais chocante veio depois da aula, quando o repórter perguntou à professora por que não falara para os estudantes que estavam errados. A professora respondeu: "Se eu viesse com a posição de dizer-lhes o que é certo e errado, não seria sua conselheira".[10]

Será que os pedagogos não entendem aonde esse tipo de ensino de liberdade de valores levará? Uma nação sem virtude não pode governar-se a si própria. "Nosso povo está perdendo virtude", diz Novak de forma abrupta. "É por isso que estamos perdendo o autogoverno."[11] E se não podemos governar-nos, então convidamos outros a governar-nos. A morte da virtude ameaça a nossa liberdade como um povo.

No fundo, essa grande luta é entre cosmovisões, e permite a pergunta: como agora viveremos – pela tradição judaico-cristã ou pelo niilismo moral da cultura relativista e individualista de hoje em dia?

UMA SOCIEDADE PROTEGIDA POR 250 MILHÕES DE POLICIAIS

Examinando essas conflitantes cosmovisões através do ponto de vista analítico da *Criação, Queda e Redenção*, vemos claramente a causa de nosso mal-estar ético. A Criação nos diz que devemos nossa existência ao Deus Santo, cujo caráter é o padrão de todo a retidão, a medida de toda a moralidade. "Santos sereis, porque eu, o Senhor, vosso Deus, sou santo" (Levítico 19.2). A falha clara da cosmovisão secular é que ela nos fala que devemos nossa existência a forças naturais que agem ao acaso; por essa razão, não pode haver nenhuma fonte última de normas morais.

A segunda categoria é tão crucial quanto a primeira. A Queda nos diz que somos propensos ao mal e assim precisamos de restrições morais para que a sociedade funcione. "O que sai do homem, isso é que contamina o homem" (Marcos 7.20). Mas a secularização não pode entender a natureza de nosso dilema moral, conduzindo à falsa suposição de que, se as pessoas são basicamente boas, uma sociedade virtuosa pode ser formada ao criarem-se as corretas estruturas sociais, políticas e econômicas.

Mas a verdade é que uma sociedade virtuosa só pode ser criada por pessoas virtuosas, cujas consciências individuais preservam o comportamento e o mantém responsável. Sem consciência, uma sociedade pode ser colocada em cheque somente através da coerção. Até mesmo a coerção falha em última instância, por não haver força policial grande o suficiente para manter os olhos em cada indivíduo. "Este país deve ter, quando for saudável e quando estiver trabalhando como pretendido, 250 milhões de policiais – chamados de consciência", afirma Michael Novak. "Quando há 250 milhões de consciências em guarda, é surpreendente como se faz necessário tão pouca polícia nas ruas."[12]

A ênfase na justiça social às custas da virtude particular não só é errônea mas completamente perigosa. É inevitável que um povo sem moralidade pessoal falhe em seus esforços de criar a moralidade pública. "Não há nenhum pecado social sem pecado pessoal", escreve o professor James Schall, da Universidade Georgetown. "Nossos moços de hoje são ensinados quase invariavelmente a mudar o mundo, não as almas. Assim eles transformam o mundo, e este fica pior."[13] Guerreiros da moral com zelo, mas sem nenhuma compreensão ética, muito provavelmente nos darão soluções que serão piores do que os próprios problemas.

Além do mais, quando enfocamos a atenção moral dos jovens apenas em assuntos públicos e nas causas, eles falham em tratar assuntos do âmbito pessoal como algo moralmente sério. Alguns anos atrás, Christina Hoff Sommers, professora de filosofia da Universidade Clark, escreveu um artigo intitulado "Ensinando as Virtudes", no qual atacava o ensino superior por ensinar ética como justiça social e não como decência individual e honestidade. Uma das colegas de Sommers reagiu com severidade, reclamando que ela estava promovendo moralidade burguesa e ignorando as reais questões, como a opressão das mulheres, os males das corporações multinacionais e a exploração do meio ambiente. Mas ao término do semestre, a mesma professora veio ao escritório de Sommers, horrorizada pelo fato de que mais da metade de seus estudantes copiaram uns dos outros um trabalho para ser pesquisado em casa. Eles a tinham enganado em uma cadeira de ética!

"O que você vai fazer?", Sommers perguntou. Embaraçada, a mulher pediu uma cópia do artigo de Sommers sobre a importância da virtude individual.[14]

O mito da bondade humana conduziu a uma desconexão entre os âmbitos público e particular, de modo que muitos estão fraturados e compartimentados, falando de forma superficial: "Não importando o que o presidente faça em sua vida particular...". Ou ainda pior: "Não importa o que *eu* faça em minha vida particular". Como vimos em capítulos anteriores, os ocidentais abraçaram um dualismo entre o corpo e a "pessoa", o que fica óbvio em argumentos que defendem o aborto (o feto pode ser humano quanto à sua biologia, mas não é uma "pessoa").[15] O mesmo dualismo permite a perfeita racionalização da libertinagem. Pois se o corpo é apenas uma ferramenta para que consigamos o que queremos – prazer ou satisfação emocional – então suas ações são julgadas puramente pelos aspectos utilitários, não morais. Nossas ações não refletem a "pessoa", uma entidade separada. Assim, racionalizamos que uma pessoa pode comportar-se como velhaco, mentiroso ou fraudulento na vida particular, mas ainda poder-se-ia confiar em sua vida pública.

Isto vai totalmente contra a base da visão cristã sobre a natureza humana. Jesus ensinou que uma árvore boa produzirá bons frutos. "Quem é fiel no mínimo também é fiel no muito; quem é injusto no mínimo também é injusto no muito" (Lucas 16.10). Integridade de caráter passa por grandes e pequenas questões, por ações públicas e particulares.

Refleti sobre esse princípio alguns anos atrás, quando falei sobre ética no Campo Lejeune, Carolina do Norte, no mesmo lugar onde iniciei carreira como comandante de um pelotão de infantaria durante a Guerra da Coréia. Com um toque de nostalgia, voltei para discursar para dois mil oficiais da marinha e oficiais não-comissionados. Eles se sentaram com atenção e disciplina militares, botas brilhantes, mas quando o período de perguntas e respostas começou, ninguém se mexeu... até que um general, oficial durão, de um metro e noventa, virou-se e disse em voz altissonante: "Que haja perguntas!" De repente, mãos se ergueram por todo o auditório. (Algumas coisas nunca mudam.)

A última pergunta era sem dúvida a mais difícil. "Sr. Colson", questionou um sargento", o que é mais importante – lealdade ou integridade?"

Bem, um fuzileiro naval vive em função do credo *semper fidelis* – "sempre fiel" – e quando eu era um deles, aprendi que lealdade significava obediência inquestionável. Ainda assim, eu desejaria ter ponderado sobre a pergunta do jovem sargento por ocasião do meu trabalho para Nixon na Casa Branca. Agora eu sabia a resposta.

"Integridade vem primeiro", respondi. Lealdade, não importa o quão admirável seja, pode ser perigosa se investida em uma causa indigna.

Integridade vem do verbo *integrar*, que significa tornar-se unido para formar um todo completo ou perfeito.[16] As Escrituras ensinam que o espírito, a mente e o corpo, todos vêm da mão de Deus, e assim devem permanecer unidos, funcionando juntos. Nossas ações devem ser coerentes com os nossos pensamentos. Devemos ser a mesma pessoa em particular e em público. Só a cosmovisão cristã nos dá base para esse tipo de integridade.

Além disso, o Cristianismo nos dá uma lei moral absoluta que nos permite julgar entre o certo e o errado. Experimente perguntar a seus amigos seculares como decidem o que *devem* fazer, ou quais princípios éticos devem seguir. Como sabem que esses princípios são certos? Em que autoridade confiam? Sem absolutos morais, não há nenhuma base real para a ética.

Uma lei moral absoluta não limita as pessoas a uma camisa-de-força de decoro vitoriano. As pessoas sempre debaterão os limites da lei moral e as suas variadas aplicações. Mas a idéia do certo e errado só faz sentido se há um padrão final, uma trena pela qual podemos fazer julgamentos morais.

Só a cosmovisão cristã oferece redenção do pecado, dando poder para superar o mais poderoso obstáculo para a virtude: o desejo humano rebelde. A moralidade não se refere apenas ao reconhecimento intelectual dos padrões supremos, do que deve ser feito; a moralidade também refere-se a desenvolver a virtude – ou seja, a amplitude total de hábitos e disposições que constituem o bom caráter. Não devemos somente consentir em nossa mente com certos princípios; temos que *tornar-nos* pessoas justas, corajosas, pacientes, dóceis, leais, amorosas, persistentes e dedicadas ao dever. E só a visão de mundo cristã nos diz como desenvolver esse caráter virtuoso, como tornarmo-nos pessoas morais.

Na adaptação do romance de Tolstoy, *Guerra e Paz*, a personagem central, Pierre, pergunta com tristeza: "Por que eu sei o que é certo, mas faço o que está errado?" Esse é o dilema humano. Podemos saber a coisa certa, mas isso não é garantia alguma de que a faremos. Conforme lamenta o profeta do Antigo Testamento, Jeremias: "Enganoso é o coração, mais do que todas as coisas, e perverso; quem o conhecerá?" (Jeremias 17.9). Ou, como define o apóstolo Paulo: "Porque eu sei que em mim, isto é, na minha carne, não habita bem algum; e, com efeito, o querer está em mim, mas não consigo realizar o bem. Porque não faço o bem que quero, mas o mal que não quero, esse faço" (Romanos 7.18-19).

Mesmo que a grande visão de Louis Finkelstein tivesse tido sucesso e um código universal de moralidade fosse acordado, as pessoas viveriam sob a égide desse código? Elas se tornariam pessoas morais? O otimista diz que sim, mas tanto as Escrituras como a evidência empírica dizem o contrário. A visão secular de ética não oferece nenhuma salvação, nenhum poder de transformar o coração humano.

Posso testemunhar o fato por experiência pessoal. Fui criado em boa família com padrões quase puritanos. Meu pai, a quem eu idolatrava, inseriu em mim os princípios de dever, honra e honestidade. Lembro-me de que sentava com ele nos degraus da parte de trás de nossa casa nas tardes de domingo e ouvia suas lições sobre os males de enganar ou roubar.

Em 1969, quando o presidente Nixon pediu-me que deixasse minha lucrativa vida de advogado para servir como seu conselheiro especial, vi que deveria encarar o convite como um dever, embora significasse drástico corte nas minhas rendas. Para me guardar contra tentações, ou até mesmo contra o que poderia parecer impropriedade, coloquei os investimentos da minha empresa de advocacia e todos os outros bens nas mãos de um fiduciário e prometi a mim mesmo não rever antigos sócios de advocacia ou clientes (que poderiam buscar favores governamentais). Todos os presentes recebidos, até mesmo caixas de bombons de Natal, sempre os dei aos motoristas de minha limusine ou aos funcionários da Casa Branca. Eu estava determinado: *Ninguém me corromperia.*

Ainda assim fui para a prisão por obstrução da justiça.

O que aconteceu?

O meu problema era que eu não entendia os enganos do coração humano. Na faculdade, estudara o melhor da filosofia moral do mundo, inclusive o famoso "imperativo categórico" de Emanuel Kant, realmente uma versão modificada da Regra Áurea (referente a Mateus 7.12), um princípio moral quase universal. Assim eu *sabia* bastante o que era certo. O problema foi que me faltou a vontade de fazê-lo. Porque nós, humanos, temos capacidade infinita de auto-racionalização; podemos justificar qualquer coisa. Foi exatamente o que eu fiz.

C. S. Lewis explica esse dilema naquele que é o meu favorito entre os seus ensaios: "Homens sem Peito". Para considerar-se moral, a "cabeça", a base da razão, tem de reger o "estômago" ou as paixões. Mas só pode fazê-lo pelo "peito" (ou tórax), o qual na analogia de Lewis representa a vontade, a imaginação moral. O problema hoje em dia, Lewis escreve, é que o racionalismo moderno reduziu a moralidade à cognição; limitou-se aos raciocínios morais, enquanto ignorou o papel da vontade e da imaginação moral; ou seja, roubou nosso "peito". Daí desejamos saber por que a moralidade está em declínio. Nas palavras inesquecíveis de Lewis: "Fazemos homens sem peito e esperamos deles virtude e empreendimento. Rimos da honra e ficamos chocados quando achamos traidores em nosso meio. Castramos o animal e exigimos que seja fecundo."[17]

Raciocínio moral e conhecimento intelectual não são o suficiente. O ser humano caído só pode cumprir a lei moral se a vontade for transformada. "Porquanto, o que fora impossível à lei, visto que estava enferma pela carne, Deus, enviando o seu Filho em semelhança de carne do pecado, pelo pecado condenou o pecado na carne", escreve o apóstolo Paulo. "Para que a justiça da lei se cumprisse em nós, que não andamos segundo a carne, mas segundo o Espírito" (Romanos 8.3-4). Quando nos voltamos para Deus, o Espírito Santo nos capacita a fazer o que não podemos realizar por nós mesmos. Esta é a essência do termo *conversão*: o desejo é completamente mudado; ele é transformado. No coração do Cristianismo está um poder transformador sobrenatural que nos capacita não só a saber o que é certo, mas também a fazê-lo – e nos torna virtuosos.

Embora só uma vontade convertida seja capaz de apresentar a virtude de maneira consistente, também há uma virtude natural falada no Capítulo 2 de Romanos (consciência), a qual é conseqüência de termos sido criados à imagem de Deus. Enquanto cristãos devamos trabalhar para a conversão de indivíduos, temos também o dever de ajudar na construção de uma sociedade boa e justa, cultivando o conhecimento ético até mesmo entre os não-convertidos.

Nossos problemas sociais mais intratáveis não podem ser resolvidos através de políticas públicas, mas apenas pela prática de um comportamento virtuoso. Tomemos como exemplo o crime. Os sociólogos e peritos em política debatem infindavelmente a questão: O que causa o crime? Mas como Michael Novak observa, até mesmo se descobríssemos a resposta para essa pergunta, como isto ajudaria? Somente possibilitaria a produzir mais crime. O que realmente precisamos saber é como produzir virtude. A sociedade deve concentrar-se em achar modos de encorajar o comportamento virtuoso, e então o crime começará a cair.[18]

Historicamente, as sociedades encorajam o comportamento virtuoso de forma positiva através dos costumes e de normas convencionadas, e negativamente por estigmas sociais, tabus e vergonha. Mas é de se admitir que é difícil fazer funcionar a última forma em uma cultura onde nenhum estigma moral é permitido, por medo de prejudicar a autoestima de alguém. Mas os cristãos podem dissipar essa névoa, lutando pelo direito a uma sociedade saudável que expresse desaprovação moral por comportamento socialmente pernicioso.

Não podemos apenas confiar na lei, já que nem todas as ações imorais podem ser ilegais. Muitas vezes, o comportamento correto é melhor imposto pelo consenso social informal que defina certo comportamento como inaceitável ou merecedor de desprezo. É por isso que campanhas contra dirigir bêbado ou uso de drogas são freqüentemente mais efetivas do que qualquer lei contra tais violações. De fato, se falhamos em impor convenções sociais, tornamo-nos atraídos à criação de mais e mais leis, as quais, na ausência de apoio popular, têm de ser impostas cada vez com maior severidade.

O que é necessário para criar-se uma vida boa? Um firme sentimento do que é certo e errado e uma determinação para colocar adequadamente em ordem a vida de alguém. Não por causa do sombrio senso de dever, mas porque isso se ajusta à nossa natureza criada e nos faz felizes e mais realizados. Quando homens e mulheres agem de acordo com a sua verdadeira natureza, sentem uma sensação de harmonia, satisfação e alegria. Isso é felicidade, o fruto da virtude. De fato, os filósofos antigos definiram felicidade como algo que a pessoa só alcança ao término de vida, depois de ter passado uma vida inteira treinando o caráter.[19]

Era essa definição que os fundadores da América tiveram em mente quando declararam o nosso direito inalienável à vida, à liberdade e à busca da felicidade. Deve ser o mesmo sentimento de qualquer país que queira experimentar os efeitos da cosmovisão cristã. Não se trata de um direito ao prazer hedonístico, como muitas pessoas acreditam hoje em dia, mas à perseguição da virtude, de uma vida gasta no alinhamento de nossos apetites e desejos de conformidade com a verdade de quem somos, o que resulta em indivíduos felizes e uma sociedade harmoniosa.[20]

Quando conhecemos o segredo da verdadeira felicidade, buscamos a virtude em todas as áreas da nossa vida, até mesmo naquelas que pensamos ser puramente técnicas ou utilitárias, como a economia. Quando isso acontece, fazemos a descoberta surpreendente de que a cosmovisão cristã aumenta o nosso bem-estar econômico e dá significado genuíno até mesmo ao nosso trabalho.

CAPÍTULO 38

O TRABALHO DE NOSSAS MÃOS

Em nada a Igreja tem perdido sua visão da realidade como no fracasso de entender e respeitar sua vocação secular. Ela permitiu que trabalho e religião viessem a tornar-se departamentos separados... Ela esqueceu que a vocação secular é sagrada.

DOROTHY SAYERS

Durante a eleição presidencial de 1992, uma nova frase entrou no vocabulário americano: "É a economia, seu estúpido". A frase veio a ser politicamente potente. Pois muito embora há mais coisas na vida do que somente pão, estamos todos preocupados com o nosso bem-estar econômico. Afinal de contas, ganhar dinheiro e sustentar nossas famílias é a nossa preocupação principal, e passamos a maior parte de nossas horas acordados trabalhando, tanto no mercado secular como em casa. Ainda assim, com que freqüência você tem ouvido um sermão da visão bíblica sobre trabalho ou economia? A Igreja de modo geral abandonou esses tópicos, acusa a ensaísta britânica Dorothy Sayers, e o resultado é que muitos crentes sentem-se como se a sua fé não tivesse nada a ver com o trabalho. Não é de estranhar, então, que algumas pessoas até mesmo questionam a relevância da religião na sua vida diária. "Como pode alguém manter-se interessado em uma religião que parece não preocupar-se com nove-décimos da sua vida?", Sayers questiona.[1]

Mas o fato é que a Palavra de Deus tem muita coisa a dizer sobre trabalho. Muito embora a Bíblia possa não endossar alguma teoria econômica em particular, ela oferece uma linha mestra para que a sociedade possa ser livre, próspera e justa. Realmente, de muitas formas os princípios bíblicos inspiraram o desenvolvimento de nosso próprio sistema de capitalismo democrático, que triunfou de forma dramática nas décadas finais do século XX. Pelo mundo afora, nações estão lançando fora os grilhões do socialismo e ansiosamente abraçam modelos ocidentais de liberdade econômica. No ocidente, os partidos políticos liberais e de esquerda estão caminhando em direção ao centro político. Até mesmo os mais fervorosos simpatizantes socialistas finalmente tiveram de aceitar que o sistema de livre mercado é melhor não só para tirar as pessoas da pobreza, mas também em reconhecer a dignidade humana.

Por ironia, entretanto, o colapso do sistema soviético e o descrédito do marxismo são os fatores mais importantes para entendermos os princípios que sustentam o sistema de livre mercado ocidental. Durante o último meio século, os ocidentais tiveram diante de si um claro e ameaçador contraste entre o mundo livre e dois regimes de terror: o nazismo e o comunismo. Quaisquer que sejam as falhas de nosso próprio sistema, era óbvio para todos, menos para aqueles que faziam questão de não encarar a verdade, que o modelo de livre mercado era em muito superior a essas alternativas. Ainda assim, hoje em dia não basta simplesmente apontarmos para esse terrível contraste, mas como resultado de nosso entendimento devemos formular uma defesa positiva dos princípios que sustentam uma sociedade livre.[2] Temos de articular os princípios bíblicos que dão suporte à liberdade econômica e a um sentimento de vocação.

A PRIMEIRA DESCRIÇÃO DO EMPREGO

Uma perspectiva da cosmovisão cristã sobre o trabalho e desenvolvimento econômico segue claramente os contornos básicos das categorias de *Criação, Queda* e *Redenção*. Nos capítulos iniciais de Gênesis, aprendemos que os seres humanos foram criados à imagem de Deus, para refletir o seu caráter; portanto, somos chamados a refletir sua atividade criativa através de nossa própria criatividade – cultivando o mundo, exaltando seu potencial, dando-lhe forma e conteúdo. Toda espécie de trabalho tem dignidade como expressão da imagem divina.

Quando Deus colocou o primeiro casal no jardim do Éden, Ele formulou-lhe a descrição do primeiro emprego: "E tomou o Senhor Deus o homem e o pôs no jardim do Éden para o lavrar e o guardar" (Gênesis 2.15). Até mesmo no Paraíso, no estado ideal de inocência, o trabalho era a atividade natural dos seres humanos. Nas palavras do teólogo T. M. Moore, "trabalho e desenvolvimento econômico usando mentes e mãos em esforço comum, são, portanto, parte do mandato original de Deus".[3]

Não obstante, a Bíblia não é de forma alguma romântica ou ingênua no que diz respeito à condição humana. O mundo que Deus criou em sua forma original foi logo arruinado pela Queda, e o trabalho está agora debaixo de uma "maldição", como teólogos usualmente definem. Em Gênesis 3.16-17 a mesma palavra em hebraico é usada tanto para a "dor" do parto como para o "trabalho extenuante" – o termo significa "labuta" e "trabalho árduo". A implicação é que por causa da Queda, ambas as tarefas centrais da vida humana – viver e sustentar a família – são carregadas de dor e dificuldade. Diante disso, podemos ser realistas sobre a agonia e a anomia de vida que florescem em um mundo alquebrado.

A tristeza que o pecado injetou na Criação não invalida o modo como fomos feitos originalmente ou o mandato para trabalhar. E a redenção nos permite restabelecer o significado e propósito originais do trabalho. Ela nos dá o poder para levar a cabo a tarefa para a qual fomos criados – desenvolver cultura e civilização. Realmente, em nosso trabalho, cooperamos com Deus na tarefa da redenção, ajudando a libertar o mundo dos efeitos da Queda.

A Bíblia também oferece os princípios subjacentes da economia, desde a propriedade privada às regras de comércio, passando pela justiça econômica. Fala com clareza da primeira exigência da liberdade econômica: quer dizer, a proteção da posse de bens e propriedades. Uma das características que fazem os seres humanos únicos, diferentes dos animais, é a capacidade de usar habilidades e talentos para moldar coisas materiais que refletem nossa individualidade – quando assim o fazemos, criamos a propriedade. Coisas materiais por si sós não são nenhuma propriedade; elas só se tornam propriedade quando os humanos descobrem maneiras criativas de usá-las de forma a torná-las rentáveis. Um exemplo é uma substância pegajosa, preta e fedorenta que nada mais era do que um estorvo até que os humanos desenvolveram tecnologias para refiná-la – então, de repente, o petróleo tornou-se fonte de riqueza. Sob esse ponto de vista, a defesa do direito de propriedade não é uma defesa de coisas materiais por si sós, mas é, antes, da dignidade da criatividade, da engenhosidade e da inventividade humanas.[4]

Ao longo das Escrituras encontramos o direito de propriedade privada reconhecido e defendido. Como um princípio moral, esse reconhecimento e defesa estão implícitos nos Dez Mandamentos: no 8º mandamento, que proíbe roubar, e no 10º, que proíbe cobiçar o que é do próximo. E na lei mosaica, aqueles que roubassem a propriedade de outrem deveriam restituí-la (Êxodo 22).

A acumulação de riqueza não é necessariamente tratada como um mal nas Escrituras. Homens como Abraão e Salomão eram muito ricos. Às vezes a riqueza é até mesmo recompensa pela fidelidade espiritual, como foi o caso quando Deus restabeleceu a propriedade de Jó e lhe deu duas vezes o que ele tivera antes de ser golpeado pelo desastre (Jó 42.10-12). Porém, as Escrituras advertem contra buscar a riqueza como um fim em si mesma ou usar da opressão e crueldade como meios para acumulá-la. Paulo dizia que "o amor do dinheiro" (e não o dinheiro em si) "é a raiz de todos os males" (1 Timóteo 6.10), e os profetas do Antigo Testamento advertiam que a riqueza conduz facilmente a um desvanecimento espiritual e até mesmo à desobediência a Deus (veja, por exemplo, Deuteronômio 31.1-21; 2 Reis 20.12-18; Salmo 49; Amós 6.1-4). Em outras palavras, o direito da propriedade privada não significa que temos o direito de fazer tudo o que nos agrada com nossas possessões.

Em última instância, como é natural, não possuímos nada; apenas somos mordomos das coisas que Deus nos confiou. É Deus quem possui todas as coisas: "Do Senhor é a terra e a sua plenitude, o mundo e aqueles que nele habitam" (Salmos 24.1). Devemos usar nossos recursos econômicos e nosso trabalho conforme Ele ordena, de acordo com a sua lei de justiça e misericórdia. É por isso que as Escrituras clamam por balanças e pesos justos (Provérbios 11.1; 20.23; Amós 8.5) e adverte do julgamento de Deus contra opressores que retêm salários ou que levam vantagem sobre o necessitado (Levítico 19.13; Amós 5.11-12; 8.5-6). As Escrituras condenam aqueles que manipulam a economia para satisfazer os próprios propósitos pecaminosos, tanto acumulando somente para si, como por outras formas de maldade, como cobiça, indolência e engano (Provérbios 3.27-28; 11.26; Tiago 5.1-6). A justiça econômica condena aqueles que aumentam seus créditos, tirando vantagem dos que lhes devem; por outro lado, os que contraem dívida devem reembolsá-la (Êxodo 22.14; 2 Reis 4.1-7; Salmos 37.21; Provérbios 22.7).[5]

O princípio subjacente é que a propriedade privada é um dom de Deus para ser usado com o propósito de estabelecer a justiça social e cuidar do pobre e do necessitado. O ladrão arrependido é orientado a não mais roubar, mas sim trabalhar com as mãos e assim ganhar o sustento e *"para que tenha o que repartir com o que tiver necessidade"* (Efésios 4.28, ênfase acrescentada). Poucos temas nas Escrituras se evidenciam de forma tão direta e clara do que as ordens de Deus para que nos preocupemos com os menos afortunados. "Aprendei a fazer o bem", Deus brada, "praticai o que é reto; ajudai o oprimido; fazei justiça ao órfão; tratai da causa das viúvas" (Isaías. 1.17). Através do mesmo profeta, Deus anuncia que o verdadeiro jejum não é um ritual religioso vazio: "Porventura, não é também que repartas o teu pão com o faminto e recolhas em casa os pobres desterrados? E, vendo o nu, o cubras e não te escondas daquele que é da tua carne?" (Isaías 58.7). Jesus aprofunda nosso sentimento de responsabilidade, falando que ao ajudarmos o faminto, o desnudo, o doente e o encarcerado, estamos, na verdade, servindo-o (Mateus 25.31-46).

Mesmo assim os pobres nunca são reduzidos a meros recebedores passivos de caridade; eles devem trabalhar em troca de benefícios. Esse princípio é melhor exemplificado nas leis do Antigo Testamento que exigiam dos proprietários deixarem generosas margens da colheita ao redor dos campos para que assim os pobres pudessem colher o suficiente para se manterem vivos (Levítico 19.9-10; Deuteronômio 24.19-22). No Novo Testamento, Paulo censura severamente os que se recusam a trabalhar e urge que eles "trabalhando com sossego, comam o seu próprio pão" (2 Tessalonicenses. 3.12). Os pobres devem manter sua dignidade como pessoas competentes e responsáveis capazes de cuidar de si próprios.

Tanto o Novo como o Antigo Testamentos foram escritos em sociedades que praticavam a escravidão, e os críticos com freqüência atacam a Bíblia por não desafiar a prática. Ainda assim, considerando as épocas nas quais foram escritas, as Escrituras estão entre os documentos mais radicais jamais produzidos contra a escravidão. No Antigo Testamento, Deus proveu meios para escravos ganharem a liberdade (Deuteronômio 15.12), e no Novo Testamento, Paulo fala para quem vivia como escravo: "se ainda podes ser livre, aproveita a ocasião" (1 Coríntios 7.21). Mais importante, a Bíblia conclama tanto senhores como escravos para reconhecerem a sua identidade primária de servos de Deus: "Porque o que foi chamado pelo Senhor, sendo servo, é liberto do Senhor; e, da mesma maneira, também o que é chamado, sendo livre, servo é de Cristo" (1 Coríntios 7.22). Não é a condição econômica que conta, mas a condição do coração – e quando o coração é transformado, tal mudança inevitavelmente transformará o modo como as pessoas estruturam seus relacionamento externos. É justamente por isso que os cristãos no ocidente passaram a ver a escravidão como incompatível com a dignidade dada por Deus para todas as pessoas, e porque muitos deles tornaram-se os líderes do movimento de abolição.

O TRABALHO SECULAR É SAGRADO

Voltando ao testemunho da história, podemos traçar um desenvolvimento equilibrado da dignidade voltada para o individual e a vocação econômica. Nos primeiros séculos depois de Cristo, a igreja primitiva foi forçada a definir uma visão bíblica de trabalho e desenvolvimento econômico em contraste com as visões herdadas da cultura grega antiga, que igualaram o mundo material ao mal e à desordem. Como resultado, os gregos denegriram tudo que se relacionava com coisas materiais – inclusive o trabalho manual. O trabalho braçal foi relegado aos escravos e artesãos, cuja labuta liberou a elite intelectual para o que os gregos consideravam a "mais nobre" busca da cultura e da filosofia.

Contra esse pano de fundo, a igreja primitiva defendeu um conceito mais elevado do mundo material como Criação de Deus. "Nunca houve espaço na tradição hebraica ou cristã para a idéia de que se deve fugir do mundo material, e que trabalhar nele seja degradante. Coisas materiais devem ser *usadas* para a glória de Deus e para o bem dos homens", escreve a filósofa britânica Mary Hesse. Como resultado, "na Europa ocidental, na era cristã, nunca houve a mesma detração do trabalho manual. Não havia nenhuma classe escrava para fazê-lo, e os artesãos eram respeitados".[6]

Não obstante, muitos teólogos primitivos foram influenciados pela filosofia grega, especialmente pelo platonismo, tendo sido criada, portanto, uma distinção entre os âmbitos sagrado e secular. Trabalhadores religiosos de tempo integral, devotados "somente ao serviço de Deus", encarnaram a "forma perfeita de vida cristã", escreveu Eusébio no quarto século, considerando que os fazendeiros e comerciantes só podem alcançar "um tipo de grau secundário de devoção".[7]

Essa atitude foi desafiada por Tomás de Aquino, que se levantou contra o fluxo platônico no pensamento cristão e acentuou o valor do mundo criado. A filosofia tomística estimulou os escolásticos a explorarem tópicos agora considerados parte da economia, como propriedade, comércio, preços e criação de riqueza – culminando no trabalho desenvolvido no século XVI pela Escola de Salamanca, na Espanha, exaltado pelo grande economista Joseph Schumpeter como "os fundamentos" da economia científica.[8]

Igualmente os reformadores protestaram de forma vigorosa contra a dicotomia entre o sagrado e o secular e a desvalorização implícita da Criação. Quando levamos a cabo nossa vocação em obediência às ordenanças de Deus, escreveu Martinho Lutero, então o próprio Deus trabalha através de nós de acordo com seus propósitos. Essa parceria inclui *todas* as formas legítimas de trabalho, não só as vocações espirituais. Lutero rejeitou totalmente a noção de que os monges e o clero eram comprometidos com um trabalho mais santo do que os lojistas e as donas de casa. "Trabalhos aparentemente seculares são adoração a Deus", escreveu, "e uma obediência que agrada bastante a Deus".[9]

A divisão entre sagrado e secular não só colocou o trabalho em segundo plano, mas também manteve os trabalhadores seculares em padrão mais baixo de devoção e espiritualidade. A Reforma desafiou esse conceito, insistindo que nenhum crente está isento dos mais elevados padrões espirituais. Olhando pela lente bíblica, Lutero escreveu, "o mundo inteiro [está] cheio de serviços para Deus, não só as igrejas mas também as casas, as cozinhas, os porões, as fábricas e os campos de gente da cidade e dos fazendeiros".[10]

A partir de passagens como a parábola dos talentos em Mateus 25.14-30, os reformadores também derrubaram uma convicção medieval comum de que o lucro é imoral. "Uma das lições mais simples da parábola", escreve Robert Sirico, "é que não é imoral lucrar com nossos recursos, inteligência e trabalho". Afinal de contas, a alternativa para o lucro é a perda, e a perda devido à falta de iniciativa "não constitui uma boa mordomia".[11] Deus espera que usemos nossos talentos – tanto habilidades como dinheiro – para fins produtivos, visando servir aos outros.

Essas convicções acerca do valor do trabalho e do talento empresarial moldaram o que se tornou conhecida como a ética de trabalho protestante. Esta, em troca, tornou-se a força motriz por trás da revolução industrial que elevou sem medida o padrão de vida de um grande número de sociedades ao redor do planeta.[12] O impacto de uma ética do trabalho é um dos grandes exemplos do modo como a cosmovisão cristã pode revolucionar uma cultura.

■ ■ ■

A VISÃO CRISTÃ de trabalho, entretanto, sofreu oposição de uma variedade de visões seculares que começaram a surgir depois do iluminismo. A rejeição da doutrina bíblica da Criação conduziu à rejeição de sua doutrina da natureza humana (sua antropologia). Os seres humanos já não eram mais vistos como resultado do trabalho manual de Deus, vivendo de acordo com elevados propósitos espirituais e morais – amar a Deus e servir aos semelhantes. Ao invés disso, passaram a ser vistos somente como parte da natureza, dirigidos pelo egoísmo e pela conveniência. Como resultado, a ética protestante foi separada de seu contexto cristão de mordomia e serviço, e degradou-se em um credo de sucesso pessoal.

No final do século XVIII, por exemplo, Adam Smith, o fundador do capitalismo, definiu o trabalho apenas como um meio de satisfazer o egoísmo das pessoas. Ninguém age por benevolência, definiu, mas somente por causa da iluminada preocupação com o avanço pessoal: "Não é por causa da benevolência do açougueiro, ou do padeiro que temos nosso jantar, mas pela sua consideração com o próprio interesse. Direcionamos nossos esforços não à humanidade dos comerciantes, mas ao seu amor-próprio".[13] Considerando que tanto a ética clássica como a cristã consideraram o egoísmo como um vício a ser superado para o bem comum, Smith entendeu que o egoísmo era realmente bom para sociedade. A sua teoria do capitalismo transformou uma atitude que antes se pensava ser má em virtude. "O paradoxo", escreve o teólogo Michael Novak, "consistiu em atingir um resultado altamente moral [livrando-se da fome e da pobreza] dando *menos* ênfase aos propósitos morais" e enfatizando mais o egoísmo racional.[14]

Para Smith, a economia era um mecanismo amoral e autônomo, separado da influência moral da lei, da Igreja ou da família. Sem dúvida, argumentou que a melhor coisa para a economia é que todos saiam do seu caminho e dêem liberdade para "a mão invisível", que garante que a oferta e a procura estejam sempre equilibradas. Essa visão de um sistema auto-regulador de produção e troca é uma secularização da doutrina cristã da providência, substituindo-a por uma interconexão da ordem da natureza.

O foco no egoísmo provou ser muito efetivo, já que para um mundo caído, essa é uma das formas mais fortes de motivação. Mas em vez de elevar-se o compasso moral, desafiando as pessoas a irem além do egoísmo, o sistema de Smith parecia acomodar-se ao nosso estado pecaminoso. Ele demandava os mesmos impulsos que o Cristianismo tradicionalmente renunciara como imorais: egoísmo em vez de preocupação para com o bem comum, ambição pessoal em vez de altruísmo, e disposição para o lucro pessoal em vez de abnegação e caridade. O sistema de Smith parecia glorificar esses impulsos, tratando-os como a força motriz para uma economia saudável, abrindo a partir daí caminho para uma nova ética de ambição, agressão e autopromoção.

Além disso, Smith estava enganado ao pensar que um mercado livre e autônomo operaria de forma mais beneficente. Foi totalmente o oposto. Como o início da industrialização provou, um capitalismo autônomo e secularizado explora tanto os trabalhadores como o meio ambiente, criando novas formas de escravidão, que o poeta William Blake denominou de "Sombrios Moinhos Satânicos".[15] O capitalismo é incrivelmente eficiente para gerar novas riquezas, mas opera com beneficência apenas quando o mercado é moldado por forças morais advindas da lei e da cultura – derivadas em última instância da cosmovião cristã.

Como fazer com que essas forças morais afetem a economia de hoje? Essa é a questão principal que se põe diante dos cristãos nessa área. Como transformarmos o capitalismo secularizado e *des*moralizado em um sistema de livre mercado moralmente responsável?

■ ■ ■

O PONTO MAIS IMPORTANTE que precisamos observar é que a economia não é um mecanismo autônomo. Depende, em primeiro lugar, de uma estrutura jurídica: um sistema de leis que vise manter a moeda corrente sadia, que proteja a propriedade privada, que garanta a execução de contratos e que coíba com severidade a corrupção. Atos governamentais que arbitrem corretamente, de forma a que todos sigam as regras e joguem limpo. Transações comerciais não podem ser levadas a cabo em uma sociedade onde as pessoas não possam confiar umas nas outras, onde a desonestidade e a corrupção sejam a regra, onde contratos são feitos para ser quebrados. Basta apenas olharmos a situação atual da Rússia para ver o que acontece quando o capitalismo é introduzido sem as regras da lei e a infra-estrutura judicial necessárias para manter a ordem no comércio: homens de negócios desumanos, como os da "Máfia Russa", saqueiam o país. Exemplos semelhantes de "capitalismo camarada", feito para os amigos, espalham-se no Terceiro Mundo, onde os que estão no poder roubam do povo com absoluta impunidade.

Capitalismo humanitário também depende de uma cultura moral sadia, já que o livre mercado prontamente serve de instrumento para as escolhas morais que fazemos, suprindo os consumidores de quaisquer coisas que quiserem – desde Bíblias à pornografia. Somente uma cidadania virtuosa se recusará a fabricar ou comprar produtos que são imorais e destrutivos. É interessante que a idéia de uma economia controlada foi adotada para evitar essa mesma situação: pensou-se que o único modo de garantir a fabricação de produtos socialmente benéficos era tirar as decisões econômicas das mãos dos cidadãos particulares e colocá-las nas mãos do Estado. Mas economias controladas pelo Estado não funcionaram. E agora sabemos que simplesmente não há atalho algum:

moralidade no mercado depende das decisões de cada agente econômico. É por isso que o papel do cristão é indispensável, porque somente nós temos os recursos espirituais para ajudar a criar um clima moral saudável.

Até mesmo empreendimentos requerem a prática de virtudes morais. Aqueles que investem tempo e dinheiro em empreendimentos nos quais as recompensas não são imediatas têm de praticar trabalho duro e abnegado, e devem esperar satisfação tardia, diz Michael Novak.[16] Eles também têm de cultivar sensibilidade e cortesia para com os outros, porque se você não agrada o cliente, está fora do negócio. É dito que quando o McDonald's montou seu primeiro restaurante na União Soviética, a companhia teve de ensinar os caixas a sorrir e a dizer obrigado – cortesias não requeridas quando todas as lojas eram monopólios governamentais.

Tudo isso pode ser resumido afirmando-se que o sucesso econômico depende da moralidade – quão estranho isso possa soar a alguns economistas conservadores. Às vezes alguns republicanos membros do Congresso me dizem que batalham para juntar os interesses dos religiosos conservadores e os interesses corporativos no mesmo partido. Por exemplo, os religiosos conservadores têm sido a favor de sanções contra países que praticam perseguição religiosa, enquanto os interesses empresariais opõem-se a elas, com medo de que as mesmas prejudiquem o comércio. Minha resposta é sempre que esses dois grupos não são inimigos, mas sim aliados, e que de fato precisam um do outro. Pois "os negócios são plantas que não crescem em qualquer terra", Novak escreve. Conforme mostramos, eles prosperam melhor em uma cultura que tanto é politicamente livre como moralmente virtuosa. Novak usa a imagem de um tamborete de três pernas: Uma democracia saudável inclui liberdade política, liberdade econômica e responsabilidade moral. Enfraqueça qualquer uma das pernas, e o tamborete cairá.[17]

Enquanto as sociedades ao redor do mundo lançam fora os grilhões do comunismo e do socialismo, é imperativo que os cristãos levantem a bandeira de uma base moral e espiritual para a economia livre. Pois se um capitalismo secularizado for adotado, seguramente não conduzirá à liberdade, mas a novas formas de escravidão, da mesma maneira que o capitalismo primitivo criou seus "Sombrios Moinhos Satânicos". O capitalismo provê a melhor oportunidade para o crescimento econômico e a liberdade humana apenas se for temperado pela compaixão e consideração para com a justiça social.

E AGORA, COMO TRABALHAREMOS?

A tendência contemporânea de considerar a economia como uma arena de forças amorais e mecânicas teve profundo efeito no modo como as pessoas comuns controlam as suas vidas profissionais. Fora do contexto cristão, o significado do trabalho tem sido distorcido. Roubadas da visão de eternidade e dirigidas por uma cultura cada vez mais consumista, muitas pessoas tornaram-se obcecadas com o sucesso imediato, resultando em uma importante mudança nas prioridades sociais.

Muitos preferem debilitar os laços com a família e a igreja porque o local de trabalho tornou-se o ambiente social primário. Colegas vieram a ser uma nova família, a tribo, o mundo social. "Quase que nos tornamos cidadãos de nossas companhias", diz o correspondente da *Time*, Lance Morrow, "vivendo sob a proteção de salários, pensões e seguro de saúde".[18] Muitas corporações conscientemente buscam tornar-se o centro da vida dos empregados e oferecem creches, centros de saúde, aconselhamento contra o uso de drogas e álcool e uma quantidade de serviços sociais. Conforme afirma o sociólogo Robert Schrank, "o local de trabalho executa a função de comunidade".[19]

Realmente, algumas pessoas até *preferem* isso do que viver em uma comunidade real. Em seu provocativo livro *The Time Bind* (Os Laços do Tempo), a socióloga Arlie Hochschild sugere que muitos pais de fato escolhem trabalhar em excesso, visando fugir da vida familiar. Voltando ao século XIX, o lar era tido como abrigo contra o estresse e a pressão do local de trabalho. Mas para muitos dos pais entrevistados por Hochschild, o lar é um lugar cheio de demandas incessantes de crianças barulhentas, infinitas pilhas de roupa para lavar e poucas recompensas tangíveis – enquanto no trabalho desfrutam da sociabilidade de adultos e sentem que o seu trabalho duro é apreciado. Uma mãe de três filhos contou a Hochschild: "Eu normalmente vou trabalhar bem cedo só para fugir de casa".[20]

Ao mesmo tempo, as evidências mostram que as creches têm efeitos negativos nas crianças, tanto em termos de freqüentes doenças como de comportamento incontrolável.[21] Como resultado, muitos sentem um grande desconforto pelo nível de negociação que estão tendo de ter em casa para poderem dedicar-se ao trabalho – uma preocupação que a imprensa popular rapidamente tornou pública em grandes manchetes, como a da resvista *U.S. News and World Report* em recente artigo intitulado "*Lies Parents Tell Themselves about Why They Work*" (Mentiras que os Pais Dizem a si Próprios sobre as Razões por que Trabalham).[22]

Porém, tudo isso é o sintoma de um problema mais fundamental – as pessoas perderam o sentimento de propósito mais elevado para trabalhar. Em nossa cultura materialista, o trabalho está reduzido a uma função utilitária: é um meio de alcançar benefícios para *este* mundo, para *esta* vida – seja lucro material ou satisfação própria. O trabalho já não tem o propósito transcendente de servir e amar a Deus. Não é de se esperar, portanto, que muitos estejam questionando o significado do trabalho. Como escreve Morrow, as pessoas hoje se estão perguntando: "Há algum valor inerente no trabalho?"[23]

Essa situação oferece aos cristãos uma rica oportunidade para defenderem que o trabalho só satisfaz de verdade quando estiver firmado em sólidas bases morais e espirituais. É tempo de a Igreja proclamar os verdadeiros valores dessa parte crucial da vida, restabelecendo a compreensão bíblica do trabalho e da economia. Uma teologia bíblica do trabalho deveria ser assunto freqüente nos sermões, da mesma maneira como o foi durante a Reforma, ocasião em que estabelecer a vocação da pessoa era considerado um elemento crucial do discipulado.[24] As igrejas deveriam organizar classes de ética empresarial e princípios bíblicos de trabalho para os que se encontram no mercado.[25] Finalmente, deveriam montar programas para ajudar os pobres em condições de trabalhar a tornarem-se auto-suficientes em vez de dependentes da ajuda financeira governamental.

Os estudos mostram que só a Igreja pode prover a ética no trabalho e o senso de propósito que tiram as pessoas da pobreza. Quando a Corporação de Calçados Allen-Edmonds montou uma nova fábrica de sapatos em Milwaukee, o presidente da companhia, John Stollenwerk, contatou pastores em várias igrejas da redondeza. Quando perguntado por que não havia procurado os programas de treinamento profissional locais, estaduais e federais para recrutar os novos empregados, Stollenwerk respondeu: "Nunca pensamos nisso". Os programas de treinamentos governamentais podem fornecer habilidades específicas, explicou, mas nunca os hábitos morais de confiabilidade, trabalho duro e compromisso com a família, qualidades dos bons trabalhadores. Por outro lado, as igrejas fornecem justamente esses valores fundamentais.[26]

Além isso, muitas igrejas estão provendo excelentes programas modelo que estimulam a auto-suficiência econômica. Elas estão estabelecendo programas de treinamento profissional que visam a ajudar os pobres a encontrar emprego; estão montando cooperativas de crédito, bancos de emprego e feiras empresariais. No Brooklyn, em Nova York, por exemplo, o Reverendo Ronald Marino montou um programa chamado *Resourses, Inc.* (Companhia de Recursos) que objetiva treinar os imigrantes em habilidades de trabalho e gerenciamento. Depois abriu suas próprias companhias para empregá-los.[27]

Em Portland, Oregon, a *Union Gospel Mission* (Missão União Evangélica) fundou o programa chamado Mudança de Vida, que visa oferecer treinamento profissional para criminosos condenados e viciados em droga. Um homem de 24 anos que era desabrigado e usuário de drogas é hoje estudante universitário com notas acima da média no curso de engenharia elétrica. Uma mulher de 38 anos que era prostituta agora é a gerente de uma franquia local da rede de restaurantes *fast-food* Subway.[28]

Voice of Hope (Voz da Esperança), um programa comunitário cristão em Dallas (mencionado no capítulo 36), usa seu projeto de reabilitação de moradias como um modo de ensinar habilidades profissionais aos adolescentes dos guetos. Os jovens aprendem carpintaria, pintura, jardinagem e gerenciamento prático de finanças.[29] A Igreja Cristã Mississippi Boulevard em Memphis, Tennessee, encoraja o desenvolvimento econômico no bairro circunvizinho de baixa renda, abrigando pequenas feiras semanais no estacionamento da igreja. Pequenas empresas e empresários vendem seus produtos e fazem negócios entre si. A igreja também realiza sua *Trade Expo*, uma exposição anual de negócios.[30]

Uma igreja no oeste de Los Angeles, chamada Igreja de Deus em Cristo, dirige uma corporação de desenvolvimento comunitário que objetiva a "estruturação econômica" dos pobres do bairro. Seus programas incluem treinamento profissional e desenvolvimento empresarial, bem como mantém parcerias com grandes corporações e empresas, visando conseguir empregos para os residentes do bairro.[31]

Como a reforma do sistema assistencial dos EUA reduz significativamente o papel do governo na ajuda aos pobres, a igreja tem uma grande oportunidade de tomar para si essa responsabilidade. Muitos cristãos já se estão mobilizando para ajudar os beneficiários do salário desemprego a passarem da dependência para o trabalho, conforme ilustram as seguintes histórias de sucesso.[32]

No Mississipi, o programa Fé e Famílias, no qual membros de igrejas adotam famílias dependentes do salário desemprego, já beneficiou 350 famílias. Mais da metade está agora desligado do apoio financeiro do governo, e o programa está sendo levado para outros estados.

No Texas, 219 igrejas uniram-se ao programa Famílias Pioneiras, ajudando 230 dependentes do salário desemprego a acharem trabalho dentro dos rígidos limites de prazos do Estado.

Em Michigan, quase 60 igrejas do condado de Ottawa ajudaram 60 famílias a deixar o auxílio desemprego no período de um ano. O condado é a primeira localidade nos Estados Unidos a encaminhar todos os beneficiários do salário desemprego que estavam em condições de trabalhar para o mercado de trabalho – um sucesso surpreendente.

Em Maryland, 21 igrejas no condado de Anne Arundel ajudaram 30 famílias a obter trabalho e livrar-se da assistência pública.

E na Flórida, uma coalizão de 70 igrejas ajudou 700 imigrantes legalizados idosos e inválidos que foram afetados de forma adversa pela reforma assistencial do governo.

Princípios semelhantes de desenvolvimento econômico estão sendo aplicados por cristãos ao redor do planeta para combater a pobreza do Terceiro Mundo. Em Manila, capital das Filipinas, uma parte da cidade aloja mais de 65 mil pessoas em casebres que nada são além de barracos de madeira com telhado de metal retorcido. Sem esgotos, encanamento ou abastecimento público de água, o mau cheiro é terrível. Crianças correm desnudas pelas ruas, enquanto os adultos sentam-se nas calçadas com olhar perdido.

Em meio a essas condições de desespero, a missão *Prison Fellowship International* iniciou o projeto de uma microempresa que tira as pessoas da vizinha Prisão de Mantalupa, coloca-as em uma igreja, e então lhes empresta 120 dólares para comprar um *pedicab* (táxi na forma de bicicleta com uma cabina e assento ao lado, usado para transportar passageiros e pacotes por ruas abarrotadas de pessoas). O programa veio a ser um enorme sucesso: 95% dos que recebem os empréstimos reembolsam a dívida dentro de nove meses.

Visitei o programa e vi o estacionamento onde 30 reluzentes *pedicabs*, todos portando o logotipo da missão na frente, polidos e cintilando ao sol, estavam alinhados como automóveis na exposição. Saudando-nos estavam os orgulhosos proprietários dos *pedicab* (todos ex-presidiários) e suas famílias, ao lado dos pastores que eram seus monitores e conselheiros.

Os ex-presidiários organizaram um concerto e, enquanto cantavam no palco, uma pequena menina, talvez de quatro anos de idade, com grandes olhos castanhos, subiu na plataforma e caminhou em direção ao pai logo à frente do grupo. Ela abraçou as suas pernas e o observou com uma expressão de adoração; ele olhou para baixo e começou a acariciar os cabelos da menina. Aquele quadro está congelado na minha memória; tudo o que eu fiz no ministério por 25 anos valeram por aquele único momento – ver um ex-presidiário, ex-membro de quadrilha, com uma família amorosa, trabalho e esperança.

A meta da Igreja em todos esses programas é satisfazer uma necessidade muito mais profunda do que a mera necessidade ganhar a vida: os programas estão atendendo à necessidade de sermos criativos, impressa em todo coração humano pelo Criador. Alexander Solzhenitsyn compreendeu essa verdade brilhantemente em *One Day in the Life of Ivan Denisovich* (Um Dia na Vida de Ivan Denisovich), seu clássico romance que descreve a vida no *Gulag*. Ali, apesar das rações de fome, da brutalidade dos guardas e do trabalho extenuante, a personagem principal, Shukhov, descobre que os elementos verdadeiramente humanos da vida podem ainda prevalecer: amizade, generosidade, fé... e trabalho. Até mesmo com seu corpo violentado e cheio de dores, Shukhov sente uma punhalada de orgulho pela sua habilidade em construir uma parede de tijolos com uma linha fina e reta. Quando os guardas reúnem os prisioneiros para marchar de volta ao acampamento, Shukhov dá uma olhada final no trabalho. "Nada mal!", pensa. Então "ele esticou o pescoço e examinou a parede da direita para a esquerda. Seus olhos eram como o nível de um pedreiro. Estava reto. As suas mãos ainda eram habilidosas".[33] Até mesmo nas mais severas circunstâncias, o trabalho ainda é um presente de Deus que traz sensação de realização pessoal e de utilidade.

■ ■ ■

As preocupações contemporâneas sobre assuntos econômicos refletem uma confusão profunda na sociedade secular – seja a reforma nos sistemas assistenciais, as tensões no trabalho e compromissos familiares, ou a relação da moralidade com a política econômica. Somente o Cristianismo tem a chave para esse dilema. Pois somente a cosmovisão cristã provê os fundamentos morais essenciais para a preservação dos sistemas econômicos livres; só a cosmovisão cristã provê uma visão elevada do trabalho que dá significado e dignidade para o labor humano. Uma vez mais vemos que o Cristianismo oferece a verdade sobre a realidade, fornecendo um mapa para encontrarmos nosso caminho por entre as confusões e perplexidades da vida cotidiana.

O Cristianismo nos dá até mesmo as pressuposições básicas necessárias para dirigirmos uma nação por meio de leis justas, imparciais e honestas e nutrirmos um sistema político que seja tanto livre como bem ordenado. De fato, o Cristianismo teve papel definitivo na formação do caráter de nosso próprio governo, nos EUA, conforme veremos no capítulo seguinte.

CAPÍTULO 39

O APELO DEFINITIVO

A própria idéia de liberdade pressupõe alguma lei moral objetiva que vai além do governante e, da mesma forma, do governado. O subjetivismo dos valores é eternamente incompatível com a democracia... se não há nenhuma Lei da Natureza, o caráter de qualquer sociedade é uma criação de seus governantes, educadores e condicionadores.

C. S. LEWIS

O lugar era Birmingham, Alabama. O ano, 1963. A data, alguns dias antes do final de semana da Páscoa.

Nove anos se passaram desde que Rosa Parks recusou-se a sentar na parte de trás do ônibus, reservada aos negros, em Selma, Alabama, e fazia quase o mesmo tempo que os Cavaleiros da Liberdade realizaram suas jornadas desafiadoras nos ônibus Greyhound e Trailways contra a segregação de passageiros negros. Um grupo de líderes do movimento pelos direitos civis – Martin Luther King Jr., Ralph Abernathy, Andrew Young e outros na Conferência da Liderança Cristã do Sul (CLCS) – juntaram-se no centro da cidade, no "quarto de guerra", um apartamento do Gaston Hotel, para tomar a decisão estratégica mais significativa até então.

O grupo havia lançado uma campanha pelos direitos civis em Birmingham, a qual estava a pleno vapor, com milhares de jovens unindo-se aos líderes em marchas pacíficas. Um boicote das lojas do centro da cidade causava impacto. E a estratégia de resistência não-violenta estava funcionando: por estarem superlotando as cadeias, tornava-se impossível suprimir o movimento pela força bruta.

O progresso em Birmingham era notável. Birmingham – uma cidade tão racista que as autoridades locais fecharam parques e ligas de beisebol da cidade para evitar a integração de brancos e negros. Uma cidade cujos líderes declararam que haveria sangue nas ruas antes que obedecessem a decisão da Suprema Corte de integrar as escolas. Uma cidade onde servir-se comida para brancos e negros no mesmo balcão ainda era ilegal. Uma cidade que nos últimos seis anos presenciara 17 atentados a bomba – todos não solucionados – em igrejas de negros e casas de líderes do movimento pelos direitos civis. Uma cidade onde terroristas racistas castraram um homem e deixaram seu corpo em uma estrada deserta.

Não era de se surpreender, portanto, que os oficiais de Birmingham houvessem decidido lutar contra o movimento pelos direitos civis, adotando táticas que já haviam funcionado com sucesso um ano antes em Albany, Geórgia. Eles acharam um juiz federal que emitisse uma ordem contra King e os outros líderes do movimento, que anunciaram planos de marchar na Sexta-feira da Páscoa. Se os líderes obedecessem a ordem restritiva, como fizeram em Albany, perderiam a marcha – e veriam as conseqüências. Sem liderança, o movimento, perderia impulso e fracassaria. Agora, se desobedecessem a ordem, estariam desafiando um tribunal federal, levando a desobediência civil a novos níveis. Seria isso moralmente justificável?

Os conselheiros de King argumentavam que renunciasse à marcha para que pudesse levantar dinheiro suficiente para pagar a fiança dos participantes que fossem presos. Mas como poderia pedir para que os outros fossem de boa vontade para a prisão a menos que estivesse disposto a unir-se a eles? Além disso, seu compromisso de marchar na Sexta-feira da Páscoa havia sido reiterado várias vezes em eventos públicos. Se não aparecesse, os partidários seriam desmoralizados e os inimigos pensariam que havia desistido.

O que fazer? King entrou em um dos quartos da suíte para orar pela sua decisão. Quando reapareceu, depois de mais uma hora, estava vestindo um novo macacão que comprara para usar na prisão.

"Eu vou marchar", King decidiu. "Não podemos saber o que vem pela frente. Devemos cumprir nossas promessas da melhor forma que pudermos. Agora estamos nas mãos de Deus."

"Filho", disse o pai, Dr. Martin Luther King Sr.: "Eu nunca fui contra qualquer de suas decisões. Mas desta vez penso que seria melhor você permanecer em casa. Eu não desobedeceria aquele mandato."

Por um momento a agonia da decisão tomou conta de King mais uma vez. Ele refletiu por um instante, para então afirmar: "Não. Estou determinado."

"Então está certo", respondeu o pai, acenando a cabeça afirmativamente.[1]

■ ■ ■

Um fotógrafo captou o momento da prisão de King em uma fotografia que se tornou famosa – o grande líder do movimento pelos direitos civis algemado, olhando para trás em direção aos partidários, a face assombrada. Dentro da prisão de Birmingham, foi trancado em uma cela solitária do tamanho da cela de um monge, estreita e sem janela. O encarceramento ficou ainda mais amargo, quando seus advogados trouxeram uma cópia do jornal *Birmingham News*, contendo uma declaração assinada por oito ministros brancos, criticando sua estratégia de desobediência civil.

Mas de repente King teve uma inspiração. Ele prepararia uma refutação a esses ministros na forma de carta aberta – uma defesa do movimento pelos direitos civis que apelaria à consciência de toda a América. Em pedaços de papel higiênico e mais tarde escrevendo em papel contrabandeado, página por página, King produziu uma epístola lírica sobre por que às vezes é justificável quebrar a lei.

O movimento pelos direitos civis, reconheceu, havia ganho muito de sua força ao persuadir as pessoas que obedecessem a decisão da Suprema Corte, de1954, que abolia a segregação racial nas escolas públicas. Assim, "à primeira vista pode parecer bastante paradoxal quebrarmos de forma consciente as leis. Alguém bem pode perguntar: 'como você pode defender a violação de algumas leis e a sujeição de outras?' A resposta está no fato de que há dois tipos de leis: a justa e a injusta. A pessoa tem não apenas responsabilidade legal mas também moral de obedecer às leis. Por outro lado, a pessoa tem responsabilidade moral de desobedecer leis injustas. Eu concordaria com Agostinho de que 'uma lei injusta não é absolutamente lei alguma'.

"Agora, qual é a diferença entre as duas?... Uma lei justa é um código feito pelos homens que se enquadra com a lei moral ou a lei de Deus. Uma lei injusta está fora de harmonia com a lei moral. Para fazer referência a Tomás de Aquino: Uma lei injusta é uma lei humana que não está arraigada na lei eterna e na lei natural."[2]

A tradição da desobediência civil, King observou, retorna aos tempos do AntigoTestamento – a Sadraque, Mesaque e Abede-Nego, três jovens judeus que por causa da consciência desobedeceram às leis do monarca babilônico Nabucodonosor. Retorna também ao reformador Martinho Lutero, que declarou: "Aqui estou postado; não há outra coisa que eu possa fazer. Deus, me ajude". Retorna, ainda, a John Bunyan, que foi encarcerado por suas convicções: "Eu ficarei na prisão até o fim dos meus dias antes que assassinem minha consciência". E, por último, a Thomas Jefferson, que justificou a Revolução Americana com estas sonoras palavras: "Defendemos estas verdades para que não haja dúvidas que todos os homens são criados iguais".

King lembrar-se-ia para sempre desse encarceramento como sendo o momento em que as suas convicções foram testadas ao extremo. A "Carta da Prisão de Birmingham" tornou-se um de seus maiores testamentos de fé.

Um grande fardo foi tirado da sua mente, quando soube que com rapidez levantaram recursos para libertar todos os partidários dos direitos civis. Ele ficou surpreso e aliviado, e naquele momento, como veio a escrever depois, tornou-se "atento a um sentimento que havia estado desde o princípio presente abaixo da superfície da consciência", algo que "não experimentara por nunca haver estado verdadeiramente em uma prisão solitária; a companhia de Deus não pára à porta de uma cela de prisão. Eu não sei se o sol estava brilhando naquele momento. Mas sei que mais uma vez eu pude ver a luz".[3]

UMA LEI ACIMA DA LEI

Martin Luther King Jr. garantiu o seu lugar na história americana, quando o movimento popular que ele conduziu finalmente convenceu a nação a afirmar que os princípios da Declaração da Independência aplicam-se de fato a todos os americanos. Mas tão importante quanto o sucesso da sua cruzada é o princípio sobre o qual foi firmada, pois é a base fundamental de nossa forma republicana de governo: que este não é simplesmente um contrato social entre as pessoas e aqueles que governam, mas um contrato social feito debaixo da autoridade de uma lei mais elevada.

A maior batalha moral na história da nossa nação – a campanha para terminar com a escravidão – baseou-se no mesmo princípio. Os abolicionistas denunciaram a lei do escravo fugitivo (pela qual o Congresso exigia que as pessoas devolvessem os escravos que escapassem) como contrária à "lei superior", embora fosse uma ordem expressa da Constitutição.[4] Lincoln empregou o mesmo argumento, opondo-se à decisão da Suprema Corte que tolerava a escravidão.[5] Ele escreveu apaixonadamente sobre "o dever das nações, bem como dos homens dependerem do poder supremo de Deus". Somente uma convicção profunda da nossa obrigação de submetermo-nos a uma autoridade superior poderia ter fortalecido aquele humilde advogado do interior a opor-se à escravidão, quando esta era uma instituição legalmente estabelecida.

O mais significativo debate moral dos nossos dias – o debate sobre o aborto, a eutanásia e outros assuntos relacionados à vida – é movido pela mesma convicção. O movimento a favor da vida recusa-se a aceitar a atual lei do aborto baseado na premissa de que nenhuma lei humana é válida, enquanto for contrária a uma lei superior.

Essa compreensão da lei transcendente acima da lei humana (ou lei positiva) é crítica para a preservação da liberdade e da justiça. Conforme a Declaração da Independência define, existem certos "direitos inalienáveis" que estão além da autoridade do governo tanto para conceder como negar; este somente podem reconhecê-los como preexistentes. Pois se o governo confere esses direitos, então *não* são inalienáveis, já que também pode retirá-los – e qualquer grupo desvalido pode ser esmagado pelo egoísmo da maioria ou pela força nua e crua do Estado.

O professor Robert George, da Universidade de Princeton, exemplificou esse posicionamento de maneira clara numa cadeira de direito civil, lendo aos alunos as palavras de abertura da Declaração da Independência: "Defendemos estas verdades para que não haja dúvidas que todos os homens são criados iguais, que são dotados pelo Criador de certos direitos inalienáveis". Então olhou para a multidão de alunos na sala de conferências lotada e disse: "Estas são as palavras fundamentais da doutrina americana a respeito dos direitos civis e, à luz do conteúdo dessa doutrina tal como expressa na Declaração, talvez fosse adequado começarmos nossas reflexões dando graças ao Criador que nos dotou desses direitos. Portanto, silenciosamente, cada um de acordo com sua própria tradição e à sua própria maneira, agradeçamos ao Criador por nossos direitos". A seguir, acrescentou de modo brincalhão: "Aqueles dentre vocês que não têm fé podem aproveitar essa oportunidade para refletir, em silêncio, sobre a origem dos nossos direitos mais importantes, os quais creio que vocês também prezam". Quando olhou de novo, viu 250 universitários de cabeça baixa (e, ao lado, uma porção de professores auxiliares assistindo a tudo, pálidos e escandalizados).[7]

A idéia de uma lei transcendente tem raízes históricas profundas, como até mesmo uma pesquisa superficial torna claro. Na antiga cultura judaica, a lei (Torá) era considerada como revelação divina. Entre os antigos gregos, Platão e Aristóteles sustentaram que a justiça humana é definida por verdades mais elevadas, ou ideais, acessíveis à razão humana e reconhecíveis através de uma lei natural – os princípios morais que se coadunam com nossa natureza como seres humanos. Da mesma forma, os romanos apelaram para uma origem eterna da lei, como se reflete na afirmação de Cícero: "A lei não é produto do pensamento humano nem é algum acordo entre povos, mas algo eterno que governa todo o Universo".[8] Por volta de 380 d.C., o Cristianismo era a religião oficial do Império Romano e, a partir daí, o direito ocidental foi amplamente moldado pela concepção cristã, baseada na doutrina da Criação. Teólogos como Agostinho e Tomás de Aquino sustentaram que a lei humana deve refletir a ordem moral criada por Deus – que pode ser reconhecida tanto pelo crente como pelo não-crente, já que é uma "lei escrita no coração". Uma lei que não reflita essa lei natural, como King escreveria da cadeia de Birmingham, é uma lei injusta – a qual absolutamente não é lei alguma.

Assim, a tradição política ocidental geralmente pressupõe que, para serem válidas, as leis humanas devem estar alicerçadas na lei natural pela qual Deus governa a Criação, a qual, por sua vez, é uma parte de sua lei eterna. Esse pressuposto está expresso na Carta Magna de 1215, uma constituição fundamental que garantiu certos direitos e privilégios aos nobres em relação ao rei. Essa lei natural também é o fundamento do direito comum inglês.

"A lei natural ditada pelo próprio Deus... é normativa em todos os países e em todos os tempos", escreveu o grande jurista do século XVIII, Sir William Blackstone. "Nenhuma lei humana tem qualquer valor, se for contrária a esta; e as leis humanas que são válidas derivam toda sua força e autoridade, mediata ou imediatamente, dessa lei original." Blackstone entendia que a genialidade do direito comum ocidental era que este refletia os costumes, as crenças e as tradições do povo como se tivesse sido escrito por "homens cheios do Espírito de Cristo".[10]

Mas, então, com o surgimento do nacionalismo, apareceram idéias de soberania nacional e de absolutismo político, tais como a doutrina do direito divino dos reis, sobre o qual estabeleceu-se que o rei reina mediante a autoridade direta de Deus – que a lei é aquilo que o rei decreta. Muitos cristãos levantaram-se contra essas idéias e reafirmaram a primazia da lei natural. No final do século XVI, o teólogo Robert Bellarmine publicou vários panfletos, argumentando contra o direito divino dos reis e em favor dos direitos naturais e da soberania popular. Seus escritos tiveram tanta influência que o rei Tiago viu-se obrigado a responder a eles através de sua própria série de panfletos.[11] No século XVII, o pastor escocês, Samuel Rutherford, escreveu um livro chamado *Lex Rex* ("a lei é o rei"), afirmando que a lei está acima do rei e que este a ela está sujeito como qualquer outro cidadão. O livro foi proibido na Escócia e publicamente queimado na Inglaterra, enquanto Rutherford era preso. Porém, suas idéias sobreviveram e influenciaram profundamente os pais e fundadores da nação americana através das obras de John Witherspoon e de John Locke.[12] Na nova república, os cidadãos não seriam governados por homens e sim pela lei.

Além disso, o governo deveria estar limitado não apenas pela norma da lei, mas também pela extensão de sua autoridade sobre a sociedade. No pensamento social católico, a idéia de governo limitado se desenvolveu através do conceito de *subsidiaridade* e, no pensamento protestante, através do conceito de *esfera de soberania*.

A idéia de *subsidiaridade* (do termo latino *subsidium*, "auxílio", "apoio", "assistência") sustenta que as instituições sociais maiores, como o Estado, existem apenas para ajudar as instituições menores, como a família. A implicação é que, se o Estado vai além da simples ajuda a essas instituições – se as destrói ou absorve suas funções – está agindo de forma ilegítima e perturbando a ordem social.[13]

O conceito de *esfera de soberania* surgiu do clamor unânime da Reforma – *coram deo* ("perante a face de Deus") – significando que o indivíduo responde diretamente a Deus, não mais se aproximando dEle através da estrutura mediadora da Igreja. A conseqüência é que todas as esferas da sociedade – incluindo o Estado, a família, a escola, a empresa, bem como as associações profissionais ou de voluntários – não estão sob a autoridade da Igreja e sim sob a autoridade direta de Deus. Essa foi uma compreensão eminentemente libertadora, pois significava que nenhuma das esferas poderia de modo legítimo dominar sobre as outras; todas respondem diretamente a Deus, por meio da consciência de cada um de seus componentes. Além disso, o poder de cada esfera está limitado pelo poder das demais. Como explicou, no século XIX, o teólogo holandês Abraham Kuyper, a soberania do Estado limita-se "por outra soberania, igualmente divina em sua origem – ou seja, a soberania das demais esferas da sociedade".[14]

Desse modo, a herança transmitida pela Reforma foi uma visão equilibrada sobre o Estado como algo ordenado por Deus, ainda que limitado por outras instituições sociais também divinamente ordenadas. A função do Estado é conter a força do pecado, desencadeada pela Queda. Gênesis 3.24 diz que Deus pôs anjos com uma espada flamejante para guardar a árvore da vida – os primeiros policiais em serviço de ronda. Ao preservar, dessa maneira, a ordem social, o Estado propicia o florescimento da liberdade. Mas a liberdade das demais esferas da sociedade, por sua vez, limita a do Estado. Como Kuyper escreveu, a liberdade das demais esferas é "o meio ordenado por Deus para restringir a autoridade" do Estado, que poderia, de outro modo, degenerar-se em despotismo.[15] Nessa concepção equilibrada, vemos as raízes do que os fundadores do Estado americano chamaram de "liberdade ordenada".

Outra contribuição do Cristianismo foi o conceito de separação entre os poderes, baseado na doutrina da Queda. Os fundadores perceberam que, uma vez que todos são inclinados ao pecado, seria um erro fatal confiar poder demasiado a qualquer indivíduo ou grupo. Conseqüentemente, criaram três ramificações de governo – o judiciário, o legislativo e o executivo – baseados no ensinamento bíblico de que Deus é nosso juiz, legislador e rei (Isaías 33.22). Os fundadores também estabeleceram um sistema federativo pelo qual os governos estaduais deveriam manter algum controle sobre o governo federal. Essa é a razão por que a Constituição, de forma original, reservou aos estados o direito de indicar senadores e a eleição do próprio presidente tornou-se uma atribuição dos eleitores estaduais (o colégio eleitoral). Os estados deveriam ter poder de verdade, e não funcionar como meras unidades administrativas do governo federal.

Finalmente, os fundadores construíram um sistema protegido contra a democracia direta – um sistema em que "a voz do povo é a voz de Deus". Democracias desse tipo, alertou James Madison, "têm sido eternos espetáculos de turbulência e disputas".[16] Por isso, os fundadores construíram o sistema republicano, no qual a vontade popular é sondada através de representantes eleitos, que devem ser pessoas virtuosas e preocupadas com o bem comum, capazes de colocar-se acima de paixões momentâneas. Ao mesmo tempo, esses representantes continuam responsáveis para com o povo, conseguindo-se, desta forma, um maravilhoso equilíbrio.

Que plano genial! Nunca deixo de me maravilhar e de ser grato por essa expressão histórica da cosmovisão cristã. Por mais de dois séculos, a experiência americana tem sido uma ilustração dramática do modo como os princípios bíblicos podem manter com sucesso tanto a ordem como a liberdade.[17] Mesmo que nas últimas décadas esses princípios tenham enfrentado ataque devastador das forças cada vez mais agressivas do secularismo moderno – tanto que a norma legal e o próprio caráter de nossa ordem política estão sendo agora ameaçados.

IMPERIALISMO JUDICIAL

A idéia de que a lei humana (ou positiva) deve refletir uma lei maior foi seriamente desafiada no século XIX – em especial após a publicação da obra de Charles Darwin. A teoria da evolução implicava em que não há, na Criação, uma ordem moral que funcione como base para a lei; antes, a vida é o resultado de um processo de tentativa e erro, pelo qual novas estruturas são preservadas, contanto que ajudem o organismo a aparelhar-se do que precisa para sobreviver. Essa nova visão, que surgiu com o aval da ciência, parecia sugerir que a própria verdade é adquirida através do processo de tentativa e erro – a "verdadeira" idéia é aquela que melhor possibilita o alcance dos resultados desejados. Assim nasceu a filosofia do *pragmatismo*.

O pragmatismo foi formulado quando vários professores universitários proeminentes organizaram um grupo estranhamente denominado de Clube Metafísico de Cambridge. Esses destacados intelectuais – entre os quais, Oliver Wendell Holmes, Charles Pierce e William James – definiram a verdade como a hipótese que se mostra mais apropriada, que trabalha melhor. Ou, como James definiu brevemente: "A verdade é o valor monetário de uma idéia".[18]

O que o pragmatismo entendia por lei foi declarado com ousadia por Holmes, em 1897, quando aconselhou a um auditório de estudantes de direito que deixassem de lado as noções morais e, em vez disso, encarassem a lei como uma ciência – a ciência da coerção estatal.[19] A síntese mais crassa do que isso significa depreende-se de sua famosa máxima de que a lei é "a deliberação majoritária de uma nação que pode sobrepujar todas as outras decisões".[20] Em outras palavras, a lei é reduzida à pura força.

Mais recentemente, a autoridade da lei sofreu outro golpe por meio do *desconstrucionismo*, que inicialmente era apenas um método de crítica literária, mas agora se aplica a qualquer tipo de texto, inclusive legais. De acordo com o desconstrucionismo, a linguagem não revela significado (o que implicaria a existência de um reino transcendente da verdade); antes, é uma construção social. Todo texto reflete várias forças (freqüentemente conflitantes) sociais e culturais, destinadas, em última instância, a incrementar o poder de algum grupo social. Interpretar não significa identificar o que o autor quis dizer, e sim "desmascarar" as relações de poder subjacentes.[21]

Nos últimos anos, essas visões radicais a respeito da lei começaram a infiltrar-se e moldar decisões judiciais – inicialmente, em casos que envolviam direitos religiosos. Não havia algo como uma conspiração anticristã em processo, ao contrário do que muitos cristãos criam; antes, os casos religiosos tornaram-se os alvos mais óbvios por se apoiar mais claramente naquilo que agora tinha de ser desacreditado – a autoridade de uma lei maior.

Os tribunais mudaram rápida e dramaticamente. Bem recentemente, em 1952, o juiz da Suprema Corte, William O. Douglas, descrevia os Estados Unidos como uma "nação religiosa cujas instituições pressupõem a existência de um Ser Supremo" e argumentava que o Estado deveria, portanto, "adequar os serviços públicos às necessidades espirituais do povo".[22] Douglas não estava defendendo qualquer religião em particular, mas apenas definindo que a religião é boa para o povo e que o Estado deve respeitá-la. Mas, passadas apenas duas décadas, em 1973, a Suprema Corte colocou de lado os interesses morais e religiosos mais profundos do povo, alegando descobrir na Constituição um direito implícito à "privacidade", que garantiria à mulher o direito de abortar (*Roe versus Wade*). Com um único golpe, a Suprema Corte buscou finalizar um debate político que estava em andamento nos legislativos dos 50 estados americanos, com respeito a um problema sensivelmente moral – a situação legal dos estágios iniciais da vida humana. Foi um ato de excessivo orgulho jurídico que serviu apenas para questionar a autoridade da lei, garantindo, assim, que o debate sobre o aborto continuasse e se tornasse ainda mais rancoroso. O que, naturalmente, tem acontecido.

Mas o caso *Roe* foi apenas o mais célebre de uma enorme corrente de outros – envolvendo a oração em público, cerimônias religiosas e liberdade sexual – nos quais os juízes usurparam de forma rude o processo legislativo e mostraram hostilidade crescente contra as tradições religiosas e morais que, historicamente, instruíram as leis americanas. De fato, em alguns casos, os juízes na verdade determinaram que a motivação religiosa por trás da lei concorre para desqualificá-la. Por exemplo, em 1987, a Suprema Corte derrubou uma lei do Estado de Louisiana, determinando que o ensino sobre a Criação fosse ministrado ao lado do ensino sobre evolução. Por quê? Porque a Corte decidiu que o alegado propósito secular daquele legislativo (isto é, liberdade acadêmica) era um "pretexto", para encobrir, realmente, a tentativa de promoção da religião bíblica. Isso representa uma reviravolta atordoante: se os princípios bíblicos foram tidos, no passado, como a autoridade subjacente à lei, agora servem para desqualificá-la.

Uma das decisões mais destrutivas dos últimos anos foi a do caso M*aternidade Planejada versus Casey*, em 1992.[24] Enquanto manteve modestas restrições estatais ao aborto, a Corte procurou definiu o direito de abortar, criado pelo caso *Roe*, em bases constitucionais mais firmes. A Corte abandonou a velha tática de justificar o aborto através do direito implícito à "privacidade", escondido na "penumbra" da Décima-quarta Emenda. Em vez disso, afirmou de forma direta o direito explícito à "liberdade".[25] A Corte, a partir daí, reprimiu os defensores da vida por terem a ousadia de questionar suas decisões e, em essência, os advertiu a se calarem e voltar para casa. Assim, após ter sumariamente desprezado o debate democrático sobre o aborto, em 1973, 20 anos mais tarde a Corte decretou que o simples questionamento do direito de abortar é uma afronta à norma da lei.[26]

A maioria definiu, então, a "liberdade" da Décima-quarta Emenda em termos radicais de tirar o fôlego: "no âmago do conceito de liberdade", escreveu o juiz Anthony Kennedy, "está o direito de definir o próprio conceito de existência, de sentido, do Universo e do mistério da vida humana". Em resumo, a Corte colocou o indivíduo isolado, construindo seu próprio senso de significado, como o centro de gravidade da lei constitucional. O autogoverno coletivo popular, de acordo com um código moral comum, foi rejeitado como "intolerância da maioria".[27]

De fato, a Corte rejeita *qualquer* crença em uma ética transcendental como "intolerante" e, por isso, repudia a idéia de uma lei maior, acima dos tribunais. No caso *Lee versus Weisman*, em 1992, a Corte decidiu que, mesmo uma oração inofensiva e opcional, dirigida por um rabino no princípio do período letivo, no colégio, era inconstitucional, porque infringia o direito de uma adolescente de 15 anos de não ouvir respeitosamente uma expressão de religiosidade da qual discordava.[28] O que seria, há apenas uma geração, considerado exemplo de cidadania, transformou-se em agravo à Constituição. O mais perturbador, contudo, é que a expressão religiosa proibida pela Corte abrangia não somente as religiões tradicionais, mas toda "convicção compartilhada no sentido de que exista uma ética ou uma moralidade que transcenda à criação humana".[29] Em outras palavras, a Suprema Corte estava afirmando que nenhuma moral transcendente deve ser permitida em praça pública, mas apenas a visão pós-modernista que considera a moral como uma "invenção humana".

E se nenhum apelo a uma autoridade transcendental é permitida, os próprios juízes tornam-se a suprema autoridade. Em 1995, no caso *Romer versus Evans*, os juízes derrubaram um plebiscito, democraticamente votado pelos cidadãos do Colorado, vetando direitos civis, proteções e privilégios especiais baseados na "orientação sexual". É claro que o conteúdo do plebiscito não fora esboçado com o devido cuidado, mas o juiz Kennedy, falando pela maioria, desconsiderou completamente o propósito expresso pelos votantes, presumindo ter o misterioso poder de conhecer as mentes de cada um melhor do que eles próprios. "Leis semelhantes a esta que se encontra diante de nós", escreveu "levantam a inevitável inferência de que a limitação imposta a outros nasce de animosidade em relação à classe de pessoas atingidas".[30] Em uma única e desdenhosa sentença, uma posição moral básica, desde muito tempo compartilhada não só por cristãos e judeus, mas também por muçulmanos e pessoas de outras religiões – e, além do mais, uma posição democraticamente transformada em lei – foi reduzida a nada mais do que "animosidade" pessoal. Os juízes não mais discordam meramente da ética bíblica; eles nem mesmo a reconhecem como ética, e sim a rejeitam, considerando-a como fanatismo.

A mesma atitude logo penetrou nos níveis inferiores do judiciário. Escrevendo em nome do Tribunal de Apelações da Nona Vara, em 1996, contrariando plebiscito estadual que proibia o suicídio assistido, o juiz Stephen Reinhardt fechou a porta do tribunal a pessoas "de fortes convicções religiosas ou morais". O juiz escreveu: "Eles não têm o direito de impor suas idéias, convicções religiosas ou filosofias a todos os outros membros de uma sociedade democrática".[31] No entanto, o que é o processo democrático, a não ser uma tentativa de cidadãos que pensam da mesma forma procurando unir-se para aprovar leis conforme seus melhores juízos de certo e errado? E sobre que base pode um juiz dizer que todos os cidadãos têm o direito de participar desse processo, *exceto* aqueles que têm "fortes convicções morais e religiosas"?

Esse estratagema judicial culminou, em 1997, com a decisão do caso *Boerne versus Flores*, o primeiro desafio ao Ato de Restauração da Liberdade Religiosa (ARLR), de 1993. O propósito do ARLR foi restabelecer um padrão estrito de proteção à livre prática religiosa, que tinha sido abolida pela Suprema Corte três anos antes. De modo significativo, o ARLR foi aprovado por unanimidade na Câmara, teve apenas três votos contrários no Senado e foi assinado pelo presidente Clinton de forma entusiástica. Se uma lei alguma vez refletiu a vontade popular, esse foi o caso.[32] Apesar disso, no caso *Boerne*, a Suprema Corte declarou o ARLR inconstitucional, baseado em que a autoridade expressa do Congresso para sustentar os direitos civis garantidos pela Décima-quarta Emenda não é "substantiva", mas simplesmente "remediadora". Ou seja, o Congresso não pode usar seus poderes para aumentar a proteção constitucional, a não ser com o propósito de remediar a violação de direitos que a própria Suprema Corte se digne reconhecer. Desse modo, duas grandes tendências dos tribunais ativistas convergiram em um único caso: uma, contra o direito transcendente de liberdade religiosa; a outra, contra o autogoverno. Não só foi castrada a cláusula do livre exercício, como também suprimido um voto que refletia a vontade quase unânime do povo americano.

Além disso, a Corte decidiu que tinha a suprema autoridade de definir os direitos constitucionais e estabelecer seu alcance, em um arrogante apego ao poder que teria escandalizado os fundadores do Estado americano. O direito de revisão judicial não está na Constituição, e Jefferson, na verdade, alertou contra a "oligarquia judiciária", enquanto seu adversário costumeiro, Alexander Hamilton, igualmente resistiu a um irrestrito poder judiciário.[33]

Tragicamente, os juízes conservadores parecem incapazes de levantar-se contra essa tendência de devoção cega ao imperialismo judiciário. Conservadores proeminentes, como Robert Bork, Edwin Meese e o juiz da Suprema Corte, Antonin Scalia, têm procurado resistir ao ativismo judicial através de várias formas de positivismo legal (por exemplo, a jurisprudência da intenção original) que rejeitam apelos à lei natural. Scalia chega ao ponto de insistir em que os juízes não devem levar em consideração a moral, os costumes ou mesmo a intenção do legislativo, ao tomar uma decisão, mas apenas o significado literal do texto. Por exemplo, ele argumenta que não cabe aos juízes levar em consideração a moralidade; antes, cabe ao povo transformar suas convicções morais em lei. Mas, como é natural, esse é exatamente o tipo de lei que os juízes liberais estão abolindo como ilegítimas. Dessa forma, somos apanhados em um dilema, pelo qual os juízes conservadores afirmam que os tribunais não devem consultar a moral, que cabe ao povo codificar a moral em leis – enquanto, simultaneamente, os juízes liberais estão derrubando as leis formuladas de modo democrático e que expressam as convicções morais do povo, chegando a desqualificar essas convicções como mera "animosidade" pessoal.[34]

O resultado dessas tendências é que os tribunais de hoje, liberados de uma lei maior e desdenhosos da vontade da maioria, são a força dominante na política americana. Como o professor de direito, Russel Hittinger, escreve, no caso *Casey*, a Suprema Corte estabeleceu um "novo pacto", pelo qual ela concorda em dar aos cidadãos o direito de decidir por si mesmos sobre o sentido da vida, de decidir o que é certo e errado, de agir como acharem melhor. Em troca dessa garantia, a Corte exige apenas que o povo aceite sua pretensão de ser o poder final.[35] Ou, conforme Gerard Bradley, de Notre Dame, define: "Seremos vossa Corte e vós sereis nosso povo".

Mas esse novo pacto com a Corte é inerentemente instável e levará, com o tempo, à anarquia ou ao totalitarismo. O desequilíbrio de poder entre as três esferas de governo sempre foi a grande vulnerabilidade do sistema americano. De tempos em tempos, os pratos da balança se inclinam com perigo; mas, podemos afirmar, o equilíbrio é sempre providencialmente restaurado. Até o dia de hoje. O imperialismo judiciário, no presente, ameaça destruir o delicado equilíbrio que garante a nossa liberdade. O falecido historiador, Russell Kirk, certa vez alertou que o "poder destrutivo [da Suprema Corte] se tornaria quase infinito", se ela se tornasse o poder dominante na vida pública americana, pois "aboliria a democracia".[37] Precisamente. Eis por que é tão urgente que cristãos com a cosmovisão bíblica acerca da lei e da justiça alertem o próximo a respeito da séria ameaça com que se defronta o sistema de governo americano e todos os sistemas de outros países que não mais se reportam à uma lei transcedente.

MENOSPREZANDO OS DEZ MANDAMENTOS

A compreensão cristã acerca da lei humana baseada na lei moral maior encontra paralelo na maioria das civilizações através da história. Como apontou C. S. Lewis, todas as grandes religiões e sistemas morais presumem a existência de uma moralidade objetiva (que ele chamou de Caminho ou Tao).[38] Todo nós, cristãos ou não, sentimos intuitivamente que deve haver alguma base moral suprema para a lei, algo que faz com ela esteja certa. De outro modo, qualquer lei poderia ser descartada com a provocadora expressão: "Quem disse isso?" Assim argumentou o falecido Arthur Leff, da Faculdade de Direito de Yale, em célebre discurso em 1979. A menos que haja um Deus que seja, ele mesmo, Bondade e Justiça, disse Leff, não pode haver uma base moral suprema para a lei. Porque, se não há Deus, nada pode ocupar seu lugar. Nenhum padrão humano – pessoa, grupo ou documento – está isento de ser desafiado.[39]

Leff compreendeu com habilidade as conseqüências da cosmovisão secularizada. Desde que o iluminismo começou a negar a realidade da Criação e da revelação divina, a base da lei foi corroída. Os pensadores iluministas, de forma otimista, pensaram que encontrariam uma base alternativa na razão e na experiência humanas. Porém, como Leff afirma, de forma tão pitoresca, as crenças morais de qualquer grupo ou indivíduo estão abertas a questionamentos. A conclusão lógica de todos os esforços para alicerçar a lei em algo diferente da lei transcendente de Deus é o ceticismo moral – o grande "Quem disse isso?".

As conseqüências disso estão abalando o próprio fundamento de nosso governo e de nossa sociedade.

Primeiro, a perda da autoridade moral da lei acaba com as restrições ao comportamento individual. As pessoas parecem estranhamente esquecer a conexão entre a perda da autoridade moral da lei e o caos social resultante: crime, corrupção e barbárie. Descobri como elas estão esquecidas disso quando há alguns anos fui convidado a falar sobre criminalidade a um grupo de líderes comunitários.

Em conversa informal durante o almoço, um homem alto e distinto afirmou o compromisso de sua associação com a liberdade religiosa. "Fizemos uma campanha em nossa cidade para tirar os Dez Mandamentos das paredes da sala de aula", vangloriou-se.

"O que o levou a fazer isso?", perguntei.

"Devemos ser sensíveis a todas as crenças", afirmou com segurança.

"Mas tanto os cristãos como os judeus e os muçulmanos crêem nos Dez Mandamentos. Nem mesmo os budistas e os hindus fazem objeção a eles", respondi.

"Separação entre Igreja e Estado", respondeu.

"É claro". Concordei. "Mas o Decálogo e a *Lex Divina* [lei divina] são a raiz histórica de nosso sistema legal. Essa é a razão por que Moisés é incluído entre os grandes legisladores cujo rosto está representado nos afrescos que adornam as paredes da Câmara dos Deputados."

"Tolerância, senhor. Os tempos mudaram. Devemos reconhecer isso." Ele ajeitou-se em sua cadeira, como uma sólida coluna de sustentação da comunidade.

Depois da refeição, quando comecei a falar sobre o assunto da reforma do judiciário, muitos faziam anotações, enquanto eu despejava as assustadoras estatísticas.

Nesse momento, o mesmo homem me interrompeu, indagando se eu tinha visto alguma das últimas pesquisas a respeito do crime nas escolas. "Dois terços das crianças colam na escola", afirmou. "E um terço admite que furta. Que podemos fazer a respeito?"

Não pude evitar o riso. Aquele era o mesmo homem que insistiu em tirar os Dez Mandamentos das paredes da escola. Este é precisamente o impasse pós-modernista: queremos ser livres de regras e princípios morais transcendentes, mas detestamos o caos moral decorrente.

Segundo, a perda de autoridade moral da lei significa que o governo se reduz a procedimentos utilitários. Aristóteles diz que no âmago da política está a pergunta: como devemos ordenar nossa vida em comunidade? A pergunta pressupõe a existência de um bem comum em torno do qual devemos organizar nossa vida, um imperativo moral adequado ao governo. Mas, atualmente, como sugere a lógica do caso *Casey*, a tarefa de governar significa simplesmente proteger a autonomia individual – o direito de as pessoas fazerem o que bem quiserem. Na nova visão da

Suprema Corte, escreve Gerard Bradley, o bom governo é assegurado pela libertação do indivíduo em particular das restrições da moralidade comum, defendida pelas religiões tradicionais.[40] Como resultado, o governo não possui qualquer tarefa moral positiva; antes, é pouco mais do que um guarda de trânsito, impedindo as pessoas de colidirem umas com as outras à medida que cuidam de seus próprios interesses. Governar tornou-se aquilo que Michael Sandel, professor de Harvard, chama de "república de procedimentos", com as leis sendo nada mais do que procedimentos para ajudar as pessoas a conseguirem seus objetivos.[41]

Terceiro, a perda de uma base moral para a lei significa que não podemos mais nos empenhar em um debate moral. Se a política tem a ver apenas com quem consegue o quê, então torna-se uma interminável competição de exigências, com disputas infindáveis sobre reivindicações de direitos conflitantes – decidida, definitivamente, por quem grita mais alto ou tem mais votos. Os assuntos não são resolvidos por meio de princípios, e sim pela força. Nessas circunstâncias, os indivíduos sentem-se cada vez mais desamparados e, por último, desistem do sistema político – tendência particularmente perigosa em uma sociedade democrática, que depende da participação de cidadãos informados e ativos.[42]

Finalmente, a perda de autoridade moral da lei significa que perdemos a norma da lei e voltamos à norma da arbitrariedade humana. A norma da lei não pode sobreviver a não ser que haja um padrão transcendente e imutável em relação ao qual possamos avaliar as leis humanas. De outro modo, a lei se torna aquilo que o legislador ou o juiz disser que é – o que só pode levar, enfim, ao colapso de um governo livre.[43] O ataque pós-modernista contra a verdade moral objetiva nos tem colocado a caminho da tirania.

Não obstante, não devemos perder a esperança, pois a verdade cristã ainda nos oferece um caminho para sair do impasse pós-modernista. Os cristãos, em toda parte, podem ajudar a revitalizar nossa cultura, promovendo uma visão bíblica da lei para restabelecer a sua norma jurídica e política.

A ARTE DA PERSUASÃO

Como os cristãos devem trabalhar pela renovação de nossas estruturas legais e políticas? Se aprendemos alguma lição das últimas décadas, é que não devemos aderir a movimentos políticos radicais que precipitadamente despejam chavões sobre Deus-e-pátria e afugentam nossos vizinhos seculares. Nosso objetivo não é tomar o poder e impor nossas idéias. Pelo contrário, devemos agir através de persuasão fundamentada e participação responsável.

Persuasão Fundamentada

O governo da lei. Persuasão significa que nossa tarefa fundamental é apologética – tentar convencer o nosso próximo de que a cosmovisão cristã é a melhor maneira de pôr ordem na sociedade. Precisamos entender que a maioria das pessoas não compreende a necessidade de algo tão básico como a autoridade da lei. Quando eu estava no colégio, isso era ensinado na primeira aula de moral e cívica; hoje, as matérias de civismo preferem enfocar a exploração dos índios americanos pelos colonizadores europeus.

O bem público. Precisamos também enfatizar a importância da idéia de bem comum ou bem público. Tome-se o exemplo de um semáforo: em nome do bem público, exige-se que as pessoas parem nos sinais vermelhos; do contrário, haveria caos e morte nas ruas. Essa lei aplica-se igualmente a cristãos, agnósticos, hindus e adeptos da Nova Era; gostem ou não da lei, todos devem obedecê-la por causa do bem comum.

Precisamos aplicar o mesmo raciocínio a outras leis, tais como aquelas que só reconhecem o casamento entre duas pessoas de sexos opostos. Há importantes razões pelas quais a proteção ao casamento heterossexual é do interesse da sociedade: trata-se de um padrão social que toda sociedade civilizada adotou a fim de propagar a raça e criar filhos. Os cristãos precisam esclarecer que tais leis não "impõem" uma crença religiosa, mas se baseiam em princípios morais racionais e em evidência histórica que mostra como a proteção à família promove o interesse público. Eis por que decisões tais como as dos casos *Casey* e *Romer* são tão desastrosas, pois tornam impossível determinar o que é bem público. Finalmente, podemos argumentar que a cosmovisão cristã provê o padrão mais confiável para determinar o que é bem público e incentivar o comportamento pessoal responsável.

Talvez a mais difícil tarefa hoje seja persuadir as pessoas de que elas *devem* disciplinar o seu comportamento pessoal, em nome do bem comum. O individualismo tornou-se tão desenfreado que a maioria das pessoas acha que a sociedade existe para servi-las, e não crê que tenha algum dever para com a sociedade. Precisamos demonstrar que, a menos que os indivíduos voluntariamente restrinjam seu próprio comportamento em nome do bem comum, o governo terá de fazê-lo através de medidas coercitivas – à custa de nossa liberdade.

Considere a coerção que já caracteriza os esforços para se conseguir o comportamento politicamente correto. Quando as pessoas desprezam as limitações voluntárias das convenções sociais e cívicas (os velhos hábitos de cortesia), o Estado começa a controlar o comportamento através de leis cada vez mais opressivas. Por exemplo, veja as tentativas, freqüentemente ridículas, de definição do que é ou não assédio sexual. A Faculdade Antioch publicou um código pelo qual exige que os estudantes que estão namorando dêem e recebam um do outro consentimento verbal para cada passo de seu envolvimento físico.[44] Mais absurdo ainda, uma criança de seis anos foi punida pelo professor de sua escola pública por dar um beijo amigável na face de outra criança da mesma idade, e o diretor entregou à mãe do malfeitor uma cópia da política da escola a respeito de assédio sexual.[45] E também um banco do Kansas foi multado por não ter instruções em Braille para os terminais de saque eletrônico.[46]

Podemos rejeitar tais coisas como sinais da insanidade temporária nacional, mas elas não são ilógicas. São a conseqüência inevitável da perda das limitações voluntárias do comportamento social. Há algum tempo, rotular pessoas, discriminando-as racialmente, seria considerado falta de civismo, algo que contaria com a desaprovação social e levaria ao ostracismo; hoje, na falta de tais sanções informais, isso tende a ser julgado como crime hediondo, passível de ação judicial. Tempos atrás, rapazes bem comportados não se "aproveitariam" do "sexo frágil"; hoje, na falta de tais convenções sociais, as mulheres precisam ser protegidas por leis contra assédio sexual. Fomos "libertos" das velhas normas de cortesia e moral somente para sermos aprisionados por novas regras, impostas por lei. Para reverter essa corrosão da liberdade, devemos enfatizar que o autogoverno no sentido político depende do autogoverno no sentido pessoal – isto é, controlar nossas próprias palavras e nosso comportamento por normas de cidadania e respeito.

A defesa da liberdade. A Bíblia não é um documento político, ainda que tenha implicações políticas profundas, importantes para o bem-estar geral de todos os cidadãos. Quem afirma que Jesus e os apóstolos ignoraram a política, deixa escapar as implicações políticas da máxima "Daí a César o que é de César, e a Deus o que é Deus" (Mateus 22.21). Os cristãos do primeiro século conheciam o significado exato das palavras de Jesus – e foi por um ato político (recusavam-se a dizer que "César é o Senhor") que foram crucificados, torturados e lançados aos leões.

Qual o ensino fundamental das Escrituras a respeito do Estado? Por um lado, devemos viver em submissão ao Estado. Para nosso benefício, Deus designou reis e governantes para desempenhar os deveres que cabem ao Estado: reprimir o mal, preservar a ordem e promover a justiça. Assim, devemos "honrar o rei" e submeter-nos "às autoridades superiores; porque... as autoridades que há foram ordenadas por Deus" (Romanos 13.1; veja também Daniel 2.21, Romanos 13.1-7, Tito 3.1; 1 Pedro 2.13-14,17).

Alguns interpretam essas passagens como uma garantia absoluta de autoridade, significando que o governo deve ser obedecido em todos os tempos e circunstâncias. Porém, a ordem de obediência está condicionada pela pressuposição de que as autoridades e os magistrados estejam cumprindo os propósitos para os quais Deus estabeleceu os governos (em Romanos 13.4, o governante é chamado de "servo de Deus"). Portanto, se os governantes agem de forma contrária à autoridade que lhes foi delegada, se não agem como servos de Deus, os cristãos não estão obrigados a obedecer-lhes – na verdade, podem ser até mesmo moralmente obrigados a resistir-lhes. Por exemplo, se o Estado proíbe a pregação do Evangelho, está claramente agindo contra os mandamentos de Deus que garante autoridade ao governo em primeiro lugar. Se o Estado pratica a injustiça, por exemplo, massacrando judeus ou estabelecendo uma tirania sistemática, perde sua reivindicação de autoridade divina.

Através dos tempos, esse princípio foi afirmado por pessoas como Agostinho, Tomás de Aquino, Calvino, Knox e, como vimos, Martin Luther King Jr. A Igreja deve defender a responsabilidade moral do Estado diante do julgamento transcendente de Deus, ainda que esse princípio deva ser exercido com solene prudência, enquanto o Corpo de Cristo, coletivamente, busca a direção do Espírito Santo.[47]

Decidir *quais* atos implicam a perda da legitimidade do Estado é assunto difícil e delicado. No início do regime de Hitler, os cristãos alemães debateram-se com essa questão, até que, em 1934, publicaram a Declaração de Barmen, um documento protestando contra a tentativa nazista de controlar a Igreja e insistindo na sua independência. Aqueles que concordaram com a declaração identificaram-se como a "Igreja Confessante" e engajaram-se em uma crescente oposição à política opressiva de Hitler; seus líderes mais proeminentes foram encarcerados e até executados.

Historicamente, o Cristianismo demonstra ser o defensor mais fidedigno da liberdade humana. O compromisso com uma lei maior significa que os cristãos estão na linha de frente da resistência a leis ou de ações contrárias àquela lei. A concepção bíblica foi sustentada eloqüentemente pelo político britânico, Edmund Burke, em 1788, durante famoso debate na Casa dos Lordes sobre o *impeachment* do governador-geral da Índia. O governador reivindicava o direito a uma autoridade despótica sobre os insubordinados nativos, argumentando que eles estavam, afinal de contas, habituados ao despotismo. Burke respondeu com estas maravilhosas palavras: "Meus senhores, a Companhia das Índias Orientais não têm poder despótico para conceder [ao governador-geral]. O rei não tem poder despótico para conceder. Nem vossas senhorias, nem os Comuns, nem o legislativo inteiro têm o poder despótico para conceder. O poder despótico é algo que nenhum homem poder dar... todos nós, grandes e pequenos, governadores e governados, nascemos sujeitos a uma grande, imutável e preexistente lei... essa grande lei não nasce de nossos acordos e pactos; pelo contrário, é ela que lhes dá toda a autoridade que podem ter".[48]

É verdade. Nem o rei nem o parlamento detêm autoridade absoluta, nem mesmo sobre o mais humilde súdito do Império Britânico. Essa firme convicção cristã fornece-nos a base de resistência a uma autoridade terrena, quando essa autoridade é injusta, o que tem sido o motivo pelo qual no grande rol daqueles que deram suas vidas para defender a liberdade predominam os crentes.

Os tiranos reconhecem muito claramente esse fato, e isso explica por que o governo chinês persegue religiosos com ferocidade, prendendo pastores, incendiando igrejas e proibindo reuniões domésticas. Não é pelo simples fato de os comunistas serem ateus e quererem eliminar a religião; é porque não podem suportar alguém que adora um Rei acima dos reis deste mundo. Porque essa suprema submissão fornece a base para exigir liberdade e direitos da parte do rei terreno.[49]

A autoridade da lei, a promoção do bem público e a defesa da liberdade – estes são os princípios que devemos aprender a articular ao argumentar em favor da concepção cristã da política, engajando-nos numa "apologética de quintal" em churrasco com amigos. Mas, ainda que nossas crenças procedam, em última análise, das Escrituras, devemos em uma sociedade pluralista também traduzi-las em termos que os não-crentes a possam entender. Por exemplo, quando trabalhamos pela mudança de leis sobre o aborto, não devemos apenas apelar para a revelação divina, mas também ressaltar que o dever mais fundamental de um governo é defender os indefesos. Quando nos opomos à legalização do suicídio assistido e da eugenia, podemos mencionar que o propósito máximo do governo é prevenir o uso privado de força letal. (O governo empunha o poder da espada exatamente para que os indivíduos *não o façam.*) Precisamos promover discussões públicas e convincentes, que apelem à razão e à evidência.[50]

Iniciando a Caminhada

Devemos, também, apresentar as nossas razões através do modo como vivemos. Os outros verão mais claramente a veracidade do que cremos se vivermos nossas convicções como cidadãos responsáveis em nossas comunidades.

Primeiro, os cristãos devem ser bons cidadãos. A exigência mais elementar de toda sociedade é que seus cidadãos comportem-se responsavelmente, obedeçam à lei e cumpram os deveres civis. Os cristãos devem ser os melhores cidadãos, como disse Agostinho, pois fazemos por amor a Deus o que os outros fazem apenas porque são forçados pela lei. Isso significa que votamos, pagamos impostos, importamo-nos com nossos vizinhos e vivemos pacificamente com as outras pessoas. Honramos e obedecemos a nossos líderes e magistrados civis e oramos pelas autoridades. Podemos ainda apoiar grupos que procuram proteger a liberdade religiosa. Nos Estados Unidos há, entre outros, o Fundo Beckett, o Centro Americano para a Lei e a Justiça (CALJ), o Instituto Rutherford e o Fundo de Amparo Aliança.[51]

Segundo, os cristãos devem cumprir seu dever cívico em qualquer área da vida. Quando Alexis de Tocqueville chegou aos Estados Unidos, no começo do século XIX, ficou surpreso com o nível de colaboração dos cidadãos para com seus vizinhos, organizando todos os tipos de sociedades voluntárias para atender a necessidades sociais e desenvolver projetos para o bem comum. Ele comentou que não conhecia dez homens em toda a França que fizessem o que os americanos comuns faziam todos os dias como se fosse uma coisa comum.[52] A maioria das associações que tanto impressionaram o político francês foram fundadas e eram dirigidas por cristãos que estavam seguindo o mandamento de amar ao próximo.

O mesmo continua sendo verdade hoje. As pessoas podem desprezar as faixas com as palavras "Jesus salva", afixadas nas portas das missões de abrigo e de alimentação, mas não têm como negar que esses lugares estão dispensando misericórdia e compaixão aos necessitados. Visite o centro de nossas cidades nos EUA e você descobrirá que as missões cristãs realizam a grande maioria dos serviços particulares de assistência social. Através do *Prison Fellowship*, por exemplo, milhares de voluntários ministram aos excluídos da sociedade – os que estão atrás das grades. E, através do Projeto Árvore de Natal do *Prison Fellowship*, centenas de milhares adquirem e entregam presentes aos filhos de detentos a cada Natal.

O simples cumprimento de nosso dever dentro de nossa própria esfera de influência pode produzir resultados surpreendentes. No começo de 1998, Barbara Vogel falou à sua turma da 4ª série da Escola Comunitária Highline, em Aurora, Colorado, sobre a guerra civil no Sudão, onde cristãos estavam sendo apanhados por muçulmanos traficantes de escravos no sul, e vendidos como escravos no norte. Os alunos da Sra. Vogel começaram a chorar. "Pensamos que não mais havia escravidão", afirmaram.

As crianças resolveram fazer alguma coisa a respeito. Eles formaram o grupo chamado *Slavery That Opresses People* (Escravidão Que Oprime Pessoas), conhecido como STOP (Pare). Foram também informados sobre a Solidariedade Cristã, uma organização que redime escravos – literalmente os compra e os devolve às famílias. Embora muitos dos alunos de Vogel vivessem em abrigos públicos, economizaram as subvenções e venderam limonada, camisetas e brinquedos velhos. Logo tinham dinheiro suficiente para libertar 150 escravos!

Mas os estudantes não pararam por aí. Eles começaram uma campanha de cartas, enviando 1500 correspondências a jornais e autoridades públicas. A história espalhou-se. Um sem-teto que vivia de seu carro enviou os últimos cem dólares. Uma classe de crianças deficientes físicas levantou dinheiro através da venda de comida. Um motorista de caminhão falou a respeito do trabalho das crianças para pessoas através de todo o país e coletou fundos. Dentro de nove meses, tinha entrado mais de 50 mil dólares em doações, e mais de cinco mil escravos foram libertados.

O Congresso dos Estados Unidos chamou os alunos de Barbara Vogel de "Pequenos Abolicionistas" e hasteou uma bandeira no Capitólio em sua honra. "Como professora da escola pública, não posso dizer [em classe] que Cristo é a coisa mais importante na vida", afirma Vogel, "mas isso não significa que não possa demonstrar minha fé."[53]

À medida que nos engajamos em assuntos civis, estamos dando um eloqüente testemunho de nossa fé. E, no processo, fortalecemos o autogoverno e limitamos o Estado, pois quando as estruturas intermediárias são vibrantes, o governo tem menos oportunidades de ser intrusivo.

Terceiro, os cristãos devem estar diretamente engajados na política. Como já foi mencionado, isso começa com o voto; além do mais, inclui unir-se a grupos civis e a organizações políticas e talvez concorrer a cargos públicos. À medida que o fizermos, precisaremos estar sempre atentos para manter nossas prioridades em ordem, não sacrificando nosso compromisso com Cristo nem colocando agendas partidárias em primeiro lugar. As organizações cristãs politicamente engajadas precisam definir com clareza seus objetivos cristãos e ser inflexíveis na fidelidade bíblica, nunca permitindo dominar-se por algum partido político. Trata-se de um limite estreito para ser rigorosamente observado, e que pode ser feito.

Um bom exemplo é a *Justice Fellowship* (Fraternidade da Justiça), o braço de política pública do *Prison Fellowship*, que organiza grupos de trabalho para lutar por reformas no sistema judicial e criminal baseadas na Bíblia. A abordagem da JF segue as linhas gerais da cosmovisão cristã. Com base na *Criação*, sustenta que, porque existe um Deus santo, há um padrão transcendental de justiça; portanto, para ser qualificada como justa, toda lei humana deve basear-se na lei divina. Essa é a razão por que a JF luta em defesa da liberdade religiosa e pela proteção dos princípios transcendentais expressos na lei. Com base na *Queda*, a JF afirma que, porque somos seres moralmente responsáveis, a justiça deve dirigir-se para a nossa consciência. Devemos definir o crime como um problema moral, que exige uma solução moral e espiritual. Eis por que o *Prison Fellowship* vai atrás das grades para promover estudos bíblicos e outros eventos baseados na fé. Com base na *Redenção*, a JF desafia os criminosos ao arrependimento de seus crimes e, até onde for possível, à reparação dos danos que causaram. A sociedade, por sua vez, é chamada a restaurar tanto o criminoso como a vítima para a comunidade. E como restaurar a ordem civil deteriorada pelo crime? A JF defende a chamada *justiça restauradora*, que inclui princípios como a defesa dos direitos das vítimas no processo legal, o incentivo para que os transgressores reconciliem-se com elas e a exigência de que trabalhem e lhes restituam o que foi roubado. O objetivo é restaurar a ordem social e moral na qual Deus nos colocou para viver. A agenda da JF, freqüentemente, ultrapassa os limites partidários, e a organização conseguiu êxito extraordinário sem comprometer os princípios bíblicos.

Os cristãos também podem e devem concorrer a cargos políticos – e a melhor estratégia é quebrar os estereótipos comuns. Conheço vários homens e mulheres que o fazem com sucesso tanto em nível estadual como federal. Por exemplo, Mark Earley é ex-missionário e evangélico inatacável que, como senador do Estado de Virgínia, foi inflexível em assuntos morais e ainda se fez respeitar por seu dedicado trabalho em várias outras áreas. Quando anunciou que concorreria para procurador-geral do Estado, em 1997, uma classe maledicente em torno da capital,

Washington, vaticinou que os eleitores se voltariam contra aquele "fanático religioso". Entretanto, Earley promoveu forte campanha sobre esses tópicos e não somente ganhou, mas o fez com a maior margem de vitória já atingida por um republicano na história do Estado.

Quarto, a Igreja deve agir como consciência da sociedade, tornando-se um obstáculo ao mau uso da autoridade governamental. Coletivamente, a Igreja deve guardar com zelo sua independência, manter a voz profética vigilante e resistir à sedução do poder mundano. Ela deve afirmar a responsabilidade moral do governo em agir de acordo com a autoridade recebida de Deus (ao mesmo tempo em que sustenta a responsabilidade das demais esferas da sociedade em cumprir as funções a elas determinadas pelo Altíssimo).

Isso não significa que os cristãos vão "impor" suas crenças sobre um populacho relutante. Sempre que a Igreja pronuncia-se sobre temas públicos, alguns secularistas murmuram sombriamente que o verdadeiro objetivo dos cristãos é a teocracia, na qual assumiriam o poder. Não é verdade. Como demonstra a história, foram os cristãos que formularam pela primeira vez o princípio da separação entre Igreja e Estado a partir da distinção agostiniana entre Cidade de Deus e Cidade do Homem. Os cristãos reconhecem que Deus estabeleceu o Estado como instituição separada e com propósitos distintos. Governar é função civil, não eclesiástica. É por isso que os cristãos têm sido, muitas vezes, os mais firmes defensores da liberdade religiosa – para todas as crenças. Basta comparar a política ocidental, historicamente moldada pelo Cristianismo, com, por exemplo, a política islâmica, que não reconhece nenhuma distinção entre Igreja e Estado e que, freqüentemente, oprime e persegue sem misericórdia as minorias religiosas.

Ao abordarmos o Estado, não devemos fazê-lo pelo poder, como qualquer lobista, mas baseados em princípios. Esta distinção é crucial, mas os políticos e jornalistas seculares com freqüência a esquecem. Por exemplo, no início de 1998, James Dobson, da organização *Focus on the Family*, reuniu-se com líderes republicanos do Congresso, em Washington, para confrontá-los por falharem em promover as questões sociais que tinham prometido apoiar. Para Dobson, esta era uma questão de princípios – uma questão válida. Contudo, os jornalistas interpretaram o ato como jogo de poder, alertando em tom apocalíptico que o conservadorismo religioso estava "marchando sobre Washington" e exigindo seus direitos. Artigos de jornal descreveram os cristãos como blocos maciços de eleitores que contribuíram com 45% dos votos na vitória republicana de 1994, e avisaram que agora estavam exigindo "seu lugar à mesa". Os cristãos foram descritos nos mesmos termos que se aplicam a um sindicato de trabalhadores ou qualquer outra categoria especial.[55]

Naturalmente, temos direito a um lugar à mesa, como quaisquer cidadãos. E realmente temos influência política, mas somente porque milhões de pessoas compartilham de nossas preocupações morais. Mas esses fatos não são a base de nosso posicionamento político. Lutamos por certas verdades na arena política porque elas são essenciais à liberdade e à justiça pública – e faremos isso, quer tenhamos 45% ou apenas 5% dos votos.

Portanto, esta não é nossa mensagem: "Colocamos vocês em seus cargos, agora nos recompensem". Antes, estamos mostrando aquilo que deve ser feito por ser a coisa certa, por ser um princípio que sustenta toda sociedade civil bem organizada e porque é o dever próprio do Estado, como instituição estabelecida por Deus.

■ ■ ■

TUDO ISSO PODE ser resumido com a afirmação de que devemos mostrar o melhor patriotismo cristão, sempre valorizando nossa pátria e também resistindo quando esta coloca-se contra o padrão da justiça divina. Os Estados Unidos, com todos os seus erros e falhas, continuam sendo a maior esperança da história em adquirir-se liberdade moralmente disciplinada. Os Estados Unidos ainda são o grande farol de esperança para as nações emergentes, à medida que testemunham as bênçãos extraordinárias trazidas pela liberdade econômica, política e religiosa. Mas, para que o país continue assim, precisamos estar atentos, "bons cidadãos do rei, mas primeiramente, de Deus", como disse Thomas More, enquanto caminhava para a morte por opor-se a Henrique VIII.[56] Precisamos estar sempre prontos para mostrar aos nossos concidadãos o caminho para a restauração da verdade e da autoridade moral da política e das leis.

E devemos começar retornando ao fundamento da cosmovisão cristã – o princípio da Criação. Pois, como vimos, foi a rejeição da idéia da Criação que levou à perda do conceito de uma lei eterna acima da lei humana. Essa postura, por sua vez, foi o resultado de uma nova concepção de ciência que virou a própria definição de conhecimento de cabeça para baixo.

CAPÍTULO 40

A BASE PARA A VERDADEIRA CIÊNCIA

O materialismo deu-nos uma teoria que explica tudo o mais no Universo inteiro, mas que tornou impossível sabermos se o nosso raciocínio era válido.

C.S. Lewis

A Perigosa Idéia de Darwin (*Darwin's Dangerous Idea*), título de um livro recente, poderia facilmente enganar o leitor incauto na livraria local. É natural que esperasse do autor, Daniel Dennett, da Universidade Tufts, a intenção de alertar os leitores contra os perigos do darwinismo. Mas, na realidade, Dennett espera convencer os leitores a *adotarem* as "perigosas" implicações da teoria de Darwin. Ele defende que o darwinismo, corretamente compreendido, é um "ácido universal" que dissolve toda a moral tradicional, a metafísica e as crenças religiosas. Porque, se os seres humanos desenvolveram-se por meio de causas materiais e aleatórias, então não há base para a crença no Deus criador e revelador de verdades morais. Dennett chega a sugerir que as igrejas e os rituais tradicionais sejam relegados a "zoológicos culturais", para a diversão dos espectadores.[1]

O livro é um dos mais vívidos exemplos de uma tática comum – usar a ciência como arma para abater a crença religiosa. O pressuposto básico é que a ciência constitui o conhecimento objetivo, enquanto a religião é a expressão de uma necessidade subjetiva. A religião, em conseqüência, deve adequar suas exigências sobre o mundo àquilo que a ciência determinar. Desse modo, a ciência é elevada a uma filosofia suprema – freqüentemente chamada de *cientificismo* ou *naturalismo cien-*

tífico – que pressupõe que os únicos objetos reais são os que podem ser conhecidos e mensurados pela experiência e pela observação. Tudo o mais é irreal, produto de fantasia subjetiva, incluindo coisas como amor e beleza, bem e mal, Deus e consciência.

David Hume, filósofo escocês do século XVIII e crítico do Cristianismo, expôs a verdadeira pauta do cientificismo com palavras impressionantes. Ele recomendou que se expurgassem das estantes das bibliotecas todo livro que tratasse de religião, ética ou metafísica – qualquer coisa que não pudesse ser reduzida a fatos empíricos. Segure o livro em suas mãos, aconselha, e pergunte-se: "Este livro contém argumentação baseada na matemática? Contém argumentação baseada em fatos e experimentos?" Se a resposta for não, então lance-o às chamas. Se algum livro não trata de matemática ou de fatos empíricos –ou seja, ciência – "nada contém a não ser sofismas e ilusão".[2]

À semelhança de Hume, muitos intelectuais, atualmente, pressupõem que a ciência é a fonte de todo conhecimento genuíno. Quer ela se manifeste sob a bandeira do cientificismo, quer do positivismo, quer do materialismo ou do naturalismo, essa é a cosmovisão dominante na cultura ocidental. A ciência, que originalmente era apenas o estudo do mundo natural, fundiu-se com o naturalismo científico, a filosofia de que o mundo natural é tudo que existe. Já em 1922, G. K. Chesterton advertiu que o cientificismo tornara-se um "credo" que controla nossas instituições, um "sistema de pensamento que começou pela Evolução e acabou na Eugenia".[3] Em 1955, um educador alertava que, embora as escolas públicas americanas fossem pretensamente neutras, elas estavam "propagando uma crença dogmática em particular, ou seja, o naturalismo científico".[4]

Essa "crença dogmática" busca agressivamente enquadrar tudo o mais em categorias naturalistas. Até os seres humanos são reduzidos a "objetos" ou "coisas" que podem ser examinados, experimentados e, finalmente, controlados. O filósofo Arthur Koestler denunciou o fato como "a falácia ratomórfica", afirmando que os seres humanos estão sendo tratados como uma espécie de rato de laboratório.[5] De igual modo, o grande apologista cristão C. S. Lewis alertou que o crescimento do naturalismo científico levaria à "abolição do homem", pois nega a realidade de aspectos centrais de nossa humanidade: nosso senso de certo e errado, propósito, beleza e de Deus.

Se negarmos aquilo que nos faz realmente humanos, criaremos, então, uma cultura desumana por definição. Se tratarmos a moral como um sentimento subjetivo, os ideais morais serão relegados à esfera individual, e a esfera pública será destituída de toda moralidade. Se negarmos a realidade das virtudes que nos fazem superiores aos animais, essas virtudes se debilitarão, reduzindo-nos ao nível das bestas. Assim, embora a ciência tenha criado os avanços tecnológicos que tornam a vida mais fácil e saudável, quando ela é confundida com a filosofia do naturalismo científico, destrói aquilo que faz a própria vida digna de ser vivida. Ganhamos o domínio sobre o mundo natural ao custo de nossa própria alma.

Lewis previu essa situação com clareza. "Para os sábios do passado", escreveu , "o problema fundamental era como adequar a alma à realidade, e a solução era o conhecimento, o domínio próprio e a virtude." O propósito da vida era definido em termos do crescimento da alma e havia um padrão moral permanente ao qual o homem devia conformar-se. Mas, para a mentalidade tecnológica contemporânea, "o problema é como submeter a realidade aos desejos humanos: a solução é a técnica". Essa mentalidade não reconhece padrões permanentes, de modo que não há nada que detenha o desejo humano por controle e dominação.

Veja um bom entrevistador de TV interagir com os cientistas de hoje, e rapidamente perceberá que o subjetivismo ético priva a muitos deles da habilidade de avaliar até mesmo as implicações de seu próprio trabalho. A compreensão ética de cada um não acompanhou as brilhantes descobertas. Como resultado, a ciência e a tecnologia tropeçam, sem uma orientação moral clara, criando os engenhos mais sofisticados, mas também gerando confusão sobre a quais propósitos, objetivos e valores eles devem servir.

Mas, a despeito dessas funestas fraquezas, não é tarefa fácil desalojar o naturalismo científico de sua posição intelectual dominante, pois ele investiu os cientistas de enorme poder. Se a ciência é a única fonte de conhecimento, a disciplina científica supera todas as outras e apenas os cientistas falam com autoridade à cultura em geral. Conseqüentemente, se queremos resistir aos ataques contra a fé cristã, feitos em nome da ciência, nosso alvo primário não deve ser quaisquer teorias específicas, como a evolução darwiniana, mas a filosofia subjacente, o naturalismo científico.

Os cristãos devem demonstrar que o naturalismo científico é incoerente e autocontraditório, pois os próprios cientistas têm de ficar isentos da estrutura que prescrevem para as demais pessoas. Todos os seres humanos são reduzidos a mecanismos que funcionam mediante causas naturais – exceto os próprios cientistas. Por quê? Porque, para realizar suas experiências, é de se pressupor que *eles*, pelo menos, sejam capazes de transcender a cadeia de causas materiais, capazes de pensar racionalmente, deliberar livremente, formular teorias e reconhecer a verdade objetiva. Eles mesmos devem ser a única exceção evidente à própria teoria. Essa é a autocontradição fatal do naturalismo.

Lewis apontou outra contradição igualmente devastadora. O naturalista presume que toda a realidade pode ser explicada em termos de forças naturais. Mas essa mesma premissa não pode ser resultado de forças naturais, ou não se qualificaria como uma alegação genuinamente verdadeira. Porque, se uma idéia é o simples resultado de partículas batendo-se dentro de nosso cérebro, então ela não é verdadeira nem falsa, mas mero fenômeno natural. Por exemplo, se alguém nos diz que seu quarto está em chamas, mas sabemos que ele apenas ingeriu uma droga alucinógena, provavelmente não chamaremos o corpo de bombeiros. Se acreditamos que uma idéia é o resultado de causas físicas e químicas no cérebro, então a desconsideramos e nem mesmo lhe damos o crédito de um pensamento racional.

O naturalismo científico força à conclusão de que todas as idéias são produto de causas naturais no cérebro – inclusive *a própria idéia de naturalismo científico*. Assim, se é verdade, então o naturalismo científico não é um pensamento racional e deve ser ignorado. "Toda teoria do Universo que faz a mente humana o resultado de causas irracionais é inadmissível", escreveu Lewis. Porque "a fim de pensar, precisamos reivindicar para nosso raciocínio uma validade inaceitável, se nosso pensamento é mera função do cérebro e este subproduto do processo físico irracional".[8]

A tarefa dos cristãos, pois, é clara: *expor as falhas do naturalismo científico, que tem concedido à ciência a suprema autoridade intelectual.* Precisamos fazê-lo, não porque somos contra a ciência, mas porque queremos reconduzi-la ao seu papel correto como meio de investigação do mundo que Deus criou e como meio de amenizar o sofrimento. E são os cristãos quem deve mostrar esse caminho, porque a concepção original de ciência desenvolveu-se no contexto da cosmovisão bíblica e somente nesse contexto ela pode operar corretamente. De fato, surpreendente como possa parecer a muitas pessoas, sem o Cristianismo não haveria ciência.

A ESSÊNCIA DA NATUREZA

O método de investigação que hoje conhecemos como ciência moderna surgiu pela primeira vez na Europa cristianizada, uma cultura imersa na fé bíblica, onde a maioria das figuras centrais da revolução científica era crente e trabalhava sobre a base da fé. De fato, os historiadores contemporâneos da ciência, tanto cristãos como não-cristãos, concordam que o Cristianismo produziu as atitudes subjacentes e as pressuposições intelectuais que, em primeiro lugar, tornaram possível a ciência.[9] Considere alguns dos elementos mais importantes da cosmovisão cristã, contrastando-a com outras cosmovisões:

O mundo físico é real, não uma ilusão. A maioria das culturas orientais adere ao panteísmo, que ensina ser o mundo físico uma ilusão (*maya*). Mas a Bíblia ensina que Deus criou o mundo físico; ele é real e pode ser conhecido. Essa afirmação preparou os pensadores ocidentais para valorizá-lo e considerá-lo digno de estudo.

A natureza é boa, mas não divina. Muitas culturas pagãs praticam o *animismo*, o qual ensina que o mundo é a morada do divino ou uma emanação da própria essência de Deus. Conseqüentemente, esses povos crêem que a natureza está cheia de deuses do sol, deusas dos rios e divindades astrais. Essa crença antiga está sendo ressuscitada em nossos dias. Por exemplo, no filme *Pocahontas*, dos estúdios Disney, a jovem donzela índia repreende o homem branco por pensar que a terra "é apenas uma coisa morta", advertindo-o de que "cada rocha, árvore e criatura tem uma vida, tem um espírito, tem um nome". Trata-se de expressão surpreendentemente clara de animismo.[10]

Porém Gênesis 1 coloca-se em rigoroso contraste com tudo isso. O livro dos começos ensina que a natureza não é divina; ela serve aos propósitos de Deus. Os historiadores descrevem o efeito dessa doutrina como a "desdeificação" da natureza, e ela foi um ponto de partida fundamental para a ciência. Quando a natureza exigia adoração religiosa, estudar demasiadamente seus segredos era considerado irreverência. Mas por "desdeificar" a natureza, o Cristianismo a transformou de objeto de medo e adoração em algo passível de estudo científico.

A natureza é organizada e previsível. Outra contribuição sem igual do Cristianismo foi a idéia de leis da natureza. Nenhuma outra religião ou cultura, oriental ou ocidental, jamais usou a palavra *lei* em relação com a natureza. Na verdade, antes dos tempos modernos, a maioria dos povos tinha a natureza como misteriosa, perigosa e caótica. Como resultado, observa o historiador Carl Becker, a idéia de lei natural não surgiu da experiência cotidiana, mas unicamente do ensino bíblico de que Deus é tanto Criador como Legislador.[11] Os primeiros cientistas tinham de basear-se na *fé* de que a natureza é organizada, muito antes de terem acumulado bastante evidência científica para prová-lo.

OS SERES HUMANOS PODEM DESCOBRIR A ORDEM DA NATUREZA

Além disso, os primeiros cientistas tinham de agir na crença de que a ordem na natureza pode ser descoberta pela mente humana – uma convicção baseada no ensino bíblico de que fomos criados à imagem de Deus. Novamente, uma comparação transcultural mostra como essa certeza é ímpar. Os chineses antigos criam em algum tipo de ordem natural, mas a concebiam como uma necessidade inerente, inescrutável à mente humana. Por isso, apesar de suas grandes realizações técnicas, nunca desenvolveram a ciência como um empreendimento experimental e autocorretivo (como a conhecemos). Em contrapartida, o ensino bíblico sobre a imagem de Deus foi entendido com o significado de que a racionalidade humana reflete, de algum modo, a racionalidade do próprio Deus – a racionalidade pela qual Deus criou o mundo. Portanto, podemos "pensar os pensamentos de Deus juntamente com Ele" (para usar uma frase popular entre os cientistas antigos) e descobrir a ordem que imprimiu à Criação.

A NECESSIDADE DE EXPERIMENTAÇÃO

Mas *como* pensamos os pensamentos de Deus? A resposta a essa pergunta foi decisiva para a ciência. Os gregos antigos definiram ciência como a intuição de uma estrutura racional inerente às coisas, implicando que o mundo é da forma como se conhece porque é racionalmente necessário. Em conseqüência, o verdadeiro conhecimento do mundo se adquire fundamentalmente pela análise lógica.

Porém, quase no fim da Idade Média, surgiu uma forma de teologia cristã conhecida como *voluntarismo*, ensinando que a ordem racional não é algo inerente *à* natureza, mas imposta *sobre* a natureza pela vontade e pelo desígnio de Deus. O voluntarismo ajudou a inspirar a metodologia experimental na ciência, pois, se o mundo não é estruturado por uma necessidade racional, mas foi criado por escolha livre de Deus, não podemos adquirir conhecimento dele ficando sentados em uma torre de marfim e fazendo análise lógica, como os gregos ensinavam. Pelo contrário, precisamos sair e ver o que Deus realmente fez. Temos de observar e experimentar.

Muitos dos cientistas antigos traçavam uma conexão explícita entre a teologia voluntarista e o método científico. Por exemplo, Roger Cotes, amigo de Isaac Newton, escreveu que o mundo surgiu da "vontade perfeitamente livre de Deus", e "portanto" devemos investigá-lo mediante "observação e experimentação".[12]

Galileu desenvolveu argumentos semelhantes e então deu um exemplo memorável de seu significado. Quando quis saber se um peso de cinco quilos cai no solo mais rapidamente que um peso de meio quilo, não levantou questões filosóficas (em seu tempo, foi muito criticado por não cogitar sobre a "natureza do peso"). Ao contrário, soltou duas bolas de cima da torre inclinada de Pisa, para ver o que aconteceria.

A ordem da natureza é matematicamente precisa. A ciência moderna depende da idéia de que a ordem na natureza é exata e pode ser expressa em fórmulas matemáticas. Essa também foi uma contribuição do Cristianismo. Em outras religiões, a criação do mundo começa com algum material preexistente que os deuses não podem controlar por completo. Por exemplo, no ocidente, os gregos criam que a matéria existia desde a eternidade e que era capaz de resistir à ordem racional imposta pelo Criador (que era uma deidade inferior – um demiurgo). Como resultado, os gregos esperavam descobrir certa falta de precisão na natureza, uma falta de refinamento ou freqüentes anormalidades e irregularidades.

Em contrapartida, a Bíblia ensina que somente Deus é eterno, que não há "material" preexistente que esteja fora de seu controle ou seja capaz de resistir-lhe. O mundo procede completamente das mãos de Deus (criação *ex nihilo*, do nada) e está sob seu total comando. Como resultado, os cristãos esperam que a ordem natural seja exatamente o que Deus quer que ela seja – matematicamente precisa.

Por exemplo, quando Copérnico propôs que os planetas giram ao redor do Sol e não da Terra, realmente não tinha nenhuma evidência empírica para sua hipótese. Antes da invenção do telescópio, a observação dos planetas tanto se adequava ao sistema geocêntrico como ao sistema heliocêntrico. O único fator que favorecia o sistema heliocêntrico é que era matematicamente mais simples; não requeria tantos ajustes nas equações. E, uma vez que Copérnico estava convencido de que Deus fez o mundo matematicamente preciso, criar fórmulas melhores lhe era bom o suficiente. Quando o telescópio foi inventado, provou-se que ele estava certo. Mas, estando às portas da revolução científica, Copérnico não foi inspirado pelos fatos científicos disponíveis e sim pela fé cristã.

A mesma fé inspirou Johannes Kepler, o homem que se tornou célebre por descobrir que as órbitas dos planetas não são circulares, como se pensava à época, mas elípticas. Kepler percebeu um leve descompasso entre os cálculos matemáticos da órbita de Marte e a efetiva observação da órbita. A diferença era tão pequena que outros cientistas a desprezavam, mas Kepler estava convencido de que tudo na Criação é exatamente como Deus quer que seja. Se Deus quisesse que as órbitas fossem circulares, elas seriam *exatamente* circulares. Se não, então devem ser *precisamente* alguma outra coisa. Kepler lutou por anos para reconciliar as equações com as observações, até que finalmente descobriu que as órbitas são elípticas. Durante aqueles anos difíceis, foi sua fé cristã que o estimulou – a convicção de que o Deus bíblico tem todo o controle sobre a matéria e, portanto, o mundo é matematicamente preciso.[13]

"A possibilidade de uma matemática aplicada", escreve o historiador R. G. Collingwood, "expressa, em termos de ciência natural, a crença cristã de que a natureza é criação do Deus onipotente."[14]

A CIÊNCIA COMO APOLOGÉTICA

Ouvimos de todos os lados que a ciência refutou o Cristianismo, mas, hoje, a evidência histórica dá-nos uma resposta clara: pelo contrário, o Cristianismo fez a ciência possível. Ao invés de nos intimidarmos com os ataques feitos em nome da ciência, podemos mostrar que a própria existência do método científico, e tudo que ele tem realizado, é um grande argumento apologético em favor da veracidade do Cristianismo.

A história mostra que muitos cristãos têm feito exatamente isso. Isaac Newton, freqüentemente considerado o maior dos cientistas antigos, era cristão devoto cuja busca científica era motivada por seu desejo de defender a fé![15] Newton cria com firmeza que o estudo científico do mundo levaria diretamente ao Deus que o criou. A ciência nos mostra "quem é causa primeira, que poder Ele tem sobre nós e que benefícios recebemos dEle", escreveu Newton, de modo que "nosso dever para com Ele, assim como de uns para com os outros, se manifestará a nós por meio da luz da natureza". E por que a ciência nos mostra tudo isso? Porque a tarefa da ciência é "deduzir as causas a partir dos efeitos, até que cheguemos à causa primordial, que certamente não é mecânica". Em outras palavras, o mundo pode funcionar mediante causas mecânicas, mas quando as investigamos retroativamente, deduzimos que a causa primeira deve ser um Ser racional e inteligente.[16]

"Esse lindíssimo sistema de sol, planetas e cometas somente poderia proceder do conselho e domínio de um Ser inteligente e poderoso", escreveu Newton. Não admira que seu amigo Roger Cotes proclamasse que a obra de Newton "seria a proteção mais segura contra os ataques dos ateus, e de nenhum outro lugar, a não ser dessa aljava, se poderiam sacar setas contra os bandos de homens ímpios". É exatamente essa abordagem que precisamos recuperar atualmente.

Os livros didáticos recomendados nas escolas ainda tratam o aparecimento da ciência como a causa da morte da religião, o que coloca os jovens cristãos na defensiva nas salas de aula. Esse estereótipo é o legado dos primeiros historiadores modernos, como Voltaire e Gibbon, que foram racionalistas do iluminismo, ansiosos por desacreditar o Cristianismo. Em conseqüência, compuseram histórias da civilização ocidental que colocavam a religião como inimiga da ciência e do progresso.[19] Isso está, agora, tão profundamente arraigado na sabedoria convencional que mesmo os cristãos que não são cientistas treinados devem ter consciência dos argumentos deste capítulo, aprender a enxergar através dos estereótipos e ser capazes de fazer uma defesa de nossa fé.

Confesso que, mesmo tendo conseguido alguma honraria acadêmica na faculdade, quase fui reprovado em física, de modo que não posso apresentar-me como especialista em ciência (embora Nancy tenha escrito largamente sobre o assunto). Mas posso acompanhar o raciocínio da apologética científica, e acredito que a maioria dos cristãos comuns também pode. Nossa causa é poderosa e nos dá os meios de desafiar a ortodoxia naturalista reinante e de apresentar uma apologia convincente.

Muitos cristãos estão fazendo exatamente isso. Considere a história de Phillip Johnson, professor da faculdade de Direito da Universidade da Califórnia, em Berkeley, celeiro do radicalismo dos anos de 1960. Durante seu ano sabático, em 1987, na Inglaterra, Johnson comprou vários livros sobre a evolução darwiniana. Lendo-os com aguçados olhos de advogado, ficou atônito ao descobrir como o raciocínio era falho, como as provas eram inconsistentes. Tornou-se claro para ele que o darwinismo predomina, atualmente, não pela força da evidência científica, mas porque reforça uma cosmovisão – a cosmovisão que rejeita a Deus e retrata os seres humanos como moralmente autônomos. Ele percebeu que a questão da *teoria do desígnio versus darwinismo* é, essencialmente, uma batalha entre cosmovisões contrastantes.

Assim, usando roupas largas de lã e perscrutando tudo através de suas lentes sem aro, hoje Johnson interrompe sua agenda de aulas, aceitando freqüentes convites para apresentar a causa do *desígnio* a auditórios repletos dos mais ilustres cientistas do mundo. Seus livros são *best sellers*, e ele está orientando um grupo de brilhantes jovens estudiosos que estão desenvolvendo os detalhes científicos do argumento do desígnio na Criação.[20]

Não é necessário ser especialista para defender essa causa. No Colorado, em 1996, Danny Phillips, de 15 anos de idade, protestou contra a exibição, em sala de aula, de um vídeo sobre a reprodução humana, da série *NOVA*, produzida pela PBS (Public Broadcasting Service), que começava com o argumento arrasador de que a vida originou-se há bilhões de anos, quando "ventos poderosos reuniram aleatoriamente moléculas da atmosfera". Danny abordou as autoridades escolares, argumentando que o vídeo violava a política da escola local, que exigia aos professores apresentar a evolução como teoria e não como fato. Ele apresentou sua queixa respeitosa e convincentemente, ressaltando que a afirmação de abertura do vídeo era desnecessária e doutrinária – ela afirmava, sem nenhuma prova, que a vida na terra é resultado de leis naturais que operam ao puro acaso. Uma comissão de exame da diretoria da escola concordou em interromper o uso do vídeo. Imediatamente, como abutres arremetendo sobre a presa, representantes da ACLU [American Civil Liberties Union – União Americana dos Direitos Civis] pressionaram a diretoria, ameaçando com ações judiciais, e as autoridades da escola reverteram a decisão.[21]

Danny era apenas um jovem estudante contra uma dura oposição, de modo que talvez a reviravolta fosse previsível. Contudo, só o fato de levantar a questão responsavelmente já é um importante ponto de partida. E a maneira como Danny agiu constitui um bom modelo para a abordagem das autoridades das escolas públicas. Danny agiu completamente por conta própria, de modo que os críticos não podiam rejeitá-lo como alguém orientado por grupos externos. Ele limitou sua reclamação a um caso claro de filosofia naturalista apresentada como fato científico. E educadamente ofereceu, para o uso da classe, um vídeo educacional chamado *Darwinismo: ciência ou filosofia naturalista?*, que apresenta debatedores com credenciais acadêmicas impecáveis em evento realizado na Universidade Stanford.[22]

Caso os cristãos levantem a questão com inteligência em salas de aula e na imprensa, usando razão e evidência, finalmente poderemos virar o jogo. Já há sinais de que a elite científica está ficando nervosa. O jornal *Washington Post* abordou as recentes controvérsias nas escolas em artigo intitulado "O Criacionismo Está de Volta".[23] E o que é pior, alertou a revista *Science*, está voltando armado com uma "nova e perspicaz estratégia".[24] A nova estratégia envolve promover a capacidade de pensar de forma crítica e ajudar as pessoas a distinguirem a ciência genuína da filosofia naturalista ensinada sob o disfarce de ciência – como no vídeo contra o qual Danny protestou.

Precisamos dizer que o que está em questão não são os detalhes da evolução contra os detalhes de Gênesis. Antes, o que está em questão é a alegação de que a vida é produto de forças impessoais contra a afirmação de que a vida foi planejada por um agente inteligente. Devemos combater cosmovisão com cosmovisão.

Considere as afirmações dogmáticas, radicais, tipicamente encontradas em livros didáticos: "Você é um animal e divide uma herança comum com as minhocas".[25] "A evolução é aleatória e não dirigida... sem plano nem propósito."[26] Nossas escolas públicas são supostamente neutras com respeito à religião, mas essas afirmações com clareza não são neutras; são antagônicas a toda e qualquer religião teísta. Elas vão bem além de qualquer evidência empírica (como alguém poderia provar que a evolução não tem nenhum propósito?) e são, por conseguinte, mais filosóficas do que científicas.

Então, nosso primeiro objetivo, ao tratar com as escolas, seria exigir que os educadores separem alegações filosóficas de teorias científicas. Em outras palavras, precisamos fazê-los parar de tratar declarações filosóficas como se fossem ciência. A maioria dos professores não tem preconceitos e mostra-se sensível, se a questão for levantada com inteligência e respeito.

Segundo, devemos pressionar para que a ciência seja ensinada com honestidade. Ou seja, os professores não devem ensinar apenas os exemplos que confirmam a evolução, mas também aqueles que a negam, as anormalidades e os problemas não resolvidos. Em *Educação ou doutrinamento?*, o professor de ciências, Norris Anderson, ilustra como o naturalismo é apresentado de forma dogmática nos livros didáticos. Por exemplo, "Darwin deu à biologia uma saudável base científica ao atribuir a diversidade da vida a causas naturais e não à criação sobrenatural".[27] Ou, de novo, "Hoje, a evidência em favor da evolução é irresistível... a evolução deixou de ser apenas uma teoria". O mesmo texto desfere um golpe preventivo contra os críticos inoportunos, denunciando-os como ineptos: "Sempre há aqueles que resistem ao apelo da evolução e eventualmente declaram que 'Darwin estava errado', na esperança de obterem alguma publicidade, geralmente revelando que não entendem o darwinismo."[28]

Contudo, Anderson compreende o darwinismo melhor do que a maioria. Ex-escritor de livros didáticos, ajudou a preparar a infame série BSCS (Biological Sciences Curriculum Study – Currículo de Estudos de Ciências Biológicas), que iniciou a presente abordagem dogmática do ensino da evolução. "Eu era praticamente um evangelista da evolução", afirma Anderson com desgosto. Mas experimentou uma reviravolta, quando um colega lhe disse em particular: "Acredito que a evolução humana aconteceu, mas absolutamente não há provas disso". Anderson ficou assustado e sugeriu que os livros didáticos fossem reescritos, a fim de refletir a real situação das evidências. Sua proposta foi rejeitada com veemência.

"Foi quando meu idealismo começou a desintegrar-se", diz Anderson. "Vi que os cientistas fecham posição em apresentar uma falsa imagem de certeza científica."[29] A resposta de Anderson foi liderar uma campanha vitoriosa em seu estado natal, Alabama, para anexar um suplemento na capa frontal interna dos livros didáticos de biologia, listando algumas das anomalias e ambigüidades da teoria da evolução. Vários outros estados americanos estão, presentemente, estudando suplementos similares. (No ano passado, em razão das pressões exercidas pela Associação de Pais de Alunos, o Estado de Kansas, nos EUA, aboliu o ensino do evolucionismo e passou a adotar o criacionismo como disciplina. *Nota do Editor*)

Esse é um bom começo, pois devemos ajudar as pessoas a verem que as cartas estavam marcadas, que as apresentações da questão eram completamente unilaterais. Precisamos pressionar por uma abordagem honesta, que destrua a "falsa imagem da certeza científica" e abertamente pondere a evidência a favor e contra qualquer concepção naturalista da vida e do Universo.

Talvez a coisa mais importante que podemos fazer seja incentivar os jovens cristãos a abraçarem a ciência como profissão e demonstrarem, na prática, a viabilidade de uma base bíblica para ela. A maioria dos cristãos não pensa na ciência como um campo missionário, como descobri quando um amistoso jovem apresentou-se a mim, no avião, durante um vôo doméstico. Ele contou-me o quanto meus livros tinham significado para o seu crescimento espiritual, então explicou que estava estudando biologia molecular. Logo que se formasse, contudo, planejava ir para o campo missionário na América do Sul.

"Neste caso, vejo que meus livros falharam em guiar seu crescimento espiritual", respondi.

O jovem olhou assustado.

"Por que você acha que tem de ir à América do Sul para servir a Deus?", perguntei. "Quantos biólogos moleculares cristãos você acha que existem?"

"Não muitos", admitiu.

Antes que o avião aterrissasse, ele aproximou-se de meu assento mais uma vez. "Estava pensando", disse, "posso ser um missionário como biólogo molecular".

Exatamente. Se quisermos armar uma estratégia vitoriosa para estender a soberania de Cristo a todas as áreas da vida, precisaremos de missionários na ciência e em todas as outras disciplinas e vocações.

E o momento é oportuno. Embora o naturalismo científico tenha separado a religião e a ciência em categorias antagônicas, a necessidade humana de uma visão de mundo unificada está superando essas fronteiras artificiais. O Centro para a Renovação da Ciência & Cultura, no Instituto Discovery, em Seattle, financia e publica pesquisas descobrindo provas para a *teoria do desígnio* em áreas como a física, a cosmologia e a biologia. A Fundação Templeton incentiva a pesquisa sobre a relação entre ciência e religião, construindo pontes entre ambas. Como resultado, temas religiosos estão sendo calorosamente debatidos em encontros científicos.

A pergunta decisiva é: *que tipo* de religião receberá a aprovação oficial da ciência? Em 1993, no encontro anual da Associação Americana para o Progresso da Ciência, os cientistas participantes ficaram um tanto surpresos ao ouvirem uma voz clara e doce elevando-se do grupo no cântico de um hino, em sua reunião da manhã de domingo. A cantora era Nancy Abrams, esposa do cosmologista Joel Primack, e o hino era "O Manuscrito de Deus", que celebrava o *big bang* e a radiação cósmica resultante. "Os segredos de Deus estão escritos na alvorada", anunciava o refrão. "Logo leremos o diário de Deus sobre o primeiro dia".

A apresentação realçou o debate sobre o relacionamento entre ciência e religião, em que os participantes discutiram temas como "O Significado Religioso da Cosmologia do B*ig Bang*" e "Recursos Científicos para uma Mitologia Religiosa Global". Como era de se esperar, dado que esta é a era dos "kits religiosos" para montar, muitos falantes sustentaram que as crenças tradicionais deviam dar lugar a um "mito baseado na ciência". Eles exortaram os ouvintes a elevar a evolução cósmica a uma "narração 'religiosa' convincente" com "poder para unir os seres humanos em uma nova ordem mundial".[30]

O que esses pronunciamentos sacerdotais esquecem é que a ciência ocidental não nasceu de algum "mito baseado na ciência", mas do Cristianismo, como vimos neste capítulo. À medida que os cientistas tornam-se mais interessados por essas questões, é fundamental para os cristãos aproveitarem a oportunidade de demonstrar qual é a verdadeira base da ciência.

Deus nos chama para combatermos "destruindo os conselhos e toda altivez que se levanta contra o conhecimento de Deus" e também "levando cativo todo entendimento à obediência de Cristo" (2 Coríntios

10.5). Não devemos falhar em atender a esse chamado quando diz respeito à ciência moderna, pois de outra forma não se pode prever que novos mitos "convincentes", mas falsos, os cientistas possam forjar para alimentar a profunda fome espiritual de nossa sociedade.

A reforma da ciência – e do modo como pensamos a realidade – não é exatamente um assunto para acadêmicos em uma torre de marfim. A ciência afeta toda a nossa visão de mundo – não só as idéias sobre a religião e a ética, mas também sobre a arte, a música e a cultura popular, como veremos nos capítulos seguintes.

CAPÍTULO 41

BEM-AVENTURADO É O HOMEM

Seguindo para a casa de sua mãe, ao norte de Malibu, o jovem produtor de cinema dirigia ao longo da rodovia Costa do Pacífico, quando a campainha do telefone do carro soou. Ele pegou o telefone e ouviu uma voz em pânico do outro lado da linha.

"Não", respondeu. "Não... não... Eu disse a eles... Olhe, se vamos aprontar esse filme, temos de ter uma estrela que possa fazer a abertura... Não, não é algo que possamos falar a respeito. O enredo não é tão bom assim. Se ele não estrear bem aqui e se não sair bem internacionalmente, podemos ir para o olho da rua... Sim, sim, isso podemos fazer. Estamos prontos para falar de grandes somas. Não, eu não quero apenas o agente dela. Eu a quero pessoalmente na reunião. Quero que sinta... Certo... Certo... mas faça isso *agora*, certo?... Certo, falo com você depois."

Após o sucesso de *Uma Linda Mulher*, todos os estúdios de Hollywood estavam ansiosos para reaproveitar o roteiro da prostituta-de-coração-de-ouro. Eles preparavam-se para apresentar telas cheias de bobagens, "higienizadas" pelo ponto de vista da mulher: homens cruéis, lutas solitárias de mães solteiras e o sagrado direito feminino de escolher o próprio estilo de vida. Entrementes, os homens poderiam negligenciar a "mensagem" por causa das óbvias atrações sensuais, restringindo-se apenas a alimentar as próprias fantasias. Essa era a política sexual ao estilo de Hollywood.

Como isso aconteceu? O jovem produtor se perguntava. Ele começara com altos ideais, achando que escreveria e produziria filmes sérios para adultos, não lixo para mentes doentias.

O produtor sintonizou o rádio na emissora favorita de música clássica, como costumava fazer antes de sua própria vida tornar-se dissonante, e ouviu uma fraca e distante batida de baixo. Fora da janela, as casas que lhe impediam a visão do Pacífico começaram a ficar cada vez mais espaçadas e, entre elas, vislumbrou as enseadas do espumante mar azul-esverdeado, cercadas por braços de rochedos cinzentos.

O tema começou com os baixos tornando-se mais fortes e mais intensos, à medida que outros instrumentos de corda se juntavam, vibrando uns contra os outros longos tons baixos em progressão semelhante à de uma lamentação fúnebre. De alguma forma, a música continuou prendendo a atenção do jovem, enquanto passava pelas acolhedoras enseadas à sua esquerda. A música parecia falar com o poder do mar batendo contra a terra e ascendia em progressão contínua que o fez erguer os olhos para o céu azulado e cheio de nuvens claras. Isso o fez desejar muito... desejar o quê?

Eis que de repente, uma soprano começou a cantar e sua voz fez o produtor pensar na mãe, que lhe aguardava. O rapaz estava atrasado e sabia que a encontraria impaciente. Mas também esperara por ela a infância inteira. Ele esperou-a ao retornar do estúdio. Dos locais de filmagem. Do funeral de seu pai, depois do acidente de avião – disseram-lhe que era "jovem demais para entender".

Mas entendeu muito bem a perda do pai. O que ainda não entendia era por que sua mãe se afastara dele naquele momento. Ou nos anos seguintes, quando ela cuidava de vários negócios, enquanto o rapaz era levado para uma escola em regime de internato.

Agora, ambos estavam tentando recuperar algo, mas ele ainda ia para os jantares semanais cheio de reserva da qual não conseguia livrar-se.

Ele não entendia a língua em que a soprano estava cantando, mas à medida que a música progredia, ficava preso pela magnífica e nostálgica melodia. Subitamente, no auge da música, quando tornou-se intensa, agridoce, viu-se em lágrimas, desejando intensamente algo que nem sabia definir.

As pessoas costumam falar em "arrebatamentos" pela música. Devia ser isso o que estava acontecendo. A música estava liberando uma carga tão grande de emoções que se sentia completamente dominado por ela. Ele conduziu o carro para o lado da estrada e entregou-se à tristeza e ao êxtase que a música evocava, repousando a cabeça sobre o volante. Ao fundo, ouvia o barulho do trânsito, mas o estranho poder da música sobre ele o mantinha imóvel, enquanto chorava amargamente por cada perda que sofrera.

Os sons começaram a diminuir, voltando ao padrão anterior, aliviando assim a tristeza. O produtor olhou para o rochedo arenoso marrom-abóbora à sua direita, depois estendeu a vista para o oceano ao longo da rodovia, no qual uma porção de seixos de coral espinhento rolava em direção às ondas. Ele sabia que iria lembrar-se desse ponto à margem da estrada, esse solo sagrado de lugar nenhum. Ele nunca seria capaz de passar por aqueles seixos que rolam para o mar sem lembrar-se da primeira vez que ouviu aquela poderosa peça musical.

Quando a música diminuiu a um ponto em que pensou ter acabado, aumentou o volume para ouvir o nome da peça e de seu compositor. Em vez disso, começou outro movimento.

Ele não iria a lugar algum, decidiu, enquanto não soubesse o que estava ouvindo, pois essa música expressava exatamente o que o verdadeiro artista dentro de si sempre quis criar em um filme. Fidelidade à experiência contemporânea, juntamente com uma inabalável capacidade de atingir os mais profundos sentimentos humanos. Antes que terminasse o segundo movimento, pegou o telefone celular e discou para o serviço de informações. A seguir, ligou para a emissora de rádio KMCB.

"O que vocês estão tocando?", perguntou. "Que música é esta que está tocando agora?"

"A Terceira de Górecki."

"O quê? Como se escreve?"

"Não é como se pronuncia. Ele é polonês. Henryk Górecki. Pronuncia-se *go-rets-qui*, mas se soletra G-O-R-E-C-K-I."

"Ele está à venda? É possível adquiri-lo em CD?"

"Foi a primeira vez que o senhor o ouviu?"

"Foi. Estou ligando do meu carro. Nunca tinha ouvido nada parecido."

"Nem o senhor nem ninguém mais. Ele está em primeiro lugar na lista da revista *Billboard*. A lista de clássicos. E ainda aparece em sétimo na lista de música popular. É um fenômeno.

■ ■ ■

EM 1993, O MUNDO descobriu Henryk Górecki e sua Sinfonia nº 3, a *Sinfonia de Canções Tristes*, uma obra composta mais de 15 anos atrás. Embora o produtor de cinema de nossa história seja fictício, sua reação foi baseada em relatos de gerentes de emissoras, que informaram como as rádios ficaram congestionadas de ligações de ouvintes – muitos dos quais pararam no acostamento da estrada para chorar, dominados pela música.

Em um mundo no qual a música contemporânea séria tem sido freqüentemente dominada pela dissonância estridente da música experimental, como essa composição consegue ser verdadeiramente contemporânea e, ao mesmo tempo, tão carregada de sentimento? Por que a *Sinfonia de Canções Tristes* alcança um público tão vasto? E, talvez ainda mais misterioso, a que inomináveis dimensões do espírito humano Górecki está falando? Quem é esse compositor, e como consegue isso?

Henryk Mikolaj Górecki nasceu na Polônia em 1933. Sua mãe, Otylia, tocava piano e o pai, ferroviário, era músico amador. A mãe de Henryk faleceu quando ele tinha dois anos e, depois de seu pai casar-se de novo, Henryk não mais recebeu qualquer incentivo para a música e foi até mesmo proibido de tocar no piano de sua mãe. Ele continuava aprendendo a tocar sozinho e, eventualmente, insistia em pedir permissão para estudar. Mas seu progresso musical foi tão prejudicado que o exame o reprovou na primeira vez que se inscreveu para a Escola Intermediária de Música, em Rybnik – uma espécie de escola secundária de artes.

Contudo, em 1955, quando Górecki foi admitido no conservatório da Escola Superior de Música, em Katowice, tornara-se compositor talentoso e, antes da formatura, sua música já era apresentada em festivais nacionais. Depois disso, ganhou o prêmio do festival internacional de música em Paris, no início da década de 1960, e tornou-se o diretor da Escola Superior de Música em Katowice. Mas o que melhor explica a genialidade de Henryk Górecki é o papel que desempenhou em um dos momentos decisivos dos fins do século XX.

Em 1977, Górecki foi encarregado de compor uma obra em homenagem ao próximo aniversário do martírio cristão de Estanislau, ocorrido 900 anos atrás. Desde o início, esse encargo trazia graves riscos para um músico na Polônia comunista, pois Estanislau representava a autoridade moral da fé cristã sobre os governantes seculares. Em 1079, Estanislau foi um bispo que incorrera na ira do rei Boleslaus II, por sua oposição aos adultérios e às guerras injustas desse rei. Em princípio, o rei arrependeu-se, mas depois voltou atrás e ordenou aos seus lacaios que matassem o bispo. Como eles se recusassem, o próprio rei fez o serviço. Quando Estanislau conduzia uma celebração na catedral, certo dia, o rei partiu o crânio do santo homem com uma espada.

O mártir Estanislau tornou-se símbolo da autoridade moral cristã na Polônia, e também uma censura a todos os tiranos que governaram o país através de sua longa e triste história. Compor uma obra em memória do mártir Estanislau, na Polônia comunista, significava declarar oposição aberta ao governo.

Contudo, a aceitação do encargo por parte de Górecki não deveria surpreender as autoridades. Como diretor de uma das mais respeitadas instituições educacionais da Polônia, Górecki comandara, por vários anos, uma contínua batalha contra os "cãozinhos vira-latas" – como se referia aos oficiais do partido comunista – que constantemente tentavam interferir nos trabalhos da escola. No ocidente, a arte freqüentemente foi tida como uma força apolítica, mas os comunistas sempre entenderam que ela pode ter implicações políticas – e enfaticamente "preferiam" que seus artistas mostrassem fidelidade ao marxismo-leninismo.

Górecki também era conhecido como cristão devoto. Ele ensinava aos alunos sobre o grande acervo de músicas sacras não somente pela sua importância histórica, mas também como uma tradição viva e vital. As próprias composições refletiam a mesma convicção, sendo boa parte de sua obra baseada nas melodias dos cânticos sacros tradicionais. A ideologia comunista insistia em que o Cristianismo era coisa do passado – uma religião para velhos, prestes a morrer. Porém, eis aqui Górecki, diretor de uma instituição estatal e já um dos mais célebres compositores poloneses, extraindo sua inspiração dessa suposta esterilidade. Sua obra servia de censura, exatamente como a obra de Estanislau servia há nove séculos. Agora, ele estava prestes a criar o que certamente seria um magnífico tributo coral àquele santo homem – e exatamente no momento em que o sindicato Solidariedade começava a abalar os alicerces da Polônia comunista. Um abalo com o qual os sismógrafos políticos do Kremlin estavam finamente sintonizados.

Então, quando Górecki estava no meio de seu trabalho na nova composição, coisas surpreendentes começaram a acontecer no mundo religioso e político da Polônia. A partir disso as autoridades do partido comunista sabiam que as comemorações seriam assistidas pelo mundo inteiro. Assim, começaram a pressionar Górecki para não concluir a composição.

Uma batalha contínua foi iniciada. As autoridades grampearam o telefone de Górecki, a correspondência foi violada e seus encontros secretamente gravados. Empregos foram negados a alunos que ele formara e foi impedido de indicar seus melhores compositores jovens para a posição de professor. Membros do partido comunista na escola foram incentivados a conspirar contra Górecki. Numa solenidade importante do conservatório, foi removido de todas as fotografias. As notícias dos programas de televisão sobre o aniversário do conservatório omitiram o seu nome. Górecki deixou de ser gente. Oficialmente, deixou de existir. Quanto tempo isso duraria até que ele fosse preso... ou pior?

Finalmente, o partido tornou impossível a permanência de Górecki como diretor da Escola Superior de Música de Katowice e, em 1979, renunciou ao cargo. Iria arriscar-se a viver apenas da música.

Continuaram também os planos para a composição, agora completa e intitulada *Beatus Vir* (bem-aventurado é o homem). O partido comunista aumentou as pressões sobre Górecki, até mesmo forçando outros músicos a não participarem da apresentação. Como resultado, ninguém foi achado para reger a *Beatus Vir*.

Está certo, disse Górecki, ele mesmo regeria o coral.

Como último recurso, os comunistas passaram a intimidações físicas. Contrataram um bando de desordeiros para uma "manifestação" em frente à casa de Górecki. Os "manifestantes" marchavam de um lado para outro, exibindo cartazes de protesto contra as "composições antiproletárias" de Górecki. Como o músico não deu sinais de fraqueza, os desordeiros arrombaram a casa e a saquearam.

Intrépidos, Górecki e sua família viajaram para Cracóvia. Lá, na noite de 9 de junho, *Beatus Vir* estreou diante de uma congregação abarrotada – com o compositor regendo uma magnífica orquestra e o coral.

"Dominus!", o coro cantou. "Dominus! Dominus! Dominus!" (Senhor! Senhor! Senhor! Senhor!")

Através dos compassos iniciais, o coral invocava a Deus repetidas vezes, em uníssono, expressando a intenção sincera dos milhares que oravam naquela ocasião. Eles repetiam a oração que deve ter sido silenciada da boca do mártir Estanislau há 900 anos, quando a espada do rei partiu-lhe a cabeça.

"Senhor! Senhor! Senhor!" – o coral cantou mais uma vez, cada clamor invadindo o silêncio, pois nesse ponto as vozes cantavam sem acompanhamento.

Onde está Deus? O silêncio parecia perguntar. *Onde Ele estava quando seus santos clamavam? Onde ele está agora, quando toda a Polônia está clamando?*

"Senhor!", o coral cantava com toda a pressa das milhares de pessoas sofridas da Polônia e de seus compatriotas em outros países do leste europeu – e além, ecoando todo brado do desespero humano pela misericórdia divina.

Um longo silêncio se seguiu, para então a orquestra começar a tocar longas e graves notas. Uma voz de barítono começou a cantar: "Ó Senhor, ouve a minha oração. Ouve. Ouve."

Um ritmo duro, monótono, sugeria o pedido repetido e também monótono por ajuda. "Ó Senhor", cantava o coral, "ouve minha oração. Em tua justiça, ouve-me."

O coro e o barítono juntaram-se e levantaram-se para o anteclímax da obra. "Ó Senhor! Tu és meu Deus."

Nesse ponto, os tons de marcha subitamente aumentaram o ritmo, como se o próprio mundo tivesse voltado à sua posição normal mais uma vez, e o oscilante movimento da história não fosse mais um monótono toque fúnebre, mas o repique de alegria proclamando o júbilo de "Cristo conosco".

Faz-me célere em atender à tua misericórdia,
Ensina-me a fazer a tua vontade,
Pois tu és o meu Deus
Que teu Espírito guie-me à terra de justiça.

Após esse momento de esplendor, seguiu-se uma pausa, então o barítono voltou ao tom grave do começo, mas com a convicção absoluta de que...

Ó Senhor, tu és o meu Deus.
Meu destino está em tuas mãos.
Senhor Deus, tu és a minha salvação.

O que, afinal, tinha mudado? O poder político apenas mudara de mãos: os nazistas foram sucedidos pelos soviéticos e por seus colaboradores poloneses. A salvação teria de ser inspirada em algo mais do que a vontade de poder. Nosso destino permanece nas mãos de Deus, a música insistia, a despeito daqueles que sustentam as armas da violência em suas mãos.

Então a música tornou-se incrivelmente agradável.

"Ó provai e vede que o Senhor é bom."

Os sinos da orquestra soaram, reconhecendo que, através da história, Cristo levantou defensores de sua verdade. Eles anunciavam que o Senhor sempre levantaria pessoas para relembrar ao mundo onde está a autoridade final.

"Bem-aventurado é o homem que confia nele."

Aquele dia de triunfo espiritual passaria, dando lugar a muitos dias difíceis. Mas a esperança que Henryk Górecki transmitiu através desse poderoso testemunho musical jamais seria esquecida.

■ ■ ■

Depois daquele momento histórico, Górecki retirou-se para a vida privada e poderia ter-se furtado à atenção do mundo – se não fosse por sua *Sinfonia de Canções Tristes.* Composta em 1976, foi gravada três vezes, mas com pouca repercussão. Então, em 1993, a Sinfonietta de Londres gravou a *Sinfonia de Canções Tristes* mais uma vez, agora com a soprano Dawn Upshaw. A gravação tornou-se fenômeno internacional. Talvez o Senhor tenha desejado recompensar esse músico que demonstrou tanta dedicação e coragem.

A personagem que estacionou no acostamento da rodovia estava pensando em sua mãe e no relacionamento problemático entre ambos. Henryk Górecki bem podia estar pensando em sua própria mãe quando compôs a Sinfonia nº. 3. O trecho cantado pela soprano consiste em três canções, a primeira das quais é uma lamentação monástica de Maria aos pés da cruz, proveniente do século XV. A segunda é a oração descoberta rabiscada na parede de uma cela em um quartel da Gestapo, na Polônia; a oração é assinada por uma garota de 18 anos, pedindo à mãe que não chorasse por ela. A terceira canção triste empresta as palavras de uma música folclórica polonesa, em que a mãe lamenta a perda de seu filho soldado. Já que Górecki perdeu a mãe ainda na infância, podemos imaginar que, muito antes de expressar a tristeza da condição humana em suas composições, se tenha voltado para Aquele que podia aliviar sua aflição e ânsia.

Desde o aspecto pessoal ao universal, Henryk Górecki nos ensina o que a coragem de um único homem pode fazer contra um sistema maléfico. Ele nos mostra o incrível poder da música para alcançar a alma do mundo fatigado. E, através da música de Górecki, Cristo nos ensina a cantar, apesar de nossas lágrimas.

CAPÍTULO 42

SOLI DEO GLORIA

Desde que os cristãos, tanto artistas como evangelistas, têm dentro de si o poder do Espírito Santo, é lógico concluir que artistas, os quais trazem todas as coisas em cativeiro por Cristo, escrevem, do modo como vivem, na direção do Espírito Santo... Seus poemas não são privados; são imagem encarnada para eles mesmos e para a comunidade na qual vivem.

JOHN LEAX

A Sinfonia n°. 3, de Henryk Górecki, pode ter sido a primeira música a alcançar o topo tanto na classificação entre os clássicos quanto entre a música popular. Vendedores solenes de lojas de música clássica ficaram surpreendidos ao ver roqueiros punk com cabelos alaranjados e espetados entrando para perguntar pela peça. Pessoas de todas as idades e procedências eram atraídas pelo som lindíssimo e quase litúrgico de Górecki, o qual fora extraído tanto de músicas medievais quanto de melodias folclóricas.

Mas a primeira significância do trabalho de Górecki é que ele representa um retorno à música tonal – baseada em escalas maiores e menores. Na maioria das músicas clássicas compostas na última parte do século XX, essas escalas foram colocadas de lado e os compositores começaram a produzir música atonal (baseada na escala de 12 tons, de Arnold Schoenberg, ou na "música casual", de John Cage). O problema é que a música atonal foi rejeitada pelo público desde o começo por ser simplesmente desagradável. Por exemplo, o estilo dissonante do Sir Harrison Birtwistle foi descrito por revisores como "extremamente violento", capaz de infligir "quase que uma dor física".[1]

Por que os compositores contemporâneos produzem música com dissonância tão estridente? A resposta revela uma mudança na definição de arte. A linguagem musical da tonalidade foi tradicionalmente pensada para representar a lei natural dos sons (baseada nas muitas tonalidades que acompanham qualquer som naturalmente produzido). Isso remonta aos gregos antigos, os quais descobriram que se alguém dividir uma corda de pura duração matemática em simples coeficientes como 2:1, 3:2, ou 4:3, obterá intervalos puros de som (consonância).[2] Mas compositores contemporâneos enxergam a tonalidade como uma construção arbitrária que pode ser de tal maneira descartada que novas linguagens musicais podem ser inventadas. Em estilo paralelo, artistas em outros campos deixaram a noção tradicional de que a arte reflete a natureza ou a realidade objetiva de alguma maneira, e substituíram-na pela idéia de que os artistas criam seus próprios mundos autônomos, abstratos e artificiais dos quais podem lançar raios em um mundo de pessoas comuns. Sinceramente, o que a arte contemporânea pretende em primeiro lugar é chocar e destruir tradições e convenções.

Alguns anos atrás, no programa *60 Minutos* da CBS, Morley Safer empenhou-se em uma crítica extrema da arte contemporânea. O programa focalizou Robert Gober, que cria esculturas em forma de mictório; Robert Ryman, que pinta telas inteiras somente com tinta branca, e Jeff Koons, cujo trabalho é exemplificado por duas bolas de basquete flutuando em um aquário. "Isso é arte?", perguntou Safer.[3]

Essa é uma pergunta importante, porque a maneira como definimos arte tem o poder de moldar nossa cultura. Como contemplamos no trabalho de Górecki, a arte nos afeta no mais profundo nível da alma. Ela pode moldar nossos pensamentos, mexer com as nossas emoções e alargar nossa imaginação. A música que ouvimos, as imagens que plantamos em nossas mentes, as histórias que contamos – tudo tem grande poder sobre o tipo de pessoas que somos. Igualmente expressa e molda nossas crenças e valores.

Apenas pensemos na maneira efetiva de Jesus no uso de imagens e histórias. Ele poderia ter somente dito: "Cuidem do povo que está ferido e vitimizado". Ao invés disso, contou a história do bom samaritano. Ele poderia ter apenas dito: "Deus perdoa seus pecados". Ao invés disso, contou a parábola do filho pródigo. Por quê? Porque uma história atinge aspectos da verdade que estão além do poder do ensino didático. Símbolos, metáforas, alegorias e imagens afetam a pessoa inteira – as emoções e os sentidos tanto quanto o intelecto. As palavras ricas e evocativas da literatura são muito mais poderosas do que a descrição fatual.

Para os cristãos, as artes são também uma maneira importante de entender Deus e sua Criação. As artes nos dão ouvidos para ouvirmos e olhos para vermos com mais clareza. Sabemos pelas Escrituras que a Criação é trabalho das mãos de Deus e que revela sua glória; mas normalmente nossos ouvidos estão surdos e nossos olhos cegos para essa revelação. Os artistas são agraciados com uma sensibilidade especial para as glórias da Criação, e através de seus trabalhos, podem trazê-las com foco mais apurado para os outros.[4] Pense na música de Bach, nas pinturas de Rembrandt, na escultura de Michelangelo.

Por que, então, a arte tem sido degradada em nossos dias? Como mudamos de Bach para a dissonância de Birtwistle? De Rembrandt para as telas brancas de Ryman? De Michelangelo para os mictórios de Gober? Como perdemos o senso da elevada dignidade e do propósito da arte?

A HARMONIA DAS ESFERAS

A resposta é uma subjacente mudança filosófica do objetivismo para o subjetivismo, e, enquanto examinamos a história das idéias sobre a arte, veremos como essa mudança em termos de cosmovisão levou a conseqüências desastrosas.

O entendimento clássico é que as artes são poderosos meios de comunicar algo significante sobre a realidade e representar a verdade. Não que o trabalho de arte tenha de captar eventos de forma fotográfica. Além disso, uma pintura pode representar coisas invisíveis, como anjos, ou ideais abstratas, como a justiça retratada na forma de uma mulher com os olhos vendados e uma balança; ainda assim essas imagens comunicam alguma coisa real. Um romance é ficção, todavia pode representar realidades profundas sobre a condição humana. A música é a mais abstrata das artes, contudo, como já temos visto, a escala musical tradicional está enraizada em uma realidade objetiva, baseada em relacionamentos matemáticos no meio de freqüências de sons achados na natureza.

Desde os tempos dos gregos antigos, a música foi pensada para refletir uma estrutura matemática metódica construída no próprio Universo. Com o surgimento do Cristianismo, essas idéias foram incorporadas para dentro da visão bíblica. A arte foi vista como enraizada na estrutura metódica e harmônica do Universo que Deus criara. Por essa razão, a justificação básica para a arte está na doutrina da Criação.

Além disso, quando Deus criou o mundo, Ele teve o suficiente cuidado de fazê-lo lindo. Não há argumento mais convincente de que o próprio Deus está feliz com a beleza do que olhar com atenção para as delicadas colorações de uma flor silvestre contra o verde musgo da campina, a expansão azul do céu de Montana, os contornos pontiagudos dos Alpes Suiços. Mais ainda, quando Deus nos comunicou sua palavra, Ele o fez em uma variedade de estilos literários: história, poesia, fórmulas litúrgicas, princípios éticos, hinos, cartas, máximas e provérbios e até em um cântico de amor.

Desde que Deus criou o ser humano à sua imagem, nossa capacidade para o deleite estético é parte da maneira pela qual nos criou – um de seus presentes para nós. Uma história cativante, uma sinfonia majestosa, uma linda pintura de paisagem – estes são trabalhos nos quais a arte nos dá prazer estético e nos faz contemplar não apenas a beleza do mundo que Deus criou, mas também a eterna beleza do próprio Deus. "Uma coisa pedi ao Senhor", diz o salmista, "...que eu possa... contemplar a formosura do Senhor" (Salmos 27.4). Nas Escrituras encontramos ordenanças para dar beleza ao templo e fazê-lo tocar com música. Deus quer que usemos nossas melhores habilidades artísticas em seu louvor.

Através da história, os crentes assim têm feito, usando as artes para glorificar a Deus e edificar uns aos outros. A Igreja primitiva levantou sua voz em louvor em uma variedade de estilos de canto. O período medieval nos deu catedrais de inspiração reverente, desenhadas para elevar a mente à verdade divina e para nos dar "deleite na beleza da casa de Deus", nas palavras de Abbot Suger, arquiteto da grande catedral de *Saint Denis*, na França do século XII.[5] Na verdade, em todos os períodos da história ocidental, muitos dos tesouros artísticos permanentes foram produzidos por cristãos.

Música

Na música, a Renascença produziu o tesouro sublime da sagrada polifonia: as serenas harmonias de Palestrina, as estruturas sem emendas de John Taverner, Thomas Tallis e William Byrd. Essa é uma música que cria o sentimento de que alguém está em pé numa catedral, o som subindo como os altos arcos do teto majestoso.

O período barroco nos deu Antonio Vivaldi, um homem de fé, apelidado de "Pregador Ruivo" por causa do seu cabelo ruivo natural. Johann Sebastian Bach era luterano, com intenso comprometimento evangélico, e assinou a maioria dos seus trabalhos com "*Soli Deo Gloria*" – somente a Deus seja a Glória. Quando Bach estava compondo a majestosa *Paixão de São Mateus*, na qual descreve o sofrimento e morte de Cristo, estava tão profundamente comovido que lágrimas rolavam pela face. O trabalho é pontuado com árias devocionais em que o compositor derrama seus sentimentos de intensos pesares e sua gratidão pelos sofrimentos de Cristo.

George Frideric Handel, também luterano, tinha 56 anos de idade, quando, em um tempo de crise em sua vida, trancou-se em seu quarto para compor o famoso *Messias.* Durante esse tempo, passou por tão irresistível experiência espiritual a ponto de soluçar de emoção, contando mais tarde ao seu servo, que ficara surpreendido: "Eu realmente pensei ter visto todo o céu diante de mim, e o próprio soberano Deus..."[6]

No período clássico, Franz Joseph Haydn usou a oração para superar obstáculos próprios de escritores. Se uma peça "não progride", afirmou, "eu tento descobrir se errei de uma forma ou de outra, perdendo assim a graça; e oro por misericórdia até que me sinta perdoado."[7]

Entre os compositores românticos, Felix Mendelssohn era um luterano de profunda fé pessoal (o pai era convertido de origem judaica). Mendelssohn escreveu muitos trabalhos celebrando a fé cristã, incluindo "Reforma", sua sinfonia de 1830, a qual termina com uma execução do hino de Martinho Lutero, *"A Might Fortress Is Our God"* (Castelo Forte é Nosso Deus).[8] Antonín Dvorák, com suas vivas melodias eslavas, era um crente resoluto que escreveu verdadeiras preces em seus manuscritos: elas começam com a frase "Com Deus" e acabam com "Graças a Deus".[9]

Literatura

Muitos dos grandes mestres da literatura ocidental foram poetas cristãos. Pense em Dante, cuja *Divine Comedy* (Divina Comédia) pinta um rico mural do encontro da alma com o pecado (inferno), sofrimento (caminho de purificação) e glória (céu). Pense em John Donne, com suas linhas memoráveis *"Death be not Proud"* (Morte não seja orgulhosa), *"No man is an Island"* (Nenhum homem é uma ilha) e *"Never Send to Know for Whom de Bell Tolls; It Tolls for Thee"* (Nunca mande saber por quem o sino toca; ele toca por vós). Ou pense em John Milton, que compôs o magnificente épico *Paradise Lost* (Paraíso Perdido) para "justificar os caminhos de Deus para os homens".

Existem outros sobre os quais não podemos pensar agora, como, por exemplo, Samuel Taylor Coleridge, o qual foi elevado como ícone importante na cultura das drogas dos anos de 1960, pelo fato de ter composto alguns dos seus poemas visionários sob a influência do ópio. O que os livros de literatura raramente mencionam é que Coleridge procurou libertar-se desse seu vício, voltando-se para Jesus Cristo.[10]

Muitas das histórias tradicionais e dos contos da cultura ocidental foram escritos por cristãos ou pelo menos refletem a crença da cultura cristã, como Vigen Guroian mostra em *Tending The Heart of Virtue* (Cultivando o Coração de Virtude). Por exemplo, a famosa história de Pinóquio (a original, não a versão Disney) mostra um marionete de madeira que se transforma em garoto real, superando sua inclinação para a mentira e auto-indulgência. A história expressa a profunda verdade cristã de que aqueles cujos corações são "insensíveis" com o pecado podem tornar-se em "carne" através do processo de regeneração moral.[11]

Do mesmo modo, muitos dos trabalhos clássicos de literatura claramente refletem a cosmovisão cristã. *The Count of Monte Cristo* (O Conde de Monte Cristo), de Alexandre Dumas, traça temas complexos de revanche e perdão. *The Swiss Family Robinson* (A Família Robinson Suiça) de Johann D. Wyss, narra as aventuras de um sacerdote suiço e sua família, rica em piedade cristã. Os romances de Robert Louis Stevenson, como, por exemplo, *Kidnapped* (Raptado) e *Treasure Island* (Ilha do Tesouro) revelam a cosmovisão bíblica. E poucas pessoas levantaram temas cristãos e as grandes questões morais da vida mais brilhantemente do que Fyodor Dostoyevsky.

Artes Visuais

Partindo para as artes visuais, podemos traçar através da história uma variedade de estilos que têm sido usados para expressar a visão cristã. Muitas pinturas medievais são encantadoras, porém simbólicas, compostas por imagens bidimensionais e figuras estilizadas contra um fundo plano dourado. Começando com a Renascença, a pintura tornou-se mais natural. No século XIII, o teólogo Tomaz de Aquino rejeitou a espiritualização exacerbada do mundo da Idade Média e enfatizou a importância do mundo natural como Criação de Deus, argumentando que "a graça não nega a natureza, mas a aperfeiçoa". A filosofia de Aquino foi rapidamente sentida nas artes, exemplificada por Cimabue e Giotto, os quais começaram a pintar mais realisticamente, transformando as imagens medievais rígidas e formais em indivíduos vivos.[12]

A Reforma trouxe uma grande apreciação à vida e ao trabalho diários. Artistas começaram a pintar pessoas comuns – fazendeiros e donas de casa – usando suas profissões em contraste com cenários reais. Pintores como Albrecht Dürer, Jacob van Ruisdael e o incomparável Rembrandt, combinaram profundamente seus temas espirituais na fabricação de suas obras-primas sobre a vida diária.

A Contra-Reforma produziu a pomposa e grandiosa arte barroca, inspirada por uma nova apreciação da encarnação – que em Cristo, Deus foi manifestado na carne. O que levou a uma grande apreciação pela Criação, especialmente o corpo físico, como uma revelação de Deus. Artistas como o pintor flamengo, Peter Paul Rubens, retrataram pesadas e sólidas figuras roliças para comunicar a idéia de que Deus se revela no mundo físico – que este carrega o peso da glória espiritual.

Entre artistas mais recentes, quase todo mundo está familiarizado com o pintor holandês, Vincent Van Gogh, e as intensas linhas em movimento de suas árvores, céus estrelados e girassóis. Mas poucos sabem que Van Gogh, filho de pastor protestante, no começo acreditou que tinha vocação religiosa. Ele trabalhou como missionário nas favelas de Londres e depois nos distritos mineiros da Bélgica. Foi somente quando começou a mostrar sinais de instabilidade mental e perdeu o sustento de sua organização missionária que se voltou para a pintura. Em um trabalho fascinante, pintou um quadro dele mesmo como Lázaro ressuscitado – um claro testemunho de sua fé.

■ ■ ■

DESSE RESUMIDO LEVANTAMENTO histórico, podemos ver que os cristãos têm desempenhado importante papel na criação e sustentação da grande arte de nossa cultura. Ainda assim, você nunca encontraria essas informações na maioria dos livros seculares, porque freqüentemente apagam referências a artistas de fé cristã. Isso facilita a artistas seculares subestimarem os cristãos como artistas ignorantes que nada sabem.

Na verdade, alguns historiadores têm até acusado a Igreja de se opor às artes. Para responder a essa cobrança, temos de olhar novamente o testemunho da história. É verdade que em vários pontos através dos séculos os cristãos tiveram de levantar-se contra a arte de várias formas – não que fossem contra a arte em si, mas porque eram contra o mal uso dela. Por exemplo, a igreja tem sempre condenado o conteúdo obsceno, vulgar, grosseiro ou imoral na arte; ela também desaprova os grandiosos projetos de arte usados para exibição e status.

Outro problema foi o uso de imagens dentro da igreja católica. Durante a reforma, por exemplo, protestantes extremistas irromperam com violência pelas catedrais derrubando estátuas e quebrando janelas de vitrais pintados. Como resultado, alguns historiadores criticaram a Reforma; Kenneth Clark, em sua influente série de televisão *Civilization (Civilização),* denunciou esse fato como "um desastre consumado" para a arte. Mas até os iconoclastas têm de ser entendidos em seu contexto histórico. A mentalidade medieval atribuiu grandes poderes espirituais às imagens. Estátuas eram veneradas, beijadas e recebiam orações. Foi apregoado que as imagens de santos sangravam, choravam, faziam milagres e até garantiam indulgências, eximindo os pecadores da dor do purgatório.[15] Desejosos de lutar contra essa idolatria, os iconoclastas pensaram, de forma errada, que uma maneira de acabar com a adoração aos santos seria destruindo as estátuas dos mesmos.

Mas este não era o verdadeiro espírito da Reforma. O exemplo verdadeiro da Reforma foi demonstrado por Martinho Lutero, o qual, depois de ser condenado pelo imperador, arriscou sua vida saindo do esconderijo para *conter* os tumultos nos quais se queimavam imagens e destruíam-se estátuas. Afinal, essa não é a maneira bíblica de se lutar contra a idolatria. A forma favorita de arte do próprio Martinho Lutero era a música, e ele compôs muitos hinos, incluindo o tão amado "Castelo Forte". Lutero disse que "o dom da linguagem combinado com o dom da música foi dado ao homem para que este proclame a Palavra de Deus através da música".[16] João Calvino, de igual modo, tinha grande apreciação por algumas das artes: "Porque escultura e pintura são dons de Deus, procuro um uso puro e legítimo de cada uma delas".[17]

Através da história, crentes têm procurado fazer "uso puro e legítimo" da arte. Como, então, essa eventual tradição foi lançada fora da crença? Como a arte tornou-se tão secularizada que hoje é, algumas vezes, vista um pouco mais do que valor de choque.

DA ARTE PARA A ANTIARTE

Para entender por que a arte perdeu seu elevado propósito, temos de colocá-la dentro do contexto de uma mudança de cosmovisão mais ampla (visto no capítulo 40), quando a ciência moderna foi elevada à condição de ídolo, a única fonte de conhecimento. A suposição concluiu que qualquer coisa que a ciência não pode detectar e medir não pode ser real, levando à uma agressão não apenas da religião, mas também do domínio da imaginação e intuição expressas nas artes.

Isso começou com os críticos racionalistas olhando com desdém todas as criaturas tão amadas por poetas e pintores. Conseqüentemente, racionalistas concluíram que a arte, por sua própria natureza, é uma falsificação da realidade. A literatura não é composta de histórias imaginárias? A poesia não emprega metáfora e hipérbole? O artista pode pintar o pôr-do-sol em toda sua gloriosa coloração, mas os cientistas sabem que o pôr-do-sol é "realmente" nada além de refração da luz branca pelas partículas de poeira em camadas de ar de densidades variáveis.[18] Para muitas pessoas ficou a impressão de que se a ciência é verdade, então a arte tem de ser falsa, ou na melhor das hipóteses, uma mera expressão de emoção pessoal.

Não é de surpreender que todos esses ataques puseram os artistas na defensiva, levando-os a questionar o significado e o propósito do que faziam. Se a arte não expressava a verdade de alguma maneira, o que ela fazia? Alguns artistas capitularam para o imperialismo da ciência e tentaram mostrar em seus trabalhos os princípios generalizados propalados por ela para embasar o que vemos e ouvimos. Isso produziu uma tendência em direção à arte ainda mais abstrata. O cubismo, por exemplo, com suas formas e ângulos geométricos, pode ser entendido como uma tentativa de pintar as estruturas matemáticas subordinando-se ao mundo físico. Na arquitetura, movimentos como o de Bauhaus, na Alemanha, e de Stijl, na Holanda, produziram construções de formas rígidas como caixas, num esforço de basear sua arte em "números, medidas e linhas abstratas".[19]

Mas a resposta mais típica dada pelos artistas foi a de admitir o mundo físico para a ciência e relegar a arte a um mundo completamente separado – um mundo que a arte criaria para si mesma. De fato, foi a partir daí que os artistas começaram a falar de seus trabalhos em termos de "criação". Hoje este uso é tão familiar que não percebemos que apenas quatro séculos atrás seria chocante falar de um poeta ou pintor como "criando" alguma coisa nova. Essa linguagem parece igualar o artista com Deus em seu papel como o Criador.

Sob a luz do contexto bíblico, naturalmente, não existe nada errado em dizer que a criatividade humana reflete a criatividade de Deus, em cuja imagem fomos feitos. Mas saindo desse contexto, a noção rapidamente transformou-se em idolatria. Ao defender seu trabalho os artistas começaram a demonstrar uma reação excessiva dizendo que a arte é *superior* à ciência. Eles sustentavam que a imaginação e mais divina, não a razão científica. E insistiam que a arte encontra suas mais altas formas não em representar a realidade, mas em criar alguma coisa completamente nova e imaginária. Em cada poema, cada pintura, o artista era concebido como o criador de um novo Universo, um microcosmo no qual suas decisões eram absolutas. A criatividade do artista, fala o erudito literário M. H. Abrams, foi modelada na "absoluta autoridade de Jeová no livro de Gênesis".[20]

Começando no movimento Romântico do século XIX, o artista passou a ser idolatrado, e a arte em si tornou-se uma substituta da religião. Na peça de George Bernard Shaw, de 1908, *The Doctor's Dilemma* (O Dilema do Doutor), um pintor no seu leito de morte recita o credo: "Eu acredito em Michelângelo, Velásquez e Rembrandt, no poder do desenho, no mistério da cor, na redenção de todas as coisas pela beleza eterna... Amém. Amém".[21] E se a arte fosse religião, então o trabalho do artista estaria além do criticismo, porque "a atitude apropriada para a Divindade, é claro, é de adoração", escreve Abrams.[22] Pessoas normais não mais eram qualificadas para formar nenhuma opinião quanto às artes como sendo boas ou ruins, e ela tornou-se o domínio de uma elite.

Por conseguinte, a "arte herda(ra) todos os deveres da Igreja", escreve o historiador Jacques Barzun.[23] Os artistas foram elevados à posição profética no sentido real da palavra: como pessoas presenteadas com discernimento único, oferecendo uma visão do mundo ideal, e que denunciavam os pecados do mundo real. Na primeira função, os artistas foram anunciados como a vanguarda da sociedade, aqueles que enxergam mais longe que o resto de nós. Essa atitude produziu estilos como simbolismo, abstracionismo e expressionismo – todas as tentativas para libertar a arte da contaminação do mundo diário e construir um mundo ideal, autônomo e quase-espiritual. Na segunda função profética, os artistas decidiram eles mesmos a responsabilidade de denunciar a feiura da sociedade burguesa, materialista e industrializada que fez o papel dos próprios artistas tão precário. Essa atitude produziu o naturalismo na arte: a tentativa de pintar a maldade da sociedade com total e impiedosa precisão.

Ainda assim, ambas as visões proféticas – a visão do ideal e a denúncia do real – foram unidas por um tema comum: hostilidade em direção ao mundo real.[24] E ao final essa hostilidade tornou-se o tema dominante, uma vez que ambas as abordagens entraram em colapso quando adentraram em protesto e criticismo, e ataques à moralidade estabelecida e às estruturas sociais. Pois o mundo autônomo que os artistas idealistas estavam tentando criar estava muito além dos seus poderes. "Isto exige um Deus onisciente" para do mal trazer o bem, para fazer o último ser o primeiro, para derrubar os poderosos e elevar os humildes", escreve Barzun. Por isso, "para uma era idólatra, a parte negativa da inversão permanece potente".[25] Tudo o que foi deixado teve o propósito de atacar e destruir, subverter e "transgredir" – ou, na frase do poeta Baudelaire, "chocar a burguesia".

Mas a arte que ataca todos os padrões acaba destruindo a si mesma – porque, em conseqüência, mesmo os padrões artísticos são atacados e rejeitados. Essa é a razão pela qual, no século XX, Marcel Duchamp pôde exibir um urinol comercialmente produzido e chamá-lo de arte. Jackson Pollock pingou tinta de forma aleatória em uma tela. Andy Warhol reproduziu as latas de sopa Campbell e Roy Lichtenstein pintou imagens a partir de tiras de histórias cômicas em quadrinhos. Hoje, os artistas exibem "artes de sucata" ou "arte de achados", consistindo de tijolos, vidro quebrado e alumínio amassado, latas presas em telas ou enfiadas em esculturas. O tema comum em todos esses exemplos é que não existe um padrão especial distinguindo arte de objetos no mundo cotidiano.

Um desenvolvimento paralelo na música é a "música casual", de John Cage, composta com o arremesso de dados ou outro mecanismo fortuito. Cage tem até oferecido peças "musicais" sem som. Em uma performance do seu trabalho "4-33", o pianista senta ao piano, olha fixamente a partitura, as mãos suspensas acima do teclado como se estivesse pronto para começar. Ele faz isso por quatro minutos e 33 segundos, depois fecha a partitura e deixa o palco.

O pararelo musical para "arte de achados" é "música de ruídos", gravações dos barulho procedentes do movimento normal da cidade. Por exemplo, Luigi Russolo gravou "as palpitações de válvulas, o ir e vir dos pistões, o ruído da serra elétrica, o solavanco do ônibus elétrico nos trilhos" e então assinou o seu nome nessa balbúrdia.

O real conceito de qualidade e de padrões é rejeitado por muitos dos artistas de hoje como uma "ficção paternalista", diz o crítico de arte, Robert Hughes.[27] Toda essa rejeição de padrões levou ao movimento antiarte, exemplificado pela exposição, em 1993, intitulada "Arte Abjeta", no Museu de Arte Whitney, na cidade de Nova York. Ela mostrou o que o catálogo descrevia como "material abjeto, como sujeira, cabelo, excremento, animais mortos, sangue menstrual e comida podre". A amostra incluiu um monte de um metro de excremento sintético, uma escultura desmembrada de duas mulheres empenhadas em atos sexuais e um filme mostrando Jesus Cristo como uma mulher nua.

Qual foi o objetivo de tudo isso? "Confrontar tabus de gênero sexual e sexualidade" e outros tópicos importantes "considerados inapropriados por uma cultura conservadora dominante", explicou o catálogo.[28] A mostra também incluiu trabalhos que causaram controvérsia pública anteriormente: a foto de Andres Serrano de um crucifixo em um penico, a fotografia homoerótica de Robert Mapplethorpe e um filme da estrela pornô, Annie Sprinkle, chamado *Sluts and Goddesses: How to Be a Sex Goddess in 101 Easy Steps* (Prostitutas e Deusas: Como

Ser uma Deusa do Sexo em 101 Passos Fáceis). Em outras palavras, os artistas não tinham maiores objetivos do que denunciar as crenças e os padrões do povo comum, especialmente aqueles que tiveram a audácia de erguer a voz em protestos morais no passado. Desse modo, uma ramificação influente da arte do final do século XX degenerou-se em expressões de rebelião em igualdade de condições com crianças de oito anos de idade que riem de piadas de banheiro.

Quando até mesmo os prestigiados museus de arte mostram antiarte, fica claro que ninguém mais pode dizer o que é a arte. E se arte não pode ser definida, então ela será destruída. Alguns anos atrás a Academia Manchester de Finas Artes fez um concurso onde o prêmio foi dado a uma aquarela intitulada *Rhythm of the Trees* (Ritmo das Árvores). O trabalho mostrava "uma certa qualidade no equilíbrio de cores, composição e habilidade técnica", decidiram os juízes. Para vergonha deles, o artista era uma criança de 4 anos de idade cuja mãe submetera o trabalho ao julgamento por brincadeira.[29] O padrão artístico tem sido tão cuidadosamente desacreditado que os críticos não podem estabelecer a diferença entre o trabalho de um artista treinado e as pinceladas de uma criança pequena.

E então retornamos à questão de Morley Safer: "Isso é arte?" Para o mundo secular de hoje a resposta é: "Quem sabe?" Não existem padrões pelos quais a arte possa ser definida.

O declínio das artes ilustra o assombroso impacto da falsa visão de *Criação, Queda e Redenção.* Como já temos visto, o processo começou quando os artistas aceitaram o dogma de naturalismo científico, o qual estabelece ciência como a única fonte de conhecimento genuíno e relega a beleza para o campo subjetivo. Em defesa, os artistas reivindicaram esse campo como uma arena onde poderiam reinar como Deus em sua capacidade criativa. A arte tornou-se uma religião substituta, com artistas lançando denúncias proféticas sobre "pecadores". Mas essa é uma religião sem poder de remissão, e ao final, degenerou-se em algo pouco mais do que agressão às crenças e aos valores tradicionais da sociedade.

PARA GLÓRIA E BELEZA

Somente o Cristianismo tem a fonte para restaurar a arte ao seu lugar devido, pois é a cosmovisão que dá suporte à criatividade humana, embora o faça com humildade apropriada. Feitos à imagem do Criador, os seres humanos acham realização em ser criativos na sua própria esfera. Ainda assim, diferente de Deus, o artista humano não cria do nada. "A criatividade humana é derivada e refletiva, trabalhando dentro dos limites do que Deus formou", escreve Os Guinness.[30] Como C. S. Lewis define, "um autor nunca deveria afirmar ter trazido à existência beleza e sabedoria que não tenham existido antes, mas simples e exclusivamente tentado incorporar como sua própria arte algumas reflexões daquela Beleza e Sabedoria eternas". Por causa da Queda, não temos uma idéia clara de Beleza e Sabedoria; vemos apenas um pobre reflexo. Mas por causa da redenção de Cristo, as artes podem ser restauradas.

As Escrituras tratam as artes como um chamado divino. No seu livro *State of the Arts: de Bezalel a Mapplethorp* (Estado da Arte: de Bezaleel a Mapplethorp), Gene Edward Veith fala de um grande artista do Antigo Testamento chamado Bezaleel. Deus o escolheu e disse que "o enchi com o Espírito de Deus, de sabedoria, e de entendimento, e de ciência em todo artifício" (Êxodo 31.3). É típico pensarmos em pessoas sendo chamadas por Deus e cheias do Espírito para serem enviadas para o ministério no campo missionário. Mas Bezaleel foi chamado para trabalhar como artista, cheio do Espírito Santo "para inventar invenções, e trabalhar em ouro, e em prata, e em bronze... para trabalhar em todo lavor", para embelezar o Tabernáculo, a primeira tenda de adoração dos Hebreus (Êxodo 31.4,5). E Bezaleel não estava sozinho. Repetidamente em Êxodo encontramos referências a pessoas às quais "o Senhor tinha dado habilidade" como artesãos.[32]

Semelhantemente, o Senhor fala a Moisés para fazer roupa para os sacerdotes "para glória e ornamento" (Êxodo 28.2,40). Ornamento, aqui, quer dizer beleza. Esse deveria ser o *slogan* de todo artista cristão, músico ou escritor: trabalhar para a glória de Deus e para a criação da beleza.

Tendo em vista esses princípios das Escrituras, os cristãos têm a responsabilidade de dar suporte aos artistas e promover as artes. Infelizmente, muitos crentes nunca pensam muito sobre as artes até que descobrem que seus impostos estão sendo usados pelo departamento do governo que trata da cultura para financiar projetos indecentes e blasfemos. Ainda assim, nossa posição tende a ser econômica ou política (boicotes e protestos) mais do que ética. Isso torna as coisas mais fáceis para os críticos nos pintarem como antiintelectuais, anticulturais e reacionários.[33]

Mas Deus não chama o seu povo simplesmente para dar voltas, apagando o fogo depois de o mundo secular ter provocado o incêndio. Ele nos chama para acender o nosso próprio fogo, para renovar a cultura. E o melhor caminho para derrubar a arte ruim é encorajando a boa arte. "Se você não ler bons livros, você vai ler os ruins", afirmou Lewis. "Se você rejeita satisfações estéticas, você vai cair em satisfações sensuais".[34] Uma vez que os seres humanos são criados à imagem de Deus, eles criarão um ou outro tipo de cultura. Resta saber se será uma cultura decadente ou uma cultura piedosa.

Para construir uma cultura piedosa, temos de começar encontrando maneiras de nos reconectarmos com nossas próprias heranças literárias e artísticas. Ir a concertos, ler literatura clássica, visitar museus de arte. Procure conhecer compositores, escritores e pintores que foram inspirados pela fé cristã. Aprecie a arte não apenas como arte, mas também como meio de nos falar espiritualmente. Louise Cowan, co-editor de *Invitation to the Classics* (Convite aos Clássicos), fala como perdeu sua fé de infância em cursos de religião na universidade – recuperando-a apenas mais tarde em cursos de literatura. Esquematizar temas teológicos nas obras de Shakespeare falou ao seu coração de maneira tal como não o conseguiram antes os tratados teológicos discursivos.[35]

Ma se os clássicos parecem remotos, comece com artistas mais recentes ou contemporâneos, os quais têm enfrentado desafios de colocar-se contra a tendência da cultura secular e têm dado testemunho poderoso da verdade cristã em nosso século. Por exemplo, entre os compositores do século XX que têm criado obras de arte que refletem sua fé cristã está Francis Poulenc, o qual foi um espirituoso *playboy* da música francesa até que a morte de um amigo o levou ao desespero e depois disso a uma experiência espiritual profunda, que inspirou sua música daí por diante. Igor Stravisnski chocou o mundo com sua música estranha e ressonante, mas ele experimentou mais tarde uma conversão genuína e escreveu composições como *o Credo,* a música posta no credo niceno. Entre os compositores contemporâneos, conheça John Taverner (não confunda com o compositor da Renascença, John Taverner, mencionado na página 518) e Arvo Pärt, crentes ortodoxos, os quais expressam a herança da música antiga da Igreja em idioma moderno. Apresentam mostras da nova interpretação da música sacra antiga e medieval que se tornou novidade bastante difundida hoje. Trata-se de grande ironia que, enquanto muitas igrejas estejam lutando para tornar-se relevantes imitando os estilos seculares, a herança musical da própria igreja tenha sido adotada pelo mundo secular de forma estrepitosa.[36]

Na literatura, o século XX nos deu T. S. Eliot, normalmente celebrado nos livros de literatura como o primeiro poeta modernista. Mas poucos livros mencionam que Eliot se tornou cristão na meia-idade, após o que escreveu livros muito significativos. A linguagem cintilada do poeta Gerard Manley Hopkins nos chamam à adoração: "O mundo está carregado da grandeza de Deus. Ele vai inflamar-se, como uma vibrante lâmina reluzente".[37] Os cristãos deveriam estar também familiarizados com poetas contemporâneos como Luci Shaw, John Leax, Paul Mariani e Irina Ratushinskaya.[38]

Entre os escritores de ficção, os cristãos deveriam explorar as riquezas de C. S. Lewis, especialmente sua trilogia do espaço e histórias de Narnia; os romances de George Macdonald (o mentor de Lewis) a ficção de detetive de Dorothy Sayers; os romances sobrenaturais de Charles Williams; e a fantasia de J. R. R. Tolkien, especialmente sua incomparável trilogia *Lord of the Rings* (Senhor dos Anéis). Deste lado do Atlântico, os trabalhos de Walker Percy, Flannery O´Connor e Allen Tate representam a literatura cristã renascente dos anos 40. Entre os escritores contemporâneos, os cristãos deveriam conhecer Larry Woiwode, Frederick Buechner, Ron Hanson, Annie Dillard, Walter Wangerin Jr., e Stephen Lawhead, somente para citar alguns. E não podemos ignorar os poderosos romances de Alexander Solzhenitsyn – trabalhos que não somente expõem os horrores do sistema de prisão em campos de trabalhos forçados da União Soviética, mas também revelam a resposta do coração humano ao sofrimento inexprimível.

Artistas visuais têm, da mesma maneira, expressado a fé cristã de formas modernas. Entre os pintores do século XX, alguns dos mais delicados trabalhos foram transmitidos por Georges Rouault, o qual quando adulto tornou-se cristão. Ele usou a linguagem da arte moderna para pintar figuras remanescentes de vitrais pintados, com linhas pretas perfeitas e cores luminosas, um balanço excepcional de tradição e inovação. A lista de artistas contemporâneos, os quais expressam o drama da graça divina em imagens poderosas, inclui Sandra Bouden, Ted Prescott e William Congdon.

Corporativamente, a Igreja pode assumir o papel de dar suporte à arte, envolvendo os artistas em seus cultos. Eles podem convidar músicos para escrever e tocar música; pedir aos poetas e escritores para criar apresentações dramáticas para datas especiais, encorajar artistas a desenhar faixas e boletins e outros trabalhos de beleza para o santuário. Em um Natal, meu colega T. M. Moore, presidente do Seminário Teológico Chesapeake, organizou uma poderosa dramatização da ode *On the Morning of Christ´s Nativity* (Na Manhã do Nascimento de Cristo), de John Milton. A produção envolveu o coro e outros músicos, pintores (os quais prepararam o cenário e o palco), uma equipe de direção de palco e os personagens.

Algumas igrejas enfocam a arte, promovendo festivais anuais que apresentam oficinas, exposições, leituras e concertos. Outras designam uma sala ou corredor como uma galeria de arte, onde expõem o trabalho dos membros da congregação ou mostras de arte em turnê. Deveríamos também insistir em dar suporte a organizações de artistas cristãos tais como *Lamb's Players* e *Washington Performing Arts Group*.

Finalmente, toda família cristã pode fazer da casa um lugar onde a arte e a cultura sejam ensinadas. Quando as crianças são rodeadas pelo que há de melhor em música, arte e literatura, elas crescem aprendendo a apreciar o melhor. Ponha música clássica em casa. Pendure reproduções de trabalhos históricos nas paredes. Envolva os filhos como leitores de literatura que inspire suas imaginações morais. Boas histórias fazem o que a repreensão ou o ensino didático jamais poderão fazer: elas nos fazem *querer* ser bons. Como o psicólogo de crianças Bruno Bettelheim diz, as escolhas morais das crianças não são baseadas em padrões abstratos de certo ou errado, mas em pessoas que admiram e querem imitar. "A questão para a criança não é: 'Quero ser bom?'", "mas 'Com quem eu quero ser parecido?'"[39] Quando as crianças lêem, encontram personagens que podem admirar e com os quais se identificam e, enquanto fazem suas escolhas influenciadas pelas personagens, seu próprio caráter é formado.

Ninguém deveria crescer sem as artes, porque elas mexem com o ser humano todo, não apenas as nossas faculdades cognitivas. Eu descobri o gosto pela literatura clássica somente depois que me tornei crente, quando minha conversão me deu fome pela verdade em todas as suas formas. Meu romance favorito de todos os tempos é *The Brothers Karamazoy* (Os Irmãos Karamazov), de Fyodor Dostoyevsky, o qual levanta os grandes dilemas morais debatidos por filósofos através dos tempos e os levam a uma sentença inesquecível: "Se não existe Deus, então tudo é permitido". Recentemente também me determinei a educar-me em música clássica e, para começar, comprei uma série de CD's de obras primas famosas. Embora eu tenha sempre tido bom ouvido, essas gravações abriram um mundo novo para mim.

Música, literatura e arte nos oferecem uma janela através da qual podemos apreciar a verdade de Deus de forma mais completa.

■ ■ ■

HÁ MUITOS ANOS, uma cristã apareceu na televisão falando sobre trabalhos famosos de arte. No começo, os telespectadores ficaram surpresos, mas hoje esse programa é muito popular. Por que uma cristã *não deveria* ser uma crítica de arte? Quem mais do que os cristãos têm boa razão para apreciar e criar trabalhos de arte?

É hora de a igreja recuperar sua herança artística e oferecer a direção espiritual que os artistas contemporâneos precisam se quiserem criar trabalhos "para glória e beleza", que inspirem e enobreçam a cultura. Porque o que acontece na cultura elevada é rapidamente filtrado para dar forma à cultura popular. A degradação da arte clássica e da música causou uma degradação paralela da televisão e da música popular – mas até mesmo aqui o que parece ser uma terra da moral perdida, os cristãos podem trazer renovação e redenção.

Um crente está fazendo exatamente isso, com resultados surpreendentes.

CAPÍTULO 43

TOCADO POR UM MILAGRE

Marta primeiro chamou a atenção dos convidados imortais numa noite quando fui designado para observar *In Extremis* (At the Point of Death – À Beira da Morte). As galerias abriram-se com a vista de uma cozinha suburbana da California onde uma jovem mulher estava prostrada no chão de azulejo mexicano, a face voltada para o piso, os braços abertos em sinal de humildade e penitência, como que entregando sua carreira para Deus. Interpretando os desejos espirituais de maneira tão profunda a ponto de superar a própria consciência com gestos dramáticos, a jovem assim se expressava com todo o corpo – todo o ser. Ela definitivamente queria que Deus visse, ouvisse e respondesse.

"Isso é sério", Angélico anunciou. "Preste atenção".

Aquele momento único na eternidade marcou o começo de um milagre. Ou talvez fosse o próprio milagre. Eu ainda não posso decidir.

Antes de lhe contar sobre esse milagre, talvez devesse contar-lhe quem sou. Imagine que sou um anjo guardião. Um guia de confiança. Um meio de ver a experiência de Marta com ambas as lentes de grande abertura angular do telescópio da eternidade e as lentes normais com close da vida na Terra.

O que me confunde a respeito dos milagres é o fator humano. Por outro lado, sei suficientemente bem o que são. Os milagres acontecem quando Deus age na história humana, cruzando a barreira da eternidade para dentro do tempo, efetuando o que não pode ser causado de outra maneira. Através dos milênios, tenho visto minha porção em tais eventos, freqüentemente em tempos e lugares tão escuros que somente a luz divina poderia alcançá-los. Mas a maneira como Deus envolve a vontade humana nessas ações me confunde e intriga. Talvez esta seja a razão pela qual eu disse para prestar atenção em Marta: para aprender mais sobre como Deus escolhe trabalhar através dos homens e mulheres.

Marta fez esse gesto de entrega total relativamente cedo em sua vida cristã, apenas depois de três anos de conversão. Talvez seu desespero venha do fato de que trabalha em Hollywood, onde a voz de Deus soa muito como uma voz clamando no deserto. Talvez ela estivesse desmoronando sob pressão de uma vida vivida nos termos da queda livre "da industria", onde não há nenhuma garantia de trabalho, nenhum salário regular, nem benefícios da empresa, nem plano de saúde, sem garantia de nada. Essa é uma indústria como nenhuma outra.

Assim, Marta precisava de uma paz como nenhuma outra, uma confiança sem ilusões. Percebendo que somente o Deus que segura o mundo poderia levantá-la, entregou-se aquela noite para o Deus que pode fazer até mesmo de Hollywood um lugar santo.

■ ■ ■

MARTHA WILLIAMSON veio para Hollywood logo depois da faculdade. Ela pagou suas dívidas, trabalhando como assistente pessoal para vários produtores. Fez de tudo, desde trabalhar fazendo café a pegar as roupas dos produtores na lavanderia, desde caçar talentos a manter afastados os indesejáveis. Muito tempo depois da indústria ter descoberto os computadores, Marta ainda estava datilografando múltiplos *scripts* em uma máquina de escrever antiga para uma variedade de shows semanais bem-sucedidos.[1]

Quando se converteu, em 1981, era produtora associada de confiança, ajudando a tomar decisões de produção – e sua mudança de coração de imediato foi declarada no local de trabalho. O chefe da companhia que a abrigara sob suas asas começou a chamá-la de "a garota de Jesus".

Durante o começo da década de 1980, Marta uniu-se a uma associação profissional de diretores e escritores de Hollywood, os quais regularmente se reuniam para momentos de comunhão e encorajamento.

A associação orava com regularidade para que Deus fizesse um milagre em Hollywood, que enchesse de poder uma testemunha viva do Cristianismo de dentro da própria indústria de entretenimento.

Pessoas de fato se levantavam nessas reuniões de oração, *scripts* nas mãos. Elas tinham adquirido os direitos do texto de C. S. Lewis, *The Magician's Nephew* (O Sobrinho do Mágico) ou alguma outra peça de alegoria cristã e queriam que o grupo orasse para que tivessem um filme produzido e que ajudasse a mudar totalmente a direção da indústria cinematográfica. O grupo oraria especificamente pelo sucesso do projeto.

Apesar de Marta resmungar "amém" a essas orações, ela estava realmente pensando pequeno. Duvidava que esses sonhos se tornassem realidade. Ela já era uma pessoa íntima de Hollywood, participando de "reuniões curtas" que quase não conseguia lembrar das pautas. Ela conhecia as pessoas que dirigiam os estúdios, e sabia que não trabalhavam da maneira que seus bem-intencionados amigos esperavam. Um projeto comunicando a mensagem cristã teria de ter sucesso na grande cultura *antes* que qualquer produtor ou agitador de Hollywood considerasse a possibilidade de realizar esse trabalho. Talvez alguém produzisse uma história sobre, vamos dizer, movimento dos direitos civis, enfatizando a dimensão da fé, mas nunca *The Magician's Nephew* (O sobrinho do Mágico). Os dirigentes que ali estavam não tinham senso de missão. Eles estavam lá para fazer dinheiro.

E francamente, Marta também. Enquanto outros falavam de transformar a cultura de Hollywood, ela teve de admitir que na maioria das vezes só queria receber seu pagamento. Isso já era suficientemente difícil naquela cidade.

Ainda assim tinha os próprios sonhos. Ela acreditava ter talento para escrever dramas e comédias engraçados e irônicos. Também acreditava que poderia produzir textos para a rede de televisão. Mas não queria escrever sobre personagens bíblicos, criando celulóide para encher os "horários mortos" da TV aos domingos pela manhã. Queria escrever shows para o horário nobre sob a perspectiva cristã.

Marta determinou que tentaria, transferindo-se da posição de produtora associada para a de escritora. E foi logo depois de tomar essa atitude que deitou com o rosto no chão, reconhecendo sua absoluta dependência de Deus. Ela logo entendeu que planejar sua própria carreira provaria ser algo exasperador e fez uma solene promessa a Deus de que não faria nenhum esforço extraordinário para ganhar posição no trabalho por meios escusos. Não planejaria estratégias complicadas. Mas faria o que Deus colocasse diante dela e o deixaria levá-la para onde Ele quisesse. Marta acreditava que Deus conhecia os profundos desejos do seu coração e sabia o que queria para ela. Por isso confiaria todas as coisas aos cuidados de Deus.

■ ■ ■

ENQUANTO NOS LUGARES celestiais vemos coisas, o milagre foi a transformação interior de Marta. Mas o que a maioria dos humanos veriam como milagre começou quando a rede de televisão CBS ofereceu a Marta uma chance para ser a produtora executiva de um show chamado *Angel's Attic* (Sótão dos Anjos). Ela recusou – primeiramente porque a CBS acabara de rejeitar outro projeto seu e estava zangada por causa disso.

Marta gastara as últimas duas semanas trabalhando na montagem de um piloto para a televisão chamado *Under one Roof* (Sob um Teto). O show tinha grande potencial. O programa era estrelado pelo ilustre James Earl Jones e lidava com os problemas realísticos de uma família que vivia em Seattle. Exatamente o tipo de série com a qual Marta sempre quis trabalhar. O piloto tivera boa aceitação, e era exatamente a qualidade de programa que os executivos da rede televisiva estavam sempre procurando.

Ainda assim, inacreditavelmente, a CBS o rejeitara. Depois, apenas quatro horas mais tarde, eles enviaram o piloto de Sótão dos Anjos para Marta.

A rede de televisão estava determinada a fazer "um programa de anjos". Polls mostrou que 70% do público americano acreditam em anjos e que quase todo produto sobre anjos poderia ser comercializado com sucesso. Mas quando Marta assistiu à fita que a CBS enviara, descobriu que a mesma mostrava anjos que discutiam entre si e reclamavam do Todo-poderoso. O show era moldado a partir de um programa policial tanto como qualquer outro, com Deus como um superior estúpido e os anjos como renegados que só faziam o trabalho depois de quebrar regras burocráticas. A fórmula tradicional era para ser apoiada, supostamente, com efeitos especiais mostrando os anjos flutuando no ar – asas e tudo mais. Ainda pior, os anjos não eram sequer verdadeiros. Eram pessoas recentemente falecidas enviadas à terra por razões desconhecidas.

Marta respeitava os executivos da CBS. Eles tinham alimentado sua carreira por muitos anos, desafiando-a a escrever do fundo do coração e dado suporte ao seu trabalho em Jack's Place (A Casa de Jack), estrelado por Hal Linden. Assim, não poderia compreender como rejeitaram uma produção de alta qualidade como *Under one Roof* e insistiam com determinação num show vulgar como Sótão dos Anjos.

Aquela noite Martha manteve um debate mental furioso consigo mesma. É claro que teria de repensar seu relacionamento de trabalho com a CBS. Outra rede já lhe havia oferecido trabalho, o qual representava um pássaro na mão. Mas ainda estava sustentando esperanças que *Under one Roof* fosse melhorado e então pudesse continuar com a CBS, fazendo seu próprio tipo de programa.

Marta pegou o telefone e ligou para o vice-presidente, que lhe enviara o videoteipe de Sótão dos Anjos. A oferta da rede estava levando-a à loucura, falou, e apenas queria livrar-se do problema. Então, poderia resolver se tinha futuro na CBS (o que provavelmente não teria) ou se escreveria para a outra rede (o que provavelmente faria).

"Desculpe", disse ao vice-presidente. "Eu sei que você tem investido muito nesse programa, e você conseguiu reunir um elenco muito promissor. Mas isso não é o tipo de coisa que eu quero fazer."

"Mas por isso é que o enviamos para você, Marta. Isto precisa ser transformado em um tipo de programa que você e outras pessoas talentosas *vão* querer fazer."

"Não, desculpe, mas não. Podemos almoçar na próxima semana e eu darei qualquer conselho que puder para você passar à pessoa que irá contratar."

Na semana seguinte Marta falou com seu agente, que lhe assegurou que o trabalho de escritora para a outra rede parecia negócio fechado, apesar de que nada pudesse ser definido até que a transferência eletrônica colocasse os dígitos em sua conta. Para encerrar seu relacionamento de trabalho com a CBS, ela almoçou com os executivos na sede da empresa. Marta sentiu-se de alguma maneira desanimada por terminar um relacionamento de trabalho tão bom, e até o último momento, mesmo quando estava entrando em seu carro e dizendo adeus aos colegas da CBS, ela se pegou dando conselhos sobre o programa de anjos que a TV faria.

Aquela tarde o agente de Marta ligou para dizer que os detalhes para o trabalho na outra rede estavam dando certo, apesar de os produtores quererem que ela trocasse o título, sinalizando que estavam barganhando alguns dos controles criativos que haviam prometido. Mas era o mesmo dinheiro. Talvez ainda mais dinheiro. Tudo isso era negócio como de costume.

Na manhã seguinte tudo mudou.

■ ■ ■

Se eu fosse um anjo da TV ao invés de um anjo real, nesse momento da história eu faria uma entrada dramática. Diria à Marta: "Eu sou um anjo, enviado por Deus", e lhe informaria o que Deus queria que ela fizesse. Por assim dizer, ela não tinha nenhuma idéia de que eu a observava. Apenas sabia com absoluta convicção que Deus queria que trabalhasse naquele programa de anjos.

Durante os 12 anos de sua experiência cristã, Marta tinha crescido mais e mais atenta à voz do Senhor, até o ponto em que podia distinguir a direção de Deus de suas próprias vontades. Para ela, uma palavra de Deus não se anunciava gradualmente. Não era algo que aparecesse no tempo como uma intuição. Para ela, a palavra de Deus vinha toda de uma vez... e esta continuava demandando obediência. A não ser que obedecesse de uma vez, sabia que seria miserável. Se Marta teve algum progresso em sua vida espiritual, foi aprendendo a otimizar o tempo entre ouvir a direção de Deus e praticá-la.

Foi isso que aconteceu naquela manhã crucial. Em algum momento durante o tempo desde que se levantara da cama, tomara o café da manhã e escovara os dentes, ela simplesmente *sabia* que Deus queria que fizesse *Angel's Attic.* Marta até suspeitava que o programa de anjo era a oportunidade da sua vida para a qual Deus a estava preparando.

Marta percebeu que não tinha orado a esse respeito antes de recusá-lo. Sempre um erro. Com isso, confessou a Deus que estava errada e que o ouvia agora.

Seria isso um milagre genuíno? Sem muita fanfarra? Sem música e luzes de palco? Sem efeitos especiais? Ainda assim, o que mais pode explicar o perfeito alinhamento do público do anjo louco, o piloto malfeito, o entusiasmo da rede de televisão, o relacionamento de Marta com a rede e seu relacionamento com Deus?

Marta telefonou para o seu agente, mas foi informada que teria de se "candidatar" para o trabalho da CBS, o qual, ontem mesmo, tinha sido dela de mão beijada.

"Exato", respondeu. "Prepare a reunião."

O agente ligou de volta. "Marta, o pessoal da CBS não pode ver você até a próxima quarta-feira. O acordo com a outra rede está acertado, mas você tem de assiná-lo amanhã. Ele é válido por apenas 24 horas. Você terá de decidir agora."

"Eu não posso."

"Você está louca? Você está recusando um grande programa e um grande pagamento por uma chance de produzir o que todo mundo acha que é um desastre. Isso não se parece com você. Não é inteligente."

"Organize a reunião com a CBS. Eu tenho certeza que vou pegar o trabalho deles."

Marta, você jogou esse programa de volta na cara deles. Por que eles o dariam a você?"

"Eu sei que tudo isso parece loucura, mas é uma coisa de Deus. Somente organize a reunião."

Marta não escreveu suas anotações sobre como fazer *Angel's Attic* (Sótão dos Anjos) até a manhã agendada com a CBS. Ainda assim, foi para a reunião com muita confiança. Se Deus lhe tinha dito para candidatar-se para o programa, concluiu, Ele lhe daria o trabalho.

Na reunião, os executivos sentaram em volta de uma mesa semicircular, incluindo o então presidente de entretenimento, Peter Tortorici. Aquelas não eram pessoas que tivessem qualquer afinidade com coisas espirituais. Como receberiam o que tinha a dizer?

"Nós estamos surpresos, Marta", Tortorici falou, após as apresentações, "mas estamos felizes que você tenha repensado sua decisão sobre estar envolvida no projeto. O que você faria com o programa?"

"Todo programa de sucesso tem suas próprias regras dramáticas", começou, "mas o piloto não demonstra o que essas regras são. Ou se demonstram, as regras não estão funcionando. Por exemplo, você não pode ter anjos que discordam das ordens de Deus. Os anjos são mensageiros de Deus. Eles só fazem o que Deus determina."

Marta percebeu os executivos atentos ao seu tom seguro, sua suposição de que sabia o que os anjos fazem.

"Veremos Deus dando ordens aos anjos?", um executivo perguntou experimentalmente.

"Não", Marta respondeu. "Ninguém vê a Deus. Se Deus quer que alguém veja um ser celestial, esta é a razão pela qual envia anjos. E anjos não são pessoas que morreram recentemente. Eles são anjos desde o começo dos tempos."

"Mas porque as pessoas gostariam de assistir a um programa sobre anjos se não podem imaginar-se tornando-se um deles?" Os homens e mulheres ao redor da mesa pareciam preocupados com esse pensamento.

"Porque o programa não deveria ser sobre os anjos. Esse é o problema. O programa tem de ser sobre se as pessoas que elas parecem ser estão querendo fazer o que Deus quer. É nisso onde o drama está", falou com firmeza. "E temos de confrontar todas as grandes questões.

Por que Deus deixou meu pequeno bebê morrer? Onde Deus está no meio de uma doença terminal? Por que Deus não cuida do pobre? Por que Deus não impede as pessoas más de vitimizar os indefesos?"

"Você acha que podemos usar temas como estes?", perguntaram, surpresos.

"Nós temos", Marta assentiu. "E temos de fazê-lo do ponto de vista de que Deus ama a todos e quer o melhor para eles. Que Ele está intervindo através de seus mensageiros angelicais, de maneira que nossas personagens, os quais estão em situações críticas, saberão que Ele as ama e farão então a coisa certa. Você sabe que eu sou cristã, mas não estou propondo que façamos um programa cristão. O que estou propondo é que as regras dramáticas do programa sigam o que todas as maiores religiões acreditam sobre Deus – que Ele nos ama e cuida de nós."

As coisas estavam indo bem para Marta agora. "E não tem dúvida que existe público para isso", assegurou. "Pessoas religiosas estão cansadas de se ver pintadas como fanáticas, vendedores ambulantes ou estúpidos. A platéia para esse programa poderia usar *inspiração* real para variar."

Eis que de repente os executivos se voltaram para as especificações. *Um bom sinal ou um mal sinal?* Marta pensou.

"Você pode reprojetar algumas cenas e adaptar o piloto original?"

"Não."

Ela olhou para seus rostos, enquanto tentavam engolir uma perda de dois milhões de dólares.

"E sobre o elenco?"

"Este é seu ponto mais forte. Roma Downey e Della Reese são ótimos, mas você tem de pegar a sinceridade de Roma e a autoridade de Della e dar-lhes a chance de infundir seu próprio tipo de química. Deverá haver uma simpatia muito grande, um relacionamento sábio. Eles não podem ser antagonistas."

"Marta, por que você não espera no escritório do lado por alguns minutos", disse Peter Tortorici. "Precisamos discutir algumas coisas aqui."

Quando o diretor chamou Marta de volta para a reunião, ele disse: "Queremos que você faça tudo exatamente como disse. Mas precisamos de um primeiro episódio em três semanas. A partir de agora, você tem escritório e lugar no estacionamento, e seria melhor começar logo. De acordo?"

■ ■ ■

Se os executivos da CBS estavam ou não sujeitos à influência divina era algo acima das razões humanas. Marta debitava essa abertura ao desespero da diretoria. Eles precisavam do programa, mas sabiam que o mesmo não funcionaria sem alguém que tivesse uma visão real do projeto. Mas Marta não saberia disso antecipadamente. Então talvez o verdadeiro milagre aqui tenha sido sua obediência determinada, mesmo em face de perder a perspectiva imediata de emprego, juntamente com seu ardente desejo de participar de um lance divino com pouca possibilidade de dar certo. Eu gostaria de revindicar o crédito por Marta ser "*Tocada por um Anjo*", como seu programa foi intitulado, mas para ser honesto, Deus me enviou para ser um observador neste caso.

Por mais de um ano, *Touched by an Angel* (Tocado por um Anjo) permaneceu com poucas chances de dar certo. O terrível piloto original produzira um "alvoroço" na mídia que quase selou a garantia da morte do programa antes que o esforço de Marta visse a luz no fim do túnel. E ainda mais, a CBS não conseguia encontrar o horário certo para o programa. Por toda a temporada mudaram o seu horário na grade da programação, diante do resultado desolador de seus índices de audiência.

Quando o programa finalmente foi interrompido para as férias da produção, parecia que seria cancelado logo depois da primeira temporada. Marta estava morta de cansada por harmonizar scripts, elenco e toda a equipe técnica, e ela tão-somente queria descansar e recobrar as energias. Porém, recebeu outra palavra do Senhor: precisava fazer campanha para a renovação do programa com toda a energia que pudesse reunir.

Com a ajuda de cooperadores e amigos de Hollywood, Marta viajou pelo país, conduzindo uma *blitz* na mídia para levantar a audiência para os dois últimos episódios do programa, os quais ainda não tinham ido ao ar. A audiência não subiu significativamente, mas também não caiu. O pessoal da televisão reconheceria isso como um sinal positivo. Os telespectadores do programa eram fiéis, procurando-o quando e onde quer que o mesmo aparecesse na programação da TV.

Ainda, no seu melhor desempenho, *Tocado por um Anjo* atraiu apenas 12 pontos no ibope medido pelo instututo de pesquisas Nielson. Ninguém, a não ser Marta e seus apoiadores fiéis, acreditava que o programa seria utilizado em outra temporada.

Finalmente, Marta foi para Nova York e atravessou os corredores da rede, agarrando qualquer um que falasse com ela sobre o destino do programa. Conseqüentemente conseguiu acesso ao presidente, e enquanto seus apelos em outras jurisdições tivessem sido na linha de baixo, aqui falou com o cabeça.

"Quando você estiver deitado no seu leito de morte", ela arriscou dizer, "você não estará pensando em quão feliz você foi por ter renovado *Walker, Texas Ranger.* Mas você nunca se esquecerá de ter renovado *Tocado por um Anjo* e estará sempre satisfeito."

O presidente não fez nenhuma promessa, e a partir desse dia Marta não sabe o que finalmente pesou na balança. Essa parte do milagre permanece escondida no coração de alguém. Mas a decisão inesperada do pessoal da rede de renovar o programa para uma segunda temporada deu a chance que o mesmo precisava para tornar-se o programa tão popular que é hoje.

A vida de Marta Williamson foi tocada por um milagre. Assim como as milhões de pessoas que assistem os resultados do seu trabalho toda semana.

■ ■ ■

O QUE ESTE observador celestial aprendeu de tudo isso? A determinação infindável de Deus em fazer seu amor conhecido aos seres humanos. Que forças culturais estranhas Deus vai usar – até uma moda de anjo para realizar sua vontade. E que oportunidades improváveis ele vai aproveitar – até um programa de TV mal planejado – para proclamar seu amor.

CAPÍTULO 44

TODA BOA MÚSICA PERTENCE AO DIABO?

Cada geração de cristãos enfrenta desafios únicos... O desafio de viver com a cultura popular pode ser tão sério para os cristãos modernos quanto as perseguições e as pragas foram para os santos dos primeiros séculos.

KENNETH A. MYERS

Há muitos anos fui o preletor em um café da manhã de oração que aconteceu durante a Convenção Nacional da Associação de Comunicadores. A jovem que estava sentada perto de mim à mesa sentia-se feliz e envolvida – uma escritora, ela me disse – bem como determinada a produzir um programa no horário nobre da televisão expressando audaciosamente temas cristãos. Eu sorri, pensando: Quão nobre... mas quão ingênuo. E eu pensava sobre quantos jovens do meio-oeste americano inteligentes e de mente aberta têm tido seus idealismos esmagados nas rochas de Hollywood.

"Bem, fique firme", respondi, com a intenção de resguardar um pouco suas esperanças antes que desistisse e se retirasse para a segurança de alguma das casas de publicações cristãs.

"Oh, eu vou", ela respondeu alegremente. "De fato, foi feito um teste de qualidade para o meu programa, e depois disso a rede o eliminou. Mas eu estou batendo nas portas para colocá-lo no ar novamente. Eu sei que Deus está nisso."

Mas de reprente ela chamou a minha atenção. "Qual era mesmo o seu nome?" "Marta Williamson", ela sorriu. "E eu vou fazer isso. Realmente."

Que pouca fé a minha.

Muitos cristãos reclamam sobre o lixo da televisão e a falta de bons programas para a família, mas Marta arregaçou as mangas e fez alguma coisa por isso. Sua história é tudo de mais marcante pelo fato de não haver nada para distingüi-la das inúmeras pessoas talentosas e criativas de Hollywood – nada, a não ser a sua fé determinada. Ela é um grande exemplo de como os cristãos são chamados para usar seus talentos para fazer diferença em modelar a cultura popular.

O MEIO É A MENSAGEM

O chamado para redimir a cultura popular é certamente um dos desafios mais difíceis para a fé cristã hoje. Pois, graças à moderna tecnologia de comunicação, a cultura popular tornou-se uma intrusa em todas as partes. É impossível evitar a influência da cultura através das propagandas, fitas, CDs, televisão, radio, filmes, revistas, jogos de computadores, galeria de vídeos e da internet. A cultura popular está em todos os lugares, moldando nossos gostos, nossa linguagem e nossos valores.

Quando eu era criança, minha exposição à cultura popular era limitada – ocasionalmente assistia aos faroestes, aos seriados da *Rádio Green Hornet*, as séries de aventuras dos *Hardy Boys* e a leitura do jornal *Saturday Evening Post*. Era só isso. Mas hoje, a cultura popular acena de todo quadro de anúncios, do clangor da televisão com inúmeros canais, do som dos rádios dos carros aos enfeites de nossas camisetas e tênis. Nenhum de nós pode escapar disso.

Enquanto a cultura popular se espalha, seu conteúdo tornou-se chocantemente tosco. Ninguém precisa ser informado de que ao longo das últimas três ou quatro décadas o nível de sexo e violência cresceu bruscamente nos filmes, na música, na televisão e até mesmo em livros cômicos. É claro, os cristãos sempre tiveram de lidar com coisas vulgares, obscenas ou grosseiras, mas na sua maior parte poderíamos simplesmente evitá-las. Hoje, isso é virtualmente impossível.

Mas enquanto a maioria de nós percebe o quão perigoso é se expor a esse *conteúdo* imoral, normalmente falhamos em não perceber que a *forma* de cultura popular nos afeta tanto quanto – não só o que é dito, mas como é dito. Isto é o que o educador Marshall McLuhan quis dizer com seu famoso adágio: "O meio é a mensagem".[1] A melhor maneira de compreender isso é por comparação com a alta cultura. Um soneto ou uma sinfonia tem uma estrutura complexa que exige algum esforço para entender. Isso nos desafia; temos de trabalhar para apreciá-la. É por isso que estudamos Shakespeare nas aulas de inglês e Mozart nos cursos de apreciação musical. Mas quem faz cursos para entender Madonna? Quem precisa fazer? Ou quem precisa das anotações de *Cliff* para entender um romance histrião e sua comicidade característica?

Essas formas não exigem nenhuma disciplina intelectual ou esforço. Se é que ela faz alguma coisa, a cultura popular luta para evitar que o público tenha algum trabalho. A intenção é de que seja simples, divertido e fácil de entender, oferecendo gratificação imediata. As pessoas captam a nossa atenção com linhas atrativas, música perturbadoramente alta e efeitos especiais sensacionais, tudo planejado para traspassar a mente e apelar diretamente aos sentidos e emoções. Além disso, livros populares e programas de televisão normalmente são escritos com uma fórmula, uma trama previsível e personagens esteriotipados, de maneira que todos sabemos o que vai acontecer. Leitores e telespectadores assistem sem ter de pensar muito sobre para onde os personagens estão indo – eles tão-somente apreciam o cenário ao longo do caminho. É como algodão-doce para a mente.

Agora, não tem nada errado com um pequeno pedaço de algodão-doce em uma dieta balanceada. Mas *existe* perigo em um consumo permanente de comida não saudável ou, como se diz, "porcarias". Para começar, você pode perder o gosto pela boa comida. E com doce é muito mais fácil fazer isso. A cultura popular facilmente torna-se viciadora, destruindo nosso gosto pela comida substancial. É tão cômodo deixar as crianças assistirem a desenhos animados e vídeos que não mais nos disciplinamos a ler literatura clássica para eles. Estamos tão acostumados a ouvir o pano de fundo de música popular no rádio que não mais colocamos CDs de Bach e Mozart e assim aprendermos a apreciar música clássica.

E o que é pior, a cultura popular pode destruir a nossa habilidade em resolver problemas mentais mais desafiadores. Enfocando a experiência imediata, ela pode corroer as habilidades necessárias para manter a atenção. Oferecendo consumo fácil e gratificação emocional, a cultura popular nos desencoraja de analisar o que vemos e ouvimos. O que precisamos entender é que cada forma de mídia encoraja um tipo diferente de processo mental, como explica Neil Postman em *Amusing Ourselves to Death* (Divertindo-nos pra Valer). A leitura, por exemplo, desdobra sua narrativa linha por linha, treinando-nos no processo de pensamento coerente, linear e racional. Em contraste, a televisão reduz eventos complexos em imagens rápidas, criando um período de tempo curto de atenção, pensamento desarticulado e respostas emocionais.[2]

Cultura popular é como narcótico: com o tempo pode destruir a capacidade do cérebro.

O mais problemático, no entanto, é o impacto que a cultura popular pode causar em nossas vidas espirituais. Atenção ao domínio espiritual exige um conjunto completo de habilidades completamente diferentes do que as simples distrações da cultura popular. Estudar a Palavra de Deus exige concentração mental e disciplina. Oração e meditação exigem lembranças enfocadas e habilidade para fechar a porta aos eventos cotidianos. Além disso, a cultura popular (até mesmo a versão cristã dela) pode destruir as habilidades e disciplinas necessárias para uma vida espiritual robusta.

As Escrituras sugerem esse princípio no segundo mandamento, quando fala contra a confecção de imagens esculpidas. Quando Postman leu a Bíblia ainda jovem, pensou por que Deus proibira seu povo de representar a deidade em imagens visuais. "Isso é uma estranha injunção para ser incluída como parte de um sistema ético", afirma, "*a não ser que seu autor admita uma conexão entre as formas de comunicação humanas e a qualidade de uma cultura.*"[3] Precisamente. No mundo antigo, cada nação tinha suas próprias deidades tribais, representadas por estátuas e imagens. Em contraste, a Bíblia ensina a existência de uma deidade universal – um conceito tão abstrato que simplesmente não pode ser expressado em imagens concretas. "O Deus dos judeus existiria na Palavra e através da Palavra, um conceito sem precedente que exige a mais alta ordem de pensamento abstrato." Esse conceito radical de Deus, Postman conjectura, somente poderia entrar na cultura se representações concretas de Deus fossem banidas.[4]

Em outras palavras, as formas de comunicação de uma cultura são a maior influência que modela a forma de pensar de um povo – até mesmo a maneira de pensarem a respeito de Deus.

Isso significa que desde que o conteúdo não seja imoral, não existe nenhum problema com a cultura popular. Assistir a um bom drama, ouvir os últimos lançamentos de música popular evangélica, ou nos perdermos em um livro de romance para entretenimento pode ser um momento agradável. Muitos trabalhos de cultura popular até mesmo expressam genuínas verdades morais e espirituais, como veremos mais tarde. Existe dano, no entanto, em fazer uma dieta permanente de cultura popular, porque isso encoraja a uma resposta emocional e não refletida da vida, ao invés de pensamentos disciplinados e analíticos – o que pode nos levar a uma vida espiritual simplista. A cultura popular cabe na categoria das coisas às quais o apóstolo Paulo se referiu quando disse: "Todas as coisas me são lícitas, mas nem todas as coisas convêm" (1 Coríntios 10.23). Podemos apreciar comer "comidas de lanchonete" culturais, desde que estejamos treinados para sermos seletivos, desde que não caiamos no hábito do escapismo e da distração e desde que estabeleçamos limites de maneira que as sensibilidades da cultura popular não moldem o nosso caráter.

O perigo da cultura popular moderna fora predito por Aldous Huxley em seu romance clássico antiutópico *Brave New World* (Admirável Mundo Novo) – o qual contrasta firmemente com outro romance antiutópico, *1984*, de George Orwell. Orwell alertou sobre um governo comunista que baniria os livros; Huxley alertou sobre um governo ocidental que não precisaria bani-los – porque ninguém mais leria livros sérios. Orwell previu uma sociedade despojada de informação por sensores do governo; Huxley previu uma sociedade supersaturada de informação pela mídia eletrônica – até que as pessoas tenham perdido a habilidade de analisar o que viam e ouviam. Orwell temeu um sistema que dissimulava a verdade debaixo de propagandas e mentiras do governo; Huxley temia um sistema onde as pessoas deixassem de preocupar-se com a verdade e se importavam somente com o entretenimento. Orwell descreveu um mundo onde as pessoas eram controladas pela imposição da dor; Huxley imaginou um mundo onde as pessoas eram controladas pela imposição do prazer.[5] Os dois romances têm provado ser estranhamente precisos – Orwell descrevendo a praga totalitária do nosso século, Huxley a doença das afluentes sociedades livres.

Huxley continua a castigar os partidários civis do livre-arbítrio no ocidente, os quais estão sempre alerta contra a tirania externamente imposta, mas falham em perceber com que facilidade podemos ser seduzidos em direção a uma opressão insana pela tecnologia: esses guardiães da liberdade, afirma, têm "falhado em considerar o apetite quase infinito do homem por distração".[6] E em nenhum outro lugar esse apetite por distração banal e vazia da cultura popular é mais sedutor do que na América.

Como, então, podemos proteger-nos e as nossas crianças contra essa opressão? Somente entendendo de onde a cultura popular vem, como é desenvolvida, que cosmovisão expressa, e que linha de pensamentos e tendências nos têm levado para esse ponto.

ALIMENTO MENTAL DE BAIXA QUALIDADE

O primeiro passo para examinar a cosmovisão por trás da cultura popular é encontrar uma definição funcional do termo. Muitas pessoas pensam da cultura popular como sendo o mesmo que cultura folclórica contemporânea, mas isso não é exato. Cultura folclórica consiste de histórias e mitos, contos e músicas que emergem de um particular modo de vida de um povo. Cultura folclórica americana (ou mesmo a brasileira) autêntica leva-nos aos dias coloniais e inclui algumas formas específicas. Cultura popular, por outro lado, é algo relativamente novo, sem raízes em nenhuma tradição étnica ou folclórica; é massa produzida e padronizada, formada mais por pesquisa de mercado do que por expressão espontânea da experiência de um povo.

Kenneth Myers oferece uma analogia útil em *All God's Children and Blue Suede Shoes,* (Todos os Filhos de Deus e Sapatos de Camurça Azul) comparando cultura com cozinha.[7] Cultura folclórica, com suas canções e contos, é como comida étnica – lingüiça alemã, feijoada brasileira, caviar russo – surgindo de uma forma tradicional de vida. Mas cultura popular é como *fast food*, pesada, com muito sal, açúcar, cores e sabores artificiais. Ela parece atrativa, tem sabor forte, mas oferece muito pouca nutrição. Fast Food como Coca-Cola e hambúrguer McDonald's não está enraizado na herança cultural distintiva da América, mas pode ser imposto por atacado em qualquer cultura existente – e realmente *tem* sido transplantado ao redor do globo. Por analogia, a cultura popular não pertence a nenhum grupo étnico particular, mas invade todas as culturas. Por exemplo, quando refugiados do sul da China foram resgatados das águas cheias de tubarões pela Guarda Costeira dos Estados Unidos, a única palavra inglesa que sabiam era *MTV*.

Onde essa nova e padronizada forma de cultura popular se originou? Em grande medida, é o resultado das mesmas teorias de arte traçadas no capítulo 42. Como já explicamos, quando a ciência foi ungida como o único caminho para a verdade (cientificismo), a arte foi degradada à fantasia subjetiva e os artistas foram colocados na defensiva. Eles responderam criando uma filosofia que conseqüentemente lança a arte como ferramenta de subversão, uma maneira de enfiar o nariz na sociedade convencional. Essa filosofia de arte-como-rebelião migrou da Europa para a América, onde infiltrou-se em nossas próprias tradições folclóricas. Na música, por exemplo, nossa cultura étnica produziu jazz, blues, folclore e música evangélica, mas como a filosofia de vanguarda alastrou-se, o resultado foi *Rock'n'Roll*, Elvis, Beatles, os Rolling Stones... e o resto é história. Como essa nova filosofia de arte ganhou superioridade, o implacável ataque às crenças e aos valores tradicionais desenvolveu-se para um fervor de profanidade e perversidade, de modo que hoje temos letras que glorificam a morte e a violência.

O ponto importante é que o declínio na cultura popular não foi meramente resultado do declínio do gosto popular; foi resultado direto de uma mudança na cosmovisão. A arte começou a defender tudo o que se opunha ao iluminismo e à ciência: ela exaltou a emoção acima da razão, o instinto acima da racionalidade, sensação acima do pensamento, primitivismo acima da civilização. Ensinada primeiro em faculdades de arte, essa filosofia de vanguarda conseqüentemente achou seu caminho nos estúdios de gravações. De fato, um bom número de músicos britânicos de *Rock* começou como estudante de arte, entre eles Keith Richards, Peter Townshend, Eric Clapton e John Lennon. Como resultado, os *Beatles*, os *Rolling Stones*, o *Who*, *Cream* e muitas outras bandas britânicas foram deliberadamente criando música que expressava a filosofia do artista como um herói que esmaga a cultura estabelecida para criar a nova cultura de liberdade moral, alívio emocional, energia animal e sensações intensas. A pura energia do *Rock* – o golpe das batidas, os gritos, o espetáculo – tem a intenção de ultrapassar a mente e apelar diretamente para as sensações e os sentimentos.[8]

Assim, o *Rock*, na sua forma genuína, encoraja uma mentalidade subjetiva, emocional e sensual - não importa o que a letra diga. É por isso que os cristãos precisam aprender a analisar não apenas o conteúdo da cultura popular, mas também a própria forma da arte, a forma de expressão.

O perigo é que a cultura popular cristã pode imitar os costumes da cultura dominante em estilo, mudando somente o conteúdo. O mercado de música está transbordando com *Rock*, *Rap*, *Blue*, *Jazz* e *Heavy Metal* cristãos. As prateleiras das livrarias estão cheias com "ficção cristã", desde histórias de aventuras infantis até romances quase picantes. Parques temáticos cristãos oferecem uma alternativa à *Disney*, e vídeos cristãos para crianças e para pessoas que praticam exercícios são muito vendidos. Em alguns aspectos, esse é um desenvolvimento saudável, mas temos sempre de perguntar: estamos criando uma genuína cultura cristã, ou estamos apenas criando uma cultura paralela com aparência cristã? Estamos impondo um conteúdo cristão para uma forma já existente? Pois a forma e o estilo sempre enviam uma mensagem própria.

Por exemplo, alguns anos atrás, Nancy leu uma surpreendente crítica de vídeo na revista *Time:* "Imagens provocativas enchem a tela da TV. Acima de uma vigorosa e sincopada batida de Rock, uma voz de mulher – urgente, sedutora – conta uma história de possessão e salvação". Não, não era um novo vídeo de Madonna. Era uma forma contemporânea de contar a história bíblica de Jesus expulsando os demônios chamados Legião.[9]

Nancy pediu uma cópia do vídeo e descobriu que a crítica não era exagero. O estilo quase surrealístico foi tão intenso que para todos os propósitos práticos abafou qualquer ensino bíblico. A "mensagem é soterrada pela meio", a crítica da revista *Time* afirmara, e isso era verdade. O objetivo dos produtores era admirável – alcançar os jovens na MTV – mas se mesmo um crítico secular pode sentir a discrepância entre a mensagem bíblica e o estilo no qual ela é comunicada, então certamente, também, temos de nos tornar mais alerta.

Quando criamos cultura popular cristã, temos de cuidar para não simplesmente inserir o conteúdo cristão em qualquer estilo corrente no mercado. Ao invés disso, deveríamos cultivar alguma coisa distintamente cristã tanto no conteúdo quanto na forma.[10] Temos de aprender a identificar as cosmovisões expressadas em várias formas para podermos criticá-las e produzir uma alternativa que seja realmente bíblica.

TUDO O QUE É VERDADEIRO, TUDO O QUE É PURO...

A maneira de reverter a degradação da cultura popular é, uma vez mais, ligar a arte com a verdade. Temos de desafiar o cientificismo que reduz a verdade ao que pode ser conhecido apenas como método científico e brigar pelo que é primordial na cosmovisão cristã: Criação. O mundo é a Criação de um Deus que é, em si mesmo, Verdade, Bondade e Beleza. Assim, a beleza é tão objetiva e real quanto as partículas de matérias dos cientistas. O primeiro passo para redimir a cultura popular, portanto, é formar uma visão da arte biblicamente fundamentada (os perfis são sugeridos no capítulo 42).

Segundo, há passos práticos que todos podemos dar, começando em disciplinar os nossos hábitos pessoais para dizer *não* ao que há de pior na cultura popular. Ela infiltrou-se em nossas casas, nossas escolas e nossas igrejas de tal modo que temos de começar a refreá-la. Igrejas que usam mais a música contemporânea em seus cultos deveriam considerar os efeitos de uma dieta permanente de corinhos simples e estilo pop de músicas de louvor, enquanto negligenciam os hinos clássicos da fé.

Em casa, os pais precisam ter a coragem de expressar suas convicções aos filhos – desligar a televisão, desplugar os fones de ouvidos e impedir adolescentes de usarem camisetas com as imagens de bandas *grunge* do momento. Eu tenho até mesmo "subornado" meus netos, oferendo-lhes cem dólares para os fundos da escola a cada mês que não assistam à TV.

Dr. Ben Carson, o mundialmente famoso neurocirurgião pediatra da Johns Hopkins, foi outrora uma irada criança do gueto caminhando para lugar nenhum. Ele credita sua transformação espetacular ao seu encontro com Deus e à disciplina de sua mãe, que desligou a televisão e o fez ler livros clássicos e fazer um registro com anotações sobre o que estava lendo. "Como sua mãe conseguiu fazer isso?", as pessoas sempre lhe perguntam. Ao que responde, com graça irreprimível: "Oh, isso foi no tempo em que os pais ainda controlavam as famílias". Uma família dinâmica que os pais cristãos precisam restaurar.[11]

Os cristãos podem também fazer diferença naquilo que é oferecido pelo mercado, marcando posição com o seu dinheiro. Recuse comprar música ruim com letras obscenas ou indecentes. Recuse patrocinar eventos culturais ou alugar vídeos que glorificam a imoralidade. Recuse comprar romances que barateiam o relacionamento de homem e mulher e até insinuam um pornô leve. Boicote – organizado ou meramente individual – pode não tirar o produto do mercado, mas faz uma declaração moral importante.

Hoje em dia, por exemplo, muitos grupos cristãos, incluindo minha própria denominação, os Batistas do Sul, estão boicotando os produtos Disney. Eu apoio essas decisões, porque mesmo que o boicote tenha ou não efeito econômico significativo para a Disney, exerce pelo menos uma função educacional importante para a Igreja e para o público. Até esse boicote tornar-se público, muitas pessoas – incluindo grande parte dos cristãos – não sabiam que escondido atrás da amigável família Disney está uma filosofia secular, naturalista e hostil ao Cristianismo. A corporação oferece benefícios matrimoniais aos casais de empregados homossexuais, e seu parque temático mantém um "Dia Gay" especial. A Disney é dona da companhia de filmes Miramax, a qual tem produzido filmes como *"Priest"* e *"Sirens"* (literalmente, "Sacerdote" e "Mulheres Fatais") que atacam malevolamente o Cristianismo. A Disney é dona da ABC, que abertamente celebrou a homossexualidade em seu programa *Ellen* e zombou do Cristianismo na comédia *Nothing Sacred* (Nada Sagrado). Pais que ainda pensam em decidir levar as famílias à Disney World, pelo menos deveriam estar alerta quanto a cosmovisão anticristã à qual seus filhos estão sendo expostos, de maneira que possam lidar apropriadamente com esse tipo de situação.

Mas boicotar produtos ruins é apenas o começo. A melhor maneira de superar a banalidade é cultivando alguma coisa melhor. Temos de procurar e achar, como o apóstolo Paulo escreve em Filipenses: "Tudo o que é verdadeiro, tudo o que é honesto, tudo o que é justo, tudo o que é puro, tudo o que é amável, tudo o que é de boa fama, se há alguma virtude, e se há algum louvor, nisso pensai" (Filipenses 4.8). Observe que Paulo não limita esse princípio a coisas espirituais; ele está falando a respeito de *tudo* e nos desafia a ver se há *alguma* virtude em *qualquer* dessas coisas. Paulo nos está dizendo para treinar nossos gostos a amar as coisas superiores – coisas que desafiam as nossas mentes, aprofundam nosso caráter e criam amor pela excelência – e isto inclui a música que ouvimos, os livros e revistas que lemos, os vídeos aos quais assistimos e as formas de louvor que empregamos.

Se formos seletivos, poderemos encontrar qualidade superior na cultura popular que lida com dilemas morais profundos de forma que nos ensinem dimensões do que é bom e ruim através de uma história atraente – mesmo que o tema dessa história não seja cristão. O Resgate do Soldado Ryan, por exemplo, inspira em muitos espectadores o senso de gratidão pelo sacrifício de sangue feito pelos pais e avós durante a Segunda Guerra Mundial. A Lista de Schindler nos lembra da realidade do mal e da necessidade de resisti-lo. Entre algumas obras antigas, Carruagens de Fogo baseia-se em uma inspiradora e verdadeira história de um atleta escocês que desejava colocar Deus acima de uma medalha de ouro olímpica.

Em última análise, para sermos uma força redentora na cultura popular, precisamos encorajar os cristãos a irem além das críticas e ser mais criativos. Um grande número está procurando fazer exatamente isso. Marta Williamson não estava sozinha quando enfrentou a provação de trabalhar em Hollywood; ela foi encorajada durante a caminhada por um grupo de crentes que trabalhava lá. Um desses é o Inter-Missão, formado por escritores, produtores, diretores e atores, os quais se reúnem trimestralmente, com escritórios em Nova York e Hollywood. O Centro de Estúdios de Filmes de Los Angeles, um programa do Conselho Para Colégios e Universidades Cristãs, aloca os internos – alunos das faculdades cristãs – nos escritórios de companhias poderosas da mídia. Eles trabalham como assistentes de produção e pessoal de escritório, aprendendo o que é necessário para dirigir nesse campo minado. E o programa está funcionando: dos 270 graduados no Centro, mais de 70 estão agora trabalhando em Hollywood em alguma área, muitos em posições estratégicas – porcentagem quase inacreditável.[12]

Algumas pessoas de negócios estão desejosas de colocar suas próprias fortunas na linha de frente para fazer alguma diferença. Norman Miller, que deixou sua marca como gênio empresarial atrás da *Interstate Bateries* (Baterias Interestaduais), começou uma nova companhia de produção de vídeo para criar filmes saudáveis de alta qualidade ligados a temas cristãos.

Na cultura popular, como em todo campo, a melhor maneira de alcançar uma audiência de não-crentes não é através de trabalhos que preguem o Cristianismo de forma explícita, mas através de trabalhos que expressam a cosmovisão cristã de forma indireta. "Podemos fazer as pessoas assistirem ao ponto de vista cristão por meia hora ou mais", disse C. S. Lewis, "mas no momento que deixam a nossa aula ou largam o artigo, estão de volta ao mundo onde a posição contrária é tida como verdadeira." Por isso, "o que queremos não são pequenos livros sobre o Cristianismo, porém mais pequenos livros escritos por cristãos sobre outros assuntos – com seu Cristianismo latente."[13]

O que aconteceria se a melhor música popular no mercado fosse composta por músicos cristãos? Se os melhores livros nas livrarias fossem escritos por autores cristãos? Se o melhor programa de televisão comunicasse implicitamente a cosmovisão cristã? Não-crentes iriam rapidamente ver que o Cristianismo não é alguma coisa que pode ser relegada a uma parte separada da vida rotulada de "religião", mas é a cosmovisão que faz melhor sentido do que todas as outras coisas sobre as quais demonstram o seu cuidado.

Toda boa música pertence ao diabo? Por nossa escolha, você e eu podemos ter certeza que não.

CAPÍTULO 45

E AGORA, COMO VIVEREMOS?

Ele é a nossa paz, o qual de ambos os povos fez um; e, derribando parede de separação... para criar em si mesmo... um novo homem... e pela cruz, reconciliar ambos com Deus em um corpo, matando com ela as inimizades.

EFÉSIOS 2.14-16

Desde Jorge Crespo, no Equador, ao policial Sal, em Nova York, desde Henryk Górecki, na Polônia, a Marta Williamson, em Hollywood, emerge um padrão comum: cristãos os quais entendem a verdade bíblica e têm a coragem de vivê-la podem realmente redimir a cultura, ou até mesmo criar uma cultura. Esse é o desafio que se nos impõe a todos no novo milênio.

Como temos procurado demonstrar nestas páginas, a cosmovisão cristã é mais consistente, mais racional e mais exeqüível do que qualquer outro sistema de crença. Ela derrota todos os outros competidores ao dar respostas críveis para as grandes questões acima de outra qualquer cosmovisão: De onde viemos? (*Criação*); qual é o dilema humano? (*Queda);* e o que podemos fazer para resolver o dilema? (*Redenção).* E a maneira como descobrimos o caminho para *mudar* o mundo (*restauração).*

Nenhuma cosmovisão é filosofia teórica. Ela é intensamente praticável, afetando a maneira que vivemos nossas vidas, dia após dia, tanto quanto influenciamos o mundo em nossa volta. Se adotarmos uma falsa cosmovisão, iremos inevitavelmente de encontro ao sentido do Universo, levando a conseqüências com as quais não podemos viver – como milhões de americanos estão descobrindo. Se, no entanto, ordenarmos nossas vidas de acordo com a realidade, não iremos encontrar apenas significado e propósito, mas também vamos descobrir que nossas vidas são mais saudáveis e mais realizadas. O Cristianismo é um mapa da fé preciso da realidade, e temos de estar preparados para defender as razões diante aqueles que estão crescendo gradativamente alerta quanto à futilidade de todas as outras cosmovisões ou visões de mundo.

Mas existem seis bilhões de pessoas neste planeta, você pode dizer, e vivemos em meio a sofrimentos aparentemente intermináveis, conflitos e guerras. Poderíamos esperar resolver problemas intratáveis que colocam nações contra nações? Nosso mundo está fraturado por abismos insondáveis entre os povos – por inimizades centenárias, por gerações de falta de confiança e hostilidade, por todo "pecado que tão de perto nos rodeia" (Hebreus 12.1). Não seriam esses eventos formados por uma grande escala de forças internacionais muito longe de ser alterados por qualquer coisa que você eu possamos fazer?

A resposta é que até nesses casos Deus pode usar atos de fé e fidelidade para curar as feridas mais feias e reconciliar os mais profundos conflitos entre pessoas, povos e até mesmo entre nações.

■ ■ ■

NO PASSEIO ARBORIZADO em Washington, D.C., as pessoas podem sempre ser vistas agrupadas em frente ao monumento que homenageia os soldados que morreram na Guerra do Vietnã. Em todas as estações do ano, toda hora do dia e da noite, as pessoas se agrupam naquele local. Mães e pais, agora avós, tentam localizar os nomes dos filhos e filhas que morreram há muito tempo; crianças, agora adultos, procuram pelos nomes dos pais dos quais pouco se lembram; veteranos choram seus companheiros; turistas pensam sobre a guerra que nunca teve sentido. Sempre pessoas, com seus lutos pessoais, questões não respondidas e silenciosa reverência diante da lista de nomes dos mortos gravados no mármore preto polido.

Realmente, monumentos curtidos pelo tempo estão espalhados por todo o país – memoriais às pessoas que morreram na Guerra Civil, na guerra Hispano-Americana, na Primeira Guerra Mundial, na Segunda Guerra Mundial e na Guerra Coreana. Ainda assim, é a Guerra do Vietnã que assusta os americanos como nenhuma outra guerra jamais o fez.

Como nação, ainda não podemos responder claramente por que nossos jovens tiveram que marchar a trilha Ho Chi Minh ou por que tantos tiveram de morrer. Nós, que já somos velhos o suficiente, ainda nos lembramos das fotos nos noticiários de sacos pretos com corpos no aeroporto de Saigon, as inumeráveis escalações de tropas, as conversas sobre soldados atirando nos comandantes e a confrontação feia em casa entre a polícia e os militantes do movimento antiguerra. E então, aquele último vislumbre dos nossos soldados fugindo, pulando para os helicópteros do telhado da embaixada de Saigon – uma visão que encheu os americanos de vergonha.

Em 1996, numa tentativa de encontrar alguma resposta para essas questões, muitos homens que tinham sido oficiais os mais graduados dos Estados Unidos responsáveis pelas decisões políticas durante a guerra decidiram reunir-se com vietnamitas de mesma patente. A conferência foi programada para Hanói, por iniciativa de Robert McNamara, que servia como secretário da Defesa nas administrações de Kennedy e Johnson.[1] Dois anos antes, McNamara publicara *In Retrospect: The Tragedy and Lessons of Vietnam* (Em Retrospecto: A Tragédia e as Lições do Vietnã), no qual admitiu, depois de 27 anos de silêncio, que as decisões que ele e outros oficiais da Casa Branca tomaram com respeito ao Vietnã foram "erradas, terrivelmente erradas". Ainda mais claramente, ele estava lutando para entender porque as ações militares americanas fracassaram tão desastrosamente. Talvez essa conferência providenciasse as respostas que frustraram a todos por tanto tempo.[2]

Mas isso não rendeu nada. A começar dos primeiros momentos da abertura, os vietnamitas, embora sorrindo polidamente, repreenderam os americanos com severidade por interferir no que consideravam como uma campanha para a reunificação nacional. O "Vietnã do Norte" nunca tinha sido um país separado, insistiram; e não se consideravam como "interferindo" nos assuntos do "Vietnam do Sul", não mais do que os americanos do Norte consideravam a si próprios estarem interferindo nos assuntos do Sul durante nossa própria Guerra Civil. Os americanos estavam atordoados e frustrados.

Por alguns dias, os participantes iam e voltavam em discussões acaloradas. McNamara até tentou falar em particular com o Comandante Vo Nguyen Giap, o general que derrotara as forças francesas e americanas em seu país. Mas o general o repreendeu sem parar de contar a verdadeira história do Vietnã, e McNamara não pôde expressar uma só palavra.

No final, o ex-analista da CIA, Chester Cooper, caminhou fatigado para a estante, a gravata folgada, os ombros caídos, e sarcasticamente recapitulou a inflexível atitude vietnamita – que "tudo o que fizemos depois do acordo de Gênova em 1954 foi errado e imoral e tudo que vocês [os vietnamitas] fizeram foi certo e moral". E então suspirou. "Eu estou cansado de dizer que estamos errados em tudo."[3] Mais tarde, fotos de noticiário mostraram Cooper e McNamara no aeroporto de Hanói esperando para voar para casa, seus ternos amarrotados no calor opressivo, faces exaustas e desanimadas. A missão fora um completo fracasso.

O problema era que McNamara procurava por soluções técnicas para aplicar a dilemas humanos e espirituais complexos. Ele era o tecnocrata requintado: chegara à proeminência como um supergerente que produzira pequenos milagres na Companhia Ford, e mais tarde no Departamento da Defesa, introduzindo planos de controle baseados em estatísticas. Planos e gerenciamento melhores resolveriam quaisquer problemas, estava convencido, especialmente se pudesse ser racionalizado em termos quantificados e manipulados em fórmulas.

Mas as feridas da guerra não são saradas com análises matemáticas e estatísticas. A cura real vem de uma maneira muito diferente.

■ ■ ■

Eu tenho minhas próprias memórias do horror do Vietnã e certamente entendo o desejo ardente por uma solução. Como parte da administração de Nixon, ouvi por anos as instruções de generais e almirantes, os relatórios diários do então conselheiro nacional de segurança, Henry Kissinger, e os muitos monólogos noturnos do presidente Nixon sobre o Vietnã. Algumas vezes ajudei o presidente a tomar as mais agonizantes decisões, como a colocação de minas e o bombardeio do porto de Hanói em maio de 1972, e estive envolvido em negociações secretas depois da eleição naquele mesmo ano. Eu era um dos homens do presidente, e apoiei diretamente sua posição. Ainda assim, a agonia da guerra veio até mim, em minha casa, de várias maneiras. Eu sabia que as nossas decisões estavam causando danos aos meus próprios ex-companheiros da marinha. E ainda, uma imagem da guerra estava marcada em minha memória, e até hoje, continua pungente e dolorida...

Antes do nascer do sol, em 9 de junho de 1972, entrei em minha limusine para a minha costumeira viagem diária à Casa Branca. Como de rotina, planejei ler relatórios da inteligência e de notícias, bem como memorandos de instruções em preparação para a reunião do estado-maior naquela manhã. Primeiro, porém, abri o *Washington Post* para uma rápida olhadela nas manchetes.

Eis que de repente senti como se tivesse recebido um soco. Na primeira página, abaixo da dobra, estava a foto enviada do Vietnã mostrando a conseqüência do bombardeio. Mas alguma coisa estava terrivelmente errada: os feridos na foto não eram soldados, mas crianças. Um garoto de calção escuro chorando. Duas crianças correndo de mãos dadas. E então a menina. No centro da foto estava uma garota correndo em direção à câmera, os braços abertos, as roupas queimadas. Sua pele estava escurecida por napalm, uma substância gelatinosa incendiária, e as mãos caídas inertes, enquanto a boca gritava de dor, os olhos refletindo o horror do céu escuro explodindo atrás dela.

Por instinto, minha mente horrorizada queria ajudar aquela criança. Eu pensei involuntariamente na minha própria e preciosa filha Emily. *O que seria se ela tivesse sido ferida desse jeito?*

Pior, eu não podia parar de pensar na minha responsabilidade pelo sofrimento dessa garota. Seu grito silencioso me fez estremecer. Minha própria pele queimou com culpa e vergonha.

▪ ▪ ▪

NO DIA EM QUE a foto foi tirada, dois jornalistas, Chris Wain, da Inglaterra, e o fotógrafo-jornalista vietnamita, Nick Ut, estavam acompanhando uma unidade de patrulha por terra fora da vila de Trang Bang, na Rodovia 1, a qual faz o corredor entre Saigon e Camboja. Uma breve ofensiva do Vietnã do Norte tomara a vila, e então os vietinamitas do Sul bombardearam-na por três dias. A população procurara refúgio em um templo de torre dupla (comum na região asiática) num lugar parecido com um oásis cheio de palmeiras, com sua silhueta contra as montanhas escuras. O templo era considerado lugar santo, e os soldados, nem mesmo os americanos, teriam-no alvejado.

Subitamente, o bombardeio cresceu mais intensamente, e um sinal colorido caiu do céu em direção ao templo, indicado como alvo. Os soldados vietnamitas do Sul que estavam em terra, viram o sinal e de imediato começaram a colocar os moradores da vila para fora do templo, mandando-os correr para salvar as vidas. Chris e Nick olharam para cima e viram dois aviões. Um deles arremessou lateralmente e circulou em volta, passando em frente ao templo, bem acima dos moradores que estavam fugindo.

Como o avião estava ficando cada vez mais baixo, quatro caixas com explosivos caíram. Os jornalistas seguraram a respiração. Eles sabiam que aqueles pontos deslizando pelo ar eram caixas cheias com grande quantidade de gasolina gelatinosa. Napalm, gelatina incendiária. Naqueles momento antes de as latas baterem tudo parecia congelado.

Então, de uma vez, a nuvem de fogo espalhou-se pela rua, incinerando tudo em seu caminho. O asfalto em direção ao templo derreteu-se nas chamas oscilantes. O vento lançava o fogo tão fortemente, que fazia estalar as palmeiras em volta.

Logo a seguir o desfile de morte começou. Fora das chamas correram muitas mulheres e crianças, estranhamente silenciosas. Uma senhora idosa carregava uma criança de três anos que estava morrendo, a pele pendurada como trapos esfarrapados. Um casal de irmãos correndo de mãos dadas. Depois a garota apareceu, nua, os braços abertos. As crianças correndo ao seu lado começaram a gritar: "Socorro! Socorro! Por favor, socorro!"

Rápida e instintivamente, o fotógrafo-jornalista Nick Ut bateu a foto da cena. Depois os dois homens pegaram a menina em seus braços e deram-lhe um pouco de água. "Muito quente", dizia repetidamente. "Muito quente". Depois de esvaziarem um cantil de água sobre os ombros queimados da menina, colocaram uma capa impermeável de chuva em sua volta e a levaram para o hospital no Jeep. No caminho, ela ficou inconsciente.

Chris e Nick eram ambos correspondentes de guerra por muito tempo, mas nenhum deles jamais testemunhara nada igual. No dia seguinte, Chris e seu cinegrafista Michael Blakey, visitaram a menina no hospital. Ela estava deitada de bruço, inconsciente, sofrendo de queimadura de terceiro grau por toda a extensão de suas costas e nos braços, especialmente o braço esquerdo. O cabelo preto tinha sido raspado, os ferimentos estavam com curativos. O que parecia um rolo de papel higiênico foi colocado do lado da sua boca. A mãe sentou-se na beirada da cama, e a abanava. Eles descobriram que o nome da menina era Kim Phuc, que significava "Alegria Dourada".[4]

Chris perguntou a uma enfermeira sobre o prognóstico médico da menina.

"Oh, ela?", a enfermeira disse com indiferença. "Ela morrerá, talvez amanhã, talvez depois de amanhã".

O tom insensível foi mais do que Chris poderia suportar depois do trauma de testemunhar o bombardeio no dia anterior. Diante do acontecido, ele colocou a baioneta nas costas – um charme de macho. Pegou a arma e colocou-a nas mãos do enfermeiro. "Por que então você não faz a gentileza de matá-la agora!", desafiou. "Pegue isso e mate-a. É mais misericordioso do que o que vocês estão fazendo. Deixando-a morrer aos poucos desse jeito!"

O enfermeiro saiu em disparada para encontrar os médicos, e Chris falou com eles rápido, em voz alta, e longamente. Ao final, concordaram em transferir a menina para o Hospital Barsky, em Saigon, uma unidade bem equipada fundada por um médico americano que foi o primeiro a desenvolver técnicas cirúrgicas para tratar as vítimas de Hiroshima. O hospital agora era especializado em cirurgia plástica para crianças.

No hospital de Barsky, o cirurgião de plantão, Dra. Mai Lee, pegou o caso de Kim Phuc, reclamando contra sua enfermeira-chefe, que dizia que o hospital estava com falta de pessoal para tratar de vítimas recentes cujas condições não poderiam estabilizar. Mas a Dra. Mai Lee insistiu e prevaleceu.

■ ■ ■

Depois de 14 meses no hospital e 17 cirurgias, Kim Phuc estava liberada e retornou à casa. Muitos anos depois, ela era apenas uma adolescente anônima que sempre usava mangas longas para cobrir as cicatrizes e que se preocupava achando que eram tão feias que ninguém nunca iria casar-se com ela.

Mas a foto de Nick Uta deixara uma herança. Eu não era o único impressionado; ela ganhou o prêmio Pulitzer e se tornou emblema para toda a nação que questionava o motivo para estar no Vietnã. Então, em 1980, quando o mundo comemorava o quinto aniversário do fim da guerra, jornalistas começaram a perguntar o que acontecera com a garota da famosa fotografia. Os oficiais do governo vietnamita tomaram nota e decidiram que Kim Phuc poderia ser usada como uma carta no jogo da propaganda, e assim a procuraram. Naquele tempo, ela estava estudando medicina em Saigon, mas os oficiais a tiraram da escola e a fizeram trabalhar como secretária nos escritórios do governo de sua própria província, Tei Ling, onde estaria disponível para desfilar antes de visitar a mídia e os dignitários. Regularmente pediam para dobrar suas mangas e mostrar as cicatrizes, fazendo-a agir como uma "criança postal" para os horrores da agressão americana.

Kim odiava seu papel na propaganda e fugiu para Saigon a fim de terminar os estudos de medicina que tanto amava. O governo retaliou, destruindo seus registros acadêmicos. Mesmo assim, Kim fugia secretamente para Saigon durante a noite para estudar inglês.

Conseqüentemente, ela era procurada por jornalistas interessados em contar sua história (entre eles Perry Katz, da revista alemã *Stern*, e William Shawcross, da Inglaterra). Eles a fotografaram no restaurante de seus pais e também prostrando-se e orando no mesmo templo de onde estava fugindo na foto. Sua família cultuava a tradição Cao Dai: uma mistura de religiões mundiais, com práticas espíritas, incluindo sessões de consulta aos mortos.

Quando falava com entrevistadores, Kim sempre sorria, mas dentro de si queria desesperadamente dirigir a própria vida. Para proteger a família, não dizia nada, porque o governo poderia destruir muito mais do que os registros da escola. Para provar que isso realmente aconteceria, os oficiais tomaram todos os bens da família – o restaurante, a grande casa, tudo menos suas vidas. E quem sabia por quanto tempo os poupariam?

■ ■ ■

KIM TORNOU-SE CADA vez mais deprimida. A única compensação para manter o "trabalho de show" eram as poucas responsabilidades: isso lhe deu tempo para freqüentar a biblioteca local, onde lia vorazmente. E foi lá que leu o Novo Testamento pela primeira vez. A descrição de Jesus era radicalmente diferente do que aprendera sobre Ele no Cao Dai, e conseqüentemente começou a questionar sua fé de infância. Cao Dai parecia sem poder para curá-la da depressão, ainda que orasse mais de quatro vezes por dia no templo.

Vez ou outra Kim era convidada a ir a uma Igreja Batista pelo marido de sua irmã, cristão comprometido. Ela estava muito atraída pela fé cristã, mas relutante em deixar a religião da família. Finalmente, em um domingo, antes de ir à igreja, orou pela primeira vez pedindo a Jesus um favor pequeno, mas muito significativo. "Eu preciso de uma amiga com quem possa conversar. Se eu vir uma garota sentada sozinha na igreja, é essa que será minha amiga".

Quando Kim passou pela portas da igreja, viu, de fato, uma mulher sentada sozinha. Ela aproximou-se e rapidamente tornaram-se amigas. "Eu me senti muito feliz", diz Kim. "Apenas tentei, e Deus respondeu minha oração imediatamente!"

Logo depois disso, Kim dirigiu-se ao altar e aceitou Jesus Cristo como Salvador pessoal. "Foi o fogo da bomba que queimou o meu corpo, e a habilidadde dos médicos que consertou minha pele", afirma, "mas foi preciso o poder de Deus para curar o meu coração."[5]

■ ■ ■

KIM FINALMENTE FOI autorizada a terminar os estudos de medicina em 1986, dessa vez na comunidade comunista coirmã, Cuba. Os alunos moravam no 24º andar de um prédio, sem instalação de água ou elevador funcionando. Era um problema para Kim, pois suas queimaduras ainda requeriam lavagem e medicação diárias. Um colega vietnamita chamado Tuan ofereceu-se para carregar baldes com água para o seu apartamento, e isso não foi muito antes de ele sentir-se tocado pela amabilidade do espírito de Kim.

Ainda assim Kim manteve-se evasiva. Tuan fumava cigarros, bebia excessivamente e ainda abraçava a ideologia comunista na qual crescera. Ela começou a testemunhar de Jesus para o rapaz, mas suas barreiras intelectuais para a fé pareciam intransponíveis. Aos poucos, no entanto, Tuan parou de beber e fumar e pediu Kim em casamento. Ela o advertiu de que seus ferimentos tornaram improvável até mesmo que pudesse ter filhos, mas ele repetidamente reafirmava que queria de fato casar-se com ela de qualquer jeito. Mais importante, ele assegurou à jovem que entendia e respeitava sua fé. Namoraram por seis anos e finalmente casaram-se em 1992.

Kim e Tuan foram passar a lua-de-mel em Moscou, e no vôo de volta para Cuba, o avião faria escala para reabastecer em Newfoundland. O casal falara antes sobre deixar o partido, mas Tuan estava com medo de ser pego pelas autoridades comunistas. Ele também temia represálias contra as famílias do casal. Quando o avião desceu no Aeroporto Internacional de Gander, em Newfoundland, Kim começou a orar.

"O que você está fazendo?", Tuan perguntou.

"Tuan", cochichou a jovem esposa, "se Deus abrir o caminho, poderemos ficar e viver no Canadá. Eu tenho paz a respeito disso."

"Kim, não. Nós nunca podemos escapar disso."

"Tuan, eu vou por fé. Se você me ama, siga-me, porque eu sigo a Deus."

"Se eles nos pegarem, nos enviarão de volta para o Vietnã, e você sabe o que vai acontecer depois. Eles nos matarão." Tuan estava tão preocupado que considerou deixá-la fugir sozinha, se fosse o caso.

"Eu sei o risco. Eu amo você, Tuan, mas amo a Deus também, então eu o sigo."

Quando o avião aterrisou, os passageiros entraram no aeroporto para esperar o reabastecimento. Kim não tinha idéia de como fugir, e estava assustada. Deveria tão-somente esconder-se no banheiro? Não.

Quando a polícia secreta que os acompanhava contasse o número de passageiros, veriam que ela estava faltando e voltariam para procurá-la. "Oh, Deus, como posso ficar aqui?", orou desesperadamente. "Dê-me um sinal, por favor. Eu não quero mais voltar para Cuba ou para o Vietnã".

Quando abriu os olhos, sua visão voltou-se para uma pequena sala afastada do local. A porta estava entreaberta, e dentro pôde ver um grupo de pessoas, algumas das quais reconheceu como pertencentes a sua comunidade em Cuba. Ela caminhou até o local, pôs a cabeça para dentro, e perguntou em espanhol: "O que vocês estão fazendo aqui?"

"Nós queremos ficar."

"Eu também. Como posso ficar?"

"Você somente entrega o seu passaporte para o oficial postado logo na frente da sala."

De forma providencial, Kim fora para o escritório de imigração! Rapidamente chamou Tuan, e ambos entregaram os passaportes para o oficial. "Queremos ficar no Canadá", disseram."

"Sim", respondeu o oficial. "Ok."

Tão fácil? Kim maravilhou-se. *Louvado seja Deus*!

Mas então o oficial avisou: "Esperem por mais ou menos dez minutos. Outro oficial virá entrevistá-los."

Dez minutos... mesmo aquela pequena demora poderia parecer vida ou morte para o casal amedrontado. O reabastecimento estava quase terminando, e o tempo quase no fim. Kim e Tuan ficaram em pé na porta, assistindo. Finalmente, o outro oficial chegou e disse para que o acompanhassem ao escritório. Tão-somente cruzaram a linha para a liberdade, ouviram o anúncio de embarque.

Todos os pertences ainda estavam no avião; não tinham nada, apenas a roupa do corpo. Mas isso não era importante. "Eu somente falo, '*Bye, Bye*'", disse Kim", e me sinto muito feliz. Estou livre!"[6]

Kim e Tuan ficaram estabelecidos em uma comunidade de imigrantes vietnamitas em Toronto, e logo outra bênção estava no estoque para o casal. Kim engravidou – verdadeiramente um milagre! – e ambos tornaram-se pais orgulhosos de um saudável menino.

Em um filme recente sobre a vida de Kim, seu filho Thomas, de dois anos de idade, e a mãe se entreolham por sobre a mesa. Kim toca o rosto do menino de um lado e de outro. "Bochechas", dizem juntos. "Lábios. Ouvidos." Depois colocam suas faces perto e esfregam os narizes.[7] Mãe e filho adoráveis, felizes, realizados – muito longe daquele dia terrível em 1972, quando o céu choveu napalm.

Mas a cura espiritual de Kim ainda estava além de sua própria casa e seria bem mais ampla.

Em 1996, Kim concordou em falar numa cerimônia do Dia dos Veteranos que aconteceu em Washington D.C., na alameda onde fica o monumento aos soldados mortos no Vietnã. Ela tomou o lugar no palanque escoltada por dignitários militares americanos, diante de uma grande multidão de veteranos. Ninguém poderia dizer o quanto custava para ela somente ficar em pé e encarar aquele mar de uniformes, uma visão que trouxe de volta memórias terríveis da guerra.

"Como vocês sabem, eu sou a garota que estava correndo para escapar do fogo de napalm. Eu não quero falar sobre a guerra porque não posso mudar a história. Só quero que vocês se lembrem da tragédia da guerra para que façam coisas para que as pessoas parem de brigar e matar ao redor do mundo."

Sua voz caiu de tom. "Tenho sofrido muito, tanto dor física como emocional. Algumas vezes pensei que não poderia viver, mas Deus salvou minha vida e me deu fé e esperança."

E então proferiu saradoras palavras de graça e perdão: "Mesmo que eu pudesse falar face a face com o piloto que soltou a bomba, poderia dizer para ele que não podemos mudar a história, mas deveríamos tentar fazer boas coisas pelo presente e pelo futuro para promover a paz".

Quando terminou o breve mas comovente discurso, os veteranos colocaram-se em pé numa explosão de aplausos, muitos deles em lágrimas. "É muito importante para nós que ela esteja aqui", um veterano afirmou. "Pois ela nos perdoar pessoalmente significa realmente alguma coisa."

Um homem, vencido pela emoção, correu para um soldado de patrulha e rascunhou uma nota, pedindo-lhe para entregá-la a Kim. "*Eu sou o homem que você está procurando*", dizia a nota.[8]

Intermediários perguntaram se ela queria vê-lo. Sim, ela respondeu, se pudessem preparar o encontro longe daquela multidão. Os oficiais trouxeram o homem para o carro da jovem.

Quando os repórteres saíram do caminho, Kim virou e olhou direto nos olhos do homem e levantou seus braços... os mesmos braços que levantara quando corria pela rua, em agonia, com a pele queimando. Ela abraçou o homem, e ele começou a soluçar.

"Perdoe-me. Eu estou muito arrependido!", ele suplicou.

"Tudo bem. Eu o perdôo. Eu o perdôo", respondeu Kim Phuc, refletindo o seu verso favorito da Bíblia: "Perdoai, e sereis perdoados" (Lucas 6.37, ARA)

■ ■ ■

NAQUELE DIA A FAMOSA foto de 30 anos atrás, da pequena garota vietnamita fugindo das chamas de napalm, foi substituída na consciência nacional pela foto de uma jovem mãe abraçando um ex-combatente, tendo ao fundo o vislumbre da imagem do memorial em homenagem aos soldados mortos no Vietnã. As palavras de perdão que Kim estendeu naquele Dia dos Veteranos ajudaram a curar a consciência de milhares de veteranos ali reunidos; e enquanto as notícias levavam a história para lugares distantes e em todas as direções, suas palavras e a surpreendente foto ajudavam a curar também as feridas da nação. Ela trouxe o poder da ressurreição de Cristo para um lugar que serve como memorial coletivo por 58 mil americanos, mostrando como o amargor de uma guerra pode ser superado pelo amor.

Não posso evitar de estabelecer um contrarste entre a mensagem de reconciliação de Kim Phuc com os contínuos e infrutíferos esforços de Robert McNamara e tantos outros, ainda procurando soluções tecnocratas para a guerra. Eles se desesperam para ver, mas continuam cegos. A única solução real é espiritual: é perdão, arrependimento e fazer a devida restituição, procurando ativamente fazer o bem ao nosso antigo inimigo. Somente o Cristianismo tem poder para transformar o mundo.

E assim voltamos às questões com as quais começamos este livro. Os cristãos podem mesmo fazer alguma diferença no mundo? A cosmovisão cristã nos dá o mapa que precisamos para viver? Uma cultura pode ser reconstruída de maneira que todo o mundo possa ver no seu esplendor e glória o perfil do Reino de Deus? Podemos realmente fazer do mundo "uma nova Criação"? Kim Phuc, junto com todos os outros que encontramos nestas páginas, mostram-nos que a resposta é enfaticamente sim.

Todos os dias você e eu estamos tomando decisões que nos ajudam a construir um ou outro tipo de mundo. Estamos nós cooptados pela cosmovisão passageira do mundo da nossa época, ou estamos ajudando a criar um mundo novo de paz, amor e perdão?

E agora, como viveremos?

Abraçando a verdade de Deus, entendendo a ordem moral e física que Ele criou, argumentando amavelmente com nossos vizinhos por amor a essa verdade, e então tendo a coragem de vivê-la em todos os aspectos da vida.

Corajosamente, sim, e com alegria.

COM GRATIDÃO

Confiamos que estas páginas tenham equipado você para responder à pergunta: E agora, como viveremos? Nosso objetivo foi o de oferecer-lhe as ferramentas para analisar e responder às falsas cosmovisões, e ainda defender e viver a gloriosa verdade da fé cristã.

Este livro é o resultado de uma convicção nascida em minha vida no início dos anos de 1980 e na vida de Nancy Pearcey em decorrência da sua conversão em 1971. Acreditamos que o Cristianismo é a cosmovisão ou visão de mundo completa que cobre toda a vida, com uma estrutura consistente para todo esforço humano. Desde 1985, venho escrevendo regularmente uma coluna sobre a cosmovisão cristã na revista *Christianity Today* (Cristianismo Hoje), e Nancy tem sido co-autora comigo desde 1994. Em 1991 levei ao ar *BreakPoint,* um programa diário de rádio comentando casos do dia-a-dia a partir da perspectiva da cosmovisão cristã, tendo Nancy como editora executiva. Desenvolvemos um relacionamento de trabalho muito próximo e freqüentemente nos temos surpreendido sobre a maneira como nossas mentes seguem passos semelhantes. Este livro emerge de um processo diário de luta corpo a corpo com a aplicação de princípios bíblicos para eventos cotidianos e tendências, aprofundando com firmeza a nossa convicção de que o Cristianismo oferece o único fundamento viável para o entendimento intelectual e a prática de vida.

Temos uma grande dívida de gratidão com aqueles que contribuíram para este projeto. Harold Fickett foi um grande colaborador (como em *Loving God)*, oferecendo seu extraordinário dom de narrar e rascunhar os capítulos com as histórias, trazendo para elas princípios abstratos de vida. Harold é escritor talentoso e pensador conceitual incisivo que ajudou igualmente a dar forma à estrutura total do livro.

É impossível expressar o suficiente para reconhecer Judith Markham, da empresa *Blue Water Ink*. Suas habilidades editoriais trouxeram clareza e graça à prosa normalmente contundente. Este é meu sétimo livro que Judith editou e, como sempre, tem sido uma alegria tê-la como colaboradora. Ela não é somente única como editora, mas também única como cristã graciosa e amorosa.

T. M. Moore, presidente do Seminário Teológico Chesapeake, emprestou-nos sua perícia teológica, passando os textos através de um rigoroso crivo de ortodoxia teológica. Ele argumentou comigo por muitos anos para que escrevesse este livro.

Somos especialmente gratos àqueles que nos autorizaram a contar suas histórias no livro para ilustrar os princípios essenciais da cosmovisão cristã, incluindo Jorge Crespo, Kenneth e Theresa McGarity, Dr. Kenneth Swan, Dr. Bernard Nathanson, Danny Groce, o policial Salvatore Bartolomeo e Marta Williamson. Muitos gastaram algum tempo de suas exigentes agendas de trabalho para nos dar entrevistas e outras ajudas. Somos também gratos à TV Holandesa pela cobertura total em filme das entrevistas com Kim Phuc.

Obrigado, também, àqueles que generosamente deram seu tempo para ler e criticar vários capítulos, incluindo Jay Budziszewski, Donald Drew, Chester Finn, Robert George, Patrick Glynn, Russel Hittinger, David Larson, Joe Loconte, Steve Meyer, Paul Nelson, Albert Quie, o Rev. Robert Sirico e Gene Edward Veith. Agradecimentos especiais a Fred Buettler, o qual nos alertou sobre sua extraordinária pesquisa acerca da Conferência de Ciència, Filosofia e Religião (descrita no capítulo 37). Nossa apreciação vai também a Doug Griffin, que providenciou informação útil desde o começo do projeto.

Agradecimento muito especial à pesquisadora associada, Kim Robbins, que se responsabilizou de maneira incansável pelo trabalho de procurar informações em livrarias e arquivos públicos, e também gastou horas de trabalho esmerado para encontrar fontes e citações completas. Sua dedicação e determinação foram sem igual.

Obrigado também à equipe do *BreakPoint*, cujo trabalho pesquisando e rascunhando *scripts* de rádio sobre uma variedade de assuntos ajudou o nosso entendimento sobre as questões relativas à cosmovisão: editora-gerente, Anne Morse, editores associados, Roberto Rivera e Eric Metaxas, e o pesquisador associado, Douglas Minson. Menção especial tem de ser feita ao trabalho cuidadoso e meticuloso de minha equipe de secretárias, Nancy Niemeyer e Diana Longenecker, que digitou revisão após revisão – miraculosamente, sem nunca perder a sequência ou misturar os textos.

Por esta razão, estamos em débito com todos os nossos colegas no maravilhoso ministério do Prison Fellowship por sua paciência e compreensão de nossas excentricidades criativas. Agradecemos especialmente a Tom Pratt, que tão responsavelmente manteve o ministério em andamento de maneira que eu pudesse estar livre para escrever.

Crucial para qualquer empreendimento literário é o editor, e Ken Peterson, da editora Tyndale, está entre os melhores. Ele evidenciou intenso interesse pelas idéias do livro desde o princípio, trabalhou pacientemente durante o processo editorial e teve graça especial nos últimos momentos de pânico por causa dos atrasos. É grande encorajamento ter um editor que mostra real paixão pela mensagem de um livro. Também devemos muito aos olhos atentos e ao cuidado escrupuloso de Lynn Vanderzalm em editar o texto para a Tyndale.

Acima de tudo, agradecemos às nossas famílias, cujo apoio e amor fizeram com que todo esse esforço valesse a pena. Patty tem sido minha rocha firme, como sempre, minha companheira em todos os sentidos da palavra, sem a qual eu não poderia empreender o meu ministério. Rick, o esposo de Nancy, é sua grande inspiração, juntamente com os filhos, Dieter e Michael. O Cristianismo é a cosmovisão para ser vivida e experimentada no crisol de um mundo caído, e isso se torna muito mais vivo nos relacionamentos que travamos como uma luta corpo a corpo para aplicar essa mensagem no cotidiano.

Não há palavras para descrever nossa profunda gratidão a Deus, o autor de toda verdade. Estamos dominados por pura admiração de que Deus nos tenha dado não apenas a salvação, mas também uma base para vivermos e experimentarmos tudo da vida na graça de sua presença. A palavra de Deus é não apenas Verdade; ela é seguramente Bondade e Beleza.

Abraham Kuyper
Dooyeweerd
Rookmaaker
Schaeffer
Carl F.H. Henry
James Orr
John Scott
James Sire
James Olthius
"O D
Lesslie Newbigin

"O Drama das Escrituras"
"A Criação Restaurada, A.M. Wolters
"A visão transformadora", Walsh e Middleton

NOTAS

INTRODUÇÃO
E AGORA, COMO VIVEREMOS?

1. Ezequiel 33.10
2. Richard John Neuhaus, "The Religious Century Nears", *Wall Street Journal*, 6 de julho de 1995.
3. Richard Nadler, "Glum and Glummer: Positive Change in U.S. Culture Helped by Conservatives", *National Review* 50, no. 18 (26 de setembro de 1998): 26.
4. Abraham Kuyper, de suas *Stone Lectures* enviadas a Princeton em 1898, agora resumidas como *Christianity: A Total World and Life System* (Marlborough, N.H.: Plymouth Rock Foundation, 1996), 46.
5. Os desafios que Kuyper proclama, especialmente em sua magistral *Stone Lectures* sobre o Calvinismo, permaneceram em primeiro lugar em nossas mentes durante os dois anos que trabalhamos neste manuscrito. O cristão "não pensa por um só momento em se limitar à teologia e à contemplação, deixando as outras ciências como personagens inferiores, nas mãos dos não-crentes", Kuyper escreve. Pelo contrário, "considerando isso como seu tema para conhecer Deus em todos os seus trabalhos, está consciente de ter sido chamado para penetrar com toda a energia do seu intelecto nas questões terrestres, tanto quanto nas questões celestiais" (*Christianity: A Total World and Life System, 84*). Como Kuyper define, nenhum centímetro quadrado do Universo deveria continuar fora do chamado de Cristo. Isto é com certeza o que o Apóstolo Paulo quis dizer quando falou à igreja de Corinto para levar "todo pensamento cativo à obediência de Cristo" (2 Coríntios 10.5).

CAPÍTULO 1
UMA NOVA CRIATURA

1. Em adição à minha viagem ao Presídio Garcia Moreno, obtivemos informação para este capítulo de entrevistas com o Dr. Jorge Crespo de Toral e de

registros que ele forneceu. Informações adicionais anteriores para a fundamentação dessa história foram providenciados pelos funcionários do Prison Fellowship e pelo panfleto de Ellen Santilli Vaughn sobre o trabalho no Equador, *Lights in the Darkness: The Church Behind the Wall* in South America, publicado por Prison Fellowship.

CAPÍTULO 2
O CRISTIANISMO É UMA COSMOVISÃO

1. Ler a história da minha conversão em *Born Again* (Old Tappan, N.J.: Chosen, 1976).
2. Abraham Kuyper, *Christianity: A Total World and Life System* (Marlborough, N.H.: Plymouth Rock Foundation, 1996), 39-40.
3. Ibid., 41.
4. Cornelius Plantinga Jr., "Fashions and Folly: Sin and Character in de 90s", (apresentado na Série de Conferências de janeiro, Seminário Teológico Calvin), Grand Rapids, Michigan, 15 de janeiro de 1993), 14-15.
5. Richard M. Weaver, *Ideas Have Consequences* (Chicago: Imprensa da Universidade de Chicago, 1984).

CAPÍTULO 3
COSMOVISÕES EM CONFLITO

1. Samuel Huntington, "The Clash of Civilizations", *Journal of Foreign Affairs* (Verão 1993): 22. Huntington identificou os blocos de maior poder como sendo: Ocidental, Islâmico, Chinês, Hindu, Ortodoxo, Japonês e possivelmente regiões africanas.
2. James Kurth, "The Real Clash of Civilizations", *Washington Times*, 4 de outubro de 1994.
3. Jacques Toubon, citado em "Living With America", *Calgary Herald*, 6 de outubro de 1993.
4. William Orville Douglas, *Zorach v. Clauson*, 343 US 306 (1952).
5. Antonin Scalia, como citado em John Pickering, "Christian Soldier in a Secular City", *Washington Post*, 12 de maio de 1996.
6. Felizmente, essa decisão foi anulada depois de ser exposta no jornal conservador de Washington, *Human Events*, o qual levou à pressão de congressistas encabeçados pelo senador republicano Spencer Abraham, de Michigan. Ver o comentário de *BreakPoint*, 23 de setembro de 1997.
7. George Weigel, "João Paulo II na América", *Crisis* (dezembro de 1995).

8. Stanley Fish, "There´s No Such Thing As Free Speech: and It´s a Good Thing, Too", em *Debating P.C: The Controversy over Political Correctness on College Campuses*, Ed. Paul Breman (Nova York: Delta, 1992), 244.
9. A discussão nos seguintes parágrafos é baseada no estudo reportado por Paul H. Ray em "The Emerging Culture", *American Demographics* (fevereiro de 1997): 28. Essa pesquisa foi patrocinada pelo Instituto Fetzer e pelo Instituto de Ciências Noéticas, este uma sofisticada fundação da Nova Era.

CAPÍTULO 4
A VERDADE CRISTÃ EM UMA ERA DE DESCRENÇA

1. Esses estudos são descritos em maior detalhe no capítulo 18, "Somos Todos Utópicos Hoje".
2. Um pouco depois, em uma convulsão política de 1997, o ministro da Justiça foi removido do cargo. Nikolai e outros cristãos continuaram a ministrar-lhe. A história não terminou ainda.
3. J. Gresham Machen, "Christianity and Culture", *Princeton Theological Review* 13, núm. 3 (julho de 1913): 7.
4. Harry Blamires, *The Christian Mind: How Should a Christian Mind Think?* (Ann Arbor, Mich.: Servant, 1963), 80.
5. Ibid.,3.
6. Obrigado à Frank Brock, presidente do Convenant College, por desenvolver essa tese, a qual tem implicações profundas para a Igreja. Houve um tempo quando o pastor era a pessoa mais culta na congregação. Tão recente quanto nos anos 40, apenas uma pequena porcentagem dos americanos freqüentava a faculdade, na maioria das vezes com tradições cristãs muito fortes, às quais (pelo menos entre as instituições mais antigas) foram fundadas em sua quase totalidade por cristãos. (Mesmo a Universidade Brown, que freqüentei nos anos 50, ainda tinha capela obrigatória, surpreendente para os dias de hoje.) Enquanto certamente havia céticos uma ou duas gerações atrás, eles não eram de grande influência na maioria das congregações. Como resultado, os pastores podiam focalizar mais o desenvolvimento espiritual de seus rebanhos. Pregar era normalmente subjetivo e emocional, particularmente entre igrejas fundamentalistas e pentecostais. Tudo isso começou a mudar depois da II Guerra Mundial. O projeto de lei GI providenciou a oportunidade para a mais elevada educação universal, e nos anos seguintes milhões que nunca sonharam em ir para universidade inundaram as instituições de nossa nação com aprendizado superior. Novas faculdades foram abertas, as mais antigas expandiram-se para atender a demanda e a classe média emer-

gente começou a ver o nível universitário como um direito americano. A comunidade e as faculdades estão agora disponíveis em todas as partes do país, e programas do governo providencia ampla assistência de bolsas de estudo. O resultado é que, hoje, a maioria dos membros de igrejas tem nível universitário, o que acontece, também, em outros países ocidentais.

7. Machen, "Christianity and Culture", 14.
8. Abraham Kuyper, *Christianity: a Total World and Life System* (Marlborough, N.H.: Plymouth Rock Foundation, 1996), 3.
9. A primeira missão da Igreja não é restaurar ou criar a cultura, mas ser fiel em seguir a Deus. Como Kuyper define, "A Igreja existe tão-somente pelo amor de Deus" (*Christianity: A Total World and Life System*, 38). Mas ao servir a Deus, trabalha em direção à regeneração do homem e testifica para a glória de Deus em seu trabalho entre todo o povo. Então quando a Igreja é fiel, afeta toda a vida. Ela rejuvenesce de fato a cultura. Veja Charles Colson com Ellen Santilli Vaughn, *The Body* (Dallas: Woes, 1992).
10. Russel Kirk, "Civilization With Religion", The Heritage Foundation Report (24 de julho de 1992). O filósofo Político, Eric Voegelin, e o historiador Arnold Toynbee, entre outros, fazem a mesma definição.
11. Kirk, "Civilization With Religion".

CAPÍTULO 5
A AVENTURA METAFÍSICA DE DAVE E KATY

1. Dave e Katy Mulholland são personagens que criamos para este livro, mas suas histórias são baseadas em eventos reais. A exposição na Disney World e Epcot Center é descrita com precisão, baseada em uma visita em 1997. Em certo sentido, Dave é Todo Homem e Katy é Todo Adolescente.

CAPÍTULO 6
DESPEDAÇANDO A GRADE

1. A discussão seguinte deve muito ao livro de Norman Geisler, *Cosmos: Carl Sagan's Religion for the Scientific Mind* (Dallas: Quest, 1983).
2. Carl Sagan, *Cosmos* (Nova York: Random, 1980), 4.
3. Carl Sagan, *Broca's Brain* (Nova York: Random, 1979), 282
4. Ibid., 287.
5. Sagan, *Cosmos*, 242.
6. Ibid., 5.

7. Ibid., 243.
8. Ibid.
9. Ibid., 345.
10. Sagan, *Broca's Brain*, 271-75.
11. Carl Sagan foi um dos cientistas que formaram o SETI Institute (Search for Extra-Terrestrial Intelligence). Sagan escreveu o romance *Contact*, no qual o filme *Contact* foi baseado.
12. Sagan, *Broca's Brain*, 275.
13. Stan e Jan Berenstain, *The Berenstain Bears' Nature Guide (*Nova York: Random, 1984), 11.
14. Ibid., 10.

CAPÍTULO 7
VAMOS COMEÇAR BEM NO INÍCIO

1. Ludwig Büchner, como citado em Gordon H. Clark, *The Philosophy and Belief in God* (Nutley, N.J.: Craig Press, 1964).
2. Lincoln Kinnear Barnett, *The Universe And Dr. Einstein* (Nova York: William Morrow, 1968), 114 (ênfase no original).
3. Paul C. Davies, The Edge if Infinity: *Where the Universe Came From and How It Will End* (Nova York: Simon & Schuster, 1982), 169.
4. Arthur Eddington, como citado em Hugh Ross, "Astronomical Evidences for a Personal, Transcedent God", in *The Creation Hypothesis*, Ed. J. P. Moreland (Downers Grove, Ill.: Inter Varsity Press, 1994), 145-46.
5. Robert Jastrow, *Until the Sun Dies* (Nova York: Norton, 1977), 51.
6. Carl Sagan, *Cosmos* (Nova York: Random, 1980), 259.
7. A energia descrita aqui é a energia disponível para o trabalho, não energia total.
8. William Lane Craig e Quentin Smith, *Theism, Atheism, and Big Bang Cosmology* (Nova York: University Oxford Press, 1993), 135.
9. M.A. Corey, God and the New Cosmology: *The Anthropic Design Argument* (Lanham, Md.: Rowman & Littlefield, 1993), 105.
10. Paul C. Davies, *The Accidental Universe* (Cambridge: Cambridge University Press, 1982), 90.
11. Heinz Pagels, "*A Cozy Cosmology*", The Sciences (março/abril 1985): 38.
12. George Wald, como citado em Dietrick E. Thomsen, "A Knowing Universe Seeking to Be Known", *Science News* (19 fevereiro de 1983): 124.
13. Freeman Dyson, como citado em Martin Gardner, "Intelligent Design and Phillip Johnson", *Skeptical Inquirer* (21 de novembro de 1997) 17.

14. George Greenstein, *The Symbiotic Universe: Life and Mind in the Cosmos* (Nova York: William Morrow, 1988), 197.
15. Patrick Glynn, "The Atheistic Assumptions of Modern Society are Being Clallenged by the New Science", *National Review* 48, n. 8 (6 de maio de 1996):32. Ver também Patrick Glynn, The Evidence: *The Reconciliation of Faith and Reason in a Postsecular World* (Rocklin, Calif.: Prima, 1997).
16. William A Dembski, *The Design Inference: Eliminating Chance through Small Probabilities* (Cambridge:Cambridge University Press, 1998), capítulo 2.

CAPÍTULO 8
VIDA EM TUBO DE ENSAIO

1. Séries de vídeo *The Land Before Time*, da Universal Pictures (1988).
2. A discussão seguinte é extraída de *The Mystery of Life's Origin: Reassessing Current Theories* (Dallas: Lewis & Stanley, 1992), de Charles B. Thaxton, Walter L. Bradley e Roger L. Olsen. Ver também "Explanatory Power of Design", de Stephen C. Meyer, em *Mere Creation: Science, Faith, and Intelligent Design*, ed. William A. Dembski (Downers Grove, Ill.: Inter Varsity Press, 1998), 113.
3. Stanley L. Miller, *From the Primitive Atmosphere to the Prebiotic Soup to the Pre-RNA World* (Washington, D.C.: National Aeronautics and Space Administration, 1996).
4. Fred Hoyle, *The Intelligent Universe* (Nova York: Holt, Rinehart, and Winston, 1983), 11.
5. Dean H. Kenyon e Gary Steinman, *Biochemical Predestination* (Nova York: McGraw-Hill, 1969).
6. De uma entrevista citada em *The Soul of Science: Christian Faith and Natural Philosophy* (Wheaton, Ill.: Crossway, 1994), 230, de Nancy R. Pearcey e Charles B. Thaxton.
7. Ver Michael J. Behe, *Darwin's Black Box: The Biochemical Challenge to Evolution* (Nova York: Free Press, 1996), 210-16.
8. Arthur Fisher, "New Search for Life in Space", *Popular Science* 225 (outubro de 1984): 44.
9. *Reunion in France*, MGM (1942).
10. Ver Thaxton, *The Mystery of Life's Origin*; Pearcey and Thaxton, *The Soul of Science*; e Stephen C. Meyer, *"The Origin of Life and the Death of Materialism"*, *Intercollegiate Review* 31, no. 2 (primavera, 1996).

11. Richard Dawkins, *The Blind Watchmaker: Why the Evidence of Evolution Reveals a Universe without Design* (Nova York: Norton, 1996), 150.
12. Stuart A. Kauffman, *At Home in the Universe: The Search for Laws of Self-Organization and Complexity* (Londres: Penguin, 1996), 74.
13. Nancy R. Pearcey, "DNA: The Message in the Molecule", *First Things*, no. 64 (junho/julho de 1996): 14.

CAPÍTULO 9
DARWIN NO BANCO DOS RÉUS

1. Douglas Futuyama, *Evolutionary Biology* (Sunderland, Mass.: Sinauer, 1986), 3.
2. "NABT Unveils New Statement on Teaching Evolution", *The american Biology Teacher* 68, no. 1 (janeiro de 1996): 61. A declaração de NABT criou tanto tumulto que a organização subseqüentemente lançou fora as seguintes palavras: "não supervisionado" e "impessoal". A mudança foi muito cosmética, entretanto, uma vez que as palavras restantes "imprevisíveis" e "natural" foram entendidas para significar essencialmente a mesma coisa.
3. Em linguagem técnica, o darwinismo admite que micro-evolução (menor mudança) é o motor para a macro-evolução (maiores transições).
4. Charles Darwin, *The Origin of Species* (Nova York: Penguin, 1958), 41-47.
5. Rick Weiss, "Mutant Moniker: A Tale of Freaky Flies and Gonzo Genetics", *Science News* 139, no. 2 (12 de janeiro de 1991): e Dan L. Lindsley e Georgianna Zimm, "The Hard Life of a Mutant Fruit Fly", *Harper's Magazine* 284, no. 1703 (abril de 1992): 24.
6. Dada a simplicidade da teoria da evolução de Darwin, era razoável para os paleontologistas acreditar que deveriam ser capazes de demonstrar com a grande evidência providenciada por fósseis tanto a linha da vida como a transformação gradual de uma espécie para outra. Apesar de os paleontologistas alegarem ter descoberto seqüências de fósseis que realmente apresentam o quadro de mudança gradual, a verdade é que ainda estamos no escuro em relação à origem da maior parte dos organismos. Eles aparecem nos registros de fósseis como Atena o fez da cabeça de Zeus – um bafejar rarefeito para dar em nada – em contradição com a descrição da evolução de Darwin, como resultando do acúmulo gradual de variações incontáveis de momentos infinitesimais, as quais demandam que o registro de fóssil preserve uma corrente inquebrável de formas transitórias. Ver Jeffrey H. Scwartz, *Sudden Origins: Fossils, Genes, and the Emergence of Species* (Nova York: Wiley & Sons, 1999), 3.

7. Phillip E. Johnson, Reason in the Balance: *The Case Against Naturalism in Science, Law, and Education* (Downers Grove, Ill.: Inter Varsity Press, 1995). Ver também Nancy R. Pearcey, "Naturalism on Trial", *First Things*, no. 60 (fevereiro de 1996): 64.
8. Jerry A. Coyne, "Not Black and White", Nature 396 (5 de novembro de 1998); 35-36; Jonathan Wells, "Second Thoughts about Peppered Moths", http://www.trueorigin.org/pepmoth1.htm.
9. Luther Burbank, como citado em Norman Macbeth, *Darwin Retried* (Nova York: Delta, 1971), 36.
10. Michael J. Behe, *Darwin's Black Box: The Biochemical Challenge to Evolution* (Nova York: Touchstone, 1996), 40-48. A integração funcional de partes é um argumento clássico contra o darwinismo; foi primeiro desenvolvido no século XIX por George Cuirer. Ver Michael Denton, *Evolution: A Theory in Crisis* (Bethesda, Md.: Adler and Adler, 1985.
11. Charles Darwin, *The Origin of Species*, (Nova York: New York University Press, 1988), 154.
12. Behe, *Darwin's Black Box*, 18-21, 36-39.

CAPÍTULO 10
A PERIGOSA IDÉIA DARWINIANA

1. Stephen Gould, como citado em Phillip E. Johnson, Reason in the Balance: *The case against Naturalism in Science, Law, and Education* (Downers Grove, Ill.: Inter Varsity Press, 1995), 31. Ver também Stephen J. Gould, *Rocks of Ages: Science and Religion in the Fullness of Life* (Nova York: Ballantine, 1999).
2. William B. Provine and Phillip E. Johnson, "Darwinism: Science or Naturalistic Philosophy?" (vídeo do debate realizado na Universidade de Stanford, 30 de abril de 1994). Disponível pela Access Research Network, P.O. Box 38069, Colorado Springs, CO 80937-8069, phone: (888) 259-7102.
3. Johnson, Reason in the Balance, 46-47.
4. Calvin Coolidge, como citado em *The Jornal*, (a Summit Ministries newsletter), 7.
5. Richard Rorty, "Trotsky and the Wild Orchids", *Wild Orchids and Trotsky: Message from American Universities*, ed. Mark Edmundson (Nova York: Viking, 1993), 38.
6. Richard Rorty, "Untruth and Consequences", *New Republic* (31 de julho de 1995): 27.
7. Richard Rorty, como citado em Roger Lundin, *The Culture of Interpretation: Christian Faith and the Postmodern World* (Grand Rapids: Eerdmans, 1993), 15.

8. Richard Dawkins, *The Blind Watchmaker: Why the Evidence of Evolution Reveals a Universe Without Design* (Nova York: Norton, 1987), 6
9. A discussão seguinte de Darwin e seus contemporâneos é baseada em Nancy R. Pearcey, "You Guys Lost", em *Mere Creation: Science, Faith, and Intelligent Design*, ed. William A. Dembski (Downers Grove, Ill.: Inter Varsity Press, 1998): 73.
10. Nora Barlow, ed., *The Autobiography of Charles Darwin* 1809-1882 *with Original Omissions Restored* (Nova York: Norton, 1958), 87.
11. Ibid.
12. William Darwin, como citado em John Durant, "Darwinism and Divinity: A Century of Debate", em *Darwinism and Divinity: Essays on Evolution and Religious Belief*, ed. John Durant (Nova York: Basil Blackwell, 1985), 18.
13. Francis Darwin, ed., *Life and Letters of Charles Darwin*, Vol. 2 (Nova York: D. Appleton, 1899), 155.
14. David Duncan, *Life and Letters of Herbert Spencer*, vol. 2 (Nova York: D. Appleton, 1908), 319.
15. Leonard Huxley, *Life and Letters of Thomas Henry Huxley*, vol. 1 (Nova York: Macmillan, 1903), 246.
16. Thomas Henry Huxley, "*Science and Religion*", The Builder 17 (1859): 35.
17. Charles Hodge, *What Is Darwinism? And Other Writings on Science and Religion*, ed. Mark A. Noll and David N. Livingstone (Grand Rapids: Baker, 1994), 85, 155.
18. Richard Lewontin, "Billions and Billions of Demons", *New York Review of Books* (9 de janeiro de 1997): 31.
19. Ibid.
20. William Steig, *Yellow & Pink* (Nova York: Farrar, Straus & Giroux, 1984).
21. Carl Sagan, "In the Valley of the Shadow", *Parade* (March 10, 1996): 18.

CAPÍTULO 11
UMA QUESTÃO DE VIDA

1. Essa história não é somente baseada em entrevistas com Ken e Theresa McCarity e com o Dr. Kenneth Swan, mas também em informações encontradas nas seguintes fontes: Peter MacPherson, "The War Surgeon's Dilemma: Confronting His Vietnam Past: Was the Life He Saved Worth Living?" *Washington Post*, 7 de janeiro de 1992; Colonel Kenneth G. Swan, MC USAR, "Triage: the Path Revisited", *Military Medicine* 161 (agosto de 1996): 448-52; "Doubt Gone, Doctor Glad He Saved GI", *Chicago Tribune*, 28 de novembro de 1991; Joan Sanchez, "Army Doctor Tracks Down His Patient", *Los Angeles Times*, 8 de dezembro de 1991.

2. Dr. Kenneth Swan permaneceu em contato com Ken McGarity, e logo depois de sua primeira reunião com o soldado, Swan apareceu com notícias extraordinárias. Ele tinha arranjado para que McGarity recebesse a medalha com a qual não havia ainda sido agraciado por causa de uma confusão nos arquivos. No dia 30 de janeiro de 1992, no Forte Benning, Georgia, Kenneth McGarity finalmente recebeu seu Purple Heart (Coração de Púrpura) um Air Medal (medalha de ar) e quatro prêmios adicionais de prestígio.
3. Theresa e as meninas voltaram para casa em 1992. Como família, trabalharam com a ira e a dor e, e no ano seguinte, a família McGarity estava indo bem.

CAPÍTULO 12
O QUE ACONTECEU COM A VIDA HUMANA?

1. Joycelyn Elders, ex-cirurgião-geral, acusou os pró-vida de carregarem um "caso de amor com os fetos" em protesto do grupo pró-aborto em janeiro de 1992.
2. Os filósofos medievais discutiram desde a existência de Deus até a realidade do mundo. Descartes reverteu isso, e desde então os filósofos discutem desde a certeza do indivíduo até a realidade de Deus e do mundo. A partir apenas da razão humana, os filósofos descobririam toda a verdade. Esse foi o nascimento da autonomia da razão humana.
3. Friederich Nietzsche, *The Gay Science*, trans. Walter Kaufmann (Nova York: Random, 1974), 125.
4. Peter Kreeft, "The World's Last Night", *Crisis* (julho/agosto de 1994): 39.
5. Robert P. George, "Why Integrity Matters", discurso feito no Café Internacional de Oração, em 7 de fevereiro de 1998. O professor George submete idéias naturalistas sobre moralidade sexual ao criticismo filosófico em seu novo livro *In Defense of Natural Law* (Nova York: Claredon Press, 1998), capítulos 8, 9, 15, 16.
6. *Roe v. Wade*, 410 US 113 (1973).
7. Quase uma década antes, dois pediatras ilustres em Yale-New Haven Hospital haviam dado apoio aos direitos dos pais de deixar seus filhos severamente deficientes morrerem e sugeriram que os médicos apresentassem a opção, se os próprios pais não a mencionassem. Ver Raymond S. Duff e A. G. M. Campbell, "Moral and Ethical Dilemmas in the Special-Care Nursery", *New England Journal of Medicine* 289, no. 17 (25 de outubro de 1973): 890-94)
8. Richard A. Gross, Alan Cox, Ruth Tatyrek, Michael Polly e Willian A Barnes, "Early Management and Decision Making for the treatment of Myelomenigocele", *Pediatrics* 72, no. 4 (4 de outubro de 1983): 450-58.

9. Tucker Carlson, "Eugenics, American Style", *The Weekly Standard* 2, no. 12 (2 de dezembro de 1996): 20.
10. Nat Hentoff, "Abortion as Self-Defense", *Washington Post*, 1 de fevereiro de 1997.
11. Carlson, "Eugenics, American Style", 20.
12. Christopher Scanlan, "Elders: I'm Willing to Be a Lighting Rod", *Houston Chronicle*, 17 de dezembro de 1992.
13. Carlson, "Eugenics, american Style", 20.
14. Ver C. Everett Koop, "Life and Death and Handicapped Unborn", *Issues in Law & Medicine* 5, no. 1 (22 de junho de 1989): 101.
15. Steven Pinker, "Why They Kill Their Newborns", *New York Times*, 2 de novembro de 1997. Ver também Andrew Ferguson, "How Steven Pinker's Mind Works", *The Weekly Standard* (12 de janeiro de 1998): 16.
16. Como citado em Cal Thomas, "Who Cares about Living When the Good Times Are Rolling", *Naples Daily News*, 16 de julho de 1998.
17. Eileen I. McDonagh, *Breaking the Abortion Deadlock: From Choice to Consent* (Nova York: Oxford University Press, 1996), 7.
18. *Planned Parenthood v Casey*, 112 S Ct 2791 (1992).
19. *Compassion in Dying v. Washington*, 850 F Supp 1454 (WD Wash 1994).
20. Esta decisão foi tomada em 1997. A despeito da unanimidade da Suprema Corte em reverter o Nono Circuito de Regras da Corte, existem razões para pensar que alguns tribunais estão dando tempo, esperando a oportunidade de criar um direito para o suicídio assistido aparentado com o direito de aborto em Roe. Ver Robert P. George, "The Supreme Court's 1997 Term", *First Things*, no. 77 (outubro de 1997).
21. Compassion In Dying v. Washington, 79 F 3d 790 (9ª Cir 1996).
22. Charles Colson And Russel Hittinger, "Private Liberty... Public Chaos", *Washington Times*, 22 de abril de 1996. Em 1991, um levantamento no New England Journal of Medicine revelou que na Holanda aproximadamente 1000 pacientes têm sido submetidos à eutanásia anualmente, sem que para isso houvessem dado consentimento; e em 4.500 casos, a medicação excessiva que levou à morte também havia sido dada sem o consentimento do paciente. Mas um novo estudo mostra que estes números não representam a verdade ligada à eutanásia realizada naquele país. Um relatório de 1991 publicado pelo governo holandês revela que em 1990 aproximadamente 8.100 pessoas a mais foram mortas por seus médicos por overdose intencional de morfina. Em fevereiro de 1999, um estudo do Jornal de Medicina Britânico reportou que 59% das mortes causadas por eutanásia ou por suicídio assistido na Holanda não são reportados. Wesley J. Smith, "*Suicide Pays*", *First Things* (junho/julho de 1999): 14-16.

23. Tony Mauro, "Disabled Plan Protest against Assisted Suicide", USA *Today* 6 de janeiro de 1997.
24. Eric Zorn, "Brave New World' Awaits Debates of Abortion Rights", *Chicago Tribune*, 9 de março de 1997.
25. "Michael Has Four Parents: The Politics of Childbearing", BreakPoint comentary, 21 de junho de 1995.
26. Eu recomendo muito a leitura do livro de Richard John Neuhaus, "The Return of Eugenics", *Commentary* (April 1988): 18-26.

CAPÍTULO 13
À IMAGEM DE QUEM?

1. Steve Weiman, "Copenhagen Zoo Displays the Most Dangerous Animals", 12 de setembro de 1996, on-line Reuters North American Wire.
2. Ibid.
3. Mike Samuels and Nancy Samuels, como citado em Robert D. Orr and Walter L. Larimore, "Medical Abortion Is Not Just a Medical Issue", American Family Physician 56, no. 2 (agosto de 1997): 351.
4. Stanley Fish mais tarde negou muito do que disse em Boston, ou pelo menos o que a maioria dos participantes pensou que ele tivesse dito. Fisch alegou que nunca tinha sido pró-escolha, então o que ele disse não foi uma reversão da sua posição. Ele também alegou que não estava endossando a posição pró-vida; estava simplesmente reconhecendo que estava errado em dizer que os argumentos pró-vida são religiosos, enquanto os argumentos pró-escolha eram racionais. Em correspondência subseqüente comigo, revelou por completo o caráter auto-refutante da sua própria visão. Ele alegou que nenhuma posição moral pode ser apoiada racionalmente – mas é claro que chegou a essa posição pensando racionalmente. Ver também Stanley Fish, "Why Cant´t We All Get Along?" *First Things*, no. 60 (fevereiro de 1996): 18.
5. C.S. Lewis, *Mere Christianity* (Nova York: Touchstone, 1996), 73.
6. Abraham Kuyper, *Christianity: A Total World and Life System* (Marlborough, N.H.: Plymouth Rock Foundation, 1996) 14.
7. Ver o capítulo 4 de Alvin J. Schimidt, *The Menace of Multiculturalism; Trojan Horse in America* (Westport, Conn.: Praeger, 1997).
8. Ted Turner, como citado em Pat Buchanan, "Sermon from Ted Turner", *Washington Times*, 2 de abril de 1997.
9. *The River*, Universal Pictures (1984).
10. Douglas Sadownick, "Choosing Sides", *LA Weekly*, 20 de dezembro de 1996. Este é o mesmo conflito com que Carl Sagan se confrontou quando teve de

escolher entre a morte certa ou submeter-se a um tratamento para salvar a vida através de um experimento aperfeiçoado a partir de pesquisa com animais (ver capítulo 10).

11. "A New Medical Ethics", *California Medicine* 113 (1970): 67-68.
12. Um estudo feito por Marv Miller mostra que o estado interior de vazio entre os idosos leva a um número alarmante de suicídios – especialmente homens mais velhos depois da aposentadoria (quatro vezes mais do que a média para os Estados Unidos). Marv Miller, *Suicide After Sixty: The Final Alternative* (Nova York: Springer, 1979), 11-12,19.
13. Elizabeth Kolbert, "Frank Talk by Klinton to MTV Generation", *New York Times,* 20 de abril de 1994.
14. Albert Camus, "Absurd Reasoning", *The Myth of Sisyphus*, trans. Justin O'Brien (Nova York: Alfred A. Knopf, 1969), 3.
15. Santo Agostinho, *Confessions*, livro 1, parágrafo 1, trans. R.S. Pine-Coffin (Nova York: Penguin, 1961), 21.

CAPÍTULO 15
O QUE HÁ DE ERRADO CONOSCO

1. Harold S. Kushner, *When Bad Things Happen to Good People* (Nova York: Schoken Books, 1980).
2. Edward T. Oakes, Original Sin, A Disputation", First Things (novembro de 1998): 21.
3. William F. Buckley Jr., Nearer My God: An Autobiography of Faith (Nova York: Doubleday, 1997), 232.

CAPÍTULO 16
UMA MELHOR MANEIRA DE VIVER?

1. David U. Gerstel, *Paradise, Incorporated: Synanon* (Novato, Calif.: Presidio Press, 1982), 36. Em 1977, os participantes mais antigos do AA (Alcoólatras Anônimos) freqüentemente suspeitavam dos mais jovens procederem da cultura das drogas. Hoje, os AA têm agências chamadas Narcóticos Anônimos (NA) e Cocainômanos Anônimos (CA).
2. Synanon alcançou 600 mil dólares do acordo extra-judicial com o *San Francisco Examiner* em 1976. Ver Betsy Carter, Michael Reese e Martin Kasindorf, *Newsweek* (20 de novembro de 1978): 133. Além disso, para o acordo de Hearst, o Time, Inc. pagou 2 milhões de dólares para se defender contra o processo judicial por difamação da Synanon. Ver Fred

Barbash, "Alton Telegraph Libel Judgement Sends Fearful Message to Press", *Washington Post,* 25 de agosto de 1981. Nos anos 70, a Synanon processou a American Broadcasting Company por calúnia (contra um dos programas de rádio). A ABC pagou à Synanon $1,25 milhões de dólares para abandonar sua ação judicial. Ver Nanette Asimov, "Life after Synanon for Radio Veteran Dan Sorkin", *San Francisco Chronicle,* 1 de maio de 1990.

3. William F. Olin, *Escape from Utopia: My Ten Years in Synanon* (Santa Cruz, Calif.: Unity Press, 1980), 209-11.
4. Gerstel, *Paradise,* 185.
5. Olin, *Escape From Utopia,* 247.
6. Gerstel, *Paradise,* 211. "Jean" é baseado na vida de uma mulher que estava com cinco meses de gravidez ao tempo do pronunciamento de Dederich, e que se submeteu ao aborto.
7. Gerstel, *Paradise,* 216-24.
8. Alguns estados enviaram delinqüentes para a Synanon como alternativa para estabelecer facilidades correcionais.
9. Em registro feito a partir de "the Wire", o qual mais tarde tornou-se uma evidência-chave no caso crítico contra Synanon, Dederich declarou estas e outras intenções violentas. Ver Gerstel, *Paradise,* 268.
10. Gerstel, *Paradise,* 244.
11. Alguns "vagabundos" que tinham expressado críticas a respeito da "cirurgia emocional" de Dederich, foram forçados a carregar rochas no Deserto de Mojave em carrinhos de mão debaixo de sol escaldante. À noite ficavam juntos em uma tenda, tentando afugentar a hipotermia. Felizmente, depois de apenas nove dias, uma herdeira que estava colocando muito de sua fortuna na Synanon visitou o acampamento e se opôs àquelas condições. O dia de trabalho foi diminuído, quartos decentes foram construídos e o fato de que era um campo de trabalho forçado foi silenciado. Ver Gerstel, *Paradise,* 236-37.
12. "Kenton Son Sought in Snake-Bite of Anti-Synanon Lawyer", *Washington Post,* 13 de outubro de 1978.

CAPÍTULO 17
SYNANON E O PECADO

1. Glenn Tinder, *Political Thinking: The Perennial Questions* (Nova York: HarperCollins, 1995), 199.
2. Ralph Waldo Emerson, como citado em Roger Lundin, *The Culture of Interpretation: Christian Faith and the Postmodern World* (Grand Rapids: Eardmans, 1993), 111.

3. Glenn Tinder, "Birth of a Troubled Conscience", revista *Christianity Today* (26 de abril de 1999): 37.
4. Karl Menninger, Whatever Became of Sin? (Nova York: Hawthorn Books, 1973).
5. Jean-Jacques Rousseau, *The Social Contract* (Boston: Charles E. Tuttle, Everyman's Classic Library, 1993), 181.
6. Jean Jacques Rousseau, como citado em Robert Nisbet, *The Quest for Community: A Studey in the Ethics of Order and Freedom* (San Francisco: ICS Press, 1990), 127. Como Nisbet explica, Rousseau sentiu que "o Estado é o caminho pelo qual o indivíduo pode ser liberto das tiranias restritivas que formam a sociedade" (*The Quest for Community,* 128).
7. Tinder, *Political Thinking*, 200.
8. Nisbet, *The Quest for Community*, 127.
9. O historiador Glenn Tinder define isso bem: "Líderes políticos reivindicam o poder que o Antigo Testamento atribui somente a Deus – aquele de apagar e vingar toda a injustiça e de guiar a humanidade para o cumprimento de seu destino" (Tinder, *Political Thinking*, 201).
10. Rousseau, *The Social Contract*, 275.
11. Ibid, 195.
12. Friederich Nietzsche, *The Birth of Tragedy e the Genealogy of Morals,* trans. Francis Golffing (Nova York: Doubleday, 1956), 277-78.
13. Edward T. Oakes, "Original Sin: A Disputation ", *First Things* (novembro de 1996): 16.
14. Paul Johnson, *Intellectuals* (Nova York: Harper & Row, 1988), 22-23.
15. Jean-Jacques Rousseau, *Confessions,* vol. 1 (Nova York: Dutton, 1904), 314.
16. Ibid, 316.
17. Rousseau, como citado em Paul Johnson, *Intellectuals*, 22.
18. Will Durant e Ariel Durant, *Rousseau and Revolution: A History of Civilization in France, England, and Germany from 1756, and in the Remainder of Europe From 1715 to 1789, vol. 10 of The Story of Civilization* (Nova York: Simon & Schuster, 1967), 886.

CAPÍTULO 18
SOMOS TODOS UTOPISTAS HOJE

1. Alexis de Tocqueville, *Democracy in America*, trans. George Lawrence, Great Books of the Western World, ed. Mortimer Adler (Chicago: Enciclopédia Britânica, 1991), 374-77.
2. Nancy R. Pearcey and Charles B. Thaxton, *The Soul of Science: Christian Faith end Natural Philosophy* (Wheaton, Ill.: Crossway, 1994), 71-73.

3. A discussão seguinte sobre Freud, Fechner e Pavlov é baseada em "Evolution and the Humanities", uma apresentação feita por Willem J. Ouweneel, na Conferência Nacional da Criação, em agosto de 1985.
4. B.F. Skinner, Walden Two (Nova York: Macmillan, 1976).
5. J.B. Watson, *The Way of Behaviorism* (Nova York: Harper, 1928), 35ff.
6. John B. Watson, *Behaviorism* (Nova York: The People's Institute, 1924), 248. O filósofo e educador americano, John Dewey, usou até mesmo forte linguagem utópica, anunciando o professor como "o profeta do verdadeiro Deus e o introdutor do verdadeiro reino de Deus" (John Dewey, *My Pedagogic Creed* [Washington, D.C.: the Progressive Education Association, 1929], 17).
7. Dean Koontz, como citado em Nick Gillespie e Lisa Snell, "Contemplating Evil: Novelista Dean Koontz em Freud, Fraud, and the Great Society", *Reason* 28, no. 6 (novembro de 1996): 44.
8. Mike Swift, "Raising Hopes by Razing Housing", *Hartford Courant*, 19 de março de 1995.
9. Ramsey Clark, Crime in America: *Observations on Its Nature, Causes, Prevention, and Control* (Nova York: Simon & Schuster, 1970), 17-18.
10. Clarence Darrow, *Attorney for the Damned*, Ed. Arthur Weinberg (Nova York: Simon & Schuster, 1957), 3-4.
11. Myron Magnet, *The Dream and the Nightmare: The Sixties' Legacy to the Underclass* (New York: William Morrow, 1993), 197-98. Além disso, evidências a partir da ciência social mostram que esta abordagem está errada. Nos anos de 1950, Samuel Yochelson, psiquiatra, e Stanton Samenow, psicólogo, saíram para provar à sabedoria convencional que um crime é causado por forças ambientais como pobreza e racismo. Mas ao final dos seus 17 anos de estudos, concluíram que o crime não pode ser traçado a partir de causas sociais ou econômicas. Ao invés disso, todos os casos de ato criminal "foram produto de deliberação". Em resumo, a pessoa "fez escolhas". No seu livro *The Criminal Personality*, afirmam que a resposta para o crime e para a personalidade criminosa é uma "conversão para um total e novo [responsável] estilo de vida" (Samuel Yochelson and Stanton E. Samenow, *The Criminal Personality: A Profile for Change*, vol. 1 [Nova York: Jason Aronson, 1982], 19-20, 36).
12. John Leo, "The It's-Not-My-Fault Syndrome", U.S. *News & World Report* 108, no. 24 (18 de junho de 1990): 16.
13. George Flynn, "Woman Sues Houston Nightclub over Hot-Dog Eating Contest", *Houston Chronicle*, 25 de março 1997. Victoria Franks Rios desistiu de seu processo contra o clube noturno em dezembro de 1997. Ver George Flynn, "Woman Drops Her Lawsuit over Hot-Dog Eating Event", Houston Chronicle, 23 de dezembro de 1997.

14. C.S. Lewis, "The Humanitarian Theory of Punishment", *God in the Dock* (Grand Rapids: Eerdmans, 1970), 292.
15. Ibid.

CAPÍTULO 19
A FACE DO MAL

1. Tammy Busche, "Parents Question Security in Wake of Student Arrests in Shooting Plot", *St. Louis Post-Dispatch*, 28 de maio de 1998.
2. "Police Seek Onlookers Who Cheered Killer", *Naples Daily News*, 15 de agosto de 1993.
3. Ed Hayward, "Second Teen Suspect to Be Tried", *Boston Herald*, 25 de setembro de 1994.
4. Karl Vick, "Delaware Seeks Death Penalty against Teens in Infant's Death", *Washington Post*, 19 de novembro de 1996.
5. Arianna Huffington, "Amy and Brian's Shameful Excuse Factory", *New York Post*, 14 de julho de 1998.
6. Ron Rosenbaun, "Staring Into the Heart of Darkness", *New York Times Magazine* (4 de junho de 1995): 36.
7. *The New England Primer* (Harford, Conn.: John Babcock, 1800).
8. Benjamin Spock, como citado em Dana Mack, *The Assault on Parenthood: How Our Culture Undermines the Family* (Nova York: Simon & Schuster, 1997), 33.
9. Haim G. Ginott, *Between Parent and Child: New Solutions to Old Poblems* (Nova York: Macmillan, 1965); and Thomas Gordon, P. E. T. *Parent Effectiveness Training: The No-lose Program for Raising Children* (Nova York: P.H. Wyden, 1975).
10. Para Spock "o 'bom' pai não era mais aquele que consegue fazer seus filhos se comportarem, mas antes o que entendia porque seus filhos podem não estar-se comportando" (Mack, *The Assault on Parenthood*, 33).
11. "Seven Deadly Sins", MTV (agosto de 1993).
12. Alan Bullock, como citado em Charles Maier, uma revisão de *Hitler And Stalin: Parallel Lives*, por Alan Bullock, *New Republic* (15 de junho de 1992): 42.
13. Thomas Harris, *The Silence of the Lambs* (Nova York: St. Martin's Press, 1988), 19 (ênfases no original).
14. Bruno Bettelheim, *The Uses of Enchantment: The Meaning and Importance of Fairy Tales* (Nova York: Alfred A. Knopf, 1977).
15. Susan Wise Bauer, "Stephen King's Tragic Kingdom", *Books & Culture* (março/abril de 1997): 14.

16. Nick Gillespie and Lisa Snell, "Contemplating Evil: Novelist Dean Koontz em Freud, Fraud, and the Great Society", *Reason* 28, no. 6 (novembro de 1996), 44.

CAPÍTULO 20
UMA SERPENTE NO JARDIM

1. Conversa pessoal com Nancy Pearcey (22 de maio de 1997).
2. Esta filosofia era sustentada por uma religião persa antiga chamada Maniqueismo, a qual ensinou que bondade e maldade são princípios eternos, vivendo em eterno conflito no qual nenhum dos dois jamais triunfaria.
3. Ver Jó 1 e 2, por exemplo, e Jó 31.35. Começando no Novo Testamento, Satanás é referido como "o diabo".
4. Francis A. Schaeffer, *Genesis in Space And Time* (Dawners Grove, Ill.: Inter Varsity Press, 1972), 80-83
5. C. S. Lewis, *The Discarded Image: An Introduction do Medieval and Renaissance Literature* (Cambridge: Cambridge University Press, 1994), 155.
6. Dennis Prager, como citado em "Religious Right Takes Heat for Salting And Lighting Cultural Debate", *Orlando Sentinel,* 26 de agosto de 1995.
7. James Madison, *The Federalist,* no. 48 (1 de fevereiro de 1788).

CAPÍTULO 21
SOFRER FAZ ALGUM SENTIDO?

1. Enquanto contamos a história sobre Einstein, Hertzen, McNaughton e Hartman em forma de ficção dramática, ela representa com precisão a visão publicada de Einstein. As idéias principais desta história são baseadas em dois livros: Albert Einstein, *Out of My Later Years: The Scientist, Philosopher, and Man Portrayed through His Own Words* (Princeville, Ore.: Bonanza Books, 1990). 30-33; And Albert Einstein, *The World As I See It,* trans. Alan Harris (Nova York: Citadel Press, 1995). 24-29.
2. Spinoza era um filósofo do século XVII que usou a palavra *Deus* para referir-se simplesmente ao princípio de ordem no Universo. Ver Robert Jastrow, *God and the Astronomers* (Nova York: Warner Books, 1980), 17.
3. Esta idéia é expressada em Einstein, *Out of My Later Years*, 30-33; *e The World As I See It*, 24-29.
4. Ibid.
5. Ibid.
6. Albert Einstein, *Science, Philosophy, and Religion: A Symposium*, (Nova York: Conferência de Ciência, Filosofia e Religião em Suas Relações com o Meio Democrático de Vida, Inc., 1941).

7. Gerald Holton e Yehuda Elkana, *Albert Einstein: Historical and Cultural Perspectives* (Princeton, N.J.: Princeton University Press, 1982), 209.
8. Albert Einstein, como citado em Ronald W. Clark, *Einstein: The Life and Times, An Illustrated Biography* (Nova York: Wings Books, 1995), 19.
9. Einstein, *The World As I See It*, 27-29.
10. Ibid., 24-29.
11. Jastrow, *God and The Astronomers*, 17.
12. Stephen Crane, como citado em James W. Sire, *The Universe Next Door: A Basic Worldview Catalog*, 3° ed. (Downers Grove, Ill.: Inter Varsity Press, 1997), 13.
13. Glenn Tinder, "Birth of a Troubled Conscience", Christianity Today (26 de abril de 1999): 30.
14. Paul Helm, "Faith and Reason: Stained with the Blood of Suffering", *The Independent*, 23 de abril de 1994.
15. Harold S. Kushner, *When Bad Things Happen to Good People* (Nova York: Schoken Books, 1981), 42-43.
16. John Hick, *Evil And the God of Love* (Londres: Collins, 1968).
17. Archibald MacLeish, *J. B.: A Play in Verse* (Boston: Houghton Mifflin, 1958), 126.
18. Fyodor Dostoyevsky, como citado em Peter Kreeft, *Making Sense out of Suffering* (Ann Arbor, Mich.: Servant, 1986), 8.
19. Ibid, 9.
20. Norman Geisler and Ronald Brooks, *When Skeptics Ask: A Handbook of Christian Evidence* (Wheaton, Ill.: Victor, 1998), capítulo 4.
21. *The Martyrdom of the Holy Polycarp*, como citado em Eberhard Arnold, *The Early Christians: After the Death of the Apostles* (Rifton, N.Y.: Plough, 1972), 66.
22. Friedrich Nietzsche, como citado em Melvin Tinker, *Why Do Bad Things Happen to Good People?: A Biblical Look at the Problem of Suffering* (Fearn, UK: Christian Focus, 1997), 4.
23. Santo Agostinho, *Enchiridon*, 27, como citado em *The Book of Catholic Quotations*, ed. John Chapin (Nova York: Farrar, Straus and Cudahy, 1956), 313.

CAPÍTULO 22
BOAS INTENÇÕES

1. Esta história é uma dramática reconstituição baseada em evento verdadeiro. O Dr. Nathanson abortou um dos próprios filhos, e em nossa entrevista descreveu sua atitude como fria e clínica. Em *The Hand of God* ele escreve: "O procedimento aconteceu sem incidentes, e senti uma fugaz gratificação de que tinha

feito rápida e eficientemente o meu trabalho e saí da sala de operação, enquanto ela ainda estava sofrendo por causa da anestesia geral. Sim, você pode perguntar-me: Foi um relatório conciso do que você fez, mas o que você sentiu? Você não se sentiu triste – não apenas porque você extinguiu a vida de uma criança que ainda não tinha nascido, e sim, mais ainda, porque tinha destruído o seu próprio filho? Asseguro a você que eu não tinha nenhum sentimento à parte do senso de realização, o orgulho da destreza. Inspecionando o conteúdo da sacola, somente senti a satisfação de saber que eu tinha feito um trabalho cuidadoso. Você me pergunta se talvez por um momento eu experimentei o arrependimento, um micrograma de remorso? Não e não. E essa, querido leitor, é a mentalidade de um médico que faz aborto: um outro trabalho bem feito, uma outra demonstração da neutralidade moral da tecnologia avançada nas mãos de um amoral". (Bernard N. Nathanson, *The Hand of God: A Journey from Death to Life by the Abortion Doctor Who Changed His Mind* [Washington, D.C.: Regnery, 1996], 58-61 [ênfase no original]).

2. Esta cena é um composto de muitas experiências que o Dr. Nathanson teve com exames ultra-som. Além de ser uma descrição precisa do impacto do primeiro ultra-som do Dr. Nathanson, ela também incorpora a tecnologia recente. Nathanson não teria sido capaz de ver dessa maneira com as primeiras máquinas de ultra-som.
3. Bernard N. Nathanson, "Souding Board, Deeper into Abortion", *New England Journal of Medicine* 291, no. 22 (28 de novembro de 1974): 1188-90.
4. O colega que fez o procedimento aquele dia, assistiu as fitas mais tarde e prometeu que nunca mais faria outro aborto.
5. *The Silent Scream* pode ser visto on-line no site: http:/www.silentscream.org ou pode ser solicitado da American Portrait Films, 503 East 200th Street, Cleveland, OH 44119, fone: (216) 531-8600.
6. Bernard N. Nathanson, *Why I'm Still Catholic*, ed Kevin e Marilyn Ryan (Nova York: Riverhead Books, 1998), 281.
7. Agostinho, *Confessions* (Nova York: Penguin, 1961), 151,170.
8. Nathanson, *The Hand of God*, 187-88, 195-96.
9. Ibid., 193.
10. Nathanson, *Why I'm Still Catholic*, 282.

CAPÍTULO 23
EM BUSCA DA REDENÇÃO

1. Dorpthy L. Sayers, *Creed or Chaos* (Manchester, N.H.: Sophia Institute Press, 1974), capítulo 3.
2. James B. Twichell, Adcults U.S.A; *The Triumph of Advertising in American Culture* (Nova York: Columbia University Press, 1996), 38.
3. Ibid.

4. Ibid., 45.
5. Jennifer Harrison, "Advertising Joins the Journey of the Soul", American Demographics (junho de 1997): 22.
6. John Updike, como citado em Twitchell, *Adcult* U.S.A , vii.
7. Calvin Coolidge, como citado em Twichell, *Adcult* U.S.A , vii.

CAPÍTULO 24
ISTO LIBERTA?

1. Mary Midgley, *Evolution as a Religion: Strange Hopes and Stranger Fears* (Nova York: Methuen, 1985), 30-35.
2. Thomas Sowell, *Marxism* (Nova York: William Morrow, 1985), 17.
3. Vladimir Lenin, como citado em Francis Nigel Lee, *Communism versus Creation* (Nutley, N.J.: Craig Press, 1969), 28.
4. Robert Wesson, *Why Marxism?The Continuing Success of a Failed Theory* (Nova York: Basic Books, 1976), 30.
5. Através de sua vidas, Marx e seu companheiro Frederick Engels olharam com expectativa pelo *Dies Irae*, como eles mesmos o chamavam, quando o poder seria derrubado. O *Dies Irae* (literalmente "dia de ira") é um hino medieval em latim sobre o Dia de Julgamento e cantado em réquiem (missa fúnebre).
6. Klaus Bockmuehl, *The Challenge of Marxism* (Leicester, England: Inter Varsity Press, 1980), 17.
7. Os historiadores modernos não aceitam os estágios de evolução social e econômica de Marx – de comunismo primitivo à escravidão, e daí à servidão, ao capitalismo e ao comunismo.
8. Paul Johnson, *Intellectuals* (Nova York: Harper & Row, 1988), 53, 56.
9. Karl Marx e Frederick Engels, "Private Property and Communism", em *Collected Works*, Vol. 3 (Nova York: International Publishers, 1975), 304 (ênfase no original).
10. Ibid.
11. Karl Marx, como citado em Thomas Sowell, *Marxism* (Nova York: William Morrow, 1985), 166.
12. Bernard-Henri Levi, como citado em Ronald Nash, *Social Justice and the Christian Church* (Milford, Mich.: Mott Media, 1983), 102.

CAPÍTULO 25
SALVAÇÃO ATRAVÉS DO SEXO?

1. Madison Jones, *An Exile* (Savannah, Ga.: Frederic C. Beil, 1990), 56.
2. Margaret Sanger, *The Pivot of Civilization* (Nova York: Brentanos, 1922), 238-39.
3. Ibid., 232.

4. Ibid.
5. Ibid., 233.
6. Ibid., 270-271.
7. Alfred C. Kinsey, *Sexual Behavior in the Human Male* (Philadelphia: W.B. Saunders, 1948); e Alfred C. Kinsey, *Sexual Behavior in the Human Female* (Bloomington, Ind.: Indiana University Press, 1998).
8. Kinsey, *Sexual Behavior in the Human Male*, 59.
9. Alan Wolf, revisão de *Alfred C. Kinsey: A Public/Private Life*, por James H. Jones, *New Republic* 217, no. 21 (24 de novembro de 1997): 31.
10. Paul Robinson, *The Modernization of Sex* (Nova York: Cornell University Press, 1988), 83-86.
11. Wilhelm Reich, como citado em Eustace Chesser, *Salvation through Sex: The Life and Work of Wilhelm Reich* (Nova York: William Morrow, 1973), 44.
12. Wilhelm Reich, *Ether, God and Devil: Cosmic Superimposition* (Nova York: Farrar, Straus and Giroux, 1973), 9.
13. Chesser, *Salvation through Sex*, 67.
14. Robert Rimmer, *The Harrad Experiment* (Amherst, Nova York: Prometheus Books, 1990), 13, 46, 145.
15. Ibid., 157, 167.
16. Ibid., 264.
17. Mary Calderone, "Sex Education and the Roles of School and Church", *The Annals of the American Academy of Political and Social Sciences* 376 (março de 1968): 57.
18. Mary S. Calderone and Eric W. Johnson, *The Family Book about Sexuality* (Nova York: Harper & Row, 1981), 171.
19. Calderone, "Sex Education", 59.
20. Madeline Gray, *Margaret Sanger: A Biography of the Champion of Birth Control* (Nova York: Richard Marek, 1979), 416-18.
21. James H. Jones, "Annals of Sexology", *New Yorker* (25 de agosto de 1997): 98.
22. Judith A. Reisman and Edward W. Eichel, *Kinsey, Sex, and Fraud: The Indoctrination of a People* (Lafayette, La.: Huntington House,1990), 29-30.
23. Chesser, *Salvation through Sex*, 71.

CAPÍTULO 26
A CIÊNCIA É O NOSSO SALVADOR?

1. *Independence Day*, Twentieth Century Fox (1996).
2. *War of the Worlds*, Paramount Pictures (1953).
3. Daniel Quinn, *Ishmael* (Nova York: Bantam Books, 1992).

4. Francis Bacon, como citado em John Herman Randall, *The Making of the Modern Mind* (Nova York: Columbia University Press, 1976), 204.
5. Ver Augusto Comte, *Religião of Humanity: The Positive Calendar of Auguste Comte, and other Tables* (Londres: The London Positivist Society, 1929); and Auguste Comte, *The Religion of Humanity: Love, Order, Progress, Live for Other, Live Openly* (Liverpool, Inglaterra: Church of Humanity, 1907). Ver também T. R. Wright, *The Religion of Humanity: The Impact of Comtean Positivism on Victorian Britain* (Cambridge: Cambridge University Press, 1986).
6. Mary Midgley, *Evolution as a Religion: Strange Hopes and Stranger Fears* (Nova York: Nethuen and Co., 1985), 34. Ironicamente, o próprio Darwin admitiu que não podia ver "nenhuma tendência inata ou congênita para o desenvolvimento progressivo".
7. Ian Barbour, *Issues in Science and Religion* (Nova York: Harper Torchbooks, 1966), 94.
8. J.D. Bernal, como citado em Mary Midgley, *Evolution as a Religion*, 35.
9. H. J. Muller, como citado em Mary Midgley, *Evolution as a Religion*, 34.
10. Francis Crick, *Life Itself, Its Origin and Nature* (Nova York: Simon & Schuster, 1981), 118.
11. Oliver O'Donovan, *Begotten or Made*? (Londres: Oxford University Press, 1984).
12. Além disso, quando você considera que o suposto processo evolucionário requer muitos milhões de anos para realizar mesmo menores mudanças, essa idéia de que podemos prever qualquer coisa sobre o resultado final é absurda. É algo absolutamente improvável e fruto de uma fé cega.
13. Stephen Hawking, *A Brief History in Time* (Nova York: Bantam Books, 1988).
14. Frank Drake, entrevistado por Bob Arnold em "Frank Drake Assesses the NASA Search", SETI News (primeiro trimestre de 1993).
15. Carl Sagan, *Broca's Brain* (Nova York: Random, 1979), 276.
16. Ibid.
17. Citado em Terence Dickinson, "Critics Scoff but Cool ET Hunt Carries On", *Toronto Star*, 24 de agosto de 1997.
18. Sagan, *Broca's Brain*, 276.

CAPÍTULO 27
O DRAMA DO DESESPERO

1. Steven Weinberg, *The First Three Minutes: a Modern View of the Origin of the Universe* (Londres: André Deutsch, 1977), 155.
2. Ibid., 1-2.
3. Jean-Paul Sartre, *No Exit and Three Other Plays* (Nova York: Random, 1949).

4. Albert Camus, *The Myth of Sisyphus and Other Essays* (Nova York: Alfred A Knopf, 1955).
5. Lord Balfour, como citado em John Herman Randall, *The Making of The Modern Mind* (Nova York: Columbia University Press, 1940), 581-82.
6. Randall, *The Making of the Modern Mind*, 581-82 (ênfase adicionada).
7. Bertrand Russel, como citado em Randall, *The Making of the Modern Mind*, 582.
8. Jacques Monod, *Chance and Necessity*, trans. Autryn Wainhouse (Londres: Fontana, 1974), 160.
9. Michael T. Ghiselin, *The Economy of Nature and the Evolution of Sex* (Berkeley, Califórnia.: University of California Press, 1974), 247.
10. Mark Ridley, *The Origins of Virtue: Human Instincts and the Revolutions of Cooperation* (Nova York: Viking, 1996).
11. Ibid.
12. Richard Dawkins, *The Selfish Gene* (Londres: Oxford University Press, 1976), 2-3.
13. Edward O. Wilson, *Sociobiology: The New Synthesis* (Cambridge, Mass.: Harvard University Press, 1975), 3.
14. Dawkins, *The Selfish Gene*, 2-3.
15. Ibid., 2, 64 (ênfase adicionada).
16. Mary Midgley, *Evolution as a Religion: Strange Hopes and Stranger Fears*, (Nova York: Nethuen and Co., 1985), 131, 140.
17. Edward O. Wilson, como citado em Howard L. Kaye, *The Social Meaning of Modern Biology* (New Haven: Yale University Press, 1986), 169-179.
18. Ibid.
19. Brendan I. Koerner, "Extreeeme", *U.S. News and World Report* (30 de junho de 1997):50.
20. Kristen Ulmer, como citado em Koerner, "Extreeeme", 50.
21. "NBC Nightly News" (19 de junho de 1998).
22. "Hero of the Cod", *Time* (14 de julho de 1961): 87.
23. Ver capítulo 2 em *Kingdoms in Conflict*, de Charles Colson (Nova York: William Morrow; Grand Rapids: Zondervan, 1987).
24. Santo Agostinho, *Confessions*, livro 1, parágrafo 1, trans. R. S. Pine-Coffin (Nova York: Penguin, 1961), 21.

CAPÍTULO 28
ESSA TAL DE NOVA ERA

1. R. Ascher-Walsch, et. al., "outubro", *Entertainment Weekly* (22 de agosto de 1997).
2. K.K. Campbell, "Getting Your Kicks on the Net", *Toronto Star*, 29 de maio de 1997.

3. *Hair* fez uma pré-estréia na Broadway em 1967, depois fez sua estréia na Broadway em 1968.
4. Ken Wilber, como citado em Robert Burrows, "New Age Movement: Self-Deification in a Secular Culture", *Spiritual Counterfeit Project Newsletter* 10 (inverno de 1984-1985).
5. John Herman Randall, *The Making of the Modern Mind* (Nova York: Columbia University Press, 1976), 419.
6. Alfred, Lord Tennyson, *In Memoriam*, LV-LVI.
7. Para melhor discussão dessas idéias, ver Randall, *The Making of the Modern Mind e* Ian Barbour, *Issues In Science and Religion* (Nova York: Harper Torchbooks, 1996).
8. Robert Lindsay, "Spiritual Concepts Drawing a Different Breed of Adherent", *New York Times*, 29 de setembro de 1986.
9. Martha M. Hamilton e Frank Swoboda, "Mantra for a Company Man: New Age Approaches Increasingly Popular in Management Training", *Washington Post*, 30 de junho de 1996.
10. Por exemplo, yoga é passado como um meio de relaxamento ou exercício físico. Ainda assim, a palavra *yoga* literalmente significa "*yoke*" (jugo), e o propósito do exercicio é, através do jugo, incorporar, ou unir o espírito individual ao Espírito Cósmico.
11. Jill Anderson, *PUMSY in Pursuit of Excellence* (Eugene, Ore.: Timberline Press, 1987).
12. Ibid.
13. Debora Rozman escreve em *Meditationg with Children*: "A meditação nos leva de volta à Fonte de toda a Vida. Tornamo-nos um com o TODO". O que PUMSY ensina recatadamente, Rozman ensina de forma aberta: que todos somos Deus, que a salvação consiste em perceber nossa natureza divina. Ela até mesmo encoraja as crianças a aplicar frases bíblicas a si próprias, tais como "Eu e meu Pai somos um", "Antes de Abraão existir, Eu sou" e "Eu sou o que Sou". Debora Rozman, *Meditating With Children: The Art of Concentration and Centering* (Boulder Creek, Califórnia: Planetary Publishing, 1994), 143.
14. James Redfield, *The Tenth Insight: Holding the Vision* (Nova York: Warner Books, 1996). A mesma visão foi expressada no primeiro *best seller* de Redfield, *The Celestine Prophecy: An Adventure* (Nova York: Warner Books, 1993), no qual Deus é descrito como uma "fonte universal de energia" ou "A Suprema Vontade".
15. Frances Hodgson Burnett, *The Secret Garden* (Nova York: Dell, 1987), 230.
16. Ibid., 233.
17. Ibid., 230.
18. Ibid., 229.

19. Ibid., 233.
20. Ver também o capítulo 37, "Creating the Good Society" (Criando a boa sociedade).
21. Peter Kreeft, *Fundamentals of the Faith: Essays in Christian Apologetics* (São Francisco: Ignatius Press, 1988), 90.
22. *Spiritual Counterfeit Project Newsletter* 10 (inverno 1984-85).
23. Minissérie de televisão de Shirley MacLaine *Out on a Limb*, que foi ao ar em 1987, baseada em seu livro *Out on a Limb* (Nova York: Bantan Books, 1983).
24. C. S. Lewis, *Miracles: A Preliminary Study* (Londres: Fount, 1974), 86-87.
25. Jennifer Caterini, "Feminists Still 'Re-Imagining' God", *Faith and Freedom* 16 (outono de 1996): 6.
26. Kreeft, *Fundamentals of the Faith*, 93.

CAPÍTULO 29
A VERDADEIRA REDENÇÃO

1. Ronald Knox, como citado em Peter Kreeft, *Fundamentals of the Faith: Essays in Christian Apologetics* (São Francisco: Ignatius Press, 1988), 74.
2. Embora seja difícil apontar a data exata da crucificação de Cristo, a maioria dos estudiosos da Bíblia concorda tanto com 30 d.C. quanto com 29 d.C. Para informação sobre a data do nascimento de Jesus, ver William Hendriksen, *The Gospel of Luke* (Grand Rapids: Baker, 1993), 139-41.
3. Para uma completa explanação deste argumento, referindo-se à cobertura do escândalo Watergate, ver Colson, "Watergate and the Ressurrection", e o capítulo 6 em *Loving God* (Grand Rapids: Zondervan, 1983).
4. Mahatma Gandhi, "Address on Christmas Day, 1931", como citado em A. R. Vidler, *Objections to Christian Belief* (Londres: Constable, 1963), 59.
5. J. Gresham Machen, *Christianity and Liberalism* (Nova York: Macmillan, 1923), 121.
6. William F. Albright, como citado em Norman L. Geisler, "Toward a More Conservative View", *Baker Encyclopedia of Christian Apologetic* (Grand Rapids: Baker, 1999), 529.
7. Paul Jonhson, "A Historian Looks at Jesus", (um discurso apresentado primeiro no Seminário Teológico de Dallas em 1986), *Sources,* no. 1 (1991).
8. Joseph P. Free, "Archaeology and Biblical Criticism", *Bibliotheca Sacra* (janeiro de 1957): 23. Ver também Joseph P. Free, *Archaeology and Bible History* (Grand Rapids: Zondervan, 1992).
9. Charles R. Pellegrino, *Return to Sodom and Gomorrah: Bible Stories from Archaeologists* (Nova York: Random, 1994).

10. John Noble Wilford, "From Israeli Site, News of House of David", *New York Times*, 6 de agosto de 1993.
11. Johnson, "A Historian Looks at Jesus", *Sources*, no. 1 (1991).
12. C. S. Lews, *God in the Dock: Essays on Theology and Ethics* (Grand Rapids: Eerdmans, 1970), 58.
13. Ibid., 67.
14. Al Wolters, *Creation Regained: Biblical Basics for a Reformational Worldview* (Grand Rapids: Eerdmans, 1985), 58 (ênfase no original).

CAPÍTULO 30
O GOLPE FATAL

1. Embora a história extraordinária de Danny Croce seja verdadeira, alguns dos personagens secundários são compostos ou fictícios. A história é baseada em entrevistas com Danny Croce.

CAPÍTULO 31
SALVO PARA QUÊ?

1. Depois de uma cruzada evangelística de duas semanas por todas as prisões da Carolina do Norte, violações disciplinares caíram precipitadamente, e a maioria dos diretores relatou tensão reduzida e melhor comportamento interno. Mesmo meses mais tarde, os grupos de estudos bíblicos permaneciam lotados e vidas continuaram a mudar. Na prisão estadual de Nova York, reincidência (situação na qual presos libertos retornam à prisão) foi dramaticamente reduzida – de uma média de 41% para 14% – entre homens que participaram de pelo menos 10 programas do Prison Fellowship durante um ano. Ver B. R. Johnson, D. B. Larson e T. C. Pitts, "Religious Programs, Institutional Adjustment, and Recidivism among Inmates in Prison Fellowship Programs", *Justice Quarterly* 14, no. 1 (março de 1977): 145.
2. Os criticos algumas vezes argumentam que Gênesis traz duas narrativas da Criação, a segunda começando em Gênesis 2.4, mas isso é um mal-entendido da estrutura literária. O primeiro capítulo de Gênesis e os primeiros versículos do capítulo 2 funcionam como um prólogo, estabelecendo o estágio cósmico e levantando a cortina. O drama propriamente dito começa no capítulo 2, quando Adão e Eva, o primeiro esposo e esposa, começam a vida social. Sua tarefa de cuidar do jardim e dar nomes aos animais marca o início da vida cultural. É verdade que o autor usa a técnica de *flashback* para dar mais detalhes de como Adão e Eva foram criados, mas isto não forma uma segunda

história da criação. Ao invés disso, esta passagem relata como o mandato cultural começa a ser cumprido na história.

3. Al Wolters, Creation Regained: *Biblical Basics for a Reformational Worldview* (Grand Rapids: Eerdmans, 1985), 36. A discussão seguinte conta pesadamente com Wolters, o qual por seu turno popularizou o filósofo Holandês, Herman Dooyeweerd. Ver Dooyeweerd, *A New Critique of Theoretical Thought* (Lewiston, N.Y.: Edwin Mellen Press, 1997).
4. C. S. Lewis, *The Abolition of Man* (Nova York: Touchstone, 1975).
5. O teólogo e estadista holandês, Abraham Kuyper, desenvolveu este argumento das esferas de autoridade. Ver Abraham Kuyper, *Christianity: A Total World and Life System* (Marlborough, N.H.: Plymouth Rock Foundation, 1996). Uma das passagens mais surpreendentes nas Escrituras a respeito do caráter doador de Deus na ordem da Criação é Isaías 28.23-29, onde aprendemos que o Senhor ensina ao fazendeiro o seu ofício. Existe uma maneira correta de arar, semear e malhar os grãos, dependendo da espécie que o fazendeiro está cultivando. Um bom fazendeiro sabe disso, e este conhecimento vem do Senhor, que ensina. Este não é um ensinamento a partir das Escrituras, de revelação especial, mas através das estruturas da Criação, de revelação geral. E vem até nós pela experiência com solo, sementes e semeadura.
6. Al Wolters escreve: "É ouvindo a voz de Deus no trabalho de suas mãos que o fazendeiro encontra o caminho da sabedoria da agricultura" (Wolters, *Creation Regained*, 28). O mesmo é verdade em economia, política, artes, medicina, comunicação e educação – em todas as áreas da sociedade. Aprendemos a tomar cuidado da Criação de Deus, familiarizando-nos com a estrutura da Criação e vivendo em sintonia com ela e, assim, formalizamos este conhecimento na cosmovisão cristã.
7. Ver Wolters, *Creation Regained*, capítulo 4; e Charles Colson com Ellen Santilli Vaughn, *Kingdoms in Conflict*, (Nova York: William Morrow; Grand Rapids: Zondervan, 1987), capítulo 7.
8. Tertuliano, como citado em Henry Chadwick, *The Early Church* (Nova York: Penguin, 1993), 65.
9. Justino Mártir, como citado em Chadwick, *The Early Church*, 74-83.
10. Esta história dramática é contada no livro *Religion and the Rise of Western Culture,* de Christopher Dawson (Nova York: Doubleday, Image Books, 1991) e também em *How the Irish Saved Civilization: The Untold Story of Ireland's Heroic Role From the Fall of Rome to the Rise of Medieval Europe* de Thomas Cahill (Nova York: Doubleday, 1995).
11. São Patrick, como citado em Thomas Cahill, *How the Irish Saved Civilization,* 102.
12. Cahill, *How the Irish Saved Civilization*, 105.
13. Keneth Clarck, Civilization: *A Personal View* (Nova York: Harper & Row, 1969), 8.

14. John Henry Newman, como citado em Christopher Dawson, *Religion and the Rise of Western Culture*, 53-54. Newman explica como os monges fizeram tudo isso: "Homens em silêncio foram observados em todo o país, ou descobertos na floresta, cavando, limpando e construindo; e outros homens silentes não conhecidos, estavam sentados na clausura fria, cansando seus olhos e mantendo a atenção na extensão de um texto, enquanto copiavam e recopiavam os manuscritos que tinham salvo".
15. Dawson, *Religion and the Rise of Western Culture*, 126.
16. Uma testemunha ocular descreve a transformação da cultura escandinávia nestas palavras: "Mas depois da aceitação do Cristianismo, eles tornaram-se impregnados com melhores princípios, e têm, agora, aprendido a amar a paz e a verdade, bem como a serem constantes em sua pobreza... De todos os homens são os mais temperados, tanto em comida quanto em hábitos, amando sobre todas as coisas a parcimônia e a modéstia" (Dawson, *Religion and the Rise of Western Culture*, 98).

CAPÍTULO 32
NÃO SE PREOCUPE, SEJA RELIGIOSO

1. Por exemplo, uma pesquisa de 1996 mostrou que 59% dos americanos estavam preocupados sobre "a condição moral e ética do nosso país" (James Davison Hunter, *The State of Disunion: 1996 Survey of American Political Culture*, vol. 2 [Ivy, Va.: In Medias Res Educational Foundation, 1996], mesa 46 F).
2. Berkeley Breathed, "Outland", 17 de outubro de 1993.
3. Christopher Jenckes, como citado em William Voegel, "Poverty and the Victim Ploy", *First Things* (novembro de 1991): 37.
4. David Larson, entrevista pessoal com Nancy Pearcey (março de 1999). Não estamos negando que o governo tem um papel a desempenhar, providenciando uma rede de segurança para as famílias em dificuldades. O que merece a nossa oposição é a livre admissão de que todas as formas de família são moralmente iguais e que o papel do governo é fazê-las também iguais em todos os outros aspectos.
5. Louis W. Sullivan, "Foundation for Reform", (Washington, D.C.: Departmento de Saúde e Serviços Humanos, 1991): 15.
6. Judy Mann, "Going Up in Smoke", *Washington Post*, 26 de fevereiro de 1993.
7. Ver nota 3 acima.
8. A maioria dos estudos seguintes é baseada na mensuração objetiva de freqüência à igreja (com opções de resposta desde "diariamente" até "nunca"). Alguns estudos também perguntam quão importante é a religião para os

entrevistados (com opções de respostas desde "muito importante" até "não tem nenhuma importância"). Alguns estudos foram limitados aos cristãos, enquanto outros incluíram pessoas de todas as crenças (apesar de que segundo os dados da demografia da população americana, a maioria se identifica como cristã).

9. D. B. Larson e W. P. Wilson, "Religious Life of Alcoholics", *Southern Medical Journal* 73, no. 6 (junho de 1980): 723-27.
10. David B. e Susan S. Larson, *The Forgotten Factor in Physical and Mental Health: What does the Research Show?* (Rockville, Md.: National Institute for Healthcare Research, 1992), 68-69. Os Larsons têm colecionado e/ou conduzido alguns estudos sobre o impacto da religião na saúde fisica e mental.
11. Joseph A. Califano Jr., *Behind Bars: Substance Abuse and America's Prison Population* (Nova York: Centro Nacional Sobre Vício e Abuso de Substâncias Químicas, Universidade Columbia, 1998), 27.
12. Joseph A Califano Jr., (Palestra dada no Clube Nacional de Impensa, Washington, D.C., em 8 de janeiro de 1998).
13. Richard R. Freeman e Harry J. Holzer, eds. *The Black Youth Employment Crisis* (Chicago: University of Chicago Press, 1986), 353-76.
14. B. R. Johnson, D. B. Larson, e T. C. Pitts, "Religious Programs, Institutional Adjustment, and Recidivism among Former Inmates in Prison Fellowship Programs", *Justice Quarterly* 14, no. 1 (março de 1997): 145-66.
15. Larson e Larson, *The Forgotten Factor*, 76-78.
16. George Gallup Jr., "Religion in America", *Public Perspective* (outubro/novembro de 1995).
17. Armand Nicholi Jr., "Hope in a Secular Age", *Finding God at Harvard: Spiritual Journeys of Thinking Christians*, ed. Kelly K. Monroe (Grand Rapids: Zondervan, 1996), 117.
18. Larson e Larson, *The Forgotten Factor*, 64-65.
19. Ibid., 72.
20. Howard M. Bahr and Bruce A. Chadwick, "Religion and Family in Middletown, USA", *Journal of Marriage and the Family* 47 (maio de 1985): 407-14.
21. Ver N. Stinnet, et al., "A Nationwide Study of Families Who Perceive Themselves as Strong"; e Velma McBride Murry, "Incidence of First Pregnancy among Black Adolescent Females over Three Decades". Ambos os estudos são citados em "Why Religion Matters", *The Heritage Foundation Report*, no. 1064 (25 de janeiro de 1996): 8. O relatório excelente de Fagan é uma coleção de estudos, mostrando a importância da religião para uma sociedade sadia.
22. Ambos os estudos são de Larson e Larson, *The Forgotten Factor*, 73.
23. Robert T. Michael, et al., *Sex in America: a Definitive Survey* (Nova York: Little, Brown & Co., 1994), 127.

24. Larson e Larson, *The Forgotten Factor*, 73-79, 109-23.
25. Ibid., 110.
26. Patrick Glynn, *God: The evidence: The Reconciliation of Faith and Reason in a Postsecular World* (Rocklin, Califórnia.: Prima Publishing, 1997), 67.
27. Guenter Lewy, *Why America Needs Religion: Secular Modernity and Its Discontents* (Grand Rapids: Eerdmans, 1996), 112.
28. Dale A. Mathews com Connie Clark, *The Faith Factor: Proof of the Healing Power of Prayer* (Nova York: Viking, 1998), 77-80.
29. Herbert Benson, *Timeless Healing* (Nova York: Scribner, 1996), 197, 208.
30. Larson e Larson, *The Forgotten Factor*, 86.
31. Ibid.
32. David B. Larson, "Physician, Heal Thyself!" *Guideposts* (março de 1993): 41-43.
33. Daniel Goleman, "Therapists See Religion as Aid, Not Illusion", *New York Times*, 10 de setembro de 1991.
34. Outros grupos cristãos de planos de saúde (tipo custo partilhado) incluem Samaritan Ministries, em Greenfield, Indiana; Christian Brotherhood Newsletter, em Barbeton, Ohio; All Saints, em Tyler, Texas, e Helping Hands em Oklahoma City, Oklahoma. Ver Joe Maxwell, "Medical Cost Sharing", Philanthropy, Culture and Society (junho de 1996).

CAPÍTULO 33
O CAMPO DE TREINAMENTO DE DEUS

1. David Blankenhorn, "Where's Dad?" *Atlanta Journal and Constitution*, 19 de março de 1995; e Barbara Dafoe Whitehead, "Dan Quayle Was Right", *Atlantic Monthly* 271, no. 4 (abril de 1993): 47.
   Não estamos criticando os livros que genuinamente ajudam crianças com pais divorciados – apenas aqueles que tratam o divórcio como moralmente insignificante.
2. Ver Norval D. Glenn, *Closed Hearts, Closed Minds: The textbook Story of Marriage* (Nova York: The Institute for Americans Values, 1997).
3. Ibid., 5.
4. Candice Bergen, entrevistada em "Candy is Dandy, but Don't Mess with Murphy", *TV Guide* (19 de setembro de 1992): 8.
5. Ibid.
6. Ver Robert N. Bellah, *Habits of the Heart: Individualism and Commitment in American Life* (Berkeley, Califórnia: Universidade da Califórnia, 1985).
7. Barbara Bush (discurso proferido na Convenção Nacional Republicana, em 19 de agosto de 1992).
8. Pierre Manent, "Modern Individualism", *Crisis* (outubro de 1995): 35.

9. Michael Medved, "Hollywood Chic", *Washington Post*, 4 de outubro de 1992.
10. John Stuart Mill, *On Liberty* (Indianápolis: Hackett, 1978), 12.
11. Michael J. Sandel, *Democracy's Discontent: America in Search of a Public Philosophy* (Cambridge, Mass.: Belknop, 1996), 113.
12. Stanley Greenspan, como citado em Don Feder, "Day-Care Study Defies Common Sense", *Boston Herald*, 8 de março de 1999.
13. Steven Mintz e Susan Kellogg, *Domestic Revolutions: A Social History of American Family Life* (Nova York: Free Press, 1988), 117. Para uma discussão desta tendência histórica e uma definição de masculinidade e paternidade, ver Nancy R. Pearcey, "Rediscovering Parenthood in the Information Age", *The Family in America* 8, no. 3 (março de 1994).
14. Citado em *The Hearts of Men: American Dreams and the Flight from Commitment*, de Barbara Ehrenreich (Nova York: Doubleday, 1983), 47. Ver também Pearcey, "Rediscovering Parenthood in the Information Age."
15. David Blankenhorn, *Fatherless America: Confronting Our Most Urgent Social Problem* (Nova York: HarperPerennial, 1996).
16. Shere Hite, "The Case against Family Values", *Washington Post*, 10 de julho de 1994.
17. Elayne Bennet, "If She's Facing Adolescent Girls Today", (palestra proferida na Heritage Foundation, em fevereiro de 1995).
18. Uma decisão recente da Suprema Corte do Havaí permitindo o "casamento" gay é normalmente pintada como uma simples abertura para o casamento tradicional para gays. Mais do que alargar o casamento tradicional, no entanto, a decisão nega completamente a sua exitência, definindo "casamento" simplesmente em termos de benefícios econômicos legalmente protegidos, levando à conclusão lógica de que estes devem estar disponíveis para toda e qualquer pessoa, independente do seu gênero sexual ou sexualidade. Da mesma maneira, a definição legal de família tem sido tão diluída que não tem mais nenhuma semelhança com as noções tradicionais, como quando um juiz de Nova Jersey disse que seis rapazes estudantes em férias de verão constituíam uma família. Ver Gerard Bradley, "The New Constitutional Covenant", *World & I* (março de 1994): 374.
19. Bonnie Angelo e Toni Morrison, "The Pain of Being Black", *Time* (22 de maio de 1989), 120.
20. Como citado em William R. Mattox, "Split Personality: Why Aren't Conservatives Talking abort Divorces?", *Policy Review*, no. 73 (verão de 1995): 50.
21. Ibid.
22. Whitehead, "Dan Quayle Was Right", 47.
23. Michael McManus, "Voters Should Care about Divorce Reform", *Detroit News*, 19 de setembro de 1996.

24. David Popenoe, *Life without Fathers: Compelling New Evidence that Fatherhood and Marriage are Indispensable for the Good of Children and Society* (Nova York: Free Press, 1996), 63.
25. Whitehead, "Dan Quayle Was Right", 47.
26. Judith S. Wallerstein e Sandra Blakeslee, *Second Chances: Men, Women, and Children a Decade After Divorce* (Nova York: Ticknor & Fields, 1989), 21-31.
27. James J. Lynch, *The Broken Heart: the Medical Consequences of Loneliness in America* (Nova York: Basic Books, 1977), 69-86, 87-90, 41-50, apêndice B.
28. David Larson, como citado em Mattox, "Split Personality", 50.
29. Allan Carlson é presidente do *Howard Center for the Family, Religion, and Society* (Centro de Família, Religião e Sociedade de Howard), o qual analisa o *status* da família hoje e dissemina pesquisa que valida empiricamente casamentos como a base para uma sociedade saudável. Os resultados estão publicados em *The Family in America*, disponível no Howard Center for the Family, Religion, and Society, 934 North Main Street, Rockford, IL 61103, fone (815) 964-5819.
30. Karl Zinsmeister, "The Humble Generation", *American Enterprise* 9, no. 1 (janeiro/fevereiro de 1998): 4.
31. Elisabeth D. Dodds, *Marriage to a Difficult Man: the "Uncommon Union" of Jonathan and Sarah Edwards* (Philadelphia: Westminster Press, 1971), capítulo 14.
32. Ver Michael J. McManus, *Marriage Savers: Helping Your Friends and family Avoid Divorce* (Grand Rapids: Zondervan, 1995).
33. "The National Survey of Family Growth" (Levantamento Nacional de Crescimento da Família) como citado em *Marriage Savers*, 93 de McManus. Um grande número de bons programas está disponível para ajudar igrejas a ensinar estratégias para abstinência. Para mais informação, escreva ou telefone para True Love Waits, 127 Ninth Avenue, Nashville, TN 37234, fone (800) LUV-WAIT or (800) 588-9248. Ver também Josh McDowell, *Why Wait? What you Need to Know about the Teen Sexuality Crisis* (Nashville: Nelson, 1994); e Josh McDowell, *Why Say No to Sex?: The Case for Teaching Sexual Abstinence outside Marriage* (Eastbourne, Inglaterra: Kingsway, 1995).
34. "The National Survey of Families and Households" (Levantamento Nacional de Família e Lar) como citado em *Marriage Savers*, 39 de McManus.
35. PREPARE, P.O. Box 190, Minneapolis, MN 55440-0190.
36. ENRICH, P.O Box 190, Minneapolis, MN 55440-0190.
37. Retrouvaille, 231 Ballantine, Houston, TX 77015, fone (713) 455-1656.
38. Ver http://www.marriagesavers.org/fourchurches.htm, (10 de março de 1999).
39. Roger Sider, "Grand Rapids Erects a Civic Tent for Marriage", *Policy Review* (julho/agosto de 1998): 6.

40. James Sheridan, como citado em "Judge Makes Sure Couples are Prepared for Marriage", de Michael J. McManus, *Fresno Bee*, 12 de abril de 1997. Em Chattanooga Tenessee, líderes civis formaram uma organização chamada *First Things First* (Primeiras Coisas Primeiro) com a finalidade de reconstruir, renovar e revitalizar a cidade. A taxa de divóricio de Chattanooga era 50% maior do que a média nacional, então *First Things First* rapidamente começou a trabalhar esse problema. Dentro de apenas um ano, o município de Hamilton viu uma queda de 14% nos índices de divórcio. Outras iniciativas incluem um *Fathering Summit* (Reunião de Paternidade) para ajudar a ensinar a importancia dos pais, e um programa chamado *Reading, Writing and Responsability*, onde líderes da comunidade e escolas ensinam os alunos nove valores: respeito, responsabilidade, perseverança, cuidado, autodisciplina, cidadania, honestidade, coragem e justiça.
41. Mel Krantzler, *Creative Divorce* (Nova York: M. Evans, 1973); e Esther Oshiver Fisher, *Divorce: The New Freedom* (Nova York: Harper & Row, 1974).
42. Diane Medved, The Case Against Divorce (Nova York: Ivy Books, 1990); Michele Weiner-Davis, Divorce Busting: *A Revolutionary and Rapid Program for Staying Together* (Nova York: Simon & Schuster, 1993); e William A. Galston, *Rethinking Divorce* (Minneapolis: Center for the American Experiment, 1996).

CAPÍTULO 34
AINDA EM RISCO

1. Terceiro Estudo Internacional de Matemática e Ciência, conduzido pelo Centro Nacional para Educação Estatística, Michigam State University, Boston College, Fundação Nacional de Ciência e a Associação Internacional para Avaliação do Alcance Educacional (24 de fevereiro de 1998).
2. Levantamento conduzido pelo Centro Nacional para Educação Estatística (Washington, D.C., 1993. Ver http://www.nces.ed.gov./ para maiores informações.
3. Joseph Institute of Ethics, "1998 Report Card on the Ethics of American Youth" (Mariana del Ray, Califórnia: Josephson Institute of Ethics, 1998).
4. Rita Kramer, "Inside the Teacher's Culture", Public Interest (janeiro de 1997): 64.
5. John Dewey, *Democracy and Education* (Nova York: Macmillan, 1992); e John Dewey, *Quest for Certanty* (Nova York: Putnam, 1929).
6. Catherine T. Fosnot, "Constructivism: A Psychological Theory of Learning", em *Constructivism: Theory, Perspectives, and Practice*, ed. C. Fosnot (Nova York: Teachers College Press, 1996), 8-13. Ver também James R. Gavelek e

Taffy E. Raphael, "Changing Talk about Text: New Roles for Teachers and Students", Language Arts, 73, no. 3 (1996): 182.

7. Ver Sidney B. Simon, *Begining Values Clarification: A Guidebook for the Use of Values Clarification in the Classroom* (San Diego: Pennant Press, 1975); e Sidney B. Simon, Leland W. Howe, e Howard Kirschenbaum, *Values Clarification: A Handbook of Practical Strategies for Teachers and Students,* rev. Ed. (Sunderland, Mass.: Value Press, 1978).
8. William Wordsworth, "Ode: Intimations of Immorality from Recollections of Early Childhood."
9. Frederich Froebel, The Education of Man (Nova York: Appleton, 1891).
10. Francis Wayland Parker, como citado em Anti-Intellectualism in American Life, de Richard Hofstadter (Nova York: Random, 1963), 366.
11. Talvez muitas crianças nos anos de 1800, criadas em um ambiente permeado de ética cristã de trabalho duro e excelência moral, floresceram quando receberam alguma liberdade para direção própria. Hoje, quando crianças são criadas em ambiente de auto-absorção e relativismo moral, é claro, o resultado é muito diferente.
12. J. Crosby Chapman e George S. Counts, *Principles of Education* (Boston: Houghton Mifflin, 1924), 598), e George S. Counts, *Dare the Schools Build a New Social Order*? No. 11 (Nova York: John Day Pamphlets, 1932).
13. Frederic T. Sommers, "A Campus Forum on Multiculturalism", *New York Times*, 9 de dezembro de 1990.
14. Para o impacto do existencialismo na educação, ver George R. Knight, *Philosophy and Education: An Introduction in Christian Perspective* (Berrien Springs, Mich.: Andrews University Press, 1980).
15. William R. Coulson, "We Overcame Their Traditions, We Overcame Their Faith", Latin Mass, 3, no. 1 (janeiro/fevereiro de 1991): 14-22. No ultimo livro de Carl Roger, *Freedom to Learn for the Eighties* (Columbus, Ohio: Merril, 1983), ele incluiu um capítulo intitulado "*A Pattern of Failure*" (Um Modelo de Fracasso) no qual descreve esta e outras falhas de seus métodos educacionais.
16. A. H. Maslow, *The Journal of A. H. Maslow*, ed. Richafd J. Lowry, 2 vols. (Monterey, Califórnia: Brooks-Cole, 1979).
17. Richard Blum, da Universidade de Stanford, descobriu que alunos que fazem cursos de educação sobre as drogas na verdade usam álcool, tabaco e maconha em grandes quantidades e mais cedo do que grupos de controle. Ver Richard H. Blum et al., *Drug Education: Results and Recommendations* (Lexington, Mass.: Lexington Books, 1976); e Richard H. Blum et al., "Drug Education: Further Results and Recommentadions", *Journal of Drug Issues* 8, no. 4 (outono de 1978): 379-426. Uma pesquisa de opinião pública de Lou Harris contratada por Planned Parenthood (Paternidade Planejada),

em 1986, descobriu que adolescentes que recebem educação sexual reportaram uma média mais alta de atividade sexual do que seus contemporâneos que não tinham feito esses cursos. Ver Louis Harris e Associados, "The Planned Parenthood Poll", *American Teens Speak – Sex Myths, TV, and Birth Control* (Nova York: Louis Harris and Associates, 1986).

18. História contada por William Kilpatrick em *Why Johnny Can't Tell Right from Wrong* (Nova York: Touchstone, 1993), 31.
19. *Witness*, Paramount Pictures (1985). O uso desta cena para ilustrar o acesso diretivo para a educação é de William R. Colson, "Sex, Drugs, and School Children: What Went Wrong", *Adolescent Counselor* (setembro de 1991): 27-31.
20. John Milton, "Of Education", *Complete Poems and Major Prose*, ed. Merrit Y. Hughes (Nova York: Macmillan, 1957), 631.
21. Por exemplo, em Connecticut, em 1996, as notas do Scholastic Assessment Test (um teste de aferição educacional para colocação universitária) para os estudantes do East Catholic High School foram bem acima da média nacional: Verbal: O East Catholic obteve 545 comparado com a média nacional de 505; Matemática: East Catholic obteve 517 comparado com a média national de 508 ("East Catholic High School's Scholastic Assessment Test Scores", *Hartford Courant*, 6 de setembro de de 1996). Um estudo em 1995, feito pelos estudiosos da Escola de Economia da Universidade de Maryland revelou que para crianças da cidade, ir para uma escola cristã eleva a probabilidade de terminar o colégio e entrar na faculdade em 17%. Ter uma escola cristã na vizinhança é bom também para as escolas públicas. A economista de Harvard, Caroline M. Hoxby, mostrou que a competição das escolas cristãs aumentou a performance acadêmica do público das escolas da região. Os dois estudos são citados em "Catholic Schools Hold the Key to the Future for At-Risk Students", de Nina Shokraii. *News and Record* (Greensboro, N.C.), 28 de setembro de 1997.
22. Em 1997, os alunos de Cornerstone Schools Association marcaram muito acima da média nacional no Teste de Progresso de Stanford: Leitura: Cornerstone 60% comparado com a média nacional de 50%; Matemática: Cornerstone 52% comparado com a média nacional de 50%; Línguas: Cornerstone 61% comparado com a média nacional de 50%.
23. Muitas dessas escolas têm sido inspiradas pelo livro de Douglas Wilson *Recovering the Lost Tools of Learning: An Approach to Distinctively Christian Education* (Wheaton, Ill.: Crossway, 1991), o qual homenageia a monografia de Dorothy Sayers "The Lost Tools of Learning". Ver também Gene Edward Veith e Andrew Kern, *Classical Education: Toward the Revival of America's Scooling* (Washington, D.C.: Capitol Research Center, 1997).
24. Em março de 1999, um relatório foi tornado público por Lawrence M. Rudner, professor na Universidade de Maryland, o qual conduziu o maior

estudo não partidário sobre alunos internos. Rudner, cujos filhos freqüentaram escolas públicas, marcou o resultado dos testes de 21 mil alunos e ficou chocado quando descobriu que alunos internos estavam muito à frente de seus companheiros em escolas públicas. Alunos internos desempenham média de um ano acima dos outros em escolas privadas e públicas nas primeiras séries. Na oitava série, a diferença aumenta para 4 anos (Philip Walzer, "Home Schooling Passes Test", Virginia-Pilot, [24 de março de 1999]).

25. David A. Noebel, *Understanding the Times: The Story of the Biblical Christian, Marxist/Leninist and Secular Humanist Worldviews* (Manitou Springs, Colorado: Summit Press, 1991); e Summit Ministries, P.O. Box 207, Manitou Springs, CO. 80829, fone: (719) 685-9103; fax: (719) 685-5268.
26. The Character Education Partnership, 918 16th Street, NW, Suite 501, Washington, D.C. 20006, fone (202) 296-7743.
27. Norman Higgins em entrevista com Kim Robbins (26 de fevereiro de 1999); ver também Susan Young, "The Right Direction", http://www.bangornews.com/Innovative/day1.html (26 de fevereiro de 1999).
28. Barbara Moses é agora diretora da Philadelphia Mennonite High School urbana.
29. Tyce Palmaffy, "No Excuses", *Policy Review* (janeiro/fevereiro de 1998): 18. Instrução direta é uma alternativa para o método de ensino construtivista popular de hoje. O método construtivista permite às crianças estarem no comando de seu aprendizado experimentando e explorando. O Método de Instrução Direta coloca o professor no comando do aprendizado do aluno. As crianças são "guiadas através de lições seqüenciais que dão a base para o conteúdo do entendimento. A repetição de lições é frequente para fortalecer aprendizados passados, e os erros são imediatamente salientados verbalmente". O diretor da Wesley Thaddeus Lott, comentando sobre Instrução Direta, diz: "Nós os ensinamos o 'como'. O 'quê' e o 'por quê' virão mais tarde". Ele continua dizendo que "dando a eles a base, tornamos possível fazerem trabalhos independentes quando os soltamos" (Lott, "Direct Instruction/Constructivist: Models for Learning", Daily Report Card [1 de março de 1995]).
30. Margaret Bonilla, "Be Fruitful e Multiply", *Policy Review* (Verão de 1994): 73-76.
31. Ver Virgil Gulker, *A World without Welfare*, ed. David M. Wagner (Washington, D.C.: Family Research Council, 1997), 107. Ver também Amy L. Sherman, *Restorers of Hope: Reaching the Poor in Your Community with Church-Based Ministries That Work* (Wheaton, Ill.: Crossway, 1997), 151-54. Isto não requer muito conhecimento especializado; na maior parte toma o tipo de amor e iniciativa que Hannah Hawkins oferece às crianças no distrito pobre de Anacostia, em Washington, D.C. Lá, Hawkins, uma mulher afro-americana, dirige um programa pós-escola para dezenas de crianças da vizi-

nhança. Todas as noites elas se reúnem em sua casa, onde revisa as lições de casa de cada um. Apesar de simples e caseiros, estes programas estão ajudando a aumentar o nível escolar e diminuir os incidentes disciplinares.

32. Amity Shales, "A Chance to Equip My Child", *Wall Street Journal*, 23 de fevereiro de 1998.
33. Cal Thomas, "Milwaukee's 'School Choice' Experiment Shows That Competition Works", *Wisconsin State Journal*, 13 de novembro de 1998.
34. "In Defense of School Vouchers", *The Hill*, 6 de maio de 1998; e Robert Holand, "Free Markets and Technology Will Transform K-12 Education", *Richmond Times Dispatch*, 2 de dezembro de 1998. Existem oito inscritos para cada bolsa de estudos, indicando quantas famílias de baixa renda querem para seus filhos o mesmo que os ricos podem ter. Em 26 de janeiro de 1999, a Suprema Corte do Arizona apoiou uma taxa de crédito para pessoas que doam dinheiro para bolsas de estudos em escolas privadas ("Você Pode Poupar um Milhão?" *Washington Times*, 18 de janeiro de 1998).
35. Encíclica *Fides et Ratio* (outubro de 1998).

CAPÍTULO 35
QUALQUER COISA PODE ACONTECER POR AQUI

1. Os detalhes da história do policial Salvatore Bartolomeo foram pesquisados através de muitas entrevistas e ajuda de Eddie Cordelia e John Stewart. Algumas das personagens secundárias nesta história são composições de pessoas reais que o policial Sal conheceu. Informações adicionais sobre o policiamento da comunidade vieram de artigos que incluem James Q. Wilson e George L. Kelling, "Making Neighborhoods Safe", *Atlantic Monthly* (fevereiro de 1989): 46-52; Myron Magnet, "Saving the Homeless From Same Bad Ideas," *San Diego Union-Tribune,* 18 de fevereiro de 1990; John Leo, "A New Fight Against Urban Decay", *Courier Journal*, 2 de fevereiro de 1992, e William D. Eggers e John O'Leary, "The Beat Generation: Community Policing at Its Best", *Policy Review*, no. 74 (Outono de 1995): 4.

CAPÍTULO 36
LÁ SE VAI O BAIRRO

1. Ramsey Clark, secretário de Justiça na gestão de Lyndon Johnson, escreveu: "A multidão de milhões de pessoas pobres com suas cumulativas desvantagens nos guetos urbanos de nossa afluente e tecnologicamente avançada sociedade não somente oferece a chance fácil para atos criminosos – isto

causa crime" (Clark, Crime in America: Observations on Its Nature, Causes, Prevention and Control [Nova York: Simon & Schuster, 1970], 29). Semelhantemente, quando um saqueamento geral aconteceu no final dos anos 70, durante blecaute na cidade de Nova York, o então presidente Jimmy Carter explicou a situação como sendo o resultado da probreza, apesar de estudos posteriores terem mostrado que a maioria dos saqueadores estava empregada e roubou coisas das quais não precisavam.

2. Estes números do FBI - Federal Bureau of Investigations; o Bureau de Álcool, Tabaco e Armas de Fogo e o Centro Nacional para Estatística da Saúde foram citados no livro de Ted Gest, Gordon Witkin, Katia Hetter e Andrea Wright, "Violence in America", *U. S. News and World Report* 116, no. 2 (17 de janeiro de 1994): 22.
3. George L. Kelling e Catherine M. Coles, *Fixing Broken Windows: Restoring Order and Reducting Crime in Our Communities* (Nova York: Free Press, 1996), 55-56.
4. Andrew Peyton Thomas, "The Rise and Fall of the Homeless", *Weekly Standard* 1, no. 29 (8 de abril de 1996): 27. Ver também Andrew Peyton Thomas, *Crime and the Sacking of America: The Roots of Chaos* (Washington, D.C.: Brussey's, 1994).
5. Para ler mais sobre o assunto, ver Rael Jean Isaac, *Madness in the Streets: How Psychiatry and the Law Abandoned the Mentally Ill* (Nova York: Free Press, 1990).
6. James Q. Wilson e George L. Kellingm, "Broken Windows", *Atlantic Monthly* (março de 1992): 29.
7. John Carlin, "How They Cleaned Up Precint 75", *The Independent*, 7 janeiro de 1996.
8. Ver Kelling e Coles, *Fixing Broken Windows*, capítulo 4.
9. Abraham Kuyper, *Lectures on Calvinism* (Grand Rapids: Eerdmans, 1983), 79.
10. Santo Agostinho, *The City of God* (Nova York: Modern Library, 1950), 690. Na idade média, Tomás de Aquino deu ao pensamento de Agostinho uma interpretação mais positiva, discutindo que o Estado não é o único remédio institucional estabelecido para reprimir o pecado, mas que é também uma boa coisa em si mesma, uma expressão de nossa natureza social. Viver dentro de instituição social é essencial para completar nossa própria natureza.
11. William Wilberforce, como citado em Garth Lean, *God's Politician: William Wilberforce's Struggle* (Londres: Darton, Longman & Todd, 1980, 74.
12. Robert Peel, como citado em Fred Siegel, *The Future Once Happened Here: New York, D.C., L.A,* and *the Fate of America's Big Cities* (Nova York: Free Press, 1997), 192.
13. Eric Monkkonen, *Police in Urban America*: 1860-1920 (Cambridge: Cambridge University Press, 1981), como citado em Siegel, *The Future Once Happened Here*, 192.

14. James Q. Wilson e George L. Kelling, "Beating Criminals to the Punch", *New York Times*, 24 de abril de 1989.
15. Reuben Greenberg, "Less Bang for the Buck", *Policy Review* (inverno de 1992): 56.
16. Andrew Heiskell, com Ralph Graves, "Soapbox: Struggling to Save Bryant Park", *New York Times*, 13 de setembro de 1998.
17. Robert J. Sampson, "Neighborhoods and Violent Crime: A Multilevel Study of Collective Efficacy", *Science* 277, no. 5328 (15 de agosto de 1997): 918.
18. Delores Kong, "Studey Shows Cohesiveness Curbs Neighborhood Violence", *Boston Globe*, 15 de agosto de 1997.
19. John J. DiIulio, "Broken Bottles: Liquor, Disorder, and Crime in Wisconsin", em Wisconsin Policy Research Institute Report 8, no. 4 (maio de 1995).
20. Richard R. Freeman e Harry J. Holzer, eds., *The Black Youth Employment Crisis* (Chicago: University of Chicago Press, 1986), 353-76.
21. James Q. Wilson e Richard J. Herrnstein, *Crime and Human Nature* (Nova York: Simon & Schuster, 1985), 432. No início da década de 1980, Wilson procurou descobrir porque o crime cresceu na metade do século passado e, então, depois de algumas flutuações (entre 1920 e 1930), subiu dramaticamente nos anos de 1960 tendo crescido deste então. Ele examinou todas a explicações de padrão de comportamento criminal, mas descobriu que nenhuma delas estava correlacionada com o modelo histórico. Pobreza, por exemplo. Se pobreza causa o crime, por que a criminalidade estava tão baixa na época da Depressão, quando mais de um quarto da população não tinha absolutamente renda alguma? E por que a criminalidade cresceu durante os afluentes anos de 1960 e 1970?

    Foi aí que Wilson esbarrou casualmente no fato de que a queda na criminalidade no último centenário seguiu o Segundo Grande Reavivamento. Quando arrependimento e renovação espalharam-se pelo país, o número de membros da igreja cresceu muito, cristãos formaram associações voluntárias devotadas à educação e reforma moral e a sociedade americana começou a respeitar os valores da sobriedade, trabalho pesado e auto-moderação – o que os sociologistas chamam de ética protestante. E enquanto a ética protestante triunfou, a taxa de criminalidade caiu.

    Mas a partir de 1920 até o final dos anos 30, no entanto, a ética protestante começou a perder a consideração da classe acadêmica. "As teorias psicológicas de Freud entraram em moda", explica Wilson, e a classe acadêmica começou a ver religião e ética como opressivas. A causa desse segmento não era mais a liberdade de religião – uma liberdade clássica americana – mas liberdade da religião.

    Essa atitude foi reprimida pela Depressão e duas guerras mundiais, mas nos anos 60, finalmente, entrou na consciência popular, resultando em uma mudança cultural distante da ética de auto-disciplina em direção à ética de auto-expressão. O resultado foi o crescimento repentino e dramático da criminalidade. Ver James Q. Wilson, "Crime and American Culture", *Public Interest* (inverno de 1983):22.

22. John Leland, com Claudia Kalb, "Savior of the Street", *Newsweek* (1 de junho de 1998): 20.
23. Joe Klein, como citado em Joe Loconte, "The Bully and the Pulpit: A New Model for Church-State Patnership", *Policy Review* (novembro/dezembro de 1998): 28.
24. Leslie Scanlon, "From the PEWS to the Streets: More Churches Are Going beyond Their Walls to Fight Drugs and Crime", *Courier-Journal*, 27 de julho de 1997.
25. Roy Maynard, "Voice of Hope", *Loving Your Nieghbor: A Principled Guide to Personal Charity*, ed. Marvin N. Olasky (Washington, D.C.: Capital Research Center, 1995), 57.
26. Esta história sobre Chicago e as histórias seguintes sobre Baltimore, Menphis, e Montgomery são contadas no livro de John Perkins, com Jo Kadlecek, *Resurrecting Hope: Powerful Stories of How God Is Moving to Reach Our Cities* (Ventura, Califórnia: Regal Books, 1995).

CAPÍTULO 37
CRIANDO A BOA SOCIEDADE

1. A partir do discurso do Presidente John Adams, no dia 11 de outubro de 1798, endereçado aos militares, como citado em *The Works of John Adams – Second President of United States*, Charles Francis Adams, ed., vol. 9 (Boston: Little, Brown & Co., 1854), 229.
2. "79 Leaders Unite to Aid Democracy", *New York Times*, 1 junho de 1940.
3. "To Defend Democracy", *New York Times*, 9 de junho de 1940.
4. Fred W. Beuttler, "For the World at Large: Intergroup Activities at the Jewish Theological Seminary", em *Tradition Renewed: A History of the Jewish Theological Seminary – Beyond the Academy*, vol. 2 (Nova York: The Seminary, 1997), Ver também o discurso de Sidney Hook reimpresso em *New Republic*, 2 (28 de outubro de 1940): 684.
5. "Scholars Confess They are Confused", *New York Times*, 1 de setembro de 1942.
6. Beuttler, "For the World at Large", 667. Somos devedores a Beuttler, que desenvolveu um grande serviço estudando a história da conferência, e temos usado extensivamente sua pesquisa. No curso deste estudo, ele descobriu uma nota de rodapé histórica e reveladora. Em 1956, Nelson Rockefeller lançou um projeto de estudo especial ambicioso para definir objetivos nacionais para o futuro da América. Rockfeller engajou um jovem professor de Harvard,

Henry Kissinger, para trabalhar no projeto. Kissinger, de forma sagaz, viu que tanto esforço teria de ter uma estrutura moral para um propósito de âmbito nacional. Kissinger chamou Finkelstein, então, encabeçando o Instituto de Ética do Seminário de Nova York, para aconselhar-se especificamente sobre como formular uma justificação moral para o uso limitado de armas nucleares. A questão que Kissinger colocou foi: Pelo que estamos "querendo morrer em termos de valores?" O Instituto, sob a direção de Finkelstein, começou extensivas discussões, mas logo parou, da mesma maneira que a conferência tinha parado mais cedo. Os debatedores começaram a usar pretextos para as questões insistentes de Kissinger, quando este os pressionava para tratar mais com o papel da religião e da lei natural. O painel de Finkelstein conseqüentemente desistiu de tentar alcançar consenso, dizendo a Rockfeller e Kissinger que poderiam ajudá-los apenas a esclarecer seus valores.

7. Richard John Neuhaus, "The Truth about Freedom", *Wall Street Journal*, 8 de outubro de 1993.
8. Dan Shine, "Yale OKs Return of Gift to Billionaire Lee Bass: Clash over $20 Million for Program", *Dallas Morning News*, 15 de março de 1995.
9. Michael Novak, *Character and Crime: An Inquiry into the Causes of the Virtue of Nations* (Notre Dame, Ind.: Brownson Institute, 1986), 107.
10. Jonathan Friendly, "Public Schools Avoid Teaching Right and Wrong", *New York Times*, 2 de dezembro de 1985.
11. Michael Novak, "The Conservative Momentum" (discurso feito no Center for the American Experiment, 24 de março de 1993).
12. Michael Novak, "The Causes of Virtue" (discurso feito em Washington, D.C., 31 de janeiro de 1994, reimpresso por Prison Fellowship in *Sources*, no. 6 [1994]).
13. James Schall, "Personal Sin and Social Sin", *Crisis* (junho de 1997): 57.
14. Christina Hoff Sommers, "Teaching the Virtues", *Chicago Tribune*, 12 de setembro de 1993.
15. Robert P. George, "Why Integrity Matters" (discurso feito no Café da Manhã Nacional de Oração, Washington, D.C., 7 de fevereiro de 1998).
16. O Dicionário Webster´s define *integração* como "unir (partes ou elementos), para formar um todo; também, unir (uma parte ou elemento) com alguma outra coisa, especialmente alguma coisa mais inclusiva" (*Webster´s New International Dictionary, 2nd. ed.*).
17. C.S. Lewis, The Abolition of Man (Nova York: Macmillan, 1947), 35.
18. Michael Novak, *Character and Crime,* 38. Novak traça um paralelo significante com a economia. Por centenas de anos, as pessoas procuraram a causa da pobreza. Mas a mudança mais profunda para a melhora da economia do mundo aconteceu quando o economista do século XVIII, Adam Smith, reverteu a questão, perguntando o contrário: Qual é a causa da *ri-*

queza? Ver Adam Smith, *The Wealth of Nations: Na Inquiry into the Nature and Causes Of* (Nova York: Modern Library, 1994).

19. Deal W. Hudson, *Happiness and the Limits of Satisfaction* (Lanham, Md.: Rowman & Littlefield, 1996).
20. Ibid.

CAPÍTULO 38
O TRABALHO DAS NOSSAS MÃOS

1. Dorothy L. Sayers, *Creed or Chaos*? (Manchester, N.H.: Sophia Press, 1949), 77.
2. Richard John Neuhaus, *Doing Well and Doing Good: The Challenge to the Christian Capitalist* (Nova York: Doubleday, 1992).
3. Teólogo T. M. Moore em memorando intitulado "Economic Aspects of the Biblical Worldview" (12 de agosto de 1998).
4. Robert A. Sirico, "The Enterpreneurial Vocation", disponível no The Acton Institute for the Study of Religion and Liberty, 1611 Ottawa NW, Suit 301, Grand Rapids, MI 49503, fone: (616) 454-3080. Em outro lugar Sirico escreve "Por elas mesmas, idéias brilhantes não servem à humanidade; para serem trazidas ao serviço do homem, têm de ser transformadas pelo processo complexo de projeto e produção. O talento para realizar esta transformação é tão raro e tão humanamente precioso quanto o talento em qualquer outro campo" (ver Sirico, *Toward the Future: Catholic Social Thought and the U.S. Economy* [Nova York: American Catholic Committee, 1984], 28).
5. O teólogo T. M. Moore sugere que este equilíbrio da propriedade privada e justiça social pode ser visto na descrição da esposa piedosa em Provérbios 31. Ela entra livremente em empreendimentos projetados para enriquecer a si mesma e suprir sua família (vv. 13, 16, 19, 24). Ela é generosa para com os necessitados (v.20) e ainda assim se assegura de que as necessidades de sua própria casa serão supridas (vv. 21,27). Como resultado de seu trabalho, ela se veste bem, e não é tratada com superioridade por causa disso (v.22). Seu trabalho e produtividade refletem bem no seu esposo aos olhos dos líderes da cidade (v. 23). O segredo do seu sucesso é o temor a Deus e sua determinação em viver para Ele (v.30). E ela é merecedora de todo centavo que ganha (v. 31)!
6. Mary Hesse, *Science and the Human Imagination: Aspects of the History and Logic of Physical Science* (Nova York: Philosophical Library, 1955), 263 (ênfase no original).
7. Eusebius, como citado em *Work and Leisure: In Christian Perspective* (Portland, Ore.: Multnomah, 1987), 66.

8. Ver Robert A. Sirico, "The Late-Scholastic and Austrian Link to Modern Catholic Economic Thought", *Markets and Morality* 1, no. 2 (outubro de 1988): 122-29.
9. Martinho Lutero, como citado em Ryken, *Work and Leisure*, 95, 97. Este princípio é aplicado a todas as formas de trabalho, não apenas ao trabalho pago: Todas as nossas tarefas e obrigações, incluindo aquelas como pais ou como cidadãos, Lutero considerava como um chamado de Deus.
10. Lutero, como citado em Ryken, 135.
11. Robert A. Sirico, "The Parable of the Talents", *Freeman* 44, no. 7 (julho de 1994): 354.
12. Para maiores discussões sobre este assunto, ver Chuck Colson e Jack Eckerd, *Why America Doesn't Work* (Dallas: Word, 1991).
13. Adam Smith, *The Wealth of Nations* (Nova York: Modern Library, 1994), 15.
14. Michael Novak, *The Spirit of Democratic Capitalism* (Nova York: Simon & Schuster, 1982), 79 (ênfase no original).
15. William Blake, *Milton.*
16. Michael Novak, *Business as a Calling: Work and the Examined Life* (Nova York: Free Press, 1996).
17. Michael Novak, "Profits with Honor", *Policy Review* (maio/junho de 1996): 50. Ver também "Sweet Vindication: Award of 1994 Templeton Prize to Michael Novak for Progress in Religion", *National Review* 46, no. 6 (abril 4, 1994): 22; e Walter Isaacson, "Exalting the City of Man", *Time* (10 de maio de 1982): 38.
18. Lance Morrow, "What Is the Point of Working?", *Time* (11 de maio de 1981: 93.
19. Robert Schrank, como citado em Morrow, "What is the Point of Working?" 93.
20. Arlie Hochschild, *The Time Bind: When Work Becomes Home and Home Becomes Work* (Nova York: Metropolitan Books, 1997), 37. Um artigo do *Wall Street Journal* de 2 de julho de 1997, perguntou: Estariam os pais de hoje negligenciando os filhos em favor do "ego superior que recebem do trabalho"?
21. Ver Maggie Gallagher, "Day Careless", *National Review* (26 de janeiro de 1998): 37; Karl Zinsmeister, "The Problem with Day Care", *American Enterprise* 9, no. 3 (maio/junho de 1998): 26; e William Dreskin e Wendy Dreskin, *The Day Care Decision: What's Best for You and Your Child* (Nova York: M. Evans, 1983).
22. Laura Shapiro et al., "The Myth of Quality Time", *Newsweek* (19 de maio de 1997): 42; e Shannon Brownlee et al., "Lies Parents Tell Themselves about Why They Work", *U.S. News and World Report* (12 de maio de 1997): 58.

23. Morrow, "Wht Is the Point of Working", 93. Até mesmo os cristãos têm absorvido a atitude secular em relação ao trabalho. Um extenso livro pesquisando atitudes entre os jovens em colégios e seminários cristãos descobriu que têm uma visão secular estarrecedora do trabalho. James Davison Hunter, que dirigiu a pesquisa, conclui que "o trabalho perdeu qualquer significado espiritual ou eterno e que é importante somente na medida em que promove certas qualidades da personalidade" (James Davison Hunter, *Evangelicalism: The Coming Generation* [Chicago: University of Chicago Press, 1987], 56).
24. Os Guinness, *The Call: Finding and Fulfilling the Central Purpose of Life* (Nashville: Word, 1998), capítulo 4.
25. Muitas dessas idéias são discutidas em *Why America Doesn't Work,* de Chuck Colson e Jack Eckerd (Dallas: Word, 1991).
26. John Stollenwerk, como citado em Hard-Working Churches", de Spencer Abraham e Dan Coats, *American Entreprise* 8, no. 4 (julho/agosto de 1997): 13.
27. Ronald Marino (em discurso feito no simpósio sobre bem-estar social para *Family Research Council* [Conselho de Pesquisa da Família]), *A World without Welfare*, ed. David M. Wagner (Washington, D.C.: Family Research Council, 1997), 86-91.
28. Don Michele (em discurso feito em um simpósio sobre previdência social para *Family Research Council* [Conselho de Pesquisa da Família]), *A World without Welfare*, ed. David M. Wagner (Washington, D.C.: Family Research Council, 1997), 91-93.
29. Marvin N. Olasky, ed., *Loving Your Neighbor: A Principled Guide to Personal Charity,* (Washington, D.C.: Capital Research Center, 1995), 64.
30. John Perkins, com Jo Kadlecek, *Resurrecting Hope* (Ventura, Califórnia: Regal Books, 1995), 95-97.
31. Ver Virgil Gulker (em discurso feito no simpósio sobre bem-estar social para *Family Research Council* [Conselho de Pesquisa da Família]), *A World without Welfare*, ed. David M. Wagner (Washington, D.C.: Family Research Council, 1997), 107.
32. Os exemplos seguintes são tirados de "Little Miracles", de Amy L. Sherman, *American Enterprise* 9, no. 1 (janeiro/fevereiro de 1998):64.
33. Alexander Solzhenitsyn, *One Day in the Life of Ivan Denisovich* (Nova York: Dutton, 1963), 100.

CAPÍTULO 39
O APELO DEFINITIVO

1. Os detalhes da história de King são tirados em grande parte de *Let The Trumpet Sound: A Life of Martin Luther King, Jr.*, de Stephen B. Oates, (Nova York: Harper Perennial, 1994).

2. Martin Luther King Jr., *Why We Can't Wait* (Nova York: Harper & Row, 1964), 84-85.
3. Ibid., 75.
4. Russel Hittinger, introdução a *Rights and Duties: Reflections on Our Conservative Constitution,* por Russel Kirk (Dallas: Spence, 1997), xxvii.
5. A Decisão foi *Dred Scott v. Sandford,* 60 US 393 (1857).
6. Abraham Lincoln, "Proclamation for Appointing a National Fast Day" (30 de março de 1863), como citado em *One Nation Under God?: Christian Faith and Political Action in America,* de Mark Noll, (São Francisco: Harper São Francisco, 1988), 98.
7. Robert P. George, *A Preserving Grace: Protestants, Catholics, and Natural Law, ed. Michael Cromartie* (Washington, D.C.: Ethics and Public Policy Center; Grand Rapids: Eerdmans, 1997), 94.
8. Marcus Tullius Cicero, *The Great Legal Philosophers: Selected Reading in Jurisprudence,* ed. Clarence Morris (Philadelphia: University of Pensylvania Press, 1971), 50.
9. Ver Willmoore Kendall, *The Conservative Affirmation in America* (Chicago: Henry Regnery, 1963), capítulo 5. A igreja teve grande papel em tornar esta tradição explicita. No século XI, ela começou com a intenção de reformar a sociedade tribal primitiva da Europa com leis extraídas diretamente das Escrituras. O primeiro livro alemão de leis, escrito em 1220, dizia o seguinte: "O próprio Deus é a Lei; e por esta razão a lei é querida para Ele." (H. J. Berman, "Religious Foundations of Law in the West: An Historical Perspective", *Journal of Law and Religion* 1, no. 1 (verão de 1983]: 3-43).
10. William Blackstone, *Commentaries on The Laws of England,* vol. 1 (Chicago: University of Chicago Press, 1979), 41.
11. John C. Rager, *The Political Philosophy of St. Robert Bellarmine: An Examination of Saint Cardinal Bellarmine's Defense of Popular Governament and the Influence of His Political Theory upon the Declaration of Independence* (Spokane, Wash.: Apostolate of Our Lady of Siluva, 1995).
12. John Whitehead, *The Second American Revolution* (Elgin, Ill.: David C. Cook, 1982), 28-30.
13. John Finnis, *Natural Law and Natural Rights* (Nova York: Oxford University Press, 1980), 146; Robert P. George, *Making Men Moral* (Nova York: Oxford University Press, 1993), 47; e Robert A Sirico, "Subsidiarity, Society, and Entitlements", *Notre Dame Journal of Law, Ethics and Public Policy* 11, no. 2 (1997): 549.
14. Abraham Kuyper, *Christianity: A Total World and Life System* (Marlborough, N.H.: Plymouth Rock Foundation, 1996), 60.
15. Ibid., 46. "Calvin pessoalmente preferia uma república", observa Kuyper, na qual haveria cooperação entre as esferas da sociedade "sob controle mútuo". Ele também considerava mais ideal um sistema "onde as próprias pes-

soas escolhessem seus próprios magistrados"; pessoas conscientizadas para levar a sério suas responsabilidades de escolher seus próprios líderes: "para que você não penalize este favor, elegendo para as posições de maior honra velhacos e inimigos de Deus" (49-50).

16. James Madison, "Federalist No. 10", *New York Packet*, 23 de novembro de 1787.
17. Os historiadores são rápidos em apontar que alguns dos Fundadores não eram cristãos, mas claramente deístas, incluindo Jefferson e até certo ponto Madison. Ainda assim, deístas e cristãos de modo semelhante concordaram que a regra da lei está enraizada em uma lei maior, objetivamente verdade e comprometedora – o que Jefferson chamou de "a lei da natureza e de Deus da natureza".
    Entre os Fundadores, uma minoria sustentou a idéia de Lockean de indivíduos com direitos individuais baseados em sua personalidade em conjunto com um contrato político pelo qual permitissem ser governados. A maioria sustentou que um contrato político é feito dentro do contexto de uma lei maior e que reflete a ordem natural das coisas ordenadas por Deus.
18. William James, como citado em *Lifeviews: Understanding the Ideas that Shape Society Today*, de R. C. Sproul (Old Tappan, N.J.: Revell, 1986), 89.
19. Phillip E. Johnson, *Reason in the Balance: The Case against Naturalism in Science, Law, and Education* (Downers Grove, Ill.: Inter Varsity Press, 1995), capítulo 7.
20. Oliver Wendell Holmes, "Natural Law", *Harvard Law Review*, 30-32 (1918): 40.
21. Gene Edward Veith, *Postmodern Times: A Christian Guide to Contemporary Thought and Culture* (Wheaton, Ill.: Crossway, 1994).
22. William Orville Douglas, *Zorach v. Clauson*, 343 US 306 (1952). Ver também Richard John Neuhaus, *The Naked Public Square* (Grand Rapids: Eerdmans, 1995), introduction and capítulo 3.
23. *Edward v. Aguillard*, 482 US 578 (1987).
24. *Planned Parenthood v. Casey*. 505 US 833 (1992).
25. Ao fazer esta regra, a Corte não poderia ter deixado de inteirar-se que somente uma vez na história americana (e isso em um caso de contrato) ela revertera um direito protegido pela 14ª Emenda.
26. A Corte seguiu *Casey* com uma série de severas decisões incomuns. Ele regulou, por exemplo, que os partidários pró-vida não deveriam fazer demonstrações dentro de uma zona, cercando uma clínica de aborto, apesar de os do grupo pró-escolha continuarem livres para fazê-lo (Madsen v. Women's Health and Center, Inc., 512 US 753 [1994]).
27. Gerard V. Bradley, "The New Constitutional Covenant", *World & I* (março de 1994): 361. Em sua expansiva definição de liberdade em *Casey*, a Corte falava sobre a liberdade, de como definiria alguém como mãe. Mas por con-

clusão lógica, esta definição de liberdade poderia cortar na raiz da lei. Todas as leis restringem o comportamento de alguém, e todo comportamento expressa de alguma maneira uma cosmovisão, uma crença sobre o significado da existência e do Universo.

28. *Lee v. Weisman*, 505 US 577 (1992).
29. Ibid.
30. *Romer v. Evans*, 517 US 620 (1996).
31. *Compassion in Dying v. Washington*, 79 F 3d. 790 (9th Cir 1996). O que é ainda mais assustador é o argumento usaado pela justiça para chegar a sua decisão. *Compassion in Dying v. Washington*, o caso infame de suicídio assistido de 1997, alcançou a Suprema Corte quando a corte de apelação subverteu um referendum aprovado pelos votantes do Estado de Washington, banindo o suicídio assistido. Uma vez que a corte de apelação revertera o referendum baseado na decisão da Suprema Corte *em Planned Parenthood v. Casey*, a qual definiu liberdade como o direito de decidir por si mesmo o significado da vida, para ser consistente a Suprema Corte deveria ter ratificado a decisão da corte menor. Mas mesmo os juízes isolados da Suprema Corte não estavam preparados para encarar o grau de ultraje moral que a situação criou. (Ao contrário da opinião popular, a justiça lê jornais e votação.) Então o que fizeram? Examinar a constituição ou a lei? Pesquisar a história legislativa? De jeito nenhum. Ao invés disso, pensaram do alto de seus assentos e escreveram que, como nação, simplesmente não temos tido experiência suficiente com suicídio assistido – ou eutanásia – para saber se estamos preparados para isto.

    Aqueles homens e mulheres não estavam falando em termos judiciais; estavam usando a linguagem de cientistas sociais. Esta decisão não foi baseada em princípios de oposição mas no fato sociológico de que a América pode não estar preparada para encarar o fato. A única preocupação moral dos juízes foi reduzida a puro pragmatismo: Vamos ver como as coisas funcionam.
32. *Boerne v. Flores*, 521 US 507 (1997); *Employment Division v. Smith*, 494 US 872 (1990). Nessa questão estava a expansão do prédio de uma igreja em crescimento em Boerne, Texas, subúrbio de San Antonio. Autoridades da cidade recusaram a expansão, argumentando que a igreja era um monumento histórico e que seu charme era importante para uma numa área que estava sendo redesenhada para o turismo. Então uma linha foi traçada na areia. Era a igreja um museu para trazer turistas ou um santuário para adoração? A resposta que a Corte deu foi que o turismo era mais importante.
33. Apesar de a maioria dos americanos não estar alerta ao fato, o poder de revisão judicial não está em nenhum lugar na Constituição. A Corte assumiu esse poder em um caso de 1803, mas somente para circunstâncias limitadas *(Marbury v. Madison)*. Até o caso de *Boerne v. Flores* em 1997, a Corte

assegurou-se de inquestionável autoridade para interpretar a Constituição (apesar de alguma coisa muito perto dessa pretensão ter sido assegurada no caso de 1958 de *Cooper v. Aaron*).

34. Antonin Scalia, "Of Democracy, Morality, and the Majority", *Origins* 26, no. 6 (27 de junho de 1996). Em discurso inédito na Pontifícia Universidade Gregoriana em Roma, em 1996, Scalia disse que enquanto acredita na lei natural, esta não tem lugar na elaboração de decisões judiciais. Ao pautarem-se pela Costituição, os juízes estão presos pelo significado literal das palavras do texto; assim não deveriam tomar verdades morais em conta ao dar efeito às garantias constitucionais, afirmou. Portanto, se as "pessoas querem aborto", Scalia concluiu, "o Estado deveria permiti-lo numa democracia".

    Se substituirmos *escravidão* ou *incesto* ou *anti-semitismo* por aborto na definição de Scalia, seria a conclusão diferente? Logicamente, não. Pois na visão de Scalia, a maioria sempre governa "e a minoria perde, exceto até ao ponto em que a maioria... concorda em consentir com o direito da minoria". (Scalia explicou em seu discurso que, em seu ponto de vista, a maioria democrática deveria, por causa da justiça, decretar proteções legais contra o aborto, mas isso não atenuava seu positivismo judicial.)

35. No caso *Casey*, a Corte de fato referiu-se à Constituição como um convênio. Ver Russel Hittinger, "A Crisis of Legitimacy", *Loyola Law Review* 44 (1988): 83.
36. Bradley, "The New Constitutional Covenant", 374.
37. Russel Kirk, "The 'Original Intent' Controversy", *The Heritage Foundation Report*, no. 138, (15 de outubro de 1987).
38. Ver C. S. Lewis, *The Abolition of Man* (Nova York: Touchstone, 1975) e *Mere Christianity* (Nova York: Touchstone, 1996).
39. Artur Leff, "Unspeakable Ethics, Unnatural Law", *Duke Law Journal* (palaestra proferida na Faculdade de Direito da Universidade Duke em 2 de abril de 1979): 1229.
40. Bradley, "The New Constitutional Covenant", 359.
41. Michael Sandel, *Democracy's Discontent: America in Search of a Public Philosophy* (Boston: Harvard University Press, 1996).
42. De acordo com um levantamento realizado pelo Instituto Gallup em 1996 da cultura política americana, 32% dos americanos geralmente têm "grande confiança" no governo federal, mas apenas 13% no presidência e somente 5% no Congresso (números comparáveis para 1966 eram 41% para a presidente, 42% para o Congresso). Oitenta por cento acreditam que "nosso país é tocado por uma rede de interesses especiais, funcionários públicos e a mídia". Apenas um em cinco americanos está satisfeito com a qualidade do debate político. Um quarto de todos os americanos acredita que o governo da nação trabalha contra o interesse dos cidadãos; três quartos acreditam que o

governo é dirigido por "poucos grandes interesses olhando para si próprios"; e um em cinco americanos acredita que as pessoas que dirigem as instituições do país estão "envolvidas em cospiração!". Esses números são baseados em estudo feito por James Davison Hunter. Ver Hunter, *The State of Disunion: 1996 Survey of America Political Culture,* vol. 2 (Ivy, Va.: In Medias Res Educational Foundation, 1996).

43. Isso é o que o Papa João Paulo II disse: "Relativismo moral é incompatível com democracia", pois o direito não pode existir à parte da lei moral (numa palestra para os bispos americanos no Vaticano, em outubro de 1998).
44. Clarence Page, "On Today's Campus: Consent for a Kiss Is Romance 101", *Orlando Sentinel,* 16 de setembro de 1993. Ver também Martin Gross, *The End of Sanity: Social and Cultural Madness in America* (Nova York: Avon Books, 1998); e James Hannah, "Applications Up after College Enacts Sex Rules for 'Every Step fo the Way'", *Rocky Mountain News,* 15 de janeiro de 1995.
45. Meg Greenfield, "Sexual Harasser?" *Washington Post,* 30 de setembro de 1996.
46. George F. Will, "The Popcorn Board Lives!" *Newsweek* (13 de outubro de 1997): 88.
47. Tenho escrito largamente sobre o assunto de outra forma. Ver *Kingdom in Conflict* (Nova York: William Morrow; Grand Rapids: Zondervan, 1987); *Against the Night* (Ann Arbor, Mich.: Servant, 1991); *End of Democracy* (Dallas: Spence, 1997); e *We Hold These Truths* (um panfleto de "A Statement of Christian Conscience and Citizenship", elaborado por quarenta e quatro pessoas em 4 de julho de 1997; distribuído por Prison Fellowship).
48. Daniel Ritchie, ed., *Edmund Burke: Appraisals ans Applications* (New Brunswich, N.J.: Transaction Publishers, 1990), 222.
49. No final de 1997, o presidente chinês Jiang Zemin defendeu a perseguição de cristãos pelo seu governo com o pretexto de que não poderia permitir-lhes que incitassem movimentos por liberdade na China como o fizeram no Leste Europeu. Ver Diane Knippers, "How to Pressure China", *Christianity Today* (14 de julho de 1997): 52.
50. Ver, por exemplo, Robert P. George, "God's Reasons", (palestra proferida em 1998 na Convenção da Associação de Ciência Política Americana; publicado por Prison Fellowship, Reston, Virginia). Por exemplo, cinco companheiros e eu, todos críticos do excesso judicial, escrevemos acerca da crise do direito num simpósio que provou ser enormemente controverso. Ver "The End of Democracy?" *First Things* (novembro de 1996): 18-42. Houve informações de que esse material foi lido pela Suprema Corte quando esta debatia os recentes casos sobre suicídio assistido.
51. Becket Fund for Religios Liberty, 2000 Pennsylvania Ave., NW, Suite 3580, Washington, D.C. 20006, fone: (202) 955-0095; American Center for Law and Justice, P.O. Box 64429, Virginia Beach, VA 23467, fone: (757) 226-

2489; The Rutherford Institute, P.O. Box 7482, Charlottesville, VA 22906, fone: (804) 978-3888; Alliance Defense Fund, 7819 East Greenway Rd., Suite 8, Scottsdale, AZ 85260, fone: (602) 953-1200.

52. Alexis de Tocqueville, *Democracy in America* (New Rochelle, N.Y.: Arlington House, 1996), 114. Para material adicional sobre extensivos ministérios sociais dirigidos por cristãos no século XIX, ver Gertrude Himmelfarb, *Victorian Minds* (Chicago: I. R. Dee, 1995); e Marvin N. Olasky, *Yhe Tragedy of American Compassion* (Washington, D.C.: Regnery Gateway, 1992).
53. Barbara Vogel, em entrevista com Anne Morse, editora-gerente do programa de rádio Breakpoint (janeiro de 1999).
54. Separação institucional não significa que a verdade religiosa nunca deva influenciar políticas públicas. De qualquer modo, é nesse ponto onde a concepção cristã da separação entre Igreja e Estado difere da concepção liberal.
55. Um dos muitos exemplos foi Andrew Marshall, "Christian Out to Reclaim GOP Agenda", *Arizona Republic*, 5 de julho de 1998.
56. Sir Thomas More, como citado em *The Life of Sir Thomas More*, de Peter Ackroyd (Nova York: Doubleday, 1998), 405.

CAPÍTULO 40
AS BASES PARA A VERDADEIRA CIÊNCIA

1. Daniel Dennet, *Darwin's Dangerous Idea: Evolution and Meanings of Life* (Nova York: Simon & Schuster, 1995), 520.
2. David Hume, como citado em *The Making of the Modern Mind*, de John Herman Randall Jr. (Nova York: Columbia University Press, 1940), 273.
3. G. K. Chesterton, *Eugenics and Other Evils* (Nova York: Dodd, Mead, 1927), 98.
4. Philip H. Phenix, como citado em *The Restitution os Man: C. S. Lewis and the Case against Scientism*, de Michael D. Aeschliman (Grand Rapids: Eerdmans, 1983), 50.
5. Arthur Koestler, como citado em *The Restitution of Man*, de Aeschliman, 55.
6. C. S. Lewis, *The Abolition of Man* (Nova York: Touchstone, 1975), 83.
7. O sociólogo cristão Jacques Ellul advertiu que o contemporâneo estado da mente está tão completamente dominado pelos valores tecnológicos que estamos ficando alheios aos outros valores. Ver Jacques Ellul, *The Technological Society* (Nova York: Alfred A. Knopf, 1976).
8. C. S. Lewis, *God is in the Dock: Essays on Theology and Ethics* (Grand Rapids: Eerdmans, 1970), 136.

9. A discussão seguinte se baseia pesadamente no livro *The Soul of Science: Christian Faith and Natural Philosophy*, de Nancy Pearcey e Charles B. Thaxton (Wheaton, Ill.: Crossway, 1994).
10. *Pocahontas*, Walt Disney Productions (1995).
11. Carl Becker, *The Heavenly City of the Eighteenth-Century Philosophers* (Nova York: Yale University Press, 1932), 55.
12. Roger Cotes, prefácio da segunda edição de Newton's *Principia*, em *Newton's Philosophy of Nature: Selections from His Writings*, ed. H. S. Thayer (Nova York: Hafner, 1953).
13. Ver Pearcey e Thaxton, *The Soul of Science.*
14. R. G. Collingwood, *An Essay on Metaphysics* (Chicago: Henry Regney, 1972), 253-57,
15. A teologia de Newton não era completamente trinitariana, mas nenhum historiador questiona que ele era fervoroso e sincero em sua fé ou que na maioria dos aspectos sua fé era completamente cristã.
16. Isaac Newton, como citado em *The Soul of Science*, de Pearcey e Thaxton, 72.
17. Ibid., 91.
18. Cotes, prefácio ao Newton's *Principia*, 134.
19. Becker, *The Heavenly City*, 55.
20. O livro de Johnson inclui *Darwin on Trial, Reason in the Balance*, e *Objections Sustained.* Michael J. Behe (*Darwin's Black Box*) e William A. Dembski (*The Design of Inference*) e demonstra que o designio é um conceito rigorosamente científico. O jornal profissional *Origins and Design*, editado por Paul Nelson, reune evidências de um círculo de campos científicos, mostrando que o designio é empiricamente detectável.
21. Como escrevemos, o vídeo NOVA é ainda utilizado pelo Wheat Ridge High School (Jefferson Country) na área de Denver, Colorado. A única diferença na política do distrito, como afirmou um repórter, é para "assegurar que nenhum material previamente aprovado seja removido sem a revisão do quadro de diretores". Ver Cate Terwillinger, "Words of Controversy" Changes in Biology Teachers' Platform Rekindles Evolution vs. Creationism Fire", *Denver Post*, 29 de janeiro de 1998.
22. William B. Provine e Phillip E, Johnson, *Darwinism: Science or Naturalistic Philosophy?* (videoteipe de debate ocorrido na Universidade de Stanford, em 30 de abril de 1994).

    Para solicitar o videoteipe, contate Access Research Network, P.O. Box 38069, Colorado Springs, CO 80937, fone: (888) 259.7102.
23. Jessica Mathews, "Creationism Makes a Comeback", *Washington Post*, 8 de abril de 1996.
24. Karen Schmidt, "Creationism Evolve New Strategy", *Science* 273, no. 5274 (26 de julho de 1996): 240.

25. Johnson, *Biology* (Nova York: Holt, Rinehart, and Winston, 1994), como citado em *Education or Indoctrination?: Analysis of Textbooks in Alabama*, de Norris Anderson (Colorado Springs, Colo.: Access Research Network, 1995), 6.
26. Miller e Levine, *Biology* (Nova York: Prentice Hall, 1995), como citado em *Education or Indoctrination?*, de Anderson, 7.
27. Campbell, *Biology* (Reading, Mass.: Addison-Wesley, 1993), como citado em *Education or Indoctrination?*, de Anderson, 12.
28. Arms e Camp, *Biology*, 4th ed. (Nova York: Holt, Rinehart and Winston, 1995), como citado em *Education or Indoctrination?*, de Anderson, 22.
29. Norris Anderson, como citado em "*The Evolution Backlash: Debunking Darwin*", de Nancy Pearcey, World 11, no. 38 (1 de março de 1997): 12.
30. Citado no programa e extraído da reunião nacional anual da Sociedade Americana para o Progresso da Ciência, ocorrida em Boston, em fevereiro de 1993.

CAPÍTULO 41
BEM-AVENTURADO É O HOMEM

1. O relato da vida e do talento de Górecki é baseado em fontes que incluem o seguinte: Adrian Thomas, *Górecki* (Oxford: Clarendon Press, 1997); Joseph Mclellan, "Górecki's Symphonies and Sympathies", *Washington Post*, 5 de março de 1995; John Rockwell, Górecki: A Trendy Symphony and Beyond", *New York Times*, 30 de agosto de 1992; "Top of the Pops: A Synphony?", *Time* (8 de março de 1993): 64; e Karen L. Mulder, "Move Over, Madonna: Composes Henryk Górecki Has Found Top 40 Status, but Defers Accolades to God", *Christianity Today* 39, no.8 (17 de julho de 1995): 66.

CAPÍTULO 42
SOLI DEO GLORIA

1. Norman Lebrecht, "The Arts", *Daily Telegraph*, 10 de abril de 1996.
2. Ver Martha Bayles, *Hole in Our Soul: The Loss of Beauty and Meaning in American Popular Music* (Nova York: Free Press, 1994), 39.
3. Morley Safer, "Yes... But Is It Art?", *60 minutes* (setembro de 1993).
4. Calvin Seerveld, entrevista com Nancy R. Pearcey, "Christianity and the Arts", *Perspective* 18, no. 3 (Junho de 1984). Ver também Calvin Seerveld, *A Christian Critique of Art and Literature* (Toronto: Tuppence Press, 1995).
5. Abbot Suger, *The Book of Suger, Abbot of St. Denis*, como citado em Elizabeth Gilmore Holt, ed. *A Documentary History of Art*, vol. 1 (Princeton, N.J.: Princeton University Press, 1981), 30.

6. Christ Pasles, "Music/Dance: Hallelujah Appel of 'Messiah' Is Enduring", *Los Angeles Times*, 26 de dezembro de 1991; Nan Robertson, "A 'Messiah' Cast of Thousands", *San Diego Union-Tribune*, 14 de dezembro de 1987; e J. Lee Anderson, "'Messiah' a Religious Experience", 5 de dezembro de 1985. Nas palavra de John Hale, diretor de educação da Louisville Bach Society, Handel declarou a várias pessoas que após ter composto 'Messiah' tivera uma visão quando estava escrevendo o coro de aleluia. Ele teria visto o céu aberto e o próprio Deus sentado no meio e seus anjos ao redor" ("All Church Music, All the Time?" *Courier-Journal* [Louisville, KY.], 24 de dezembro de 1995).
7. Franz Joseph Haydn, como citado em *Spiritual Lives of the Great Composers*, de Patrick Kavanaugh (Grand Rapids: Zondervan, 1996), 39.
8. Derrick Henry, "Arts and Entertainment", *Atlanta Journal and Constitution*, 27 de julho de 1995; e "Columbia Orchestra Takes Up Mozart, Mixes in Mendelssohn", *Baltimore Sun*, 28 de janeiro de 1999.
9. Antonín Dvorak, como citado em *Spiritual Lives of Great Composers*, de Kavanaugh, 153.
10. Coleridge tornou-se cristão em decorrência de sua luta contra o vício. Conquanto não se saiba se estava de fato livre, quando se converteu, ele estava com certeza espiritualmente livre. Depois enfrentou vários anos de tratamento médico (correspondência pessoal de Gene Edward Veith, autor de *State of Arts: From Bezalel to Mapplethorp* [Wheaton, Ill.: Crossway, 1991]).
11. Vigen Guroian, *Tending the Heart of Virtue: How Classic Stories Awaken a Child's Moral Imagination* (Nova York: Oxford University Press, 1998).
12. Tomás de Aquino, como citado em *Arts, Ideas, and Civilization*, de Jade A. Hobbs e Robert L. Duncan (Englewood Cliffs, N.J.: Prentice Hall, 1989), 274. Ver também Francis Shaeffer, *Escape from Reason* (Downers Grove, Ill.: Inter Varsity Press, 1968), 9-13.
13. Nos séculos VIII e IX, no que é chamado de controvérsia iconoclasta, a igreja debateu o uso de imagens em cultos. Para os bizantinos (o ramo oriental da Igreja) as imagens eram mais do que uma mera representação ou mosaico. Eram a "janela" pela qual os seres humanos apreendiam o divino. Como tal, cria-se que uma imagem em si mesma possuía presença divina. O fiel oferecia flores, velas e incenso ante suas imagens; carregavam-nas em procissões e beijavam-nas como parte dos ritos litúrgicos. Para alguns tratava-se de algo muito parecido com idolatria. Em 726, o Imperador Leão II declarou que todas as imagens eram ídolos e ordenou a sua destruição. Mas teólogos como S. João de Damasco argumentaram que as imagens foram feitas aceitáveis pela encarnação, quando o Filho de Deus, um espírito, tomou a forma humana e tornou-se a "imagem vivente do Deus invisível" (Carl A. Voltz, *The Church of the Middle Ages: Growth and Change from 600 a 1400* [St. Louis, Mo.: Concordia, 1970], 134-35.

14. Keneth Clark, *Civilization: A Personal View*, 13 videocassetes (Nova York: Ambrose Video Publishing, 1969).
15. Gene Edward Veith, *State of the Art: From Bezalel to Mapplethorp* (Wheaton. Ill.: Crossway, 1991), 58-63.
16. Martinho Lutero, como citado por Donald J. Drew (numa palestra dada na Conferência de L'Abri em Rochester, Minesota, Agosto de 1996), 21. Lutero também manteve a literatura em alta estima. Deveriam estar ali "tantos poetas e retóricos quanto possível", escreveu, pois pela ação de estudos da literatura "as pessoas são providas pela posse de verdade sagrada e por lidar com ela com habilidade e felicidade" (como citado em Veith, *State of the Arts*, 62).
17. João Calvino, como citado em Veith, *State of the Arts*, 59.
18. Jacques Barzun, *The Use and Abuse of Art* (Princeton, N.J: Princeton University Press, 1975), 53.
19. Bayles (citando o fundador de "de Stijl"), *Hole in Our Soul*, 39.
20. M. H. Abrams, *The Mirror and the Lamp: Romantic Theory and Critical Tradition* (Nova York: Oxford University Press, 1953), 285. Similarmente, o crítico de arte Clemente Greenberg escreve: "Os poetas e artistas de vanguarda tentam com efeito imitar Deus ao criar alguma coisa válida unicamente em seus próprios termos" (Greenberg, *Art and Culture: Critical Essays* [Boston: Beacon Press, 1961], 6).
21. Geroge Bernard Shaw, como citado em *The Use and Abuse of Art*, de Barzun, 46.
22. Abrams, *The Mirror and the Lamp*, 275.
23. Barzun, *The Use and Abuse of Art*, 39.
24. Ibid., 38.
25. Ibid., 51.
26. Luigi Russolo, como citado em Hole in Our Soul, de Bayles, 43.
27. Robert Hughes, como citado na obra de Thomas Ewens, Rethinking the Question of Quality in Art", *Arts Education Policy Review* (novembro de 1994): 2.
28. Joyce Price, "Art Turns Heads, Stomachs", *Washington Times*, 6 de julho de 1993.
29. John Simon, "Art or Child's Play? A Four-Year-Old Could Do It", *Sunday Telegraph*, 14 de fevereiro de 1993.
30. Os Guinness, "The Purpose of Invitation to the Classics" (O propósito do Convite aos Clássicos), em *Invitation to the Classics: A Guide to Books You've Always Wanted to Read*, eds. Louise Cowan e Os Guinness (Grand Rapids: Baker, 1998), 14.
31. C. S. Lewis, como citado na obra de Guinness, *Invitation to the Classics*, 15.
32. Veith, *State of the Arts*, 106-13.
33. "Há mais conversa sobre financiar Dotação Nacional para as Artes do que sobre financiar trabalhos criativos que poderiam ser uma força cultural sau-

dável", disse Ken Myers (em conversação pessoal com Kim Robbins [Maio de 1999]). Myers é o convidado de *Mars Hill*, uma revista de áudio bimestral sobre a cultura contemporânea e convicções cristãs. Mars Hill, P.O. Box 7826, Charlottesvill, VA 22906, fone: (800) 331.6407.

34. C. S. Lewis, "Learning in War Time", *The Weight of Glory and Other Addresses* (Nova York: Macmillan, 1980), 23.
35. Louise Cowan, "The Importance of Classics", em *Invitation to the Classics*, eds. Cowan and Guinness, 19-20.
36. Ouça Marie Keyrouz, uma cristã libanesa que interpreta antigos cânticos bizantinos numa voz rica e gutural – uma vívida lembrança de que a Igreja emergiu da cultura do Oriente Próximo.
37. Gerard Manley Hopkins, "God's Grandeur".
38. Um relato da conversão de Irina Ratushinskaya numa prisão russa é apresentado na obra de Charles Colson e Ellen Santilli Vaughn, *The Body: Being Light in Darkness* (Dallas: Word, 1992), Capítulo 6.
39. Bruno Bettelheim, *The Use of Enchantment: The Meaning and Importance of Fairy Tales* (Nova York: Alfred A. Knopf, 1976), 10.

CAPÍTULO 43
TOCADO POR UM MILAGRE

1. Os autores estão muito agradecidos a Marta Williamson pela entrevista pessoal em janeiro de 1998. Detalhes adicionais para essa história foram tomados de *Touched by na Angel: Stories from the Hit Television Series*, de Marta Williamson e Robin Sheets (Grand Rapids: Zondervan, 1997).

CAPÍTULO 44
TODA BOA MÚSICA PERTENCE AO DIABO?

1. Marshall McLuhan, *The Medium Is the Massage* (Nova York: Simon & Schuster, 1967).
2. Neil Postman, *Amusing Ourselves to Death* (Nova York: Penguin, 1985), 10, 62, 86.
3. Ibid., 9 (ênfase no original).
4. Ibid., 9.
5. Ibid., ver também capítulo 11.
6. Aldous Huxley, *Brave New World Revisited* (Nova York: Harper & Brothers, 1985), 44.
7. Kenneth A. Myers, *All God's Children and Blue Suede Shoes: Christian end Popular Culture* (Westchester, Ill.: Crossway, 1989), 89.

8. Ibid., 134-35.
9. "Short Takes", *Time* (7 de dezembro de 1992): 83.
10. Ken Myers descreve uma tentativa de produzir uma série cristã por uma emissora cristã. O programa estava estruturado com a mesma música melodramática, linhagem de personagens e tomadas românticas de uma série secular. A única coisa que a distinguia era que "uma pequena parte dos personagens constituía-se de cristãos, os quais ocasionalmente falavam do papel que sua fé exercia diante de crises exibidas na série". A mensagem cristã era pobremente esvanecida, enquanto o verdadeiro tom era dado pela forma usual de fazer novela — "Você vai amar nossa vilã da série cristã... porque ela será salva algum tempo depois nos próximos capítulos. Mas enquanto isso ela é tão suja quanto uma personagem secular correlata". A forma da série é inerentemente contrária aos valores cristãos. Myers chega à essa conclusão, porque ela depende de "um equivalente dramático de mexerico" (Myers, *All God's Children and Blue Suede Shoes*, 21).
11. Você pode ler mais sobre a dramática história de Bem Carson em sua autobiografia, *Gifted Hands* (Grand Rapids: Zondervan, 1996).
12. Los Angeles Film Studies Center, 3800 Barham Blvd., Suite 202, Los Angeles, CA 90068, fone: (323) 882.6224.
13. C. S. Lewis, *God is the Dock: Essays on Theology and Ethics* (Grand Rapids: Eerdmans, 1970), 93.

CAPÍTULO 45
E AGORA, COMO VIVEREMOS?

1. A conferência, realizada em Junho de 1996, foi chamada "Missed Opportunities?: Former U.S. and Vietnamese Leaders and Scholars Reexamine the Vietnam War, 1961-1968" (Oportunidades perdidas?: Ex-líderes Americanos e Vietnamitas e Estudiosos Reexaminam a Guerra do Vietnam).
2. Robert S. McNamara com Brian VanDeMark, *In Retrospect: The Tragedy and Lessons of Vietnam* (Nova York: Vintage Books, 1996).
3. Norman Boucher, "Thinking Like the Enemy", *Brown Alumni Monthly* (Novembro/Dezembro de 1997): 36-45.
4. As fontes para a história de Kim Phuc incluem David Usborne e "Veterans of Vietnam Weep as the Girl Who Became a Symbol of Suffering Comes to Forgive 22 Years Later", *Independent*, 14 de novembro de 1996; "Portrait of Forgiveness", *Sarasota Herald-Tribune*, 14 de novembro de 1996; Elaine Sciolino, 'A Painful Road from Vietnam to Forgiveness", *New York Times*, 12 de novembro de 1996; Elaine S. Povich, "A Prayer for Peace", *Newsday*,

12 de novembro de 1996. Mais informação de fundo foi providenciada por Linh D. Vo e Major Ronald N. Timberlake através de conversas privativas por telefone e correspondências. Estes dois homens foram especialmente úteis em corrigir as impressões erradas criadas pela história inicial.

5. Entrevista conduzida por EO (Dutch) Television (Televisão Holandesa), em 6 de dezembro de 1998.
6. Ibid.
7. *Kim's Story*, um filme documentário produzido por Bishari Films Inc. (1997).
8. O homem que se aproximou de Kim Phuc era John Plummer. Investigações posteriores determinaram que ele não era, de fato, nem o piloto que jogou a bomba nem o comandante que ordenou o bombardeio aéreo, como reivindicou. O ataque à vila de Kim foi uma operação do Vietnã do Sul, mas sem o envolvimento de soldados americanos. Não obstante, ele representa simbolicamente todos nós que se sentem direta ou indiretamente responsáveis, e seu encontro naquele dia com Kim Phuc fala pungentemente da real solução para a guerra e os conflitos entre as nações.

LEITURAS RECOMENDADAS

COSMOVISÃO

Bellah, Robert. *The Good Society.* New York: Alfred A. Knopf, 1991.

Berger, Peter and Brigitte Berger, and Hansfried Kellner. *The Homeless Mind: Modernization and Consciousness.* New York Random, 1974.

Blamires, Harry. *The Christian Mind.* Ann Arbor, Mich.: Servant, 1978.

Carson, D. A., and John D. Woodbridge, eds. *God and Culture: Essays in Honor of Carl F. H. Henry.* Grand Rapids: Eerdmans, 1993.

Colson, Charles, with Anne Morse. *Burden of Truth: Defending Truth in an Age of Unbelief.* Wheaton, Ill.: Tyndale House, 1997.

Colson, Charles, with Nancy Pearcey. *A Dance with Deception: Revealing the Truth Behind the Headlines.* Dallas: Word, 1993.

Colson, Charles, with Ellen Santilli Vaughn. *The Body.* Dallas: Word, 1992.

Dawson, Christopher. *Religion and the Rise of Western Culture.* New York: Doubleday, 1991.

Dockery, David S., ed. *The Challenge of Postmodernism: An Evangelical Engagement.* Grand Rapids: Baker, 1997.

Dooyeweerd, Hermann. *Roots of Western Culture: Pagan, Secular, and Christian Options.* Toronto: Wedge, 1979.

________. *In the Twilight of Western Thought Studies in the Pretended Autonomy of Philosophical Thought.* Lewiston, N.Y.: E. Mellen, 1999.

Eliot, T. *S. Christianity and Culture.* New York Harcourt, Brace and Jovanovich, 1968.

Geisler, Norman L., and Ronald M. Brooks. *When Skeptics Ask: A Handbook of Christian Evidence.* Wheaton, Ill.: Victor, 1998.

Glover, Willis B. *Biblical Origins of Modern Secular Culture: An Essay in the Interpretation of Western History.* Macon, Ga.: Mercer University Press, 1984.

Grisez, Germain G. *The Way of the Lord Jesus.* Vol. 1, *Christian Moral Principles.* Chicago: Franciscan Herald Press, 1983.

______. *The Way of the Lord Jesus.* Vol. 2, *Living a Christian Life.* Quincy, Ill.: Franciscan Press, 1993.

______. *The Way of the Lord Jesus.* Vol. 3, *Difficult Moral Questions.* Quincy, Ill.: Franciscan Press, 1997.

Gunton, Colin. *Enlightenment and Alienation: An Essay Toward a Trinitarian Theology.* Grand Rapids: Eerdmans, 1985.

Halton, Eugene. *Bereft of Reason: On the Decline of Social Thought and Prospects for its Renewal.* Chicago: University of Chicago Press, 1995.

Henry, Carl F. H. *The Christian Mind-set in a Secular Society: Promoting Evangelical Renewal and National Righteousness.* Portland, Ore.: Multnomah, 1978.

Heslam, Peter S. *Creating a Christian Worldview: Abraham Kuyper's Lectures on Calvinism.* Grand Rapids: Eerdmans, 1998.

Hoffecker, W. Andrew, and Gary Scott Smith, eds. *Building a Christian Worldview.* Vol. 1, *God, Man, and Knowledge.* Phillipsburg, NJ.: Presbyterian and Reformed, 1986.

Holmes, Arthur. *All Truth Is God's Truth.* Grand Rapids: Eerdmans, 1977.

Holmes, Arthur, ed. *The Making of a Christian Mind: A Christian World View & the Academic Enterprise.* Downers Grove, Ill.: Inter Varsity Press, 1985.

Kuyper, Abraham. *Christianity: A Total World and Life System.* Marlborough, N.H.: Plymouth Rock Foundation, 1996.

Machen, J. Gresham. *Christianity and Liberalism.* Grand Rapids: Eerdmans, 1990.

Moreland, J. P. *Love Your God with All Your Mind: The Role of Reason in the Life of the Soul.* Colorado Springs: NavPress, 1997.

Noll, Mark. *The Scandal of the Evangelical Mind.* Downers Grove, ill.:Inter Varsity Press, 1994.

Runner, H. Evan. *The Relation of the Bible to Learning.* Toronto: Wedge, 1970.

Schaeffer, Francis. *The Complete Work of Francis A. Schaeffer: A Christian Worldview.* Westchester, Ill.: Crossway, 1982.

______. *25 Basic Bible Studies: Including Two Contents, Two Realities.* Wheaton, Ill.: Crossway, 1996. Também em *The Complete Work of Francis A. Schaeffer: A Christian Worldview.* VoL 3, *A Christian View of Spirituality.* Westchester, Ill.: Crossway, 1982.

______. *Art and the Bible.* Downers Grove, Ill.: Inter Varsity Press, 1973. Também em *The Complete Works of Francis A. Schaeffer: A Christian Worldview.*

Vol. 2, *A Christian View of the Bible as Truth.* Westchester, Ill.: Crossway, 1982.

______. *Back to Freedom and Dignity.* In *The Complete Works of Francis A. Schaeffer: A Christian Worldview.* Vol. 1, *A Christian View of Philosophy and Culture.* Westchester, Ill.: Crossway, 1982.

______. *Basic Bible Studies.* In *The Complete Work of Francis A. Schaeffer: A Christian Worldview.* Vol. 2, *A Christian View of the Bible as Truth.* Westchester, Ill.: Crossway, 1982.

______. *A Christian Manifesto.* Wheaton, Ill.: Good News, 1982. Também em *The Complete Work of Francis A. Schaeffer: A Christian Worldview.* vol.5, *A Christian View of the West* Westchester, Ill: Crossway, 1982.

______. *The Church at the End of the Twentieth Century: Including, the Church Before the Watching World.* Wheaton, Ill.: Crossway, 1994.

______. *Death in the City.* In *The Complete Work of Francis A. Schaeffer: A Christian Worldview.* Vol.4, *A Christian View of the Church.* Westchester, ill.: Crossway, 1982.

______. *Genesis in Space and Time.* Downers Grove, Ill.: Inter Varsity Press, 1972.

______. *The Great Evangelical Disaster.* Wheaton, Ill.: Good News, 1984.

______. *He Is There and He Is Not Silent.* Wheaton, Ill.: Tyndale House, 1972. Também em *The Complete Work of Francis A. Schaeffer: A Christian Worldview.* Vol. 1, *A Christian View of Philosophy and Culture.* Westchester, Ill.: Crossway, 1982.

______. *How Should We Then Live?* Westchester, Ill.: Crossway, 1983. Também em *The Complete Works of Francis A. Schaeffer: A Christian Worldview. Vol.5, A Christian View of the West* Westchester, Ill.: Crossway, 1982.

______. *Joshua and the Flow of Biblical History.* Em *The Complete Work of Francis A. Schaeffer: A Christian Worldview.* Vol.2, *A Christian View of the Bible as Truth.* Westchester, Ill.: Crossway, 1982.

______. *The Mark of the Christian.* Em *The Complete Work of Francis A. Schaefer: A Christian Worldview.* Vol. 4, *A Christian View of the Church.* Westchester, Ill.: Crossway, 1982.

______. *The New Super-Spirituality.* Em *The Complete Work of Francis A. Schaefer: A Christian Worldview.* Vol. 3, *A Christian View of Spirituality.* Westchester, Ill.: Crossway, 1982.

______. *No Final Conflict.* Em *The Complete Work of Francis A. Schaeffer: A Christian Worldview.* Vol. 2, *A Christian View of the Bible as Truth.* Westchester, Ill.: Crossway, 1982.

______. *No Little People. Em The Complete Work of Francis A. Schaeffer: A Christian Worldview.* Vol.3, *A Christian View of Spirituality.* Westchester, Ill: Crossway, 1982.

______. *True Spirituality.* Wheaton, Ill.: Tyndale House, 1979. Também em *The Complete Work of Francis A. Schaeffer: A Christian Worldview.* Vol.3, *A Christian View of Spirituality.* Westchester, Ill.: Crossway, 1982.

Schaeffer, Francis A., and C. Everett Koop. *Whatever Happened to the Human Race?* Westchester, Ill.: Crossway, 1983. Também em *The Complete Work of Francis A. Schaeffer: A Christian Worldview.* Vol. 5, *A Christian View of the West* Westchester, Ill.: Crossway, 1982.

Schaeffer, Francis A., and Udo Middelmann. *Pollution and the Death of Man.* Wheaton, Ill.: Crossway, 1992. Also in *The Complete Work of Francis A. Schaeffer: A Christian Worldview.* Vol. 5, *A Christian View of the West.* Westchester, Ill.: Crossway, 1982.

Sire, James W. *The Universe Next Door: A Basic Worldview Catalog.* 3rd ed. Downers Grove, Ill.: Inter Varsity Press, 1997.

Smart, Ninian. *Worldviews: Crosscultural Explorations of Human Beliefs. 2nd ed. Englewood Cliffs, NJ: Prentice Hall, 1995.*

Sproul, R. C. *Lifeviews.* Grand Rapids: Baker, 1990.

Vander Goot, Henry. *Life Is Religion: Essays in Honor of H. Evan Runner.*

St. Catherines, Ontario: Paideia, 1981.

Veith, Gene Edward. *Postmodern Times: A Christian Guide to Contemporary Thought and Culture.* Wheaton, Ill.: Crossway, 1994.

Walsh, Brian J., and J. Richard Middleton. *The Transforming Vision: Shaping a Christian World View.* Downers Grove, Ill.: Inter Varsity Press, 1984.

Wells, David F. *No Place for Truth, or, Whatever Happened to Evangelical Theology?* Grand Rapids: Eerdmans, 1993.

Wolters, Albert M. *Creation Regained Biblical Basics for a Reformational Worldview.* Grand Rapids: Eerdmans, 1985.

APOLOGÉTICA

Chapman, Colin. *The Case for Christianity.* Grand Rapids: Eerdmans, 1984.

Craig, William Lane. *Reasonable Faith: Christian Truth and Apologetics.*

Wheaton, Ill.: Crossway, 1994.

Evans, C. Stephen. *Why Believe? Reason and Mystery as Pointers to God.* Rev. ed. Grand Rapids: Eerdmans, 1996.

Geisler, Norman. *Christian Apologetics.* Grand Rapids: Baker, 1976.

Kreeft, Peter, and Ronald K. Tacelli. *Handbook of Christian Apologetics.* Downers Grove, Ill.: Inter Varsity Press, 1994.

Lewis, C. S. *God in the Dock: Essays on Theology and Ethics.* Grand Rapids: Eerdmans, 1970.

______. *Mere Christianity.* New York: Touchstone, 1996.

______. *Miracles: A Preliminary Study.* Hammersmith, London: Fount, 1974.

McCallum, Dennis, ed. *The Death of Truth: What's Wrong with Multiculturalism, the Rejection of Reason, and the New Postmodern Diversity.* Minneapolis: Bethany, 1996.

McDowell, Josh. *Evidence That Demands a Verdict: Historical Evidences for the Christian Faith.* Vols. I and 2. San Bernardino, Calf: Here's Life Publishers, 1990.

Moreland, J. P. *Scaling the Secular City.* Grand Rapids: Baker, 1987.

Novak, Michael. *Will It Liberate?: Questions about Liberation Theology.* Mahwah, NJ.: Paulist Press, 1986.

Phillips, Timothy R., and Dennis I. Okhom, eds. *Christian Apologetics in a Postmodern World.* Downers Grove, Ill.: Inter Varsity Press, 1995.

Pinnock, Clark *Set Forth Your Case: Studies in Christian Apologetics* Chicago: Moody Press, 1971.

Schaeffer, Francis. *Escape from Reason.* Downers Grove, Ill.: Inter Varsity Press, 1968. Também em *The Complete Work of Francis A. Schaeffer: A Christian Worldview.* Vol. 1, *A Christian View of Philosophy and Culture.* Westchester, ill.: Crossway, 1982.

_____. *The God Who Is There.* Downers Grove, Ill.: Inter Varsity Press, 1968. Também em *The Complete Work of Francis A. Schaeffer: A Christian Worldview.* Vol. 1, *A Christian View of Philosophy and Culture.* Westchester, Ill.: Crossway, 1982.

Sproul, R. C. *Objections Answered.* Glendale, Calf: Regal Books, 1978.

Sproul, R. C., John H. Gerstner, and Arthur Lindsley. *Classical Apologetics: A Rational Defense of the Christian Faith and a Critique of Presuppositional Apologetics.* Grand Rapids: Zondervan, 1984.

CRIAÇÃO

Aeschliman, Michael D. *The Restitution of Man: C. S. Lewis and the Case against Scientism.* Grand Rapids: Eerdmans, 1983.

Behe, Michael. *Darwin's Black Box: The Biochemical Challenge to Evolution.* New York Touchstone, 1996.

Corey, M. A. *God and the New Cosmology: The Anthropic Design Argument.* Lanham, Md.: Rowman & Littlefield, 1993.

Craig, William Lane, and Quentin Smith. *Theism, Atheism, and Big Bang Cosmology.* New York Oxford University Press, 1993.

Davis, Percival, and Dean Kenyon. *Of Pandas and People: The Central Question of Biological Origins.* 2nd ed. Dallas: Haughton, 1993.

Dembski, William A. *The Design Inference: Eliminating Chance through Small Probabilities.* Cambridge: Cambridge University Press, 1998.

Dembski, William A., ed. *Mere Creation: Science, Faith, and Intelligent Design.* Downers Grove, Ill.: Inter Varsity Press, 1998.

Denton, Michael. *Evolution: A Theory in Crisis.* Bethesda, Md.: Adler & Adler, 1985.

Johnson, Phillip E. *Darwin on Trial.* 2nd ed. Downers Grove, Ill.: Inter Varsity Press, 1993.

_____. *Defeating Darwinism By Opening Minds.* Downers Grove, Ill.: Inter Varsity Press, 1997.

_____. *Objections Sustained: Subversive Essays on Evolution, Law, and Culture.* Downers Grove, Ill.: Inter Varsity Press, 1998.

_____. *Reason in the Balance: The Case against Naturalism in Science, Law, and Education.* Downers Grove, Ill.: Inter Varsity Press, 1995.

Macbeth, Norman. *Darwin Retried.* New York: Delta Books, 1971.

Moreland, J. P. *Christianity and the Nature of Science.* Grand Rapids: Baker, 1990.

Overman, Dean. *The Case against Accident and Self-Organization.* New York: Rownan and Littlefield, 1997.

Pearcey, Nancy R., and Charles B. Thaxton. *The Soul of Science: Christian Faith and Natural Philosophy.* Wheaton, Ill.: Crossway, 1994.

Polanyi, Michael. *Science, Faith and Society.* Chicago: University of Chicago Press, 1964.

Thaxton, Charles B., Walter Bradley, and Roger Olsen. *The Mystery of Life's Origin: Reassessing Current Theories.* Dallas: Lewis and Stanley, 1992.

VIDA

Burtchaell, James. *Rachel Weeping and Other Essays on Abortion.* Toronto: Life Cycle Books, 1990.

Crutcher, Mark. *Lime 5: Exploited by Choice.* Denton, Tex.: Life Dynamics, 1996.

Grisez, Germain G. *Abortion: The Myths, the Realities, and the Arguments.* New York: Corpus Books, 1970.

Jacoby, Kerry. *Souls, Bodies, Spirits: The Drive to Abolish Abortion Since 1973.* Westport, Conn.: Praeger, 1998.

Larson, Edward, and Darrel Amundson. *A Different Death: Euthanasia and the Christian Tradition.* Downers Grove, Ill.: Inter Varsity Press, 1998.

Lee, Patrick. *Abortion and Unborn Human Life.* Washington, D.C.: Catholic University Press, 1996.

Marshall, Robert, and Charles Donovan. *Blessed Are the Barren: The Social Policy of Planned Parenthood.* San Francisco: Ignatius, 1991.

Masse, Sydna, and Joan Phillips. *Her Choice to Heal: Finding Spiritual and Emotional Peace after Abortion.* Colorado Springs: Chariot Victor, 1998.

Olasky, Marvin. *Abortion Riter: A Social History of Abortion in America.*
Wheaton, Ill.: Crossway, 1992.

ESCOLHAS INDIVIDUAIS

Glynn, Patrick. *God the Evidence: The Reconciliation of Faith and Reason in a Postsecular World.* Rocklin, Calif.: Prima Publishing, 1997.

Larson, David B., and Susan S. Larson. *The Forgotten Factor in Physical and Mental Health: What Does the Research Show?.* Rockville, Md.: National Institute of Healthcare Research, 1994.

Lewy, Guenter. *Why America Needs Religion: Secular Modernity and Its Discontent* Grand Rapids: Eerdmans, 1996.

Matthews, Dale. *The Faith Factor Proof of the Healing Power of Prayer.* New York: Viking, 1998.

Tournier, Paul. *The Whole Person in a Broken World.* New York: Harper & Row, 1981.

CASAMENTO E FAMÍLIA

Blankenhom, David. *Fatherless America: Confronting Our Most Urgent Social Problem.* New York: HarperCollins, 1995.

Carlson, Allan C. *Family Questions: Reflections on the American Social Crisis.* New Brunswick, NJ.: Transaction, 1988.

Christensen, Bryce J. *Utopia Against the Family: The Problems and Politics of the American Family.* San Francisco: Ignatius, 1990.

Dobson, James C. *Coming Home: Timeless Wisdom for Families.* Wheaton, Ill.: Tyndale House, 1998.

______. *Children at Risk. The Battle for the Hearts and Minds of Our Kids.*

Dallas: Word, 1994.

Gallagher, Maggie. *The Abolition of Marriage: How We Destroy Lasting Love.* Washington, D.C.: Regnery, 1996.

Horn, Wade. *The Fatherhood Movement: A Call to Action.* Lanham, Md.:

Lexington Books, 1999.

Larson, David B. *The Costly Consequences of Divorce Assessing the Clinical, Economic, and Public Health Impact of Marital Disruption in the United States: A Research-Based Seminar.* Rockville, Md.: National Institute for Healthcare Research, 1995.

Mack, Dana. *The Assault on Parenthood: How Our Culture Undermines the Family.* New York Simon & Schuster, 1997.

McManus, Michael J. *Marriage Savers: Helping Your Friends and Family Avoid Divorce.* Rev. ed. Grand Rapids: Zondervan, 1995.

Popenoe, David. *Disturbing the Nest: Family Change and Decline in Modern Societies.* New York: A. de Gruyter, 1988.

______. *Life Without Father: Compelling New Evidence That Fatherhood and Marriage Are Indispensable for the Good of Children and Society.* Cambridge, Mass.: Harvard University Press, 1999.

Satinover, Jefftey. *Homosexuality and the Politics of Truth.* Grand Rapids: Baker, 1996.

Stanton, Glenn T. *Why Marriage Matters: Reasons to Believe in Marriage in Postmodern Society.* Colorado Springs: Pinon Press, 1997.

Wallerstein, Judith S., and Sandra Blakeslee. *Second Chances: Men, Women, and Children a Decade After Divorce.* New York: Ticknor and Fields, 1989.

EDUCAÇÃO

Finn, Chester, Diane Ravitch, and Robert Fancher, eds. *Against Mediocrity: The Humanities in America's High Schools.* New York: Holmes and Meier, 1984.

Garber, Steven. *The Fabric of Faithfulness: Weaving Together Belief and Behavior During the University Years.* Downers Grove, Ill.: Inter Varsity Press, 1996.

Knight, George R. *Philosophy and Education: An Introduction in Christian Perspective.* Berrien Springs, Mich.: Andrews University Press, 1998.

Kramer, *Rita. Ed School Follies: The Miseducation of America's Teathers.* New York: Free Press, 1991.

Malik, Charles Habib. *A Christian Critique of the University.* 2nd ed. Waterloo, Ont.: North Waterloo Academic Press, 1987.

Marsden, George M. *The Outrageous Idea of Christian Scholarship.* New York: Oxford University Press, 1998.

______. *The Soul of the American University: From Protestant Establishment to Established Nonbelief.* New York: Oxford University Press, 1994.

Nash, Ronald. *The Closing of the American Bean: What's Really Wrong with America's Schools.* Dallas: Word, 1990.

Veith, Gene Edward, and Andrew Kern. *Classical Education: Towards the Revival of American Schooling.* Washington, D.C.: Capital Research Center, 1997.

Wilson, Douglas. *Recovering the Lost Tools of Learning: An Approach to Distinctively Christian Education.* Wheaton, Ill.: Crossway, 1991.

COMUNIDADE

Bennett, William J., John J. DiIulio, and John P. Walters, *Body Count: Moral Poverty-and How to Win America's War against Crime and Drugs.* New York: Simon & Schuster, 1996.

Kelling, George L., and Catherine M. Coles. *Fixing Broken Windows: Restoring Order and Reducing Crime in Our Communities.* New York: Free Press, 1996.

Kunstler, James Howard, *The Geography of Nowhere: The Rise and Decline of America's Man-Made Landscape.* New York: Touchstone, 1993.

Magnet, Myron. *The Dream and the Nightmare: The Sixties' Legacy to the Underclass.* New York: William Morrow, 1993.

Olasky, Marvin, ed. *Loving Your Neighbor: A Principled Guide to Personal Charity.* Washington, D.C.: Capital Research Center, 1995.

Perkins, John, com Jo Kadlecek. *Resurrecting Hope: Powerful Stories of How God Is Moving to Reach Our Cities.* Ventura, Calif.: Regal Books, 1995.

Sherman, Amy L. *Restorers of Hope: Reaching the Poor in Your Community with Church-Based Ministries That Work* Wheaton, Ill.: Crossway, 1997.

Van Ness, Daniel W. *Crime and Its Victims: What We Can Do.* Leicester, England: Inter Varsity Press, 1989.

Van Ness, Daniel W., and Karen H. Strong. *Restoring Justice.* Cincinnati: Anderson Publishing, 1997.

TRABALHO E ECONOMIA

Bernbaum, John, and Simon Steer. *Why Work? Careers and Employment in Biblical Perspective.* Grand Rapids: Baker, 1987.

Colson, Chuck, and Jack Eckerd. *Why America Doesn't Work.* Dallas: Word, 1991.

Gay, Craig M. *With Liberty and Justice for Whom?: The Recent Evangelical Debate over Capitalism.* Grand Rapds: Eerdmans, 1991.

Goudzwaard, Bob. *Idols of Our Time.* Downers Grove, Ill.: Inter Varsity Press, 1984.

Guinness, Os. *Winning Back the Soul of American Business.* Burke, Va.: Hourglass, 1990.

Kuyper, Abraham. *The Problem of Poverty.* Grand Rapids: Baker, 1991.

Middelmann, Udo. *Pro-Existence.* Downers Grove, Ill.: Inter Varsity Press, 1974.

Nash, Ronald. *Poverty and Wealth: The Christian Debate over Capitalism.* Westchester, Ill.: Crossway, 1986.

Neuhaus, Richard John. *Doing Well and Doing Good: The Challenge to the Christian Capitalist.* New York: Doubleday, 1992.

Novak, Michael. *Business as a Calling: Work and the Examined Life.* New York: Free Press, 1996.

______. *The Spirit of Democratic Capitalism.* New York: Simon & Schuster, 1982.

______. *Toward a Theology of the Corporation* Washington, D.C.: American Enterprise Institute, 1981.

Roepke, Wilhelm. *A Humane Economy: The Social Framework of the Free Market* Wilmington, Del.: Intercollegiate Studies Institute, 1998.

Ryken, Leland. *Redeeming the Time: A Christian Approach to Work and Leisure.* Grand Rapids: Baker, 1995.

Schumacher, E. F. *Economic Development and Poverty.* London: Africa Bureau, 1966.

Sirico, Robert A. *A Moral Basis for Liberty.* London: Institute of Economic Affairs, Health and Welfare Unit, 1994.

ÉTICA

Bellah, Robert. *Habits of the Heart: Individualism and Commitment in American Life.* Berkeley, Calif.: University of California Press, 1985.

Eberly, Don, ed. *The Content of America's Character Recovering Civic Virtue.* New York: Madison Books, 1995.

Finnis, John. *Fundamentals of Ethics.* New York: Oxford University Press, 1983.

Grisez, Germain G. *Beyond the New Morality: The Responsibilities of Freedom.* Notre Dame, Ind.: University of Notre Dame Press, 1988.

Himmelfarb, Gertrude. *The De-Moralization of Society: From Victorian Virtues to Modern Values.* New York: Alfred A. Knopf, 1995.

Kreeft, Peter. *Back to Virtue.* San Francisco: Ignatius, 1992.

Lewis, C. S. *The Abolition of Man.* New York: Simon & Schuster, 1996.

MacIntyre, Alasdair. *After Virtue: A Study in Moral Theology.* 2nd ed. Notre Dame, Ind.: University of Notre Dame Press, 1997.

Neuhaus, Richard John. *America Against Itself: Moral Vision and the Public Order.* Notre Dame, Ind.: University of Notre Dame Press, 1992.

Plantinga, Cornelius, Jr. *Not the Way It's Supposed to Be: A Breviary of Sin.* Grand Rapids: Eerdmans, 1995.

Plantinga, Theodore. *Learning to Live with Evil.* Grand Rapids: Eerdmans, 1982.

Sproul, R. C. *Christian Ethics.* Orlando: Ligonier Ministries, 1996.

Thielicke, Helmut. *Theological Ethics.* Vol. 1, *Foundations.* Grand Rapids: Eerdmans, 1966.

LEI E POLÍTICA

Alison, Michael. *Christianity and Conservatism.* London: Hodder and Stoughton, 1990.

Arkes, Handley. *First Things: An Inquiry into the First Principles of Morals and Justice.* Princeton, NJ.: Princeton University Press, 1986.

Bloesch, Donald. *Crumbling Foundations.* Grand Rapids: Zondervan, 1984.

Budziszewski, J. *Written on the Heart: The Case for Natural Law.* Downers Grove, Ill,: Inter Varsity Press, 1997.

Canavan, Francis. *The Pluralist Game: Pluralism, Liberalism, and the Moral Conscience.* Lanham, Md.: Rowman & Littlefield, 1995.

Colson, Charles, with Ellen Santilli Vaughn. *Kingdoms in Conflict.* New York: William Morrow, Grand Rapids: Zondervan, 1987.

Cromartie, Michael, ed. *A Preserving Grace: Protestants, Catholics, and Natural Law.* Grand Rapids: Eerdmans, 1997.

______. *Caesar's Coin Revisited: Christians and the Limits of Government.* Grand Rapids: Eerdmans, 1996.

Ellul, Jacques. *The New Demons.* New York: Seabury, 1975.

______. *The Political Illusion.* New York: Vintage, 1972.

Finnis, John. *Natural Law and Natural Rights.* New York: Oxford University Press, 1993.

Fitzpatrick, James K. *God, Country, and the Supreme Court.* Washington, D.C.: Regnery, 1985.

George, Robert P. *In Defense of Natural Law.* New York: Oxford University Press, 1999.

______. *Making Men Moral: Civil Liberties and Public Morality.* New York: Oxford University Press, 1996.

Goudzwaard, Bob. *Capitalism and Progress: A Diagnosis of Western Society.* Grand Rapids: Eerdmans, 1979.

Grant, George Parkin. *English-Speaking Justice.* Sackville, New Brunswick: Mount Allison University, 1974.

Hittinger, Russell. *A Critique of the New Natural Law Theory.* Notre Dame, Ind.: University of Notre Dame Press, 1989.

Kendall, Willmoore. *The Conservative Affirmation in America.* Chicago: Regnery Gateway, *1985.*

Kirk, Russell. *Rights and Duties: Reflections on Our Conservative Constitution.* Dallas: Spence, 1997.

Manent, Pierre. *An Intellectual History of Liberalism.* Trans. Rebecca Balinski. Princeton, NJ.: Princeton University Press, 1994.

______. *The City of Man.* Trans. Marc A. LePain. Princeton, NJ.: Princeton University Press, 1998.

Murray, John C., and Walter Burghardt. *We Hold These Truths: Catholic Reflections on the American Proposition.* Kansas City, Mo.: Sheed and Ward,1985.

Nash, Ronald. *Social Justice and the Christian Church.* Milford, Mich.: Mott Media, 1983.

Neuhaus, Richard John. *A Strange New Regime: The Naked Public Square and the Passing of the American Constitutional Order.* Washington, D.C.: The Heritage Foundation, 1997.

______. *The Naked Public Square: Religion and Democracy in America.* 2nd ed. Grand Rapids: Eerdmans, 1984.

Neuhaus, Richard John, and Michael Cromartie, eds. *Piety and Politics: Evangelicals and Fundamentalists Confront the World.* Washington, D.C.: Ethics and Public Policy Center, 1987.

Nisbet, Robert. *The Quest for Community: A Study in the Ethics of Order and Freedom.* San Francisco: Institute for Contemporary Studies, 1990.

______. *Twilight of Authority.* New York: Oxford University Press, 1975.

Noland, James, Jr. *The Therapeutic State.* New York: New York University Press, 1998.

Noll, Mark. *One Nation Under God? Christian Faith and Political Action in America.* San Francisco: Harper San Francisco, 1988.

O'Donovan, Oliver. *The Desire of Nations: Rediscovering the Roots of Political Theology.* Cambridge: Cambridge University Press, 1999.

Olasky, Marvin. *The Tragedy of American Compassion.* Washington, D.C.: Regnery, 1995.

Sandel, Michael. *Democracy's Discontent: America in Search of a Public Philosophy.* Boston: Harvard University Press, 1996.

Skillen, James W. *The Scattered Voice: Christians at Odds in the Public Square.* Grand Rapids: Zondervan, 1990.

Smith, Gary Scott, ed. *God and Politics: Four Views on the Reformation of Civil Government.* Phillipsburg, NJ.: Presbyterian and Reformed, 1989.

Thieicke, Helmut. *Theological Ethics.* Vol. 2, *Politics.* Philadelphia: Fortress Press, 1969.

Tinder, Glenn. *The Political Meaning of Christianity: An Interpretation.* Baton Rouge, La.: Louisiana State University Press, 1989.

Voegelin, Eric. *From Enlightenment to Revolution.* Ed. John H. Hallowell. Durham, N.C.: Duke University Press, 1975.

ARTES

Cowan, Louise, and Os Guinness, eds. *Invitation to the Classics: A Guide to Book You've Always Wanted to Read.* Grand Rapids: Baker, 1998.

Gallagher, Susan V., and Roger Lundin. *Literature through the Eyes of Faith.* San Francisco: Harper San Francisco, 1989.

Guroian, Vigen. *Tending the Heart of Virtue: How Classic Stories Awaken a Child's Moral Imagination.* New York: Oxford University Press, 1998.

Jeffrey, David Lyle. *People of the Book Christian Identity and Literary Culture.* Grand Rapids: Eerdmans, 1996.

Kavanaugh, Patrick. *Spiritual Lives of the Great Composers.* Grand Rapids:

Zondervan, 1996.

______. *A Taste for the Classics.* Nashville: Sparrow Press, 1993.

Lundin, Roger. *The Culture of Interpretation: A Christian Encounter with Postmodern Critical Theory.* Grand Rapids: Eerdmans, 1993.

Lundin, Roger, ed. *Disciplining Hermeneutics: Interpretation in Christian Perspective.* Grand Rapids: Eerdmans, 1997.

Ritchie, Daniel E. *Reconstructing Literature in an Ideological Age: A Biblical Poetics and Literary Studies from Milton to Burke.* Grand Rapids: Eerdmans, 1996.

Rookmaaker, H. R. *The Creative Gift: Essays on Art and the Christian Life.*

Westchester, Ill.: Cornerstone Books, 1981.

______. *Modern Art and the Death of a Culture.* Downers Grove, Ill.: Inter Varsity Press, 1970.

Ryken, Leland. *The Liberated Imagination: Thinking Christianly about the Arts.* Wheaton, Ill: Harold Shaw, 1989.

______. *Realms of Gold: The Classics in Christian Perspective.* Wheaton, Ill.: Harold Shaw, 1991.

Sayers, Dorothy. *The Mind of the Maker.* San Francisco: Harper San Francisco, 1987.

Schaeffer, Franky. *Sham Pearls for Real Swine.* Brentwood, Tenn.: Wolgemuth and Hyatt, 1990.

Seerveld, Calvin. *Rainbows for the Fallen World Aesthetic Life and Artistic Task.* Toronto: Tuppence Press, 1980.

Veith, Gene Edward. *Reading Between the Lines: A Christian Approach to Literature.* Westchester, Ill.: Crossway, 1990.

______. *State of the Arts: From Bezalel to Mapplethorpe.* Wheaton, Ill.: Crossway, 1991.

Walhout, Clarence, and Leland Ryken, eds. *Contemporary Literary Theory: A Christian Appraisal.* Grand Rapids: Eerdmans, 1991.

Wolterstorif, Nicholas. *Art in Action.* Grand Rapids: Eerdmans, 1980.

CULTURA POPULAR

Bayles, Martha. *Hole in Our Soul: The Loss of Beauty and Meaning in American Popular Music.* New York: Free Press, 1994.

Drew, Donald. *Images of Man: A Critique of the Contemporary Cinema.* Downers Grove, Ill.: Inter Varsity Press, 1974.

Gelernter, David. *Mirror Worlds: The Day Software Puts the Universe in a Shoebox... How Will It Happen and What Will It Mean?* New York: Oxford University Press, 1991.

Jones, E. Michael. *Dionysius Rising: The Birth of Cultural Revolution Out of the Spirit of Music.* San Francisco: Ignatius, 1994.

Kilpatrick, William, Gregory Wolfe, and Suzanne Wolfe. *The Family New Media Guide: A Parents' Guide to the Very Best Choices in Values-Oriented Media, Including Videos, CD-Roms, Audiotapes, Computer Software, and On-line Services.* New York: Touchstone, 1997.

Myers, Ken. *All God's Children and Blue Suede Shoes: Christians and Popular Culture.* Westchester, Ill.: Crossway, 1989.

Schultz, Quentin J. *Redeeming Television: How TV Changes Christians–How Christians Can Change TV.* Downers Grove, Ill.: Inter Varsity Press, 1992.

______. *Dancing in the Dark: Youth, Popular Culture, and the Electronic Media.* Grand Rapids: Eerdmans, 1990.

SOBRE OS AUTORES

Charles W. Colson graduou-se com honra na Universidade Brown e recebeu o Doutorado em Direito pela Universidade George Washington. De 1969 a 1973 serviu como conselheiro especial do presidente Richard Nixon. Em 1974 defendeu-se das acusações relativas ao caso Watergate e passou sete meses numa prisão federal.

Antes de ir para a prisão, Charles Colson converteu-se a Cristo, como declarou em *Born Again* (Nascido de Novo). Ele escreveu e publicou *Life Sentence, Crime and the Responsible Community, Who Speaks for God, Kingdoms in Conflict, Against the Night, Convicted* (com Dan Van Ness), *The God of Stones and Spiders, Why America Doesn't Work* (com Jack Eckerd), *The Body* (com Ellen Vaughn), *A Dance with Deception* (com Nancy Pearcey), *A Dangerous Grace (com Nancy Pearcey), Gideons Torch* (com Ellen Voughn), *Burden of Truth* (com Anne Morse *e Loving God,* o livro que muitas pessoas consideram um clássico contemporâneo.

Colson fundou o ministério interdenominacional *Prison Fellowship* (PF), agora presente em 83 países. O mais amplo ministério aos encarcerados no mundo, PF conta com a participação de 50 mil voluntários ativos nos Estados Unidos e dezenas de milhares ao redor do mundo. O ministério provê bíblias de estudo para mais de mil prisões, conduz acima de dois mil seminários nas prisões por ano, realiza grandes cruzadas evangelísticas e alcança mais de meio milhão de crianças no Natal com presentes e o amor de Cristo. E ainda conta com duas subsidiárias: *Justice Fellowship*, o qual trabalha por políticas criminais justas embasadas na Bíblia, e *Neighbors Who Care*, uma rede de voluntários que providencia assistência para vítimas de crime. Além disso, uma parte do ministério é o *Wilberforce Forum*, o qual provê material sobre cosmovisão para a comunidade cristã, incluindo fitas do programa radiofônico de Colson, *Breakpoint*, agora ouvido em milhares de emissoras.

Colson já recebeu 15 títulos de *Doutor Honoris Causa* e em 1993 foi agraciado com o *Templeton Prize*, o mais generoso prêmio em dinheiro do mundo (acima de $1 milhão de dólares), que é dado a cada ano para uma pessoa que tenha feito o melhor para o avanço da causa da religião no mundo. Colson doou esse prêmio, como o faz com todos os cachês de conferências e direitos autorais, para o avanço do trabalho de *Prison Fellowship*.

Nancy R. Pearcey estudou sob a orientação de Francis Scheaffer em *L'Abri Fellowship*, na Suíça, em 1971 e 1972, e depois recebeu o grau de mestrado do *Covenant Theological Seminary* e fez trabalho graduado no *Institute for Christian Studies* em Toronto. Ela é co-autora com Charles Thaxton do livro *The Soul of Science: Christian Faith and Natural Philosophy* e tem contribuído com capítulos para vários outros livros, incluindo *Mere Christian*, *Of Pandas and People*, e *Pro-Life Feminism*. Seus artigos têm sido publicados em jornais e revistas, tais como *First Things*, *Books and Culture*, *The World & I*, *The Family in America*, e *The Human Life Review*.

Pearcey é atualmente associada do *Discovery Institute's Center for the Renewal for Science and Culture*, em Seatle, e editora-gerente do jornal *Origins and Design*. Ela é diretora de políticas do *Wilberforce Forum* e editora-executiva de Breakpoint, programa radiofônico diário de Colson, cujos comentários analisam as questões cotidianas a partir de uma perspectiva da cosmovisão cristã. Ela é também co-autora com Colson de uma coluna mensal em *Christianity Today*.

Se você está interessado em maiores informações sobre *Prison Fellowship* ou *Breakpoint*, escreva para: Prison Fellowshiop, P. O. Box 17500, Washington D.C. 20041-0500.

Site na Internet: www.breakpoint.org

e-mail: correspondence@pfm.org

O ministério *Prison Fellowship* no Brasil tem o nome de "Fraternidade Brasileira de Assistência aos Condenados".

Fone: 0(XX)(12)3210532

e-mail: fbac@tecsat.com.br